INTERPRETAÇÃO DO PEDIDO

RAFAEL RIBEIRO RODRIGUES

INTERPRETAÇÃO DO PEDIDO

EDITORA *Jus*PODIVM | MALHEIROS EDITORES
www.editorajuspodivm.com.br

INTERPRETAÇÃO DO PEDIDO

MALHEIROS EDITORES LTDA.
Rua Paes de Araújo, 29, conjunto 171
CEP 04531-940 – São Paulo – SP
Tel.: (11) 3078-7205 – Fax: (11) 3168-5495
URL: www.malheiroseditores.com.br
e-mail: malheiroseditores@terra.com.br

Composição: PC Editorial Ltda.

Impresso no Brasil
Printed in Brazil
05.2021

Dados Internacionais de Catalogação na Publicação (CIP)

R696I Rodrigues, Rafael Ribeiro.
Interpretação do pedido / Rafael Ribeiro Rodrigues. – São Paulo : Malheiros, 2021.
416 p. ; 21 cm.

Inclui bibliografia.
ISBN 978-65-5860-019-0

1. Pedido (Processo Civil – Interpretação. 2. Princípio da congruência (Processo civil). 3. Processo civil. Brasil. I. Título.

CDU 347.91/.95(81)

Índice para catálogo sistemático:
1. Pedido (Processo civil) : Interpretação 347.91/.95(81)
(Bibliotecária responsável: Sabrina Leal Araujo – CRB 8/10213)

1.ª ed., *2.ª tir.:* ago./2022.

Dedico este trabalho à minha amada esposa,
à minha dedicada mãe, à memória do meu querido pai
e, por certo, aos meus estimados irmãos.

PREFÁCIO

O presente livro é fruto da dissertação de Mestrado apresentada pelo autor na conclusão do curso de Pós-Graduação da Faculdade de Direito da Universidade de São Paulo e trata do desafiador tema do pedido no processo civil brasileiro.

Sabe-se que o pedido formulado pelo demandante no processo civil tem direta relação com a delimitação do objeto litigioso do processo, influencia no contraditório do demandado, na atuação do julgador – porquanto vedado o *non liquet* – e, ao fim do *arco procedimental*, delimita a tutela jurisdicional. Não por outro motivo o diploma processual determina que o demandante deve apresentar seu pedido adequadamente, logo no início do processo, prevendo, ainda, regras expressas para o aditamento e a alteração do pedido.

Entretanto, na prática forense nem sempre o pedido é formulado de maneira clara e adequada, e a ausência do cumprimento de tal ônus por parte do demandante (*rectius*, do patrono do demandante) fez nascer a corrente favorável à interpretação do pedido, como meio de superar vícios do ato postulatório, visando – em última análise – a obter a integral resolução do mérito no processo civil. Como reflexo da interpretação do pedido, outras problemáticas acabaram por surgir, sendo este o objeto de estudo da presente obra, a qual, em um primeiro momento, analisará os principais métodos de interpretação e a postura do julgador enquanto intérprete do ordenamento jurídico, dos fatos e da vontade das partes.

Na sequência, como não poderia deixar de ser, o estudo em tela faz uma análise aprofundada do pedido no processo civil, com ampla pesquisa doutrinária e análise de julgados, sempre buscando exemplos práticos para comprovar o posicionamento exposto.

Adiante, a obra parte para o necessário estudo do princípio da congruência, dos princípios que lhe são correlatos, da importância de correlação entre o pedido e o dispositivo da sentença, enfrenta a questão do mérito no processo civil e, por fim, trata das patologias da congruência. Fazendo um corte no estudo, o capítulo seguinte analisa de maneira estanque diversas hipóteses de mitigação ao princípio da congruência, sempre correlacionando-as com a interpretação do pedido no processo civil.

Nos dois capítulos que antecedem a conclusão o autor se dispõe a enfrentar de maneira detida o tema da interpretação do pedido. Inicialmente, por meio de pesquisa empírica, mais precisamente a partir do levantamento da jurisprudência do Superior Tribunal de Justiça e da análise de julgados que tratam da interpretação do pedido, visando, assim, a retirar este estudo do campo meramente teórico para lhe conferir aproveitamento prático. Após, o estudo realiza uma análise vertical do art. 322, § 2º, do CPC, abordando o conjunto da postulação, a boa-fé e a vontade do demandante, bem como o encadeamento dos atos processuais e a possibilidade de, em cada um destes atos, ser realizada, ou não, a interpretação do pedido.

Arcadas, maio de 2020

Paulo Henrique dos Santos Lucon

Professor Associado da Faculdade de Direito da Universidade de São Paulo – Presidente do Instituto Brasileiro de Direito Processual

APRESENTAÇÃO

Muito nos honra o convite feito por Rafael Ribeiro Rodrigues para prefaciar a presente obra, que consiste na versão comercial da sua dissertação de Mestrado, defendida com brilhantismo na Universidade de São Paulo, sob a orientação do Professor Paulo Henrique dos Santos Lucon.

Rafael é acadêmico e advogado dedicado, com atuação destacada, conciliando, com grande proveito, o dia a dia da atividade forense com a preocupação de sempre contribuir para a ciência do Direito. Esta obra é fruto exatamente desta união entre profundo conhecimento acadêmico e vasta experiência prática.

A presente obra aborda com profundidade o relevantíssimo tema da interpretação do pedido, cuidando-se de um trabalho brilhantemente redigido, com uma vasta pesquisa doutrinária e jurisprudencial, consistindo em uma excelente fonte de consulta para os estudiosos do direito processual civil. Em que pese se trate de um rico e completo trabalho acadêmico, a abordagem do autor não deixou de lado temas eminentemente práticos, sendo a obra fonte de relevante material para o dia a dia forense.

O autor inicia o seu trabalho com uma análise pormenorizada da Teoria Geral da Interpretação, indicando, com profundo detalhamento, as diversas espécies de interpretação, como, a interpretação lógica, sistemática, gramatical ou literal, histórica, teleológica, bem como abordando o papel do juiz ao realizar a interpretação. Em sequência, detalha, como acuidade, as peculiaridades na interpretação do direito e dos fatos. Neste primeiro momento, autor apresenta as primeiras premissas necessárias ao desenvolvimento do estudo.

Em sequência, são analisados, pelo autor, os contornos do pedido no ordenamento jurídico brasileiro, partindo a análise do princípio da inércia da jurisdição, passando pela relevância da vontade das partes e tratando dos demais princípios intimamente relacionados ao pedido. Posteriormente, indica, com precisão, as principais espécies de pedido, tratando, especificamente, de cada uma delas. Prossegue o autor, se debruçando sobre o princípio da congruência, trabalhando com os conceitos como o de objeto do processo e objeto litigioso, mérito, bem como com as consequências da não observância dos limites fixados pela vontade expressada.

Finalmente, o autor dedica a última parte do seu trabalho especificamente à interpretação do pedido no âmbito do Código de Processo Civil de 2015, abordando temas relevantíssimos como o processo interpretativo, o conjunto da postulação, a boa-fé, a defesa do demandado e a vontade do demandante. Em sequência, detalha as especificidades relativas ao momento da interpretação do pedido, dedicando tópicos ao estudo da interpretação realizada antes da sentença, na sentença, depois da sentença e, por fim, no âmbito do Superior Tribunal de Justiça e no Supremo Tribunal Federal. Apresenta, com isso, uma proposta bem elaborada de sistematização da interpretação do pedido no ordenamento jurídico brasileiro.

Considerando a seriedade do autor no desenvolvimento da presente obra, não podemos deixar de destacar a sua utilidade tanto no âmbito acadêmico como, ainda, para aqueles que atuam no meio forense. A comunidade jurídica tem muito a ganhar com a publicação da obra. Nossos parabéns ao autor e à Malheiros Editores pela iniciativa na publicação desta obra.

São Paulo, 29 de abril de 2021

THEREZA ARRUDA ALVIM

Doutora em Direito pela
Pontifícia Universidade Católica de São Paulo.
Professora nos cursos de Doutorado, Mestrado e Bacharelado
da Pontifícia Universidade Católica de São Paulo

AGRADECIMENTOS

Da família, agradeço à minha amada esposa Vivian Westphalen, aos meus queridos pais Rita Aparecida e Jose Rodrigues (*in memoriam*), aos meus parceiros e irmãos Marcela, Anselmo e Wagner e, por fim, aos meus estimados sobrinhos Philipe e Sophia. Obrigado por compreenderem a minha ausência.

Das Arcadas, em primeiro lugar agradeço ao meu Professor e Orientador, Paulo Henrique dos Santos Lucon, o qual gentilmente me acolheu como seu orientando, sempre demonstrando respeito e hombridade em nosso relacionamento.

Agradeço aos professores José Rogério Cruz e Tucci e Antonio Carlos Marcato, pelas aulas ministradas no decorrer do curso e pelas considerações feitas na Banca de qualificação. Agradeço aos professores Thereza Arruda Alvim, João Paulo Hecker da Silva e Rodolfo da Costa Manso Real Amadeo, pelos apontamentos feitos na Banca de Mestrado que avaliou este trabalho. Agradeço aos professores Ricardo de Barros Leonel, José Carlos Baptista Puoli, Marcelo José Magalhães Bonizzi, Heitor Vitor Mendonça Sica, Oreste Nestor de Souza Laspro e Fábio Guidi Tabosa Pessoa, pelas aulas ministradas durante o meu curso de Mestrado. Agradeço aos monitores que auxiliam o professor Paulo Lucon nas aulas da Graduação, com os quais convivi no decorrer do mestrado: João Pereira Monteiro Neto, Felipe Bragantini de Lima, Pedro Augusto de Jesus, Marco Aurélio Rangel, Raul Longo Zocal, Luccas Lombardo de Lima e Giovani Ravagnani. Agradeço aos alunos da Graduação, com os quais tive (e tenho) a oportunidade de aprender o Direito e a docência. Por fim, agradeço a todos os amigos que fiz durante o curso de Mestrado, os quais não nominarei por serem muitos e para não correr o risco de esquecer de alguém.

Do âmbito profissional, agradeço ao escritório Arruda Alvim e Thereza Alvim Advocacia e Consultoria Jurídica, e o faço na pessoa da professora Thereza Arruda Alvim, a qual, além de gentilmente aceitar o convite para integrar minha Banca de Mestrado, também merece minhas homenagens por ser um exemplo profissional e acadêmico a ser seguido.

Como não poderia deixar de ser, também do âmbito profissional, destino um especial agradecimento àqueles que sempre apoiaram e incentivaram meus estudos, pessoas com as quais convivi e debati o presente tema durante a elaboração deste trabalho, permitindo o amadurecimento de ideias e a obtenção de algumas das conclusões lançadas nesta obra: Rosane Pereira dos Santos, Wadson Veloso Silva, Milena Gomes Teixeira, Rennan Faria Krüger Thamay, Daniel Willian Granado, Igor Martins da Cunha, Vinícius Bellato e Eduardo Aranha.

Por fim, agradeço aos amigos que gentilmente se dispuseram a conceder seu *tempo* (um dos bens mais preciosos...) e disposição, para realizar a última leitura desta obra, antes do envio para a publicação: Christine Nobre, João Pereira Monteiro Neto, Luccas Lima e Rovena Westphalen. Obrigado!

SUMÁRIO

§ 1º. Introdução

Para grande parte da ciência jurídica o processo "é uma série de atos interligados e coordenados ao objetivo de produzir tutela jurisdicional mediante o *julgamento* da pretensão exposta ao juiz".[1] Não se discute a exatidão deste conceito, mas esta é a definição mais adequada feita pelos e para os atores do Direito, os quais o estudam e o operam.

Já, para as partes envolvidas na relação jurídica processual o processo vai além da explicação técnica. Para estes indivíduos o processo é o local no qual será traçada uma parcela do seu destino. Enquanto o demandante cria a expectativa de obter pela via litigiosa aquilo que não alcançou pela via consensual, o demandado, em regra, almeja apenas a manutenção do *status quo*.

Se o processo é definido doutrinariamente como uma série de atos, o primeiro e mais importante ato processual é o postulatório, pelo qual o demandante retira o Poder Judiciário da inércia, apresenta ao magistrado os fatos e os fundamentos jurídicos que dão suporte ao resultado que se espera obter, bem como indica quem deverá suportar os efeitos do referido resultado, tudo isso sintetizado no pedido.

Não se ignora o fato de que a linguagem está sujeita a interpretações, notadamente em nosso sistema processual, que é predominantemente escrito.

O pedido, formulado no bojo da petição inicial, nem sempre será dotado de clareza suficiente para que os interlocutores do processo possam compreendê-lo de maneira uniforme. Daí surge a primeira problemática deste trabalho, entender se o pedido pode ou não ser interpretado.

Entretanto, conforme já mencionado, o pedido formulado é a síntese do resultado esperado do processo. E o pedido em si é polivalente, pois

1. Cândido Rangel Dinamarco, *Instituições de Direito Processual Civil*, 7ª ed., vol. III, São Paulo, Malheiros Editores, 2017, p. 29. No mesmo sentido: "(...) processo, que não é senão aquele conjunto de atos necessários praticados com o objetivo de obter a resposta judicial" (Luiz Fux, *Teoria Geral do Processo*, 3ª ed., Rio de Janeiro, Forense, 2019, p. 135).

é dele o papel de indicar qual é a tutela jurisdicional que o demandante requer ao magistrado, por meio da qual se pretende obter um bem da vida, assim como se presta para especificar, definir, quantificar e qualificar referido bem da vida desejado pelo demandante.

Deste modo, caso seja admitida a possibilidade de se interpretar o pedido, surgirá uma segunda problemática, destinada a compreender se o pedido pode ser interpretado total ou parcialmente, ou seja, se todas as suas funções podem ser objeto de interpretação. A interpretação do pedido pode definir a tutela jurisdicional? Pode definir o bem da vida, sua especificação e definição ou, mesmo, sua qualificação e quantificação? É por meio da interpretação que os interlocutores do processo conseguirão delimitar todas estas funções do pedido?

A terceira problemática que abordaremos será o "como" interpretar. O art. 293 do CPC/1973 definia que "os pedidos são interpretados restritivamente". Em que pese à clara redação do mencionado dispositivo, na égide do diploma processual anterior se constatava a existência de decisões judiciais admitindo a "interpretação lógico-sistemática do pedido". Por sua vez, o art. 322, § 2º, do CPC/2015 determina que "a interpretação do pedido considerará o conjunto da postulação e observará o princípio da boa-fé". Necessário, portanto, definir o escopo de cada um destes modelos de interpretação do pedido.

Ademais, enquanto o *caput* do art. 322 do CPC/2015 determina que o pedido deve ser certo, seu § 2º possibilita a interpretação do pedido, devendo ser considerado o "conjunto da postulação" e observado o "princípio da boa-fé". Ambos os requisitos da regra legal de interpretação do pedido merecem ser analisados de maneira detida.

A quarta problemática a ser enfrentada por este trabalho é saber "quando" interpretar o pedido. Se o processo é uma série de atos processuais concatenados para se atingir um fim, mostra-se importante saber qual é o momento adequado para se interpretar o pedido.

Além das problemáticas anteriores, existe, ainda, outro ponto a ser enfrentado. A norma processual determina que a sentença de mérito deverá se ater aos limites do pedido formulado pelo demandante, em respeito ao princípio da congruência. Não pode o magistrado decidir mais, menos ou diferente daquilo que foi pedido. Portanto, resta saber o alcance da interpretação do pedido. Se é a partir do pedido que o magistrado irá delimitar sua atuação, é necessário definir como interpretá-lo sem dilatar ou alterar o objeto litigioso do processo. Nesta linha, importante atribuir ao pedido o verdadeiro valor que este elemento da ação possui dentro, fora e no curso da demanda, bem como todas as implicações que sua delineação, deficiência ou não formulação podem gerar para os demandantes.

E, dentro deste contexto, necessário definir o papel da vontade do demandante na interpretação do pedido. No CC/2002, o art. 112 determina que: "Nas declarações de vontade se atenderá mais à intenção nelas consubstanciada do que ao sentido literal da linguagem". Portanto, é de fundamental importância analisar se referida regra de direito material se aplica para o direito processual.

Por fim, se o pedido é formulado pelo demandante e será julgado pelo magistrado, a sétima problemática consiste em saber qual é o papel do demandado dentro deste contexto. A indagação a ser respondida é se o contraditório exercido pelo demandado pode ou não influenciar na interpretação do pedido e, se positivo, em que medida.

Daí o motivo pelo qual o objeto do presente estudo se mostra rico e merecedor de reflexão, dada a amplitude do conjunto de problemas.

Entretanto, antes de iniciarmos o trabalho, necessário registrar que este não tratará especificamente da ação de execução, pois o pedido de satisfação e a interpretação do título executivo demandariam abordagem e pesquisa diversas das adotadas neste estudo.

Necessário também registrar que este trabalho tem como escopo estudar a interpretação do pedido apenas no processo de conhecimento na seara civil, exclusivamente sob o enfoque da ação individual, sem prejuízo das abordagens pontuais sobre processo coletivo, utilizadas para fins de delimitar o tema.

O escopo desta obra é analisar as problemáticas elencadas acima de maneira crítica, a partir da perspectiva e dos atos processuais do demandante, do demandado e do magistrado, bem como apresentar soluções práticas e concretas para a interpretação do pedido, no intuito de atribuir previsibilidade e racionalidade a este ato processual, atualmente regido pelo art. 322, § 2º, do CPC/2015.[2]

2. Encerramos nossa introdução e iniciamos nosso estudo com a lição de Cândido Rangel Dinamarco: "Se não temos hoje a perspectiva histórica que possibilite avaliar as boas ou más qualidades daquilo que vamos propondo, ao menos a consciência temos de que a busca está em curso. O futuro dirá, e essa é a maior das esperanças". "Ousar sem o açodamento de quem quer afrontar, inovar sem desprezar os grandes pilares do sistema" (*Nova Era do Processo Civil*, 4ª ed., São Paulo, Malheiros Editores, 2013, pp. 19 e 31).

§ 2º. Teoria geral da interpretação

1. Primeiras considerações. 2. Interpretação lógica. 3. Interpretação sistemática. 4. Interpretação literal ou gramatical. 5. Interpretação histórica. 6. Interpretação teleológica. 7. O juiz como intérprete e sua atividade. 8. Interpretar o Direito. 9. Interpretar os fatos. 10. Interpretar a vontade das partes.

1. Primeiras considerações

A interpretação[1] é algo inerente ao ser humano e "tudo o que pode ser objeto do conhecimento pode e deve ser interpretado".[2] É assim nas Artes, quando se depreendem diversos significados de uma mesma pintura, cada qual desvendado pela leitura feita por um crítico que a analisa. É assim na Música, quando um maestro lê a partitura e extrai da representação simbólica o sentido sonoro e a notação musical que lhe parecem mais adequados.[3] É assim também, por exemplo, na História, pois os fatos pretéritos podem ser entendidos de diversas maneiras pelos historiadores e estudiosos, a depender de sua releitura, da descoberta de novos elementos contemporâneos aos fatos estudados, entre outros fatores.

Em relação ao Direito, como um ramo do conhecimento humano, não poderia ser diferente, de modo que este não está livre da interpretação daqueles que o estudam, bem como, com maior ou menor tecnicidade, de todos aqueles que o aplicam.

A aplicação do Direito é tarefa cotidiana na vida em sociedade e não está limitada à atividade do magistrado dentro de um processo. Antes

1. Não obstante ser utilizada como sinônimo, a palavra "hermenêutica" não é sinônimo de "interpretação", na verdade consiste na teoria que estuda a interpretação. O hermeneuta é o estudioso que se ocupa de analisar os métodos e elementos utilizados no exercício da interpretação.

2. Hugo de Brito Machado, *Introdução ao Estudo do Direito*, 3ª ed., São Paulo, Atlas, 2012, p. 166.

3. "(...) sem *interpretação*, Música não há; só 'bolinhas'. Sem *interpretação*, Direito (norma jurídica) não há; só *texto*" (Cassio Scarpinella Bueno, "Direito, interpretação e norma jurídica: uma aproximação musical do Direito", *RePro* 111/229, São Paulo, Ed. RT, julho-setembro/2003).

disso, em um espectro muito mais amplo, os membros da sociedade interpretam o Direito – que não se limita às normas positivadas – na prática de suas condutas e acabam por assimilar, ainda que de maneira inconsciente, a existência de inúmeros efeitos jurídicos em seus atos, sendo que a noção do Direito em muitas das vezes se mostra quase que automática e se confunde com a interpretação da norma – que na maioria das ocasiões o cidadão comum sequer sabe qual é – para aplicá-la ao caso concreto. Este comando usualmente passa desapercebido, dadas a simplicidade ou a reiteração de inúmeras relações jurídicas dentro da sociedade.

Quando um condutor se encontra parado aguardando o semáforo abrir e seu veículo é abalroado na traseira por outro veículo conduzido por indivíduo que ignorou o sinal vermelho, por mais simples e cotidiana que seja esta situação, trata-se de fato passível da extração de efeitos jurídicos e, portanto, sujeito à interpretação do Direito. Mesmo que o condutor do veículo abalroado não tenha noção alguma das normas positivadas, não conheça o instituto da responsabilidade civil e, menos ainda, saiba quais são os seus elementos, ainda assim ele saberá que há relação entre a conduta praticada pelo motorista imprudente e o dano ocasionado em seu veículo que estava parado no semáforo vermelho, e, portanto, poderá instintivamente concluir como sendo devida a indenização pelos prejuízos que lhe foram causados.

Se o condutor imprudente assumir a responsabilidade e reparar os prejuízos causados à vítima, estaremos diante do cenário desejado pelo legislador ao editar a norma abstrata para a referida situação hipotética. Entretanto, nem sempre é isso que ocorre. Para as situações nas quais o Direito não é aplicado voluntariamente entre os envolvidos na relação, a parte interessada poderá se valer do seu direito de ação[4] e requerer ao Poder Judiciário que solucione o conflito de interesses. Neste segundo cenário caberá ao juiz analisar os fatos, interpretar o Direito[5] e aplicá-lo ao caso concreto.

4. "Cabe, pois, ao Estado, nas sociedades modernas, a solução dos litígios, de acordo com a vontade da lei reguladora do conflito de interesses. Mas a jurisdição é uma função inerte. (...). Para que se ative o mecanismo da jurisdição (...) há necessidade de provocação. Eis que surge o conceito de direito de ação, configurado através do pedido de tutela jurisdicional pelo autor. Uma vez provocada, a jurisdição atua através do processo" (Ada Pellegrini Grinover, "O direito de ação", in Luiz Rodrigues Wambier e Teresa Arruda Alvim Wambier (orgs.), *Doutrinas Essenciais – Processo Civil*, vol. 2, São Paulo, Ed. RT, outubro/2011, p. 45).

5. "Não existe Direito *sem* interpretação. O Direito, definitivamente, não corresponde ao *texto* que lemos nos códigos, nas leis; seja diretamente nas páginas do *Diário*

O presente estudo não tem – e nem poderia ter – a intenção de ser um trabalho sobre Hermenêutica. Entretanto, dado o objeto central a ser analisado, que é a interpretação do pedido, imprescindível fixar algumas bases conceituais e compreender melhor os métodos de interpretação para, em um segundo momento, analisar sua aplicação no mundo do Direito, em especial voltada ao pedido.

Assim, passaremos a tratar, com acuidade, dos métodos de interpretação mais relevantes para a conclusão do presente trabalho, começando pelas interpretações lógica e sistemática, notadamente em razão da corrente jurisprudencial a ser analisada adiante, a qual versa sobre a "interpretação lógico-sistemática do pedido".

2. *Interpretação lógica*

O método lógico, como o próprio nome diz, "supõe sempre a unidade e coerência do sistema jurídico"[6] e visa a extrair da lei uma interpretação que a torne harmônica com a integralidade do Direito. Busca localizar um significado coeso em eventuais contradições terminológicas existentes num regramento jurídico.

Assim, quando o magistrado aplica a interpretação lógica, sua busca é pela distinção da "conclusão que faz sentido, daquela que não o faz",[7] afastando todos os entendimentos e posicionamentos interpretativos que lhe parecem inadequados para, ao final, filtrar uma conclusão que aplique a lei da maneira que lhe parece mais adequada. Este exercício se dá pela fundamentação da decisão, a qual precisa demonstrar um raciocínio harmônico e com argumentos proporcionais e equilibrados aos padrões do conhecimento sobre a matéria analisada, concatenando as ideias com concordância entre seus termos e durante o seu desenvolvimento.

Oficial ou nos textos compilados pelos autores ou pelas editoras. O Direito é muito mais do que isto. Ele não *cabe* nas páginas do *Diário Oficial*, nos textos impressos da 'lei' e também não cabe nos livros de doutrina e nos repertórios de jurisprudência. O Direito é a prática, a aplicação, a vivência destas representações. É a vivência daquilo que, friamente, parece ser mera reprodução daquilo que, realmente, quer ser o Direito e que entendemos (ou sentimos, intuímos ou *ouvimos*) como tal" (Cassio Scarpinella Bueno, "Direito, interpretação e norma jurídica: uma aproximação musical do Direito", cit., *RePro* 111/241).

6. André Franco Montoro, *Introdução à Ciência do Direito*, 25ª ed., São Paulo, Ed. RT, 2000, p. 373.

7. Sílvio de Salvo Venosa, *Introdução ao Estudo do Direito: Primeiras Linhas*, 5ª ed., São Paulo, Atlas, 2016, p. 201.

Busca-se, em última análise, examinar a norma pela norma e obter a interpretação mais acertada, com base em argumentos que se mostrem sólidos e tendentes a afastar falácias, abstrações despregadas da realidade[8] e todas as intenções de deturpar a coerência do texto positivado.[9]

Entretanto, referido sistema não está livre de críticas, e nem poderia estar. Basta notar que a interpretação lógica visa a buscar o sentido da lei, mas nem sempre aquilo que faz sentido para determinado indivíduo fará sentido para os outros. A compreensão do mundo inevitavelmente terá como fator decisivo a soma de todas as experiências de vida de cada indivíduo, suas inclinações ideológicas, filosóficas e morais, e, por este motivo, a lógica extraída por um indivíduo não será necessariamente a lógica na visão de outro.

Não por outro motivo seria equivocado acreditar na plena imparcialidade do magistrado enquanto aplicador das normas jurídicas, pois neste ponto recai a mazela da interpretação lógica. A busca da interpretação pelo método lógico – que significa aquela interpretação que faz mais sentido ao seu aplicador – pode dar ensejo a construções inadequadas[10] e distanciadas do senso comum.

O inconformismo da parte prejudicada pela decisão judicial não torna inadequada a interpretação lógica feita pelo magistrado ao decidir o caso concreto. A inadequação se dá pela discordância quanto aos argumentos que foram adotados na decisão e a conclusão extraída de determinada norma jurídica, caso façam sentido somente para o julgador e não para a sociedade, destinatária final do Direito posto na norma.

8. "A interpretação não é pura arte dialética, não se desenvolve com método geométrico num círculo de abstracções, mas perscruta as necessidades práticas da vida e a realidade social" (Francesco Ferrara, *Interpretação e Aplicação das Leis*, 2ª ed., São Paulo, Saraiva, 1940, p. 37).

9. "(...) consiste em procurar descobrir o sentido e o alcance de expressões do Direito sem o auxílio de nenhum elemento exterior, com aplicar ao dispositivo em apreço um conjunto de regras tradicionais e precisas, tomadas de empréstimo à Lógica geral. Pretende do simples estudo das normas em si, ou em conjunto, por meio do raciocínio dedutivo, obter a interpretação correta" (Carlos Maximiliano, *Hermenêutica e Aplicação do Direito*, 20ª ed., Rio de Janeiro, Forense, 2011, p. 100).

10. "Tal sistema, só por si, não é produtor. (...). Oferece aparência de certeza, exterioridades ilusórias, deduções pretensiosas; porém, no fundo, o que se ganha em rigor de raciocínio perde-se em afastamento da verdade, do Direito efetivo, do ideal jurídico" (Carlos Maximiliano, *Hermenêutica e Aplicação do Direito*, cit., 20ª ed., pp. 101-102).

Ademais, aquilo que é lógico hoje não necessariamente será lógico na sociedade de amanhã. Por óbvio que os conceitos se alteram no tempo e, para que a interpretação destes institutos de Direito permaneça coesa, faz-se necessário acompanhar a transformação dos institutos jurídicos no decorrer do tempo.[11]

Desse modo, em que pese a se mostrar importante, o método lógico de interpretação não pode ser o único adotado quando da atividade interpretativa, pois sua aplicação isolada potencialmente transformará o real sentido da norma jurídica no sentido mais adequado aos olhos do magistrado que a aplicar.

3. *Interpretação sistemática*

O método de interpretação sistemática, ao contrário da interpretação lógica, busca analisar as leis em seu conjunto, e não isoladamente. Partindo do pressuposto de que o ordenamento jurídico é composto por uma coletividade de normas compatíveis e que não podem – ou não devem – ser conflitantes entre si, a análise sistemática visa a extrair o significado de uma lei diante da sua análise concomitante com outras leis que lhe são similares, especialmente com regramentos superiores, notadamente da Constituição Federal.[12]

A interpretação sistemática pode se dar não só diante da análise de uma lei com outras leis, mas também por meio da interpretação de um dispositivo com todo o conjunto da lei na qual ele se encontra inserido,[13] pois se mostraria inadequado buscar a interpretação de um dispositivo sem antes analisar o conjunto da norma em que referido dispositivo se encontra inserido.[14]

11. Tercio Sampaio Ferraz Jr., *Introdução ao Estudo do Direito: Técnica, Decisão, Dominação*, 9ª ed., São Paulo, Atlas, 2016, p. 243.

12. "Consiste o processo sistemático em comparar o dispositivo sujeito à exegese com outros do mesmo repositório ou de leis diversas, mas referentes ao mesmo objeto. Por umas normas se conhece o espírito de outras" (Carlos Maximiliano, *Hermenêutica e Aplicação do Direito*, cit., 20ª ed., p. 104).

13. "Portanto, nunca devemos isolar o preceito nem em seu contexto (a lei em tela, o código: penal, civil etc.) e muito menos em sua concatenação imediata (nunca leia só um artigo, leia também os parágrafos e os demais artigos)" (Tercio Sampaio Ferraz Jr., *Introdução ao Estudo do Direito: Técnica, Decisão, Dominação*, cit., 9ª ed., p. 245).

14. "O elemento lógico-sistêmico sugere que o significado das prescrições jurídicas seja determinado tendo-se em vista a posição, no ordenamento jurídico, daquela prescrição cujo sentido se quer determinar. O sentido de uma prescrição

Se a interpretação de cada dispositivo fosse feita de maneira isolada, sem considerar o texto legal no qual se encontra inserido e sem considerar a pluralidade de textos positivados, isso retiraria a harmonia que deve haver no ordenamento jurídico e transformaria o sistema normativo em uma colcha de retalhos.[15]

O objetivo buscado por este método de interpretação é a coerência sistêmica do conjunto normativo,[16] visando a guardar a harmonia dos dispositivos dentro e fora do texto ao qual pertencem. Os dispositivos das leis devem ser vistos como um conjunto de células que, juntas, se integram e formam tecidos aptos a constituir um órgão tendente a operar em favor da manutenção e ordem da sociedade enquanto organismo vivo.

Em interessante estudo sobre a interpretação sistemática do Direito, Juarez Freitas conclui que "toda interpretação jurídica que deixar de ser, a um só tempo, aberta e sistemática será simples simulacro de exegese",[17] e arremata ponderando que "*a interpretação tópico-sistemática é a interpretação jurídica*, por excelência".[18]

4. Interpretação literal ou gramatical

Conhecer a língua, o significado das palavras e a gramática do texto escrito do qual se busca extrair o significado é fundamental quando de sua interpretação. Buscar a interpretação de uma lei sem conhecer o significado das palavras contidas em sua estrutura é tarefa fadada ao fracasso e, não por outro motivo, "a interpretação literal é o primeiro estádio da interpretação".[19]

Dentro de um sistema positivado do Direito as regras são expressas em textos. Neste cenário, a análise gramatical ou literal do regramento

jurídica há de ser coerente com as demais prescrições contidas no sistema" (Hugo de Brito Machado, *Introdução ao Estudo do Direito*, cit., 3ª ed., p. 168).

15. "(...) leva em conta o sistema em que se insere o texto e procura estabelecer a concatenação entre este e os demais elementos da própria lei, com o respectivo campo do Direito ou do ordenamento jurídico geral" (André Franco Montoro, *Introdução à Ciência do Direito*, cit., 25ª ed., p. 373).

16. "(...) leva em conta que o ordenamento possui unidade e coerência e que norma alguma pode ser vista isoladamente" (Sílvio de Salvo Venosa, *Introdução ao Estudo do Direito: Primeiras Linhas*, cit., 5ª ed., p. 202).

17. Juarez Freitas, *A Interpretação Sistemática do Direito*, 5ª ed., São Paulo, Malheiros Editores, 2010, p. 289.

18. Idem, p. 290.

19. Francesco Ferrara, *Interpretação e Aplicação das Leis*, cit., 2ª ed., p. 34.

ganha importância, tornando o trabalho do intérprete diretamente voltado à análise das palavras e expressões contidas na lei.[20]

Entretanto, muitas são as críticas a este método de interpretação. De início, tem-se que a interpretação literal ou gramatical deve ser o primeiro[21] mas nunca o único método utilizado quando da interpretação de uma lei, pois analisar apenas e tão somente o texto positivado, sem considerar os outros métodos interpretativos, significaria obter um produto final muitas vezes distante dos objetivos traçados pelo legislador quando da edição da lei, ou até mesmo da realidade da sociedade e das expectativas que esta visa a alcançar com a aplicação de determinada lei.[22]

Inconteste que as palavras podem possuir diversos significados e, a depender do contexto, até mesmo frases inteiras podem ser compreendidas de maneiras distintas,[23] tornando questionável a interpretação extraída apenas com base no método literal ou gramatical. Resultados diversos poderão ser obtidos de um mesmo texto normativo, sendo possível atribuir significado a todos, e, portanto, todos seriam válidos[24] – situação que não se coaduna com a segurança buscada com o princípio da legalidade.

20. "Toda norma e, mais amplamente, toda prescrição jurídica é expressa em palavras. Assim, o elemento literal, ou gramatical, tem indiscutível importância ou, mais exatamente, ele é imprescindível na determinação do sentido e do alcance das expressões do Direito. (...). O trabalho do intérprete, ao valer-se do elemento literal, reduz-se à pesquisa do significado gramatical das palavras" (Hugo de Brito Machado, *Introdução ao Estudo do Direito*, cit., 3ª ed., p. 167).

21. "A análise das conexões léxicas, por uma interpretação dita gramatical, não se reduz, pois, a meras regras da concordância, mas exige regras de decidibilidade (...). A letra da norma, assim, é apenas o ponto de partida da atividade hermenêutica" (Tercio Sampaio Ferraz Jr., *Introdução ao Estudo do Direito: Técnica, Decisão, Dominação*, cit., 9ª ed., p. 241).

22. "A palavra, considerada isoladamente ou no contexto, apresenta uma clareza apenas ilusória. (...). O processo literal é sempre o início da interpretação, mas nunca pode ser limitado exclusivamente a ele, pois, na maioria das vezes, a interpretação isoladamente gramatical conduz a resultados desastrosos" (Sílvio de Salvo Venosa, *Introdução ao Estudo do Direito: Primeiras Linhas*, cit., 5ª ed., p. 201).

23. "Entretanto, por mais importante que seja o elemento literal, na verdade ele é absolutamente insuficiente. A maioria das palavras tem mais de um significado, e muitas vezes até mesmo frases inteiras podem ter significados completamente diferentes, a depender do contexto no qual estejam encartadas" (Hugo de Brito Machado, *Introdução ao Estudo do Direito*, cit., 3ª ed., p. 167).

24. "(...) contribui, muitas vezes, para o aperfeiçoamento da redação das leis. (...) por si só é insuficiente, porque não considera a unidade que constitui o ordenamento jurídico e sua adequação à realidade social" (André Franco Montoro, *Introdução à Ciência do Direito*, cit., 25ª ed., p. 373).

Conforme explica Régis Fernandes de Oliveira: "A *palavra* é uma expressão linguística dotada de sentido. Qualquer uma pode ter um significado diferente, dependendo da tonalidade com que é utilizada", e prossegue o autor reforçando que: "Sem dúvida, as palavras representam coisas. Não repete a realidade, mas sim uma perspectiva dela".[25]

Logo, a interpretação literal ou gramatical mostra-se útil quando da primeira leitura do texto, mas em um segundo momento outros métodos deverão ser utilizados para buscar o seu real alcance e sentido.

5. *Interpretação histórica*

Assim como o estudo de outras disciplinas demanda a análise dos antecedentes de determinada situação, para melhor compreender o estado atual das coisas, no Direito não é diferente.

Ao analisar o Direito – e suas leis condutoras – é prudente ao intérprete retornar no tempo e verificar todo o arcabouço histórico vigente no momento em que a lei foi editada, bem como as situações pretéritas, isso porque muitas das vezes – senão em quase todas – somente após entender a realidade da época na qual a lei foi editada é que se compreenderá o real sentido buscado pelo texto positivado.[26] Nas palavras de Carlos Maximiliano: "O que hoje vigora abrolhou de germes existentes no passado; o Direito não se inventa; é um produto lento da evolução, adaptado ao *meio* (...). Só as pessoas estranhas à ciência jurídica acreditam na possibilidade de se fazerem leis inteiramente novas".[27]

Fazer uma análise histórica para fins de interpretar a norma não significa apenas conhecer a situação política, econômica, social e jurídica da época, mas implica também realizar o levantamento dos antecedentes normativos da lei,[28] do seu anteprojeto, das discussões parlamentares, das

25. Régis Fernandes de Oliveira, *Interpretação, Paixões e Direito: o Sentimento Trágico do Direito e o seu Ignorado Aspecto Fenomenológico*, São Paulo, Estante de Direito, 2019, p. 100.

26. "Esse elemento diz respeito à situação da prescrição jurídica em determinado momento histórico. (...). O elemento histórico também pode ser encarado em relação ao processo de formação da prescrição jurídica da qual se pretende determinar o sentido e o alcance" (Hugo de Brito Machado, *Introdução ao Estudo do Direito*, cit., 3ª ed., p. 168).

27. Carlos Maximiliano, *Hermenêutica e Aplicação do Direito*, cit., 20ª ed., p. 112.

28. "Como a grande maioria das normas jurídicas constitui a continuidade ou modificação de disposições precedentes, é de grande utilidade para o intérprete

alterações legislativas – enfim, de todo o processo legislativo conduzido até a edição do texto final da norma objeto da interpretação.[29]

São incontáveis as situações nas quais o legislador, notadamente por falta de tecnicidade jurídica, acaba por fazer alteração inadequada no projeto de lei, tornando o produto final não concatenado em sua integralidade. Desta forma, somente pelo uso da interpretação histórica poderão ser resgatadas a concatenação do texto legislativo e a real compreensão dos seus interesses.

6. Interpretação teleológica

Ao editar uma lei, é certo que o legislador visa a atingir um objetivo,[30] normalmente apresentado – quando houver – em sua exposição de motivos.[31] Seria impensável acreditar que o legislador edita um texto legal sem um fim, sem um porquê, de maneira despropositada e exercendo a legislatura de modo impensado. Não se admite o legislar pelo simples legislar, pois toda regra deve ter uma razão de ser. E é exatamente esta finalidade contida na lei que a interpretação teleológica visa a encontrar.[32]

Sem prejuízo da necessária investigação da intenção do legislador – a qual muitas vezes se mostra questionável sob o ponto de vista axiológico[33] –, necessário também verificar os reais anseios da sociedade sobre

estudar a origem e o desenvolvimento histórico dos institutos jurídicos, para captar o significado exato das leis vigentes" (André Franco Montoro, *Introdução à Ciência do Direito*, cit., 25ª ed., p. 374).

29. "O elemento histórico deve examinar o momento, a época em que a lei foi editada. As condições políticas e sociais que fizeram a lei surgir. (...). Sob o prisma histórico, o exegeta deve, pois, analisar os trabalhos preparatórios da lei, os anteprojetos e projetos, as emendas, as discussões parlamentares, a fim de ter um quadro claro das condições nas quais a lei foi editada" (Sílvio de Salvo Venosa, *Introdução ao Estudo do Direito: Primeiras Linhas*, cit., 5ª ed., p. 202).

30. "O elemento teleológico ou racional busca o sentido maior da norma, o seu alcance, sua finalidade, seu objetivo prático dentro do ordenamento para a sociedade. Constitui a razão de ser da lei, a *ratio legis*" (Sílvio de Salvo Venosa, *Introdução ao Estudo do Direito: Primeiras Linhas*, cit., 5ª ed., p. 202).

31. Carlos Maximiliano, *Hermenêutica e Aplicação do Direito*, cit., 20ª ed., p. 128.

32. "(...) teleológico, ou finalístico (...) sugere ao intérprete que investigue sempre a finalidade da prescrição jurídica cujo sentido e alcance quer determinar, além de ter sempre em vista a finalidade do próprio Direito como sistema de limites" (Hugo de Brito Machado, *Introdução ao Estudo do Direito*, cit., 3ª ed., p. 169).

33. Antônio Bento Betioli, *Introdução ao Direito*, 14ª ed., São Paulo, Saraiva, 2015, p. 452.

a matéria versada na lei,[34] a adequação da regra positivada aos preceitos legais que lhe são comuns e sua leitura sob a luz da Constituição Federal, por ser esta última a lei maior na regência da sociedade.[35]

7. O juiz como intérprete e sua atividade

O magistrado, enquanto aplicador do Direito, vale-se de um processo de silogismo para decidir e, como regra, aplicar a *lei* ao *caso concreto* – mas não só a lei, como também a jurisprudência, a doutrina e outros elementos –, sendo que estes correspondem às premissas maior e menor, respectivamente, cuja junção acaba por fornecer a conclusão da demanda aos jurisdicionados.[36]

A *interpretação judicial* "é a que se promove no aplicar, o juiz, a lei à espécie. Não é função judicial específica, porém resultado, por consequência, da fixação do conteúdo do preceito invocado".[37]

Eduardo Juan Couture destaca o debate, ainda sem consenso na doutrina, relativo ao "dilema de saber se a interpretação judicial é ato criador ou não, se a jurisdição é meramente declaratória do Direito ou é criadora do mesmo".[38] Cândido Rangel Dinamarco, por sua vez, ensina

34. Ao realizar interessante estudo sobre o Direito e a sua relação com a sociedade: "É que afirmar que o modo de produção da vida social determina o Direito é afirmar que o *Direito pressuposto* é um produto cultural. Cada modo de produção produz *a sua cultura*, e o Direito pressuposto nasce como elemento *dessa cultura*" (Eros Roberto Grau, *O Direito Posto e o Direito Pressuposto*, 9ª ed., São Paulo, Malheiros Editores, 2014, p. 65).

35. Ao tratar da interpretação teleológica: "No campo da norma jurídica a interpretação não pode dar-se com o emprego da técnica própria da Lógica formal. Tem-se de procurar, no meio humano e social, a razão pela qual a lei foi editada, para, diante dos interesses tutelados, compreender quais os fins ou objetivos que se pretendeu alcançar. É isto que a Lógica do razoável realiza na tarefa interpretativa da norma jurídica. Antes de tudo, as normas de Direito 'devem ser interpretadas à luz da confrontação de seus efeitos com o propósito que inspirou a elaboração da norma'" (Humberto Theodoro Jr., "Interpretação e aplicação das normas jurídicas", *RePro* 150/19, São Paulo, Ed. RT, agosto/2007).

36. "O juiz é o intermediário entre a norma e a vida: é o instrumento vivo que transforma a regulamentação típica imposta pelo legislador na regulamentação individual das relações dos particulares; que traduz o comando abstracto da lei no comando concreto entre as partes, formulado na sentença. O juiz é a *viva vox iuris*" (Francesco Ferrara, *Interpretação e Aplicação das Leis*, cit., 2ª ed., p. 1).

37. Luiz Roldão de Freitas Gomes, "Norma jurídica. Interpretação e aplicação. Aspectos atuais", *RF* 316/66, Rio de Janeiro, Forense, outubro-dezembro/1991.

38. Eduardo Juan Couture, *Interpretação das Leis Processuais*, São Paulo, Max Limonad, 1956, p. 35.

que "o juiz, embora *escravo da lei*, como tradicionalmente se diz, tem legítima liberdade para interpretar os textos desta e as concretas situações em julgamento, *segundo os valores da sociedade*".[39]

No entanto, nem sempre a aplicação da norma positivada ao caso concreto será feita de maneira tão simplória. Como abordado acima, a interpretação da lei pode ser feita com base em diversos métodos, o que, consequentemente, poderá ocasionar diversos resultados. Por sua vez, os fatos narrados no processo também são passíveis de interpretação pelo magistrado, antes, durante e depois da interpretação da norma.

Ultrapassada a interpretação da lei e dos fatos, resta saber se ao magistrado também está atribuída a incumbência de interpretar a vontade das partes quando da aplicação do Direito, mais precisamente se lhe compete analisar a intenção e os interesses buscados pelo demandante quando da propositura da ação, ou se o pedido formulado na petição inicial deve servir de limitador para a atividade jurisdicional e para a interpretação do magistrado.

8. Interpretar o Direito

A lei é fonte primária do Direito e trata-se de norma geral, abstrata e permanente. Como regra, não se dirige a um caso concreto e particular, servindo para regular uma situação jurídica hipotética e sendo aplicada por prazo indeterminado, até a sua revogação.[40]

Lei e Direito não se confundem.[41] Enquanto aquela é o caminho, este é o destino a ser alcançado.[42] Teresa Arruda Alvim esclarece que "o

39. Cândido Rangel Dinamarco, *Instituições de Direito Processual Civil*, 9ª ed., vol. I, São Paulo, Malheiros Editores, 2017, p. 331.

40. Sílvio de Salvo Venosa, *Direito Civil: Parte Geral*, 15ª ed., São Paulo, Atlas, 2015, pp. 10-11.

41. "A lei é apenas isso (...) um sinal para chegar-se ao Direito (...). A lei não é propriamente o Direito, disse S. Tomás de Aquino, mas uma razão do Direito (...). Interpretar o Direito, portanto, é muito mais do que interpretar um texto de lei. É acaso também interpretar esse texto. Mas é interpretar a coisa, desvendar a *res iusta*, conhecer a singular realidade em que se descobre a ação devida a outrem" (Ricardo Dip, "Tópicos inaugurais da interpretação jurídica", *RF* 413/667, Rio de Janeiro, Forense, janeiro-junho/2011).

42. "(...) é a interpretação última e aquela que dá vida ao Direito. (...) é nesse momento culminante que o juiz materializa e concretiza o Direito, aplicando-o ao caso em quizila, dando uma resposta à sociedade" (Sílvio de Salvo Venosa, *Introdução ao Estudo do Direito: Primeiras Linhas*, cit., 5ª ed., p. 199).

juiz aplica o *Direito*, e não a lei, pura e simplesmente, ao caso concreto. O Direito é mais do que a lei".[43]

Nem sempre o caminho a ser percorrido para a obtenção do Direito é simples e tranquilo. Como dito anteriormente, a lei é abstrata, sendo inúmeras as situações nas quais o texto positivado não se mostra claro,[44] dificultando a solução do litígio pelo magistrado e a aplicação do Direito. Mesmo quando a norma é clara, nem sempre o movimento do abstrato para o concreto é tarefa simples de ser realizada.

Ainda que pacífica a ideia de que o juiz conhece a norma positivada – *iura novit curia* –, conhecer e aplicar a lei são realidades distintas, em especial pelo fato de sua aplicação demandar a subsunção ao caso concreto. Daí que se extrai a necessidade de interpretação da norma pelo magistrado para fins de resolver o litígio e, em última análise, dar uma resposta aos demandantes e à sociedade para o conflito de interesses posto em juízo.

Entretanto, a atividade interpretativa da lei pelo juiz nem sempre foi uma ideia admitida e, a bem da verdade, não era sequer tolerada. Na Idade Média o monarca concentrava o poder jurisdicional, cumulado com a administração do Estado e a atividade legislativa, sendo esta realidade alterada após as revoluções liberais que defendiam a "separação dos Poderes"[45] do Estado e a sua tripartição com a criação dos órgãos Executivo, Legislativo e Judiciário.

No início do Estado Liberal o Poder Judiciário não era bem visto pelo Parlamento, notadamente pelo fato de diversos magistrados serem originários da antiga aristocracia, e, portanto, suas decisões costumavam ser favoráveis ao Estado, e não aos indivíduos – leia-se: eram desfavoráveis aos interesses da burguesia –, sendo recorrente no pensamento iluminista do início do Estado Liberal o ideal de que o poder criativo do

43. Teresa Arruda Alvim Wambier, "O juiz aplica a lei à verdade dos fatos?", *RePro* 216/426, São Paulo, Ed. RT, fevereiro/2013.

44. "(...) nem toda norma jurídica apresenta-se tão clara, quer por não ter o legislador cuidado de eliminar-lhe as obscuridades, quer por lançar mão de conceitos nem sempre bem definidos, quer, ainda, por recorrer a preceitos de excessiva amplitude. (...). A operação que tem por objetivo precisar o conteúdo exato de uma norma jurídica chama-se *interpretação*" (Silvio Rodrigues, *Direito Civil: Parte Geral*, 28ª ed., São Paulo, Saraiva, 2002, p. 23).

45. Ideia que adotamos sem adentrar o mérito da inadequada terminologia, pois o poder soberano do Estado é uno e não é suscetível de divisões.

legislador não poderia ser estendido ao juiz, o qual deveria ser somente a "boca da lei" e aplicar o texto positivado apenas em seu sentido literal.[46]

Passando para os dias de hoje, o papel do magistrado como intérprete da norma positivada é realidade da qual não se tem dúvida. A pergunta que se faz atualmente é outra: qual é o papel do Poder Judiciário enquanto intérprete da lei?[47] Se analisarmos o magistrado como membro de uma estrutura muito maior, que é a jurisdição estatal, torna-se questionável a ideia do juiz enquanto intérprete isolado da lei, especialmente se considerarmos que de cada interpretação seria possível obter um resultado diverso.

Dentro desse cenário, e visando à aplicação isonômica da lei para todos os indivíduos, nos últimos anos ocorreram diversas reformas legislativas tendentes a criar instrumentos para obstar à atividade criativa do magistrado e para vinculá-lo aos entendimentos contidos nas decisões proferidas pelos Tribunais de vértice.[48]

Nesse sentido, a Lei 13.105/2015 (CPC/2015) aprimorou antigos institutos processuais e criou novas ferramentas voltadas à uniformização da jurisprudência, inclusive sendo este um dos pilares deste novo diploma, conforme Anteprojeto apresentado pela Comissão de Juristas ao Senado Federal.[49]

46. "Era vedada, com efeito, a participação do Poder Judiciário e de seus juízes nesta tarefa. A razão é facilmente compreensível, mormente para a época em que concebida: a *forma* pela qual o princípio da separação dos Poderes era compreendido àquela época não permitira outra solução. Se cabe ao legislador fazer a lei, como admitir que um juiz – seu mero *aplicador* – poderia *transformá-la* ou alterá-la?" (Cassio Scarpinella Bueno, "Direito, interpretação e norma jurídica: uma aproximação musical do Direito", cit., *RePro* 111/237).

47. "A lei é a lei, e o juiz a ela se submete (art. 101, alínea 2, da Constituição italiana), não podendo completá-la ou integrá-la, mas somente aplicá-la, o que quer dizer, tornar claro, concretizar, explicitar, o que o ordenamento jurídico já contém, embora de forma abstrata" (Enrico Tullio Liebman, "A força criativa da jurisprudência e os limites impostos pelo texto da lei", *RePro* 43/60, São Paulo, Ed. RT, julho-setembro/1986).

48. Sobre este tema: Paulo Henrique dos Santos Lucon e Rafael Ribeiro Rodrigues, "Recursos extraordinário e especial repetitivos: antecedentes e novidades no CPC/2015", in Teresa Arruda Alvim, Nelson Nery Jr. e Pedro Miranda de Oliveira (coords.), *Aspectos Polêmicos dos Recursos Cíveis e Assuntos Afins*, vol. 14, São Paulo, Thomson Reuters, 2018, pp. 345-374.

49. "Proporcionar legislativamente melhores condições para operacionalizar formas de uniformização do entendimento dos Tribunais brasileiros acerca de teses jurídicas é concretizar, na vida da sociedade brasileira, o princípio constitucional da isonomia. Criaram-se figuras, no novo CPC, para evitar a dispersão excessiva da ju-

Neste sentido, destacamos o art. 926, segundo o qual "os tribunais devem uniformizar sua jurisprudência e mantê-la estável, íntegra e coerente" – cuja redação nos permite concluir pela impossibilidade de o magistrado livremente optar pela aplicação ao caso concreto da interpretação da lei que lhe pareça mais adequada, devendo, antes disso, observar se os tribunais já firmaram posicionamento sobre a questão.

Nada mais contraproducente do que o Estado trabalhar de maneira não concatenada, com magistrados proferindo decisões esparsas ao seu bel-prazer, em descompasso com o entendimento dos Tribunais de vértice, gerando trabalho para os jurisdicionados e retrabalho para o próprio Poder Judiciário, onerando o Erário e eternizando litígios despropositadamente.

Entretanto, em sua atividade o magistrado não se limita a conhecer e interpretar o Direito de maneira abstrata. Nas palavras de Enrico Tullio Liebman: "O conhecimento do juiz tem necessariamente dois objetos diferentes: a verificação dos fatos e a aplicação do Direito";[50] e: "Enquanto a alegação do fato é atribuição do litigante, o Direito é apanágio do juiz!"[51]

9. Interpretar os fatos

O magistrado, ao menos em tese, não conhece os fatos – e é isto que se espera, pois, se os conhecesse, seria testemunha e não estaria acobertado pela imparcialidade necessária para o desempenho da atividade jurisdicional de maneira neutra e adequada.

Os fatos são levados ao magistrado por meio da narrativa feita pelo autor – causa de pedir remota – e pelo contraditório exercido no curso da demanda, bem como, e especialmente, pelas provas produzidas nos autos, as quais servem de suporte para que o juiz firme seu entendimento sobre as questões fáticas e profira sua decisão.[52]

risprudência. Com isso, haverá condições de se atenuar o assoberbamento de trabalho no Poder Judiciário, sem comprometer a qualidade da prestação jurisdicional" ("Exposição de Motivos" do Anteprojeto do Novo Código de Processo Civil – disponível em *http://www2.senado.leg.br/bdsf/item/id/496296*, acesso em 6.5.2020).

50. Enrico Tullio Liebman, *Manual de Direito Processual Civil*, 3ª ed., vol. I, São Paulo, Malheiros Editores, 2005, p. 216.

51. José Rogério Cruz e Tucci, *A "Causa Petendi" no Processo Civil,* 3ª ed., São Paulo, Ed. RT, 2009, p. 210.

52. "(...), para o processualista, ou, se se quiser, para o juiz, a controvérsia que haja ficado fora do processo não passa de um boato, de que ele, eventualmente, poderá

Ao interpretar os fatos o magistrado deverá se ater a todo o contexto apresentado na demanda, sendo certo, ainda, que "os fatos devem ser interpretados com base nos acontecimentos cotidianos, e não nos extravagantes",[53] pois não pode o magistrado optar pela interpretação de um fato como sendo extraordinário sem antes ponderar pelo seu enquadramento como situação ordinária e usualmente recorrente nas relações sociais, devendo a razoabilidade acompanhar as decisões judiciais.

Enrico Tullio Liebman destaca que a jurisdição é chamada a se pronunciar sobre problemas concretos, visando a pôr fim à referida controvérsia, e só em relação a esta é eficaz,[54] mostrando-se essencial para este mister não só a análise da lei como também dos fatos que circundam a questão posta em juízo.

Sobre os fatos pode ou não haver controvérsia entre as partes. Inexistente a controvérsia, ao magistrado caberá apenas analisar as consequências jurídicas dos fatos, dentro dos limites da demanda formulada. Mas, existindo controvérsia sobre os fatos, caberá ao magistrado valorá-los no curso do processo, valendo-se das provas produzidas pelas partes, e só após a conclusão sobre os fatos adentrar as consequências jurídicas que lhes são inerentes e com base no pedido formulado.[55]

A título de exemplo, ao comprar determinado produto o consumidor estaria celebrando um contrato e, em contrapartida, realizaria o pagamento pela coisa adquirida. Se referido pagamento não fosse feito e a coisa

ter notícia por meio de uma leitura de jornal, ou através de uma conversa de esquina. Ela será tão relevante, sob o ponto de vista processual, como qualquer outro boato. Não pode haver lide fora do processo pela simples razão de que o conceito de lide foi criado para a solução de um ou de vários problemas peculiares ao processo. Pode ser que o historiador, ou o administrador, ou o sociólogo, ou até mesmo o médico, ou o jornalista, nos seus respectivos campos de atividade, conheçam, descrevam e interpretem esses conflitos sociais, porém, para o juiz eles serão absolutamente irrelevantes" (Ovídio Araujo Baptista da Silva, "Limites objetivos da coisa julgada no Direito Brasileiro atual", *RePro* 14/54, São Paulo, Ed. RT, abril-setembro/1979).

53. Decisão monocrática, AREsp 563.347-SC, rel. Min. Paulo de Tarso Sanseverino, publ. 1.6.2016; e Decisão monocrática, AREsp 206.821-RS, rel. Min. Ricardo Villas Bôas Cueva, publ. 8.4.2013.

54. Enrico Tullio Liebman, "A força criativa da jurisprudência e os limites impostos pelo texto da lei", cit., *RePro* 43/59.

55. "Os fatos são às vezes conhecidos e pacíficos, devendo-se a controvérsia apenas à diversidade das consequências jurídicas que deles as partes extraem. Outras vezes ocorre o contrário; ou, então, há divergência tanto sobre os fatos quanto sobre suas consequências jurídicas" (Enrico Tullio Liebman, *Manual de Direito Processual Civil*, cit., 3ª ed., vol. I, p. 217).

móvel fosse simplesmente subtraída, poderíamos estar diante do delito de furto, e se o infrator empregasse grave ameaça ou violência em face do proprietário da coisa configurar-se-ia o crime de roubo.[56] Por outro lado, o comerciante poderia simplesmente dar a coisa ao consumidor, sem nenhum ônus, configurando uma doação; ou, então, emprestar a coisa, dando ensejo a um comodato ou um mútuo, a depender de o bem ser fungível ou não. Sem termos a intenção de prolongar o exemplo, poderia o comerciante, ainda, alugar a coisa ao consumidor, mediante o pagamento de uma contraprestação. De qualquer modo, em todas as situações narradas a coisa móvel saiu da posse do comerciante para adentrar a posse de terceiro, e se referida situação fosse levada a juízo, por qualquer razão, somente pela narrativa dos fatos e pelas provas produzidas é que o juiz poderia decidir o que realmente ocorreu e em que circunstâncias houve a transferência da posse, aplicando o Direito conforme lhe fosse demandado.[57]

10. Interpretar a vontade das partes

A presente questão será esmiuçada no curso do presente trabalho. Sem prejuízo, desde já se mostra salutar destacar as balizas que norteiam este estudo.

Em síntese, o magistrado que se presta ao papel de intérprete do pedido sem a adoção de critérios objetivos acaba por interpretar a vontade das partes, seja a vontade do autor, por incorrer no risco de analisar um "pedido" além do próprio pedido em si mesmo, seja a vontade do réu, por concluir que a resistência empreendida em face da demanda do autor pode ser maior do que aquela efetiva e expressamente narrada na petição inicial.

A sociedade, ao renunciar ao sistema da autotutela e aderir à heterocomposição,[58] inicialmente conduzida sob o monopólio da jurisdição estatal, concomitantemente passou a regulamentar a atividade do Es-

56. "Consuma-se o crime de roubo com a inversão da posse do bem (...)" (STJ, REsp 1.499.050-RJ, rel. Min. Rogerio Schietti Cruz, publ. 9.11.2015).

57. Este exemplo foi parcialmente extraído de obra de Francesco Carnelutti (*Como Nasce o Direito*. São Paulo, Pillares, 2015, pp. 56-57), com adaptações feitas por este autor.

58. "O pedido agasalha a invocação do poder jurisdicional do Estado. Ele expressa o exercício da ação processual (demanda). O autor utiliza o remédio jurídico processual porque, face à proibição da tutela privada, de outra maneira lhe é defeso

tado-juiz enquanto prestador jurisdicional, valendo-se para tanto das normas processuais, na expectativa de padronizar procedimentos e tornar previsíveis as regras tendentes a conduzir a marcha do processo até a sua conclusão e solução do litígio.[59]

Assim, nota-se que a formalidade das normas processuais "está diretamente relacionada com a segurança jurídica. As formas existem para permitir que os litigantes identifiquem, com precisão, *como*, *quando* e *onde* devem agir",[60] sob pena de o ato processual praticado em descompasso com a formalidade prevista no ordenamento jurídico ser invalidado ou desconsiderado. Seguindo esta linha de raciocínio, Marcelo Pacheco Machado ressalva que: "Nas zonas de incerteza, porém, esta lógica se subverte",[61] haja vista que a parte não pode ser prejudicada se o sistema normativo não é claro quanto ao ato processual ou à forma do ato a ser praticado.

Fato é que, havendo previsão expressa no diploma processual, a qual impõe ao demandante o dever de expor o pedido certo e, em regra, determinado, no intuito de delimitar a tutela jurisdicional e o bem da vida objetivados perante o órgão julgador – cujo descumprimento ocasionará a inépcia da petição inicial, inclusive de ofício pelo juiz[62] –, não se mostra razoável admitir ao juiz retirar da petição inicial outro(s) pedido(s) além do(s) formulado(s), valendo-se para tanto de interpretação da vontade do autor extraída dos fatos narrados. Em outras palavras: o julgador entende que o autor gostaria de ter formulado algum pedido, que não necessariamente pediu, e ainda assim acaba por lhe conceder a tutela sobre referido pedido extraído por métodos interpretativos. Esta postura prejudica o réu, pois este conta com a segurança jurídica da norma processual que determina seja o pedido certo e, em regra, determinado.

O presente estudo não busca analisar a conduta do juiz enquanto intérprete do Direito, da lei ou dos fatos, mas, sim, na condição de intérprete do pedido e da vontade das partes, mais precisamente da vontade

atingir o adversário" (Araken de Assis, *Cumulação de Ações*, 4ª ed., São Paulo, Ed. RT, 2002, p. 153).

59. Júlio Cesar Goulart Lanes, *Fato e Direito no Processo Civil Cooperativo*, São Paulo, Ed. RT, 2014, p. 135.

60. Marcelo Pacheco Machado, *Incerteza e Processo*, São Paulo, Saraiva, 2013, p. 120.

61. Idem, p. 121.

62. Art. 301, III, e § 4º, do CPC/1973, correspondente ao art. 337, IV, e § 5º, do CPC/2015.

do demandante e da tutela por ele pleiteada. Para tanto, parte-se das premissas de que "os atos processuais são, indubitavelmente e por definição, *fatos voluntários*; eles não são sequer concebíveis senão como resultado da vontade da pessoa que os leva a efeito",[63] bem como que: "O acto postulativo é um ato formal".[64]

Indaga-se, portanto, até que ponto se mostra razoável e permissível que o magistrado quebre a regras da inércia, da imparcialidade e da congruência para adentrar campo demasiadamente subjetivo visando, ao final, a conferir ao demandante determinada tutela não expressamente pleiteada mas que, no entender no magistrado, foi ou poderia ter sido pleiteada pelo demandante.

63. Enrico Tullio Liebman, *Manual de Direito Processual Civil*, cit., 3ª ed., vol. I, p. 291.

64. Paula Costa e Silva, *Acto e Processo – O Dogma da Irrelevância da Vontade na Interpretação e nos Vícios do Acto Postulativo*, Coimbra, Coimbra Editora, 2003, p. 430.

§ 3º. O PEDIDO E SUA RELAÇÃO COM AS PARTES NO PROCESSO CIVIL

11. Pedido deduzido pelo autor. 12. Princípios inerentes ao pedido. 13. Pedido imediato e pedido mediato. 14. Pedido certo (art. 322 do CPC/2015). 15. Pedido determinado (art. 324 do CPC/2015). 16. Pedido genérico (art. 324, § 1º, do CPC/2015). 17. Pedido alternativo (art. 325 do CPC/2015). 18. Cumulação de pedidos. 19. Cumulação subsidiária de pedidos (art. 326 do CPC/2015). 20. Cumulação alternativa de pedidos (art. 326, parágrafo único, do CPC/2015). 21. Cumulação simples de pedidos (art. 327 do CPC/2015). 22. Cumulação sucessiva de pedidos. 23. Pedido não formulado. 24. Pedidos deduzidos pelo réu. 25. Reconvenção. 26. Pedido contraposto. 27. Relação entre pedido e o contraditório do demandado. 28. Pedido, condições e elementos da ação. 29. Aditamento ou alteração do pedido.

11. Pedido deduzido pelo autor

Neste capítulo analisaremos em tópicos estanques os atos praticados por cada uma das partes do processo – autor e réu –, os princípios que lhes são inerentes e a dinâmica existente entre os atos praticados dentro de um conjunto complexo, formador do processo como um todo, tudo isso para analisar a possibilidade, ou não, de o juiz interpretar o pedido.

Após, faz-se imprescindível voltar os olhos para a estrutura do processo civil em si e a dinâmica existente nas condutas e nos atos processuais praticados pelas partes até a solução final do litígio, sempre fazendo um contraponto com a possibilidade, ou não, de o pedido ser interpretado pelo magistrado. Sobre este ponto pretende-se demonstrar que não só as partes estão atreladas, mas também o magistrado está atrelado aos ônus e aos princípios processuais específicos, que norteiam a marcha processual e visam assegurar o bom andamento da demanda até o seu desfecho final.[1]

1. "É evidente, no entanto, que não se pode deixar ao arbítrio das partes a escolha do momento procedimental adequado para a prática dos atos de seu interesse. Realmente, o procedimento se fracciona em fases distintas, encadeadas entre si lógica e progressivamente, e em cada uma delas deverão as partes adotar as medidas processuais que lhes são afetas. Ultrapassado o momento procedimental próprio (fase

De início, com a devida cautela para não incorrer em digressão, são necessárias algumas considerações antes de adentrarmos o debate sobre o pedido deduzido pelo autor em juízo.[2]

Pois bem, sabe-se que a autotutela é, em regra,[3] vetada pelo ordenamento jurídico pátrio. Se fosse dada aos indivíduos a possibilidade de imporem unilateralmente, e mediante o uso de força, seus interesses em face daqueles com os quais convivem, retornaríamos ao período da barbárie que precedeu a criação do Estado. Já, a autocomposição – em que pese a se mostrar como o modelo mais adequado para a resolução dos conflitos, dado seu teor de efetiva pacificação da sociedade, pois busca solucionar os conflitos diretamente entre os interessados e de acordo com suas expectativas, sem a intervenção coativa do Estado ou de terceiros –, infelizmente, é medida que nem sempre se consuma na prática, razão pela qual torna-se necessária a adoção de um terceiro modelo para a resolução dos conflitos, denominado *heterocomposição*, por meio do qual há a intervenção de um agente, externo ao conflito e investido de poder, conhecimento e credibilidade suficiente para solucionar a lide,[4] substituindo a vontade dos indivíduos em litígio.[5]

procedimental) para a prática de determinado ato, ou tendo este já sido realizado, ou, ainda, sendo incompatível com outro anteriormente consumado, diz-se que ocorreu a preclusão" (Antonio Carlos Marcato, "Preclusões: limitação ao contraditório?", *RePro* 17/106, São Paulo, Ed. RT, janeiro-março/1980).

2. "O pedido é a forma de o autor transportar o conflito para o processo, decidindo qual parcela do conflito submeterá à cognição do juiz" (Daniela Monteiro Gabbay, "Arts. 318 a 331", in José Rogério Cruz e Tucci *et al.* (coords.), *Código de Processo Civil Anotado*, Rio de Janeiro, GZ Editora, 2016, p. 476).

3. Como exceções exemplificamos o desforço imediato (art. 1.210, § 1º, do CC) e a legítima defesa (art. 23, II, do CP).

4. "Ora, a lide constitui verdadeira perturbação à paz social ou, mais restrita e exatamente, à segurança pública, assumindo, por isso mesmo, importância a sua composição, consoante a ordem jurídica, cujo restabelecimento, obviamente, se impõe. E para dirimi-la, por ter assumido o Estado, com exclusividade, tal função, monopolizando a distribuição de justiça, os órgãos estatais, investidos de poder jurisdicional, ou seja, exercendo a *jurisdição*, através da *ação judiciária*, valem-se do *processo* –'conjunto dos atos indispensáveis, em cada caso, à composição da lide'" (Rogério Lauria Tucci, "Aspectos modernos do conceito de ação", in Luiz Rodrigues Wambier e Teresa Arruda Alvim Wambier (orgs.), *Doutrinas Essenciais – Processo Civil*, vol. 2, São Paulo, Ed. RT, outubro/2011, p. 59).

5. Sobre o tema, José Carlos Barbosa Moreira também expõe o interessante sistema de duelo utilizado no período medieval: "A cena ilustra costume que se difundiu na Europa em certa fase da Idade Média, embora provavelmente de origem mais remota: o duelo judiciário. Era um dos expedientes de que se lançava mão para resolver litígios – a princípio, não só de natureza penal, mas também civil. A ideia

Dentro desse contexto, se por um lado o Estado edita as normas, criando o direito objetivo, constituído por um "quadro definidor das situações juridicamente tuteláveis",[6] por outro lado, no modelo da heterocomposição o Estado, valendo-se do poder jurisdicional do qual é investido, também é o responsável pela aplicação do direito subjetivo caso a "titularidade no âmbito de uma situação jurídica"[7] venha a ser desrespeitada no âmbito das relações sociais.

No exercício do poder jurisdicional o Estado é inerte. Apenas mediante provocação expressa do indivíduo que afirma ter sido lesado em seu direito subjetivo – por meio do direito de ação – é que referida letargia estatal será afastada e o Estado passará a resolver o conflito que lhe foi posto para, ao final, substituir a vontade das partes, conferindo a quem entender adequado a tutela requerida, no intuito de implementar a pacificação social.

Daí a importância do direito de ação,[8] pois além de este ter o condão de retirar o poder jurisdicional de sua salutar inércia, provocando-o para que alguma solução seja dada ao conflito de interesses, também possibilita ao Estado-juiz decidir a favor ou contra o autor da demanda, demonstrando a independência entre o direito subjetivo em debate perante o juízo e o direito de ação propriamente dito,[9] por este último ser um

subjacente, característica de mentalidade que misturava religião e superstição, era a de que a Providência Divina havia de prestigiar quem tinha razão, e, portanto, no caso do duelo, guiaria a mão do inocente ou de seu paladino. Num tempo em que a atividade probatória não se dirigia necessariamente à razão dos julgadores, ao contrário do que na velha Roma e em nossos dias se tinha e se tem por assente, o combate fazia as vezes de prova – e de prova irrefutável e incontrastável, já que não comportaria dúvida nem impugnação o 'juízo de Deus' supostamente manifestado no desfecho do combate. Mais: além de prova, constituía sentença e execução" ("Duelo e processo", *RePro* 112/177, São Paulo, Ed. RT, outubro-dezembro/2003).

6. J. M. de Arruda Alvim Netto, *Manual de Direito Processual Civil*, 18ª ed., São Paulo, Thomson Reuters Brasil, 2019, p. 147.

7. Idem, p. 148.

8. "O direito de ação, constitucionalmente garantido, também se estende ao direito ao processo, assegurando às partes – e não apenas ao autor, que movimentou o mecanismo jurisdicional – o direito de fazer valer suas razões em juízo, o direito ao contraditório, o direito de defesa (dialeticamente oposto ao direito de ação), o direito, em, suma, de usar dos meios necessários para poder influir sobre a razão do pedido" (Ada Pellegrini Grinover, "O direito de ação", in Luiz Rodrigues Wambier e Teresa Arruda Alvim Wambier (orgs.), *Doutrinas Essenciais – Processo Civil*, vol. 2, São Paulo, Ed. RT, outubro/2011, p. 56).

9. Ao tratar do direito de ação, dentre outras definições, Rogério Lauria Tucci destaca o "poder de constituir mediante o pedido judicial um direito subjetivo à tutela

direito autônomo voltado à provocação do Estado na busca da solução dos conflitos.[10]

Entretanto, o direito de ação não é absoluto. Para seu exercício em plenitude, com a análise do mérito da demanda, deverá o magistrado constatar o preenchimento dos requisitos de admissibilidade para o julgamento do mérito, os quais se dividem em pressupostos processuais e condições da ação.[11]

O processo deve preencher determinados requisitos formais para ser considerado existente e para ter um desenvolvimento válido. Estes requisitos de existência (petição inicial, jurisdição, citação e capacidade postulatória) e de validade (petição inicial apta, juízo competente, juiz imparcial e capacidade de estar em juízo) são denominados de *pressupostos processuais*, e a inexistência de qualquer um deles acarreta o julgamento da demanda sem resolução do mérito (art. 485, IV, do CPC/2015). Já, as *condições da ação* (atualmente, legitimidade de partes e interesse de agir) são "exigências" legais cuja presença visa a demonstrar, em tese, a aptidão que o processo tem para prosseguir até se alcançar o objetivo perseguido, consubstanciado na resolução do mérito da demanda, ou, na falta de uma das condições, teremos o julgamento da demanda sem resolução do mérito (art. 485, VI, do CPC/2015).

Para o escopo do presente trabalho é necessário nos atermos à petição inicial enquanto pressuposto processual de existência, a qual confi-

judiciária (Windscheid, Goldschmidt, Hein, Büllow)" ("Aspectos modernos do conceito de ação", In Luiz Rodrigues Wambier e Teresa Arruda Alvim Wambier (orgs.), *Doutrinas Essenciais – Processo Civil*, vol. 2, São Paulo, Ed. RT, outubro/2011, p. 59).

10. "(...) a petição inicial é um projeto de provimento, ao indicar o conteúdo pretendido e os limites em que o exercício do poder jurisdicional será legitimamente exercido, à luz dos princípios da inércia da jurisdição e da demanda" (Daniela Monteiro Gabbay, "Arts. 318 a 331", in José Rogério Cruz e Tucci *et al.* (coords.), *Código de Processo Civil Anotado*, cit., p. 476).

11. "Adverte Buzaid que os pressupostos processuais e as condições da ação podem reunir-se sob a categoria de requisitos de admissibilidade do julgamento do mérito, os quais devem ser examinados pelo juiz *ex officio*. Tais questões, por sua natureza, são prévias e se contrapõem à questão principal, que é a do mérito. Esta pertence antes à parte do que ao juiz, que está adstrito aos limites da pretensão formulada pelo autor, não podendo decidir nem além nem fora deles; aquelas, por sua vez, pertencem antes ao juiz, que pode conhecer delas sem a provocação dos interessados, do que às partes" (José Ignácio Botelho de Mesquita, Mariana Capela Lombardi, Rodolfo da Costa Manso Real Amadeo, Luiz Guilherme Pennacchi Dellore e Daniel Guimarães Zveibil, "O colapso das condições da ação? Um breve ensaio sobre os efeitos da carência de ação", *RePro* 152/19, São Paulo, Ed. RT, outubro/2007).

gura o instrumento da própria demanda e o ato que instaura um processo e provoca de maneira suficiente o Estado-juiz para afastar o princípio da inércia da jurisdição e conduzir o magistrado à aplicação do princípio do impulso oficial.[12]

Ainda que movido pelo impulso oficial, ao magistrado são atribuídos somente poderes de atuação nos limites do pedido, salvo previsão legal expressa em sentido contrário. Fora do pedido e, por conseguinte, da esfera de interesse do autor, o magistrado deverá permanecer inerte, tal como se encontrava no momento anterior ao da propositura da demanda.[13]

Mas não basta a simples existência de petição inicial para que o processo caminhe rumo à resolução do mérito, sendo também necessária sua regularidade, com o preenchimento dos pressupostos processuais de validade. A aptidão da petição inicial, que, em outras palavras, corresponde à sua adequação formal, considera-se não preenchida quando (i) lhe faltar pedido ou causa de pedir, (ii) o pedido for indeterminado, ressalvadas as hipóteses legais em que se permite o pedido genérico, (iii) da narração dos fatos não decorrer logicamente a conclusão, (iv) contiver pedidos incompatíveis entre si (art. 330, § 1º, I a IV, do CPC/2015).[14]

12. "O processo inicia-se pela vontade do autor. O primeiro ato do processo é a petição inicial, por meio da qual o autor movimenta a máquina jurisdicional, retirando-a da inércia a que está submetida, por força do art. 2º do CPC. Além de configurar o ato inaugural do processo, a petição inicial assume importante função: fixa os limites da lide. No ato introdutório do processo, individualiza-se o objeto da demanda, ao estabelecerem-se o pedido e a sua causa" (Rodrigo Otávio Barioni, "A emenda da petição inicial após a citação do réu", *RePro* 121/51, São Paulo, Ed. RT, março/2005).

13. "Conquanto expressão da soberania estatal, a jurisdição só atua mediante provocação da parte interessada (*ne procedat iudex ex officio*). Esta exerce o direito subjetivo da ação pela demanda, com a qual instaura a relação jurídica processual. No instrumento formal da demanda, que é a petição inicial, está contido o pedido, ou pretensão processual, objeto mesmo daquela relação jurídica. O pedido, dirigido tanto a um determinado provimento quanto a um bem da vida, porque formulado na medida que convenha ao autor, delimita assim o poder jurisdicional. É certo que a contestação poderá influir nessa delimitação, quando o réu, por exemplo, reconhecer parte do pedido, mas a influência terá consistido apenas em diminuir a área litigiosa do objeto do processo, uma vez que a cognição judicial continua abrangendo *tudo, mas só*, o que se contém no *petitum*. A isso também se chama exaustivamente de provimento jurisdicional" (Milton Paulo de Carvalho, *Do Pedido no Processo Civil*, Porto Alegre, Sérgio Antônio Fabris Editor, 1992, p. 163).

14. Em que pese a não ser o escopo do presente trabalho, importante registrar que o art. 330, § 2º, do CPC/2015 trouxe nova hipótese de inépcia da petição inicial, caso a ação tiver por objeto a revisão de obrigação decorrente de empréstimo, de financiamento ou de alienação de bens, e o autor deixar de discriminar na petição inicial, dentre as obrigações contratuais, aquelas que pretende controverter.

Pela leitura das hipóteses de inépcia da petição inicial constata-se quão relevante é o pedido para a validade do processo e seu desenvolvimento regular.[15] Nas palavras de Humberto Theodoro Jr., "o pedido formulado pelo autor na petição inicial é a condição sem a qual o exercício da jurisdição não se legitima".[16] Já, para Sidnei Amendoeira Jr.: "O objeto do processo está no pedido, que é justamente o alvo das atividades dos sujeitos do processo e, por isso, será objeto de prova e da decisão".[17]

De fato, poucas situações são processualmente tão absurdas quanto a de um processo que percorre toda a marcha processual para, ao final, o magistrado concluir pela deficiência no pleito do autor. Nesta linha de raciocínio, mostra-se de vital importância a decisão que recebe a petição inicial (art. 321 do CPC/2015) antes de determinar a citação da parte contrária, sendo indiscutivelmente este o momento adequado para que o magistrado aprecie e constate a completude e a concatenação dos pedidos formulados ou, em caso negativo, determine ao autor a emenda ou regularização da petição inicial, inclusive indicando com precisão o que deve ser corrigido ou completado.

Se, de um modo geral, "o formalismo é necessário no processo, muito mais que nas outras atividades jurídicas",[18] esta premissa fica ainda mais evidente ao tratarmos do pedido e da necessidade de sua formulação ser feita de maneira adequada pelo demandante, haja vista os reflexos diretos tanto para a atividade do demandado no exercício do contraditório quanto para o juiz em seu mister decisório.

Em que pese à importância do pedido para o presente estudo, não se pode ignorar que a ação possui outros dois elementos – quais sejam, as partes e a causa de pedir –, sendo a soma dos três a ferramenta adequada para identificar e individualizar cada ação proposta, particularizando-a

15. "O pedido é essencial à demanda, porque a demanda é relação jurídica processual e a petição o ato em que se invoca o órgão do Estado, que é o juiz. Diz-se o que é que se pede (*petitum*), e porque se pede (*causa petendi*; art. 282, III)" (Francisco Cavalcanti Pontes de Miranda, *Comentários ao Código de Processo Civil*, 2ª ed., t. IV (arts. 282 a 443), Rio de Janeiro, Forense, 1979, p. 45).

16. Humberto Theodoro Jr., *Curso de Direito Processual Civil*, 58ª ed., vol. I, Rio de Janeiro, Forense, 2017, p. 1.091.

17. Sidnei Amendoeira Jr., *Poderes do Juiz e Tutela Jurisdicional: a Utilização Racional dos Poderes do Juiz como Forma de Obtenção da Tutela Jurisdicional Efetiva, Justa e Tempestiva*, São Paulo, Atlas, 2006, p. 76.

18. Enrico Tullio Liebman, *Manual de Direito Processual Civil*, 3ª ed., vol. I, São Paulo, Malheiros Editores, 2005, p. 290.

e distinguindo-a das demais ações já decididas, em curso ou que vierem a ser ajuizadas.

A exposição dos elementos da ação na petição inicial mostra-se relevante, notadamente – para um estudo que trata do pedido – a causa de pedir, pois ambos devem ser claramente delineados na petição inicial ou no aditamento determinado pelo juiz (art. 321 do CPC/2015), sob pena de indeferimento da exordial, pela sua inépcia. Tal providência tem o escopo de (i) impedir que haja mais de um processo versando sobre a mesma demanda, nos quais, inclusive, podem ser proferidas decisões contraditórias; (ii) afastar do Judiciário o ônus de decidir mais de uma vez a mesma demanda, o que não só prejudicaria o bom andamento de seus trabalhos, e poderia gerar conflito de decisões, como também comprometeria a celeridade no julgamento de outras demandas em curso; e (iii) equacionar de maneira racional o curso da demanda, possibilitando aos demandantes e ao magistrado conhecer de antemão qual é o pleito formulado, como deverá ser realizada a instrução probatória e qual poderá ser a tutela conferida, caso ao final se entenda pela procedência do pedido.

A adequada delimitação do pedido pelo autor em sua exordial ou, na sua ausência, a determinação pelo magistrado de ajuste ou complemento do pedido quando do recebimento da petição inicial, permitem ao autor e ao réu alinhar suas expectativas com o resultado que poderá advir da demanda, como também permitem ao réu que o contraditório seja efetivamente exercido, assegurando-lhe a possibilidade de se desincumbir do ônus da impugnação específica em sua plenitude.

Falar de pedido requer uma prévia análise da causa de pedir, pois esta evidencia a razão pela qual o pedido é formulado, o motivo pelo qual determinada parte propõe uma ação para pleitear a tutela jurisdicional que entende devida.[19] Nas palavras de Teresa Arruda Alvim, "a causa de pedir identifica o pedido".[20]

19. "Para criar um processo contencioso, ou de acertamento, em busca da coisa julgada, incumbe à parte deduzir em juízo, contra o adversário, não só a *pretensão* a ele endereçada, como também a razão da pretensão, que vem a ser a demonstração de como se dá a coincidência daquilo que se propõe na demanda com a hipótese abstrata da lei. A razão ou motivação da demanda (vale dizer: da pretensão) decompõe-se, por sua vez, em razão de fato e razão de direito. Mas a razão da pretensão não é isoladamente nem o fato nem a norma jurídica" (Humberto Theodoro Jr., "Notas sobre sentença, coisa julgada e interpretação", *RePro* 167/12, São Paulo, Ed. RT, janeiro/2009).

20. A integralidade do texto evidencia a relação entre causa de pedir e pedido: "Isto porque embora o pedido, *stricto sensu*, seja o mesmo, na realidade não o é, pois a causa de pedir identifica o pedido: pedir anulação por erro não é o mesmo que pedir

Inconteste que o acolhimento ou a rejeição do pedido estão diretamente relacionados com a pertinência, ou não, da causa de pedir, a qual se divide em fatos e fundamentos jurídicos do pedido, nos termos do art. 319, III, do CPC/2015.

Conforme leciona Carlos Alberto Carmona: "O *fato* referido pelo legislador, portanto, é o *fato constitutivo* do direito do autor, nada mais".[21] Ao autor – leia-se, como regra, ao seu procurador – incumbe o ônus de elaborar uma petição inicial que exponha os fatos de forma clara, detalhada e comprovada, de maneira suficientemente adequada para permitir ao juiz visualizar todo o panorama do conflito e para possibilitar ao réu o efetivo exercício do contraditório.

Entretanto, no tocante aos pedidos, pode o autor optar por formular todos os pleitos passíveis de tutela em razão da lide demonstrada na petição inicial ou apenas parcela dos pedidos, mas "o demandante deve conformar sua pretensão à forma que o juiz mais eficazmente pode proporcionar a satisfação de seu direito".[22]

A petição inicial que deixa de formular pedido que poderia ter sido formulado consiste em instrumento inábil para a resolução da lide em sua integralidade. O direito de ação é do autor, e sobre ele incide o ônus de definir aquilo que será postulado em juízo, pois é sobre o autor que recairá o ônus da sucumbência em eventual decisão desfavorável.

O magistrado, por sua vez, só poderá conceder tutela jurisdicional àquilo, e somente àquilo, que lhe foi pleiteado em juízo. Com relação ao pedido que não integrou a demanda, ainda que potencialmente passível

anulação por dolo. A coisa julgada pesa sobre o pedido de anulação por erro. Por erro, aquele contrato jamais será anulado: foi o que se pediu, foi o que se denegou. Mas o erro, em si, não fez coisa julgada, tanto que pode ser rediscutido quantas vezes forem precisas. Ele só se cristalizou com relação àquele pedido específico: para fins de anular o contrato não se pode mais discutir se houve ou não erro. Não houve" (Teresa Celina Arruda Alvim Pinto, "A sentença e a coisa julgada", *RePro* 41/182, São Paulo, Ed. RT, janeiro-março/1986).

21. E complementa a ideia da seguinte forma: "Este o fato indispensável que o demandante deve narrar, 'com clareza e precisão' – completava o Código de Processo Civil de 1939 –, 'de maneira que o réu possa preparar a defesa'. Os fatos simples – que comprovam a existência do fato jurídico (do qual o autor faz decorrer seu pedido) – não precisam constar da petição inicial, pois a necessidade de confirmação do fato jurídico dependerá das alegações do réu e das provas que serão produzidas" (Carlos Alberto Carmona, "Em torno da petição inicial", *RePro* 119/19, São Paulo, Ed. RT, janeiro/2005).

22. Fábio Peixinho Gomes Corrêa, *O Objeto Litigioso no Processo Civil*, São Paulo, Quartier Latin, 2009, p. 48.

de formulação, mesmo se extraído de um processo interpretativo dos fatos narrados e comprovados, este se encontrará apenas no campo da argumentação. Pedido faltante é pedido inexistente, e, se inexiste, não será passível de análise quanto ao seu mérito pelo juiz, em razão da delimitação da demanda pelo próprio demandante.

Por certo que se está, aqui, a falar de demandas individuais que versam sobre direitos disponíveis, para as quais não cabe ao magistrado reconhecer de ofício se não forem passíveis de reconhecimento sem a adequada provocação pelo autor. Contudo, há exceções, e estas serão analisadas em momento oportuno neste estudo. O que se pretende abordar neste momento é que a regra a ser seguida no processo civil para direitos disponíveis é a de que apenas o pedido formulado é apto a gerar efeitos e alterar a esfera de direitos do autor e do réu.

O juiz, como regra, deve julgar o pedido, e só. Mesmo diante da completude da narrativa dos fatos, se o pedido for formulado mas sem a necessária certeza, ainda assim o magistrado não poderá conceder a tutela que entender como a mais adequada sem considerar o conjunto da postulação, observar a boa-fé e respeitar o contraditório. O juiz deverá ser um intérprete da lei e poderá ser intérprete dos fatos (desde que narrados e comprovados), mas não há sentido em ser um intérprete da vontade das partes, pois este elemento subjetivo não se encontra presente na estrutura do processo, senão dentro do pedido formulado ao final na petição inicial, após a narrativa dos motivos que ensejaram a propositura da ação.

Toda lide levada a juízo pressupõe a existência de um "conflito de interesses qualificado por uma pretensão resistida ou insatisfeita",[23] e a propositura de uma ação judicial desloca referida lide do campo da tratativa entre os indivíduos envolvidos no debate para o escopo de atuação jurisdicional do Estado, o qual, desde que preenchidos os pressupostos processuais e as condições da ação, ao final resolverá o mérito do conflito. A exteriorização da lide para o Estado-juiz não se faz por meio dos fatos sabidos pelas partes, pela sociedade ou, por vezes, noticiados pela mídia, acarretando o conhecimento prévio do magistrado, mas, sim, pelos fatos narrados na petição inicial e comprovados no curso da instrução processual. Assim, a solução dos interesses contrapostos não pode ser diversa daquela eleita como a mais adequada pelo próprio autor em seu pedido.

23. Francesco Carnelutti, *Instituições do Processo Civil*, vol. 1, São Paulo, Classic Book, 2000, p. 28.

No tocante à consideração anterior, importante apenas esclarecer que cada vez mais o escopo do Estado-juiz é o de promover, sempre que possível, a solução consensual dos conflitos (art. 3º, § 2º, do CPC/2015) – medida, sem dúvida, mais próxima da efetiva solução do conflito e da pacificação social. No entanto, esta postura não afasta o fato de que, após a triangulação da ação e oferecida a contestação, o autor não poderá, sem o consentimento do réu, desistir da ação (art. 485, § 4º, do CPC/2015). Assim, a partir do momento no qual o réu se insurge em face da demanda formulada pelo autor, o expresso interesse do autor de extinguir o processo sem (desistência) ou com resolução do mérito (transação[24]) dependerá de aquiescência do réu e de decisão do juiz.

Certo, ainda, que da narração dos fatos deverá decorrer logicamente a conclusão do juízo, o que denota a necessária concatenação entre os fatos narrados e o pedido ao final formulado, o qual busca obter um desfecho adequado para a lide.

A causa de pedir é classificada pela doutrina como *próxima* e *remota*, sendo a primeira relativa aos fundamentos jurídicos[25] do pedido, o enquadramento normativo encontrado pelo autor no ordenamento positivado,[26] o qual torna possível sustentar em juízo o pleito de acolhimento da sua pretensão lastreada no direito subjetivo, e a segunda são os fatos cons-

24. "A transação é um instituto que envolve a atitude das partes de concessões mútuas e uma necessária redefinição do objeto litigioso, pois que, se cede o réu de um lado, cede, também o autor, do outro, modificando, assim, portanto, o seu pedido" (Teresa Celina Arruda Alvim Pinto, "A sentença e a coisa julgada", cit., *RePro* 41/179).

25. "Desnecessário lembrar que fundamento jurídico e fundamento legal são coisas distintas: fundamento jurídico relaciona-se com categorização jurídica, tipificação, subsunção do fato à norma; fundamento legal é embasamento positivo, citação de norma que ampara determinado pleito. O legislador, por óbvio, não exige do autor o enquadramento legal de seu pedido, até porque pode não haver lei que funde um determinado pleito. *Iura novit curia*, diziam os antigos: o juiz conhece o Direito, dizemos nós. Mas o cipoal de leis que estrangulou o País nas últimas décadas recomenda que os advogados – práticos, acima de tudo – facilitem a vida dos magistrados quando for necessário reportar-se a portarias, normas de órgãos reguladores, circulares etc. (tudo isso incluído no conceito largo de lei)" (Carlos Alberto Carmona, "Em torno da petição inicial", cit., *RePro* 119/20).

26. "Outro ponto relevante reside na distinção feita pela doutrina, quanto ao conteúdo da causa de pedir próxima, entre fundamento jurídico e fundamento legal. O primeiro estaria relacionado às 'categorias jurídicas' aplicáveis ao caso (...). O segundo seria um critério eminentemente formal, representado pela indicação das referências numéricas dos diplomas normativos" (Marcelo Pacheco Machado, "Causa de pedir e teoria da relatividade do fato essencial", *RePro* 237/92, São Paulo, Ed. RT, novembro/2014).

titutivos do direito do autor e alegados na petição inicial, representando o elemento motivador da dedução da pretensão formulada em juízo.[27]

Ademais, importante destacar a existência de duas teorias sobre a causa de pedir, a da *individuação* e a da *substanciação*. Para a *teoria da individuação* a causa de pedir consiste apenas na afirmação do direito, bastando ao autor indicar a relação jurídica tida com o réu, sendo relevante somente o fundamento jurídico alegado na petição inicial, por entenderem os defensores desta corrente que os fatos são irrelevantes para identificar a causa de pedir. Já, na *teoria da substanciação* a causa de pedir consiste nos fatos alegados na petição inicial, constitutivos do direito do autor, e a alteração dos fatos tem por consequência uma nova causa de pedir, acarretando uma nova demanda, diversa da anterior. Esta última é a teoria adotada no ordenamento jurídico brasileiro.

Nas lições de Ada Pellegrini Grinover, "pela teoria da *substanciação*, a causa de pedir é composta pelo fato e pelo fundamento jurídico do pedido" e, por outro lado, na teoria da individuação "*a causa de pedir é constituída exclusivamente* pela afirmação *do direito*. Os fatos não importam e podem mudar no curso do processo".

De acordo com José Rogério Cruz e Tucci, na teoria da substanciação ou "*Substantiierungstheorie* – a *causa petendi* consiste no fato jurídico constitutivo do direito afirmado pelo autor. Assim a definição de uma relação jurídica faz-se relevante para precisar o objeto do processo e, portanto, para individualizar a demanda"; já, na teoria da individualização, ou "*Individualisierungstheorie* – faz-se suficiente, para o fim de identificar a demanda, a mera alegação da relação jurídica da qual o demandante extrai a consequência afirmada".[28]

27. Como defensores deste posicionamento destacamos José Rogério Cruz e Tucci (*A "Causa Petendi" no Processo Civil*, cit., 3ª ed., São Paulo, Ed. RT, 2009, pp. 61-62 e 156) e José Ignácio Botelho de Mesquita ("A *causa petendi* nas ações reivindicatórias", *Revista da Ajuris* 20/169, Rio Grande do Sul, novembro/1980). Em sentido contrário: Teresa Arruda Alvim (*Nulidades do Processo e da Sentença*, 10ª ed., São Paulo, Thomson Reuters Brasil, 2019, pp. 253-255), Antonio Carlos Marcato (*Procedimentos Especiais*, 17ª ed., São Paulo, Atlas, 2017, p. 25), bem como Nelson Nery Jr. e Rosa Maria de Andrade Nery (*Comentários ao Código de Processo Civil*, São Paulo, Ed. RT, 2015, p. 886), os quais entendem que a causa de pedir próxima decorre da descrição dos fatos e a causa de pedir remota é inerente aos fundamentos jurídicos.

28. José Rogério Cruz e Tucci, "A denominada 'situação substancial' como objeto do processo na obra de Fazzalari", *RePro* 68/272, São Paulo, Ed. RT, outubro-dezembro/1992.

Segundo Ovídio Araujo Baptista da Silva – em menção ao CPC/1973 –, o diploma processual brasileiro "não se filia à corrente doutrinária da substanciação, como, de resto, não acolhe a doutrina contrária, radical, da individualização, mesmo porque, modernamente, as duas posições radicais são rejeitadas".[29] E arremata ponderando que no Brasil "os princípios que se extraem de nosso sistema correspondem a uma atenuação da teoria da substanciação, pois que a lei exige que os fatos sejam expostos como fundamento do pedido, mas tão só os fatos essenciais". Referido raciocínio permanece hígido diante da leitura do CPC/2015, segundo o qual a petição inicial deverá indicar o fato e os fundamentos jurídicos do pedido, sem prejuízo da posterior alteração ou aditamento da causa de pedir, conforme analisaremos oportunamente neste trabalho.

Para a aplicação da teoria da substanciação ganha relevo o princípio da eventualidade[30] (cuja análise mais detida será realizada adiante neste estudo), segundo o qual do autor é exigida a exposição, na petição inicial, de todos os fatos que possam embasar sua pretensão, com a formulação de todos os pedidos cuja tutela do Judiciário se pretende obter. O réu, por sua vez, deve alegar na contestação toda a matéria que interessar à sua defesa, mesmo tratando-se de alegações incongruentes entre si. Após distribuída a petição inicial e ofertada a contestação, às partes é vedado pelo ordenamento jurídico deduzir novos fatos (salvo na hipótese de ocorrência de fatos supervenientes sobre a mesma demanda), em decorrência da preclusão consumativa.[31]

Em síntese: para a teoria da substanciação o que importa são os fatos narrados na petição inicial; já, para a teoria da individuação levam-se em consideração o direito e a espécie jurídica invocada para a propositura da ação.

No tocante ao fundamento jurídico indicado pelo autor na petição inicial, não obstante este se prestar para identificar a ação, se considerarmos que o réu se defende dos fatos postos na exordial, visando a

29. Ovídio Araujo Baptista da Silva, "Limites objetivos da coisa julgada no Direito Brasileiro atual", *RePro* 14/68, São Paulo, Ed. RT, abril-setembro/1979.

30. José Rogério Cruz e Tucci, "A regra da eventualidade como pressuposto da denominada teoria da substanciação", *Revista do Advogado* 40/39-43, São Paulo, julho/1993.

31. "A chamada preclusão *consumativa* opera quando a parte, por já haver praticado determinado ato previsto em lei, vê-se impossibilitada de, após sua consumação, praticá-lo novamente" (Antonio Carlos Marcato, "Preclusões: limitação ao contraditório?", cit., *RePro* 17/107).

desconstituir o(s) pedido(s) formulado(s), inexiste prejuízo caso a qualificação jurídica dos fatos seja alterada pelas partes ou pelo juiz no curso da demanda, de acordo com a máxima *da mihi factum, dabo tibi ius* e o princípio *iura novit curia*, pelo qual o magistrado tem o dever de conhecer o ordenamento jurídico e aplicá-lo com autoridade ao caso concreto.[32]

Não por outro motivo que as provas produzidas no curso da demanda buscam demonstrar a "verdade dos fatos em que se funda o pedido ou a defesa e influir eficazmente na convicção do juiz" (art. 369 do CPC/2015), e o Direito, em regra, não precisa ser objeto de prova, diante da presunção segundo a qual o magistrado detém profundo e adequado conhecimento do sistema normativo. Exceção a esta regra aplica-se ao direito municipal, estadual, estrangeiro ou consuetudinário, cujo teor e vigência deverão ser provados pela parte que o alegar, caso o juiz determine (art. 376 do CPC/2015).

Sem prejuízo da premissa de que o juiz conhece o Direito, a boa técnica processual requer do advogado não só a indicação dos fundamentos jurídicos do pedido na petição inicial, como também dos dispositivos legais relacionados à causa de pedir próxima, visando, assim, a otimizar o prequestionamento em eventual interposição dos recursos especial e extraordinário, perante o STJ e STF, respectivamente, como também permitindo aferir questões atinentes ao controle de constitucionalidade e a aplicação de precedentes (arts. 926 e 927 do CPC/2015).

De mais a mais: "É inadmissível, pois, que as partes deixem o fardo argumentativo nas costas do juiz. A construção processual dos fundamentos decisórios dar-se-á em dinâmica comparticipada e policêntrica entre os sujeitos processuais".[33] Inexistem motivos para que o demandante deixe de dirigir seu pleito ao Poder Judiciário da maneira mais completa possível, não só no tocante ao pedido, como também para a causa de pedir.

32. "Em processo de jurisdição contenciosa, o tribunal não só não tem poderes para proferir uma decisão que se afaste do que lhe foi pedido, como não goza de poderes que lhe permitam sequer propor um efeito alternativo. Pode requalificar os factos apresentados pela parte, subsumindo-os a um dispositivo legal distinto daquele que a parte invocou. Pode, consequentemente, encontrar um fundamento jurídico diverso para a produção do efeito que a parte pretende que seja produzido. Mas não pode concluir pela decretação de uma consequência prática que não se possa dizer abrangida pelo pedido formulado" (Paula Costa e Silva, *Acto e Processo – O Dogma da Irrelevância da Vontade na Interpretação e nos Vícios do Acto Postulativo*, Coimbra, Coimbra Editora, 2003, p. 262).

33. Guilherme César Pinheiro, "O novo Código de Processo Civil e as alterações não explícitas sobre a petição inicial", *RePro* 258/95, São Paulo, Ed. RT, agosto/2016.

Como consideração final, não se pode confundir pedido e requerimento, pois, enquanto o primeiro está ligado ao escopo primordial do processo, visando a efeito extraprocessual, que é a resolução do mérito e a pacificação do conflito, o segundo refere-se ao pleito formulado para a condução do processo, gerando efeito endoprocessual, tal como a produção de provas.

Exatamente por não ser "pedido", o requerimento não está adstrito ao pleito formulado pelo autor e não encontra limite na inércia jurisdicional.[34] Pelo contrário, o impulso oficial determina que todos os atos necessários, desde que acobertados pelo devido processo legal, sejam praticados pelo Poder Judiciário no curso do processo para, ao final, se atingir o julgamento do mérito, assegurando o cumprimento do escopo primordial do processo.

12. Princípios inerentes ao pedido

Conforme anota Eros Roberto Grau, "os princípios gerais de cada Direito informam e condicionam a interpretação de suas regras".[35] E a regra para o direito processual não é diferente, pois há princípios gerais que norteiam a sua aplicação, com especial destaque neste estudo para os princípios inerentes ao pedido.

De início, cumpre destacar o *princípio da demanda*, também denominado *princípio da ação* – que não se confunde com o direito de ação[36] –, pelo qual a atividade jurisdicional tem início primordialmente mediante provocação do autor (petição inicial – art. 312 do CPC/2015), do réu (reconvenção ou pedido contraposto) ou de terceiro interessado, servindo o pedido formulado como limite para a atuação do magistrado,[37] desde que

34. Flávio Luiz Yarshell, *Curso de Direito Processual Civil*, vol. 1, São Paulo, Marcial Pons, 2014, p. 282.

35. Eros Roberto Grau, "O direito pressuposto e o direito posto", *RT* 673/21, São Paulo, Ed. RT, novembro/1991.

36. Luiz Guilherme Marinoni, Sérgio Cruz Arenhart e Daniel Mitidiero, *Novo Curso de Processo civil: Teoria do Processo Civil*, 2ª ed., vol. I, São Paulo, Ed. RT, 2016, p. 272.

37. "Dentre os elementos que identificam a ação, além das partes e da causa de pedir, está o pedido, que em nosso entender é também o requisito mais importante da petição inicial, na medida em que delimita toda a atividade jurisdicional" (Olavo de Oliveira Neto e Patrícia Elias Cozzolino de Oliveira, "A necessidade de pedido específico na ação de indenização por dano moral", *Revista do Instituto dos Advogados de São Paulo* 23/252, São Paulo, janeiro-junho/2009).

preenchidos os pressupostos processuais e as condições da ação, sem os quais não será possível atingir o julgamento de mérito.

Nas palavras de Teresa Arruda Alvim e José Miguel Garcia Medina: "É, a demanda, a primeira manifestação processual do exercício do direito de ação".[38] E a iniciativa de provocar o Estado-juiz e retirá-lo da inércia é incumbência da parte interessada. Em caso de ausência de provocação do Poder Judiciário o magistrado nada poderá fazer, mesmo deparando-se com flagrante violação a direito. O magistrado não pode decidir e nem determinar nada fora do processo e sem provocação do interessado, sob pena de violar a inércia e a imparcialidade inerente à sua função jurisdicional.

A previsão de que uma ação só se iniciará com a provocação do interessado ao órgão jurisdicional, tendente a romper a inércia do Estado-juiz, é medida que busca garantir não só a imparcialidade e a neutralidade do magistrado, como também o adequado resultado a ser dado à demanda. Nas palavras de Pontes de Miranda: "O pedido abrange tudo sobre que se vai pronunciar o juiz, entregando, toda de uma vez, ou em mais de uma vez, por partes, a prestação jurisdicional".[39]

Enquanto a função jurisdicional do Estado propicia, primordialmente, a aplicação do Direito ao caso concreto, com o escopo de resolver os conflitos de interesse, o direito de ação, decorrente do princípio da demanda (ou da ação), permite ao indivíduo ir ao Estado-juiz e buscar a solução para a violação do seu direito.

Em que pese a nem sempre ter sido assim, referida previsão não é novidade. O CPC/1939 previa em seu art. 4º: "O juiz não poderá pronunciar-se sobre o que não constitua objeto do pedido, nem considerar exceções não propostas para as quais seja por lei reclamada a iniciativa da parte". O CPC/1973 manteve a ideia em seu art. 2º, ao definir que: "Nenhum juiz prestará a tutela jurisdicional senão quando a parte ou o interessado a requerer, nos casos e forma legais". O CPC/2015 abordou o tema em seu art. 2º, pelo qual: "O processo começa por iniciativa da parte e se desenvolve por impulso oficial, salvo as exceções previstas em lei".

Referida ideia repetida nos diplomas processuais acima descritos advém dos princípios da demanda e da inércia jurisdicional, pelos quais o poder jurisdicional é inerte e só é movimentado mediante pleito de

38. Teresa Arruda Alvim Wambier e José Miguel Garcia Medina, *Processo Civil Moderno*, 3ª ed., vol. I (*Parte Geral e Processo de Conhecimento*), São Paulo, Ed. RT, 2013, p. 83.

39. Francisco Cavalcanti Pontes de Miranda, *Comentários ao Código de Processo Civil*, t. II (arts. 46 a 153), Rio de Janeiro, Forense, 1974, p. 353.

prestação jurisdicional formulado pela parte interessada ao Estado-juiz, e a este não é permitido decidir sem prévia provocação (*ne procedat iudex ex officio*).

Não há dúvidas de que atribuir ao magistrado o poder para iniciar uma ação e formular uma demanda comprometeria sua imparcialidade e tornaria tendenciosa a decisão dada para solucionar o litígio, sem contar com o potencial prejuízo ao réu no exercício do seu contraditório e ampla defesa, tudo caminhando para a conclusão da inadmissibilidade do magistrado como demandante e julgador em um mesmo processo, mesmo porque há suspeição do juiz quando este for interessado no julgamento do processo em favor de qualquer das partes (art. 145, IV, do CPC/2015).

Ainda que o magistrado não tenha interesse no julgamento do processo e não apresente a demanda de ofício em nome do autor, do mesmo modo, a conduta de se sub-rogar aos interesses do autor e decidir de maneira diversa do pedido formulado – o que na prática, por vezes, é feito em razão da interpretação do pedido de maneira indevida – incontestavelmente caracteriza violação ao princípio da demanda e macula o devido processo legal, isso não só levando-se em consideração todos os pontos acima expostos, como também pelo simples fato de o magistrado não saber quais são os reais interesses do demandante em juízo.

Neste ponto, o art. 4º do CPC/1939 foi categórico ao definir que: "O juiz não poderá pronunciar-se sobre o que não constitua objeto do pedido, (...)". Não obstante o ajuste redacional dos diplomas processuais seguintes, ainda hoje o magistrado que decide fora ou além do pedido incorre em violação ao princípio da congruência, conforme será detidamente analisado em momento oportuno neste estudo.

De todo modo, para fins de elucidar a importância do princípio da demanda (e da inércia), não se pode fechar os olhos para o fato de que a demanda formulada em juízo retira o Estado-juiz da inércia apenas e na medida do pedido formulado, sendo este o limite sobre o qual o magistrado poderá se pronunciar – salvo as hipóteses de limitação ou de não incidência, a serem analisadas adiante.

Permitir ao Poder Judiciário que, após ajuizada uma ação com determinado pedido, seja realizada a interpretação da vontade do demandante e, como resultado desta interpretação, seja concedida ou não a tutela estatal para todos os pedidos que o magistrado entender como passíveis de formulação na relação jurídica *sub judice* significa subverter o princípio da demanda.

De todo modo, o princípio da demanda comporta hipóteses de mitigação, tal como a execução penal de ofício (arts. 105 e 147 da Lei 7.210/1984 – Lei de Execução Penal), a execução trabalhista de ofício (art. 878 da CLT), concessão de *habeas corpus* de ofício (art. 654, § 2º, do CPP) e arrecadação de bens do ausente de ofício (art. 740 do CPC/2015). O art. 989 do CPC/1973 admitia a abertura do inventário de ofício, medida inadmitida pelo art. 616 do CPC/2015.

Nesse mesmo sentido, Flávio Luiz Yarshell[40] elucida que, após proposta a ação, ao julgador é permitido adotar medidas processuais de ofício – desde que estas tenham lastro no ordenamento jurídico e não no simples "querer" do magistrado –, pois: "Havendo previsão legal, a parte não será surpreendida e tampouco se poderá dizer que o julgador terá assumido indevidamente o papel simultâneo de acusador e juiz".

Adiante, outro princípio inerente ao pedido é o *princípio dispositivo*,[41] do qual decorre o ideal de Estado Liberal que busca assegurar a imparcialidade do magistrado e garantir ao autor (ou ao réu em reconvenção ou em pedido contraposto) a faculdade de demandar "a prestação jurisdicional que entender mais conveniente aos seus interesses, sendo vedado ao Estado-juiz romper a inércia que lhe é originariamente atribuída para adentrar, de ofício, na esfera de interesses particulares".[42-43]

40. Flávio Luiz Yarshell, *Curso de Direito Processual Civil*, cit., vol. 1, p. 99.

41. Antônio Carlos de Araújo Cintra, Ada Pellegrini Grinover e Cândido Rangel Dinamarco, *Teoria Geral do Processo*, 27ª ed., São Paulo, Malheiros Editores, 2011, p. 70.

42. Rafael Ribeiro Rodrigues e Rennan F. K. Thamay, "O efeito translativo na barca de Caronte", *RePro* 255/259, São Paulo, Ed. RT, maio/2016.

43. Sobre o princípio dispositivo segue importante ressalva: "Conheço poucas expressões tão equívocas em ciência jurídica como esta: princípio dispositivo. Ela é usada em diversíssimos contextos, ora para aludir à iniciativa da instauração do processo (diz-se que a parte é que deve tomar a iniciativa em razão do princípio dispositivo, porque, se ela não quer postular o seu direito, o problema é seu, e a sua atitude deve ser respeitada), ora para aludir à delimitação do objeto do processo e, portanto, do objeto do julgamento. Costuma dizer-se, reunindo esses dois aspectos, que cabe à parte determinar o se e o sobre quê do processo. Cabe à parte resolver se vai haver processo e a respeito de que o processo vai versar. Mas também se fala em princípio dispositivo acerca, por exemplo, da iniciativa na produção de provas. E também se fala em princípio dispositivo no tocante à possibilidade de praticar atos de disposição do direito litigioso do feito, por exemplo, transação, renúncia, reconhecimento etc., como reflexo, acrescenta-se, da chamada autonomia da vontade" (José Carlos Barbosa Moreira, "Correlação entre o pedido e a sentença", *RePro* 83/208, São Paulo, Ed. RT, julho-setembro/1996).

Ora, sendo o direito de ação uma faculdade atribuída ao indivíduo para pleitear junto ao Poder Judiciário uma tutela tendente a assegurar seus direitos, por certo que os limites da tutela requerida para direitos disponíveis não podem ser impostos pela lei, e menos ainda pelo magistrado que decide a demanda,[44] cabendo a este apenas decidir pela concessão (integral ou parcial) ou não da tutela pleiteada, sem transbordar do pedido, sob pena de violar o princípio da congruência,[45] conforme melhor será analisado adiante.

Nas palavras de Alfredo Buzaid, ao tratar do princípio dispositivo no processo civil, "cabe às partes atuar livremente no processo, propondo a ação com que ele se inicia, oferecendo o réu a resposta ao pedido, produzindo, ambas, as provas com que pretendem formar o convencimento judicial e recorrendo da decisão que lhe for adversa".[46-47]

Segundo Sidnei Amendoeira Jr., "o princípio do dispositivo diz respeito apenas às limitações do juiz no tocante aos atos de disposição das partes (...) compete ao juiz analisar apenas os aspectos formais".[48]

44. "No âmbito infraconstitucional, costuma-se falar que o juiz não pode dar início ao processo *ex officio* em virtude do princípio dispositivo. Tal denominação decorre do fato de serem disponíveis os direitos *privados* tutelados através do processo civil e também de uma escolha legislativa, que enxerga na atividade processual do titular do direito um instrumento de defesa seguramente mais eficiente do que qualquer atividade estatal que pudesse, de ofício, tutelar os interesses de todas as pessoas" (Marcelo José Magalhães Bonicio, *Princípios do Processo no Novo Código de Processo Civil*, São Paulo, Saraiva, 2016, p. 185).

45. "O princípio dispositivo é considerado um princípio fundamental do processo. Através dele se entende que o início do processo fica ao arbítrio do autor, o qual define a lide, como desejar, estando livre de quaisquer injunções da lei ou da Justiça. As partes vão ao Estado solicitar a prestação da tutela jurisdicional, em vez de o Estado ir distribuir a Justiça" (Flávio Cheim Jorge, *Teoria Geral dos Recursos Cíveis*, São Paulo, Ed. RT, 2015, p. 308).

46. Alfredo Buzaid, "Processo e verdade no Direito Brasileiro", *RePro* 47/95, São Paulo, Ed. RT, julho-setembro/1987.

47. Ressalte-se, ainda: "Chama-se em teoria direito processual *princípio dispositivo* aquele segundo o qual, entre as vedações, o juiz não pode levar em conta, na sua apreciação do feito, a qualquer momento, fatos que não foram alegados pelas partes, nem formar a sua convicção com os meios que, propostos pelos litigantes, não se produziram com observância das regras legais" (Francisco Cavalcanti Pontes de Miranda, *Comentários ao Código de Processo Civil*, cit., t. II (arts. 46 a 153), p. 384).

48. Sidnei Amendoeira Jr., *Poderes do Juiz e Tutela Jurisdicional: a Utilização Racional dos Poderes do Juiz como Forma de Obtenção da Tutela Jurisdicional Efetiva, Justa e Tempestiva*, cit., p. 73.

Tanto é verdade que existe para o autor (ou ao réu na reconvenção ou no pedido contraposto) a faculdade de formular pedido apenas sobre parcela daquilo que entende lhe ser de direito em decorrência da relação jurídica objeto da lide que no curso da demanda lhe é assegurado o direito de transacionar direitos disponíveis ou renunciar à pretensão formulada (art. 487, III, "b" e "c", do CPC/2015) e, mesmo diante de decisão notoriamente passível de reforma pela via recursal, caberá à parte vencida optar por interpor ou não o recurso cabível para reformar a decisão.

E, por todos estes motivos, o princípio dispositivo impõe o "ônus dos interessados de alegação e prova dos fatos dos quais possam extrair consequências favoráveis no processo".[49] Assim, se o demandante possuir diversas pretensões em decorrência de determinado litígio levado a juízo mas, por motivos quaisquer, detiver meios de prova para apenas parcela dos fatos ensejadores de suas pretensões, não seria razoável formular pedido sobre a parcela da pretensão desprovida de acervo probatório, por se saber de antemão a possível improcedência do pedido. E essa análise é – deve ser – feita pelo demandante e seu advogado antes do ajuizamento da ação.

Ainda em análise do princípio dispositivo, necessário considerar que não só o pedido mediato pode ser formulado na medida e de acordo com os interesses do demandante, como também o pedido imediato poderá ser feito com tutela menor do que a efetivamente cabível. O art. 4º, parágrafo único, do CPC/1973 previa ser "admissível a ação declaratória, ainda que tenha ocorrido a violação do direito". Nesta esteira, o art. 20 do CPC/2015 dispõe que: "É admissível a ação meramente declaratória, ainda que tenha ocorrido a violação do direito".

Nada obsta, portanto, a que, diante da existência de um crédito, o demandante busque apenas a declaração de sua existência perante o demandado, sem formular a condenação para buscar a sua satisfação.[50] Ao proferir a decisão declaratória o magistrado não poderá condenar o demandado a pagar o crédito, sob pena de ir além do pedido formulado.[51]

49. Flávio Luiz Yarshell, *Curso de Direito Processual Civil*, cit., vol. 1, p. 125.

50. Sobre o tema, v. parecer: "É a petição inicial que fixa os limites da lide. Assim, em tendo o pedido sido declaratório, incorre em nulidade qualquer decisão de natureza distinta daquela que foi pedida, no caso, condenatória. A petição inicial estabelece os limites da atividade decisória, vinculando o juiz aos estritos limites nos quais a lide foi posta" (Nelson Nery Jr., "Decisão *extra petita*", *Soluções Práticas de Direito* 9/125-153, setembro/2014).

51. "De acordo com o Código de Processo Civil vigente (art. 20), pode o autor se valer apenas da ação declaratória, mesmo diante de lesão passível de condenação.

Se o autor pode ajuizar ação formulando apenas pedido de declaração de relação jurídica, o Poder Judiciário não poderá invadir a disposição de vontade do autor para lhe conceder mais do que pleiteado, seja para a constituição, seja para a condenação do réu.

Relacionando os princípios da demanda e dispositivo, temos que o princípio da demanda vem primeiro, e corresponde à "liberdade que tem o indivíduo de recorrer, ou não, à tutela jurisdicional",[52] a qual "não pode ser negada, mas não se pode obrigar o indivíduo a usá-la forçadamente".[53] O princípio dispositivo, por sua vez, decorre de momento posterior, no qual o indivíduo já decidiu ir a juízo e, à luz do conflito ensejador do litígio, passará a verificar quais são os direitos materiais pleiteáveis e juridicamente tuteláveis, dos quais serão extraídos apenas aqueles em que se acredita haver potencial chance de êxito, delimitando o objeto litigioso do processo e, por meio do pedido, levando a juízo o modelo de tutela jurisdicional desejada para a solução do litígio.

Por fim, destacamos o *princípio da boa-fé* nas relações processuais, cuja análise será feita de maneira mais detida oportunamente, no capítulo que tratará da interpretação do pedido. Neste momento cabe apenas pontuar o valor deste princípio, que vem estampado já no art. 5º do CPC/2015, no conjunto das normas fundamentais do processo civil.

Mais diretamente relacionado com o objeto deste estudo, o CPC/2015 inovou ao prever tanto ao pedido formulado na petição inicial (art. 322, § 2º) quanto à sentença (art. 489, § 3º) o dever de serem interpretados em observância e em conformidade com o princípio da boa-fé.

Em uma primeira leitura da aplicação do princípio da boa-fé ao pedido, e valendo-se de uma interpretação sistemática, necessário realizarmos

Se, por exemplo, houver uma dívida já vencida e não paga, e o autor não almejar a *condenação* do réu ao pagamento, nada impede que pleiteie perante o Poder Judiciário exclusivamente a declaração de existência da relação jurídica entre ele e o réu (crédito daquele, correlato ao débito deste). Trata-se de desdobramento claro do princípio *dispositivo*. É evidente que se tiver sido proposta ação declaratória, julgada procedente, esta sentença trará *certeza jurídica* substituindo uma situação de dúvida. Se a condenação não foi pedida – conquanto o pudesse ter sido, dado que já teria havido lesão – a sentença não poderá, em princípio, condenar o réu, pois a decisão é adstrita aos limites do pedido (art. 492 do CPC/2015). É o que a doutrina denomina de sentença de *mero acertamento*" (Arruda Alvim, *Manual de Direito Processual Civil*, cit., 18ª ed., p. 1.051).

52. Humberto Theodoro Jr., *Curso de Direito Processual Civil*, cit., 58ª ed., vol. I, p. 72.

53. Idem, p. 73.

a leitura conjunta do art. 322, § 2º, do CPC/2015 com as regras de deveres das partes e com os atos considerados litigância de má-fé, quais sejam: não formular pretensão ou apresentar defesa quando ciente de que são destituídas de fundamento (art. 77, II); não produzir provas e não praticar atos inúteis ou desnecessários à declaração ou à defesa do direito (art. 77, III); deduzir pretensão contra texto expresso de lei ou fato incontroverso (art. 80, I); alterar a verdade dos fatos (art. 80, II); e usar do processo para conseguir objetivo ilegal (art. 80, III).

Mas não é só isso. O simples fato de o autor formular pedido valendo-se de redação confusa, passível de gerar dúvida ao réu quanto à defesa a ser apresentada e ao juiz quanto à decisão a ser proferida, por si só, pode caracterizar violação ao princípio da boa-fé. Do mesmo modo, também está em descompasso com a boa-fé o possível pedido lançado no corpo da petição inicial sem harmonia com os demais requisitos desta, ao invés de ser expresso e inserido em tópico próprio e individualizado. O autor deve formular seu pedido de modo a não gerar dúvidas ao réu e ao juiz sobre a existência e a extensão do pleito.

Conforme trataremos adiante, a conduta do autor de indicar possíveis pedidos no corpo da petição inicial sem formulá-los de forma efetiva e expressa abre margem para a famigerada interpretação lógico-sistemática do pedido (ou da petição inicial) criada pela jurisprudência, com reflexos diretos no processo, notadamente para o valor da causa, taxa judiciária, sucumbência, litispendência e coisa julgada;[54] isso sem mencionar o contraditório e a ampla defesa. Mas estes pontos serão novamente analisados, razão pela qual nos limitamos, neste momento, a fazer este breve apontamento.

13. Pedido imediato e pedido mediato

A tutela jurisdicional é a proteção conferida pelo Estado-juiz, enquanto parcela do poder estatal, apenas quando provocado, em razão do direito de ação e por meio da petição inicial utilizada pelo autor para retirar o Poder Judiciário de sua inércia, com fundamento em uma crise jurídica cuja solução se espera obter. Na petição inicial o autor deve

54. "Consoante o princípio da congruência, o pedido delimita o objeto litigioso e, por conseguinte, o âmbito de atuação do órgão judicial (art. 128 do CPC), razão pela qual assume extrema importância na identificação da ação ajuizada para fins de aferição da ocorrência de litispendência ou de coisa julgada" (STJ, REsp 1.368.210-SP, rela. Min. Nancy Andrighi, publ. 17.6.2013).

apresentar a lesão ou ameaça de lesão a um direito material que entende violado ou na iminência de ser violado, bem como a tutela jurídica buscada e a solução que entende adequada para a crise apresentada.[55]

Referidas crises jurídicas podem ser classificadas em diferentes espécies, dependendo do critério adotado, sendo elas a tutela de *conhecimento* (meramente[56] declaratória, (des)constitutiva e condenatória), a tutela *executiva* e a tutela *cautelar*.

A tutela de conhecimento é apta a resolver três espécies de crise jurídica, quais sejam: (i) a crise de *certeza*, resolvida pela tutela meramente declaratória; (ii) a crise de *situação jurídica*, resolvida pela tutela (des)constitutiva; e (iii) a crise de *inadimplemento*, resolvida pela tutela condenatória. Esta classificação é adotada pela teoria ternária, que nega sejam espécies autônomas a tutela mandamental e a executiva *lato sensu*, defendidas pela teoria quinária.

A tutela executiva, por sua vez, visa a resolver uma crise de *satisfação*, considerando que já existe um direito reconhecido judicialmente – de forma provisória ou definitiva – ou extrajudicialmente, mas seu titular encontra-se insatisfeito em decorrência da resistência da parte contrária.

Encerrando essa ideia, a tutela cautelar é apta a resolver uma *crise de perigo*, cabendo distinguir as tutelas de urgência previstas no nosso sistema processual: tutela cautelar e tutela antecipada. A primeira visa à garantia do resultado do processo e a segunda a assegurar a satisfação da pretensão do demandante. Noutras palavras: a tutela cautelar garante para satisfazer e a tutela antecipada satisfaz para garantir.[57]

Feita esta análise prévia sobre as crises jurídicas e as tutelas jurisdicionais, tem-se que o pedido imediato é aquele pelo qual o autor retira o Estado-juiz de sua inércia, na expectativa de obter uma tutela jurisdicional

55. "O pedido de proteção jurisdicional de dado bem da vida está *condicionado* à caracterização do tipo de provimento que se pretende (*condicionante*); o *efeito* do pedido de prestação de tutela jurisdicional (*força* ou *consequência*) é a pretensão a um determinado bem da vida. Essa dicotomia entre pedidos *imediato* e *mediato* explica-se pela relação de interdependência entre esses dois aspectos: a parte pede *imediatamente* a prestação jurisdicional, sem a qual não será possível a obtenção *mediata* de um bem da vida" (João Pereira Monteiro Neto, "Pedido genérico: reflexões à luz do novo Código de Processo Civil", *RePro* 243/61-62, São Paulo, Ed. RT, maio/2015).

56. Fala-se "meramente" declaratória por se entender que toda ação de conhecimento tem carga declaratória, mas nesta hipótese a questão versa apenas sobre a declaração para solução da crise de certeza.

57. Francisco Cavalcanti Pontes de Miranda, *Comentários ao Código de Processo Civil*, t. XII (arts. 796 a 889), Rio de Janeiro, Forense, 1976, pp. 24-28.

de acordo com a crise jurídica descrita nos fatos de sua petição inicial, seja ela de conhecimento, executiva ou cautelar. Trata-se, portanto, da atividade processual exercida quando do julgamento do pedido.

De acordo com Flávio Luiz Yarshell, "na classificação processual das ações, o critério distintivo normalmente aceito pela doutrina é o provimento jurisdicional invocado, isto é, o denominado pedido imediato",[58] ressaltando a sua importância.

Por outro lado, o pedido mediato decorre logicamente do atendimento do pedido imediato, trata-se do "bem da vida" buscado pelo autor em razão do julgamento do seu pedido.[59] O pedido mediato endereça-se não só ao Estado-juiz, para que este decida, como também ao réu, para fins de estabelecer os parâmetros da defesa e de eventual tentativa de composição amigável.

Antonio Carlos Marcato elucida que: "Imediato é o que se refere a *determinado provimento jurisdicional* (condenatório, constitutivo ou meramente declaratório) (...). Mediato é o pedido do *bem da vida* afirmado pelo autor como seu".[60] Em outros termos: "O pedido indica a prestação jurisdicional buscada pelo autor (*pedido imediato*) e o 'bem da vida' que se pretende ver atingido pela tutela jurisdicional (*pedido mediato*)".[61]

De acordo com José Rogério Cruz e Tucci: "Para dar início ao processo de conhecimento, cumpre, pois, ao autor provocar a jurisdição solicitando uma determinada espécie de provimento (pedido imediato), para tutelar um bem jurídico (pedido mediato)".[62] Assim, toda decisão que julga o mérito do pedido formulado na petição inicial divide a atividade jurisdicional em dois momentos, primeiro para conceder ou não a

58. Flávio Luiz Yarshell, *Tutela Jurisdicional*, 2ª ed., São Paulo, DPJ, 2006, p. 59.

59. "O pedido formulado, ainda quando classificado como unitário (apenas um pedido), a rigor possui duas solicitações. A primeira formulada em face do Estado, para que lhe preste determinado tipo de tutela jurisdicional; e a segunda formulada contra o sujeito passivo, para que lhe entregue o bem da vida que pretende obter" (Olavo de Oliveira Neto e Patrícia Elias Cozzolino de Oliveira, "A necessidade de pedido específico na ação de indenização por dano moral", cit., *Revista do Instituto dos Advogados de São Paulo* 23/254).

60. Antonio Carlos Marcato, *Procedimentos Especiais*, cit., 17ª ed., p. 23.

61. José Miguel Garcia Medina e Teresa Arruda Alvim Wambier, *Processo Civil Moderno*, cit., 3ª ed., vol. I (*Parte Geral e Processo de Conhecimento*), p. 177.

62. José Rogério Cruz e Tucci, "Reflexões sobre a cumulação subsidiária de pedidos", *RT* 78657, São Paulo, Ed. RT, abril/2001.

tutela pleiteada pelo autor junto ao Estado-juiz, o que se faz pela análise do pedido imediato, e, após, para conceder ou não o pedido mediato, tendente a, respectivamente, alterar ou manter o estado das coisas no mundo dos fatos.[63]

Por exemplo, na ação de reconhecimento de paternidade julgada procedente o juiz declara (pedido imediato) que "Fulano" é pai de "Beltrano" (pedido mediato), gerando entre as partes todos os direitos e deveres decorrentes do aludido parentesco. Na ação anulatória de negócio jurídico o juiz julga procedente o pedido para anular (pedido imediato) o contrato firmado entre "Sicrano" e a "empresa X" (pedido mediato), retirando referido negócio jurídico da órbita de direitos e deveres das partes contratantes. Na ação indenizatória por danos materiais o juiz julga procedente o pedido para condenar (pedido imediato) o réu a pagar determinada quantia ao autor (pedido mediato), consequentemente possibilitando ao autor – quando do cumprimento de sentença – empreender medidas executivas que acarretarão o aumento do seu patrimônio em detrimento da diminuição do patrimônio do réu.

Do mesmo modo, e por via indireta, na ação de reconhecimento de paternidade julgada improcedente o juiz declara (pedido imediato) que "Fulano" não é pai de "Beltrano" (pedido mediato), afastando das partes os direitos e deveres atinentes ao parentesco. Na ação anulatória de negócio jurídico em que o juiz julga improcedente o pedido e não anula (pedido imediato) o contrato firmado entre "Sicrano" e a "empresa X" (pedido mediato) referido contrato permanece gerando direitos e deveres para os contratantes. Na ação indenizatória por danos materiais em que o juiz julga improcedente o pedido para não condenar (pedido imediato) o réu a pagar determinada quantia ao autor (pedido mediato) o patrimônio de ambas as partes permanecerá inalterado, com exceção de eventual sucumbência a ser suportada pelo autor.

63. "O autor, em primeiro lugar, retira o Estado da inércia em que se encontra, solicitando a prestação jurisdicional (daí dizer que a ação é direcionada ao Estado, e não ao réu) – esse, portanto, o pedido imediato, ou seja, o pedido de prestação de tutela jurisdicional. Aliás, é por meio do pedido imediato que o autor define o tipo de tutela que busca junto ao Estado (declaratória, condenatória, constitutiva, executiva *lato sensu*, mandamental, executiva ou cautelar). Por sua vez, então, o pedido mediato é aquele pelo qual o autor define exatamente qual o bem da vida que almeja obter através do processo. Esse pedido, apesar de também ser dirigido ao Estado, atuará em face do réu" (Sidnei Amendoeira Jr., *Manual de Direito Processual Civil*, 2ª ed., vol. 1 (*Teoria Geral do Processo e Fase de Conhecimento em Primeiro Grau de Jurisdição*), São Paulo, Saraiva, 2012, p. 398).

Cumpre destacar que, após a análise feita sobre a petição inicial, a conclusão deste estudo é a de que o magistrado não está adstrito ao pedido imediato formulado pelo autor, pois este decorre da narrativa dos fatos e é decorrência lógica do pedido mediato.[64] O autor só escolhe o pedido mediato, de forma que o pedido imediato é um desdobramento do mediato. Se o pedido imediato estiver incorreto trata-se de erro na técnica processual à qual o juiz não está adstrito, desde que o magistrado tenha como base o pedido mediato a ser alcançado.[65] Logo, o pedido imediato pode ser interpretado (*rectius*, ajustado), não sendo esta lógica aplicada ao pedido mediato.

Assim, se o autor ajuíza ação com o *nomen iuris*[66] de "indenizatória por danos materiais", narrando e comprovando no curso da demanda que o réu lhe deve R$ 10.000,00, sem deixar dúvida quanto ao intuito condenatório da ação proposta, mas ao final formula pedido de declaração do crédito de R$ 10.000,00 em seu favor, por certo o réu deverá se defender para afastar a sua condenação, e por parte do magistrado espera-se não só a mera declaração ou não do direito ao crédito, como também a condenação ou não do réu ao pagamento da referida quantia – nas respectivas hipóteses de procedência ou improcedência do pedido –, isso porque o pedido imediato é técnica processual, portanto decorre do direito objetivo, do qual o magistrado não pode se escusar.

64. "O demandante, fundado no princípio dispositivo, escolhe o bem da vida que quer (pedido mediato), todavia, não escolhe livremente a técnica processual (pedido imediato), pois a escolha do bem da vida vai vincular – obrigatoriamente – a espécie de tutela jurisdicional demandada (...) a jurisprudência admite a desconsideração deste pedido imediato, caso esteja em desconformidade com o pedido mediato, fazendo o bem da vida sempre prevalecer sobre o aspecto processual" (Marcelo Pacheco Machado, *A Correlação no Processo Civil: Relações entre Demanda e Tutela Jurisdicional*, Salvador, JusPodivm, 2015, p. 71).

65. Em sentido contrário, v.: Edson Ribas Malachini, "Da conversibilidade de um processo em outro, por emenda à petição inicial", *RePro* 54/7-16, São Paulo, Ed. RT, abril-junho/1989. Neste artigo o autor entende que a apreciação judicial pode constatar a inadequação do pedido imediato sem que isso importe invasão da esfera dispositiva da parte, mas apenas com a emenda da petição inicial tendente a ajustar o pedido imediato é que a tutela jurisdicional, tida por adequada pelo magistrado, poderá ser concedida.

66. Ao tratar do ministério de Elio Fazzalari, José Rogério Cruz e Tucci cita que "o *nomen juris* que o autor utiliza para caracterizar a situação jurídica substancial deduzida não é vinculante para o juiz" ("A denominada 'situação substancial' como objeto do processo na obra de Fazzalari", cit., *RePro* 68/273).

Referido exemplo não se confunde com o exemplo dado ao tratarmos do princípio dispositivo, pois naquele o demandante inquestionavelmente buscava apenas a declaração da existência de crédito perante o demandado. Já, no exemplo acima o pedido de tutela declaratória não se coaduna com o conjunto postulatório, o qual evidencia interesse do autor em obter a condenação do réu, sendo este o motivo pelo qual ao magistrado será permitido conceder a tutela jurisdicional condenatória, por ser esta a adequada à integral resolução do mérito.

No entanto, a lógica para o pedido mediato é diretamente oposta. Se, no mesmo exemplo, o autor ajuizar ação de indenização por danos materiais, narrando e comprovando no curso da demanda que o réu lhe deve R$ 10.000,00, mas ao final formular pedido para que o réu seja condenado a pagar R$ 5.000,00, não pode o magistrado julgar procedente o pedido para condenar o réu a pagar mais do que R$ 5.000,00, pois o pedido mediato está ligado à parcela de disponibilidade do autor, a qual o magistrado não pode invadir sem ser provocado, sob pena de violação dos princípios da inércia, da imparcialidade e da congruência.

Em outras palavras: enquanto o pedido imediato é inerente à tutela jurisdicional pleiteada pelo demandante no plano processual, por outro lado, o pedido mediato encontra-se no plano substancial da demanda e se refere à expectativa de direito a determinado bem da vida que será reconhecido (ou não) após se conceder (ou não) a tutela inerente ao pedido imediato pelo Poder Judiciário.[67]

De todo modo, referida questão será retomada oportunamente, cabendo apenas, neste primeiro momento, traçar estas primeiras linhas para pontuar que a distinção entre pedido imediato e pedido mediato não está apenas ligada à circunstância de o primeiro ser a tutela jurídica pretendida e o segundo o bem da vida objetivado, mas também para demonstrar que para o pedido imediato não se aplica o princípio da congruência, inerente apenas ao pedido mediato.[68]

67. Em outras palavras: "O pedido deve ser compreendido como pretensão deduzida em juízo e diz respeito ao bem da vida desejado pelo demandante e o provimento jurisdicional a ser emitido pelo julgador" (Paulo Henrique dos Santos Lucon, *Relação entre Demandas*, Brasília, Gazeta Jurídica, 2016, p. 44).

68. Em sentido contrário: "A vinculação do juiz ao pedido (circunstância que a doutrina conhece sob o nome singelo de princípio da congruência) toca tanto ao pedido mediato (o bem da vida pleiteado) quanto ao pedido imediato (o tipo de tutela

14. *Pedido certo (art. 322 do CPC/2015)*

O Decreto 737, de 25.11.1850 (Regulamento 737) – tido como a primeira norma brasileira tendente a regulamentar matéria processual, mais precisamente determinar "a ordem do Juizo no Processo Commercial" –, dispunha em seu art. 66, § 3º: "A acção ordinaria será iniciada por uma simples petição que deve conter: (...). O pedido com todas as especificações e estimativa do valor quando não fôr determinado".[69]

Já, o Decreto-lei 1.608, de 18.9.1939 (CPC/1939), em evidente erro de grafia, previa em seu art. 153: "O pedido deverá ser certo ou determinado, podendo, entretanto, ser alternativo ou genérico"[70] – quando, na verdade, o pedido deve ser certo *e* determinado. Referido equívoco permaneceu na Lei 5.869, de 11.1.1973 (CPC/1973), a qual continha em seu art. 286 a seguinte redação: "O pedido deve ser certo ou determinado. É lícito, porém, formular pedido genérico".[71]

Apenas com a Lei 13.105, de 16.3.2015 (CPC/2015), referido equívoco legislativo foi sanado, dispondo o art. 322 que "o pedido deve ser certo", e o art. 324 trata sobre o pedido determinado de maneira estanque.

Nas palavras de Cândido Rangel Dinamarco: "Diz-se *certo* o pedido quando individualizado em seus elementos o objeto sobre o qual se pretende o pronunciamento jurisdicional".[72] Para Carlos Alberto Carmona "certo é o pedido exato, preciso, acurado, que não deixa qualquer dúvida acerca do que se pretende".[73]

A ideia de certeza surge da necessidade de o autor ser expresso e claro em seu pedido, identificando-o para que não reste dúvida a quem quer que seja sobre qual é o bem da vida pleiteado (*an debeatur*), pois dele o magistrado não poderá se desprender ao julgar o mérito da demanda, não sendo permitido ao juiz tutelar bem da vida valendo-se de interpretações

pleiteada pelo autor)" (Carlos Alberto Carmona, "Em torno da petição inicial", cit., *RePro* 119/21).

69. Disponível em *http://www.planalto.gov.br/ccivil_03/decreto/historicos/dim/DIM0737.htm* (acesso em 6.5.2020).

70. Disponível em *http://www.planalto.gov.br/ccivil_03/decreto-lei/1937-1946/Del1608.htm* (acesso em 6.5.2020).

71. Disponível em *http://www.planalto.gov.br/ccivil_03/leis/L5869impressao.htm* (acesso em 6.5.2020).

72. Cândido Rangel Dinamarco, *Instituições de Direito Processual Civil*, 7ª ed., vol. II, São Paulo, Malheiros Editores, 2017, p. 144.

73. Carlos Alberto Carmona, "Em torno da petição inicial", cit., *RePro* 119/21.

ou suposições daquilo que poderia ter sido pleiteado. Em última análise, não pode o juiz sub-rogar-se aos interesses do autor, pelo simples fato de caber ao demandante o ônus de externar com clareza na petição inicial quais são suas intenções com o ajuizamento da ação. Assim, se mesmo após a intimação do demandante para regularizar a petição inicial (art. 321 do CPC/2015) este não cumprir referida diligência, sujeitar-se-á à inépcia ou à não apreciação do pedido que poderia ser formulado de maneira cumulada, mas não o foi.

Conforme anota José Rogério Cruz e Tucci: "O processo é meio para a produção de determinados efeitos jurídicos em favor do titular de um direito (...) existindo, portanto, um sem-número de possibilidades de que o titular do direito obtenha uma sentença".[74] Não por outro motivo, a sentença deve corresponder ao pedido formulado pelo demandante, expresso de forma conclusiva na petição inicial, sendo os fatos narrados na exordial não o fim da atividade jurisdicional, mas o meio pelo qual o demandante introduzirá ao poder jurisdicional a demanda – leia-se: pedido – cuja tutela jurisdicional almeja alcançar.

Por certo que a certeza quanto ao pedido formulado em juízo tem sua razão de ser, e não se trata de mero capricho legislativo, pois, além de assegurar ao réu o pleno exercício do contraditório e da ampla defesa daquilo que efetivamente está sob litígio, também se presta a delimitar a demanda em caso de conexão ou continência, permitir a análise de eventual litispendência, coisa julgada ou perempção, bem como delimitar o âmbito de atuação do magistrado ao proferir a sentença de mérito, em respeito ao princípio da congruência.[75]

Não obstante recair sobre o autor a obrigação de formular os pedidos imediato e mediato de maneira clara e específica, conforme exposto anteriormente, apenas sobre o pedido mediato incide o categórico dever de ser certo,[76] pois o pedido imediato formulado em desacordo com os fatos e

74. José Rogério Cruz e Tucci, "A denominada 'situação substancial' como objeto do processo na obra de Fazzalari", cit., *RePro* 68/277.

75. "Ora, quando alguém vai a juízo tem que ter certeza daquilo que pretende obter em termos de prestação de tutela jurisdicional. Não há possibilidade de se pleitear uma tutela que não se sabe qual, deixando a cargo do juiz prestar aquela que entender mais conveniente" (Olavo de Oliveira Neto e Patrícia Elias Cozzolino de Oliveira, "A necessidade de pedido específico na ação de indenização por dano moral", cit., *Revista do Instituto dos Advogados de São Paulo* 23/254).

76. Em sentido contrário, destacamos: "A certeza respeita, simultaneamente, aos objetos mediato e imediato do pedido" (Araken de Assis, *Cumulação de Ações*, 4ª ed., São Paulo, Ed. RT, 2002, p. 234).

sem concatenação com o bem da vida (pedido mediato) pleiteado permite ao magistrado realizar o necessário ajuste, uma vez que o pedido imediato não está diretamente ligado à parcela disponível de interesses do autor, mas, sim, é inerente à atividade jurisdicional do magistrado na condução do processo, de modo a viabilizar a efetivação do pedido mediato.[77]

Nas palavras de Arruda Alvim, o "pedido mediato, portanto, representa o que o autor deseja (interesse do autor), em detrimento do interesse do réu e o imediato 'como' o autor deseja".[78] E mais precisamente o "como o autor deseja" ultrapassa o campo de vontade do autor, pois necessita de prévia análise e eventual ajuste por parte do magistrado quando da prolação da decisão, adaptando o pleito de acordo com as técnicas processuais adequadas à consecução da tutela do interesse inerente ao pedido mediato,[79] sem prejuízo da prévia intimação das partes para exercício do contraditório.

Para Luiz Guilherme Marinoni: "A obrigação de compreender as normas processuais a partir do direito fundamental de ação dá ao juiz o poder-dever de encontrar a técnica processual idônea à proteção do direito material".[80] Entretanto, necessário complementar o raciocínio, destacando que a tarefa do magistrado de proteger o direito material objeto da ação não significa dizer que o bem da vida concedido pode ser diverso daquele formulado em pedido expresso quando da propositura da demanda. São realidades que não se confundem.

Tanto o CPC/1939, em seu art. 154, quanto o CPC/1973, em seu art. 293, determinavam que os pedidos são (ou serão) interpretados restritivamente, compreendendo-se, entretanto, no principal os juros legais. O CPC/2015, por sua vez, manteve a determinação de que no pedido se

77. "Quando o Código exige que o pedido seja certo, portanto, ele não está se referindo ao pedido imediato, mas ao *pedido mediato*: ao *bem da vida* que se pretende obter em juízo, o qual deve estar *expresso e especificado* na petição inicial" (Luiz Guilherme Marinoni, Sérgio Cruz Arenhart e Daniel Mitidiero, *Novo Curso de Processo Civil: Tutela dos Direitos mediante Procedimento Comum*, 2ª ed., vol. II, São Paulo, Ed. RT, 2016, p. 165).

78. Arruda Alvim, *Manual de Direito Processual Civil*, cit., 18ª ed., p. 796.

79. "Tal entendimento, contudo, não deve conduzir a rigores quanto à formulação do 'pedido *imediato*'. O específico tipo de tutela jurisdicional a ser outorgada em cada caso concreto é (...) *indicada* na petição inicial, cabendo ao juiz verificar o que é mais adequado e mais necessário em cada caso concreto" (Cassio Scarpinella Bueno, *Curso Sistematizado de Direito Processual Civil: Procedimento Comum Ordinário e Sumário*, 7ª ed., vol. 2, t. I, São Paulo, Saraiva, 2014, p. 109).

80. Luiz Guilherme Marinoni, "O direito de ação como direito fundamental (consequências teóricas e práticas)", *RT* 873/17, São Paulo, Ed. RT, julho/2008.

compreendem os juros legais, adicionando previsão expressa a respeito da incidência da correção monetária e das verbas de sucumbência, inclusive os honorários advocatícios (art. 322, § 1º). No mais, o diploma vigente inovou ao abandonar a interpretação restritiva do pedido, passando a dispor que a interpretação do pedido considerará o conjunto da postulação e observará o princípio da boa-fé (art. 322, § 2º) – posicionamento, este, que não necessariamente se coaduna com o propósito insculpido no *caput* do art. 322 do CPC/2015, pelo qual o pedido deve ser certo; mas esta crítica será melhor abordada adiante neste estudo.

Ainda no campo da flexibilização do pedido certo, o art. 323 do CPC/2015 trata das ações cujo objeto seja o cumprimento de obrigação em prestações sucessivas, as quais serão consideradas independentemente de pedido do autor. Este ponto será melhor abordado no capítulo que tratar das hipóteses de limitação ou não incidência do princípio da congruência, cabendo já neste momento pontuar que este desvio à regra não afasta do autor o dever de formular pedido certo, não gera prejuízo ao réu e nem extrapola os limites de atuação da jurisdição estatal, pois na verdade está alinhado com o ideal de economia dos atos processuais e visa a evitar o ajuizamento de inúmeras ações tendentes a fomentar o mesmo debate e a mesma decisão em determinada relação jurídica de trato sucessivo.

Por fim, merecem destaque as tutelas específicas concedidas nas ações que tenham por objeto a prestação de fazer, não fazer e de entregar coisa (arts. 497, 498, 536 e 538 do CPC/2015), nas quais, diante de pedido certo, o juiz poderá conceder tutela que assegure o resultado prático equivalente – sendo este outro ponto a ser abordado adiante neste trabalho.

15. Pedido determinado (art. 324 do CPC/2015)

Como abordado no tópico anterior, na parte final do § 3º do art. 66 do Regulamento 737 previa-se que o pedido deveria conter a "estimativa do valor quando não fôr determinado". Já, o art. 153 do CPC/1939 e o art. 286 do CPC/1973, acima transcritos, tratavam do pedido determinado, ressaltando a possibilidade de se formular pedido genérico nas situações que veremos adiante. O art. 324 do CPC/2015 passou a versar isoladamente sobre a questão, trazendo a regra de que "o pedido deve ser determinado".

Em sua origem o pedido determinado está ligado à ideia de liquidez,[81] definindo o pleito "em termos de quantidade e qualidade (*quantum de-*

81. Cândido Rangel Dinamarco, *Instituições de Direito Processual Civil*, cit., 7ª ed., vol. II, p. 144.

beatur)".[82] Não basta ao autor informar o que pretende obter em juízo em razão da ação ajuizada, mostrando-se também necessário quantificar e qualificar o objeto pleiteado. Em um primeiro momento mostra-se adequada referida abordagem conceitual tendente a atrelar o pedido determinado à liquidez do objeto litigioso, notadamente se realizarmos a análise histórica e constatarmos no Regulamento 737 o vínculo entre determinação e a "estimativa do valor" (§ 3º do art. 66).

Entretanto, seguindo a leitura do Regulamento 737, deparamo-nos com seu art. 231, pelo qual devia "a condemnação ser de cousa ou quantia certa, salvo si a quantia sendo incerta puder ser liquidada na execução" – redação que se mostra em contradição com toda a ideia anteriormente abordada, pois contém a junção entre os conceitos de certeza e liquidez. O mesmo ocorre com o parágrafo único do art. 459 do CPC/1973, segundo o qual, "quando o autor tiver formulado pedido certo, é vedado ao juiz proferir sentença ilíquida". Mas estas contradições são apenas aparentes e ocorrem em razão da falta de tecnicidade do legislador ou da ausência de distinção doutrinária à época da edição dos referidos textos legais, pois na verdade se pretendeu dizer "determinado(a)" e "indeterminada" ao invés de "certo(a)" e "incerta".

Retornando os olhos para a doutrina, encontramos o posicionamento pelo qual pedido determinado "se refere a um *específico* bem da vida, estremando-o de quaisquer outros".[83] Ou, em outras palavras, a determinação do pedido requer que seja "possível identificar o bem jurídico especificado pelo autor".[84] Destacam-se, ainda, os posicionamentos pelos quais a determinação do pedido está ligada à ideia de alcance[85] e aos "limites daquilo que o autor pretende, demonstrando sua extensão".[86-87]

82. Susana Henriques da Costa, "Arts. 318 a 333", in Antônio do Passo Cabral e Ronaldo Cramer (coords.), *Comentários ao Novo Código de Processo Civil*, 2ª ed., Rio de Janeiro, Forense, 2016, p. 511.

83. Cassio Scarpinella Bueno, *Curso Sistematizado de Direito Processual Civil: Procedimento Comum Ordinário e Sumário*, cit., 7ª ed., vol. 2, t. I, p. 108.

84. Arruda Alvim, *Manual de Direito Processual Civil*, cit., 18ª ed., p. 796.

85. Luiz Guilherme Marinoni, Sérgio Cruz Arenhart e Daniel Mitidiero, *Novo Curso de Processo Civil: Tutela dos Direitos mediante Procedimento Comum*, cit., 2ª ed., vol. II, p. 165.

86. Luiz Rodrigues Wambier e Eduardo Talamini, *Curso Avançado de Processo Civil: Teoria Geral do Processo e Processo de Conhecimento*, 15ª ed., vol. 1, São Paulo, Ed. RT, 2015, p. 421.

87. Em atenção a todos os conceitos acima, destaca-se: "No que diz respeito à determinação, está ela relacionada com os limites qualitativos e quantitativos do pedido. Trata-se da liquidez que deve revestir o pedido, do limite da pretensão, da

Em sua obra, Milton Paulo de Carvalho preleciona que: "*Certo* é o pedido determinado quanto à natureza do provimento jurisdicional e à espécie do bem jurídico; *determinado* é o pedido certo quanto à qualidade e quantidade do bem reclamado".[88] Já, para Carlos Alberto Carmona "determinado é o pedido demarcado, definido, delimitado, de tal forma que se possa caracterizar e diferenciar o bem da vida pretendido".[89]

Seja pela liquidez, pela quantidade e qualidade, pela especificidade, pelo alcance, pelos limites ou pela extensão, fato é que a determinação do pedido está diretamente ligada ao último estágio de detalhamento do pleito, visando a tornar o bem da vida o mais preciso possível e, assim, permitir ao magistrado conceder a tutela e exercer seu mister desprovido de qualquer dúvida quanto àquilo que o autor visa a obter por meio da ação judicial proposta, em estrito cumprimento ao princípio da congruência. Antes disso, inclusive, o pedido determinado está em consonância com a economia processual, haja vista dispensar posterior liquidação, permitindo ao réu exercer o contraditório e a ampla defesa em sua plenitude, bem como viabilizando a eventuais terceiros a possibilidade de, caso entendam necessário, solicitar sua intervenção no processo para defender seus interesses.

Em última análise, determinar que o pedido deve ser, em regra, determinado não se trata de mero formalismo legislativo, mas, antes disso, se reconhece a inércia jurisdicional, a necessidade de se demandar de maneira clara e pormenorizada para se obter determinado bem da vida, e, de maneira reflexa, reafirma a impossibilidade de o Estado-juiz ir além ou decidir diferentemente do pedido a ser formulado em momento oportuno pelo autor.

Diante de todo o exposto, nota-se que o pedido formulado pelo autor em momento oportuno deve ser "afunilado", tornando cada vez mais direcionada a tutela pleiteada, na seguinte ordem: (i) pedido imediato; (ii) pedido mediato em sua parcela de certeza; e (iii) pedido mediato em sua parcela de determinação.

Isso porque o pedido formulado pelo autor deverá, primeiro, informar a tutela jurisdicional que visa a obter em razão do ajuizamento da

extensão daquilo que o autor pretende. Pedido determinado é aquele que recai sobre um bem jurídico perfeitamente delineado, especificado de forma clara quanto à sua definição qualitativa e quantitativa" (Andrea Boari Caraciola, *Princípio da Congruência no Código de Processo Civil*, São Paulo, LTr, 2010, p. 141).

88. Milton Paulo de Carvalho, *Do Pedido no Processo Civil*, cit., p. 103.

89. Carlos Alberto Carmona, "Em torno da petição inicial", cit., *RePro* 119/21.

ação para, em um segundo momento, informar o bem da vida buscado e, ao final, e como regra, especificar, limitar, qualificar e quantificar o bem da vida.

Dentro deste cenário e adotando a teoria ternária, temos que o autor deverá, em seu mister, formular ao final da petição inicial pleito ao magistrado para que este, por exemplo:

> (a) julgue procedente o pedido para declarar (pedido imediato) a (in) existência de certa relação jurídica com o réu (pedido mediato em sua parcela de certeza), visando, assim, a atingir determinado efeito prático em razão da declaração (pedido mediato em sua parcela de determinação);
>
> (b) julgue procedente o pedido para anular (pedido imediato) determinada relação jurídica existente entre autor e réu (pedido mediato em sua parcela de certeza) para fins de afastar os decorrentes efeitos e obrigações gerados às partes (pedido mediato em sua parcela de determinação);
>
> (c) julgue procedente o pedido para condenar (pedido imediato) o réu a pagar (pedido mediato em sua parcela de certeza) determinada quantia (pedido mediato em sua parcela de determinação); ou
>
> (d) julgue procedente o pedido para condenar (pedido imediato) o réu a fazer/não fazer ou entregar (pedido mediato em sua parcela de certeza) respectivamente determinada conduta ou coisa (pedido mediato em sua parcela de determinação).

A demonstração deste escalonamento do pleito mostra-se pertinente para o presente estudo, pois adiante realizaremos uma análise detida da interpretação do pedido e, então, abordaremos se e quando seria possível (ou não) interpretar cada uma das fatias do pedido formulado pelo autor.

Por fim, conforme adiantado acima, como regra, o autor deverá determinar o bem da vida em sua petição inicial. Entretanto, ao contrário da ação de execução – na qual o pedido deve ser sempre fundado em título que represente obrigação líquida, certa e exigível –, nas ações de conhecimento nem sempre o autor poderá quantificar e qualificar seu pedido quando do ajuizamento da ação, comportando exceções legais que veremos adiante.

16. Pedido genérico (art. 324, § 1º, do CPC/2015)

Como decorrência da diretriz do pedido determinado, a sentença também deverá ser, como regra, determinada (líquida), enquanto reflexo direto do princípio da congruência entre o pedido e a sentença. Sendo o pedido determinado, se a sentença julgar o pedido procedente deverá ter por conteúdo o: (i) *an debeatur* – existência do direito; (ii) *cui debeatur* – a quem é devido; (iii) *quis debeat* – quem deve; (iv) *quid debeatur* – o que deve; e (v) *quantum debeatur* – quanto deve.

Entretanto, há situações no mundo dos fatos nas quais não é possível ao autor formular pedido determinado em sua petição inicial, e, por conseguinte, a sentença proferida será ilíquida e a determinação do *quantum debeatur* ocorrerá em momento posterior, em liquidação de sentença (arts. 509 a 512 do CPC/2015). Quando não for possível a formulação de pedido determinado cabe ao autor formular pedido genérico,[90] a ser estudado neste tópico.

O art. 153 do CPC/1939[91] e o art. 286 do CPC/1973 impunham ao autor o dever de formular pedido determinado, mas, enquanto o primeiro dispunha que o pedido poderia ser genérico, o segundo dispositivo prescrevia ser "lícito" formular pedido genérico em determinadas hipóteses, prescritas nos seus respectivos incisos. Atualmente a ideia de licitude do pedido genérico foi transportada para o § 1º do art. 324 do CPC/2015.

Nota-se, conforme já adiantado, que o pedido deve ser, em regra, determinado, podendo ser determinável no momento do ajuizamento da ação e podendo ser aferida a determinação na fase de liquidação da sentença. Entretanto, o pedido determinável – genérico, portanto – não pode ser formulado ao bel-prazer do autor, pois requer previsão legal para tanto, como nas hipóteses do § 1º do art. 324 do CPC/2015.

Da simples leitura dos dispositivos acima transcritos constata-se que desde o CPC/1973 a formulação de pedido genérico só seria lícita – ou seja, permitida pelo diploma processual – se ocorresse dentro das hipóteses nele previstas; regra, esta, seguida pelo CPC/2015.[92] Fora das hipóteses legais o pedido determinável – indeterminado quando do ajuizamento da ação – deve ser tido por ilícito, e a sanção é o indeferimento total ou parcial da petição inicial em razão de sua inépcia – medida indiscutivelmente adequada, pois não se pode ter como apta para prosseguir

90. "Somente o pedido mediato (bem) comporta a indeterminação inicial" (Araken de Assis, *Cumulação de Ações*, cit., 4ª ed., p. 235).

91. Pelo § 1º do art. 153 do CPC/1939 o pedido seria genérico "quando puder determinar-se por meio de liquidação".

92. "(...).

"8) Exaustividade da enumeração – O art. 286 contém três incisos e não se há de admitir pedido genérico que não caiba num deles" (Francisco Cavalcanti Pontes de Miranda, *Comentários ao Código de Processo Civil*, cit., 2ª ed., t. IV (arts. 282 a 443), p. 53).

até o julgamento do mérito uma petição inicial na qual o pedido sequer é determinado e que, além de gerar prejuízo ao contraditório e à ampla defesa do réu, também não se presta para adequadamente retirar o Estado-juiz de sua natural e salutar inércia.[93]

José Carlos Barbosa Moreira explica, quanto à obrigatoriedade de o pedido ser certo e, ressalvadas as exceções legais, determinado, que não é pelo "prazer frívolo ou perverso de multiplicar exigências formais que o estatuto processual compele o autor a determinar o pedido", mas, sim, guarda relação direta com o direito do réu ao exercício do contraditório; e, em tom jocoso, elucida que "a ninguém é dado defender-se com eficiência de um pedido capaz de deslizar sem limite de um para outro patamar. Seria tarefa não menos difícil que agarrar uma enguia ensaboada...".[94]

Aliás, se a regra acima descrita já era extraída por força interpretativa do art. 295, I, e seu parágrafo único, I, todos do CPC/1973, atualmente há previsão expressa no CPC/2015 de que se considera inepta a petição inicial quando o pedido for indeterminado, ressalvadas as hipóteses legais em que se permite o pedido genérico (art. 330, I, e § 1º, II).

Dentro desse contexto, a formulação de pedido indeterminado na petição inicial – fora das hipóteses em que há permissivo legal – confere ao magistrado apenas a opção de intimar o autor para sanar o vício, sob pena de ser decretada a inépcia da petição inicial em caso de inércia.

Não há margem legal para que o magistrado, fora das exceções legais, aprecie o mérito do pedido indeterminado e o determine em momento posterior com base na interpretação, pois, além de haver previsão expressa de inépcia da petição inicial nesta hipótese, o dispositivo que versa sobre interpretação do pedido encontra-se topologicamente dentro da regra do pedido certo (art. 322, *caput* e § 2º, do CPC/2015) e fora da previsão sobre pedidos determinado ou genérico (art. 324, *caput* e § 1º,

93. Com uma abordagem mais ponderada sobre o tema, destaca-se: "Mas, como na prática é às vezes muito difícil a determinação de um valor preciso desde logo – sendo arriscado *pedir a mais* e sucumbir parcialmente por não ter direito a tudo quanto pede, ou *pedir a menos* e não poder depois obter tudo a que se tem direito –, tal exigência não pode ser rígida, e os próprios tribunais não são radicais a esse respeito. De todo modo, a exigência de liquidez constitui regra geral, e as ressalvas legais a ela, como *exceções* que são, têm caráter extraordinário e constituem direito estrito, sem possibilidade de ampliações arbitrárias e além do razoável" (Cândido Rangel Dinamarco, *Instituições de Direito Processual Civil*, cit., 7ª ed., vol. II, p. 145).

94. José Carlos Barbosa Moreira, "Ação de revisão de aluguel – Pedido e sentença" (parecer), *RF* 328/129, Rio de Janeiro, Forense, outubro-dezembro/1994.

do CPC/2015), sendo certo que: "O pedido genérico é sempre *certo*, o que é *indeterminada* é a quantificação do bem da vida pretendido (*quantum debeatur*)".[95]

A opção legislativa de dividir em dispositivos distintos as classificações dos pedidos certo e determinado, deixando as regras de interpretação incluídas no artigo que versa sobre pedido certo, não pode ser ignorada, mesmo porque deve obediência ao disposto no art. 11, III, "c", da Lei Complementar 95/1998,[96] pela qual "as disposições normativas serão redigidas com clareza, precisão e ordem lógica, observadas, para esse propósito, as seguintes normas: (...); III – para a obtenção de ordem lógica: (...); c) expressar por meio dos parágrafos os aspectos complementares à norma enunciada no *caput* do artigo e as exceções à regra por este estabelecida; (...)".

Os incisos do § 1º do art. 324 do CPC/2015 tratam das hipóteses nas quais o pedido formulado pode ser genérico,[97] sendo a primeira situação a das ações universais, se o autor não puder individuar os bens demandados (inciso I). As ações universais são todas aquelas nas quais não necessariamente é possível ao autor formular o pedido individualizando na petição inicial a totalidade do direito demandado, tal como ocorre na petição de herança para abertura do inventário, quando o(s) autor(es) desconhece(m) a integralidade do patrimônio do *de cujus*, cuja apuração ocorrerá no curso do processo. A mesma ideia aplica-se na ação de dissolução de sociedade, pois não necessariamente o sócio demandante terá, no ato da propositura da ação, ciência da real situação contábil, financeira e patrimonial da empresa da qual pretende se desvincular (na dissolução parcial) ou dissolver (na dissolução total), deixando a apuração de seus haveres para momento processual oportuno.

Necessário destacar que o Código Civil brasileiro divide a universalidade dos bens em duas espécies, sendo a primeira atinente à universalidade de fato (*universitas rerum* ou *facti*), com previsão no seu art.

95. João Pereira Monteiro Neto, "Pedido genérico: reflexões à luz do novo Código de Processo Civil", cit., *RePro* 243/63.

96. Nesse sentido, v. também o art. 10, II, e o art. 11, II, "b", todos da Lei Complementar 95/1998.

97. "As situações em que o pedido genérico é permitido são, todas, ligadas à impossibilidade material de que o pedido seja determinado, quando formulado, porque o autor (ainda) não sabe ao que, exatamente, tem direito" (Teresa Arruda Alvim Wambier *et al.*, *Primeiros Comentários ao Novo Código de Processo Civil*, São Paulo, Ed. RT, 2015, p. 551).

90 (como, por exemplo, uma biblioteca, uma galeria de quadros, um rebanho, o estoque de um armazém, uma coleção – entre outros). Já, a segunda categoria é a da universalidade de direitos (*universitas iuris*), disposta no art. 91 do referido diploma (como, por exemplo, a herança, o patrimônio, a massa falida).[98] Em outras palavras, constitui "uma universalidade de fato a pluralidade de bens singulares que, pertinentes à mesma pessoa, tenham destinação unitária"[99] e "uma universalidade de direito o complexo de relações jurídicas, de uma mesma pessoa, dotado de valor econômico".[100]

O inciso II prevê a possibilidade de se formular pedido genérico quando não for possível determinar, desde logo, as consequências do ato ou do fato. A redação atual suprimiu a expressão "ilícito" que vinha após "ato ou fato" no art. 286, II, do CPC/1973, e, com isso, entrou em harmonia com a doutrina a respeito da responsabilidade civil, a qual há muito tempo admite o dever de indenizar em determinadas hipóteses nas quais não resta configurada a existência de ato ilícito.[101] Referida exceção aplica-se, por exemplo, na ação indenizatória com pedido de dano moral e/ou material, na qual a relação entre as partes ainda não foi finalizada quando do ajuizamento da ação, como na ação proposta por consumidor em face de seu plano de saúde com pedido de condenação à reparação pelos danos sofridos pela negativa de cobertura de uma internação ainda em curso no momento do ajuizamento da ação.

Por fim, o inciso III permite ao autor formular pedido genérico quando a determinação do objeto ou do valor da condenação depender de ato que deva ser praticado pelo réu. A redação anterior (art. 286, III, do CPC/1973) não continha a expressão "do objeto" e dispunha nesta hipótese apenas sobre a condenação ao pagamento "de valor". Entretanto, na

98. "Todavia, o que mais efetivamente as distingue é o liame que une as coisas componentes de uma e de outra universalidade. A universalidade de fato se apresenta como um conjunto ligado pelo entendimento particular, enquanto a universalidade de direito consiste na pluralidade de coisas corpóreas e incorpóreas a que a lei, para certos efeitos, atribui o caráter de unidade" (Sílvio Rodrigues, *Direito Civil: Parte Geral*, 28ª ed., São Paulo, Saraiva, 2002, p. 134).

99. Luiz Guilherme Marinoni, Sérgio Cruz Arenhart e Daniel Mitidiero, *Novo Curso de Processo Civil: Tutela dos Direitos mediante Procedimento Comum*, cit., 2ª ed., vol. II, p. 166.

100. Idem, ibidem.

101. Nesse sentido, v. o art. 188, I e II, e parágrafo único, c/c os arts. 929 e 930, parágrafo único, todos do CC/2002.

prática, não necessariamente todas as condenações serão para reconhecer a exigibilidade de obrigação de pagar quantia – como de fato não são –, podendo também versar sobre a entrega de coisa, a qual o autor resta impossibilitado de qualificar e quantificar quando da propositura da ação.

Sendo assim, mostrou-se adequada a alteração legislativa para aumentar o campo de aplicação desta exceção ao pedido determinado. O exemplo usualmente mencionado pela doutrina é o da ação de exigir contas, na qual inicialmente o autor pede a condenação do réu para em momento posterior apurar a existência (ou não) de saldo a ser cobrado, tendo por base as contas prestadas pelo réu.

Além das hipóteses legais acima previstas, o art. 95 da Lei 8.078/1990 (Código de Defesa do Consumidor) também possui permissivo para a condenação genérica – e, consequentemente, para a formulação de pedido genérico – nas ações coletivas propostas para a defesa de interesses individuais homogêneos. Referida disposição legal mostra-se adequada, pois exigir do legitimado que seja apresentada na petição inicial a demonstração da quantidade e da qualidade dos danos sofridos por cada uma das vítimas do evento danoso inviabilizaria o exercício da ação coletiva.

Mesmo se o autor formular pedido genérico o juiz deverá, no curso do processo, empreender meios para definir a extensão da obrigação, visando, ao final, a proferir sentença líquida (art. 491 do CPC/2015).[102] Por certo que referida liquidação realizada no curso do processo não pode surpreender nenhuma das partes e deverá ser objeto de prova e de debate, sendo recomendável ao magistrado sanear o feito informando sobre sua intenção de proferir sentença líquida em detrimento do pedido genérico – medida que certamente vai ao encontro do princípio da economia processual, pois, não obstante dilatar o contraditório, irá eliminar a posterior fase de liquidação de sentença.

102. "O art. 460 do CPC de modo algum impede o juiz, diante de pedido genérico, de proferir sentença certa e determinada. Se durante a instrução processual for colhido material probatório que desde logo permita a concentração da obrigação ou a especificação de valores, deve – deve, ressalto, e não pode – o magistrado evitar inútil atividade liquidatória, proferindo desde logo sentença líquida e certa. Não haverá infração à ordem de não proferir sentença a favor do autor de natureza diversa da pedida, pois, se o autor pediu condenação, condenação obterá; também não haverá infração à ordem de não proferir sentença que condene o réu em quantidade superior ou em objeto diverso do que lhe foi demandado, pois, se o autor pediu livros, livros obterá" (Carlos Alberto Carmona, "Em torno da petição inicial", cit., *RePro* 119/22).

Assim, na ação proposta com pedido genérico o magistrado pode proferir sentença líquida[103] ou ilíquida, mas na ação com pedido determinado, salvo exceções,[104], não se vislumbra a possibilidade de prolação de sentença líquida, sob pena de incorrer em decisão *infra petita*, conforme abordaremos ao tratar dos vícios da congruência.

Sobre este ponto destacamos o enunciado da Súmula 318 do STJ, pelo qual: "Formulado pedido certo e determinado, somente o autor tem interesse recursal em arguir o vício da sentença ilíquida". Entretanto, e a bem da verdade, não só o autor, mas o réu também tem interesse na prolação de sentença líquida quando o pedido for determinado, pois a exceção ao pedido determinado só se aplica nas hipóteses acima descritas, desde que o próprio autor entenda pela impossibilidade de se formular pedido determinado no momento da propositura da ação.

Se o pedido for determinado não haverá margem para a prolação de sentença ilíquida, salvo na hipótese de ser comprovado pelo réu que a aludida liquidez apresentada pelo autor está equivocada e que, portanto, a apuração do *quantum* carece de liquidação.

Pela leitura de alguns dos julgados[105] que ensejaram a criação do enunciado da Súmula 318 do STJ nota-se que em referidos paradigmas o réu interpôs recurso visando à anulação da sentença ilíquida proferida em ação ajuizada por meio de petição inicial com pedido determinado, sendo que a *ratio decidendi* destes julgados ponderou adequadamente que o pleito de anulação de sentença formulado pelo réu seria desproporcional ao vício da sentença, o qual certamente pode ser corrigido pelo Tribunal ou em fase de liquidação.

E é exatamente por este motivo que o precedente acima mencionado não pode – leia-se: não deve – impedir a interposição de todo e qualquer recurso por parte do réu na hipótese de o juiz proferir sentença ilíquida em

103. "É possível a sentença determinar valor certo quando apoiada nos elementos probatórios dos autos, ainda que o pedido tenha sido genérico" (STJ, REsp 1.628.700-MG, rel. Min. Ricardo Villas Bôas Cueva, publ. 1.3.2018).

104. "O juiz, caso não convencido da extensão do pedido certo formulado pelo autor, pode reconhecer-lhe o direito, remetendo as partes à fase de liquidação de sentença" (STJ, REsp 797.332-RR, rela. Min. Denise Arruda, publ. 2.8.2007). No mesmo sentido: STJ, AgR nos ED no Ag 762.469-MS, rel. Min. Vasco Della Giustina (Desembargador convocado do TJRS), publ. 13.4.2011.

105. STJ, REsp 32.835-SP, rel. Min. Dias Trindade, publ. 24.5.1993; STJ, REsp 50.536-MG, rel. Min. Eduardo Ribeiro, publ. 29.5.1995; e STJ, REsp 56.566-MG, rel. Min. Paulo Costa Leite, publ. 10.4.1995.

face de pedido determinado. De fato, o recurso do réu visando à anulação da sentença ilíquida mostra-se irrazoável e desproporcional. Entretanto, caso o réu recorra – inclusive mediante a oposição de embargos de declaração – visando a sanar mencionado vício da sentença, desde que ultrapassado o juízo de admissibilidade recursal, não haverá razões para se negar provimento, devendo o vício ser corrigido e a liquidez conferida ao título judicial, nos termos do pedido determinado formulado pelo autor.

Caso o magistrado opte por proferir sentença ilíquida ao pedido genérico, posteriormente deverá ser realizada a liquidação de sentença, nos termos dos arts. 509 a 512 do CPC/2015, a requerimento do credor ou do devedor.

Por fim, e como não poderia deixar de ser, as regras do pedido determinado – e suas exceções pertinentes ao pedido genérico – aplicam-se à reconvenção apresentada pelo réu em sua contestação (art. 324, § 2º, do CPC/2015). Por certo que não só estas regras, mas também todas as demais atinentes à formulação do pedido, devem ser aplicadas à reconvenção, isso em respeito ao princípio da isonomia processual. O fato de os demais artigos do diploma processual que regram a formulação do pedido não mencionarem expressamente sua aplicação à reconvenção não significa sua não aplicação, pois do contrário estaríamos admitindo a existência de regras distintas para os pedidos formulados pelo autor na petição inicial e pelo réu na reconvenção, o que não encontra respaldo no ordenamento jurídico.

17. Pedido alternativo (art. 325 do CPC/2015)

Ao contrário do pedido fixo, unitário ou simples[106] – onde o autor formula uma única pretensão, a qual deriva de relação jurídica em que cabe ao demandado adimplir a obrigação apenas de uma determinada maneira –, pela noção clássica,[107] no pedido alternativo a lei ou o contrato poderão prever ao demandado a faculdade de adimplir a obrigação decorrente do direito material de mais de uma maneira,[108] fato que transborda

106. "Normalmente, um único pedido singulariza uma única demanda. Trata-se, nesse caso, de *pedido* simples" (José Rogério Cruz e Tucci, "Reflexões sobre a cumulação subsidiária de pedidos", cit., *RT* 786/58).

107. Diz-se ser a regra clássica pelo fato de o art. 326, parágrafo único, do CPC/2015 tratar de regra diversa, a qual será abordada adiante.

108. "O art. 288 do CPC, que trata da possibilidade de pedidos alternativos, segundo remansosa doutrina, aplica-se a obrigações alternativas, as quais têm 'por

consequências ao âmbito processual, notadamente na estrutura do pedido a ser formulado.

O § 1º do art. 153 do CPC/1939 definia o pedido como alternativo "quando de mais de uma forma puder efetuar-se o reconhecimento da relação de direito litigiosa".[109] Já, o art. 288 do CPC/1973 e o art. 325 do CPC/2015 determinam que o pedido será alternativo quando, pela natureza da obrigação, o devedor puder cumprir a prestação de mais de um modo.

Em análise do direito material, o art. 252 do CC/2002 dispõe que, como regra, e salvo estipulação em contrário alinhada pelas partes contratantes, nas obrigações alternativas a escolha de como adimplir a obrigação caberá ao devedor.[110] Nada obsta a que no negócio jurídico o credor conste como detentor da escolha, mas em caso de omissão ou dúvida a regra deve ser seguida, e o devedor é quem tem a faculdade de escolher, dentre as alternativas previstas no negócio jurídico, como irá solver a obrigação.

Se houver previsão de pluralidade de optantes quanto às obrigações alternativas e entre estes não houver consenso, o juiz determinará um prazo para que os optantes decidam de forma unânime, findo o qual, não havendo decisão ou unanimidade, o juiz decidirá qual obrigação deverá ser implementada pelo devedor (art. 252, § 3º, do CC/2002). Caso a obrigação deva ser escolhida por terceiro e este não quiser ou não puder exercê-la, não havendo acordo entre as partes, também caberá ao juiz escolher qual obrigação será implementada pelo devedor (art. 252, § 4º, do CC/2002).

O art. 18, § 1º, I a III, da Lei 8.078/1990 (Código de Defesa do Consumidor), por sua vez, determina que, na hipótese de responsabilidade por

objeto uma pluralidade de bens reciprocamente heterogêneos e acidentalmente reunidos pelo contrato' (Caio Mário da Silva Pereira, *Instituições de Direito Civil*, Rio de Janeiro, Editora Forense, 2006, p. 122)" (STJ, REsp 950.522-PR, rel. Min. Luís Felipe Salomão, publ. 8.2.2010).

109. "Pedido alternativo. A definição de pedido alternativo refere-se à relação jurídica e ao seu reconhecimento, em defeituoso conceito de alternatividade do pedido. 'Reconhecimento da relação de direito litigiosa'! O que o legislador devia dizer era: 'Será alternativo quando houver alternatividade da obrigação ou da prestação do réu'. Se o autor não formulou em alternativa o pedido e a escolha cabe ao réu, ainda não tendo havido correção por ordem saneadora do juiz, a condenação pode ser alternativa" (Francisco Cavalcanti Pontes de Miranda, *Comentários ao Código de Processo Civil*, 2ª ed., t. II (arts. 80 a 160), Rio de Janeiro, Revista Forense, 1958, pp. 384-385).

110. V. arts. 252 a 256 do CC/2002.

vício do produto e do serviço, não sendo o vício sanado no prazo máximo de 30 dias, pode o consumidor – ou seja, o credor-autor em eventual ação judicial[111] – exigir, alternativamente e à sua escolha: (i) a substituição do produto por outro da mesma espécie, em perfeitas condições de uso; (ii) a restituição imediata da quantia paga, monetariamente atualizada, sem prejuízo de eventuais perdas e danos; ou (iii) o abatimento proporcional do preço.[112]

O art. 800, § 1º, do CPC/2015[113] determina que nas obrigações alternativas, quando a escolha couber ao devedor-executado, este será citado para exercer a opção e realizar a prestação dentro de 10 dias, se outro prazo não lhe foi determinado na lei ou no contrato, e, caso não seja realizada a escolha dentro do prazo, a opção será do credor.

Deste modo, no pedido decorrente de obrigação alternativa, em regra, o devedor-réu será o titular na escolha da obrigação a ser adimplida dentre aquelas que lhe forem postas à disposição pela lei ou pelo contrato. Entretanto, também por disposição legal ou contratual, o credor, uma pluralidade de indivíduos ou um terceiro poderá figurar como titular na escolha da prestação. Ressalte-se que nestas duas últimas hipóteses, se não houver a escolha da prestação a ser adimplida, caberá ao juiz decidir.

Se a lei ou o contrato determinar que a escolha da prestação alternativa deve ser feita pelo credor-autor, este será incumbido de apresentar sua opção logo na petição inicial, e, consequentemente, as demais possíveis prestações serão afastadas, por não terem sido escolhidas, não sendo crível falar nesta hipótese, sob a ótica processual, em pedido alternativo. Mas, se a escolha couber ao(s) devedor(es)-réu(s) ou a terceiro(s), caberá ao credor-autor formular pedido indicando as prestações alternativas, previstas na lei ou no contrato, para o adimplemento da obrigação.

Nota-se, portanto, que, não obstante o pedido alternativo seja formulado pelo credor-autor, a alternatividade, na verdade, recai sobre o direito material a ser implementado pelo devedor-réu quando do cumprimento da

111. O art. 62, § 2º, da Lei 8.383/1991 é outro exemplo de lei que confere ao autor a faculdade de formular pedido alternativo no caso de compensação ou de restituição na hipótese de pagamento indevido ou a maior de tributo federal (neste sentido: STJ, REsp 272.439-SP, rel. Min. Francisco Peçanha Martins, publ. 14.4.2003).

112. A mesma lógica é aplicada ao art. 35 da Lei 8.078/1990, pelo qual cabe ao autor a opção por qual obrigação deverá ser adimplida pelo devedor.

113. Com aplicação ao procedimento de cumprimento de sentença (arts. 513 e 771, ambos do CPC/2015).

obrigação, que poderá ocorrer de mais de uma maneira.[114] Se a obrigação for alternativa e a escolha não tiver sido atribuída ao autor pela lei ou pelo contrato, a formulação de pedido alternativo é uma imposição que, mesmo se não respeitada na petição inicial, será tutelada pelo magistrado,[115] conforme dispõe o parágrafo único do art. 325 do CPC/2015, sendo esta uma das hipóteses de limitação ou não incidência do princípio da congruência, que analisaremos adiante neste trabalho.

Assim, como regra, na ação judicial proposta para tutelar direito no qual a lei ou o contrato dispõe sobre obrigações alternativas, o diploma processual determina ao credor-autor formular pedidos alternativos em simetria com as mesmas obrigações previstas na lei ou no contrato – tanto isso é verdade que, nos termos do *caput* do art. 325 do CPC/2015, o pedido *será* alternativo, e não *poderá ser* alternativo –, podendo o juiz, desde que acolhido o pedido imediato, acolher qualquer um dos pedidos mediatos formulados alternativamente, independentemente de terem sido formulados pelo credor-autor na exordial.

Caso o devedor-réu manifeste sua predileção por algum dos pedidos, ao magistrado não mais assistirá a faculdade de decidir livremente dentre as obrigações alternativas, devendo atentar à manifestação de vontade do demandado, em respeito à determinação do direito material. Saliente-se que a alternatividade do pedido recai sobre o pedido mediato, e nunca sobre pedido imediato, pois este está na esfera de atuação do Estado-juiz quando da concessão da tutela jurisdicional, e não no âmbito potestativo das partes.

Conforme ensina Sílvio de Salvo Venosa,[116] a escolha de uma das obrigações alternativas decorre do *princípio da concentração*, pelo qual, após realizada a opção pelo autor, pelo(s) devedor(es) ou pelo(s) tercei-

114. "O *pedido* a ser feito pelo autor para o cumprimento dessa *modalidade* de obrigação (alternativa) corresponde, necessariamente, a um *transporte* de uma específica situação e realidade de direito material para o campo de direito processual" (Cassio Scarpinella Bueno, *Curso Sistematizado de Direito Processual Civil: Procedimento Comum Ordinário e Sumário*, cit., 7ª ed., vol. 2, t. I, p. 121).

115. "(...) não pode o autor, inadimplida a obrigação, vir a juízo e pleitear o adimplemento da maneira que melhor lhe convier. Assim, deve pedir a condenação do réu ao adimplemento da obrigação de qualquer um dos modos definidos, cabendo a este a escolha sobre o modo de cumpri-la" (Sidnei Amendoeira Jr., *Manual de Direito Processual Civil*, cit., 2ª ed., vol. 1 (*Teoria Geral do Processo e Fase de Conhecimento em Primeiro Grau de Jurisdição*), p. 399).

116. Sílvio de Salvo Venosa, *Direito Civil: Teoria Geral das Obrigações e Teoria Geral dos Contratos*, 15ª ed., São Paulo, Atlas, 2015, p. 93.

ro(s), o adimplemento passa a se concentrar no cumprimento da obrigação escolhida, descartando-se as demais obrigações alternativas, tornando-se a opção irretratável e não passível de alteração pelo optante, transformando a obrigação alternativa em obrigação de coisa certa, excluindo-se, para todos os efeitos, as demais obrigações que poderiam ter sido escolhidas, mas não foram.

Ao devedor-réu, mesmo que pelo princípio da eventualidade, mostra-se prudente indicar no curso do processo sua predileção por alguma das obrigações alternativas, possibilitando ao magistrado que, em caso de procedência do pedido, seja a condenação direcionada aos interesses do devedor-réu, em obediência à regra prevista no direito material.

Para a elaboração de petição inicial com pedido alternativo cumpre destacar o disposto no art. 292, VII, do CPC/2015, pelo qual: "O valor da causa constará da petição inicial ou da reconvenção e será: (...); VII – na ação em que os pedidos são alternativos, o de maior valor; (...)".

Sendo acolhido um dos pedidos alternativos e, consequentemente, afastados os demais, a sucumbência será integralmente do devedor-réu, isso porque, diante de pedido alternativo formulado pelo autor, poderá o juiz acolher um ou outro, e o acolhimento de qualquer um dos pedidos alternativos implica o êxito integral da demanda pelo autor.[117] Em outras palavras, "formulados pedidos alternativos e acolhido em sua totalidade um deles, não há falar em sucumbência recíproca",[118] isso porque "o acolhimento de um dos pedidos alternativo [*sic*] não corresponde a provimento parcial do pleito",[119] mas, sim, a seu provimento integral.

Na mesma linha de raciocínio, o acolhimento de um dos pedidos alternativos afasta o interesse recursal do autor para pleitear o(s) outro(s) pedido(s) alternativo(s) não acolhido(s).[120] Entretanto, se acolhido qualquer dos pedidos alternativos, o devedor-réu terá interesse recursal para pleitear a improcedência total da demanda. Do mesmo modo, o devedor-

117. STJ, AgR no Ag 1,206,668-RO, rel. Min. Luís Felipe Salomão, publ. 14.12.2011; STJ, AgR no REsp 643.364-MG, rela. Min. Denise Arruda, publ. 6.2.2006; STJ, ED no REsp 400.065-RJ, rel. Min. Luiz Fux, publ. 2.9.2002.

118. STJ, AgR no Ag 572.303-RS, rel. Min. Arnaldo Esteves Lima, publ. 5.6.2006.

119. STJ, AgR no Ag 398.918-SP, rel. Min. Fontes de Alencar, publ. 25.3.2002.

120. STJ, AgR no AREsp 2.561-AM, rel. Min. Benedito Gonçalves, publ. 4.9.2012; STJ, AgR no Ag 1.260.839-SP, rel. Min. Arnaldo Esteves Lima, publ. 2.8.2010; STJ, REsp 250.959-BA, rel. Min. Francisco Peçanha Martins, publ. 9.9.2002.

-réu terá interesse recursal se, formulado pedido alternativo, a sentença for de procedência e condená-lo em obrigação diversa daquela expressamente escolhida pelo devedor-réu ou por terceiro, dentre as previstas na lei ou no contrato. Se a escolha da prestação couber ao devedor-réu ou a terceiro e esta for feita por tais indivíduos, ou ao menos indicada no curso do processo, não cabe ao juiz decidir de maneira diversa da escolhida, sendo esta sentença passível de recurso e de reforma.

Até o CPC/1973, fora dos casos previstos na lei ou no negócio jurídico entabulado entre os demandantes – ou, em outras palavras, no direito material subjacente ao litígio –, o diploma processual não previa ao autor a faculdade de formular pedido alternativo, e, consequentemente, não se admitia ao juiz decidir a seu critério, com base na solução que entendesse mais adequada para o caso concreto *sub judice*. A ausência desta previsão guarda relação direta com a regra de que o pedido deve ser certo e determinado (ou determinável, nas hipóteses previstas para pedido genérico).

Entretanto, a prática forense passou a implementar a denominada "cumulação alternativa de pedidos",[121] que, com a entrada em vigor do CPC/2015, foi positivada pelo parágrafo único do art. 326, incluindo no ordenamento jurídico dispositivo que permite ao autor formular pedido alternativo independentemente da existência de obrigação alternativa prevista em lei ou em contrato, facultando ao autor a indicação de pedidos alternativos e ao magistrado o acolhimento de algum deles. A abordagem da cumulação alternativa de pedidos será realizada de maneira detida na sequência, mas desde já se menciona o referido instituto, dada sua aparente semelhança com o pedido alternativo ora estudado.

18. Cumulação de pedidos

Antes de avançarmos no trabalho, mostra-se pertinente a exposição de algumas breves considerações sobre a cumulação de pedidos e sua classificação, visando, assim, a facilitar a compreensão dos próximos tópicos, os quais tratarão de maneira mais detida sobre cada uma das hipóteses de cumulação.

121. STJ, REsp 19.019-PR, rel. Min. Waldemar Zveiter, publ. 25.5.1992. Não obstante referido julgado mencionar a existência de "cumulação alternativa", por se tratar de pedido de restituição de animais, acrescido de crias, ou indenização em dinheiro com perdas e danos, mostrar-se-ia mais adequado denominar apenas como *cumulação sucessiva*. Parte substancial da doutrina e da jurisprudência hodiernamente faz confusão terminológica entre referidos institutos, sendo esta, aparentemente, a gênese da cumulação alternativa de pedidos.

A cumulação, como o próprio nome diz, remete à ideia de acúmulo, reunião ou pluralidade, que, no processo civil, pode ser subjetiva (de partes) ou objetiva (de pedidos). Na cumulação objetiva o diploma processual permite ao demandante formular mais de um pedido no mesmo processo, norteado "pelos imperativos da economia processual e da harmonia de julgados",[122] bem como pelo princípio da celeridade, pois, além de o autor potencializar a integral solução do litígio, valendo-se do ajuizamento de apenas uma ação, evita-se o desperdício de tempo e de dinheiro da Administração Pública, em harmonia com o princípio da eficiência, evitando, portanto, o desnecessário ajuizamento de uma ação distinta para cada pedido decorrente da mesma relação jurídica.

O cúmulo objetivo e o cúmulo subjetivo podem existir no mesmo processo, sendo permitido a um autor ou mais de um autor cumular pedidos em face de um réu ou mais, desde que haja nexo para a cumulação de vários pedidos e várias partes dentro da mesma demanda, não sendo possível, por exemplo, que o indivíduo "X" ajuíze uma única ação na qual requer a rescisão do contrato de locação mantida com "Y" e também o reconhecimento de paternidade em face de "Z".

Não se pode confundir cumulação do pedido com cumulação de processos e nem com cumulação de ações, pois há apenas um processo no qual será apreciado mais de um pedido, bem como há "uma só ação – um só rompimento da inércia da jurisdição pelo autor –, embora ele o faça cumulando, como a lei lhe permite, mais de um pedido de tutela jurisdicional".[123]

Nesta linha de raciocínio, o ajuizamento de uma única ação com cumulação de pedidos acaba por evitar decisões contraditórias ou conflitantes, pois caberá ao mesmo juiz apreciar os argumentos formulados e as provas produzidas pelas partes para, ao final, proferir uma única sentença sobre todos os pedidos deduzidos. E, mesmo que no curso do processo seja proferida sentença com julgamento antecipado parcial do mérito (art. 356 do CPC/2015), ou seja, julgando parte dos pedidos cumulados, ainda assim deverá o julgador adotar uma lógica e fundamentação harmônicas ao proferir a sentença final, com a finalidade de julgar todos os pedidos formulados com coesão lógica e jurídica – medida que não

122. José Rogério Cruz e Tucci, "Reflexões sobre a cumulação subsidiária de pedidos", cit., *RT* 786/59.

123. Cassio Scarpinella Bueno, *Curso Sistematizado de Direito Processual Civil: Procedimento Comum Ordinário e Sumário*, cit., 7ª ed., vol. 2, t. I, p. 113.

necessariamente ocorreria se fossem proferidas sentenças em processos distintos e por juízes distintos.

No aspecto temporal o cúmulo objetivo pode ser *inicial* ou *ulterior*. O primeiro ocorre quando o autor formula mais de um pedido em sua petição inicial. O segundo, por sua vez, decorre da dilação do objeto litigioso por vontade diversa da do autor, quando o réu reconvém ou formula pedido contraposto, no chamamento ao processo, bem como na conexão, instituto pelo qual os processos serão reunidos para decisão conjunta.

Segundo classificação doutrinária,[124] a cumulação de pedidos pode ser *própria* (dividida em simples ou sucessiva) ou *imprópria* (dividida em alternativa ou subsidiária).[125] Na cumulação própria há sempre o intuito de somar os pedidos. Já, na cumulação imprópria há uma pluralidade de pedidos, mas haverá uma singularidade de tutela. Para melhor compreensão de cada uma das classificações, cumpre destacar que:

(a) na cumulação própria simples o autor pede "A" E "B";

(b) na cumulação própria sucessiva o autor pede "A" e, SE este pedido for procedente, *também* pleiteia "B";

(c) na cumulação imprópria alternativa o autor pede "A" OU "B";

(d) na cumulação imprópria subsidiária (ou eventual) o autor pede "A", MAS, se este pedido for julgado improcedente, o autor pede "B".

Nas palavras de José Rogério Cruz e Tucci,[126] a cumulação própria de pedidos é "marcada pela *simultaneidade* ou multiplicidade de pretensões, incluem-se as espécies de cumulação simples e cumulação sucessiva (o demandante busca o atendimento, ao mesmo tempo, de mais de um

124. Adotamos como base a classificação feita por Antonio Carlos Marcato (*Procedimentos Especiais*, cit., 17ª ed., p. 24). Também foram consideradas as obras de Milton Paulo de Carvalho (*Do Pedido no Processo Civil*, cit., p. 111) e Cassio Scarpinella Bueno (*Curso Sistematizado de Direito Processual Civil: Procedimento Comum Ordinário e Sumário*, cit., 7ª ed., vol. 2, t. I, p. 114), com alguns ajustes, especialmente para dividir o pedido alternativo da cumulação alternativa de pedidos. Por fim, consideramos a abordagem de Fábio Peixinho Gomes Corrêa (*O Objeto Litigioso no Processo Civil*, cit., p. 240).

125. "(...) cumulação própria, que encerra as hipóteses nas quais é admitido o acolhimento conjunto dos pedidos, e cumulação imprópria, em que, por força de fatores peculiares ao direito material controvertido, a procedência de uma pretensão exclui a das demais" (José Rogério Cruz e Tucci, "Reflexões sobre a cumulação subsidiária de pedidos", cit., *RT* 786/58).

126. José Rogério Cruz e Tucci, "Reflexões sobre a cumulação subsidiária de pedidos", cit., *RT* 786/58.

pedido)", enquanto na cumulação imprópria de pedidos ocorre a "singularidade de pretensão", na qual "o demandante deseja que o réu cumpra uma das prestações da alternativa; que a sentença acolha o pedido subsidiário caso não possa reconhecer a procedência do pedido antecedente".

Por certo que o presente estudo não limitará sua abordagem sobre cada uma das hipóteses de cumulação do pedido[127] ao esquema apresentado acima, o qual foi exposto apenas para introduzir o tema, a ser detidamente analisado nos tópicos seguintes.

19. Cumulação subsidiária de pedidos (art. 326 do CPC/2015)

Em observância à ordem estabelecida no CPC/2015, a primeira cumulação de pedidos a ser estudada é a cumulação subsidiária de pedidos, prevista no *caput* do art. 326, também denominada na doutrina como "alternatividade eventual" ou "cúmulo eventual".[128]

Conceituando referido instituto jurídico, José Rogério Cruz e Tucci ensina que: "Caracteriza-se o cúmulo subsidiário toda vez que um pedido tiver de ser tomado em consideração na eventualidade de não proceder um pedido antecedente",[129] destacando, ainda, a importância da cumulação subsidiária de pedidos nos sistemas processuais que adotam um regime rígido de preclusões, tal como ocorre no Brasil, pelo qual é vetada ao autor "a introdução de novo pedido no curso do processo" (com exceção das hipóteses de aditamento ou alteração do pedido previstas no diploma processual, a serem objeto de estudo neste trabalho).

Conforme já adiantado acima, a cumulação subsidiária de pedidos trata-se de cumulação imprópria, para a qual há uma pluralidade de pedidos e uma singularidade de tutela, sendo que o autor formula um pedido principal que poderá ser substituído pelo pedido subsequente caso

127. Com muita clareza, o Min. Luís Felipe Salomão, em voto de sua relatoria, elucida a distinção entre as cumulações sucessiva, subsidiária e alternativa: "(a) na cumulação sucessiva prejudicial, rejeitado o pedido anterior, o pedido posterior perde o objeto; (b) na cumulação subsidiária o acolhimento do pedido anterior torna o pedido posterior prejudicado; (c) na cumulação alternativa o acolhimento de qualquer um dos pedidos torna os demais prejudicados" (STJ, ED no AREsp 1.262.359, publ. 28.6.2018).

128. Cândido Rangel Dinamarco, *Instituições de Direito Processual Civil*, cit., 7ª ed., vol. II, p. 199.

129. José Rogério Cruz e Tucci, "Reflexões sobre a cumulação subsidiária de pedidos", cit., *RT* 786/58.

o pedido anterior – leia-se: principal – não venha a ser tutelado.[130] Na cumulação subsidiária de pedidos o pedido principal tem grande relevância, pois é a partir dele que se extrai o valor da causa (art. 292, VIII, do CPC/2015) e sua procedência ou improcedência definem a sucumbência e o interesse recursal.

Como decorrência do ônus da impugnação específica, incumbe ao réu apresentar contestação opondo resistência a todos os pedidos formulados em cumulação subsidiária, devendo expor as razões de fato e de direito com que os impugna, um a um, sob pena de preclusão (art. 336 do CPC/2015).

Pela redação do art. 289 do CPC/1973 era lícito formular mais de um pedido em ordem *sucessiva*, a fim de que o juiz conhecesse do posterior, se não pudesse acolher o anterior. O art. 326 do CPC/2015 realizou ajuste redacional, fazendo constar que é lícito formular mais de um pedido em ordem *subsidiária*, a fim de que o juiz conheça do posterior quando não acolher o anterior. Por certo que a alteração se mostrava necessária, e a redação atual expressa com precisão o conceito de cumulação subsidiária de pedidos, especialmente porque o diploma anterior dava margem a confusão entre este instituto processual com a cumulação sucessiva de pedidos.[131]

Assim, ao substituir "sucessiva" por "subsidiária", a nova redação tornou harmônicos o termo e o conceito expressos no dispositivo, dada a relação de subsidiariedade entre os pedidos formulados, conhecendo do posterior somente na hipótese de não acolhimento do anterior. O(s) pedido(s) subsidiário(s) é(são), portanto, subordinado(s) ao pedido principal, só podendo ser apreciado(s) e eventualmente acolhido(s) se o anterior for afastado, devendo o juiz respeitar a escala de preferências fixada pelo autor na petição inicial, a qual poderá decorrer da impossibilidade material

130. Enunciado 287 do *Fórum Permanente de Processualistas Civis*: "O pedido subsidiário somente pode ser apreciado se o juiz não puder examinar ou expressamente rejeitar o principal" (disponível em *http://institutodc.com.br/wp-content/uploads/2017/06/FPPC-Carta-de-Florianopolis.pdf*, acesso em 6.5.2020).

131. "Apesar da linguagem deficiente utilizada pelo Código de Processo Civil (que se refere a 'pedido em ordem sucessiva'), não há como confundir o pedido subsidiário com a hipótese de cumulação sucessiva. Neste último caso, o autor formula pedidos vinculados, de tal sorte que o segundo pedido somente poderá ser atendido se o primeiro for acolhido. Exemplo sempre citado pela doutrina é o da demanda de investigação de paternidade cumulada com petição de herança" (Carlos Alberto Carmona, "Em torno da petição inicial", cit., *RePro* 119/27-28).

do pedido principal quando do julgamento da demanda[132] ou do grau de efetividade que a solução principal tem sobre a secundária para a solução do caso concreto.[133] Nesta hipótese o autor não busca a procedência de todos os pedidos, mas de apenas um, de acordo com a ordem preferencial estabelecida nos pedidos formulados na petição inicial.

Sem prejuízo de o autor pretender obter apenas um dos bens da vida indicados na petição inicial, conforme elucida Pontes de Miranda, "com a citação há litispendência para ambas as ações em cumulação eventual",[134] mesma regra a ser aplicada à coisa julgada, em detrimento dos pedidos formulados em cumulação subsidiária.

Por oportuno, não se pode confundir cumulação subsidiária de pedidos com cumulação alternativa de pedidos,[135] esta última prevista no parágrafo único do art. 326 do CPC/2015, pois nesta o juiz pode acolher qualquer um dos pedidos formulados (ou um, ou outro), enquanto na cumulação subsidiária de pedidos haverá uma ordem cronológica ditada pelo autor na exordial, não podendo o juiz acolher o próximo pedido sem antes afastar o pedido precedente, sendo certo que "a inversão da ordem infringe a vontade do autor e, assim, implica julgamento *extra petita*",[136] De todo modo, trataremos com mais detalhes sobre cumulação alternativa de pedidos no tópico seguinte.

Se ao juiz não é permitido tutelar o pedido subsidiário sem antes afastar os pedidos que o antecedem, do mesmo modo não pode o réu reconhecer a procedência do pedido subsidiário, com vistas a extinguir o processo e afastar a apreciação do(s) pedido(s) antecedente(s).[137] Referido

132. Por exemplo a anulação do negócio jurídico como pedido principal ou, subsidiariamente, a indenização pelos prejuízos sofridos pelo autor em caso de sua manutenção.

133. Por exemplo a anulação do casamento como pedido principal ou, subsidiariamente, o divórcio ou, subsidiariamente, a separação judicial.

134. Francisco Cavalcanti Pontes de Miranda, *Comentários ao Código de Processo Civil*, cit., 2ª ed., t. IV (arts. 282 a 443), p. 109.

135. Em análise a origem da referida confusão: "Essa espécie de cumulação, chamada de alternativa aparente por João de Castro Mendes, decorre da situação em que o autor formula dois ou mais pedidos, reconhecendo que só um é substantivamente procedente" (José Rogério Cruz e Tucci, "Reflexões sobre a cumulação subsidiária de pedidos", cit., *RT* 786/58).

136. Arruda Alvim, *Manual de Direito Processual Civil*, cit., 18ª ed., p. 1.080.

137. "Civil/processual – Extinção de condomínio rural – Indivisibilidade do imóvel – Pedidos subsidiários – Reconhecimento da procedência de um deles – Permanência da lide, quanto ao fundamento do principal. (...). 2. O reconhecimento pelo

ato processual não se mostra passível de homologação judicial tendente a extinguir a ação com resolução do mérito (art. 487, III, "a", do CPC/2015).

Por outro lado, nada obsta a que o demandante desista do pedido principal ou do pedido subsidiário, independentemente da concordância do demandado, pois a regra do art. 485, VIII, e § 4º, do CPC/2015 dispõe sobre a desistência da ação, e não do pedido. A desistência de um ou alguns dos pedidos subsidiários não acarretará a extinção da ação sem resolução do mérito. Isso porque se a ação for julgada e ao final decidido o mérito, no caso de cumulação subsidiária de pedidos não importa necessariamente qual será o pedido acolhido, mas, sim, a obtenção de uma solução para o conflito de interesses entre os demandantes, dentre os pedidos formulados pelo autor em sua exordial. Entretanto, logicamente que a renúncia à pretensão formulada na ação ou na reconvenção não poderá ser feita após a sentença que analisar, acolhendo ou afastando, o pedido do qual se pretende desistir.

Tanto o não acolhimento de um pedido precedente quanto o acolhimento de um pedido subsidiário devem ser feitos por meio de decisão motivada, pois, se o réu detém interesse recursal para impugnar o pedido subsidiário acolhido e, assim, buscar a improcedência total da demanda, para o autor também haverá interesse recursal,[138] considerando que este poderá pleitear a procedência do pedido principal ou de pedido precedente ao acolhido, ao invés do subsidiário, por entender ser o bem da vida mais adequado a tutelar os seus interesses.

Assim, na cumulação subsidiária de pedidos, por haver preferência do autor pela procedência do pedido principal, caso este seja julgado improcedente, a procedência do pedido subsidiário não caracterizará a total procedência da demanda, mas, sim, será tida como parcial procedência – pois o juiz deve julgar improcedente o pedido principal antes de acolher o posterior –, criando, assim, interesse recursal ao autor para obter o acolhimento do pedido anterior.[139]

réu da procedência de pedido subsidiário não importa em extinção do processo, com julgamento do mérito ou por falta de interesse de agir do autor, porquanto perdura a lide, em face do pedido principal" (STJ, REsp 8.892-SP, rel. Min. Dias Trindade, publ. 27.5.1991).

138. Enunciado 288 do *Fórum Permanente de Processualistas Civis*: "Quando acolhido o pedido subsidiário, o autor tem interesse de recorrer em relação ao principal" (disponível em *http://institutodc.com.br/wp-content/uploads/2017/06/FPPC-Carta-de-Florianopolis.pdf*, acesso em 6.5.2020).

139. "Quanto à instância recursal, atendido o pedido primário, apenas o réu é que tem interesse em recorrer. Ambas as partes, no entanto, poderão interpor apelação

Ao tratar da distribuição do ônus da sucumbência nas demandas com cumulação subsidiária de pedidos, Cândido Rangel Dinamarco leciona que, "como os pedidos não são *somados*, basta o acolhimento de um deles para que suporte o réu, por inteiro, os *encargos da sucumbência* (art. 85)".[140] Entretanto, em sentido contrário, a Corte Especial do STJ, nos EDv no REsp 616.918-MG,[141] de relatoria do Min. Castro Meira (publ. 20.8.2010), decidiu pela sucumbência recíproca em caso de rejeição do pedido principal e acolhimento de pedido subsidiário formulado em cumulação subsidiária de pedidos, não havendo notícia de alteração do posicionamento pela Corte Superior.[142]

Ambos os posicionamentos são defensáveis, mas a fundamentação utilizada pelo STJ ganha força por se calcar no interesse recursal que o autor possui para pleitear junto aos tribunais a reforma da decisão que julgou procedente o pedido subsidiário e improcedente o pedido principal, sendo o interesse recursal elemento a ser considerado na fixação do ônus da sucumbência.

Ainda no tocante à esfera recursal, se o pedido principal for julgado procedente e o réu interpuser apelação, o pedido subsidiário será objeto do efeito devolutivo e poderá ser apreciado pelo tribunal, não podendo se falar em *reformatio in pejus*[143] e nem em decisão-surpresa.[144] Nesta

na situação em que, rechaçado o primeiro pedido, vier reconhecida a procedência do subsidiário" (José Rogério Cruz e Tucci, "Reflexões sobre a cumulação subsidiária de pedidos", cit., *RT* 786/66).

140. Cândido Rangel Dinamarco, *Instituições de Direito Processual Civil*, cit., 7ª ed., vol. II, p. 200.

141. "Processual civil – Embargos de divergência – Art. 289 do CPC – Cumulação imprópria subsidiária de pedidos (cumulação eventual) – Acolhimento do pedido subsidiário e rejeição do principal – Sucumbência recíproca (...). 3. Já na cumulação subsidiária, como é o caso dos autos, os pedidos são formulados em grau de hierarquia, denotando a existência de um pedido principal e outro (ou outros) subsidiário(s). Assim, se o pedido principal foi rejeitado, embora acolhido outro de menor importância, surge para o autor o interesse em recorrer da decisão. Se há a possibilidade de recurso, é evidente que o autor sucumbiu de parte de sua pretensão, devendo os ônus sucumbenciais ser suportados por ambas as partes, na proporção do sucumbimento de cada um."

142. V. *Informativo* 441/STJ. Destaca-se também: STJ, REsp 1.158.754-RS, rel. Min. Mauro Campbell Marques, publ. 24.8.2010.

143. Daniela Monteiro Gabbay, "Arts. 318 a 331", cit., in José Rogério Cruz e Tucci *et al.* (coords.), *Código de Processo Civil Anotado*, p. 478.

144. Enunciado 102 do *Fórum Permanente de Processualistas Civis*: "O pedido subsidiário ou alternativo não apreciado pelo juiz é devolvido ao tribunal com

hipótese, mesmo que os pedidos precedentes não sejam objeto de impugnação nas razões da apelação, seu julgamento não poderá ser tido como prejudicial ao contraditório, pois ao réu foi oportunizada a impugnação de todos os pedidos quando da contestação e, por cautela ou em respeito ao princípio da eventualidade, nada obsta a que a apelação reitere os argumentos não enfrentados pela sentença, visando, assim, a afastar qualquer provimento por parte do tribunal, seja do pedido principal, seja dos pedidos subsidiários.

Voltando os olhos para o escopo primordial do presente trabalho, diante da análise acima, a conclusão, inevitavelmente, é conduzida para a impossibilidade de o magistrado interpretar qual, dentre os pedidos subsidiários formulados, seria o melhor para o autor sem antes enfrentar e afastar o(s) pedido(s) antecedente(s). A apreciação dos pedidos deve obedecer à ordem estabelecida pelo autor na petição inicial.[145] Com mais razão ainda. não lhe é permitido tutelar interesses sequer formulados, tendo por base apenas a interpretação de pedido que poderia ter sido mas não foi formulado.

20. Cumulação alternativa de pedidos (art. 326, parágrafo único, do CPC/2015)

O CPC/2015 "inovou" ao prever, no parágrafo único do art. 326: "É lícito formular mais de um pedido, alternativamente, para que o juiz acolha um deles". Em que pese ao fato de o referido dispositivo não encontrar correlato nos diplomas processuais anteriores, na prática, a cumulação alternativa de pedidos não consiste em novidade.

Em leitura do acórdão proferido no julgamento do REsp 19.019-PR, de relatoria do Min. Waldemar Zveiter (publ. 25.5.1992), deparamo-nos com demanda na qual o autor formulou pedido denominado pelo Tribunal

a apelação" (disponível em *http://institutodc.com.br/wp-content/uploads/2017/06/FPPC-Carta-de-Florianopolis.pdf*, acesso em 6.5.2020).

145. "O julgamento do primeiro pedido sempre deve preceder o do subsidiário. Reconhecida a procedência daquele, dito principal, a sentença não poderá examinar a pretensão subsidiária deduzida na petição inicial. O juiz fica impedido de 'escolher um dos pedidos, deixando de examinar os demais, mas está ele vinculado e condicionado à ordem em que os pedidos são apresentados pelo autor, impondo-se que examine e decida em primeiro lugar o primeiro dos pedidos formulados, somente passando para o exame dos seguintes se não o acolher'. É o autor, e exclusivamente ele, como visto, que estabelece a ordem cronológica em que os pedidos deverão ser enfrentados pelo juiz" (José Rogério Cruz e Tucci, "Reflexões sobre a cumulação subsidiária de pedidos", cit., *RT* 786/60).

de Justiça local de "cumulação alternativa", pelo qual se buscava alcançar a condenação do réu à restituição de algumas cabeças de gado ou, na sua impossibilidade, a condenação em perdas e danos no valor equivalente. O Tribunal de Justiça local havia decidido que o pedido de condenação em perdas e danos, na verdade, seria consequência lógica da execução para entrega de coisa (art. 627 do CPC/1973), não podendo ser acolhido como pedido na fase de conhecimento – posicionamento, este mantido, pelo ST.

No acórdão do AgR no AI 363.677-PR, relatado pelo Min. Sálvio de Figueiredo Teixeira (publ. 18.2.2002), constou na ementa o seguinte excerto: "Caracterizada, na espécie, a cumulação alternativa, em que mais de um pedido é formulado, a tutela de um deles exclui e impossibilita a tutela dos demais".

Visando a diferenciar os conceitos de "cumulação alternativa" e de "cumulação subsidiária" para fins de decidir sobre a incidência, ou não, de sucumbência recíproca, a ementa do acórdão proferido nos EDv no REsp 616.918-MG, de relatoria do Min. Castro Meira (publ. 23.8.2010), possui excerto que merece ser transcrito:

> Processual civil – Embargos de divergência. Art. 289 do CPC – Cumulação imprópria subsidiária de pedidos (cumulação eventual) – Acolhimento do pedido subsidiário e rejeição do principal – Sucumbência recíproca.
>
> 1. Embora não tenham adotado a mesma terminologia para decidir a cumulação de pedidos de que trata o art. 289 do Código de Processo Civil/CPC, os arestos embargado e paradigma divergem quanto à correta interpretação desse dispositivo. O primeiro conclui que o acolhimento do pedido subsidiário, e a rejeição do principal, conduz à sucumbência integral da parte ré, enquanto o segundo entende, em situação análoga, que há mútuo sucumbimento das partes. (...).
>
> 2. Na cumulação alternativa não há hierarquia entre os pedidos, que são excludentes entre si. O acolhimento de qualquer um deles satisfaz por completo a pretensão do autor, que não terá interesse em recorrer da decisão que escolheu uma dentre outras alternativas igualmente possíveis e satisfativas. Se não há interesse recursal, conclui-se que os ônus da sucumbência devem ser integralmente suportados pelo réu.
>
> 3. Já na cumulação subsidiária, como é o caso dos autos, os pedidos são formulados em grau de hierarquia, denotando a existência de um pedido principal e outro (ou outros) subsidiário(s). Assim, se o pedido principal foi rejeitado, embora acolhido outro de menor importância, surge para o autor o interesse em recorrer da decisão. Se há a possibilidade de recurso, é evidente que o autor sucumbiu de parte de sua pretensão, devendo os ônus sucumbenciais ser suportados por ambas as partes, na proporção do sucumbimento de cada um.

Pela leitura dos julgados mencionados acima observa-se que em todos os casos a denominada cumulação alternativa decorre de demanda na qual não existe a prévia e necessária obrigação alternativa no direito material, prevista na lei ou no contrato, permitindo concluir pela distinção entre "pedido alternativo" e "cumulação alternativa de pedidos".[146]

Assim, o que difere o pedido alternativo da cumulação alternativa de pedidos é que no primeiro caso a formulação de pleito com obrigações alternativas não é faculdade do autor, pois decorrente de lei ou de contrato – e, mesmo se o pedido formulado não apresentar as alternativas decorrentes da relação obrigacional, o juiz assegurará ao réu a escolha por uma das alternativas (art. 325, parágrafo único, do CPC/2015) –, mas no segundo caso a alternatividade dos pedidos decorre de faculdade do autor.

Referida divergência, cuja fundamentação da decisão proferida nos EDv no REsp 616.918-MG entende ser meramente terminológica, na verdade é conceitual, e decorre de posicionamento adotado em outros julgados[147] e na doutrina[148] ao empregar à cumulação subsidiária (eventual) a denominação de "cumulação alternativa".

Fato é que a redação do parágrafo único do art. 326 do CPC/2015 despertou a atenção da doutrina para a cumulação alternativa. Destacamos interessante posição, pela qual a cumulação alternativa de pedidos geraria uma proposta de contrato endoprocessual, facultando ao réu optar por adimplir a obrigação de alguma das maneiras propostas pelo autor.[149]

146. "O *pedido alternativo* não deve ser confundido com a *cumulação alternativa de pedidos* (art. 326)" (Luiz Guilherme Marinoni, Sérgio Cruz Arenhart e Daniel Mitidiero, *Novo Curso de Processo Civil: Tutela dos Direitos mediante Procedimento Comum*, cit., 2ª ed., vol. II, p. 167).

147. "Houve, no caso, cumulação alternativa de pedidos. Postulou o autor mais de um pedido, em ordem sucessiva, para que, em não sendo acolhido o primeiro, o juiz passasse a apreciar o sucessivo (art. 289 do CPC)" (STJ, REsp 168.378-SP, rel. Min. Luís Felipe Salomão, publ. 10.11.2008).

148. Já em edições anteriores Cândido Rangel Dinamarco assim definia a cumulação subsidiária: "Cúmulo eventual é a reunião de dois ou mais pedidos em uma só iniciativa processual, com a manifestação de *preferência por um deles*. Esse é um cúmulo alternativo, porque não se deduzem pretensões somadas para que ambas sejam satisfeitas (como no cúmulo simples)" (*Instituições de Direito Processual Civil*, cit., 7ª ed., vol. II, p. 199).

149. Ao tratar do art. 326, *caput* e parágrafo único, do CPC/2015: "Este artigo trata de duas espécies de cumulação: a subsidiária e a alternativa. (...). No segundo caso, há mais de um pedido, mas o autor não diz, na inicial, por qual tem preferência. Aqui, sim, há cumulação, diferentemente do que ocorre na situação de que trata o art. 325. Não há previsão, nem legal, nem contratual, da alternatividade. É o autor

Outro posicionamento seria o de que o legislador teria consagrado a cumulação alternativa (leia-se: subsidiária) *com* ordem prioritária (art. 326, *caput*, do CPC/2015) e *sem* ordem prioritária (art. 326, parágrafo único, do CPC/2015), e neste segundo caso "qualquer pedido que for acolhido satisfaz o demandante. No fundo, o parágrafo único do art. 326 constitui uma espécie de atipicização da regra do pedido alternativo (art. 325)".[150]

Em seu magistério, Arruda Alvim[151] enfrenta a questão concluindo que o parágrafo único do art. 326 do CPC/2015 permite "a formulação de pedidos alternativos independentemente da natureza da obrigação a eles subjacente" e faculta "ao autor a ampla possibilidade de formular pedidos alternativos, para que o juiz acolha apenas um", compreendendo tratar-se de pedido que ocorre nos "chamados *novos direitos*", os quais podem ser satisfeitos de mais de uma forma, apresentando o exemplo da ação decorrente de direito ambiental, na qual se requer o fechamento da fábrica ou a instalação de filtros nas chaminés.

Ao analisar o dispositivo legal em estudo, Susana Henriques da Costa[152] sistematiza a cumulação de pedidos em "própria" e "imprópria", posteriormente fazendo a divisão da cumulação imprópria eventual ou subsidiária e da cumulação imprópria alternativa (esta última é a prevista no parágrafo único do art. 326 do CPC/2015). A cumulação alternativa ocorre quando "o autor realizar dois ou mais pedidos principais, sem ordem de preferência, com a intenção de que o juiz acolha somente um deles em caso de procedência"; e a diferença entre pedido alternativo e cumulação alternativa recai no fato de que neste último "não cabe ao réu escolher a forma de cumprimento da obrigação, em caso de condenação".

que se declara satisfeito com a conduta 'x' ou 'y' do réu. Tanto faz. Como diferenciar esta situação da prevista no art. 325? De fato, se o autor fez pedido alternativo, não estando esta alternatividade prevista na lei ou no contrato anteriormente celebrado, e cujo inadimplemento gerou a ação, está, na verdade, propondo ou gerando outro contrato (acordo de vontades) com a propositura da ação em que há pedido alternativo. O autor, na inicial, 'propõe' ao réu que cumpra o contrato ou a obrigação de uma das maneiras sugeridas. Aceitando o réu, e cumprindo a obrigação, terá havido outro contrato, endoprocessual" (Teresa Arruda Alvim Wambier *et al.*, *Primeiros Comentários ao Novo Código de Processo Civil*, cit., p. 553).

150. Luiz Guilherme Marinoni, Sérgio Cruz Arenhart e Daniel Mitidiero, *Novo Curso de Processo Civil: Tutela dos Direitos mediante Procedimento Comum*, cit., 2ª ed., vol. II, pp. 169-170.

151. Arruda Alvim, *Manual de Direito Processual Civil*, cit., 18ª ed., p. 796.

152. Susana Henriques da Costa, "Arts. 318 a 333", cit., in Antônio do Passo Cabral e Ronaldo Cramer (coords.), *Comentários ao Novo Código de Processo Civil*, cit., 2ª ed., p. 513.

A posição dos tribunais sobre o tema ainda é incipiente, e até o presente momento grande parte das decisões foi proferida apenas em primeira instância, por vezes confundindo cumulação alternativa com cumulação subsidiária (eventual). Não obstante, destacam-se alguns julgados[153] que enfrentaram o tema com profundidade, constatando tra-

153. "Do modo como os pedidos foram formulados na petição inicial, houve uma confusão entre pedido alternativo (art. 325 do NCPC), cumulação subsidiária (art. 326, *caput*, do NCPC), cumulação alternativa (art. 326, parágrafo único, do NCPC) e cumulação sucessiva de pedidos (art. 327 do NCPC) (...). Por fim, pedido alternativo (art. 325) e cumulação alternativa de pedidos (art. 327 c/c o art. 326, parágrafo único) não se confundem, pois aquele é fenômeno de direito material (decorre da natureza da obrigação) e esta instituto de direito processual, e ocorre quando o autor formula vários pedidos, ainda que não haja conexão entre eles, mas considera-se satisfeito com a procedência de qualquer deles, não importando sucumbência recíproca nem interesse recursal. (...). Inicialmente, cumpre observar que, embora a autora tenha designado o pedido de indenização pela desvalorização dos imóveis como pedido alternativo, trata-se, na verdade, de pedido subsidiário (art. 326, *caput*, do CPC/2015), como se depreende do seguinte excerto da peça vestibular: 'Excelência, como exposto, os moradores, ora requerentes, não tem [*sic*] interesse em morar próximo a [*sic*] área de passagem de linha de ferro, pelas várias razões já expostas acima; todavia, *caso não seja possível a rescisão contratual, com a respectiva devolução das parcelas pagas*, acrescidas de juros, correção monetária, multa contratual, bem como as indenizações por dano material, *requer que os demandantes sejam ressarcidos pelos prejuízos advindos (desvalorização do imóvel)* pela instalação do ramal ferroviário, conforme fundamentos abaixo (p. 18, fls. 21)'. Destaques acrescidos. O art. 326, *caput*, do Novo Código de Processo Civil dispõe: 'É lícito formular mais de um pedido em ordem subsidiária, a fim de que *o juiz conheça do posterior, quando não acolher o anterior*'. Diferente seria se a autora formulasse os pedidos de forma alternativa, como prevê o parágrafo único do artigo acima transcrito: 'É lícito formular mais de um pedido, alternativamente, para que o juiz acolha um deles. Se essa fosse a intenção da reclamante, então teria pedido a rescisão contratual *ou* a indenização pela desvalorização os imóveis, sem condicionar a análise do segundo pedido à rejeição do primeiro. Enquanto na cumulação subsidiária fala-se em pedidos principal e secundário, na cumulação alternativa todos os pedidos são principais. A diferença parece simples, mas tem grande importância, pois na cumulação alternativa o juiz pode escolher o pedido que entende procedente sem precisar analisar ou rejeitar os demais, já na cumulação subsidiária o juiz somente pode conhecer do posterior se rejeitar o anterior. Assim posto, o pedido de indenização pela desvalorização do imóvel em razão da passagem do ramal ferroviário somente poderá ser conhecido se o pedido principal (rescisão contratual) não for acolhido, nos termos dos arts. 141, 326, *caput*, e 492, todos do Novo CPC" (2ª Vara Cível e Empresarial de Parauapebas, TJPA, Processo 0016967-77.2016.8.14.0040, Juíza: Eline Salvado Vieira, publ. 18.6.2018).

Ainda sobre o tema: 2ª Vara Cível do Foro de Barueri, TJSP, Processo 1014002-55.2017.8.26.0068, Juíza: Daniela Nudeliman Guiguet Leal, publ. 19.6.2018; e TJSP, ACi 1019259-02.2016.8.26.0002, rel. Des. Adilson de Araújo, publ. 25.7.2017.

tar-se a cumulação alternativa de instituto processual distinto do pedido alternativo e da cumulação subsidiária (eventual).

Feitas todas estas considerações e voltando os olhos para o escopo deste trabalho, necessário refletir em que medida a cumulação alternativa guarda (ou não) relação com os princípios da demanda e da congruência, bem como com a imparcialidade do juiz – isso se considerarmos que a lei passou a admitir que o autor formule seu pleito com "opções de solução" para que o magistrado, caso o pedido imediato seja julgado procedente, se sub-rogue nos interesses do autor e assuma a responsabilidade de conceder a tutela jurisdicional sobre o bem da vida que entender mais adequado à resolução do caso concreto.

Conforme abordado anteriormente, nos casos de pedido alternativo, ou seja, nas ações fundadas em relação obrigacional alternativa, em que a opção pela obrigação a ser adimplida cabe ao autor, se a escolha não for feita logo na petição inicial a inércia do autor deve ser entendida como renúncia em favor do réu.[154] Ou seja: mesmo nas ações fundadas em obrigação alternativa em que a escolha cabe ao autor o pedido deve ser fixo, certo e determinado, causando estranheza que em uma relação jurídica não pautada em obrigação alternativa ao autor seja facultado formular mais de um pedido alternativamente, para que o juiz decida qual deve ser acolhido.

A estratégia do autor de sub-rogar ao juiz a decisão pelo bem da vida a ser tutelado nem sempre apresenta plena harmonia com o princípio da demanda e, consequentemente, com a imparcialidade do juiz, pois na cumulação alternativa de pedidos o magistrado não se limitará à aplicação do bom direito, mas também será incumbido de decidir pelo melhor bem da vida, o que não necessariamente ocorrerá diante de alguma margem de valoração por parte do autor, tal como ocorre na cumulação subsidiária de pedidos, em que o pedido subsequente só será apreciado se o pedido anterior for afastado, não se tratando de uma escolha do magistrado, mas, sim, de uma apreciação escalonada do rol de pedidos formulados pelo autor.

Entretanto, ao analisarmos essa questão por outro ângulo, se considerarmos que os elementos da ação (partes, causa de pedir e pedido)

154. Dentro deste cenário, mostra-se pertinente o seguinte raciocínio, que, sem prejuízo de advir da doutrina sobre pedido alternativo, guarda relação com a ideia acima exposta: "(...) se, não obstante ser o autor o titular da escolha, acabar ele formulando pedido alternativo (...) é de se entender que ele renunciou à escolha em favor do réu" (Cassio Scarpinella Bueno, *Curso Sistematizado de Direito Processual Civil: Procedimento Comum Ordinário e Sumário*, cit., 7ª ed., vol. 2, t. I, p. 121).

identificam a demanda e que a alteração de um destes elementos gera uma nova demanda, sem que ocorra litispendência ou coisa julgada, nada impede que o autor ajuíze mais de uma ação com as mesmas partes e causa de pedir, modificando apenas o pedido em cada uma das ações.[155] Sob esta nova perspectiva da mesma problemática, lastreada no princípio da segurança jurídica, mostra-se adequada a reunião destas demandas "a fim de evitar provimentos conflitantes ou contraditórios na hipótese de duas ou mais causas serem decididas separadamente ou mesmo não analisadas a partir de um todo",[156] medida a ser adotada por meio dos institutos da conexão ou da continência e que, na prática, faria com o que juiz, caso julgue procedente o pedido imediato, acolha o pedido formulado em uma das ações, em detrimento das outras demandas formuladas. Inevitável, portanto, a conclusão de que ao adotar a cumulação alternativa de pedidos o demandante poderá alcançar o mesmo efeito prático obtido com a reunião de processos conexos ou continentes.

De todo modo, todos esses argumentos favoráveis à cumulação alternativa de pedidos não escapam de uma aprofundada reflexão sobre a permissibilidade, ou não, de o autor ajuizar simultaneamente várias ações com as mesmas partes e causa de pedir, cada uma com pedido distinto.

Caso a dúvida do autor sobre qual bem da vida pretende obter com o resultado da demanda incida sobre os fatos, estes serão apurados em contraditório e mediante instrução probatória, evidenciando-se ao final da instrução o pedido (dentre as alternativas apresentadas na petição inicial) que se mostra mais adequado. Então, na cumulação alternativa de pedidos a dúvida do demandante quanto ao bem da vida deve ser extirpada no curso do processo, para que ao final o magistrado não se veja refém da incerteza do pedido, mesmo porque "ao juiz não é permitido formular ou escolher pedidos nem interferir no objeto do processo (arts. 2º, 141 e 492)".[157]

Em que pese a todas as críticas empreendidas nesse estudo, não se pode necessariamente dizer que a cumulação alternativa de pedidos viola o princípio da congruência, pois fato é que os pedidos – ainda que alterna-

155. Silas Silva Santos, *Litisconsórcio Eventual, Alternativo e Sucessivo*, São Paulo, Atlas, 2013, pp. 191 e ss. Neste estudo o autor defende a possibilidade de cumulação alternativa (subjetiva e objetiva) como forma de concretizar o princípio da economia processual e a exigência da harmonia dos julgados.

156. Paulo Henrique dos Santos Lucon, *Relação entre Demandas*, cit., p. 80.

157. Cândido Rangel Dinamarco, *Instituições de Direito Processual Civil*, cit., 7ª ed., vol. II, 7. ed. São Paulo: Malheiros, 2017, p. 194.

tivamente e sem ordem de preferência – foram formulados pelo autor, não sendo possível afirmar que o juiz proferirá decisão de natureza diversa do pedido ou condenará o réu em quantidade superior ou em objeto diverso do que lhe foi demandado. De todo modo, se no curso do processo o demandante não demonstrar a predileção por algum dos pedidos cumulados alternativamente remanescerá a nossa crítica de que o magistrado não pode livremente escolher qual bem da vida deve ser tutelado.

Assim, conforme salientado acima, se o processo nasceu com pedido incerto, não pode terminar da mesma maneira. O curso do processo deverá conduzir ao provimento jurisdicional mais adequado, respeitados o contraditório e a ampla defesa de ambas as partes (para ilustrar este posicionamento, reitera-se o exemplo apresentado acima, da ação coletiva ajuizada para fins de fechar a fábrica poluidora ou colocar um filtro em sua chaminé).

Como medida tendente a evitar a propositura de ação com cumulação alternativa de pedidos, sempre que possível se mostra razoável e aconselhável o prévio ajuizamento pelo autor da ação de produção antecipada da prova (arts. 381 a 383 do CPC/2015),[158] com o escopo de afastar eventuais dúvidas, antever o esclarecimento dos fatos, delimitar o objeto litigioso do processo a ser instaurado e possibilitar o ajuizamento de ação com pedido certo, para a adequada resolução do conflito.

O uso indiscriminado da cumulação alternativa de pedidos não deve ser tolerado pelo Poder Judiciário. A propositura de ação judicial sem nenhuma diligência prévia por parte do autor ou do seu patrono, aos quais incumbe delimitar o pedido certo a ser formulado na petição inicial, remete à ausência de cooperação, lealdade e boa-fé processual.[159] A existência do instituto da cumulação alternativa de pedidos não pode ser confundida com a banalização do pedido, ressaltando-se a regra da certeza na formulação da demanda.

No tocante ao ônus da sucumbência, se acolhido um dos pedidos formulados em cumulação alternativa, por não haver preferência, segue-se

158. Sobre o tema, v.: Flávio Luiz Yarshell, *Antecipação da Prova sem o Requisito da Urgência e Direito Autônomo à Prova*, São Paulo, Malheiros Editores, 2009, pp. 309 e ss.

159. "Assim, mesmo sem a cogitação mais clara de uma controvérsia e, portanto, de uma disputa judicial, interessados e, eventualmente, respectivos advogados devem se pautar pelo princípio da lealdade no momento anterior ao processo" (Flávio Luiz Yarshell, *Antecipação da Prova sem o Requisito da Urgência e Direito Autônomo à Prova*, cit., p. 189).

a mesma regra do pedido alternativo e, afastados os demais pedidos, a sucumbência será integralmente do réu,[160] pois o juiz pode acolher um ou outro pedido,[161] e o acolhimento de qualquer um ocasiona o êxito integral da demanda em favor do autor. Como consequência lógica, o acolhimento de um dos pedidos cumulados alternativamente afasta o interesse recursal do autor, pois, se nem na petição inicial este se dignou a optar pela tutela desejada, não seria razoável admitir a manifestação de preferência por algum dos bens da vida após a decisão do juiz em cognição exauriente.

Em resumo: não obstante a cumulação alternativa de pedidos suscitar questionamentos e aparentemente violar alguns princípios processuais (demanda, congruência, inércia e imparcialidade), não se pode negar que, após refletir sobre o tema e diante de uma análise sistêmica do ordenamento processual, sua aplicação é possível, notadamente para fins de evitar decisões conflitantes e para resguardar a segurança jurídica, desde que o processo seja conduzido com contraditório e instrução adequados, visando a extrair a certeza do pedido a ser tutelado quando da prolação de sentença.

De certo que, na hipótese de o magistrado se deparar com petição inicial dotada de cumulação alternativa de pedidos e havendo dúvida entre esta e a cumulação subsidiária de pedidos, se mostrará aconselhável a intimação do autor no momento processual adequado (art. 321 do CPC/2015), determinando a este que esclareça seu pedido e informe se tem preferência por algum dos pedidos dentre os formulados, inclusive para fins de atribuição do valor da causa, recolhimento da taxa judiciária, posterior fixação da sucumbência e para evitar futuros recursos.

Concluindo tal raciocínio, a cumulação alternativa de pedidos deve ser tida como exceção e admitida com parcimônia pelos magistrados. Sua aplicação deve ocorrer apenas e tão somente em casos excepcionais, tal como nas demandas coletivas *lato sensu*, em que o legitimado extraordinário ajuíza ação buscando uma tutela que vai além da procedência de

160. No mesmo sentido destacamos o Enunciado 109 da *II Jornada de Direito Processual Civil* do Conselho da Justiça Federal, segundo o qual: "Na hipótese de cumulação alternativa, acolhido integralmente um dos pedidos, a sucumbência deve ser suportada pelo réu" (disponível em *https://www.cjf.jus.br/enunciados/pesquisa/resultado*, acesso em 6.5.2020).

161. Sem prejuízo das críticas apresentadas neste tópico, não se pode ignorar o fato que o art. 326, parágrafo único, do CPC/2015 prevê expressamente que: "É lícito formular mais de um pedido, alternativamente, *para que o juiz acolha um deles*" (grifos nossos).

determinado pedido, objetivando, na verdade, a solução de um litígio cuja extensão e natureza não são necessariamente identificadas quando do ajuizamento da ação.

Ao magistrado incumbe realizar o controle e excepcionar a regra do pedido certo apenas nos casos em que o demandante demonstrar, simultaneamente, a efetiva dúvida e o justo motivo que o impede de saber qual bem da vida deve ser demandado. Do contrário estaríamos admitindo uma desnecessária flexibilização da regra que determina a formulação de pedido certo, a qual em nada contribuiria para a previsibilidade do processo.

21. Cumulação simples de pedidos (art. 327 do CPC/2015)

O art. 327 do CPC/2015 tipifica a cumulação simples, bem como trata das regras gerais da cumulação de pedidos, as quais, guardadas as especificidades de cada hipótese, podem ser aplicadas para as cumulações subsidiária, alternativa e sucessiva.

Na cumulação simples o autor formula diversos pedidos concomitantemente na mesma petição inicial (ou o réu na reconvenção ou no pedido contraposto), objetivando o julgamento de todos os pleitos, os quais poderiam ter sido veiculados em ações distintas mas que, por uma questão de celeridade e economia processual, foram veiculados em conjunto no mesmo processo.[162] O acolhimento ou a rejeição de um dos pedidos não interfere na análise dos demais pedidos, pois estes são independentes[163] e harmônicos entre si, e no momento do julgamento cada pedido merecerá uma fundamentação e um capítulo de sentença específicos.

O CPC/1939 dispunha em seu art. 155 que: "Será permitida a cumulação de pedidos quando forem entre si conexos e consequentes, competirem ao mesmo juiz, e for idêntica a forma dos respectivos processos". Complementando, o seu parágrafo único mencionava que: "Sendo diversa a forma do processo, permitir-se-á a cumulação se o autor preferir para todos os pedidos o rito ordinário".

162. Cassio Scarpinella Bueno, *Curso Sistematizado de Direito Processual Civil: Procedimento Comum Ordinário e Sumário*, cit., 7ª ed., vol. 2, t. I, p. 114.

163. Enunciado 205 do *Fórum Permanente dos Processualistas Civis* (art. 982, *caput* e inciso I e § 3º): "Havendo cumulação de pedidos simples, a aplicação do art. 982, I e § 3º, poderá provocar apenas a suspensão parcial do processo, não impedindo o prosseguimento em relação ao pedido não abrangido pela tese a ser firmada no incidente de resolução de demandas repetitivas" (disponível em *http://institutodc.com.br/wp-content/uploads/2017/06/FPPC-Carta-de-Florianopolis.pdf*, acesso em 6.5.2020).

A análise dos requisitos de conexão, competência e procedimento, apurados para a admissão da cumulação objetiva, serviram de embrião para o regramento mais detalhado previsto no art. 292, §§ 1º e 2º, do CPC/1973, o qual guarda correlação com o art. 327, §§ 1º a 3º, do CPC/2015, conforme análise comparativa que realizaremos adiante.

De início, o art. 292, *caput*, do CPC/1973 versava que: "É permitida a cumulação, num único processo, contra o mesmo réu, de vários pedidos, ainda que entre eles não haja conexão"; sendo também essa a regra seguida pelo art. 327, *caput*, do CPC/2015, pelo qual: "É lícita a cumulação, em um único processo, contra o mesmo réu, de vários pedidos, ainda que entre eles não haja conexão".

Logo na primeira parte destes dispositivos nota-se a alteração do termo "permitida" por "lícita", os quais, em que pese a não serem sinônimos, conduzem à mesma conclusão, segundo a qual a lei confere ao demandante a faculdade de formular mais de um pedido em um único processo desde que respeitados os requisitos e os limites previstos no *caput* e nos parágrafos do dispositivo em questão.

Ao mencionar que os pedidos cumulados podem ser veiculados "contra o mesmo réu", na verdade, ambos os dispositivos referem-se ao mesmo demandado, pois, pelos princípios da isonomia processual e da paridade de armas, a cumulação de pedidos é permitida não só para o autor, como também para o réu (em sua reconvenção ou no pedido contraposto) e para a figura do terceiro interveniente (com exceção da desconsideração da personalidade jurídica e do *amicus curiae*, pois nestes o terceiro interveniente não necessariamente formula pedido, não lhe sendo assegurado o direito de ampliar o objeto litigioso da demanda). Ademais, os pedidos cumulados podem ser formulados em face de uma pluralidade de indivíduos (cumulação subjetiva), e não apenas em face de um único demandado.

Ao final, o art. 292, *caput*, do CPC/1973 e o art. 327, *caput*, do CPC/2015 possuem idêntica redação, dispondo que os pedidos cumulados podem ser formulados "ainda que entre eles não haja conexão".[164] A conexão tem por escopo reunir duas ou mais ações quando lhes for comum o pedido ou a causa de pedir, mas o diploma processual permite a modificação da competência e o julgamento conjunto dos processos mesmo

164. De maneira diversa, a Lei 9.099/1995 determina que: "Art. 15. Os pedidos mencionados no art. 3º desta Lei poderão ser alternativos ou cumulados; nesta última hipótese, *desde que conexos* e a soma não ultrapasse o limite fixado naquele dispositivo" (grifos nossos).

quando não haja conexão, para fins de se evitar o risco de prolação de decisões conflitantes ou contraditórias (art. 55, *caput* e § 3º, do CPC/2015). Assim, não há razão para que a mesma regra não seja aplicada para a cumulação de pedidos, por ser esta medida processual mais econômica e eficiente do que a conexão, bem como por possibilitar a maior efetividade do Estado-juiz com o menor número de atos processuais.

Cassio Scarpinella Bueno entende que, "embora silente a lei, também a *continência*"[165] – ou, melhor, a ausência da continência – deve ser considerada no dispositivo em questão.[166] Conforme conceitua o art. 56 do CPC/2015, dá-se a continência entre duas ou mais ações quando houver identidade quanto às partes e à causa de pedir mas o pedido de uma, por ser mais amplo, abrange o das demais.

Nesta linha de raciocínio, ao ajuizar ação com cumulação de pedidos, por certo que o autor não poderá formular dois pedidos similares, um mais amplo que o outro, pois, se assim o fizer, o magistrado deverá intimá-lo para que esclareça as razões da parcial similitude entre os pedidos ou para que escolha seguir com um deles (o pedido mais amplo ou o mais restrito). Deste modo, a ausência de sobreposição entre pedidos é postura esperada na cumulação de pedidos, razão pela qual, salvo melhor juízo, desnecessária a menção normativa "ainda que entre eles não haja continência". Por outro lado, o fato de a conexão tratar de pedidos que não se sobrepõem um ao outro – pois para esta hipótese existe o instituto da continência – explica a razão da ressalva feita na parte final do art. 327, *caput*, do CPC/2015, a qual está em harmonia com o § 3º do art. 55, por se admitir a cumulação objetiva mesmo se não forem comuns os pedidos ou as causas de pedir.

Ao adentrarmos os requisitos de admissibilidade da cumulação objetiva, previstos nos incisos do § 1º do art. 327 do CPC/2015 (art. 292, § 1º, do CPC/1973), nos deparamos inicialmente com o inciso I, o qual determina que "os pedidos sejam compatíveis entre si". Esta regra deve ser analisada sob dois aspectos: inicialmente para as cumulações próprias, e posteriormente para as cumulações impróprias.

165. Cassio Scarpinella Bueno, *Curso Sistematizado de Direito Processual Civil: Procedimento Comum Ordinário e Sumário*, cit., 7ª ed., vol. 2, t. I, p. 117.

166. "Ao dispensar a *conexão* (e a *continência*) como requisito para a cumulação de pedidos, o legislador quis, inegavelmente, ampliar os casos em que mais de um pedido pode ser, no mesmo processo, formulado em face de um réu ou de vários réus" (Cassio Scarpinella Bueno, *Curso Sistematizado de Direito Processual Civil: Procedimento Comum Ordinário e Sumário*, cit., 7ª ed., vol. 2, t. I, p. 117).

Conforme tratado anteriormente, na cumulação própria há sempre o intuito de somar os pedidos, e desta soma não se pode apurar resultados lógica e juridicamente incompatíveis, sendo inconcebível um pedido excluir ou se confundir com o outro; e este é o motivo pelo qual a lei exige conciliação e harmonia entre os pedidos formulados. A vedação à incompatibilidade visa a evitar a existência simultânea entre pedidos que não combinam e não podem ser feitos conjuntamente um com o outro em uma mesma demanda.

O controle da compatibilidade dos pedidos pode ser feito, inicialmente, de ofício pelo juiz, de preferência quando do recebimento da petição inicial, com a intimação do autor para que ajuste, esclareça, altere ou adite o pedido antes da citação. Em um segundo momento poderá ser feito pelo réu, em sua contestação; contudo, nesta hipótese a atuação unilateral do autor será permitida apenas para ajuste ou esclarecimento do pedido, de forma que a alteração ou o aditamento necessitará de aquiescência do réu e, como regra, só será admitida até o saneamento (art. 329, II, do CPC/2015).

Ao se mencionar que o controle de compatibilidade deve ser feito de ofício, por certo que não se atribui ao magistrado a faculdade de escolher qual, dentre os pedidos incompatíveis, deverá seguir na demanda – e nem poderia, sob pena de violação dos princípios da imparcialidade e da congruência, pois "ao juiz não é permitido formular ou escolher pedidos nem interferir no objeto do processo (arts. 2º, 141 e 492)"[167] –, mas, sim, implica a intimação do autor para que este escolha o(s) pedido(s) com o(s) qual(is) deseja seguir.

Ao tratar sobre a incompatibilidade de pedidos, Rodrigo Otávio Barioni destaca que "não cabe ao juiz optar por um dos pedidos e desconsiderar o outro, já que o autor não autorizou essa opção. A obrigatoriedade de observar os limites dos pedidos do autor torna inviável o julgamento sobre o mérito da causa, pois não compete ao juiz a tarefa de definir".[168]

Assim, na cumulação própria simples não é possível a formulação de pedido de rescisão de contrato e, cumulativamente, de obrigação para que o mesmo contrato passe a ser cumprido pelo réu. Também não é permitido na cumulação própria sucessiva formular os pedidos de anulação de casamento e de divórcio do casal demandante.

167. Cândido Rangel Dinamarco, *Instituições de Direito Processual Civil*, cit., 7ª ed., vol. II, p. 194.

168. Rodrigo Otávio Barioni, "A emenda da petição inicial após a citação do réu", cit., *RePro* 121/54.

Já, na cumulação imprópria ocorre uma pluralidade de pedidos que resulta em uma singularidade de tutela, e, portanto, não há como se falar em incompatibilidade de pedidos, vez que somente um dos pedidos mediatos formulados será tutelado caso, ao final, o pedido imediato venha a ser julgado procedente – conforme já tratado anteriormente ao estudarmos a cumulação alternativa e a cumulação subsidiária de pedidos.

Nota-se, desse modo, que o requisito do inciso em comento aplica-se tão somente à cumulação própria, sendo incongruente exigir a formulação de pedidos compatíveis na cumulação imprópria, pois nesta os pedidos não se comunicam e cada qual é uma singularidade em si.[169] Não por outro motivo o art. 327 do CPC/2015 inovou ao dispor expressamente no seu § 3º que "o inciso I do § 1º não se aplica às cumulações de pedidos de que trata o art. 326" – previsão sem dispositivo correlato no CPC/1973. Não obstante a omissão do diploma processual anterior, conforme abordado acima, o requisito do inciso I não se aplicava para a cumulação subsidiária e para a cumulação alternativa, atualmente previstas no *caput* e no parágrafo único do art. 326 do CPC/2015, respectivamente.

Tão relevante é a regra que proíbe a formulação de pedidos incompatíveis na cumulação própria que o art. 330, I, e seu § 1º, IV, do CPC/2015 determinam que a petição inicial será indeferida quando for inepta, considerando-se inepta a exordial quando contiver pedidos incompatíveis entre si. Não se pode perder de vista que o juiz decide nos limites e de acordo com o(s) pedido(s) formulado(s) e, sendo este(s) contrastante(s), a atividade decisória do magistrado tornar-se-á comprometida ao final da demanda, fazendo-se necessária a prévia intimação do autor para adequar os pedidos formulados (antes de se determinar a citação); e, em sua ausência, a extinção da ação sem resolução do mérito quanto aos pedidos incompatíveis (art. 354, parágrafo único, do CPC/2015) é a medida adequada, pois não se mostra producente permitir a evolução de uma demanda que ao final não possibilitará a análise do mérito.

Na realidade, os benefícios buscados pelo legislador com a cumulação objetiva – tais como a economia processual e o intuito de evitar decisões contraditórias – não podem extrapolar o razoável e atribuir a uma única demanda diversos pleitos que não se comunicam, sendo, então, vetado ao autor cumular pedidos distintos contra réus distintos e com

169. "Na cumulação eventual, além disto, se dispensa a compatibilidade substancial dos pedidos, justamente porque eles não se situam no mesmo plano lógico" (Araken de Assis, *Cumulação de Ações*, cit., 4ª ed., p. 258).

causas de pedir distintas sem que haja qualquer compatibilidade entre os pedidos.[170] Mas, por outro lado, o autor pode cumular pedidos distintos contra um ou mais réus na hipótese de estes pleitos terem lastro na mesma causa de pedir fática,[171] pois de um mesmo fato é possível extrair mais de um pedido, sendo legítima cumulação na mesma demanda.[172]

Adiante, o inciso II do § 1º do art. 327 do CPC/2015 prevê ser requisito de admissibilidade para a cumulação de pedidos que seja competente para conhecer deles o mesmo juízo. Entretanto, a leitura deste dispositivo deve ser feita em conjunto com as regras de competência.

Pois bem, a competência é doutrinariamente classificada como pressuposto processual de validade, cuja ausência impede o desenvolvimento válido e regular do processo, sendo dividida em competência absoluta e competência relativa. Enquanto a competência absoluta pode ser alegada a qualquer tempo e em qualquer grau de jurisdição, inclusive de ofício pelo magistrado (art. 64, § 1º, do CPC/2015), não estando sujeita a preclusão e podendo ser reconhecida mesmo após o trânsito em julgado por meio de ação rescisória (art. 966, II, do CPC/2015), a competência relativa deve ser alegada em preliminar de contestação, sob pena de preclusão e prorrogação da competência do juízo originariamente incompetente (art. 65 do CPC/2015),[173] não podendo ser declarada de ofício (Súmula 33/STJ).

170. "Processual civil – Ofensa ao art. 535 do CPC não configurada – Cumulação de pedidos – Fundamentos fático-jurídicos distintos – Diversidade de réus – Impossibilidade – Arts. 46 e 292 do CPC. (...) 2. No âmbito da autorização processual, contida no art. 292 do CPC, combinada com a regra contida no art. 46 do mesmo diploma legal – consectárias do princípio da efetividade e economia processuais –, não se encontra a possibilidade de cumulação de pedidos diversos, sob fundamentos fático-jurídicos distintos e não relacionados entre si, contra réus diversos" (STJ, REsp 1.202.556-MG, rela. Min. Nancy Andrighi, publ. 2.2.2011).

171. Neste sentido, v. o enunciado da Súmula 37/STJ: "São cumuláveis as indenizações por dano material e dano moral oriundos do mesmo fato". V. também o enunciado da Súmula 387/STJ: "É lícita a cumulação das indenizações de dano estético e dano moral".

172. As ações cumuladas podem ter fundamentos idênticos ou fundamentos distintos. A mesma causa de pedir pode servir a pedidos diferentes, como, aliás, para o mesmo pedido pode ser que haja pluralidade de *causa petendi*. Ali, ocorre haver dois ou mais pedidos; aqui, um só. (Francisco Cavalcanti Pontes de Miranda, *Comentários ao Código de Processo Civil*, cit., 2ª ed., t. IV (arts. 282 a 443), p. 101).

173. Enunciado 289 do *Fórum Permanente dos Processualistas Civis*: "Se houver conexão entre pedidos cumulados, a incompetência relativa não impedirá a cumulação, em razão da modificação legal da competência" (disponível em *http://*

Assim, mostra-se inadequada a cumulação de pedidos se estes forem formulados perante órgão jurisdicional que não detenha competência para o julgamento da demanda em sua integralidade. Esta regra aplica-se tanto para a competência absoluta quanto para a relativa, mas nesta última, se não houver a tempestiva impugnação por parte do réu em sua contestação, o juízo originariamente incompetente passará a ter competência para julgar todos os pedidos; razão pela qual para a competência relativa a regra do inciso II do § 1º do art. 327 do CPC/2015 só pode ser apreciada após a contestação, sendo, inclusive, salutar especificar na contestação em que medida – ou seja, sobre quais pedidos – o juiz é incompetente. Se a incompetência relativa não for tempestivamente impugnada pelo réu haverá a prorrogação da competência, e o juízo inicialmente incompetente tornar-se-á competente para apreciar e julgar os pedidos cumulados.

No mais, nada obsta a que, diante da cumulação de pedidos, sendo constatada a incompetência absoluta do juízo para julgar parte dos pedidos, o magistrado aprecie o mérito dos pedidos nos limites da sua competência,[174] julgando sem resolução do mérito os pedidos para os quais não possui competência (art. 485, IV, do CPC/2015), a fim obter o maior resultado da demanda, sendo facultado ao autor ajuizar nova ação demandando os pedidos cujo mérito deixou de ser apreciado, desta vez perante o juízo competente.[175]

Adiante, o último requisito, previsto no inciso III do dispositivo em comento, determina que seja adequado para todos os pedidos o tipo de procedimento. Referido requisito deve ser apreciado em conjunto com o § 2º do art. 327 do CPC/2015.

A redação do § 2º do art. 292 do CPC/1973 dispunha que "quando, para cada pedido, corresponder tipo diverso de procedimento, admitir-se-á a cumulação, se o autor empregar o procedimento ordinário"; isso porque

institutodc.com.br/wp-content/uploads/2017/06/FPPC-Carta-de-Florianopolis.pdf, acesso em 6.5.2020).

174. "Caso se considere inadmissível a cumulação, não será o caso de extinguir-se *integralmente* o processo. Deve o órgão jurisdicional *aproveitar*, sempre que possível, o procedimento já iniciado, julgando a ação cujo julgamento se apresentar viável" (José Miguel Garcia Medina e Teresa Arruda Alvim Wambier, *Processo Civil Moderno*, cit., 3ª ed., vol. I (*Parte Geral e Processo de Conhecimento*), p. 182).

175. Súmula 170/STJ: "Compete ao juízo onde primeiro for intentada a ação envolvendo acumulação de pedidos, trabalhista e estatutário, decidi-la nos limites da sua jurisdição, sem prejuízo do ajuizamento de nova causa, com o pedido remanescente, no juízo próprio".

o art. 272 do CPC/1973 dividia o procedimento comum em ordinário e sumário, regra que não existe mais, pois o art. 318 do CPC/2015 dispõe que "aplica-se a todas as causas o procedimento comum, salvo disposição em contrário deste Código ou de lei", extinguindo a divisão do procedimento comum em ordinário e sumário, sendo esta a razão pela qual o § 2º do art. 327 do CPC/2015 substituiu o termo "ordinário" por "comum" e inovou ao acrescentar ao final do mencionado dispositivo que também se aplicam as "técnicas processuais diferenciadas previstas nos procedimentos especiais a que se sujeitam um ou mais pedidos cumulados, que não forem incompatíveis com as disposições sobre o procedimento comum" – visando, assim, a obter o máximo de resultado do processo e à possibilidade de se cumular pedidos mesmo quando for necessária a adoção de procedimento especial não conflitante com o procedimento comum.

Não obstante a omissão legislativa, a interpretação sistemática do diploma processual conduz à conclusão de que para todos os pedidos deve ser adotada a mesma espécie de processo, não sendo possível cumular pedidos atinentes a processos distintos, mais precisamente os processos de conhecimento e de execução.

Há na doutrina posicionamento pelo qual a cumulação de pedidos deve ser não só admissível como também *oportuna*, e "se a cumulação comprometer a defesa do demandado ou a rápida solução do litígio (...) pode o juiz intimar o autor para que escolha qual o pedido que deve ser analisado no processo, não conhecendo dos demais"[176] – em analogia ao art. 113, §§ 1º e 2º, do CPC/2015, os quais tratam da limitação do litisconsórcio facultativo quanto ao número de litigantes quando este comprometer a rápida solução do litígio ou dificultar a defesa ou o cumprimento da sentença.

Destaca-se apenas que, salvo melhor juízo, referida ideia demanda reflexão e, caso venha a ser aplicada, necessitará de extrema cautela por parte do magistrado, pois este criará obstáculo à cumulação objetiva tendo por base a analogia de regra prevista exclusivamente para o cúmulo subjetivo, a qual o legislador deliberadamente optou por não adotar à cumulação objetiva. A limitação da cumulação objetiva deve estar pautada no efetivo – e não aparente ou potencial – prejuízo aos princípios do contraditório, ampla defesa e razoável duração do processo, os quais

176. Luiz Guilherme Marinoni, Sérgio Cruz Arenhart e Daniel Mitidiero, *Novo Curso de Processo Civil: Tutela dos Direitos mediante Procedimento Comum*, cit., 2ª ed., vol. II, p. 169.

devem ser zelados pelo juiz no curso do processo (arts. 7º e 139, II, do CPC/2015).

No tocante ao valor da causa, na ação em que há cumulação própria de pedidos a quantia deve corresponder à soma dos valores de todos os pedidos (art. 292, VI, do CPC/2015), isso porque o demandante busca obter a procedência de todos os pleitos, e não de um ou parte deles, os quais estão reunidos em uma única demanda por questões de economia processual, não se justificando a atribuição do valor da causa tendo por base um ou outro pedido.

Já, no campo da sucumbência, ao proferir a sentença o magistrado deverá aferir em que medida o demandante restou vencedor e o demandado perdedor, tendo por base a quantidade de pedidos julgados procedentes ou improcedentes, respectivamente, para, então, atribuir o ônus da sucumbência para um, outro ou ambos, a ser analisado de acordo com a casuística.

Somente em face dos pedidos nos quais se sucumbiu recairá o interesse recursal do demandante e do demandado, não podendo o tribunal reapreciar o pedido que não foi objeto de recurso, por não estar abarcado pelo efeito devolutivo recursal. Assim, se o autor formula pedidos de indenização por danos morais e materiais, tendo a sentença julgado procedente apenas o pedido de danos morais, diante de recurso do autor para buscar a procedência dos danos materiais o tribunal não poderá mais apreciar o pedido de danos morais, seja para favorecer o autor-apelante majorando a condenação, seja para prejudicá-lo, reconhecendo a inexistência dos danos morais.

Por certo que, tratando-se de hipótese de sucumbência recíproca, autor e réu terão interesse recursal e poderão recorrer, cada qual buscando a reforma da sentença na parte que lhe for conveniente, visando à procedência ou improcedência total da demanda, respectivamente. No caso de recurso de ambas as partes não há dúvidas de que o tribunal poderá reapreciar todos os pedidos originariamente formulados, os quais constaram na sentença recorrida, desde que sejam objeto das respectivas razões recursais, o que afastará a alegação de *reformatio in pejus*.

22. Cumulação sucessiva de pedidos

Por fim, necessário analisar a cumulação sucessiva, na qual o autor formula determinado pedido que, se julgado procedente, permitirá a análise do pedido seguinte, e assim sucessivamente. A improcedência do pedido anterior, entretanto, impossibilita a apreciação do pedido subsequente, por ser este consequência lógica da procedência daquele.[177] Conforme elucida Araken de Assis, o demandante "pede o acolhimento de dois pedidos; apenas o último, em virtude do seu caráter de dependência, decorre do êxito do primeiro".[178]

Ao contrário das demais hipóteses de cumulação de pedidos, a cumulação sucessiva não possui previsão expressa no diploma processual, sendo usualmente confundida pela doutrina e pela jurisprudência com a cumulação subsidiária, notadamente em razão da inadequada redação do art. 289 do CPC/1973, segundo o qual era "lícito formular mais de um pedido em ordem sucessiva, a fim de que o juiz conheça do posterior, em não podendo acolher o anterior". Nota-se que, não obstante o dispositivo mencionar ordem "sucessiva", na verdade, o conceito destina-se ao tratamento da cumulação subsidiária ou eventual.

Isto porque a cumulação sucessiva possui lógica diametralmente oposta à da cumulação subsidiária, pois nesta o pedido posterior só será apreciado se o anterior não for tutelado, enquanto que na cumulação sucessiva ocorre exatamente o contrário, ou seja, a apreciação do pedido posterior necessariamente depende da procedência do pedido anterior.

Pontes de Miranda[179] e Cândido Rangel Dinamarco[180] atrelam à cumulação sucessiva de pedidos a ideia de prejudicialidade entre o

177. "(...). 4. Tratando a espécie de cumulação sucessiva de pedidos, fundada no art. 292 do CPC, o indeferimento do principal – pressuposto lógico e essencial para o exame dos demais – impede a apreciação dos outros pleitos sucessivamente apresentados. (...). O caso em exame, então, resulta enquadrável na categoria doutrinariamente denominada de cumulação sucessiva, a qual, conforme ensina Barbosa Moreira, implica em que 'o acolhimento de um pedido depende do acolhimento de outro' (*O Novo Processo Civil Brasileiro*, 4ª ed., Rio de Janeiro, Forense, 1980, p. 26). (...). Tratando, pois, a espécie examinada de cumulação sucessiva de pedidos, o indeferimento do pedido principal – pressuposto lógico e essencial para o exame dos demais – estava a impedir a apreciação dos demais, que não poderiam ser tratados como se alternativos fossem" (STJ, RMS 38.632-MG, rel. Min. Sérgio Kukina, publ. 1.10.2015).

178. Araken de Assis, *Cumulação de Ações*, cit., 4ª ed., p. 255.

179. "Pode dar-se que a cumulação seja *sucessiva*, por ser dependente do pedido posterior o julgamento do primeiro ou do segundo ou de outro. Aí há prejudicialidade, sem se pensar em que algum seja acessório" (Francisco Cavalcanti Pontes de Miranda, *Comentários ao Código de Processo Civil*, 2ª ed., t. IV (arts. 282 a 443), p. 98).

180. "Trata-se de *cúmulo sucessivo*, caracterizado precisamente pela sucessividade nos julgamentos, inerente à prejudicialidade. (...). A procedência do pedido

pedido prejudicial (principal ou anterior) e o prejudicado (sucessivo ou posterior). Assim, se o pedido prejudicial for julgado procedente, o pedido prejudicado poderá ser apreciado e julgado, procedente ou não. Mas, se o pedido prejudicial for afastado, encerrar-se-á neste momento a atividade jurisdicional, e o pedido prejudicado sequer poderá ser apreciado.

Na cumulação sucessiva os pedidos poderão decorrer de uma ou mais causas de pedir, fáticas ou jurídicas. A prejudicialidade entre os pedidos demonstra a singularidade dos pleitos e, ao mesmo tempo, evidencia a necessidade de o pedido prejudicado ser julgado apenas após o pedido prejudicial.[181] Mostra-se inviável o ajuizamento de ação fundada apenas no pedido prejudicado sem antes se analisar o pedido prejudicial. Por outro lado, o pedido prejudicial pode ser formulado de maneira autônoma, sem ser cumulado com o pedido prejudicado. Disso se extrai o caráter acessório do pedido prejudicado, o qual tem efeitos diretos e decorrentes do resultado obtido no pedido prejudicial.

Ademais, a possibilidade de acolhimento dos pedidos prejudicial e prejudicado demonstra tratar-se de cumulação própria, pois o autor visa a obter a tutela de mais de um pedido em uma única ação.

Como exemplos de cumulação sucessiva de pedidos temos: o pedido de reintegração de posse decorrente do pedido de anulação do contrato de permuta de imóvel;[182] a petição de herança cumulada com investigação de paternidade;[183] o pedido de alimentos, que pode ser formulado nas ações de separação, de divórcio e de reconhecimento de união estável;[184] e a

principal permitirá que o juiz aprecie os demais requisitos para acolher o acessório, mas a improcedência daquele impõe também a deste (daí, *prejudicialidade*)" (Cândido Rangel Dinamarco, *Instituições de Direito Processual Civil*, cit., 7ª ed., vol. II, pp. 196-197).

181. "Na cumulação própria sucessiva, porém, embora o autor pretenda o acolhimento de todos os pedidos realizados, haverá entre eles uma relação de prejudicialidade, que faz com que o acolhimento pelo juiz do segundo deles pressuponha o acolhimento do primeiro" (Susana Henriques da Costa, "Arts. 318 a 333", cit., in Antônio do Passo Cabral e Ronaldo Cramer (coords.), *Comentários ao Novo Código de Processo Civil*, 2ª ed., p. 514).

182. "Trata-se evidentemente, doutos Julgadores, de uma cumulação sucessiva de pedidos, em que se verifica uma dependência lógica entre eles, uma vez que o pedido de reintegração de posse somente poderia ser analisado se o primeiro pleito (anulação do contrato) fosse acolhido" (STJ, AREsp 1.131.964, rel. Min. Lázaro Guimarães, publ. 5.3.2018).

183. STJ, AgR no AREsp 372.686-RS, rel. Min. Raul Araújo, publ. 24.8.2015.

184. Súmula 1/STJ: "O foro do domicílio ou da residência do alimentando é o competente para a ação de investigação de paternidade, quando cumulada com a de

resolução de contrato cumulada com pedido de indenização por perdas e danos.[185]

No tocante ao valor da causa, conforme abordado anteriormente, o art. 292 do CPC/2015 traz regra específica para a cumulação alternativa (inciso VII) e para a cumulação subsidiária (inciso VIII), sendo que as cumulações próprias, simples e sucessiva, são tratadas em conjunto no inciso VI, pelo qual "na ação em que há cumulação de pedidos, a quantia correspondente à soma dos valores de todos eles". E esta opção legislativa é compreensível, pois tanto na cumulação simples quanto na cumulação sucessiva o autor tem o interesse de somar pedidos, sejam eles autônomos ou prejudiciais.[186]

Pelo mesmo motivo, o não acolhimento integral dos pedidos formulados em cumulação sucessiva acarretará a sucumbência recíproca, devendo ocorrer a distribuição proporcional das despesas processuais entre as partes, ou, havendo sucumbência mínima por uma das partes, a outra responderá por inteiro pelas despesas e honorários (art. 86, *caput* e parágrafo único, do CPC/2015).

Em relação ao interesse recursal, por certo que, não sendo acolhida a integralidade dos pedidos formulados em cumulação sucessiva, o autor terá interesse em recorrer para pleitear o acolhimento do(s) pedido(s) afastado(s) e, do mesmo modo, o réu terá interesse recursal se apenas parte dos pedidos for julgada procedente.

23. Pedido não formulado

Conforme abordado anteriormente neste estudo, no processo civil o juiz está acobertado pelo manto do princípio da inércia, o qual o impede de iniciar uma ação de ofício. Antes de ser provocado pelo autor, por meio da petição inicial, o magistrado, em tese, sequer conhecia os fatos

alimentos". Sobre este tema, destaca-se ainda a Súmula 277/STJ: "Julgada procedente a investigação de paternidade, os alimentos são devidos a partir da citação".

185. STJ, AgR no REsp 1.548.222-MS, rel. Min. Paulo de Tarso Sanseverino, publ. 19.11.2015.

186. Sobre o tema, cumpre destacar o seguinte posicionamento: "Processual civil – Impugnação ao valor da causa – Ação de petição de herança c/c investigação de paternidade – Valor pretendido – Recurso improvido. Na cumulação sucessiva de pedidos declaratório e condenatório, é lícito ao autor adotar como valor da causa aquele relativo à pretensão condenatória" (STJ, REsp 21.102-SP, rel. Min. Humberto Gomes de Barros, publ. 12.4.2004).

e, ainda que conhecesse, a partir da propositura da ação deverá atentar aos fatos tal como trazidos pelas partes ao processo, resguardando, assim, sua imparcialidade na condução do litígio e nas decisões.

E o não conhecimento dos fatos pelo magistrado é um dos motivos da sua adstrição ao pedido formulado no processo pelo demandante. Ao ajuizar uma ação e retirar o Estado-juiz de sua inércia, a petição inicial apresenta as causas fáticas e jurídicas que levaram o demandante a juízo e o resultado que se pretende obter com a demanda formulada.[187] Assim, a tutela jurisdicional deverá recair sobre o resultado expressamente desejado pelo demandante, não sendo possível ao magistrado extrair da causa de pedir pedidos que poderiam ter sido mas não foram formulados,[188] mesmo porque, não obstante o réu se defender dos fatos, o faz com o objetivo de afastar o(s) pedido(s) formulado(s),[189] de modo que, se fosse admitida a livre extração de pedidos da causa de pedir, não necessariamente o réu chegaria às mesmas conclusões do magistrado.

A petição inicial sem pedido é inepta (art. 330, I, e § 1º, I, do CPC/2015), e esta situação salta (ou deveria saltar) aos olhos tanto do julgador quanto do réu ao apresentar sua defesa. A grande problemática reside na hipótese em que o demandante formula pedido e delimita seu interesse mas ainda assim o julgador vislumbra a possibilidade de se extrair outro(s) pedido(s) da causa de pedir, sem que o autor o(s) tivesse expressamente formulado ou, ao menos, dado indícios objetivos de sua formulação.

De certo que referida conduta do Poder Judiciário deve ser objeto de críticas. Quando qualquer ato jurídico processual não reúne elementos essenciais da sua constituição, este deve ser tido por inexistente, tornando-o ineficaz para gerar qualquer efeito dentro ou fora do proces-

187. "É evidente que a complexidade dos episódios da vida relevantes para o Direito, em certas ocasiões, reflete no plano do processo. Desse modo, nada obsta a que uma única pretensão venha escudada em vários fatos e fundamentos jurídicos" (José Rogério Cruz e Tucci, "Reflexões sobre a cumulação subsidiária de pedidos", cit., *RT* 786/57).

188. "Para que não se acolha, em qualquer ponto, o pedido, é preciso que não se haja especificado o que se pedia, de modo que se não possa tirar qualquer conclusão" (Francisco Cavalcanti Pontes de Miranda, *Comentários ao Código de Processo Civil*, cit., 2ª ed., t. IV (arts. 282 a 443), p. 25).

189. "É preciso que o juiz conheça o que se pede e por que se pede; e o réu, citado, possa defender-se, isto é, saiba o que se pediu, contra ele, ao juiz" (Francisco Cavalcanti Pontes de Miranda, *Comentários ao Código de Processo Civil*, cit., 2ª ed., t. IV (arts. 282 a 443), p. 22).

so, como, por exemplo, a sentença sem dispositivo ou com dispositivo incompleto, sendo inexistente a tutela jurisdicional sobre o pedido não decidido.[190] Do mesmo modo, o pedido não expressa e adequadamente formulado não pode ser apreciado e nem gerar efeitos dentro ou fora do processo.

Esta problemática será melhor analisada adiante, ao tratarmos do princípio da congruência e da interpretação do pedido. Cumpre apenas consignar desde já que, como regra, do pedido não formulado não se pode obter nenhum resultado material do processo,[191] pois trata-se de *ato inexistente*, o qual indica "uma realidade de fato que não conseguiu penetrar no mundo do Direito" e que implica uma realidade não suscetível "de relevância ou valoração jurídica, ao menos para os efeitos que em cada caso concreto são tomados em consideração".[192]

Por certo que esta conclusão incide apenas sobre o pedido mediato, não sobre o pedido imediato, pois, ao contrário do bem da vida, que se encontra no âmbito de interesse do demandante e só a ele diz respeito, a tutela jurisdicional é atividade do juiz, ao qual cabe apreciar a questão e decidir aplicando a melhor técnica jurídica, consistente na tutela adequada a ser conferida a fim de se atingir o bem da vida pleiteado.

24. Pedidos deduzidos pelo réu

Nas *Ordenações Afonsinas*, o Livro III, Título LVII, tratava "Da Contestaçam da Lide", pela qual o réu poderia confessar ou negar o pedido feito pelo autor, este último sob o argumento de que "nom devo, nom conbeço, nom eftava by bonde dizes, nom me lembra, nom fey que dizes, nom eftavam by as teftemunhas, que nomeaees, nom foi em effe

190. Antônio Carlos de Araújo Cintra, Ada Pellegrini Grinover e Cândido Rangel Dinamarco, *Teoria Geral do Processo*, cit., 27ª ed., p. 374.

191. "(...) é impossível conceber a manifestação tácita quanto à pretensão para a tutela de um bem da vida, pois entender desse modo seria ignorar a relação entre pedido, inércia e contraditório (...) a certeza do pedido – e os critérios aplicáveis à interpretação – têm como objetivo resguardar as legítimas expectativas que podem vir a ser dele extraídas por parte dos diferentes sujeitos do processo, ao passo que somente a partir desta perspectiva será possível considerar que a todos foi concedida oportunidade de participação e que a todos foi conferida possibilidade de influenciar o resultado do processo (contraditório)" (Marcelo Pacheco Machado, *A Correlação no Processo Civil: Relações entre Demanda e Tutela Jurisdicional*, cit., p. 140).

192. Enrico Tullio Liebman, *Manual de Direito Processual Civil*, cit., 3ª ed., vol. I, pp. 339-340.

lugar"[193] – regra, esta, seguida nas *Ordenações Manuelinas*[194] e nas Filipinas,[195] embora com redação mais abstrata e sintética.

Pelo art. 96 do Regulamento 737: "A contestação deve conter simplesmente a exposição os motivos e causas que podem illidir a acção". O CPC/1939 previa em seu art. 180 que: "A contestação será formulada pelo réu em petição escrita, com os requisitos dos ns. III e V do art. 158 e os do art. 159" – sendo que mencionados dispositivos tratavam dos requisitos da petição inicial, notadamente o fato e os fundamentos jurídicos do pedido (art. 158, III), os meios de prova com que se pretende demonstrar verdade do alegado (art. 158, V) e a instrução da petição com os documentos nos quais se fundar o pedido (art. 159), demonstrando ser a defesa o outro lado da moeda do conflito de interesses posto em juízo.

Mesmo o dispositivo que regrava a petição inicial determinava ao autor a obrigatoriedade de expor "o fato e os fundamentos jurídicos do pedido, expostos com clareza e precisão, de maneira que o réu possa preparar a defesa" (art. 158, III, do CPC/1939).

O art. 300 do CPC/1973 dispunha que: "Compete ao réu alegar, na contestação, toda a matéria de defesa, expondo as razões de fato e de direito com que impugna o pedido do autor e especificando as provas que pretende produzir" – sendo referida redação seguida pelo art. 336 do CPC/2015.

Diante deste breve histórico legislativo, evidencia-se a importância da contestação no bojo do processo. O autor é parcial e os fatos narrados em sua petição inicial, lastreados no direito exposto no mesmo ato, buscam conduzir o magistrado à concessão da tutela pretendida e expressa no pedido. A contestação, por seu turno, também é dotada de parcialidade, mas desta vez do réu, e em sentido oposto à demanda do autor. Nas palavras de Francesco Carnelutti: "Assim vemos, no processo, uma parte combatendo contra a outra como duas pedras que se chocam, fazendo saltar chispas da verdade"[196] – e estas chispas se prestam a iluminar o

193. *Ordenações Afonsinas*, disponível em *http://www.ci.uc.pt/ihti/proj/afonsinas* (acesso em 6.5.2020).

194. *Ordenações Manuelinas*, Livro III, Título XXXIX, "Da Contestaçam da Lide", disponível em *http://www1.ci.uc.pt/ihti/proj/manuelinas* (acesso em 6.5.2020).

195. *Ordenações Filipinas*, Livro III, Título LI, "Da Contestação da Lide", disponível em *http://www1.ci.uc.pt/ihti/proj/filipinas/ordenacoes.htm* (acesso em 6.5.2020).

196. Francesco Carnelutti, *Como se Faz um Processo*, Campinas, Servanda Editora, 2015, p. 68.

caminho do magistrado e guiá-lo até a decisão tida por mais adequada ao caso *sub judice*.

Assim, os interesses do autor e do réu se equacionam, pois, enquanto o primeiro busca a submissão do segundo ao atendimento do pleito formulado na petição inicial, o réu, em sentido contrário, contesta com o escopo de afastar de si a pretensão autoral por meio da improcedência do pedido. Nas palavras de Arruda Alvim, "a finalidade da *contestação, no que diz respeito ao mérito, praticamente* é sempre única – obtenção de uma sentença declaratória negativa".[197] E complementa, ao tratar da função da contestação, que "o réu, contestando o mérito, que é o pedido formulado pelo autor, não enriquece ou aumenta juridicamente a lide, ou, segundo terminologia também difundida entre nós, o objeto *litigioso*".[198]

Ao tratar da relação entre defesa (exceção) e tutela jurisdicional, Flávio Luiz Yarshell destaca que a tutela jurisdicional, "sob o ângulo da exceção, conduz às formas de impedir o acolhimento da pretensão deduzida pelo autor", e conclui que "a tutela jurisdicional, sob o ângulo do demandado, está não apenas nas formas por ele propiciadas para obstar o resultado buscado pelo autor, mas bem ainda no próprio resultado a ele (réu) favorável".[199]

Por certo que, para atingir sua finalidade, como regra o réu é detentor do ônus da impugnação específica, pelo qual a contestação deverá manifestar-se precisamente sobre todas as alegações de fato constantes da petição inicial, presumindo-se verdadeiras as não impugnadas, ressalvadas as exceções previstas na lei (art. 341, I a III, do CPC/2015). Nas palavras de José Rogério Cruz e Tucci, o réu deve "defender-se não das alegações de direito deduzidas pelo autor, mas, sim, dos fatos que este insere como fundamento de sua demanda".[200]

Mas o âmbito de defesa do réu não está limitado à impugnação específica do pedido do autor, podendo ir além de simplesmente desdizer o que fora argumentado pelo autor em sua petição inicial. O direito à ampla defesa (art. 5º, LV, da CF/1988) assegura ao réu a faculdade de empreender todos os meios e argumentos, admitidos ou não vetados no ordenamento jurídico, que se prestariam para afastar o pleito do autor,

197. Arruda Alvim, *Manual de Direito Processual Civil*, cit., 18ª ed., p. 824.

198. Idem, p. 825.

199. Flávio Luiz Yarshell, *Tutela Jurisdicional*, cit., 2ª ed., p. 131.

200. José Rogério Cruz e Tucci, *A "Causa Petendi" no Processo Civil*, cit., 3ª ed., p. 108.

ainda que os argumentos de defesa sejam contraditórios entre si. Este é o denominado *princípio da eventualidade*, "assim chamado porque os fundamentos sucessivos só serão conhecidos se ocorrer o *evento* de o precedente ser afastado pelo juiz",[201] corroborando com a técnica de concentração da defesa, que, além de permitir ao réu se defender de maneira mais ampla, visa a evitar a preclusão.

Os arts. 336 e 337 do CPC/2015 tornam clara esta realidade, pois, enquanto o primeiro dispõe que "incumbe ao réu alegar, na contestação, toda a matéria de defesa", o segundo prevê que antes de discutir o mérito o réu deverá alegar todas as preliminares processuais que entender cabíveis, e o acolhimento de apenas uma será suficiente para impedir o julgamento do mérito.

Assim, ao contestar o réu impugna especificamente os pedidos do autor, sendo-lhe imposto o dever de apresentar todas as defesas e argumentos que entender pertinentes para afastar o pleito autoral, sob pena de preclusão. Esta conduta tem a finalidade imediata de atingir a extinção da ação sem (art. 485 do CPC/2015) ou com (art. 487, II, do CPC/2015) resolução do mérito, ou a improcedência do pedido com a consequente tutela declaratória negativa em desfavor do autor (com exceção das ações dúplices, cuja análise será feita adiante neste trabalho).

Conforme trataremos neste estudo, com exceção do pedido contraposto,[202] "em regra, o réu, ao contestar, não formula pedido algum",[203] e, do mesmo modo, a contestação do réu não se presta para dilatar o objeto litigioso do processo, nem para legitimar pedidos que não foram expressa e claramente formulados pelo autor no momento oportuno, e menos ainda para sanar eventual dúvida do magistrado, no momento da prolação da sentença, quanto à existência ou não de pedido feito pelo autor. Caso o réu deseje formular pedido, deverá fazê-lo por meio da reconvenção ou do pedido contraposto – a serem estudados adiante.

E, por seu turno, se o magistrado estiver na dúvida quanto ao pedido, deverá intimar o autor para prestar esclarecimentos – de preferência antes de receber a petição inicial e determinar a citação do réu –, não sendo

201. Cândido Rangel Dinamarco, *Instituições de Direito Processual Civil*, cit., 7ª ed., vol. II, p. 383.

202. Não se classificam a reconvenção e as ações dúplices dentro desta exceção, pelos motivos tratados em tópicos próprios no decorrer deste trabalho.

203. Eduardo Arruda Alvim, *Direito Processual Civil*, 5ª ed., São Paulo, Ed. RT, 2013, p. 433.

dado ao juiz acolher o contraditório eventual apresentado na contestação como se fosse impugnação específica de pedido, para, então, extrair da petição inicial pedido não formulado.

De todo modo, se o magistrado verificar a dúvida sobre a existência ou não de algum pedido apenas no momento em que for proferir a sentença, deverá agir com cautela e, sempre que possível, verificar os elementos objetivos da interpretação do pedido, conforme analisaremos adiante.

25. Reconvenção

O Regulamento 737 já tratava da reconvenção em seus arts. 103 a 110. O CPC/1939, por sua vez, regulava o referido instituto de maneira mais restritiva, em seus arts. 190 a 195. Posteriormente o tema passou a ser tratado com redação mais sintética nos arts. 315 a 318 do CPC/1973, e atualmente é regido pelo art. 343, *caput* e §§ 1º a 6º, do CPC/2015, o qual buscou solucionar diversos debates atuais sobre o tema, conforme passaremos a analisar.

A reconvenção é uma ação dirigida pelo réu (reconvinte) em face do autor (reconvindo) no mesmo processo instaurado por este contra aquele, com a ampliação do objeto litigioso e da atividade jurisdicional, a qual deverá decidir não só o pleito do autor, mas também o pedido reconvencional do réu. Assim, aquele que originariamente figurava no processo apenas na qualidade de demandado passa a também figurar como demandante, formulando pleito em face do demandante originário, doravante demandado na reconvenção, cabendo a este não mais apenas atacar como também se defender.

Em regra, o réu não formula pedido – exceto no pedido contraposto, a ser analisado na sequência –, sendo a contestação, a defesa e a reconvenção o contra-ataque.[204]

Trata-se a reconvenção de instituto notoriamente inerente à economia processual, pois busca resolver o litígio da maneira mais ampla possível,

204. "A reconvenção possui quatro elementos básicos: (i) nova demanda proposta pelo réu em relação ao autor; (ii) o objeto dessa demanda é distinto daquela proposta pelo autor inicialmente; (iii) alargamento do objeto do processo; e (iv) unidade do processo – não havendo, portanto, instauração de novo processo, mas cumulação de demandas no processo já existente" (Sidnei Amendoeira Jr., *Manual de Direito Processual Civil*, cit., 2ª ed., vol. 1 (*Teoria Geral do Processo e Fase de Conhecimento em Primeiro Grau de Jurisdição*), p. 442).

com a menor quantidade de atos processuais, evitando o ajuizamento de ação ou ações autônomas pelo réu.

Não obstante serem autônomas as demandas formuladas pelo autor-reconvindo e pelo réu-reconvinte, cada qual fundada em seus argumentos e provas, caberá ao juiz decidir ambas com coesão, podendo, inclusive, concluir pela procedência de ambos os pedidos, haja vista tratar-se de demandas conexas ou, ao menos, prejudiciais. Do mesmo modo, são autônomas a contestação e a reconvenção, podendo o réu apresentar contestação, reconvenção ou ambas (art. 343, § 6º, do CPC/2015). Decorre da autonomia da reconvenção o disposto no art. 343, § 2º, do CPC/2015, segundo o qual "a desistência da ação ou a ocorrência de causa extintiva que impeça o exame de seu mérito não obsta ao prosseguimento do processo quanto à reconvenção".

Ainda, na leitura do art. 343, § 6º, do CPC/2015, seria possível indagar qual o interesse do réu em apresentar reconvenção e não contestar. Entretanto, o fato de o réu poder reconhecer a procedência do pedido formulado na ação não é conflitante com o interesse reconvencional. Tomamos como exemplo a situação na qual o réu é demandado sobre pedido de rescisão contratual para o qual não se opõe, mas em reconvenção pleiteia o pagamento pelos prejuízos decorrentes do contrato. Assim, o réu não contesta e concorda com o pedido, mas apresenta reconvenção pleiteando os valores que entende lhe serem devidos. Neste exemplo, ao magistrado caberá proferir sentença com o julgamento antecipado parcial do mérito relativo ao pedido do autor (art. 356, I, c/c o art. 487, III, "a", do CPC/2015), podendo os honorários ser reduzidos pela metade (art. 90, § 4º, do CPC/2015).

A reconvenção, enquanto direito de ação do réu, deverá preencher os pressupostos processuais e as condições da ação, guardadas algumas peculiaridades, dentre as quais a desnecessidade de citação do autor (ocorre a intimação do advogado do autor, nos termos do art. 343, § 1º, do CPC/2015, sendo desnecessária a existência de poderes especiais do advogado para citação em ação autônoma, conforme dispõe o art. 105 do CPC/2015, pois a intimação para se defender da reconvenção decorre da lei, e não da vontade do mandante) e a prorrogação da competência em caso de incompetência relativa (o mesmo magistrado escolhido pelo autor como competente deverá julgar a reconvenção). Ademais, para que o réu tenha interesse de agir o pedido reconvencional não poderá se limitar à declaração de improcedência do pedido principal, pois a contestação é a via adequada para atingir este resultado.

Realizada a intimação acerca da reconvenção na pessoa do advogado do autor, o pedido reconvencional induz litispendência para outras demandas, torna litigiosa a coisa e constitui em mora o reconvindo, nos termos do art. 240 do CPC/2015.

Conforme tratado anteriormente, em respeito ao princípio da isonomia processual, todas as regras sobre pedido devem ser aplicadas à reconvenção, e não só aquelas a respeito do pedido determinado e genérico (art. 324, § 2º, do CPC/2015). O pedido reconvencional também deve ser certo, e o réu pode formular em sua reconvenção pedido alternativo ou cumular pedidos, desde que em obediência ao regramento de cada hipótese.

Ao contrário do que determinava o art. 299 do CPC/1973, pelo qual "a contestação e a reconvenção serão oferecidas simultaneamente, em peças autônomas"[205] – dispositivo revogado sem correlato –, o art. 343 do CPC/2015 dispõe que: "Na contestação, é lícito ao réu propor reconvenção para manifestar pretensão própria, conexa com a ação principal ou com o fundamento da defesa".

Assim, na sistemática processual atual inexiste previsão de peças autônomas para a contestação e a reconvenção, as quais serão apresentadas na mesma petição.[206] Isso, entretanto, não afasta a autonomia dos institutos, conforme abordado acima, pois a reconvenção trata de pretensão própria do réu-reconvinte, a qual deve ser conexa com a ação principal ou com o fundamento de defesa, ou seja, a ação principal ou o fundamento da defesa devem ser comuns ao pedido[207] ou à causa de pedir

205. Sobre o tema, cumpre mencionar acórdão proferido sob a égide do CPC/1973, segundo o qual: "Embora oferecidas em peça única, a contestação e a reconvenção foram completamente separadas dentro do corpo da petição, podendo as duas ser distinguidas *ictu oculi*. Sendo assim, tal circunstância deve ser considerada mera irregularidade, não se erigindo em nulidade processual" (STJ, REsp 549.587-PE, rel. Min. Felix Fischer, publ. 10.5.2004).

206. Sobre este ponto, interessante destacar o Provimento CG-17/2016 do TJSP, por meio do qual foram realizadas alterações nas Normas de Serviço da Corregedoria-Geral da Justiça, dentre as quais a que faz constar em seu art. 915 que: "A contestação que contenha pedido reconvencional, a reconvenção (...) estão sujeitos a distribuição autônoma, por dependência, recebendo número de registro próprio (...)". Logo, referida norma não segue o procedimento previsto no CPC/2015 (disponível em *http://esaj.tjsp.jus.br/gcnPtl/abrirDetalhesLegislacao.do?cdLegislacaoEdit=144564&flBtVoltar=N*, acesso em 6.5.2020).

207. "O pedido a ser considerado é o mediato, ou seja, o bem da vida que está em disputa, sendo indiferente o imediato, representado pela natureza da postulação que se apresenta perante o Judiciário" (Clito Fornaciari Jr., "Art. 343", in José Rogério

da reconvenção. O juiz deverá conceder a tutela ao autor e ao réu-reconvinte na medida de seus pedidos. A reconvenção é autônoma, mas deve ser simultânea à contestação, sob pena de preclusão.

Em que pese à redação do art. 343 do CPC/2015, mesmo nas ações em que não houver conexão mostra-se adequado admitir a reconvenção caso a ausência de reunião de demandas possa gerar risco de decisões conflitantes ou contraditórias, nos termos do art. 55, § 3º, do CPC/2015. Se o réu tem a faculdade de ajuizar ação autônoma, que deverá ser julgada em conjunto com a ação principal (art. 286, III, do CPC/2015), não há justificativa para se limitar a reconvenção às ações conexas, pois, além de o resultado prático de ambas ser equivalente, na reconvenção será praticada uma menor quantidade de atos processuais.

A princípio, as regras da revelia aplicam-se ao autor-reconvindo. Entretanto, "na revelia, a presunção de veracidade é relativa, de forma que a sua ocorrência conduz à procedência do pedido se, com as provas dos autos, o magistrado se convencer da existência dos fatos alegados e não contestados. Entendimento que se aplica à reconvenção".[208] Deste modo, a ausência de contestação em face do pedido reconvencional não necessariamente implicará sua procedência, pois este também deverá ser provado, tal como o pedido principal. Por outro lado, se o réu-reconvinte deixar de contestar mas apresentar reconvenção com pedido de produção de prova capaz de infirmar o pedido da ação principal, não se pode cogitar da imediata presunção de veracidade das alegações de fato formuladas pelo autor, pois o pedido da ação principal deverá ser analisado à luz de todos os elementos constantes do processo.[209]

Superando o debate existente na vigência do CPC/1973,[210] os §§ 3º e 4º do art. 343 do CPC/2015 esclarecem que a reconvenção pode ser proposta tanto contra o autor e terceiro quanto pelo réu em litisconsórcio com terceiro. Assim, a reconvenção pode ampliar subjetivamente a demanda e incluir terceiros, como demandados (reconvindos) ou demandantes (reconvintes), não originariamente incluídos na demanda pelo autor. Referida inclusão ocorrerá por opção do réu em litisconsórcio facultativo

Cruz e Tucci *et al.* (coords.), *Código de Processo Civil Anotado*, Rio de Janeiro, GZ Editora, 2016, p. 505).

208. STJ, AgR no REsp 439.931-SP, rel. Min. Ricardo Villas Bôas Cueva, publ. 26.11.2012.

209. STJ, REsp 1.335.994-SP, rel. Min. Ricardo Villas Bôas Cueva, publ. 18.8.2014.

210. STJ, REsp 147.944-SP, rel. Min. Cesar Asfor Rocha, publ. 16.3.1998.

ou por determinação decorrente de litisconsórcio necessário. A lógica para a ampliação subjetiva é a economia processual e a uniformidade das decisões, sendo certo que para o litisconsórcio necessário haverá também a imposição legal para a inclusão de terceiro no processo (art. 114 do CPC/2015).

Quando um terceiro integra a reconvenção, na condição de demandante ou de demandado, deverá sua qualificação ser exposta na petição em que for veiculado o pedido reconvencional (art. 319, II, do CPC/2015). Se o terceiro for demandado em reconvenção não se aplicará a regra do art. 343, § 1º, do CPC/2015, devendo a citação ocorrer na forma dos arts. 238 a 259 do mesmo Código, pois, pela lógica, não haverá advogado constituído nos autos em seu favor. Aliás, questiona-se até mesmo se o terceiro seria reconvinte ou reconvindo ou, simples e respectivamente, autor e réu, pois certo é que o terceiro não formulou demanda em face do réu-reconvinte e em face dele não foi formulada nenhuma demanda na ação principal; portanto, ao terceiro não há subsunção da regra do art. 343, *caput*, do CPC/2015, independentemente do polo que este ocupará na demanda.

Não por outro motivo que o terceiro demandado poderá em sua contestação à reconvenção questionar não só a competência absoluta como também a competência relativa, a qual o autor-reconvindo não pode contestar, por ter sido ele o responsável pela escolha do juízo competente e por ser o pedido reconvencional conexo com o principal (art. 55, § 1º, do CPC/2015).

Proposta a reconvenção contra o autor e o terceiro, o prazo para a contestação do autor-reconvindo deverá começar depois da comprovação nos autos da ciência inequívoca do terceiro, conforme determina o art. 231, § 1º, do CPC/2015. Ademais, o prazo para contestar e para todas as manifestações do autor-reconvindo e do terceiro demandado deve ser contado em dobro caso o terceiro constitua procurador diferente, de escritório de Advocacia diverso (art. 229, §§ 1º e 2º, do CPC/2015). A mesma lógica, a princípio, não se aplica ao terceiro que demanda junto com o réu-reconvinte em face do autor-reconvindo, pois dificilmente seria concebível que ambos tenham procuradores distintos, de escritórios de Advocacia diversos.

Outro ponto relativo ao âmbito subjetivo da reconvenção recai na possibilidade de o réu-reconvinte, em ação com litisconsórcio ativo, formular pedido reconvencional em face de parte dos autores. Do mesmo modo, na ação com litisconsórcio passivo nada obsta a que apenas parte dos réus apresente reconvenção e, ainda, se a ação possuir litisconsórcios ativo e passivo, uma parcela dos réus poderá reconvir em face de parte dos autores.

O parágrafo único do art. 315 do CPC/1973 determinava que o réu não podia, em seu próprio nome, reconvir ao autor quando este demandasse em nome de outrem. Trata-se de hipótese na qual o autor da ação principal pleiteia direito alheio em nome próprio, situação denominada pela doutrina como "legitimidade extraordinária" ou "substituição processual" (art. 6º do CPC/1973 e art. 18 do CPC/2015). Esta regra foi alterada pelo CPC/2015, mais precisamente no § 5º do art. 343, segundo o qual: "Se o autor for substituto processual, o reconvinte deverá afirmar ser titular de direito em face do substituído, e a reconvenção deverá ser proposta em face do autor, também na qualidade de substituto processual".

Assim, a regra do diploma anterior foi alterada para permitir que o autor, legitimado extraordinário, seja reconvindo, desde que autorizado pelo ordenamento jurídico para representar o substituído processual no polo passivo do pedido reconvencional. O pedido reconvencional não pode se dirigir à pessoa do autor, devendo ser direcionado apenas ao substituído, cujo interesse está sendo tutelado pelo legitimado extraordinário na demanda principal.

Apresentada a reconvenção, o art. 329, I e II, e parágrafo único, do CPC/2015 determinam as regras para o aditamento ou a alteração do pedido e da causa de pedir, as quais devem ser aplicadas ao pleito reconvencional. Referido dispositivo deve ser interpretado *cum grano salis*, de início porque na reconvenção o autor-reconvindo não é citado, mas, sim, intimado na pessoa de seu advogado constituído. Se o réu reconvier em face de terceiro, este, sim, será citado.

De todo modo, pela interpretação teleológica-sistemática do referido dispositivo pode-se extrair a possibilidade de o réu-reconvinte alterar seu pedido reconvencional até a intimação do autor-reconvindo ou a citação do terceiro demandado, e após qualquer um destes eventos o réu-reconvinte precisará do consentimento daquele(s) em face de quem foi veiculada a reconvenção para alterar o pedido ou a causa de pedir. Já, o inciso II não demanda grande debate, pois a regra será a mesma para o pedido e a causa de pedir constantes na petição inicial, os quais podem ser alterados até o saneamento com o consentimento do réu e para a reconvenção com o consentimento do autor-reconvindo ou do terceiro demandado.

O art. 318 do CPC/1973 determinava o julgamento da ação principal e da reconvenção na mesma sentença. Referido dispositivo não encontra correlato no CPC/2015, isso em razão da possibilidade de julgamento antecipado parcial do mérito (art. 356 do CPC/2015). Se o réu-reconvinte for revel e não houver necessidade de produção de outras provas, não formular requerimento de prova sobre o pedido principal ou este mostrar-se incontroverso e, em última análise, quando o pedido principal estiver em condições de imediato julgamento, o magistrado poderá proferir sentença e decidir o pedido principal, sem prejuízo de que o processo prossiga com relação ao pedido reconvencional.

Interessante debate travado na doutrina e não solucionado pelo CPC/2015 recai na indagação sobre a possibilidade de se oferecer reconvenção em resposta à reconvenção, ou seja, se o autor-reconvindo poderia apresentar reconvenção em sua contestação à reconvenção. Como argumentos favoráveis destacam-se a potencialidade pacificadora do processo, os benefícios do julgamento conjunto e a isonomia processual, pois, se o réu pode reconvir em sua contestação, nada obsta a que o autor também o faça.[211] Já, em sentido contrário destacam-se o comprometimento da celeridade processual, a dificuldade de tramitação do feito e a impossibilidade de o autor ampliar os limites objetivos da ação ordinária pela via reconvencional,[212] o que, na verdade, configuraria verdadeiro aditamento ou alteração do pedido formulado na petição inicial, apresentado após a contestação, mas sem respeitar o necessário consentimento do réu.

Tornando o debate ainda mais controvertido, o art. 702, § 6º, do CPC/2015 inovou o regramento sobre a ação monitória e, pelo referido dispositivo: "Na ação monitória admite-se a reconvenção, sendo vedado o oferecimento de reconvenção à reconvenção". A leitura deste dispositivo pode ser feita tanto para se entender como uma ressalva à impossibilidade de reconvenção sucessiva ou, em sentido contrário, permite concluir que apenas na ação monitória não caberá a reconvenção sucessiva.

Em que pese a esta segunda corrente se mostrar convincente, a primeira guarda maior coesão com a interpretação sistemática do diploma processual e com a necessária estabilização da demanda, notadamente por existirem regras específicas para que o autor formule novos pedidos após a propositura da ação (art. 329, I e II, do CPC/2015).[213]

211. Cândido Rangel Dinamarco, *Instituições de Direito Processual Civil*, 7ª ed., vol. III, São Paulo, Malheiros Editores, 2017, p. 589.

212. Arruda Alvim, *Manual de Direito Processual Civil*, cit., 18ª ed., p. 842.

213. Outra alteração que colocou em dúvida a possibilidade de se apresentar reconvenção sucessiva foi a da intimação do autor para *contestar* (art. 316 do

Cumpre ressaltar que na ação monitória a cognição exauriente só terá início se o réu apresentar embargos, hipótese na qual: "O autor será intimado para responder aos embargos no prazo de 15 (quinze) dias" (art. 702, § 5º, do CPC/2015). Entretanto, a resposta do autor não se confunde com uma contestação (defesa), mas, sim, se prestará para afastar os argumentos contidos nos embargos à monitória e, por conseguinte, alcançar sentença que rejeite os embargos e constitua de pleno direito o título executivo judicial objetivado com a ação monitória. Por mais este motivo a ressalva feita no art. 702, § 6º, do CPC/2015 presta-se para afastar qualquer dúvida quanto à impossibilidade de o autor apresentar reconvenção em face de reconvenção apresentada pelo réu-embargante-reconvinte junto com os embargos à monitória, situação que reafirma a impossibilidade de reconvenções sucessivas.[214]

O art. 259 do CPC/1973 determinava que "o valor da causa constará sempre da petição inicial". Já, o art. 292 do CPC/2015 é mais completo ao determinar que "o valor da causa constará da petição inicial ou da reconvenção". A omissão do diploma processual anterior quanto à necessidade de a reconvenção indicar o valor da causa não afastava esta obrigação do réu-reconvinte, especialmente porque no CPC/1973 a reconvenção era peça autônoma e deveria seguir a mesma estrutura prevista para a petição inicial, guardadas algumas peculiaridades, já tratadas anteriormente.

No CPC/2015, por sua vez, oferecida a contestação, o réu poderá, na mesma peça, reconvir ou poderá, ainda, reconvir independentemente de apresentar contestação. Entretanto, a reconvenção não pode ser interpretada ou extraída do corpo da contestação, e, neste sentido, o art. 292 do CPC/2015 é de fundamental importância para afastar qualquer discussão a respeito. Isso porque, se o réu elaborar sua contestação deixando margem de dúvida sobre a existência, ou não, do pedido reconvencional, a indicação ou não do valor da causa (e o recolhimento ou não da taxa judiciária,

CPC/1973), transformada na intimação do autor para apresentar *resposta* (art. 343, § 1º, do CPC/2015). Nesse sentido, v.: Teresa Arruda Alvim Wambier *et al.*, *Primeiros Comentários ao Novo Código de Processo Civil*, cit., p. 601.

214. Em sentido contrário, Antonio Carlos Marcato entende que na ação monitória é "(...) vedada ao autor-embargado, por outro lado, a *reconventio reconventionis* (art. 702, § 6º)". Entretanto, no procedimento comum, "se o réu reconvier sem contestar, o autor reconvindo será intimado para contestar e, se for o caso, também ofertar reconvenção à reconvenção" (Antonio Carlos Marcato, *Procedimentos Especiais*, cit., 17ª ed., pp. 279 e 27, respectivamente).

quando o réu não for agraciado pelos benefícios da justiça gratuita) é indício primário para se afastar qualquer dúvida sobre as intenções do réu.[215]

Por certo que a reconvenção necessita de pedido e causa de pedir expressos e próprios, distintos dos do pedido principal e da contrariedade a este, apresentados na contestação. De todo modo, se o juiz entender que há margem para dúvida sobre a existência, ou não, de pedido reconvencional, deverá intimar o réu para que esclareça e, no mesmo ato, deverá determinar que, se confirmado o interesse em reconvir, o réu realize o ajuste da sua reconvenção e apresente pedido certo e determinado (ou genérico), indique eventual causa de pedir distinta daquela constante na ação principal, apresente o valor da causa, recolha as custas e especifique as provas que deseja produzir – enfim, ajuste a petição com os requisitos da petição inicial, por também serem necessários para aperfeiçoar a reconvenção, sob pena de não recebimento. Enfim, após definida a existência da reconvenção e aperfeiçoada sua estrutura o autor deverá ser intimado para apresentar defesa, sob pena de violação ao contraditório.

Não é pelo fato de o réu poder reconvir na mesma peça da contestação que a simplicidade buscada pelo legislador ao procedimento abrirá margem para confusão entre defesa e contra-ataque, contestação e reconvenção. Como regra – exceção para o pedido contraposto, que veremos adiante –, da contestação não se extrai pedido. A contestação é a via adequada para se defender e afastar a demanda do autor, não para alargar o objeto litigioso do processo. O fato de o CPC/2015 permitir contestação e reconvenção na mesma peça não implica a confusão de ambos os institutos processuais,[216] e o réu deverá colaborar para que referida confusão não ocorra, na linha do processo cooperativo buscado pelo vigente diploma processual.

Quando o art. 322, § 2º, do CPC/2015 prevê que a interpretação do pedido, inclusive o reconvencional, considerará o conjunto da pos-

215. Em sentido contrário, com o qual não se concorda: "Parece-nos correto entender que, se na *contestação estiver inequivocamente embutido* pedido reconvencional, sem, contudo, ter esse *nomen iuris*, tal circunstância não impede a admissibilidade da reconvenção" (Arruda Alvim, *Manual de Direito Processual Civil*, cit., 18ª ed., p. 840).

216. Enunciado 45 do *Fórum Permanente dos Processualistas Civis* (art. 343): "Para que se considere proposta a reconvenção, não há necessidade de uso desse *nomen iuris*, ou dedução de um capítulo próprio. Contudo, o réu deve manifestar inequivocamente o pedido de tutela jurisdicional qualitativa ou quantitativamente maior que a simples improcedência da demanda inicial" (disponível em *http://institutodc.com.br/wp-content/uploads/2017/06/FPPC-Carta-de-Florianopolis.pdf*, acesso em 6.5.2020).

tulação e observará o princípio da boa-fé, o magistrado deve se ater aos argumentos expostos acima, a fim de evitar a tutela daquilo que não foi pleiteado, em total afronta ao princípio da congruência ou em potencial prejuízo daquele que nada pleiteou, como, por exemplo, a indevida condenação do réu ao ônus da sucumbência pela improcedência de pedido reconvencional sequer formulado.

26. Pedido contraposto

Pelo instituto processual do pedido contraposto a lei faculta ao réu formular pedido no bojo de sua defesa sem a necessidade de obedecer às formalidades relativas à reconvenção, desde que referido pleito feito pelo réu esteja previsto na norma positivada e/ou em consonância com o objeto litigioso do processo delimitado pelo autor na petição inicial.[217]

Trata-se de mecanismo adotado para ações nas quais o pleito do réu já é aguardado, por ser praticamente uma decorrência lógica da (im)procedência do pedido autoral, sendo esta a razão da sua previsão legal. Sem prejuízo de ser um pleito comum em determinados tipos de litígio, ainda assim o ato volitivo de pedir determinada tutela jurisdicional mostra-se imprescindível, sem o qual restaria violado o princípio da congruência.

Conforme ensina José Rogério Cruz e Tucci, pedido contraposto é aquele que, "fundado nos *mesmos fatos* ou *fato* (*causa petendi*), se apresenta autonomamente, com a formulação, pelo réu, de pedido antagônico ao do autor, implicando o julgamento conjunto de ambas as contrastantes pretensões".[218]

E para Antonio Carlos Marcato "a técnica da contraposição de pedido exige a presença de vínculo conectivo entre a ação e o pedido contraposto e, ainda, que este venha fundado nos mesmos fatos que suportam a pretensão do autor".[219]

O pedido contraposto também é usado como medida de celeridade e economia processual para procedimentos que visam a solucionar

217. "(...) constitui uma técnica de obter na mesma demanda a solução de mais de uma pretensão processual à tutela jurisdicional, de forma a exaurir o conteúdo da pretensão processual à tutela jurisdicional, na medida em que eventuais oposições ao seu conteúdo deverão ser apreciadas e julgadas definitivamente, reduzindo o número de demandas envolvendo um mesmo objeto litigioso" (Fábio Peixinho Gomes Corrêa, *O Objeto Litigioso no Processo Civil*, cit., p. 237).

218. José Rogério Cruz e Tucci, *A "Causa Petendi" no Processo Civil,* cit., 3ª ed., p. 255.

219. Antonio Carlos Marcato, *Procedimentos Especiais*, cit., 17ª ed., p. 33.

questões de menor complexidade. Caso a decisão final do magistrado seja pela improcedência do pedido principal, o sucessivo julgamento do pedido contraposto tornará a prestação jurisdicional efetiva e célere, com a obtenção de maior resultado útil do processo, no intuito de atingir a integral resolução do litígio.

Ao contrário do que ocorre na reconvenção, o pedido contraposto não necessariamente aumenta a atividade jurisdicional exercida no curso do processo, pois os fatos e as provas são os mesmos da ação principal ou daqueles utilizados na defesa; entretanto, o pedido contraposto permite ao magistrado prolatar decisão mais ampla[220] sem incorrer em violação ao princípio da congruência, por óbvio, desde que o réu formule referido pedido contraposto em sua contestação, no intuito de assim retirar o Estado-juiz de sua natural inércia.

Em que pese a que o pedido contraposto não aumente a atividade jurisdicional, presta-se para aumentar o objeto litigioso do processo, pois acresce novo pedido e dilata os limites objetivos da futura coisa julgada. Não por outro motivo ao autor deverá ser franqueado o direito ao contraditório, a instrução deverá ser feita de maneira conjunta para os pedidos formulados por ambas as partes e todos os pleitos deverão ser, ao final, decididos por sentença.[221]

Conforme abordado anteriormente, na reconvenção as demandas formuladas pelo autor e pelo réu são autônomas e, do mesmo modo, são autônomas a contestação e a reconvenção, podendo o réu apresentar contestação, reconvenção ou ambas (art. 343, §§ 2º e 6º, do CPC/2015). Transportando referido debate para o âmbito do pedido contraposto, entendemos pela aplicação parcial das regras da reconvenção, primeiro por se mostrar mais prudente o posicionamento segundo o qual "o pedido contraposto somente será julgado se e quando também o pedido original do autor comportar julgamento".[222] Por outro lado, a não apresentação de contestação ou a concordância com o pedido principal não impedem que o réu venha a apresentar pedido contraposto, tal como usualmente ocorre, por exemplo, na ação renovatória em que o réu não opõe resistência à manutenção da relação locatícia mas pleiteia a majoração do valor

220. Clito Fornaciari Jr., "Art. 343", cit., in José Rogério Cruz e Tucci *et al.* (coords), *Código de Processo Civil Anotado*, p. 506.

221. Cândido Rangel Dinamarco, *Instituições de Direito Processual Civil*, cit., 7ª ed., vol. III, p. 587.

222. Antonio Carlos Marcato, *Procedimentos Especiais*, cit., 17ª ed., p. 33.

do aluguel, sendo pertinente consignar que a desistência da ação após a contestação dependerá de consentimento do réu e homologação judicial (arts. 200, parágrafo único, e 485, § 4º, do CPC/2015).

Enquanto o pedido contraposto já era apresentado no corpo da própria contestação, a reconvenção só passou a ser admitida na mesma peça da contestação com o CPC/2015, conforme já abordado. Sem prejuízo de tal constatação, e guardadas as devidas proporções, a reconvenção só se aperfeiçoará se respeitar as mesmas formalidades da petição inicial, mas, por outro lado, o pedido contraposto não carece de nenhuma formalidade específica, bastando constar inequivocamente o pleito no corpo da contestação para que o magistrado o aprecie e o julgue.

Se o sistema normativo permitir ao réu a faculdade de formular determinado pedido contraposto em certo tipo de litígio, a princípio poder-se-á entender pela falta de interesse de agir na modalidade *adequação* caso o réu apresente reconvenção com vistas a tutelar pleito que deveria ser veiculado por pedido contraposto.[223]

Entretanto, sendo a reconvenção a via mais formal atribuída ao réu para formular pedido, possibilitando, inclusive, alargar o objeto litigioso do processo, para o qual basta haver a conexão com a ação principal ou com o fundamento da defesa, não há motivos para impedir que a reconvenção formulada como sucedâneo de pedido contraposto siga seu curso até a decisão de mérito, pois se o pedido contraposto não está adstrito às formalidades da reconvenção e a tutela daquele incide apenas sobre a hipótese determinada pela lei, ocorrendo referida substituição do procedimento menos formal para o mais formal, não há como falar em prejuízo para nenhuma das partes, isso em respeito ao princípio da instrumentalidade processual (e aplicando-se por analogia o princípio *pas de nullité sans grief*). O contrário, entretanto, não pode ser admitido, por inexistirem motivos tendentes a permitir a renúncia das formalidades da reconvenção quando a lei não previr a possibilidade de se formular pedido contraposto.

Considerando, ainda, que o pedido contraposto está adstrito ao cabimento legal, não há como se esquivar da possibilidade de o réu pretender obter tutela maior do que aquela compreendida pelo legislador como suficiente em determinado litígio em espécie, no qual caiba a

223. "(...) evidentemente, não há interesse processual no ajuizamento da reconvenção se na própria contestação à possessória o mesmo objetivo já pode ser atingido" (Eduardo Arruda Alvim, *Direito Processual Civil*, cit., 5ª ed., p. 476).

formulação de pedido contraposto. Também nestas hipóteses nada obsta a que a reconvenção seja apresentada, não com relação aos pedidos contrapostos com permissivo legal, mas com relação às outras tutelas que o réu deseja obter, desde que conexas com a ação principal ou com o fundamento da defesa.[224]

Cumpre, ainda, destacar que pedido contraposto e ações dúplices não são sinônimos e nem institutos processuais equivalentes, não obstante a abordagem em sentido contrário feita pela doutrina[225] e pelos tribunais[226] a respeito do tema. Ações dúplices são aquelas nas quais, "na mesma ação, assumem ambas as partes, concomitantemente, as condições de autor e réu, *independentemente de o réu ter feito pedido nesse sentido*".[227] E o pedido contraposto, em que pese a dispensar as formalidades da reconvenção, ainda assim não elimina o fato de ser, primordialmente, um "pedido", e, como tal, precisa ser formulado pelo réu para só então poder ser apreciado pelo magistrado, haja vista a inércia jurisdicional.

Em que pese a algumas hipóteses de pedido contraposto estarem inseridas no bojo do procedimento de ações dúplices,[228] este fato não é suficiente para confundir referidos institutos. O tema das ações dúplices será abordado de maneira mais detida neste trabalho quando forem analisadas as hipóteses de limitação ou não incidência do princípio da congruência, cabendo nesta oportunidade apenas esta distinção.

Com exceção das hipóteses nas quais o réu apresenta reconvenção ou pedido contraposto, bem como nas ações dúplices, não é crível sustentar que o réu pode formular pedido em sua defesa, e muito menos que pela leitura da defesa seria possível extrair pedidos que o autor teria formulado em sua petição inicial. Isso porque a regra é clara, e o magistrado está adstrito ao pedido do autor, sendo insustentável o raciocínio pelo qual ao julgador assistiria a possibilidade de extrair pedidos da defesa, ato processual que tem, como regra e salvo as exceções anteriormente

224. Eduardo Arruda Alvim, *Direito Processual Civil*, cit., 5ª ed., p. 476.

225. Sidnei Amendoeira Jr., *Manual de Direito Processual Civil*, cit., 2ª ed., vol. 1 (*Teoria Geral do Processo e Fase de Conhecimento em Primeiro Grau de Jurisdição*), p. 443.

226. Nesse sentido: STJ, REsp 1.085.664-DF, rel. Min. Luís Felipe Salomão, publ. 12.8.2010; STJ, REsp 798.248-RS, rel. Min. Luiz Fux, publ. 16.11.2006.

227. José Miguel Garcia Medina e Teresa Arruda Alvim Wambier, *Processo Civil Moderno*, cit., 3ª ed., vol. I (*Parte Geral e Processo de Conhecimento*), p. 217.

228. STJ, REsp 1.085.664-DF, rel. Min. Luís Felipe Salomão, publ. 12.8.2010.

pontuadas, a função exclusiva de afastar a pretensão do autor e manter inalterada a situação fática.[229]

Passando para a análise das hipóteses legais de pedido contraposto, começamos pelo extinto procedimento sumário, previsto no art. 278, § 1º, do CPC/1973, com a redação dada pela Lei 9.245/1995, pelo qual era lícito ao réu, na contestação, formular pedido em seu favor, desde que fundado nos mesmos fatos referidos na inicial.[230] Nesta hipótese não se determinava nenhum direito em espécie a ser tutelado, mas apenas se limitava o pleito do réu aos mesmos fatos referidos na inicial, impossibilitando-o de trazer para o processo novas questões fáticas a serem tratadas, o que certamente comprometeria a celeridade buscada pelo procedimento sumário, seja pela necessidade de produção de novas provas, seja por aumentar o campo de atuação e cognição do magistrado.

Do mesmo ano do dispositivo anterior, a Lei 9.099/1995 instituiu os Juizados Especiais Cíveis, e em seu art. 31 é categórica quanto à não admissão de reconvenção perante estes órgãos, mas admite pedido contraposto quando este for formulado dentro dos limites da competência dos Juizados Especiais Cíveis[231] e desde que fundado nos mesmos fatos que constituem objeto da controvérsia, obedecendo, assim, à mesma lógica do extinto art. 278, § 1º, do CPC/1973.

Outro exemplo de pedido contraposto é encontrado na ação de consignação em pagamento,[232] na qual é permitido ao réu em sua contestação alegar que o depósito feito pelo autor não é integral, incumbindo ao réu indicar – e comprovar – o montante que entende devido (art. 544, IV, e parágrafo único, do CPC/2015), sendo permitido ao autor complementar o depósito no prazo de 10 dias para fins de extinguir a ação, salvo se

229. STJ, REsp 798.248-RS, rel. Min. Luiz Fux, publ. 16.11.2006.

230. STJ, REsp 712.343-RJ, rel. Min. João Otávio de Noronha, publ. 19.5.2008; STJ, AgR no REsp 723.848-MS, rel. Min. Paulo de Tarso Sanseverino, publ. 28.2.2011.

231. *Fórum Nacional de Juizados Especiais*: "Enunciado 27 – Na hipótese de pedido de valor até 20 salários-mínimos, é admitido pedido contraposto no valor superior ao da inicial, até o limite de 40 salários-mínimos, sendo obrigatória a assistência de advogados às partes"; "Enunciado 31 – É admissível pedido contraposto no caso de ser a parte ré pessoa jurídica" (disponível em *https://www.cnj.jus.br/corregedoria-nacional-de-justica/redescobrindo-os-juizados-especiais/enunciados-fonaje/enunciados-civeis*, acesso em 6.5.2020).

232. Sobre este ponto, necessário destacar as considerações feitas ao tratarmos da ação dúplice.

corresponder a prestação cujo inadimplemento acarrete a rescisão do contrato (art. 545 do CPC/2015).

No tocante à quantia depositada pelo autor quando do ajuizamento da ação de consignação, por não haver controvérsia entre as partes, o réu poderá levantá-la logo após a contestação, prosseguindo a ação consignatória com relação à parcela controvertida, e, ao final, caso o magistrado entenda pela insuficiência do depósito do autor, o condenará a pagar a diferença devida, podendo o réu prosseguir com a liquidação ou com a execução direta nos mesmos autos (art. 545, §§ 1º e 2º, do CPC/2015).

A lógica deste pedido contraposto é inerente ao próprio escopo da ação de consignação em pagamento, pois, se o autor visa a saldar uma dívida perante o réu, por certo que não poderá ser em quantia inferior àquela efetivamente devida; e, do mesmo modo, não há razão para que o réu ajuíze nova ação para reaver a diferença entre o valor consignado e o efetivamente devido, mostrando-se adequada a técnica do pedido contraposto nesta hipótese, para fins de atingir o máximo de efetividade da tutela jurisdicional.

As ações possessórias (art. 556 do CPC/2015) também permitem a formulação de pedido contraposto pelo réu, mais precisamente a indenização pelos prejuízos resultantes da turbação ou do esbulho cometido pelo autor, e sobre este ponto a própria literalidade da norma não deixa margem para grandes debates. A despeito da ausência de previsão expressa no referido dispositivo, também se admite a possibilidade de deferimento de tutela de remoção do ato ilícito requerida em pedido contraposto.[233]

A grande problemática recai sobre a primeira parte do art. 556 do CPC/2015, pelo qual é lícito ao réu, na contestação, alegando que foi ofendido em sua posse, demandar a proteção possessória, dando a entender que a "ação possessória julgada improcedente não tem o condão de convalidar a posse do réu se este assim não requereu expressamente em sede de contestação".[234] O tema não é pacífico,[235] e para fins deste

233. "Recurso especial – Civil e processual civil – Interdito proibitório – Servidão de passagem – Acolhimento do pedido contraposto – Tutela de remoção do ato ilícito – Cabimento – Agravação do encargo do dono do prédio serviente – Óbice da Súmula n. 7/STJ" (STJ, REsp 1.423.898-MS, rel. Min. Paulo de Tarso Sanseverino, publ. 1.10.2014).

234. STJ, RMS 20.626-PR, rel. Min. Paulo Furtado, publ. 29.10.2009.

235. Teresa Arruda Alvim Wambier *et al.*, *Primeiros Comentários ao Novo Código de Processo Civil*, cit., pp. 919-921.

estudo consideraremos como pedido contraposto em ações possessórias apenas o pleito indenizatório, retomando o debate no tópico que tratará das ações dúplices, quando abordarmos as hipóteses de limitação ou não incidência do princípio da congruência.

Na Lei de Locações (Lei 8.245/1991), o art. 72 dispõe sobre a ação renovatória proposta pelo locatário. A contestação apresentada pelo locador, além de pleitear a rejeição do pedido, poderá, em pedido contraposto: (a) pleitear o reajuste do valor locativo real do imóvel na época da renovação (inciso II); (b) requerer a retomada do imóvel para locar a terceiro com proposta em condições melhores (inciso III); (c) requerer a retomada do imóvel quando o locador demandado não estiver obrigado a renovar o contrato de locação (i) se por determinação do Poder Público for obrigado a realizar no imóvel obras que importarem sua radical transformação (art. 72, IV, c/c o art. 52, I); (ii) para fazer modificações de tal natureza que aumentem o valor do negócio ou da propriedade (art. 72, IV, c/c o art. 52, I); ou (iii) para uso próprio do locador ou para transferência de fundo de comércio existente há mais de um ano, sendo detentor da maioria do capital o locador, seu cônjuge, ascendente ou descendente[236] (art. 72, IV, c/c o art. 52, II); e, por fim, (d) pedir a expedição de mandado de despejo do autor, caso a ação seja julgada improcedente (art. 74).

Por certo que, se o réu pleitear o reajuste do valor locativo real do imóvel na época da renovação, este deverá apresentar, em contraproposta, as condições de locação que repute compatíveis com o valor locativo real e atual do imóvel (art. 72, § 1º). Se o réu requer a retomada do imóvel para locar a terceiro com proposta em condições melhores, deverá juntar prova documental da proposta do terceiro, subscrita por este e por duas testemunhas, com clara indicação do ramo a ser explorado, que não poderá ser o mesmo do locatário, em proteção ao fundo de comércio do autor, podendo o locatário, nesta hipótese, em réplica, aceitar tais condições para obter a renovação pretendida (art. 72, § 2º). Caso o pedido de retomada do imóvel ocorra em razão de determinação do Poder Público, para fins de realizar no imóvel obras que importarem sua radical transformação, o réu deverá trazer prova da determinação do Poder Público ou relatório pormenorizado das obras a serem realizadas e da estimativa de valorização que sofrerá o imóvel, assinado por engenheiro devidamente habilitado (art. 72, § 3º).

236. STJ, AgR no AREsp 748.787-SP, rel. Min. Ricardo Villas Bôas Cueva, publ. 23.10.2015.

Por fim, na contestação apresentada em face da ação renovatória poderá, ainda, o réu pedir a fixação de aluguel provisório, para vigorar a partir do primeiro mês do prazo do contrato a ser renovado, não excedente a 80% do pedido, desde que apresentados elementos hábeis para aferição do justo valor do aluguel (art. 72, § 4º).

Seguindo a análise de exemplos, o art. 20 do Decreto-lei 3.365/1941, que dispõe sobre as desapropriações por utilidade pública, permite ao réu apresentar contestação tratando apenas sobre vício do processo ou impugnação do preço, destacando o dispositivo, ao final, que qualquer outra questão deverá ser decidida por ação direta. Para o presente estudo sobre pedido contraposto destaca-se a impugnação ao preço, que, se acolhida pelo magistrado, poderá fixar na sentença a justa indenização a ser paga pelo autor em razão da desapropriação.

Ainda sobre o exemplo da desapropriação, a Lei Complementar 76/1993, que dispõe sobre o procedimento de desapropriação de imóvel rural por interesse social para fins de reforma agrária, prevê em seu art. 4º que, intentada a desapropriação parcial, o proprietário poderá requerer, na contestação, a desapropriação de todo o imóvel quando a área remanescente ficar reduzida a superfície inferior à da pequena propriedade rural ou prejudicada substancialmente em suas condições de exploração econômica caso seja seu valor inferior ao da parte desapropriada. Trata-se do direito de extensão, pelo qual o proprietário pode "exigir que na desapropriação se inclua a parte restante do bem expropriado, que se tornou inútil ou de difícil utilização".[237]

Não obstante o direito de extensão ter previsão expressa na Lei Complementar 76/1993, sua aplicação também é admitida no bojo do Decreto-lei 3.365/1941,[238] pois a norma precedente do tema de desapropriações

237. Hely Lopes Meirelles, *Direito Administrativo Brasileiro*, 41ª ed., São Paulo, Malheiros Editores, 2015, p. 729.

238. "(...). 3. O direito de extensão nada mais é do que a impugnação do preço ofertado pelo expropriante. O réu, quando impugna na contestação o valor ofertado pelo expropriante, apresenta outra avaliação do bem, abrangendo a integralidade do imóvel, e não apenas a parte incluída no plano de desapropriação. Assim, a inclusão do pedido de extensão em nada ofende o art. 20 do Decreto-lei n. 3.365/1941, segundo o qual a contestação somente pode versar sobre 'vício do processo judicial ou impugnação do preço'. (...).

"(...). Como afirmado, o direito de extensão nada mais é do que a impugnação do réu ao preço ofertado pelo expropriante. (...).

"(...).

por utilidade pública, mais precisamente o Decreto 4.956/1903, dispunha em seu art. 12 sobre o direito de extensão, sendo que este dispositivo não foi expressamente revogado e não contraria as normas posteriores, mantendo-se, portanto, vigente no sistema normativo.[239]

27. *Relação entre pedido e o contraditório do demandado*

O contraditório tem previsão expressa no art. 5º, LV, da CF/1988, arrolado dentre os direitos e garantias fundamentais, tamanha a sua importância para os processos judicial e administrativo, não sendo admissível decidir o processo tendo por base apenas a versão de uma das partes envolvidas em determinado conflito; e, assim, "se a colaboração das partes é parcial ou, em outros termos, tendenciosa, esse defeito se corrige com a colaboração da parte contrária, uma vez que o seu interesse é desvelar, sempre, a outra parte da verdade".[240]

Ao tratar do princípio do contraditório, Luiz Fux elucida que: "A técnica processual de reconstituição dos fatos por meio da fala de ambas as partes decorre da necessidade de o juiz prover, o quanto possível, aproximado da realidade".[241]

No tocante ao demandado, a sua *defesa* é a pedra de toque para o exercício do contraditório. Para Cândido Rangel Dinamarco: "*Defesa* é o *contraposto negativo* do poder de ação, ou uma visão especular desta – ou seja, ela é o conjunto de poderes e faculdades que permitem ao demandado opor-se à pretensão do autor, pleiteando a sua rejeição".[242]

Entretanto, para que o direito ao contraditório se aperfeiçoe não há a obrigatoriedade de manifestação do demandado, sendo obrigatório apenas oportunizar sua manifestação sobre o ponto a ser decidido, nos termos e prazos contidos na lei.

Conforme anota Antonio Carlos Marcato "a reação caracteriza-se pela possibilidade (e não necessidade ou obrigatoriedade) que tem a parte

"O pedido de extensão deve ser formulado pelo réu na contestação da ação expropriatória, sendo inviável a sua formulação por meio de reconvenção ou ação direta. (...)" (STJ, REsp 816.535-SP, rel. Min. Castro Meira, publ. 16.2.2007).

239. Hely Lopes Meirelles, *Direito Administrativo Brasileiro*, cit., 41ª ed., p. 729.

240. Francesco Carnelutti, *Como se Faz um Processo*, cit., p. 67.

241. Luiz Fux, *Teoria Geral do Processo*, 3ª ed., Rio de Janeiro, Forense, 2019, p. 58.

242. Cândido Rangel Dinamarco, *Instituições de Direito Processual Civil*. 9ª ed., vol. I, São Paulo, Malheiros Editores, 2017, pp. 443-444.

de se contrapor à pretensão ou alegação da outra".[243] No mesmo sentido, José Roberto dos Santos Bedaque esclarece que: "As partes devem ter efetiva oportunidade de participação e defesa, antes de ser pronunciado qualquer julgamento".[244] Ainda sobre o tema, Flávio Luiz Yarshell destaca que o direito ao contraditório se traduz "em informação *necessária* e em reação *possível*".[245]

Logo, *o pleno exercício do contraditório ocorre pela sua oportunidade, e não pelo seu exercício.* Caso a parte opte por não exercer o contraditório ou se mostre negligente em seu exercício, não será possível posteriormente alegar violação ao contraditório – vício, este, que só ocorrerá se não for conferida à parte a oportunidade de apresentar seus argumentos em contraponto ao sustentado pela parte contrária, com vistas a assegurar a isonomia das partes no processo.

De certo que o respeito ao contraditório também não se aperfeiçoa pelo simples ato de franquear a palavra às partes. A abertura de prazo para que as partes se manifestem sobre o ponto a ser decidido é apenas a primeira etapa do contraditório, seguida da efetiva análise pelo julgador dos argumentos apresentados, quando a decisão vier a ser proferida. A missão do julgador será apreciar, para acolher ou rejeitar, os argumentos, expondo os motivos em cada caso, de modo a possibilitar aos demandantes a efetiva influência na formação do processo ou eventual pleito de reforma da decisão pela via recursal, servindo, ainda, para demonstrar a imparcialidade do magistrado.

O art. 7º do CPC/2015 aborda o princípio do contraditório em sua essência, podendo ser lido em comunhão com o princípio da isonomia; e, nos termos do referido dispositivo, compete ao juiz zelar pelo efetivo contraditório. Por certo que ninguém melhor do que o próprio juiz – sujeito imparcial do processo – para zelar pelo efetivo contraditório, caso contrário a aplicação deste princípio restaria sonegada no curso do processo. Sem prejuízo, as partes também podem e devem fiscalizar a regularidade do seu próprio contraditório (para garantir sua efetiva participação no processo) e do contraditório exercido pela parte contrária (para evitar futura e nociva alegação de nulidade de atos processuais).

243. Antonio Carlos Marcato, "Preclusões: limitação ao contraditório?", cit., *RePro* 17/112.

244. José Roberto dos Santos Bedaque, *Efetividade do Processo e Técnica Processual*, 3ª ed., São Paulo, Malheiros Editores, 2010, p. 494.

245. Flávio Luiz Yarshell, *Curso de Direito Processual Civil*, cit., vol. 1, p. 103.

Como se sabe, as matérias de ordem pública podem ser decididas de ofício pelo magistrado, pois, em tese, extrapolam os interesses individuais discutidos na demanda. Até aqui, sem grandes debates. A problemática surge quando esta decisão de ofício é dada sem a abertura do prévio contraditório. Nunca se negou a possibilidade de o magistrado decidir matéria de ordem pública de ofício, mas, por outro lado, mostra-se pernicioso conferir ao magistrado poderes para decidir sobre determinada matéria sem prévia provocação e sem a manifestação das partes.

Tem-se, portanto, que, mesmo diante de questão de ordem pública, passível de decisão de ofício pelo magistrado, este está impedido de decidir sem antes submeter o tema ao crivo do contraditório, haja vista que "a possibilidade do juízo apreciar de ofício matéria de ordem pública nunca antes debatida pelas partes na demanda não significa dizer que o magistrado pode decidir sem antes dar às partes o direito ao efetivo contraditório"[246] – sendo este o posicionamento extraído da literalidade do art. 10 do CPC/2015. Em conclusão, decidir matéria de ordem pública de ofício não é sinônimo de decidir sem o contraditório.

O contraditório como regra é *prévio*, podendo ser *diferido* e também *eventual*. O contraditório prévio à decisão judicial é a regra (art. 9º, *caput*, do CPC/2015), dada a necessidade de o julgador franquear a palavra aos demandantes antes de prolatar sua decisão, inclusive para fins de evitar retrabalho, em estrita obediência aos princípios da celeridade e da economia dos atos processuais, obstando à prolação de decisão parcial, dado o desconhecimento do julgador sobre a versão das partes a respeito da questão a ser decidida.

O art. 9º do CPC/2015 busca extirpar do sistema conduta que há muito tempo ocorre na prática forense mas é objeto de críticas pela doutrina, que é a famigerada "decisão-surpresa".[247] As partes têm o direito de participar do processo, com a finalidade de formar o convencimento do magistrado. Se o juiz proferir decisão acerca de fato novo, sobre o

246. Rafael Ribeiro Rodrigues e Rennan F. K. Thamay, "O efeito translativo na barca de Caronte", cit., *RePro* 255/258.

247. "A utilização pelo juiz, apenas quando do julgamento, de elementos estranhos ao que se debateu no processo – pouco importa trate-se de elementos de fato ou de direito, matéria de ordem pública que seja – produz o que a doutrina e os tribunais, especialmente os europeus, chamam de 'decisão-surpresa', 'decisão solitária' ou, ainda, 'sentença de terceira via'. Tendo em conta a compreensão atual do contraditório, é algo que se considera inadmissível" (Estêvão Mallet, "Notas sobre o problema da chamada 'decisão-surpresa'", *RePro* 233/52, São Paulo, Ed. RT, julho/2014).

qual uma ou ambas as partes não foram cientificadas e, menos ainda, se manifestaram, estará violando o direito ao contraditório.

Entretanto, há casos nos quais o magistrado se vê obrigado a decidir com urgência sobre determinada questão, como regra para evitar lesão ou ameaça de lesão a direito de uma das partes (art. 9º, parágrafo único, I a III, do CPC/2015). Nestas hipóteses a decisão proferida sob a turva luz dos fatos parciais narrados por apenas uma das partes precisará ser submetida ao contraditório de maneira diferida, podendo o julgador reanalisar a questão após a manifestação da parte contrária, diante de um novo cenário e de novos argumentos em contraposição aos que ensejaram a prolação da decisão. Trata-se de medida admitida por mitigar um direito (contraditório) em prol da tutela de outros direitos tidos pelo sistema normativo como valiosos e cuja ausência de imediata tutela poderia ocasionar seu perecimento, buscando, em última análise, não gerar risco ao direito alegado pelo postulante.

Nas pertinentes palavras da Min. Carmen Lúcia Antunes Rocha, à época Presidente do STF: "O contraditório dá-se entre as partes. A lide é entre elas. A Justiça não tem lado, preferências, protegidos nem adversários. As partes conflitam, não os juízes".[248] Em referido artigo destacou-se a importância da segurança jurídica e da imparcialidade dos magistrados.

E com estas palavras adentramos a análise do contraditório eventual, que decorre do já mencionado princípio da eventualidade, pelo qual a parte tem a oportunidade-necessidade de apresentar no mesmo ato todos os argumentos de sua defesa, sob pena de preclusão, ainda que os argumentos sejam conflitantes entre si, e, na eventualidade de um argumento ser afastado, o subsidiário deverá ser considerado pelo julgador.

Nas palavras da Min. Nancy Andrighi: "Segundo o princípio da eventualidade, toda a matéria de defesa deve ser arguida na contestação. Integram o objeto da defesa as afirmações contidas na petição inicial e na documentação que a acompanha".[249]

Conforme leciona José Rogério Cruz e Tucci, "é da tradição do processo brasileiro a adoção da regra da eventualidade, impondo aos demandantes o dever de propor, em um mesmo momento, todos os meios de ataque e de defesa".[250]

248. Carmen Lúcia Antunes Rocha, "(In)segurança jurídica", disponível em *https://oglobo.globo.com/opiniao/inseguranca-juridica-22880449* (acesso em 6.5.2020.

249. STJ, REsp 301.706-SP, rela. Min. Nancy Andrighi, publ. 25.6.2001.

250. José Rogério Cruz e Tucci, *A "Causa Petendi" no Processo Civil,* cit., 3ª ed., p. 158.

Na hipótese de contraditório eventual o réu poderá apresentar em sua defesa fatos e fundamentos diversos daqueles expostos pelo autor, indo além da simples apresentação de contraponto aos argumentos da exordial (decorrentes do ônus da impugnação específica[251]). Tem-se, portanto, notória intenção de expandir o debate com a única finalidade de municiar o julgador com novos motivos para a prolação de decisão favorável ao réu.

Assim como a petição inicial deve conter todo o suporte fático e jurídico tendente a lastrear o pedido, a contestação deverá conter toda a matéria de defesa, processual e de mérito; mesmo se o réu acreditar no acolhimento de determinado argumento como melhor do que todos, os demais argumentos deverão ser trazidos junto com a contestação, a fim de evitar a preclusão e afastar a presunção de veracidade dos fatos narrados pelo autor (com exceção do art. 342 do CPC/2015).

Este ponto é de fundamental importância para o nosso estudo, pois, se o contraditório eventual é uma faculdade do réu (enquanto direito de defesa), mas também uma obrigação (para fins de evitar a preclusão), necessário analisar a viabilidade de se conferir ao contraditório eventual uma função diversa da pura e simples defesa do réu, mais precisamente a extração, validação ou interpretação de pedido não expresso ou não tempestivamente formulado pelo autor.[252]

Ao tratar da possibilidade de apreciar e julgar pedido não formulado em momento processualmente adequado, Marcelo Pacheco Machado entende que aceitação expressa do autor e o contraditório do réu são suficientes para validar a tutela jurisdicional concedida fora dos limites da demanda,[253] não ensejando, portanto, violação ao princípio da congruência.

251. "A regra geral é, pois, a de que a lide ou objeto litigioso é fixada pelo autor, limitando-se o réu a defender-se do que é pedido. (...). Cabe ao réu impugnar, na contestação, *especificamente*, os fatos narrados na petição inicial (art. 302). Se não o fizer, esses fatos presumem-se verdadeiros (presunção *juris tantum*)" (Eduardo Arruda Alvim, *Direito Processual Civil*, cit., 5ª ed., pp. 429-430).

252. Como exemplo desta ressalva destacamos os julgados: STJ, REsp 1.574.377-RJ, rel. Min. Ricardo Villas Bôas Cueva, publ. 9.5.2016; STJ, AgR no REsp 1.019.714-RS, rel. Min. Reynaldo Soares da Fonseca, publ. 25.5.2016.

253. "A despeito de a jurisdição haver concedido tutela fora dos limites demandados – em caso não autorizado especialmente pela lei – é possível que desta irregularidade não surja prejuízo para os escopos específicos da norma: inércia e contraditório. Basta que a tutela concedida – a despeito de não demandada no momento adequado – tenha sido aceita expressamente pelo demandante, no curso do debate processual, e tenha sido submetida a real e efetivo contraditório" (Marcelo Pacheco Machado, *A Correlação no Processo Civil: Relações entre Demanda e Tutela Jurisdicional*, cit., p. 230).

Desse modo, a proposta acima afasta as regras de alteração do pedido previstas na norma processual e a regra da estabilização, dando mais valor à suposta resolução integral do litígio. Entretanto, referido posicionamento acaba por desconsiderar a possibilidade de o contraditório em questão ter sido fundado em sede de contestação e apenas com escopo no princípio da eventualidade, *ad argumentandum tantum* ou "por simples amor ao debate".

Nesse contexto, a indagação é se apenas o contraditório exercido pelo princípio da eventualidade seria suficiente para dilatar o objeto litigioso do processo, com a posterior manifestação de interesse do autor em obter tutela jurisdicional sobre bem da vida não tempestivamente pleiteado, mas objeto de irresignação pelo réu em sua contestação, ressalte-se, por força do princípio da eventualidade.

De certo que o ônus da impugnação específica, com a exposição de fatos e apresentação de provas na defesa, está limitado à impugnação do objeto litigioso do processo delimitado pelo autor em momento processual adequado. Todos os argumentos excedentes apresentados pelo réu devem ser tidos como "um *plus* à defesa", e não como a possibilidade de o autor obter "uma tutela a mais". A defesa apresentada pelo réu não implica dedução de pedidos para ele e nem validação de pedidos não expressamente formulados pelo autor.[254]

Ao tratar da relação entre os direitos de ação e de defesa, Arruda Alvim ensina que: "A ação e a contestação se baseiam *num mesmo* interesse substancial: o autor pretende que o réu seja submetido ao seu interesse (...) e o réu, contrariamente, deseja que o seu interesse não sucumba, por causa da prevalência daquele do autor".[255]

Assim, o contraditório exaustivo está atrelado ao direito de defesa e visa a afastar sua preclusão temporal-consumativa, haja vista ser a contestação o momento adequado para que o réu apresente toda a matéria tendente a afastar a possibilidade de a demanda alcançar a tutela jurisdicional objetivada pelo autor.[256] Considerar o contraditório como um

254. "Fixação da lide. É o autor quem, na petição inicial, fixa os limites da lide. É ele quem deduz pretensão em juízo. O réu, ao contestar, apenas se defende do pedido do autor, não deduzindo pretensão alguma. Quando reconvém, o réu se torna autor da reconvenção, fixando os limites da lide reconvencional na petição inicial desta ação" (Nelson Nery Jr. e Rosa Maria de Andrade Nery, *Código de Processo Civil Comentado*, 18ª ed., São Paulo, Thomson Reuters Brasil, 2019, p. 542).

255. Arruda Alvim, *Manual de Direito Processual Civil*, cit., 18ª ed., p. 824.

256. "Com efeito, ao estabelecer um modelo processual marcado por fases preclusivas, o legislador impõe ao demandante o ônus de deduzir na sua petição inicial

elemento dilatador do objeto litigioso do processo mostra-se temerário e contrário aos princípios da segurança jurídica e do devido processo legal.

Nas palavras de Milton Paulo de Carvalho, "é o *petitum* o que constitui objeto do juízo, pois a defesa do réu pode ampliar a matéria lógica a ser examinada pelo juiz, mas não altera os contornos daquele objeto".[257] E conclui afirmando que: "A pretensão processual, ou pedido, é o que constitui o mérito da causa, sendo para esse efeito sem consequências a atitude do réu".[258]

Sobre o princípio da defesa, Gustavo Henrique Badaró esclarece que "a defesa representa o avesso da pretensão. Quem se defende não pretende um direito para si, mas somente a inexistência de um direito para o adversário".[259]

No mesmo sentido, Ovídio Araujo Baptista da Silva,[260] ao tratar do ato postulatório, esclarece que, "na petição inicial, uma demanda que deve estar delimitada, definida e contida rigorosamente dentro dos contornos que lhe deu o autor, marcada pelo pedido formulado e pelos fatos e fundamentos jurídicos que o sustentam". Mas, no tocante à resposta do réu, é enfático ao definir que: "As defesas, porventura opostas pelo réu, ou que poderiam sê-lo com pertinência, de modo algum terão a virtude de diminuir as lindes da demanda, ou de ampliá-las, para além dos limites inicialmente colocados".

Arrematando o tema, Pontes de Miranda é assertivo ao definir que: "A defesa propriamente dita (contestação, exceções) não alarga a faixa que o pedido traçou",[261] devendo ser aplicado o princípio da congruência tanto ao pedido quanto à defesa.[262]

todos os elementos que compõem sua pretensão processual à tutela jurisdicional. Dessa forma, os limites objetivos da demanda asseguram a estrita observância do princípio de correlação com a sentença e, mais do que isso, o regular exercício do contraditório pelo demandado" (Fábio Peixinho Gomes Corrêa, *O Objeto Litigioso no Processo Civil*, cit., p. 228).

257. Milton Paulo de Carvalho, *Do Pedido no Processo Civil*, cit., p. 123.

258. Idem, ibidem.

259. Gustavo Henrique Badaró, *Correlação entre a Acusação e a Sentença*, 3ª ed., São Paulo, Ed. RT, 2013, p. 40.

260. Ovídio Araujo Baptista da Silva, "Limites objetivos da coisa julgada no Direito Brasileiro atual", cit., *RePro* 14/56.

261. Francisco Cavalcanti Pontes de Miranda, *Comentários ao Código de Processo Civil*, cit., t. II (arts. 46 a 153), p. 363.

262. Em referência à obra de Liebman: "Como a iniciativa do processo compete ao autor, 'ele é que propõe o pedido e com isso suscita a lide e fixa o mérito da causa.

A proposta de alterar o pedido após o contraditório do demandado e em razão do conteúdo da defesa não é novidade. O art. 183 do CPC italiano (*Regio Decreto 28 Ottobre 1940, n. 1443, in G.U. 28 Ottobre 1940*) dispunha que na primeira audiência do processo "le parti possono precisare e, quando occorre, modificare le domande".[263] Ao tratar do tema, José Rogério Cruz e Tucci esclarece que referido dispositivo legal foi alterado para um sistema preclusivo, visando a atender à finalidade precípua do processo, a pacificação social.[264] No mesmo sentido, Fábio Peixinho Gomes Corrêa[265] esclarece que na Itália a alteração do modelo processual flexível para o rígido ocorreu por meio da Lei 353, de 26.11.1990, "a qual foi recebida pelos processualistas como uma tentativa de restabelecer a vocação do processo de realizar uma justiça tempestiva, dado que o sistema anterior redundou numa excessiva duração das demandas".

De acordo com o posicionamento objeto de nossa crítica, se, por exemplo, o réu se limitar a impugnar especificamente os pedidos formulados na petição inicial não haverá a possibilidade de o julgador apreciar e julgar outros pedidos além dos expressamente formulados. Mas se no mesmo caso o réu exercer o contraditório eventual e sua defesa ir além da petição inicial, apresentando argumentos outros para a improcedência do pedido, desta extensão da defesa o autor poderia "concordar" com pedido não inicialmente formulado e o julgador apreciá-lo e julgá-lo? Por certo que não. Tudo indica que a resposta deve ser negativa.

O contraditório eventual não pode ser uma armadilha posta pelo sistema processual ao réu, não sendo crível abrir margem para incluir no bojo dos pedidos tudo o que foi contraditado. Pedido é o que foi

A atitude do réu é, para esse efeito, sem consequências. O máximo que ele pode fazer é contestar o pedido do autor, sem alterar-lhe os limites, e, por outro lado, a alegação de fatos novos e questões novas, embora estenda a matéria lógica a ser examinadas, não modifica a identidade e os limites do pedido'" (José Ignácio Botelho de Mesquita, Mariana Capela Lombardi, Rodolfo da Costa Manso Real Amadeo, Luiz Guilherme Pennacchi Dellore e Daniel Guimarães Zveibil, "O colapso das condições da ação? Um breve ensaio sobre os efeitos da carência de ação", cit., *RePro* 152/32).

263. Disponível em: *http://www.normattiva.it/uri-res/N2Ls?urn:nir:stato:regio.decreto:1940-10-28;1443* (acesso em 6.5.2020).

264. "Sem questionar qual o sistema mais perfeito – o anterior, caracterizado pela possibilidade de amplo contraditório, ou o atual, marcado pela imutabilidade dos elementos objetivos da demanda –, os processualistas peninsulares, diante da excessiva duração do litígio, afirmam que o regime da legislação em vigor corresponde ao esforço de restituir ao processo a sua vocação de realizar justiça tempestiva" (José Rogério Cruz e Tucci, *A "Causa Petendi" no Processo Civil,* cit., 3ª ed., p. 140).

265. Fábio Peixinho Gomes Corrêa, *O Objeto Litigioso no Processo Civil*, cit., p. 229.

expressamente pleiteado pelo autor no momento adequado, e não o que foi contraditado por força do princípio da eventualidade. Tudo o que vier após a petição inicial em torno desta gravitará, sendo o pedido formulado o núcleo duro da relação processual, sobre o qual o restante dos atos processuais girará até atingir a sentença.

Admitir e julgar pedidos não adequada e tempestivamente formulados não só gera prejuízo ao direto de defesa, como também prejuízo ao Estado, pois viabiliza a concessão de tutela de pedido sem a adequação do valor da causa, repercutindo no valor das custas a serem recolhidas aos cofres públicos. É de se considerar, também, a reprovável possibilidade de o autor deixar de formular pedido na exordial e no curso do processo, após ter ocorrido a prescrição ou a decadência, forçar a indevida inclusão de intempestivo pedido, valendo-se de interpretação do contraditório eventual ofertado pelo réu.

Isso tudo sem considerar o teor do art. 329, II, do CPC/2015 (correlato ao art. 264 do CPC/1973), pelo qual, após a citação, o autor só poderá aditar ou alterar o pedido e a causa de pedir com consentimento do réu e assegurado o contraditório. Logo, o contraditório proposto por Marcelo Pacheco Machado (que certamente se dará pelo princípio da eventualidade, pois do contrário, ou seja, pelo ônus da impugnação específica, se prestaria apenas para impugnar os pedidos constantes da petição inicial) não se mostra suficiente para aditar ou alterar o pedido, sendo necessário também o consentimento do réu, não obstante Marcelo Pacheco Machado mencionar apenas a necessidade de aceitação expressa do demandante. O fato de o réu contraditar determinado ponto do processo não significa sua concordância com a inclusão de novo pedido na demanda. O contraditório do réu e a sua concordância com a alteração/aditamento do pedido são atos processuais distintos, que não se confundem.

Em passagem extraída da "Exposição de Motivos" do CPC/2015, a qual acompanha o raciocínio ora guerreado, consta que: "As partes podem, até a sentença, modificar pedido e causa de pedir, desde que não haja ofensa ao contraditório. De cada processo, por esse método, se obtém tudo o que seja possível".[266]

Trata-se de menção ao art. 314[267] do Projeto de Lei do Senado 166/2010, derivado do Anteprojeto do Novo Código de Processo Civil da

266. Disponível em *http://www2.senado.leg.br/bdsf/bitstream/handle/id/496296/000895477.pdf?sequence=1* (acesso em 6.5.2020).

267. PLS 166/2010: "Art. 314. O autor poderá, enquanto não proferida a sentença, aditar ou alterar o pedido e a causa de pedir, desde que o faça de boa-fé e que

Comissão de Juristas instituída pelo Senado Federal, o qual não vingou na redação final do CPC/2015. Atualmente as regras para a alteração do pedido e a estabilização da demanda estão contidas no art. 329, I e II, do CPC/2015 (com redação semelhante à dos arts. 264, parágrafo único, e 294 do CPC/1973).

Oportunizar o pleno contraditório ao réu não significa possibilitar a alteração ou o aditamento do pedido autoral. Se o ponto sobre o qual se oportuniza o contraditório não faz parte dos pedidos expressa e tempestivamente formulados pelo autor, não se mostra razoável impor ao réu qualquer prejuízo pelo exercício do contraditório, no caso, a extração de pedidos que poderiam ser – mas não foram – formulados pelo autor em sua petição inicial ou no momento adequado.

E, para problematizar ainda mais, não são raros os casos nos quais o réu é submetido a uma petição inicial tecnicamente falha, tangenciando a inépcia, a qual, por via reflexa, acaba por inviabilizar ou comprometer substancialmente o exercício do efetivo contraditório.[268] Nestes casos, mesmo se o magistrado entender pela possibilidade do direito de defesa,[269] não se pode ignorar a regra segundo a qual o pedido deve ser certo e determinado, e, como consequência, a petição inicial necessita expor a demanda e os fatos que a compõem, de maneira clara e isenta de interpretações dúbias,[270] pois ninguém pode se defender do desconhecido e o juiz não pode conceder tutela sem saber o que fora pleiteado.[271]

não importe em prejuízo ao réu, assegurado o contraditório mediante a possibilidade de manifestação deste no prazo mínimo de 15 (quinze) dias, facultada a produção de prova suplementar".

268. "Devemos considerar, ainda, inepta a petição inicial quando, embora haja pedido e causa de pedir, a maneira como a peça foi redigida torne obscura, quase impossível, a sua compreensão. Quando, porém, a má redação dada à inicial não impede que se vislumbre a verdadeira natureza do feito ajuizado, nem dificulte a defesa do réu, a jurisprudência há décadas vem decidindo que não se deve, conquanto reconhecendo-se o defeito de postulação, sacrificar o exame do direito perseguido" (Arruda Alvim, *Manual de Direito Processual Civil*, cit., 18ª ed., p. 806).

269. "Embora, no presente caso, a peça inicial não seja tecnicamente um primor, verifica-se que atende satisfatoriamente aos requisitos processuais, a permitir o pleno exercício do contraditório e da ampla defesa por parte da empresa ré, inclusive no tocante à causa de pedir e ao pedido, com o qual objetivou o autor a reparação de danos materiais e morais" (STJ, REsp 772.185-MT, rel. Min. Castro Filho, publ. 13.11.2006).

270. "É indispensável que, da interpretação conferida pelo magistrado ao pedido inicial, não resulte provimento jamais cogitado pelo autor, sob pena de tolher do réu o direito ao contraditório, exercido com base nos fatos previamente relatados pelo autor da demanda" (STJ, AgInt no REsp 1.593.655-BA, rel. Min. Ricardo Villas Bôas Cueva, publ. 10.2.2017).

Para José Carlos Barbosa Moreira é preciso que o réu "possa avaliar quais são as suas chances e qual a pior coisa que lhe pode acontecer se for derrotado". E elucida, ainda, que: "Esse elemento de previsibilidade é absolutamente essencial para que o réu possa exercer amplamente o seu direito de defesa. Isto se liga com a problemática relativa ao pedido. É por isso que o pedido tem de ser certo e determinado".[272]

Ao tratar da interpretação do pedido, Andrea Boari Caraciola pontua, de maneira adequada: "(...) preocupa-nos a questão quando analisada face ao contraditório e vedação das decisões-surpresa, garantias estas asseguradas no sistema processual".[273]

Os pontos acima destacados serão retomados no curso deste trabalho, cabendo nesta oportunidade apenas a exposição de uma das problemáticas da interpretação do pedido ou, mais precisamente neste caso, o perigoso posicionamento que entende ser adequado extrair do contraditório pedido não expressamente formulado pelo autor, isso sob o ideal de se atingir o maior resultado da demanda e, na contramão, incorrendo na violação aos princípios da demanda, contraditório, inércia, segurança jurídica e devido processo legal.

28. Pedido, condições e elementos da ação

Após analisadas as partes e sua conduta dentro do processo, necessário voltar os olhos para a formação da lide e sua transformação em

271. "(...) ninguém se pode defender se não conhece o que se pede ao juiz. A clareza e precisão, que se exigem, são a clareza e precisão que sejam necessárias à inteligência do pedido, de modo que possa o réu preparar a defesa" (Francisco Cavalcanti Pontes de Miranda, *Comentários ao Código de Processo Civil*, cit., 2ª ed., t. IV (arts. 282 a 443), p. 23).

272. José Carlos Barbosa Moreira, "Correlação entre o pedido e a sentença", cit., *RePro* 83/209.

273. E prossegue com os pertinentes questionamentos: "Surge aqui a indagação: como compatibilizar a regra da interpretação lógico-sistemática do pedido com a congruência da tutela jurisdicional e o princípio dispositivo? Mais, como compatibilizar a regra da interpretação lógico-sistemática do pedido com a garantia do contraditório e a vedação das decisões-surpresa? Em outras palavras, estaria a regra da interpretação lógico-sistemática do pedido a conferir ao Estado-juiz poderes para conferir ao autor algo por ele não demandado e, em outra medida, poderes para condenar o réu acerca de algo não contrariado porquanto não expressamente demandado?" (Andrea Boari Caraciola, "Congruência da tutela e interpretação lógico-sistemática do pedido", in Paulo Henrique dos Santos Lucon *et al.* (coords.), *Processo em Jornadas*, Salvador, JusPodivm, 2016, p. 59).

demanda, tomando como referência as condições e os elementos da ação, direcionando estes institutos para fins de encontrar suas razões lógicas e funções, dentro e fora do processo, e a impossibilidade de o magistrado desconsiderá-los, com enfoque especial na importância atribuída pelo sistema ao pedido.[274]

As condições da ação são requisitos ou exigências impostas pela lei, as quais revelam, em tese, a aptidão do processo para seguir seu curso até seu objetivo na fase cognitiva, a sentença de mérito. Diante da verificação de existência ou não das condições da ação será possível concluir se o processo poderá proporcionar um resultado útil para solucionar determinada crise de direito material. Se ao menos uma das condições da ação não estiver presente no processo a regra é pela sua extinção sem resolução do mérito, nos termos do art. 485, VI, do CPC/2015.

No atual diploma processual as condições da ação são classificadas em legitimidade das partes e interesse de agir. Sob a égide do CPC/1973 a possibilidade jurídica do pedido também era uma das condições da ação, mas com a atual sistemática tem-se que sua ausência acarreta o julgamento de mérito pela improcedência do pedido.

Já, os elementos da ação são as partes, o pedido e a causa de pedir, os quais cumprem o papel de identificar a demanda e diferenciar uma demanda das outras. Se uma demanda for idêntica a outra, será o caso de litispendência; mas se a identidade for parcial pode ser o caso de conexão.[275]

Desse modo, o primeiro passo ao se analisar uma demanda é verificar *quem são os litigantes*, enquanto partes, bem como se o autor possui legitimidade ativa para pleitear o objeto litigioso do processo e, consequentemente, se o réu detém legitimidade passiva para, em caso de procedência do pedido, suportar as consequências da decisão.

Nas palavras de Enrico Tullio Liebman, ao tratar das partes no processo civil, tem-se que: "Pelo fato de participar de um processo, isto é, de haver proposto uma demanda em juízo ou de ter sido chamada a enfrentar uma demanda, a pessoa adquire uma especial *qualidade*, ou *status*, que é precisamente a qualidade de parte",[276] gerando para o indivíduo demandante ou demandado ônus, direitos e deveres processuais.

274. "(...) o ponto mais importante da peça redigida pelo autor, pois o pedido delimitará a atividade judicial e demarcará em especial a parte dispositiva da sentença" (Carlos Alberto Carmona, "Em torno da petição inicial", cit., *RePro* 119/20-21).

275. Paulo Henrique dos Santos Lucon, *Relação entre Demandas*, cit., p. 36.

276. Enrico Tullio Liebman, *Manual de Direito Processual Civil*, cit., 3ª ed., vol. I, p. 164.

Em um momento posterior, necessário analisar a legitimidade das partes, condição da ação segundo a qual, a princípio, apenas o próprio indivíduo que alega fazer jus ao direito subjetivo, cuja tutela se busca alcançar na demanda, poderá pleiteá-lo (legitimidade ativa) e, por outro lado, somente o sujeito com o qual se possui uma relação jurídica decorrente do direito subjetivo pleiteado é que poderá ser demandado para tanto (legitimidade passiva). Assim, a legitimidade decorre do liame jurídico existente entre o autor e o réu com o objeto litigioso do processo.

Ressalte-se, entretanto, que o "direito de propor uma ação é diferente do direito de que a ação proposta seja julgada procedente; é o antecedente lógico do direito a um julgamento de procedência da ação".[277] Não se confundem o direito de ação e a decisão que julga procedente o pedido formulado, em razão do ajuizamento da ação, sendo que este último só poderá ser alcançado se a legitimidade das partes estiver preenchida.

A legitimidade pode ser classificada em ativa (do autor da ação) ou passiva (do réu na ação). Pode, ainda, a legitimidade ser classificada como ordinária, quando se demanda direito próprio em nome próprio; ou extraordinária, também chamada de substituição processual, quando se demanda direito alheio em nome próprio, nas hipóteses previstas no ordenamento jurídico (art. 18, *caput* e parágrafo único, do CPC/2015).

Após analisada a questão anterior, necessário esclarecer *qual foi a relação fática que gerou a lide*, medida obtida pela extração dos fundamentos de fato contidos na causa de pedir remota e no interesse de agir na modalidade *necessidade*.[278] A causa de pedir remota, conforme já analisamos, são os fatos que dão ensejo à formulação do pedido (art. 319, III, do CPC/2015).

O interesse de agir alicerça-se na premissa segundo a qual o processo precisa extrair algum resultado útil, ou seja, a prestação jurisdicional pleiteada deve sempre estar pautada no binômio necessidade-adequação. E o interesse de agir divide-se nas modalidades *necessidade* e *adequação*, ou,

277. José Ignácio Botelho de Mesquita, Mariana Capela Lombardi, Rodolfo da Costa Manso Real Amadeo, Luiz Guilherme Pennacchi Dellore e Daniel Guimarães Zveibil, "O colapso das condições da ação? Um breve ensaio sobre os efeitos da carência de ação", cit., *RePro* 152/26.

278. "O *interesse processual* deve ser aferido em função da *necessidade* da tutela jurisdicional e da *adequação* do remédio judicial eleito pelo autor. A *necessidade* da tutela jurisdicional, que conota o *interesse*, deflui, como já mencionado, da exposição fática consubstanciada na ***causa petendi*** *remota*" (José Rogério Cruz e Tucci, *A "Causa Petendi" no Processo Civil,* cit., 3ª ed., p. 172).

mais precisamente, "a *necessidade concreta* do processo e a *adequação* do provimento e do procedimento desejados".[279] Pelo interesse de agir na modalidade *necessidade* o autor deverá demonstrar a verdadeira existência de litígio, fundada no conflito de interesses qualificado pela pretensão resistida,[280] na lesão ou ameaça de lesão, as quais tornam necessária a ida do indivíduo ao Poder Judiciário para pleitear a tutela jurisdicional tendente a alcançar o objeto litigioso do processo.

José Rogério Cruz e Tucci, ao abordar o ministério de Elio Fazzalari, cita que: "Lesão do direito, necessidade de tutela e necessidade de exigi-la do juiz constituem três momentos de uma única sequência lógica"[281] – deixando claro que a simples lesão ao direito não necessariamente evidenciará o interesse de agir perante o Poder Judiciário.

Assim, a necessidade está contida na impossibilidade de o autor obter o reconhecimento do alegado direito por via diversa da heterocomposição, fazendo-se necessária a tutela do Estado-juiz ou do juízo arbitral (nesta segunda hipótese, desde que estipulado entre as partes), seja porque a parte contrária se nega a satisfazer o direito espontaneamente e a regra no nosso ordenamento jurídico veda a autotutela,[282] seja por haver previsão normativa segundo a qual referidos direitos só podem ser exercidos mediante prévia declaração jurisdicional.

Analisando-se os fatos e constatando-se que estes evidenciam a necessidade de intervenção do Estado-juiz para dirimir o conflito, o que se passa a indagar é *sob qual fundamento jurídico a tutela estatal está sendo requerida* – resposta a ser alcançada após a análise da causa de pedir próxima e da possibilidade jurídica do pedido.

Conforme já estudado neste trabalho, a causa de pedir próxima traduz-se nos fundamentos jurídicos do pedido (art. 319, III, do CPC/2015).

Já, a possibilidade jurídica do pedido,[283] que assumia papel de condição da ação no CPC/1973,[284] passou a integrar a análise do mérito no

279. Antonio Carlos Marcato, *Procedimentos Especiais*, cit., 17ª ed., p. 16.

280. Francesco Carnelutti, *Como se Faz um Processo*, cit., p. 28.

281. José Rogério Cruz e Tucci, "A denominada 'situação substancial' como objeto do processo na obra de Fazzalari", *RePro* 68/276.

282. Como exceções temos a *legitima defesa* no direito penal (art. 25 do CP/1940) e o *desforço imediato* no direito civil (art. 1.210, § 1º, do CC/2002).

283. "Pedido juridicamente impossível, portanto, é aquele que a lei não admite, seja qual for a causa em que se funde. Note-se que para se chegar à conclusão de que um pedido é juridicamente impossível não é preciso raciocinar no condicional, ou com juízos hipotéticos. O pedido juridicamente impossível é juridicamente impossível

CPC/2015. Sem dúvida que o pedido deve estar em consonância com o ordenamento jurídico, não devendo ser apenas certo e determinado (ou determinável), mas também juridicamente possível. Por vezes determinado pedido não pode sequer ser apreciado pelo Poder Judiciário, por já haver prévia exclusão no ordenamento jurídico para sua formulação em juízo, independentemente das particularidades do caso concreto, tal como exaustivamente exemplificado pela doutrina ao mencionar a dívida de jogo (art. 814 do CC/2002).

Por fim, conhecidas as partes, aferida a legitimidade de ambas, relatados os fatos, constatada a real necessidade de tutela do Poder Judiciário e, ainda, demonstrada a existência de fundamento jurídico para a demanda e afastada a impossibilidade jurídica para seu acolhimento, passa-se ao último estágio de análise da petição inicial, voltando os olhos para o ato postulatório a fim de se obter a resposta para a indagação: "Autor, o que você deseja do Estado-juiz?".

A fórmula desenhada para a resposta a esta pergunta não é novidade e se encontra tanto no pedido quanto no interesse de agir na modalidade *adequação*.

De acordo com o Livro III, Título XXIIII, das *Ordenações Afonsinas*,[285] o autor deveria formar seu libelo por escrito ou verbalmente, a depender da quantia pleiteada perante o juízo, mas em ambos os casos deveria expor "a coufa, ou a quantidade demandada" – regra seguida nas *Ordenações Manuelinas*[286] (Livro III, Título XIX) e Filipinas[287] (Livro III, Título XXX).

sempre, nada importando se verdadeiros ou falsos os fatos em que se fundamenta" (José Ignácio Botelho de Mesquita, Mariana Capela Lombardi, Rodolfo da Costa Manso Real Amadeo, Luiz Guilherme Pennacchi Dellore e Daniel Guimarães Zveibil, "O colapso das condições da ação? Um breve ensaio sobre os efeitos da carência de ação", cit., *RePro* 152/25).

284. Ressalte-se que mesmo na vigência do CPC/1973 Thereza Alvim defendia que a possibilidade jurídica do pedido constituía questão relativa ao mérito, pois: "A decisão judicial sobre a existência desta possibilidade (...) *examina o* mérito, concluindo pela existência, ou não, de direito positivo que albergue a pretensão do autor" (*Questões Prévias e os Limites Objetivos da Coisa Julgada*, São Paulo, Ed. RT, 1977, p. 94).

285. *Ordenações Afonsinas*, disponível em *http://www.ci.uc.pt/ihti/proj/afonsinas* (acesso em 6.5.2020).

286. *Ordenações Manuelinas*, disponível em *http://www1.ci.uc.pt/ihti/proj/manuelinas* (acesso em 6.5.2020.

287. *Ordenações Filipinas*, disponível em *http://www1.ci.uc.pt/ihti/proj/filipinas/ordenacoes.htm* (acesso em 6.5.2020).

O art. 66, § 3º, do Regulamento 737 determinava que a petição inicial deveria conter "o pedido com todas as especificações e estimativa do valor quando não fôr determinado". Assim, mesmo nos pedidos genéricos a iliquidez gerava a obrigação de o demandante estimar na petição inicial o valor demandado. E seu art. 67 dispunha que: "A petição inicial póde reduzir-se a requerer simplesmente a citação do réo para ver propor-se a acção, cujo objecto e valor serão sempre declarados" – em evidente garantia aos princípios da demanda do autor, inércia do juiz e contraditório do réu.

O CPC/1939 dispunha logo no seu art. 4º que: "O juiz não poderá pronunciar-se sobre o que não constitua objeto do pedido"; seguindo com a determinação de que: "Os pedidos serão interpretados restritivamente, compreendendo-se, entretanto, no principal os juros legais" (art. 154).

Já, o CPC/1973 determinava que: "Nenhum juiz prestará a tutela jurisdicional senão quando a parte ou o interessado a requerer, nos casos e forma legais" (art. 2º), e que: "O processo civil começa por iniciativa da parte, mas se desenvolve por impulso oficial" (art. 262). No tocante aos limites de atuação: "O juiz decidirá a lide nos limites em que foi proposta" (art. 128), mantendo a regra da interpretação restritiva dos pedidos (art. 293). Ao contrário do diploma processual anterior, o CPC/1973 ainda dispunha sobre as hipóteses de inépcia da petição inicial, e dentre elas estava a falta de pedido (art. 295, I, e parágrafo único, I).

Por sua vez, o CPC/2015 dispõe em seu art. 2º que: "O processo começa por iniciativa da parte e se desenvolve por impulso oficial, salvo as exceções previstas em lei"; e prevê no art. 141 que: "O juiz decidirá o mérito nos limites propostos pelas partes, sendo-lhe vedado conhecer de questões não suscitadas a cujo respeito a lei exige iniciativa da parte", mantendo a regra de inépcia da petição inicial em caso de falta de pedido (art. 330, I, e § 1º, I). No tocante à interpretação do pedido inovou e abandonou a regra da interpretação restritiva dos diplomas processuais anteriores, passando a determinar, no art. 322, § 2º, que: "A interpretação do pedido considerará o conjunto da postulação e observará o princípio da boa-fé".

Portanto, no diploma processual vigente o juiz não mais decide a *lide*, mas, sim, o *mérito*. Além disso, o pedido não é mais interpretado *restritivamente*, mas, sim, de acordo com o *conjunto da postulação* e da *boa-fé*. De todo modo, manteve-se a regra segundo a qual o processo começa por iniciativa da parte, haja vista a inércia do Estado-juiz.

E, ao retirar o Poder Judiciário de sua salutar inércia, o autor deverá responder à pergunta acima, mais precisamente o que deseja do Estado-juiz. A fórmula imposta pela norma processual determina que a resposta a esta pergunta venha em forma de pedido, exposto na petição inicial ou em posterior aditamento ou alteração do pedido, os quais devem ser feitos pela via adequada e no momento processual oportuno.

No tocante ao interesse de agir na modalidade *adequação*, refere-se à previsão de que ao autor incumbe adotar a via processual correta quando do pleito formulado perante o juízo a fim de ver tutelado o interesse tido por lesado. Deve o autor, ao se socorrer do Poder Judiciário, valer-se das formas e meios adequados para cada tutela pleiteada, sob pena de ter sua ação extinta sem resolução do mérito (art. 485, VI, do CPC/2015). Em outros termos, "o provimento jurisdicional, concretamente solicitado (...) evidentemente, deve ser apto a corrigir o mal de que o autor se queixa, sob pena de não ter razão de ser".[288]

De certo que a observância do interesse de agir na modalidade *adequação* tem por norte evitar a existência de notório equívoco processual em situações nas quais, mesmo se mantido o processo, ao final, a via escolhida pelo autor não permitirá ao magistrado resolver a lide (ou o mérito). E é por isso que nestas hipóteses ocorre a extinção do processo sem resolução do mérito, dando ao autor nova oportunidade de retornar ao Poder Judiciário com seu pleito, desta vez valendo-se da via processual adequada.

Não se pode, por exemplo, admitir a formulação de pedido em sede de mandado de segurança decorrente de fatos cuja constatação careceria de extensa dilação probatória, sob pena de desvirtuar referido instituto processual, que preza pela expedita resolução do litígio, respeitadas as hipóteses de cabimento, nas quais o ato postulatório já esteja acompanhado de documentos tendentes a demonstrar os fatos e a potencial procedência do pedido (direito líquido e certo).

Com relação ao pedido, trata-se do resultado desejado pelo demandante e por ele próprio extraído dos fatos narrados em sua petição inicial, os quais constituirão o objeto do contraditório do réu, presumindo-se verdadeiros os fatos não impugnados; bem como servirá o pedido para delimitar o âmbito de atuação do Estado-juiz, cuja inércia é retirada

288. Antônio Carlos de Araújo Cintra, Ada Pellegrini Grinover e Cândido Rangel Dinamarco, *Teoria Geral do Processo*, cit., 27ª ed., p. 281.

na medida do pedido formulado pelo demandante, não sendo outro o motivo pelo qual a decisão deve espelhar o pleito autoral, sob pena de violar a imparcialidade do magistrado. Ninguém melhor que o próprio demandante – e se diz "demandante", pois autor e réu podem formular pedidos na ação, conforme demonstrado acima – para evidenciar o que se deseja do Estado-juiz.

Tanto isso é verdade que não só a falta de pedido como também o pedido indeterminado fora das hipóteses permissivas de pedido genérico, a ausência de concatenação entre os fatos e o pedido bem como a incompatibilidade entre os pedidos formulados configuram inépcia da petição inicial (art. 330, I, e § 1º, I a IV, do CPC/2015) e acarretam a extinção da ação sem resolução do mérito. Ou seja: todas as hipóteses de inépcia da petição inicial giram em torno de algum vício do pedido, evidenciando a importância do pedido para se atingir o escopo principal do processo, que é a solução da lide ou, de acordo com o vigente diploma processual, do mérito.

E, de fato, a terminologia "mérito" mostra-se muito mais adequada, pois, enquanto a lide é o conflito de interesses qualificado pela pretensão resistida, o mérito é a solução desejada, o objeto litigioso do processo, o resultado buscado, a tutela objetivada pelo demandante em razão do ajuizamento da ação, sendo muito mais preciso do que a lide como um todo, pois nesta se encontram os fatos pelos quais se buscará demonstrar não só o conflito de interesses como também a pretensão resistida.

Ao tratar do tema, Humberto Theodoro Jr. leciona que:

> A lide ou litígio é fenômeno social anterior ao processo. Seu tratamento processual, porém, restringe-se aos componentes do conflito que são trazidos ao processo. A sentença não julga necessariamente a lide por inteiro. O objeto do julgamento é a lide tal como deduzida em juízo: a *res in iudicium deducta*. É a causa ou a demanda que o autor propôs, aditada ainda pelas questões que o réu trouxe à apreciação do juiz quando se defendeu.[289]

Assim, o processo e o litígio que o precede não devem ser confundidos. O litígio poderá ser narrado em sua integralidade no processo, mas não necessariamente o processo buscará a solução integral do litígio. E a escolha por decidir o litígio integral ou parcialmente é do demandante, que limita seu direito de ação e a eventual tutela a ser conferida pelo Poder Judiciário pelo pedido formulado na petição inicial.

289. Humberto Theodoro Jr., "Notas sobre sentença, coisa julgada e interpretação", cit., *RePro* 167/11.

Pedido e causa de pedir não se confundem. O pedido formulado pelo demandante deve ser extraído da causa de pedir narrada em sua petição inicial, mas desta causa de pedir o juiz não deve extrair pedidos não formulados. Do mesmo modo, a interpretação do pedido formulado terá como um dos seus parâmetros a causa de pedir, mas a causa de pedir não deve ser interpretada para fins de se extrair pedidos. A falta de pedido e a ausência de relação entre o pedido e a causa de pedir são hipóteses de inépcia da petição inicial (art. 330, I, e § 1º, I e III, do CPC/2015), não podendo ser sanadas por métodos interpretativos.

Já, a segunda parte do excerto citado acima menciona que o "objeto do julgamento (...) é a causa ou a demanda que o autor propôs, aditada ainda pelas questões que o réu trouxe à apreciação do juiz quando se defendeu". Esta constatação, entretanto, deve ser lida considerando que antes do contraditório exercido pelo réu sobreveio o pedido formulado pelo autor, o qual se presta a limitar a atividade jurisdicional, e é em face deste pedido que o réu exercerá seu contraditório primário, decorrente do ônus da impugnação específica. Tudo o mais que for diverso do pedido e vier a ser trazido pelo réu para dentro do processo, mesmo que atinente ao litígio existente entre as partes, pedido não é, podendo, quando muito – e em regra será –, ser o exercício de defesa em sua plenitude, decorrente do princípio da eventualidade.

Pertinente, portanto, a realização de um contraponto entre a intepretação feita pelo magistrado ao interesse do autor e, de outro lado, os elementos e condições da ação, empregando estes últimos como alicerces para uma construção racional da formação e existência da demanda, visando, assim, a demonstrar a impossibilidade de fuga do provimento jurisdicional para além do pedido, salvo nas exceções legais, a serem oportunamente tratadas neste trabalho.

Nessa toada, há que se considerar, ainda, a limitação da tutela jurisdicional com relação ao pressuposto processual de existência, no tocante à petição inicial, bem como o pressuposto processual de validade, relativo à petição inicial apta, cuja aptidão consiste, dentre outros fatores, na formulação expressa do pedido, sob pena de tornar o ato processual inepto e a ação extinta sem resolução do mérito, nos termos do art. 330, I, e do art. 485, I, do CPC/2015.

Assim, por meio da leitura e interpretação literal-sistemática-teleológica da norma processual civil – a qual, diga-se de passagem, é de direito público e tem caráter cogente – se obtém a conclusão de que a ausência de pedido enseja de maneira indiscutível a inépcia da petição inicial. Guardadas as devidas proporções, o pedido que não foi expressa e tempestivamente formulado carece de regularidade para ser apreciado, impossibilitando ao magistrado a faculdade de analisar se era, ou não, do interesse do autor ser agraciado por pedido não formulado, mesmo se o magistrado for provocado no curso da demanda, em momento posterior ao legalmente previsto para o aditamento ou a alteração da petição inicial, ou, ainda, se o suposto pedido interpretado tiver sido contraditado pelo réu em respeito ao princípio da eventualidade.

Assim, os elementos e condições da ação – com especial destaque, neste estudo, para o pedido – não podem ser afastados, ignorados ou subvertidos pelo Estado-juiz quando do julgamento do mérito, por se tratar de alicerces solidificados com o escopo de otimizar a atividade jurisdicional. A razão de ser dos elementos e condições da ação não se limita ao mero formalismo, sendo, portanto, questionável a interpretação do pedido para se extrair pleito não formulado pelo demandante mas formulado pela ótica do magistrado, a qual não necessariamente será a mesma do demandante e do demandado.

As respostas a todas as indagações feitas acima devem ser obtidas pelo magistrado logo no início da ação, ao receber a petição inicial, e antes de determinar a citação do réu. Ora, se nem o advogado, primeiro juiz da causa e pessoa que tem contato direto com o autor, arrolou determinado pedido na exordial, a princípio não existe razão para que o juiz, sujeito imparcial e inerte no processo, atue de modo a suprir a ausência de pedido que poderia ter sido formulado mas não o foi, extraindo possíveis pedidos da causa de pedir e equivocadamente denominando esta conduta de interpretação do pedido, para, ao fim e ao cabo, conceder tutela não pleiteada.

29. Aditamento ou alteração do pedido

O processo deve caminhar para a frente, visando ao final a apreciar o pedido formulado e submetido ao contraditório, na busca da solução do conflito de interesses existente entre as partes. Qualquer retrocesso do processo deve ser encarado como uma exceção legal ou uma anomalia. Nas hipóteses em que o ordenamento jurídico admite a "marcha à ré" do processo também se admite o afastamento de princípios muito caros para o direito processual – como o da celeridade e o da economia dos atos processuais – em prol de atingir garantias maiores aos demandados, notadamente para potencializar os resultados obtidos pelo processo.

Conforme veremos, após ajuizada a ação, o aditamento ou a alteração do pedido possuem regras específicas, visando, assim, a assegurar a condução do processo de maneira racional, evitando a insegurança sobre o que se busca com o ajuizamento da ação.

A regra prevista no CPC/1939 era demasiadamente rígida e determinava em seu art. 157 que: "Quando o autor houver omitido, na petição inicial, pedido que lhe era lícito fazer, só em ação distinta poderá formulá-lo"; sem prejuízo do seu art. 181, pelo qual: "Apresentada a contestação, o autor não poderá, sem consentimento do réu, alterar o pedido ou sua causa, nem desistir da ação". Não há dúvida quanto à importância da estabilidade do processo e dos benefícios inerentes à sua condução linear. Entretanto, o processo em si não pode ser mais importante do que a pacificação por ele buscada.

Esta posição rígida foi mantida na redação original do art. 294 do CPC/1973. Em artigo publicado por Antonio Carlos Marcato no ano de 1980, ao tratar do referido dispositivo, destacou-se que, "se o autor apresenta sua petição inicial e omite pedido que lhe era lícito formular, não mais poderá deduzi-lo, a não ser por ação distinta".[290]

Milton Paulo de Carvalho[291] destaca a distinção entre aditamento e alteração do pedido, e ressalta que "o art. 157 do Código de 1939 não falava em aditamento; proibia a formulação de outros pedidos, com fundamentos diversos do primeiro, bem como a substituição deste por outro ou outros"; mas a alteração era permitida, em razão do disposto no art. 181 do CPC/1939.

Em artigo contemporâneo à redação originária do art. 294 do CPC/1973, Ovídio Araujo Baptista da Silva apresentou síntese conclusiva segundo a qual: "As modificações da demanda, posteriores a seu ajuizamento, só podem ocorrer pela adição ao pedido inicial de novas demandas, quer pela forma de cumulação de pedidos formulados pelo próprio autor, quer sob a forma de demanda reconvencional oposta pelo demandado".[292]

290. Antonio Carlos Marcato, "Preclusões: limitação ao contraditório?", cit., *RePro* 17/107-108.

291. Milton Paulo de Carvalho, "Pedido novo e aditamento do pedido. O art. 294 do Código de Processo Civil na sua nova redação", in José Rogério Cruz e Tucci (coord.), *Processo Civil: Estudo em Comemoração aos 20 Anos de Vigência do Código de Processo Civil*, São Paulo, Saraiva, 1995, p. 171.

292. Ovídio Araujo Baptista da Silva, "Limites objetivos da coisa julgada no Direito Brasileiro atual", cit., *RePro* 14/60.

No entanto, em atenção ao real escopo do processo, a redação do referido dispositivo foi alterada por meio da Lei 8.718, de 14.10.1993, trazendo nova perspectiva para o tema, passando aquele a dispor que: "Antes da citação, o autor poderá aditar o pedido, correndo à sua conta as custas acrescidas em razão dessa iniciativa". Referida regra foi mantida pelo art. 329, I, do CPC/2015, segundo o qual: "O autor poderá: I – até a citação, aditar ou alterar o pedido ou a causa de pedir, independentemente de consentimento do réu; (...)".

A primeira diferença destacada entre referidos dispositivos é que, enquanto o art. 294 do CPC/1973 trazia permissivo para apenas "aditar" o pedido, o art. 329, I, do CPC/2015 permite ao autor "aditar ou alterar". Em que pese à omissão do diploma processual anterior, não havia impeditivo para alterar o pedido, mesmo porque o autor poderia até mesmo desistir do pedido antes de decorrido o prazo para a resposta (art. 267, VIII, e § 4º, do CPC/1973).

Não obstante a redação do vigente diploma processual ter suprimido a necessidade de o autor acrescer eventuais custas inerentes ao novo pedido incluído pelo aditamento ou alteração, trata-se de regra facilmente extraída da sua leitura, razão pela qual não se discute sua manutenção. Entender de maneira contrária criaria ao autor a conveniência de ajuizar a ação formulando apenas o pedido com o menor valor envolvido, recolher as custas e, em momento posterior, aditar ou alterar o pedido constante da petição inicial para incluir todos os pedidos possíveis ou que lhe fossem convenientes.

Ao contrário do dispositivo constante no diploma processual anterior, a redação do art. 329, I, do CPC/2015 deixa expressa a possibilidade de se aditar ou alterar não só o pedido, como também a causa de pedir. A princípio, mesmo no CPC/1973 o aditamento ou a alteração do pedido poderiam ocasionar o aditamento ou a alteração da causa de pedir, notadamente se o novo pedido fosse totalmente estranho à causa de pedir originariamente constante na petição inicial, em especial no tocante aos fatos.

Decerto que o pedido deve guardar relação direta com a causa de pedir e, não por outro motivo, a inserção de novo pedido ou a modificação de pedido já existente poderá ocasionar a inclusão de novos fatos ou uma abordagem mais detalhada dos fatos anteriormente narrados, bem como a inclusão de novos fundamentos jurídicos, ou simplesmente a adequação dos fundamentos jurídicos já anteriormente expostos. Sobre a causa de pedir próxima recai a máxima *iura novit curia*,[293] ocasionando, em tese, menor prejuízo às partes, desde que respeitado o prévio contraditório.[294]

Segundo Teresa Arruda Alvim, "alterar o fundamento jurídico, a qualificação jurídica que o autor tenha dado aos fatos que embasaram a demanda, não significa propriamente alteração da causa de pedir".[295] Entretanto, referido posicionamento deve ser visto com cautela, pois, se admitido sem limites pelo julgador, passaríamos a admitir a criação de situações nas quais a ação é proposta de um modo e travestida no curso do processo com fundamento jurídico diametralmente oposto ao inicialmente apresentado, por livre escolha do demandante e em prejuízo ao demandado.

Como exemplo temos a hipótese na qual o autor ajuíza ação de cobrança pleiteando determinada quantia mas, no curso do processo, nota a inexistência de fundamento jurídico para a cobrança, passando a defender a existência de elementos de responsabilidade civil, os quais permitiriam ao juiz condenar o demandado ao pagamento de indenização por danos materiais. Os pedidos imediato e mediato, em tese, são os mesmos (a condenação em quantia certa), e não necessariamente haverá alteração dos fatos, mas tão somente nova fundamentação jurídica.

Se para a cobrança se faz necessário apontar o embasamento legal ou contratual, para a responsabilidade civil se exige a demonstração da autoria do ato lesivo, do dano, do nexo de causalidade entre ambos e, em

293. "Embora o *nomen iuris* e/ou o fundamento legal porventura invocado pelo autor possa influenciar o raciocínio do julgador, não há qualquer impedimento, dada a incidência do aforismo *iuria novit curia*, a que este requalifique juridicamente a demanda, emoldurando-a em outro dispositivo de lei: o juiz goza de absoluta liberdade, dentro dos limites fáticos aportados no processo, na aplicação do Direito, sob o enquadramento jurídico que entender pertinente" (José Rogério Cruz e Tucci, *A "Causa Petendi" no Processo Civil,* cit., 3ª ed., p. 208).

294. "(...). É admissível a determinação de emenda à petição inicial, mesmo após a citação do réu e a apresentação de defesa, quando não houver alteração no pedido ou na causa de pedir – Precedentes. 5. A mera retificação do *nomen juris* da ação judicial e a alteração do fundamento legal em que se assenta a pretensão não implicam em modificação das causas de pedir remota ou próxima, de modo que é válida a determinação de emenda à inicial quando não são acrescentados à petição inicial novos fatos ou novos fundamentos jurídicos da pretensão, inclusive porque observado o contraditório com a possibilidade de aditamento à contestação inicialmente apresentada pelos réus" (STJ, REsp 1.698.716-GO, rela. Min. Nancy Andrighi, publ. 13.9.2018).

295. Teresa Arruda Alvim, *Embargos de Declaração. Como se Motiva uma Decisão Judicial?*, 3ª ed., São Paulo, Ed. RT, 2017, p. 80.

regra, do elemento subjetivo, e, se o réu se defender dos fatos contidos na exordial e do pedido formulado (ou seja, da cobrança) e, ao final da instrução processual, o magistrado acolher o pedido indenizatório, tornar-se-ão evidentes o prejuízo ao contraditório e a importância da delimitação do fundamento jurídico em momento processual adequado.

De todo modo, cumpre esclarecer que a causa de pedir pode ser aditada ou alterada independentemente de aditamento ou alteração do pedido. Trata-se de hipótese na qual o autor, antes da citação do réu, nota a deficiência ou a ausência de elementos em sua causa de pedir, sendo-lhe permitido apresentar novos fatos e fundamentos jurídicos, com suas respectivas provas, visando a assim corroborar a procedência do pedido formulado.

Ao tratar da alteração dos fatos no curso do processo, tendo por base as teorias da substanciação e da individuação, em um primeiro momento Ada Pellegrini Grinover destaca que: "Se os fatos puderem mudar, durante seu decurso, e assim serem todos apreciados na sentença, estaremos utilizando a técnica da individuação"; mas, do contrário, se os fatos "ficarem rigidamente fixados pelo pedido, não podendo ser alterados nem apreciados de modo diverso pela sentença, teremos a aplicação da técnica da substanciação".[296]

Não obstante referida abordagem trazer interessante reflexão para este tópico, no desenvolver de seu raciocínio Ada Pellegrini Grinover não questiona a alteração ou o aditamento dos fatos em razão da emenda da petição inicial, mas tão somente provoca um debate sobre o trânsito em julgado dos fatos deduzidos e dedutíveis (art. 508 do CPC/2015), o que não necessariamente implica alteração ou aditamento da causa de pedir, mas, sim, guarda relação direta com o princípio da eventualidade.

Ainda sobre o tema, o art. 264 do CPC/1973 determinava que: "Feita a citação, é defeso ao autor modificar o pedido ou a causa de pedir, sem o consentimento do réu, mantendo-se as mesmas partes, salvo as substituições permitidas por lei". E seu parágrafo único complementava a ideia, prevendo que: "A alteração do pedido ou da causa de pedir em nenhuma hipótese será permitida após o saneamento do processo". Já, pelo art. 329, II, do CPC/2015: "O autor poderá: (...); II – até o saneamento do processo, aditar ou alterar o pedido e a causa de pedir, com consentimento do réu, assegurado o contraditório mediante a possibilidade de manifestação

296. Ada Pellegrini Grinover, *Ensaio sobre a Processualidade: Fundamentos de uma Nova Teoria Geral do Processo*, Brasília, Gazeta Jurídica, 2016, p. 167.

deste no prazo mínimo de 15 (quinze) dias, facultado o requerimento de prova suplementar".

Sem prejuízo da alteração redacional, as regras de aditamento ou alteração dos elementos objetivos da demanda aparentemente se mantiveram; deste modo, enquanto o réu não for citado, o autor poderá livremente aditar ou alterar o pedido e a causa de pedir. Após a citação o aditamento ou a alteração só serão permitidos se houver concordância do réu.[297] Realizado o saneamento, nos termos do art. 357 do CPC/2015 – ocasião na qual o magistrado, em síntese, resolverá eventuais questões processuais pendentes, fixará os pontos controvertidos e as provas a serem produzidas, distribuirá o ônus da prova, delimitará as questões de direito relevantes para a decisão do mérito e poderá designar, se necessário, audiência de instrução e julgamento –, não mais serão possíveis o aditamento ou a alteração dos elementos objetivos da demanda, mesmo diante do consentimento do réu.

De certo que, após saneado o feito, ocorrerá a estabilização da demanda, e eventual alteração ou aditamento do pedido ou da causa de pedir – cujo teor poderia ter sido suscitado antes do saneamento – imporia ao magistrado o dever de realizar novo saneamento, evidenciando tratar-se de medida contraproducente e descolada da eficiência e razoável duração do processo, tão caras ao atual diploma processual (arts. 4º e 8º do CPC/2015).[298]

E as regras de alteração e aditamento do pedido e da causa de pedir guardam relação direta com a estabilização do processo. Nas palavras de Milton Paulo de Carvalho,[299] a estabilização possui duplo fundamento, primeiro o princípio da lealdade processual, com a "colocação clara e

297. "A alteração unilateral dos elementos objetivos da demanda (pedido e causa de pedir) é possível até a citação (inciso I). Da citação até o saneamento, a alteração é permitida, desde que haja consentimento do réu (bilateral). Após o saneamento, não é mais possível nenhuma alteração (preclusão) (inciso II) (...). Essa rigidez se fundamenta na necessidade de segurança jurídica, bem como na necessidade de garantir o curso da marcha processual, evitando retrocessos procedimentais" (Susana Henriques da Costa, "Arts. 318 a 333", cit., in Antônio do Passo Cabral e Ronaldo Cramer (coords.), *Comentários ao novo Código de Processo Civil*, 2ª ed., p. 516).

298. "Não há como passar da fase instrutória e decisória sem se saber qual é a controvérsia a decidir, e é por isso que as partes não podem modificá-la a qualquer momento. O termo final para que isso ocorra é o saneamento, com o término da fase postulatória" (Daniela Monteiro Gabbay, "Arts. 318 a 331", cit., in José Rogério Cruz e Tucci *et al.* (coords.), *Código de Processo Civil Anotado*, p. 480).

299. Milton Paulo de Carvalho, *Do Pedido no Processo Civil*, cit., p. 122.

precisa dos fatos e dos fundamentos jurídicos por ambas as partes",[300] a fim de que o réu saiba do que está se defendendo e o autor conheça os pontos da defesa; e o segundo ponto é o interesse público da boa administração da justiça, que permite ao juiz saber sobre o que se está decidindo no processo a ser julgado.

Nota-se, entretanto, que a redação do art. 329, II, do CPC/2015 foi mais branda do que a regra do parágrafo único do art. 264 do CPC/1973, segundo a qual após o saneamento em "nenhuma hipótese" seria permitida a alteração do pedido ou da causa de pedir. Nesta linha, Humberto Theodoro Jr.[301] apresenta interessante proposta, segundo a qual a ausência de reprodução do parágrafo único do art. 264 do CPC/1973 no Código vigente deve-se à possibilidade de as partes firmarem negócio jurídico processual (art. 190 do CPC/2015) e estipularem mudanças no procedimento para ajustá-lo às especificidades da causa, dentre as quais a alteração ou aditamento do pedido após o saneamento do processo, cuja validade está sujeita a controle do juiz da causa.[302]

Percebe-se, ainda, que o Código vigente não manteve o excerto constante no art. 264 do CPC/1973, segundo o qual após a citação se mantêm as mesmas partes, salvo as substituições permitidas por lei.

Por outro lado, o art. 329, II, do CPC/2015 é expresso ao assegurar o contraditório do réu após o aditamento ou a alteração do pedido ou da causa de pedir, fixando o prazo mínimo de 15 dias para manifestação e/ou pedido de prova suplementar, os quais, inobstante o silêncio do dispositivo, devem recair sobre o pedido ou a causa de pedir constante no aditamento ou na alteração da petição inicial, pois para o(s) pedido(s) e causa(s) de pedir constantes na petição inicial originariamente distribuída ao réu já havia sido concedido o prazo ordinário de defesa, sobre o qual incidiu o ônus da impugnação específica.

300. Idem, ibidem.

301. "Portanto, as possibilidades de alteração do pedido e da causa de pedir, no regime do NCPC, podem ser esquematicamente vistas da seguinte forma: (*a*) *antes da citação*, a inovação pode dar-se por ato unilateral e livre do autor; (*b*) *depois da citação e antes do saneamento do processo*, as partes são livres para fazê-lo, mediante consenso, independentemente de aprovação judicial; (*c*) *depois da fase de saneamento*, as partes ainda poderão fazê-lo mediante negócio jurídico processual, cujo efeito, todavia, dependerá de controle e aprovação do juiz" (Humberto Theodoro Jr., *Curso de Direito Processual Civil*, cit., 58ª ed., vol. I, pp. 729-730).

302. Neste mesmo sentido: Luiz Guilherme Marinoni, Sérgio Cruz Arenhart e Daniel Mitidiero, *Novo Curso de Processo Civil: Tutela dos Direitos mediante Procedimento Comum*, cit., 2ª ed., vol. II, p. 170.

Trata-se de redação que prestigia o tão aclamado princípio do contraditório (arts. 7º, 9º e 10 do CPC/2015), mas não traz – ou ao menos não deveria trazer – alteração substancial para o procedimento em questão. Se o réu já tiver contestado não se mostra adequado admitir o julgamento da ação sem que antes lhe seja concedido o direito de discordar ou concordar com o posterior aditamento ou alteração do pedido ou da causa de pedir do autor e, nesta última hipótese, contraditar as novidades introduzidas pelo autor no processo.

Sobre esse ponto, necessário apresentar crítica ao posicionamento pretoriano segundo o qual: "Apresentada petição pelo autor, em que se altera a causa de pedir, e nenhuma objeção apresentando o réu, que, ao contrário, cuida de negar-lhe o fundamento, é de admitir-se que consentiu na alteração".[303]

Em síntese, com a devida vênia, tem-se o equivocado posicionamento pelo qual o autor pode apresentar, no curso do processo, pedido ou causa de pedir diversos dos constantes na petição inicial, sem explicitar o intuito de aditamento ou alteração, e, caso o réu exerça seu contraditório sobre referida manifestação, sem apresentar expressamente o seu não consentimento acerca da alteração ou do aditamento, dar-se-ão por consentidos.

Em análise a essa problemática, Humberto Theodoro Jr.[304] admite a possibilidade de se realizar o aditamento ou a alteração do pedido ou da causa de pedir sem que haja o "acordo expresso" entre as partes, ou seja, sem que o autor expressamente peça o aditamento ou a alteração de um dos elementos objetivos e sem que o réu expressamente consinta ou não.

Referido posicionamento está em consonância com o art. 314 do Projeto de Lei do Senado 166/2010, derivado do Anteprojeto do Novo Código de Processo Civil da Comissão de Juristas instituída pelo Senado Federal,[305] da qual o ilustre doutrinador fez parte. Segundo referido dis-

303. STJ, REsp 21.940-MG, rel. Min. Eduardo Ribeiro, publ. 8.3.1993.

304. "A vedação às citadas alterações visa, apenas, às medidas de caráter unilateral, isto é, o autor é que, isoladamente, está impedido de alterar o objeto da causa. Mas, se houver acordo do réu, a modificação poderá ser feita. E é de se observar que não se exige acordo expresso, podendo, por isso, dar-se de forma tácita, como, por exemplo, na hipótese em que, alterado, incidentalmente, pelo autor, o pedido ou a causa de pedir, o réu aceita prosseguir na marcha processual com amplo debate da causa, nos termos da inovação operada" (Humberto Theodoro Jr., *Curso de Direito Processual Civil*, cit., 58ª ed., vol. I, p. 729).

305. Anteprojeto de Reforma do Código de Processo Civil, disponível em *http://www2.senado.leg.br/bdsf/bitstream/handle/id/496296/000895477.pdf?sequence=1* (acesso em 6.5.2020).

positivo, o demandante poderia, enquanto não proferida a sentença, aditar ou alterar o pedido e a causa de pedir, desde que o fizesse de boa-fé e não importasse prejuízo ao réu, assegurado o contraditório mediante a possibilidade de manifestação deste no prazo mínimo de 15 dias, facultada a produção de prova suplementar. Conforme já analisado, a redação final do CPC/2015 afastou este permissivo e tratou do tema no art. 329, I e II, com redação semelhante aos art. 264, parágrafo único, e 294 do CPC/1973.[306]

Com o devido respeito aos posicionamentos contrários, este trabalho entende que a redação do art. 329, I e II, do CPC/2015 se mostra muito mais adequada do que a proposta contida no art. 314 do Anteprojeto do Novo Código de Processo Civil da Comissão de Juristas instituída pelo Senado Federal. Isso porque a petição inicial é regida por regras claras, e a intenção de alterar ou aditar os elementos objetivos nela constantes não pode ocorrer de modo a gerar posteriores dúvidas sobre a existência ou não de alteração ou aditamento do pedido ou da causa de pedir. Com relação ao pedido, com mais razão ainda seu aditamento ou sua alteração requerem a adoção de formalidades que afastem qualquer dúvida sobre a existência ou não de interesse do autor em alargar o objeto litigioso do processo, a começar pela relação direta entre o pedido e o valor da causa, com consequente impacto no recolhimento das custas iniciais (a depender do regramento de custas de cada tribunal) e na sucumbência da parte vencida ao final do processo.

Fora isso, os elementos da ação são de fundamental importância para a delimitação e a aplicação de diversos institutos processuais, tais como a coisa julgada, a litispendência, a conexão e a continência. Entender pela possibilidade de aditar ou alterar o pedido sem requerimento expresso neste sentido dificultaria sobremaneira a análise e a aplicação destes institutos.

De mais a mais, conforme já anteriormente tratado neste estudo, o contraditório não pode ser visto como elemento dilatador do objeto litigioso. Caso o autor, no curso da demanda, no bojo de suas petições, passe a conduzir seu raciocínio de modo a alterar ou aditar o pedido ou a causa de pedir sem expressamente requerer o aditamento da petição inicial, decerto que o exercício do contraditório do demandado, refutando os argumentos lançados pelo demandante no curso do processo, não se prestará para validar a alteração ou o aditamento, mas, sim, unicamente para afastá-los. O demandado deve ter inequívoca ciência de que o de-

306. Paulo Henrique dos Santos Lucon, *Relação entre Demandas*, cit., p. 75.

mandante pretende aditar ou alterar o pedido, a fim de lhe possibilitar o adequado contraditório e a oportunidade de concordar ou não com a modificação do elemento objetivo.[307]

E, conforme veremos adiante, o princípio da congruência guarda relação direta com o pedido e a decisão, não sendo crível admitir que o magistrado possa proferir sua sentença extraindo pedidos supostamente formulados pelo demandante no curso do processo, os quais teriam se aperfeiçoado e se tornariam passíveis de julgamento em razão do contraditório exercido pelo demandado.

Enrico Tullio Liebman, ao tratar das formas dos atos processuais, que "em grande parte são o resultado de uma experiência tradicional acumulada ao longo dos séculos", destaca a importância da forma prevista no regramento processual – sem fechar os olhos para o escopo primordial do processo, que é buscar a solução para o conflito posto em juízo –, "voltada a salvaguardar em todos os casos, na maior medida possível, tanto a substância do direito quanto a certeza das situações processuais".[308]

Nessa linha, admitir que o demandante pode alterar ou aditar o pedido ou a causa de pedir sem a adoção das formalidades previstas na lei e, por outro lado, exigir do demandado a discordância expressa e formal com relação a este aditamento ou esta alteração – discordância, esta, que não se confunde com o exercício do contraditório – implicaria o tratamento desigual dos demandantes, violador, portanto, do princípio da isonomia processual, o qual incumbe ao juiz assegurar às partes (art. 139, I, do CPC/2015).

Não se pode ignorar a existência de formalidade processual imposta ao autor e, por outro lado, a exigência de formalidade contraposta ao mesmo ato processual por parte do réu. Em resumo: o magistrado não deve admitir que o autor adite ou altere os elementos objetivos da ação sem respeitar as normas processuais que são próprias deste ato, sendo mais inadequado ainda se no mesmo processo o magistrado exigir do réu as formalidades legais para a discordância ao aditamento ou à alteração do pedido ou da causa de pedir.

307. "Há que se consignar que a própria expressão 'princípio do contraditório' se origina no fato de que a razão de ser da audiência do réu objetiva, no processo, que a pretensão formulada pelo autor possa ser objetivamente contraditada, ou seja, que o réu, ciente do pedido posto pela outra parte, possa a ele se contrapor" (Antonio Carlos Marcato, "Preclusões: limitação ao contraditório?", cit., *RePro* 17/111).

308. Enrico Tullio Liebman, *Manual de Direito Processual Civil*, cit., 3ª ed., vol. I, pp. 290-291.

Assim, a conduta do réu de contraditar qualquer indício de mudança dos elementos objetivos da ação intencionada pelo autor no curso do processo não significa sua aceitação em "prosseguir na marcha processual com amplo debate da causa, nos termos da inovação operada",[309] mas, sim, seu inconformismo com referida mudança. O processo deve ser um jogo com cartas na mesa, e não um campo minado com armadilhas ocultas a serem desvendadas. Daí se dizer que a boa-fé e a cooperação são esperadas dos demandantes no curso do processo (arts. 5º e 6º do CPC/2015).

Não por outro motivo o art. 321 do CPC/1973 dispunha expressamente que: "Ainda que ocorra revelia, o autor não poderá alterar o pedido, ou a causa de pedir (...), salvo promovendo nova citação do réu, a quem será assegurado o direito de responder no prazo de 15 (quinze) dias". Em que pese à inexistência de dispositivo correlato no CPC/2015, seu art. 329, II, prevê que até o saneamento, o qual certamente se dará após a citação do réu – revel ou não – "o autor poderá: (...); II – aditar ou alterar o pedido e a causa de pedir, com consentimento do réu, assegurado o contraditório mediante a possibilidade de manifestação deste no prazo mínimo de 15 (quinze) dias, facultado o requerimento de prova suplementar".

Referido consentimento do réu, se não ocorrer mediante intimação de seu advogado, deverá ocorrer – em caso de réu revel sem advogado regularmente constituído nos autos – mediante nova citação. Nas palavras de Humberto Theodoro Jr.: "Com ou sem resposta, o fenômeno processual é o mesmo. Por isso, ainda que ocorra revelia, o autor não poderá alterar o pedido, ou a causa de pedir, sem a ciência do demandado".[310-311]

Em decisão proferida sob a égide do CPC/1973, no bojo de recurso que tratou sobre aditamento do pedido, o STJ entendeu que ampliação objetiva da demanda configura "inserção de uma nova demanda na demanda outrora proposta" e que, "havendo qualquer alteração no pedido, causa de pedir (...) nova citação há de ser promovida, sob pena de ser tida por inexistente a ação, quanto ao réu não citado".[312]

309. Humberto Theodoro Jr., *Curso de Direito Processual Civil*, cit., 58ª ed., vol. I, p. 729.

310. Idem, p. 839.

311. No mesmo sentido: Teresa Arruda Alvim Wambier *et al.*, *Primeiros Comentários ao Novo Código de Processo Civil*, cit., p. 608.

312. STJ, REsp 1.307.407-SC, rel. Min. Mauro Campbell Marques, publ. 29.5.2012.

Portanto, seja pela lógica, seja pela interpretação sistemática do diploma processual, a regra prevista no revogado art. 321 do CPC/1973 permanece vigente, mesmo sem dispositivo correlato no Código vigente, haja vista a impossibilidade de o indivíduo ser demandado sem a prévia ciência e com cerceamento de direito ao contraditório. Ao receber a citação o réu toma ciência dos pedidos formulados e poderá, conscientemente, optar por deixar de se defender. Entretanto, o aditamento ou a alteração do objeto litigioso de processo já em curso constituem nova demanda, a qual interessa ao demandado, pois sobre ele poderão recair os efeitos de eventual futura decisão de mérito. Assim, deve o demandado ser cientificado para que possa optar por se defender da modificação dos elementos objetivos do processo.

Retornando, e encerrando a análise do dispositivo em estudo, o parágrafo único do art. 329 do CPC/2015 dispõe sobre a aplicação do instituto do aditamento ou da alteração à reconvenção e da respectiva causa de pedir, tendo este ponto já sido abordado neste estudo, ao tratar do instituto da reconvenção.

O art. 329, *caput* e incisos, do CPC/2015 prevê regras para o aditamento ou a alteração do pedido e da causa de pedir, mas não trata sobre a redução do pedido ou da causa de pedir.[313] A desistência do pedido, de parte do pedido ou de um ou alguns dos pedidos, em caso de cumulação de pedidos, consiste em ato da parte a ser resolvido por sentença (art. 200, parágrafo único, c/c o art. 485, VIII, do CPC/2015) e, como marco temporal, antes da contestação pode ser feita sem o consentimento do réu, após a contestação apenas com o consentimento do réu e após a sentença não pode mais haver a desistência, pois a atividade jurisdicional já terá se aperfeiçoado com a resolução da demanda (§§ 4º e 5º do art. 485 do CPC/2015).[314-315]

313. Em sentido contrário: "Não há, de resto, qualquer óbice para que a *alteração* do pedido ou da causa de pedir seja para reduzi-lo ou reduzi-la. O verbo *aditar* utilizado pelo legislador no dispositivo não pode conduzir o intérprete ao entendimento de que o autor só poderia, lançando mão da faculdade que a lei processual lhe concede, *ampliar* o que já deduziu em juízo e nunca *reduzir*" (Cassio Scarpinella Bueno, *Curso Sistematizado de Direito Processual Civil: Procedimento Comum Ordinário e Sumário*, cit., 7ª ed., vol. 2, t. I, p. 128).

314. Para este tema na execução v. art. 775, parágrafo único, II, do CPC/2015.

315. Sobre o tema destacamos posicionamento segundo o qual: "O Código não veda a possibilidade de a parte autora pretender *reduzir* a causa de pedir ou o pedido. A redução da causa de pedir e do pedido pelo autor é lícita e não se submete aos limites temporais da citação e do saneamento da causa. Com efeito, o pedido pode ser

Ao comparar os sistemas processuais brasileiro e italiano, Fábio Peixinho Gomes Corrêa destaca que este segundo é mais flexível, "pois o juiz italiano pode efetuar o câmbio da demanda em qualquer fase do processo, desde que não prejudique o contraditório".[316] Já, José Rogério Cruz e Tucci explana sobre o processo português, no qual o pedido e a causa de pedir podem ser complementados no curso do processo em "duas hipóteses, quais sejam, alteração por acordo das partes e alteração sem que haja tal concerto de vontades".[317]

Ainda sobre o tema, cumpre destacar o posicionamento de Susana Henriques da Costa,[318] a qual tece severas e pertinentes críticas à fórmula de aditamento e alteração dos elementos objetivos prevista no CPC/2015 pelo fato de o sistema preclusivo constante no art. 329, I e II, atentar apenas ao tratamento de demandas individuais e privadas, ignorando a existência de conflitos de interesse público decorrentes de litígios transindividuais, usualmente relativos à criação ou redefinição de políticas públicas decorrentes de direitos difusos, característicos por sua mutabilidade e dinâmica, que não necessariamente acompanham o mesmo tempo do processo civil.

reduzido em virtude de: (i) desistência da ação no tocante a uma parte do pedido ou a um dos pedidos (quando houver cumulação de pedidos); (ii) renúncia a uma parte do direito postulado; (iii) transação parcial na pendência do processo; (iv) convenção de arbitragem em relação a uma parte do objeto do litígio; e (v) recurso em relação a uma parte da sentença" (Luiz Guilherme Marinoni, Sérgio Cruz Arenhart e Daniel Mitidiero, *Novo Curso de Processo Civil: Tutela dos Direitos mediante Procedimento Comum*, cit., 2ª ed., vol. II, p. 171).

316. E complementa: "Pelo art. 272º do Código de Processo Civil português, mediante consenso dos litigantes, quer o pedido quer a causa de pedir podem ser livremente modificados, 'em 1ª ou 2ª instância, salvo se a alteração ou ampliação perturbar inconvenientemente a instrução, discussão e julgamento do pleito (...). Já o art. 273º, 1 e 6, do Código de Processo Civil português, regrando a hipótese de modificação objetiva da demanda sem concordância das partes, reza: '1. Na falta de acordo, a causa de pedir só pode ser alterada ou ampliada na réplica, se o processo a admitir, a não ser que a alteração ou ampliação seja consequência de confissão feita pelo réu e aceita pelo autor (...). 6. É permitida a modificação simultânea do pedido e da causa de pedir, desde que tal não implique convolação para relação jurídica diversa da controvertida (...)'" (Fábio Peixinho Gomes Corrêa, *O Objeto Litigioso no Processo Civil*, cit., pp. 143 e 145).

317. José Rogério Cruz e Tucci, *A "Causa Petendi" no Processo Civil*, cit., 3ª ed., p. 143.

318. Suzana Henriques da Costa, "Arts. 318 a 333", cit., in Antônio do Passo Cabral e Ronaldo Cramer (coords.), *Comentários ao Novo Código de Processo Civil*, 2ª ed., p. 517.

Dentro desse contexto, Susana Henriques da Costa defende que para os litígios transindividuais o CPC/2015 deveria ter adotado regras mais flexíveis para a fixação do objeto litigioso do processo, desde que garantidos o contraditório e o direito à prova da parte contrária, visando, assim, a atingir o maior aproveitamento dos processos em que tipicamente há mutação da situação fática no curso da demanda. Trata-se de proposta que se assemelha à redação contida no art. 314 do Anteprojeto do Novo Código de Processo Civil da Comissão de Juristas instituída pelo Senado Federal, e, de fato, a manutenção da referida redação apenas e tão somente para as demandas relativas aos litígios transindividuais se mostraria adequada desde que tratada como regra especial não aplicável às demandas individuais, por todos os motivos anteriormente apresentados.

Ainda, ao tratar do tema de aditamento e alteração do pedido e da causa de pedir, o *Fórum Permanente de Processualistas Civis* editou o Enunciado 490, segundo o qual são admissíveis negócios jurídicos processuais "de anuência prévia para aditamento ou alteração do pedido ou da causa de pedir até o saneamento";[319] bem como o Enunciado 581, segundo o qual: "O poder de dilação do prazo, previsto no inciso VI do art. 139 e no inciso I do § 1º do art. 303, abrange a fixação do termo final para aditar o pedido inicial posteriormente ao prazo para recorrer da tutela antecipada antecedente".[320]

Também sobre este tema o *Fórum Nacional de Juizados Especiais*/FONAJE editou, ainda sob a égide do CPC/1973, o Enunciado 157, cuja redação orienta os Juizados Especiais no sentido de que: "O disposto no art. 294 do CPC não possui aplicabilidade nos Juizados Especiais Cíveis, o que confere ao autor a possibilidade de aditar seu pedido até o momento da AIJ (ou fase instrutória), sendo resguardado ao réu o respectivo direito de defesa".[321]

319. *Fórum Permanente de Processualistas Civis*, Enunciado 490, disponível em *http://institutodc.com.br/wp-content/uploads/2017/06/FPPC-Carta-de-Florianopolis.pdf* (acesso em 6.5.2020).

320. *Fórum Permanente de Processualistas Civis*, Enunciado 581, disponível em *http://institutodc.com.br/wp-content/uploads/2017/06/FPPC-Carta-de-Florianopolis.pdf* (acesso em 6.5.2020).

321. *Fórum Nacional de Juizados Especiais*, Enunciado 157, disponível em *https://www.cnj.jus.br/corregedoria-nacional-de-justica/redescobrindo-os-juizados-especiais/enunciados-fonaje/enunciados-civeis* (acesso em 6.5.2020).

§ 4º. Princípio da congruência no processo civil

30. Princípios correlatos. 31. Pretensão, ação, demanda e tutela jurisdicional. 32. Objeto do processo e objeto litigioso do processo. 33. Correlação entre o pedido e o dispositivo da sentença. 34. Mérito no processo civil. 35. Patologias da congruência. Decisões "ultra", "extra" e "citra" ou "infra petita".

30. Princípios correlatos

Conforme já mencionado neste trabalho, sobre a jurisdição estatal recai o *princípio da inércia*, e apenas mediante provocação se inicia a atividade do Estado-juiz, voltada para a solução do objeto litigioso do processo e do processo em si. Esta solução, entretanto, já fora moldada pelo demandante em seu pedido, no ato inicialmente praticado para desencadear o impulso oficial, não podendo o magistrado decidir mais, além ou aquém dos limites definidos pelo próprio demandante.[1]

Ao tratar do *princípio da demanda*, José Rogério Cruz e Tucci elucida que "(...) o litigante tem a mais plena liberdade para dar início à demanda (...) nos processos inspirados na adoção plena da regra da demanda, a liberdade das partes diz com a liberdade de agir em juízo e de determinar as dimensões subjetivas e objetivas da controvérsia".[2]

Assim, o indivíduo possui não apenas a faculdade de retirar o Poder Judiciário de sua inércia, cobrando-lhe uma resposta à sua provocação,

1. "Os juízes não agem e não decidem por sua própria iniciativa, mas exclusivamente mediante provocação da parte interessada ou, nos raros casos previstos em lei, a requerimento do Ministério Público (...). Essa regra não prevalece apenas quanto ao início do processo, mas também para todo o seu curso (...) sempre é a parte que indica o objeto do processo, de modo que o juiz não pode pronunciar-se além dos limites da demanda" (Enrico Tullio Liebman, *Manual de Direito Processual Civil*, 3ª ed., vol. I, São Paulo, Malheiros Editores, 2005, p. 194).

2. José Rogério Cruz e Tucci, *A "Causa Petendi" no Processo Civil*, 3ª ed., São Paulo, Ed. RT, 2009, p. 177.

como também tem o direito de delimitar o âmbito de atuação da tutela jurisdicional que poderá vir a ser conferida pelo Estado-juiz.

Seria realmente preocupante entender de maneira diversa, ou seja, conceber a possibilidade de o magistrado – uma vez exercido o direito de ação e retirado o Estado-juiz de sua inércia – decidir e tutelar sobre tudo aquilo que, no seu entender, se mostrar pertinente para a solução do litígio.

E isso porque o *princípio dispositivo* assegura ao demandante o direito de delimitar a tutela pleiteada e, por via reflexa, a atividade jurisdicional.[3] Se a regra processual imputa ao demandante o ônus de apresentar e comprovar os fatos no curso do processo – fatos, estes, ensejadores do pedido cuja tutela se busca perante o Poder Judiciário –, decerto que também deve recair – e, de fato, recai – sobre o demandante a faculdade de escolher o bem da vida que no seu entender melhor atenderá aos seus interesses ou que melhor será demonstrado pelos fatos e provas de que dispõe para propor a ação judicial.[4]

A liberdade que o indivíduo tem de exercer seu direito reflete na "disponibilidade processual, que alguns autores chamam de princípio dispositivo ou disposição, é a expressão, em juízo, da disponibilidade dos direitos substanciais".[5] Da mesma forma, nas hipóteses em que o direito material apresentar restrições à disponibilidade de exercício pelo indivíduo, estas irão repercutir para dentro do processo.

A fixação do limite e do alcance da atividade jurisdicional é, em última análise, do demandante; mas, dentro deste limite, o magistrado decidirá de forma motivada pela concessão da tutela de tudo, de parte ou de nada do que foi pedido, o que se opera, respectivamente, com a sentença de total procedência, parcial procedência ou improcedência.

3. "Por força do princípio *dispositivo*, a tutela jurisdicional não é prestada espontaneamente pelo mecanismo estatal de solução das controvérsias (*inércia* da jurisdição), a despeito de, uma vez provocado o Estado-juiz, o aparato processual mover-se por *impulso oficial*" (João Pereira Monteiro Neto, "Pedido genérico: reflexões à luz do novo Código de Processo Civil", *RePro* 243/60, São Paulo, Ed. RT, maio/2015).

4. "A autonomia da vontade no direito privado, ramo a que pertencem, em regra, as relações litigiosas, e o imperativo da imparcialidade fundamentam o princípio dispositivo, impondo ao Judiciário somente agir quando provocado pelas partes e nos limites da provocação" (Luiz Fux, *Teoria Geral do Processo*, 3ª ed., Rio de Janeiro, Forense, 2019, p. 59).

5. Milton Paulo de Carvalho, *Do Pedido no Processo Civil*, Porto Alegre, Sérgio Antônio Fabris Editor, 1992, p. 164.

Ademais, sobre aquilo que o demandante objetiva obter com a tutela jurisdicional conferida ao final do processo, incumbe-lhe apresentar todas as razões de direito, fatos e provas dos quais dispõe no ato de propositura da ação, em respeito ao *princípio da eventualidade*. Nas palavras de José Rogério Cruz e Tucci,[6] "o demandante é instado a colocar, de logo, as suas 'cartas na mesa'", respeitando, assim, a concentração e a economia dos atos processuais bem como a celeridade tão desejada para a atividade jurisdicional, pois busca-se evitar retrocessos indesejados para a apresentação de novos argumentos fáticos e jurídicos, bem como de provas desidiosamente omitidas quando da propositura da ação.

Destaca José Roberto dos Santos Bedaque que o princípio dispositivo deve "expressar apenas as limitações impostas ao juiz, em virtude da disponibilidade do direito (...) que se referem aos atos processuais das partes relacionadas". Mas, "se o pedido da tutela e os limites da prestação são privados, o modo como ela é prestada não é".[7]

Dentro deste contexto, o *princípio do devido processo legal* "é a garantia maior do cidadão em face do arbítrio, dando-se a ele o direito, antes de ser submetido à sanção estatal, de ser submetido a um processo judicial cercado de garantias e precauções";[8] e, nesta medida, o ordena-

6. "(...) a demanda judicial deveria ser iniciada contendo toda a matéria litigiosa (...) a essência do regulamento da eventualidade encontra-se na realização cumulada, em um único momento, de atividades processuais de diversa natureza: toda a matéria de ataque e todas as exceções, processuais e substanciais, e a indicação dos meios de prova devem ser formuladas de uma só vez, sob pena de preclusão (...) a estrutura de um procedimento informado pela *Eventualmaxime* é caracterizada pela exigência de celeridade processual". E segue: "(...) o demandante é instado a colocar, de logo, as suas 'cartas na mesa', expondo integralmente todos os fatos e razões de direito invocadas como fundamento da demanda, para que o réu saiba de que pretensão deve defender-se e, a seu turno, tome posição sobre esta, também de modo completo, na resposta que oferecer" (José Rogério Cruz e Tucci, *A "Causa Petendi" no Processo Civil,* cit., 3ª ed., pp. 92 e 137).

7. José Roberto dos Santos Bedaque, *Poderes Instrutórios do Juiz*, 6ª ed., São Paulo, Ed. RT, 2011, p. 100.

8. E segue o julgado no seguinte sentido: "Ademais desses princípios, para o caso, há que se observar, particularmente, o princípio dispositivo, que decorre da regra geral da disponibilidade do direito material. Assim, em razão do predomínio do interesse individual, tem de ser deixada ao indivíduo, consequentemente, a decisão se ele quer ou não efetivar seus direitos perante o Poder Judiciário, e em que medida. Desdobramento do princípio dispositivo é a adstrição do magistrado às alegações das partes e a medida de sua atuação – decidir conforme o pleiteado no processo, isto é, o juiz deve julgar a causa com base nos fatos alegados e provados pelas partes, sendo-lhe vedada, portanto, a busca de fatos não alegados e cuja prova não tenha

mento jurídico assegura ao demandante e ao demandado ter o(s) pedido(s), formador(es) do objeto litigioso do processo, como limite para a atuação jurisdicional.

Ao tratar do devido processo legal formal, Sidnei Amendoeira Jr. destaca que este significa "o direito de ser processado e/ou processar de acordo com regras prévia e expressamente estabelecidas para esse fim. (...). Ao decidir, o juiz deve fazê-lo de forma motivada e nos termos da lei, sem extrapolar o objeto do processo".[9]

A referência acima, feita também ao demandado, decorre de dois motivos. Primeiro, pelo fato de o princípio da congruência ser uma garantia não só para quem pede, mas também para aquele em face de quem se pede. Segundo, conforme já tratado de maneira mais detida ao se analisar a relação entre o pedido e o contraditório do demando, o direito de defesa não pode – leia-se: não deve – servir como elemento dilatador do objeto litigioso do processo, sendo inadmissível ao julgador valer-se dos elementos de defesa, em especial aqueles apresentados em respeito ao princípio da eventualidade, para extrair demanda do processo e decidir pedido(s) distinto(s) do(s) formulado(s).

Nesse contexto, o art. 9º do CPC/2015, ao tratar da *vedação à decisão-surpresa*, dispõe que: "Não se proferirá decisão contra uma das partes sem que ela seja previamente ouvida"; e cria uma aparente possibilidade de o magistrado apreciar pedido não formulado caso este já tenha sido impugnado, inclusive em sede de contraditório eventual. Mas não é bem assim.

O contraditório eventual presta-se para exaurir as matérias de defesa e evitar a preclusão consumativa, mas não serve para alterar o objeto litigioso do processo. Caso o magistrado, após a leitura da defesa, exerça atividade interpretativa e desta venha a extrair a possibilidade-necessidade de tutelar pedidos outros além dos expressamente formulados pelo autor, decerto que, antes de decidir a respeito, deverá intimar as partes para se manifestarem, cabendo não só ao demandado exercer o contraditório, como também ao demandante expor se efetivamente pretende alcançar a tutela de referido pedido compreendido pelo magistrado em processo

sido postulada pelas partes" (STJ, REsp 1.307.407-SC, rel. Min. Mauro Campbell Marques, publ. 29.5.2012).

9. Sidnei Amendoeira Jr., *Manual de Direito Processual Civil*, 2ª ed., vol. 1 (*Teoria Geral do Processo e Fase de Conhecimento em Primeiro Grau de Jurisdição*), São Paulo, Saraiva, 2012, pp. 74 e 76.

interpretativo, com o intuito de respaldar o "*interesse público* de chegar-se a uma *solução bem amadurecida* para o caso levado a juízo".[10]

E isso também porque "o novo CPC brasileiro esposa ostensivamente o modelo cooperativo, no qual a lógica dedutiva de resolução de conflitos é substituída pela lógica argumentativa",[11] deixando o contraditório de ser simplesmente direito de informação-reação, para se transformar também em direito de influenciar.

Entretanto, antes de intimar as partes para prestarem referido esclarecimento, ao magistrado se aconselha ter a cautela de aferir se o conjunto da postulação permite formar sua conclusão, não só dos fatos narrados como também das provas que o autor produziu ou pretende produzir, do valor atribuído à causa e do valor das custas recolhidas – elementos, estes, que, em regra, guardam relação com o(s) pedido(s) formulado(s).

Por outro lado, caso as partes sejam instadas a se manifestar, se o demandado impugnar argumentando que seu contraditório foi exercido apenas em decorrência do princípio da eventualidade, bem como a inexistência do pedido interpretado, o magistrado não poderá apreciar e nem julgar referido pedido.

Tomamos como exemplo a seguinte situação: determinado consumidor ajuíza ação pedindo a rescisão de contrato de telefonia e a condenação em danos morais. A empresa demandada contesta e impugna especificamente os fatos e os fundamentos dos pedidos formulados mas, pelo princípio da eventualidade, também suscita a inexistência de danos materiais para o demandante em razão dos serviços de telefonia que foram prestados. O magistrado, equivocadamente, passa a entender que a questão dos danos materiais seria um dos pedidos da ação. Diante da referida situação, antes de proferir sentença julgando procedente ou improcedente os danos materiais, deverá o magistrado analisar todo o conjunto da postulação e, caso após esta análise ainda perdure a dúvida, deverá intimar as partes para se manifestarem sobre a existência ou não de referido pedido, e só após poderá ser proferida a sentença.

Sem prejuízo da análise acerca dos princípios que norteiam a correlação entre o pedido e a decisão, conforme analisaremos adiante,

10. Luiz Guilherme Marinoni, Sérgio Cruz Arenhart e Daniel Mitidiero, *Novo Curso de Processo Civil: Teoria do Processo Civil*, 2ª ed., vol. I, São Paulo, Ed. RT, 2016, p. 505.

11. Humberto Theodoro Jr., *Curso de Direito Processual Civil*, 58ª ed., vol. I, Rio de Janeiro, Forense, 2017, p. 82.

a congruência não é apenas um princípio, pois possui previsão legal expressa.[12] E a lei, em regra, é geral e abstrata, tendo por escopo assegurar valores e princípios que representem seus pilares, bem como busca resguardar a segurança jurídica nas relações sociais. No entanto, o magistrado pode superar ou não aplicar a lei em determinado caso concreto, desde que demonstre a inexistência dos valores, princípios e motivos que ensejam a razão de ser da norma e desde que não haja violação à segurança jurídica.

Conforme ensina Humberto Ávila, "a superação de uma regra deverá ter uma comprovação condizente (...). A mera alegação não pode ser suficiente para superar uma regra".[13]

Neste contexto, não se mostra adequado que o magistrado afaste a congruência,[14] que, além de ser um princípio, possui previsão legal expressa. Ademais, a previsão da correlação entre o pedido e a decisão funda-se em princípios norteadores da segurança jurídica dentro do processo.

31. Pretensão, ação, demanda e tutela jurisdicional

Para melhor compreender o escopo deste estudo, antes de analisarmos o pedido e a possibilidade ou não de sua interpretação, bem como o procedimento e as hipóteses em que esta interpretação poderá ocorrer,

12. Destacamos a existência de divergência doutrinária a respeito de ser a congruência uma *regra* (*v.g.*: Cândido Rangel Dinamarco, *Instituições de Direito Processual Civil*, 7ª ed., vol. II, São Paulo, Malheiros Editores, 2017, p. 160) ou um *princípio* (*v.g.*: Andrea Boari Caraciola, *Princípio da Congruência no Código de Processo Civil*, São Paulo, LTr, 2010, pp. 85-87).

O presente estudo opta por adotar a congruência como um princípio. De todo modo, conforme dispôs a "Exposição de Motivos" do Anteprojeto do vigente Código de Processo Civil, "muitas *regras* foram concebidas, dando concreção a princípios constitucionais, como, por exemplo, as que preveem um procedimento, com *contraditório* (...)" (disponível em *http://www2.senado.leg.br/bdsf/bitstream/handle/id/496296/000895477.pdf?sequence=1*, acesso em 6.5.2020). Assim, "a congruência, como fundamento basilar da atuação jurisdicional" (Andrea Boari Caraciola, ob. cit., p. 87), deve ser tida como princípio, sem prejuízo de o sistema normativo ter concretizado diretrizes a seu respeito, em especial no tocante às hipóteses de mitigação.

13. Humberto Ávila, *Teoria dos Princípios – Da definição à Aplicação dos Princípios Jurídicos*, 16ª ed., São Paulo, Malheiros Editores, 2015, p. 147.

14. Em sua obra, Andrea Boari Caraciola destaca a ausência de uniformidade terminológica, podendo o termo "congruência" ser substituído pelos sinônimos: "adstrição", "correlação", "correspondência" e "simetria" (*Princípio da Congruência no Código de Processo Civil*, cit., pp. 69-75).

necessário trilhar um caminho pretérito ao próprio processo, remontando às raízes dos fatos ensejadores da questão levada a juízo.

Isso porque todo processo possui uma história, cujos protagonistas são as partes. O juiz, enquanto destinatário da narrativa, aprecia os fatos e deles extrai suas conclusões, tal como o leitor de um livro ou o expectador de uma peça teatral, com a diferença de que no processo a conclusão a ser obtida pelo destinatário da obra está limitada ao âmbito de interesse do demandante, de acordo com aquilo que for externado em seu pedido.

E, dentro deste contexto, a *pretensão* é o primeiro ponto a ser analisado. Os seres humanos são, em sua essência, seres sociais, e suas necessidades – físicas ou psicológicas – do cotidiano evidenciam a importância do convívio em comunidade. A vida em sociedade tem por escopo atribuir a cada indivíduo o atendimento das necessidades próprias e alheias, em regra recaindo um papel para cada indivíduo. Entretanto, nem sempre as relações sociais são fluidas. Há situações nas quais o atrito entre dois ou mais indivíduos gera uma anormal resistência ao movimento natural de uma determinada relação social, a qual pode ou não estar regulamentada pelo direito material.

Nessa hipótese, caso os envolvidos na contenda não cheguem, ou simplesmente não desejem chegar, a uma solução consensual para a pacificação do referido conflito de interesses, nascerá a pretensão,[15] que, sendo resistida, gerará ao indivíduo que se sente lesado em seus interesses a faculdade de pleitear a tutela jurisdicional. Conforme bem elucida Pontes de Miranda: "Pretensão, essa, pré-processual".[16-17]

15. "A *lide* é, pois, um desacordo. E o elemento essencial do desacordo é o conflito de interesses: satisfazendo-se o interesse de um, o do outro fica sem ser satisfeito, e vice-versa. Sobre este elemento substancial implanta-se um elemento formal, que consiste em um comportamento correlativo dos dois interessados: um deles exige ser tolerado, pelo outro, assim como exige a satisfação do seu interesse, e a essa exigência se chama *pretensão*; mas o outro não concorda em fazê-lo e, em vez de tolerá-lo, opõe-se a ele" (Francesco Carnelutti, *Como se Faz um Processo*, Campinas, Servanda Editora, 2015, p. 26).

16. Francisco Cavalcanti Pontes de Miranda, *Comentários ao Código de Processo Civil*, 2ª ed., t. I (arts. 1º a 45), Rio de Janeiro, Forense, 1979, p. 120.

17. Ao tratar sobre o nascimento do conceito de pretensão: "O predomínio do indivíduo sobre a noção de comunidade no pensamento liberal, que marcou a Idade Moderna, induziu a prevalência da concepção do direito subjetivo como uma relação interpessoal de poder, alçando a obrigação à condição de fenômeno central do sistema jurídico" (Fábio Peixinho Gomes Corrêa, *O Objeto Litigioso no Processo Civil*, São Paulo, Quartier Latin, 2009, pp. 146-147).

Para Flávio Luiz Yarshell,[18] "*pretensão* é termo que pode ser empregado para explicar o que ocorre no momento anterior ao processo, mas que também é aproveitável, embora em sentido diverso, no ambiente processual", pois, havendo pretensão resistida, cria-se um ambiente pré-processual no qual alguém pode objetivar a sobreposição do seu interesse sobre o de outrem, projetado no "processo sob a forma de um *pedido*", momento no qual a pretensão adentra a seara processual para designar o "*objeto do processo*, isto é, o pedido à luz de uma causa de pedir".[19]

Conforme elucida Paulo Henrique dos Santos Lucon, *pretensão* significa "a exigência de subordinação de um interesse alheio ao interesse próprio. Etimologicamente, pretensão vem do Latim *prae-tendo*, que sugere a ideia de uma tensão, como de quem quer caminhar avante apesar dos obstáculos".[20]

Pelo ministério de Arruda Alvim: "Pretensão, no plano processual, é a afirmação de um direito. Quem pleiteia um direito afirma-o como seu".[21] Nas palavras de Humberto Theodoro Jr.: "Por pretensão entende-se atitude que importa a prevalência de um interesse próprio sobre o de outrem".[22] De acordo com o art. 189 do CC: "Violado o direito, nasce

18. Flávio Luiz Yarshell, *Curso de Direito Processual Civil*, vol. 1, São Paulo, Marcial Pons, 2014, p. 28.

19. Não obstante a doutrina, por vezes, adotar o termo "pretensão" para definir o pedido formulado no processo (mais precisamente a "pretensão processual"), este trabalho adotará o termo "pretensão" apenas para tratar do conflito ocorrido em momento anterior ao ajuizamento da ação. Com a propositura da ação tudo aquilo que dele se pretende obter será denominado de "demanda".

20. Elucida, ainda, referido autor que: "Pretensão tem um elemento interno, caracterizado pela vontade, e um elemento externo, caracterizado pelos atos de exigência propriamente ditos, que não redundam necessariamente na satisfação do interesse próprio. Afinal de contas, pleitear não significa necessariamente obter" (Paulo Henrique dos Santos Lucon, *Relação entre Demandas*, Brasília, Gazeta Jurídica, 2016, pp. 42-43).

21. Arruda Alvim, *Manual de Direito Processual Civil*, 18ª ed., São Paulo, Thomson Reuters Brasil, 2019, p. 185.

22. E referido autor conclui que: "Quando a pretensão de uma parte é resistida pela outra e não se encontra uma solução conciliatória entre os próprios sujeitos do conflito configura-se a lide, que envolve três tipos de elementos: a) os sujeitos: a pessoa que pretende e a que resiste à pretensão; b) o objeto: a coisa sobre a qual uma parte pretende fazer prevalecer o interesse próprio sobre o da outra pessoa. Trata-se do 'bem da vida', na linguagem de Chiovenda, sobre o qual se afirma incidir o possível direito subjetivo da parte; c) o interesse que justifica a demanda e que consta de uma relação entre o sujeito e o objeto fundado no direito – 'a razão da pretensão'"

para o titular a pretensão, a qual se extingue, pela prescrição, nos prazos a que aludem os arts. 205 e 206".

Assim, primordialmente, a pretensão decorre da intenção do indivíduo que entende ter sido lesado pelo agir de outrem – mas que não necessariamente o foi[23] – de resolver esta pendência. E por isso se diz que o Poder Judiciário – no exercício da jurisdição – tem o papel de pacificar[24] as relações sociais, pois são dele, ordinariamente, a função, o poder e a atividade[25] de solucionar os conflitos surgidos na sociedade, fora e anteriormente ao processo.

Se inicialmente, antes da provocação do Poder Judiciário, a pretensão é a manifestação de interesse do indivíduo lesado – ou que simplesmente detém o sentimento de lesão – com vistas a solucionar o problema, seja qual for a solução, a qual poderá abarcar toda uma gama de postulações potencialmente judicializáveis para resolver o litígio, em um segundo momento, após a judicialização da questão, a pretensão passa a ser apenas aquilo que fora pedido de maneira certa e determinada (ou

(Humberto Theodoro Jr., "Notas sobre sentença, coisa julgada e interpretação", *RePro* 167/12, São Paulo, Ed. RT, janeiro/2009).

23. "No momento em que alguém se sente ferido em algum direito, o que por vezes é fato puramente psicológico, o Estado tem interesse em acudir à sua revolta, em pôr algum meio ao alcance do lesado, ainda que tenha havido erro na apreciação por parte do que se diz ofendido. A Justiça vai recebê-lo, não por que tenha direito subjetivo, de direito material, nem, tampouco, ação: recebe-o como a alguém que vem prestar perante órgãos diferenciados do Estado a sua declaração de vontade, exercendo a sua *pretensão à tutela jurídica*" (Francisco Cavalcanti Pontes de Miranda, *Comentários ao Código de Processo Civil*, cit., 2ª ed., t. I (arts. 1º a 45), p. 105).

24. Paradoxal, entretanto, pensar que a imposição de determinação estatal para uma das partes litigantes irá pacificar o conflito de interesses. Não por outro motivo que este posicionamento tem sido revisitado. Conforme elucida Ada Pellegrini Grinover (*Ensaio sobre a Processualidade: Fundamentos de uma Nova Teoria Geral do Processo*, Brasília, Gazeta Jurídica, 2016, pp. 61-62): "Avança no mundo todo, inclusive no Brasil, a ideia de que outros métodos adequados de solução de conflitos, não estatais, podem ser utilizados para pacificar com justiça e maior eficiência. Tais são os chamados meios alternativos de solução de conflitos (...) nos quais se busca uma *autocomposição*, isto é, uma solução do conflito por ato das próprias partes (conciliação e mediação), ou uma *heterocomposição privada* (decisão por árbitros nomeados pelos próprios litigantes)".

Sobre referido tema destaca-se, ainda, a Resolução 125/2010 do Conselho Nacional de Justiça, a qual "dispõe sobre a Política Judiciária Nacional de tratamento adequado dos conflitos de interesses no âmbito do Poder Judiciário e dá outras providências".

25. Antônio Carlos de Araújo Cintra, Ada Pellegrini Grinover e Cândido Rangel Dinamarco, *Teoria Geral do processo*, 27ª ed., São Paulo, Malheiros Editores, 2011, p. 149.

determinável), delimitando o âmbito de interesse do demandante e de atuação do Poder Judiciário.[26]

E é a partir desta faculdade conferida ao indivíduo, de ir à juízo para pleitear aquilo que entende ser seu de direito,[27] visando, assim, a solucionar o conflito – mesmo que este indivíduo esteja desprovido de razão em âmbito de direito material –, que advém o direito de *ação*.[28]

De acordo com Rogério Lauria Tucci: "Ação, como é notório, vem de *actio*, do verbo *agere*, significando ação judicial".[29] A ação, portanto, é o momento posterior à pretensão, pois enquanto esta primeira fase (pretensão) é marcada apenas pelo sentimento de lesão do indivíduo, naquela (ação) passa-se a adotar postura combativa por parte do demandante, visando, assim, a obter solução concreta e específica ao conflito de interesses existente entre as partes envolvidas no litígio.

Nesse sentido Thereza Arruda Alvim elucida que:

> A ação é, assim, o instrumento jurídico através do qual os interessados desencadeiam o processo, a fim de resolver os conflitos preexistentes, consistindo, o seu uso, em direito independente de qualquer direito material, que lhe seja subjacente. Isto porque os interesses em conflito podem ser legítimos, isto é, embasados realmente no direito material ou não.[30]

26. "Pedido (do Latim *petitum*), no âmbito do processo civil, constitui vocábulo técnico designativo da pretensão do demandante. Não é possível conceber-se uma ação judicial sem a especificação do pedido, visto ser esse um de seus elementos estruturais" (José Rogério Cruz e Tucci, "Reflexões sobre a cumulação subsidiária de pedidos", *RT* 786/57, São Paulo, Ed. RT, abril/2001).

27. "A intervenção do Estado, para realizar os interesses individuais tutelados pelo direito material, depende da vontade do particular, que é titular do interesse; e, evidentemente, só cabe à parte provocar (ou não) o exercício da função jurisdicional para realizar um interesse seu, tutelado" (Teresa Arruda Alvim Wambier *et al.*, *Primeiros Comentários ao Novo Código de Processo Civil*, São Paulo, Ed. RT, 2015, p. 269).

28. "A intuição de que às partes compete um direito subjetivo de caráter estritamente processual é antiga; a essa intuição correspondeu o nome de ação (*actio*), com o qual se denota o *atuar em juízo*, isto é, o desenvolver atividades para a tutela, mediante o processo, do interesse da parte, como conteúdo do próprio direito; assim mesmo é antiga a intuição de que por um lado a *actio* se distingue do *ius*, no processo que se faz valer, mas de que, por outro lado, ela também é um *ius* (...)" (Francesco Carnelutti, *Instituições do Processo Civil*, vol. 1, São Paulo, Classic Book, 2000, pp. 365-366).

29. Rogério Lauria Tucci, "Aspectos modernos do conceito de ação", in Luiz Rodrigues Wambier e Teresa Arruda Alvim Wambier (orgs.), *Doutrinas Essenciais – Processo Civil*, vol. 2, São Paulo, Ed. RT, outubro/2011, p. 60.

30. Thereza Arruda Alvim, *Questões Prévias e os Limites Objetivos da Coisa Julgada*, São Paulo, Ed. RT, 1977, p. 3.

Na atualidade a ação é tida como direito autônomo e abstrato, o qual independe do direito material a ser discutido no processo. E não por outro motivo permite-se que, ao final do processo, o magistrado julgue improcedente o pedido[31] ou decida sem resolver o mérito.

Para Ada Pellegrini Grinover "a ação exige apenas que o autor se refira a um direito seu, protegido em abstrato pelo Direito, pertencendo ao Estado a obrigação de proferir qualquer sentença, ainda que desfavorável, o réu tem o dever de sujeição".[32]

O indivíduo que judicializar o conflito passará a ser denominado de *demandante* – haja vista formular uma *demanda*[33] – e não estará mais diante de um inconformismo situado apenas em seu âmago, cuja solução era abstrata e moldável a possíveis tratativas tidas entre partes conflitantes. Pelo contrário, ao exercer o direito de ação o demandante deverá externar e indicar os indivíduos envolvidos no conflito, as razões fáticas e jurídicas pelas quais comparece a juízo e a solução concreta que pretende obter para a solução do litígio narrado, sendo esta a função da petição inicial e dos elementos da ação.[34] Em outras palavras, "demanda é o *ato postulatório por meio do qual se pede tutela jurisdicional*".[35]

Fato é que, ao se judicializar o conflito, a demanda dará corpo e limites para aquilo que antes era apenas abstrato e amorfo. A partir do exercício de se extrair do campo dos interesses a solução desejada é que surgirá o pedido veiculado na petição inicial. Ou, nas palavras de Daniela

31. "A ação é um direito geral e abstrato, que pode ser exercido ainda quando não se tenha direito subjetivo material merecedor de tutela jurisdicional. Pertencente a todos os indivíduos como decorrência da própria personalidade, exige-se, apenas, que o autor faça referência a um interesse seu, protegido em abstrato pelo direito objetivo, incumbindo ao Estado, por isso, exercer sua atividade jurisdicional, com o proferimento de sentença, ainda que desfavorável" (Rogério Lauria Tucci, "Aspectos modernos do conceito de ação", cit., in Luiz Rodrigues Wambier e Teresa Arruda Alvim Wambier (orgs.), *Doutrinas Essenciais – Processo Civil*, vol. 2, cit., p. 63).

32. Ada Pellegrini Grinover, "O direito de ação", in Luiz Rodrigues Wambier e Teresa Arruda Alvim Wambier (orgs.), *Doutrinas Essenciais – Processo Civil*, vol. 2, São Paulo, Ed. RT, outubro/2011, p. 51.

33. "*Demanda* é o ato jurídico com o qual o autor põe o juiz na obrigação de resolver a questão (...). Da demanda é que surge o dever concreto de resolver; o de dar sentença *favorável* é dependente de ser *fundada* ('procedente') a ação" (Francisco Cavalcanti Pontes de Miranda, *Comentários ao Código de Processo Civil*, cit., 2ª ed., t. I (arts. 1º a 45), p. 107).

34. Flávio Luiz Yarshell, *Tutela Jurisdicional*, 2ª ed., São Paulo, DPJ, 2006, pp. 56-57.

35. Paulo Henrique dos Santos Lucon, *Relação entre Demandas*, cit., p. 41.

Monteiro Gabbay: "O pedido formulado pelo autor é responsável pela configuração e veiculação da lide processualizada".[36]

Não se pode confundir *ação* com *demanda*. Enquanto a primeira é o ato e o direito de ir ao Poder Judiciário pleitear uma solução do litígio, a segunda é o que se pede ao Poder Judiciário para a solução do litígio.[37]

Por isso: "Não se fala, contudo, em 'condições da demanda', mas em *condições da ação*, porque aí se pensa não no ato que inaugura o processo, mas no direito ou poder de invocar a tutela jurisdicional e na relação com o direito material alegado pelo autor".[38] Logo, enquanto o direito de ação é inerente à faculdade do interessado de ir a juízo, visando a resguardar seus interesses, a demanda é o ato concreto de ir a juízo e a solução buscada em razão deste ato.

Ao tratar da relação entre pretensão e demanda, Pontes de Miranda destaca que: "O *exercício* da pretensão à tutela jurídica, que se concretiza na demanda, subordina-se à especialização dessa".[39] A demanda, portanto, torna claro e evidente aquilo que o indivíduo busca obter com sua ida ao Poder Judiciário, permitindo ao magistrado exercer sua atuação de maneira isenta e imparcial, tal como deve ser.

Não há no diploma processual pátrio a obrigatoriedade de que o autor extraia dos fatos narrados na petição inicial todos os pedidos passíveis de serem formulados, e menos ainda que os formule exaustivamente quando do ajuizamento da ação.[40] A escolha dos pedidos levados a juízo encon-

36. Daniela Monteiro Gabbay, "Arts. 318 a 331", in José Rogério Cruz e Tucci *et al.* (coords.), *Código de Processo Civil Anotado*, Rio de Janeiro, GZ Editora, 2016, p. 476.

37. "O ato inicial de comparecimento a juízo com uma pretensão chama-se *demanda*. Demandar é pedir, postular. Demanda é um *ato* e não se confunde com a petição inicial, que é somente sua expressão material e não passa de um papel escrito. Também não se confunde com a *ação*, que é um direito, ou poder" (Cândido Rangel Dinamarco, *Instituições de Direito Processual Civil*, 9ª ed., vol. I, São Paulo, Malheiros Editores, 2017, p. 445).

38. Flávio Luiz Yarshell, *Curso de Direito Processual Civil*, cit., vol. 1, p. 125.

39. Francisco Cavalcanti Pontes de Miranda, *Comentários ao Código de Processo Civil*, cit., 2ª ed., t. I (arts. 1º a 45), p. 107.

40. Sobre este tópico, necessária uma breve digressão para destacar interessante posicionamento sobre o pedido não formulado, abordado por Ada Pellegrini Grinover (*Ensaio sobre a Processualidade: Fundamentos de uma Nova Teoria Geral do Processo*, cit., pp. 174-175), pelo qual deve ser revisto o posicionamento doutrinário brasileiro segundo o qual o pedido não formulado em uma ação poderá ser formulado em outra ação posteriormente ajuizada, com as mesmas partes e causa de pedir, sem que isso implique violação à coisa julgada ou litispendência. A proposta ventilada na

tra-se inserida no âmbito do direito de disponibilidade do demandante, pois é somente ele quem detém a soberania da vontade de pleitear ou não determinado bem da vida em juízo. Caso o autor opte por formular apenas parte dos pedidos potencialmente pleiteáveis em vista dos fatos narrados na petição inicial, não cabe ao Poder Judiciário adentrar a esfera de interesses do autor para extrair pedidos outros além dos formulados, concedendo ou negando tutela sobre algo distinto ou maior do que o pleiteado,[41] pois "a sentença, que é resposta jurisdicional ao pedido do autor, deve ter a mesma qualidade e a mesma extensão da demanda proposta".[42]

Ao veicular sua demanda em juízo, o demandante (na prática, seu advogado) pondera (ou, ao menos, deveria ponderar) as chances de êxito de cada pedido, eventual chance de dispêndio com custas processuais no curso do processo e, ainda, as chances de uma possível condenação em sucumbência. Mesmo se o demandante for agraciado com os benefícios da justiça gratuita, referida análise de viabilidade de cada um dos pedidos deverá ser feita, pois o beneficiário poderá ser executado para satisfazer a sucumbência da parte vencedora se, nos cinco anos subsequentes ao trânsito em julgado da decisão, o credor demonstrar que deixou de existir a situação de insuficiência de recursos justificadora da concessão de gratuidade (art. 98, § 3º, do CPC/2015).

E todo este cenário pré-processual que culmina na formulação dos pedidos não é – e nem poderia ser – considerado pelo magistrado ao conceder a *tutela jurisdicional*. A atividade decisória do Estado-juiz deve se valer de lógica distinta, qual seja, a análise do(s) pedido(s) formulado(s) diante dos fatos narrados e comprovados para, ao final, decidir de maneira motivada qual das partes demonstrou ser detentora da tutela jurisdicional. A tutela jurisdicional deve se limitar ao pedido formulado, sob pena de violar a inércia e a imparcialidade do julgador, os princípios da demanda, dispositivo, da boa-fé e congruência, por incorrer no risco de ignorar a opção feita pelo próprio demandante em seu ato postulatório.

referida obra – com a qual este estudo não concorda – tem por base estudos de Direito Francês e Italiano, pelos quais o princípio da concentração exige do demandante a formulação de todos os pedidos possíveis em uma única ação, isso com vistas a proteger os princípios da economia processual e da boa-fé.

41. "O conflito de interesses estabelecido no processo não pode ser decidido fora do que as partes alegaram" (Nelson Nery Jr., "Decisão *extra petita*", in *Soluções Práticas de Direito* 9/131, setembro/2014).

42. Ovídio Araujo Baptista da Silva, "Limites objetivos da coisa julgada no Direito Brasileiro atual", *RePro* 14/59, São Paulo, Ed. RT, abril-setembro/1979.

A estratégia processual adotada para ir a juízo é só do demandante, e, por via reflexa, sobre este recairá todo o prejuízo decorrente de eventual pedido improcedente.

A tutela jurisdicional "designa a proteção (tutela) que se proporciona por meio do exercício"[43] da jurisdição e em razão da demanda, razão pela qual "não há como desligar *as vias de ingresso* em juízo, de um lado, do resultado esperado (*sic*) demandante, de outro".[44]

A demanda e a tutela jurisdicional representam os dois extremos de uma mesma estrada. Enquanto a demanda é o ato inaugural do processo, a tutela jurisdicional o encerra com a tutela ou não da demanda formulada. E "é possível falar em uma 'escalada' que vai do conceito de direito de demandar ao conceito de direito à tutela jurisdicional, seja ela plena e efetiva ou não".[45]

Entretanto, José Roberto dos Santos Bedaque ressalta que: "Todos têm o direito de propor demandas (...). Já, a tutela jurisdicional está reservada apenas para aqueles que efetivamente estejam amparados no plano do direito material".[46]

Daí a possibilidade de se classificar uma ação tendo por base a demanda pleiteada ou a tutela jurisdicional a ser potencialmente concedida – ação de conhecimento (declaratória, constitutiva ou condenatória), cautelar ou executiva –, pois em um mesmo processo demanda e tutela jurisdicional são imagem e reflexo. Este é o princípio da congruência em sua essência.

Em interessante abordagem sobre o tema, José Carlos Barbosa Moreira indaga e responde "a quem interessa um processo civil? A resposta que logo acode à mente é: às partes. Parece óbvio o ponto".[47]

43. Flávio Luiz Yarshell, *Tutela Jurisdicional*, cit., 2ª ed., p. 135.

44. Idem, ibidem.

45. Sidnei Amendoeira Jr., *Poderes do Juiz e Tutela Jurisdicional: a Utilização Racional dos Poderes do Juiz como Forma de Obtenção da Tutela Jurisdicional Efetiva, Justa e Tempestiva*, São Paulo, Atlas, 2006, p. 25.

46. José Roberto dos Santos Bedaque, *Direito e Processo – Influência do Direito Material sobre o Processo*, 6ª ed., São Paulo, Malheiros Editores, 2011, p. 35.

47. E arremata a ideia constatando que: "É por iniciativa de uma das partes (art. 262, principio) – ou, em alguns sistemas jurídicos, possivelmente pela de ambas – que o processo tem início. A elas incumbe, em regra, contratar advogados que as representem em juízo e pagar-lhes os honorários devidos pelo exercício da atividade profissional. Sobre as esferas jurídicas de uma e de outra, ordinariamente, vão recair as consequências do julgamento, inclusive, se for o caso, as condenações acessórias

Assim, mostra-se questionável a obtenção de conclusão distinta, salvo nas hipóteses de limitação ou não incidência do princípio da congruência, abordadas adiante.

É a demanda, e tão somente a demanda, externada no pedido (que também pode ser formulado pelo réu em reconvenção ou em pedido contraposto), que preestabelece a tutela jurisdicional a ser conferida, não sendo permitido ao magistrado utilizar-se de outros elementos contidos no processo para elaborar o dispositivo da sentença. Deve, em especial, ser afastada a possibilidade de o magistrado se valer do contraditório do demandado para alargar, modificar, alterar ou interpretar ampliativamente a demanda sintetizada no pedido.[48]

Nas palavras de Andrea Boari Caraciola: "Permitir ao magistrado inobservar e, por conseguinte, desrespeitar os limites da demanda significa a ele conceder poderes para agir de ofício, bem como extrapolar ou ultrapassar a vontade das partes (...)".[49]

Não se ignora o fato de que no curso do processo as partes podem transacionar sobre direitos disponíveis, inclusive distintos do pedido formulado, sendo esta postura conciliatória cada vez mais incentivada pelas normas processuais pátrias. Entretanto, tal conduta está adstrita ao âmbito de interesse das partes e não pode ser confundida com a tutela

a pagar as custas processuais e os honorários do advogado *ex adverso*. A resposta intuitiva, portanto, exibe todas as credenciais de correção: o processo civil interessa às partes. (...) compete a uma das partes, o autor, a fixação do âmbito em que o juiz é chamado a julgar (CPC/1973, arts. 128, 459 e 460)" (José Carlos Barbosa Moreira, "O processo, as partes e a sociedade", *RePro* 125/279, São Paulo, Ed. RT, julho/2005).

48. "O esquema do procedimento é limitado por dois atos fundamentais, um inicial e outro final – a *demanda da parte* e o *provimento do juiz* – e esses atos têm sinteticamente o significado de uma pergunta (*domanda*) e uma resposta. Todos os atos intermediários não têm outro escopo senão o de preparar essa resposta, e o procedimento se encaminha com todo seu peso na direção desse provimento final, o qual encerra e completa o ciclo aberto com a propositura da demanda" (Enrico Tullio Liebman, *Manual de Direito Processual Civil*, cit., 3ª ed., vol. I, p. 293).

49. E conclui da seguinte forma: "Assim é que, não obstante o Código de Processo Civil de 2015 expressamente propugnar pela interpretação lógico-sistemática do pedido, permitindo ao juiz decodificar o pedido a partir do conjunto da postulação, indispensável se nos afigura que a atuação judicial esteja balizada pela congruência da tutela jurisdicional, sob pena de violação ao devido processo legal, notadamente no que atina às garantias da inércia da jurisdição, iniciativa da parte, contraditório e ampla defesa" (Andrea Boari Caraciola, "Congruência da tutela e interpretação lógico-sistemática do pedido", in Paulo Henrique dos Santos Lucon *et al.* (coords.), *Processo em Jornadas*, Salvador, JusPodivm, 2016, p. 60).

jurisdicional, pois nesta última se sobrepõe a obrigatoriedade de atuação do magistrado nos limites da demanda levada a juízo.[50]

Em síntese: a insatisfação do indivíduo com determinada situação ocorrida no campo das relações sociais poderá gerar a sua *pretensão* de obter uma solução do conflito. Para se veicular referida pretensão junto ao Poder Judiciário o indivíduo detém o direito de *ação*, o qual é abstrato e autônomo em relação ao direito material levado a juízo. E a *demanda* formulada externará e delimitará a *tutela jurisdicional* objetivada pelo demandante, notadamente para fins de solução do litígio e atividade da jurisdição.[51]

32. Objeto do processo e objeto litigioso do processo

Conforme pontua José Rogério Cruz e Tucci, "superada a questão referente ao conceito de ação, buscou-se precisar o conceito nuclear do processo civil".[52] Isso porque, em momento anterior ao estudo sobre o processo e seu objeto, a doutrina se debruçava com mais afinco no exame do conceito de ação e na sua relação com o direito material, sobrevindo como grandes vertentes destes estudos a teoria *imanentista*, segundo a qual "não há ação sem direito; não há direito sem ação; a ação segue a natureza do direito"[53] – demonstrando real confusão entre direito material e direito processual; a teoria da ação como direito autônomo e *concreto*, pelo qual "o direito de ação só existiria quando a sentença fosse favorável";[54] e, por fim, a teoria da ação como direito autônomo e *abstrato*, afirmando que "o direito de ação independe da existência efetiva do direito material invocado"[55] – sendo esta última o posicionamento aceito na atualidade.

50. "O *ne procedat iudex ex officio* e o *nemo iudex sine actore* e o *ne eat iudex ultra petita partium* aparecem no art. 2º e no art. 128" (Francisco Cavalcanti Pontes de Miranda, *Comentários ao Código de Processo Civil*, cit., 2ª ed., t. I (arts. 1º a 45), p. 122).

51. "O exercício da jurisdição deixa de ser uma garantia constitucional, para se concretizar no atendimento da pretensão processual à tutela jurisdicional" (Fábio Peixinho Gomes Corrêa, *O Objeto Litigioso no Processo Civil*, cit., p. 237).

52. José Rogério Cruz e Tucci, *A "Causa Petendi" no Processo Civil,* cit., 3ª ed., p. 95.

53. Antônio Carlos de Araújo Cintra, Ada Pellegrini Grinover e Cândido Rangel Dinamarco, *Teoria Geral do Processo*, cit., 27ª ed., p. 272.

54. Idem, p. 273.

55. Idem, p. 274.

Objeto, "no sentido jurídico, assim se diz a *coisa*, qualquer que seja, sobre que recai o *direito*".[56] Já, o processo é a "atividade mediante a qual se desempenha em concreto a função jurisdicional",[57] que se dá "através de uma série coordenada de atos que se sucedem no tempo e tendem à formação de um ato final".[58] Resta, porém, compreender qual seria, então, o objeto do processo.

Sidnei Amendoeira Jr. entende que: "O processo não é talhado para tirar dúvidas, não se presta à resolução de consultas, mas a satisfazer pretensões que vêm pelo pedido e são respondidas por meio do decisório da sentença";[59] e, no mesmo sentido, "o Pretório não é órgão de consulta".[60]

Em destacado estudo – ao qual este trabalho se afilia –, Sydney Sanches esclarece que "objeto do processo, em seu aspecto global de instrumento institucional da jurisdição, é toda a matéria que nele deva ser apreciada pelo juiz, seja em termos de simples *cognitio*, seja em termos de *judicium*"[61] – dentre as quais destacam-se os pressupostos processuais, as condições da ação e o mérito, bem como a defesa do réu e do reconvindo e, ainda, as intervenções de terceiros. Entretanto, ressalva-se que "só uma parte do 'objeto do processo' constitui o 'objeto litigioso do processo': é o mérito, assim entendido o pedido".[62-63]

56. De Plácido e Silva, *Vocabulário Jurídico*, 20ª ed., Rio de Janeiro, Forense, 2002, p. 566.

57. Enrico Tullio Liebman, *Manual de Direito Processual Civil*, cit., 3ª ed., vol. I, p. 55.

58. Idem, ibidem.

59. Enrico Tullio Liebman, *Manual de Direito Processual Civil*, 2ª ed., vol. 1 (*Teoria Geral do Processo e Fase de Conhecimento em Primeiro Grau de Jurisdição*), São Paulo, Saraiva, 2012, p. 202.

60. STJ, REsp 982-RJ, rel. Min. Gueiros Leite, publ. 11.12.1989.

61. Sydney Sanches, "Objeto do processo e objeto litigioso do processo", *Revista de Jurisprudência do Tribunal de Justiça do Estado de São Paulo* 55/24, São Paulo, novembro-dezembro/1978.

62. Sydney Sanches, "Objeto do processo e objeto litigioso do processo", cit., *Revista de Jurisprudência do Tribunal de Justiça do Estado de São Paulo* 55/24. E arremata referido autor destacando que o pedido pode ser o "do autor formulado na inicial ou nas oportunidades em que o ordenamento jurídico lhe permita ampliação ou modificação; o pedido do réu na reconvenção; o pedido do réu, formulado na contestação, nas chamadas ações dúplices; o pedido do autor ou do réu nas ações declaratórias incidentais (sobre questões prejudiciais); o pedido do autor ou do réu contra terceiro na denunciação da lide; o pedido do réu no chamamento ao processo; o pedido do terceiro contra autor e réu, formulado na oposição". No mesmo sentido: Antônio Carlos de Araújo Cintra, Ada Pellegrini Grinover e Cândido Rangel Dinamarco, *Teoria Geral do Processo*, cit., 27ª ed., p. 312.

Já, para Araken de Assis o debate sobre o objeto do processo e o objeto litigioso do processo confirma a "autonomia do plano processual – e das questões, nele agitadas, submetidas à apreciação judicial – enquanto realidade distinta do plano material".[64]

Nas palavras de Fredie Didier Jr.: "O objeto do processo é conjunto do qual o objeto litigioso do processo é elemento: esse é uma parcela daquele (...). Enquanto o primeiro faz parte apenas do objeto da cognição do magistrado, o segundo é o objeto da decisão".[65]

Assim, se o processo tem por objeto concatenar o ponto e o contraponto postos pelos demandantes e demais sujeitos do processo em juízo, fomentando o debate de maneira ordenada e racional, para, em síntese, possibilitar a atividade jurisdicional, o objeto litigioso do processo é o resultado que se busca alcançar em razão da demanda formulada. O objeto litigioso do processo é o que realmente interessa para o presente estudo.

Ao tratar do tema, Arruda Alvim destaca que "o autor fixa, com o seu pedido, o objeto litigioso, o mérito ou a lide (...) ao fixar o objeto litigioso, o autor delimita a lide, ou seja, aquilo sobre o que o juiz deve decidir, com força de coisa julgada".[66-67]

José Rogério Cruz e Tucci,[68] por sua vez, apresenta duas correntes sobre objeto litigioso do processo, a primeira na qual este é delimitado

63. Em sentido análogo, Paulo Henrique dos Santos Lucon apresenta distinção entre "objeto litigioso (*mérito* ou *lide*) do conceito amplo de objeto do processo ou objeto de cognição do juiz" (*Relação entre Demandas*, cit., p. 47).

64. Araken de Assis, *Cumulação de Ações*, 4ª ed., São Paulo, Ed. RT, 2002, p. 120.

65. Fredie Didier Jr., "Arts. 502 a 508", in Antônio do Passo Cabral e Ronaldo Cramer (coords.), *Comentários ao Novo Código de Processo Civil*, 2ª ed., Rio de Janeiro, Forense, 2016, p. 759.

66. Arruda Alvim, *Manual de Direito Processual Civil*, cit., 18ª ed., p. 185.

67. No mesmo sentido: "Os conflitos de interesse do mundo sociológico interessam ao Direito, tais como venham deduzidos ao Estado-juiz através do *pedido*. É o pedido (e respectivos fundamentos de fato e de direito) que fixa a *lide* ou *objeto litigioso*, sobre o qual se desenvolverá a atividade jurisdicional" (Eduardo Arruda Alvim, *Direito Processual Civil*, 5ª ed., São Paulo, Ed. RT, 2013, p. 159).

68. Do mesmo autor e sobre o mesmo tema: "E isso porque – elucida Schwab – quem instaura um processo tem inegável interesse em que o juiz acolha a sua demanda: 'Esta, portanto, é o efetivo objeto do processo'. (...). O objeto do processo, portanto, identifica-se com a circunstância jurídica concreta deduzida em juízo *in status assertionis*, e que aflora individualizada pela situação de fato contrária ao modelo traçado pelo direito material" (José Rogério Cruz e Tucci, "A denominada

exclusivamente pelo pedido[69] e na segunda a *causa petendi* e o pedido são os elementos componentes do objeto litigioso do processo.[70] Ao tratar desta segunda corrente, referido autor empreende crítica ao posicionamento de acordo com o qual "a *causa* se presta tão somente para interpretar as conclusões do autor, o seu pedido",[71] e se posiciona aduzindo que o objeto litigioso deve ser delimitado pela *causa petendi* e pelo pedido, sob o argumento de que a causa de pedir se presta não só para a individuação mas, sobretudo, para a substanciação, arrematando com a conclusão de que "uma demanda despida de *causa petendi* é uma demanda incompleta e, portanto, deve ser rejeitada *in limine*".[72]

Em posicionamento semelhante, Paulo Henrique dos Santos Lucon assevera que "a causa de pedir – em maior ou menor medida, dependendo da espécie de direito material afirmado – é determinante para a correta fixação do objeto litigioso, sendo insuficiente a análise que recai apenas sobre o pedido (demanda) formulado pelo autor".[73]

Entretanto, ao apresentar a causa de pedir, o demandante desenha um cenário que poderá dar ensejo a outro(s) pedido(s) além do(s) formulado(s), razão pela qual apenas a demanda do autor delimitada pelo(s) pedido(s) formulado(s) poderá ser apreciada pelo juiz ao decidir o mérito da causa.[74] A demanda "pode ser proposta perante o juiz de forma total ou

'situação substancial' como objeto do processo na obra de Fazzalari", *RePro* 68/277, São Paulo, Ed. RT, outubro-dezembro/1992).

69. "Em outras palavras, o pedido (*Antrag*) constitui o objeto litigioso, enquanto a *causa petendi* (reputada como *fato constitutivo*) resta totalmente estranha à individuação daquele. É exclusivamente o pedido do autor que fixa o conteúdo e a extensão da lide, sendo que a *causa de pedir* (*Sachverhalt*) não guarda relevância alguma, por não constituir um elemento componente da pretensão processual" (José Rogério Cruz e Tucci, *A "Causa Petendi" no Processo Civil,* cit., 3ª ed., p. 104).

70. José Rogério Cruz e Tucci, *A "Causa Petendi" no Processo Civil,* cit., 3ª ed., pp. 106-109.

71. Idem, pp. 107-108.

72. Idem, p. 108.

73. Paulo Henrique dos Santos Lucon, *Relação entre Demandas*, cit., p. 51.

74. "O autor não traz para apreciação do juiz toda a controvérsia que tem com o réu. Do conflito de interesse entre ambos só é objeto da ação aquilo que vem delimitado pelo pedido formulado. O que não constou do pedido não pode ser conhecido e decidido, sob pena de nulidade da decisão proferida. É por isso que o nosso Código de Processo Civil, quando trata do objeto da ação, lhe dá a denominação de pedido" (Olavo de Oliveira Neto e Patrícia Elias Cozzolino de Oliveira, "A necessidade de pedido específico na ação de indenização por dano moral", *Revista do Instituto dos Advogados de São Paulo* 23/252, São Paulo, janeiro-junho/2009).

parcial",[75] mas apenas a demanda deduzida constituirá o objeto litigioso do processo, cujo mérito deverá ser decidido.[76]

No mesmo sentido, Cândido Rangel Dinamarco entende que, "perante o Direito Brasileiro, hoje, não tenho dúvida de que é exclusivamente no *petitum* que reside o objeto do processo. Julgar o mérito é julgar o pedido".[77]

Na linha de estudo do presente trabalho, de certo que a causa de pedir pode e deve se prestar para interpretar o pedido caso o pleito não tenha sido formulado de maneira suficientemente clara e certa, mas não pode (*rectius*, não deve) servir de elemento para se extrair pedido não expressamente formulado em momento e forma processualmente adequados, no curso do processo.

E, por esse motivo, este estudo inclina-se para a posição de Milton Paulo de Carvalho, pelo qual: "O pedido é o conteúdo da demanda, a pretensão processual, o objeto litigioso do processo, o mérito da causa".[78]

Ao tratar do tema, Fábio Peixinho Gomes Corrêa apresenta posição segundo a qual: "As investigações da doutrina germânica acerca do *Streitgegenstand* ou objeto litigioso demonstram que ele reside na pretensão processual à tutela jurisdicional deduzida em juízo"[79] e o objeto litigioso do processo, enquanto pretensão processual (*rectius*, demanda) à tutela jurisdicional, guarda relação com o binômio "promessa de prestar o serviço jurisdicional" com as "limitações ao exercício do poder jurisdicional".[80]

Assim, se, por um lado, o objeto do processo recai sobre toda a atividade jurisdicional, exercida como meio para se atingir um fim, o

75. Sidnei Amendoeira Jr., *Manual de Direito Processual Civil*, cit., 2ª ed., vol. 1 (*Teoria Geral do Processo e Fase de Conhecimento em Primeiro Grau de Jurisdição*), p. 200.

76. "O conceito de objeto litigioso para *Schwab* é puramente processual; o *pedido* (petição) (*Begehren*) feito pelo autor não se enlaça, fundamentalmente, a determinadas categorias pertencentes ao direito material" (Elicio de Cresci Sobrinho, *Objeto Litigioso no Processo Civil*, Porto Alegre, Sérgio Antônio Fabris Editor, 2008, p. 106).

77. Cândido Rangel Dinamarco, *Nova Era do Processo Civil*, 4ª ed., São Paulo, Malheiros Editores, 2013, p. 45.

78. E prossegue: "É o anseio, a aspiração do demandante, de que para aquela parcela da realidade social por ele trazida na demanda e que lhe está sendo prejudicial seja dada a solução conforme ao Direito segundo o seu modo de entender" (Milton Paulo de Carvalho, *Do Pedido no Processo Civil*, cit., p. 97).

79. Fábio Peixinho Gomes Corrêa, *O Objeto Litigioso no Processo Civil*, cit., p. 57.

80. Idem, p. 58.

objeto litigioso do processo é o fim almejado, pelo qual a *res in judicium deducta* será decidida, com o escopo de se resolver o conflito posto em juízo. O pedido é o objeto do litígio levado a juízo, cujo processo visa a resolver, mas os fatos narrados pelas partes no curso do processo devem ser considerados pelo magistrado, com o intuito de aferir a plausibilidade, qualidade e extensão do objeto litigioso do processo – consubstanciado no pedido – para, em última análise, conferir ou não a tutela jurisdicional.

33. Correlação entre o pedido e o dispositivo da sentença

O CPC/1939 previa em seu art. 4º que: "O juiz não poderá pronunciar-se sobre o que não constitua objeto do pedido (...)". De forma correlata, o art. 2º do CPC/1973 dispunha que: "Nenhum juiz prestará a tutela jurisdicional senão quando a parte ou o interessado a requerer, nos casos e forma legais"; também impondo em seu art. 128 que: "O juiz decidirá a lide nos limites em que foi proposta, sendo-lhe defeso conhecer de questões, não suscitadas, a cujo respeito a lei exige a iniciativa da parte"; e, por fim, determinava no art. 262, que: "O processo civil começa por iniciativa da parte, mas se desenvolve por impulso oficial".

Ao tratar do princípio da congruência, o CPC/2015 determina no art. 2º que: "O processo começa por iniciativa da parte e se desenvolve por impulso oficial, salvo as exceções previstas em lei"; bem como o art. 141, pelo qual: "O juiz decidirá o mérito nos limites propostos pelas partes, sendo-lhe vedado conhecer de questões não suscitadas a cujo respeito a lei exige iniciativa da parte". As exceções a que se refere a parte final do art. 2º analisaremos adiante, no capítulo destinado às hipóteses de mitigação do princípio da congruência.

O texto normativo não é novo e também não deixa margem para dúvidas. O princípio da congruência – também denominado de princípio da adstrição ou da correlação entre o pedido e a sentença – é firme e consigna de maneira clara que no sistema processual civil "ao juiz não é permitido formular ou escolher pedidos nem interferir no objeto do processo".[81]

Isso porque: "Em virtude do princípio da correlação entre demanda e sentença, a pretensão processual à tutela jurisdicional parece ser o instrumento que liga esses dois polos do processo civil, assegurando que o direito material não se perca pelo caminho".[82]

81. Cândido Rangel Dinamarco, *Instituições de Direito Processual Civil*, cit., 7ª ed., vol. II, p. 194.

82. Fábio Peixinho Gomes Corrêa, *O Objeto Litigioso no Processo Civil*, cit., p. 250.

Os órgãos do Poder Judiciário, enquanto um dos Poderes da União (art. 2º da CF/1988), "têm por função compor conflitos de interesses em cada caso concreto".[83-84] Estes conflitos são levados ao Poder Judiciário em decorrência do direito de ação e, formalmente, concretizados na petição inicial, a qual deverá conter não só a narrativa dos fatos ensejadores do conflito a ser solucionado e seus fundamentos jurídicos, como também o pedido, consubstanciado na solução desejada pelo demandante.

Ambos são pressupostos processuais, o primeiro de *existência* (petição inicial) e o segundo de *validade* (petição inicial apta, dotada de pedido adequadamente formulado), previstos na lei (art. 319, IV, do CPC/2015), os quais, somados com o princípio da inércia,[85] tornam evidente a lógica de que sem a provocação feita pelo demandante o Poder Judiciário não desempenha seu papel.[86-87] Ao ser provocado, o Estado-juiz responde ao estímulo na mesma proporção e direção da força empreendida pelo demandante – tal como ocorre na Física com um pêndulo retirado de sua inércia –, o que se dá pelo impulso oficial voltado a solucionar o conflito dentro dos limites da provocação que lhe foi feita.

Conforme destacado acima, o Poder Judiciário tem por função precípua compor conflitos e, *a contrario sensu*, não lhe compete gerar ou instigar novos conflitos além daqueles que lhe são postos a decidir.

83. José Afonso da *Curso de Direito Constitucional Positivo*, 37ª ed., São Paulo, Malheiros Editores, 2014, p. 553.

84. Ressalvadas exceções, como, por exemplo, o controle de constitucionalidade que decide casos em abstrato e a jurisdição voluntária, na qual não necessariamente haverá o conflito de interesses.

85. Conforme ensina Flávio Cheim Jorge, o princípio da congruência "nada mais é do que uma manifestação expressa da inércia da jurisdição" ("Sentença cível", *RePro* 104/121, São Paulo, Ed. RT, outubro-dezembro/2001).

86. "O litigante tem *full control* sobre o seu direito material e, outrossim, bem revela o poder da parte de livre escolha para o exercício ou não exercício desta prerrogativa; o juiz, por outro lado, nos limites da lei, detém poderes de direção material do processo e de iniciativa probatória, simplesmente porque deve estar comprometido com a solução mais justa possível da controvérsia" (José Rogério Cruz e Tucci, "Art. 2º", in José Rogério Cruz e Tucci *et al.* (coords.), *Código de Processo Civil Anotado*, Rio de Janeiro, GZ Editora, 2016, p. 2).

87. "Aliás, não apenas o processo começa necessariamente por iniciativa da parte, a teor dos mencionados arts. 2º e 262, como o juiz está adstrito aos limites do pedido formulado pelo autor, segundo prevê o art. 128. Nem teriam sentido os dois primeiros dispositivos se o juiz pudesse decidir de forma não vinculada ao pedido. Daí se conclui que, sem iniciativa da parte, não se pode falar em processo. Essa iniciativa, sabe-se, é veiculada através de um pedido no bojo da petição inicial (art. 282, IV)" (Eduardo Arruda Alvim, *Direito Processual Civil*, cit., 5ª ed., p. 189).

Em grau ainda mais refinado, os conflitos suscitados perante o Poder Judiciário também estão adstritos ao princípio da inércia, isso no tocante àquilo que não foi demandado. Tanto o ato da provocação (petição inicial) quanto os limites e os termos da provação (pedido) devem ser respeitados pelo Poder Judiciário, sendo o primeiro em decorrência da inércia (art. 2º) e os segundos em razão do princípio da congruência (art. 141). Ambos exercem, em conjunto, a função de sintonia fina para a existência e a modulação da decisão a ser proferida.

Em síntese: o princípio da demanda versa sobre o ato que retira a inércia da jurisdição;[88] e o princípio dispositivo trata do ato processual que delimita a correlação entre o pedido formulado e a sentença a ser proferida.[89]

Ademais, pelo princípio da congruência, mesmo os direitos materiais indisponíveis, caso não constem no rol de pedidos formulados pelo demandante, ainda que por omissão ou negligência, não poderão ser apreciados de ofício pelo magistrado quando for prolatada a sentença.[90]

Assim como elucida Milton Paulo de Carvalho, ao tratar do princípio da congruência: "Tendo assumido o monopólio da jurisdição, o Estado reconhece aos interessados o direito de provocar aquela atividade para a realização concreta dos seus direitos subjetivos, reconhecendo, por consequência, que a invocação de tal tutela se faça na medida que a cada um convenha".[91]

88. "A jurisdição movimenta-se em decorrência da demanda, ficando, antes disso, inerte (*ne procedat judex ex officio*). O princípio da inércia da jurisdição, assim, é a *outra face* do princípio da demanda (*nemo judex sine actore*)" (José Miguel Garcia Medina e Teresa Arruda Alvim Wambier, Processo Civil Moderno, 3ª ed., vol. I (*Parte Geral e Processo de Conhecimento*), São Paulo, Ed. RT, 2013, p. 119).

89. "O princípio da congruência é decorrência do princípio dispositivo" (STJ, AgR no Ag 1.327.010-RJ, rel. Min. Napoleão Nunes Maia Filho, publ. 29.9.2015).

90. "O juiz civil, no Direito Brasileiro, repito, não está autorizado a instaurar de ofício um processo porque se trate de direito indisponível, e tampouco está autorizado a, na sua sentença, pronunciar-se sobre algo que não foi objeto do pedido, só porque lhe pareça que se trata de um direito indisponível. Direito não exercitado, ainda que indisponível, é para o juiz direito não contemplável na sentença. Nenhum juiz pode acrescentar na sua sentença uma disposição, uma determinação, que não tenha sido incluída no pedido, a pretexto de que essa prestação, à qual se refere o mandamento sentencial, se fundava num direito indisponível" (José Carlos Barbosa Moreira, "Correlação entre o pedido e a sentença", *RePro* 83/208-209, São Paulo, Ed. RT, julho-setembro/1996).

91. Milton Paulo de Carvalho, *Do Pedido no Processo Civil*, cit., p. 163.

Nas palavras de Gustavo Henrique Badaró, ao tratar da inércia da jurisdição, "não poderá o juiz iniciar o processo, sendo-lhe vedado o exercício da ação (...) o juiz não pode prover sem que haja um pedido e, como consequência, daí decorre outro princípio: o juiz não pode prover diversamente do que lhe foi pedido".[92]

O conflito nasce no bojo das relações sociais, e a pretensão de sua solução advém de interesse única e exclusivamente do indivíduo que entende ter sido lesado, podendo este se valer do direito de ação ou não, a seu critério. Se a opção for por judicializar o conflito, incumbe ao demandante não apenas relatar o litígio, como também expor a solução desejada. E, como regra, não cabe ao Poder Judiciário sub-rogar-se nos interesses do demandante, para lhe conceder tutela jurisdicional maior, menor ou diversa da demandada.

Dado que o processo, enquanto encadeamento de atos a serem praticados pelas partes e pelo magistrado, possui uma gama variada de medidas a serem adotadas até se atingir a decisão de mérito, pode acontecer que, dentre estes atos processuais e manifestações das partes, o magistrado se desoriente quanto ao real objeto litigioso do processo, sendo de interesse não só do demandante como também do demandado que o processo retome o curso de sua rota original,[93] sem prejuízo das hipóteses nas quais uma das partes propositalmente induz o magistrado a sair da rota delimitada pelo pedido, visando a que ao final seja apreciada demanda diversa da efetivamente formulada. O princípio da congruência é a garantia de um *iter* a ser trilhado pelo magistrado entre o pedido e a

92. Gustavo Henrique Badaró, *Correlação entre a Acusação e a Sentença*, 3ª ed., São Paulo, Ed. RT, 2013, p. 39.

93. "O autor, ao propor a sua demanda, formula o seu pedido e indica os fundamentos jurídicos que o embasam. O réu, por sua vez, ao oferecer a sua defesa, identicamente aponta os seus fundamentos que justificam a improcedência desse pedido. O juiz, portanto, ao proferir a sentença, deverá ficar limitado ao que for deduzido em juízo. (...). Apesar de a doutrina, de um modo geral, não emprestar grande significância à posição do réu, quando tece comentários a respeito do princípio da adstrição do juiz ao pedido, pensamos que a mesma não pode ser simplesmente ignorada. É que terá literalmente infringido o seu direito de defesa, na medida em que não poderá ter discutido aquela consequência jurídica atribuída pela sentença. O juiz deverá ficar adstrito única e exclusivamente aos fatos jurídicos indicados pelo autor e emprestar-lhes a significação jurídica pretendida pelo autor. Qualquer distanciamento por parte do juiz do fato jurídico indicado pelo autor ou do seu respectivo pedido encontra óbice instransponível no art. 128 do CPC" (Flávio Cheim Jorge, "Sentença cível", cit., *RePro* 104/121-122).

sentença, a fim de que o destino a ser alcançado não se altere no curso do processo.[94]

Para o princípio da congruência ganha destaque o dispositivo da sentença. Nas palavras de Cândido Rangel Dinamarco: "Dispositivo é o *preceito concreto e imperativo* ditado pelo juiz em relação à causa".[95] Ou, em outras palavras, é o "fecho da sentença. Nele se contém a decisão da causa",[96] resolvendo ou não o mérito, e nesta última hipótese todos os pedidos deverão ser apreciados, acolhendo-os ou rejeitando-os, um a um, inclusive os pedidos implícitos (art. 322, § 1º, do CPC/2015) e os pedidos feitos pelo réu em sede reconvencional ou por pedido contraposto, não podendo o magistrado dar mais, menos ou algo diferente da demanda contida no processo, expressa no pedido.

Sobre o dispositivo da sentença já se posicionou o STJ no sentido de que "a interpretação da parte dispositiva da sentença não pode ser feita de maneira isolada, ao contrário, deve ser feita em alinhamento ao contexto delineado em toda a fundamentação do julgado".[97-98]

Em análise ao art. 141 do CPC/2015, nota-se que o juiz decidirá o *mérito* nos *limites* propostos pelas *partes*. O conceito de *mérito* e a opção legislativa de substituir o termo "lide", o qual constava na redação do art. 128 do CPC/1973, serão abordados de maneira mais detida no tópico seguinte.

94. "A *regra da congruência* constitui um dos fundamentos da necessidade de *certeza* do pedido, como imperativo do modelo processual *dispositivo*. Como visto, é nesse sentido que comumente se diz que a petição inicial constitui um esboço da sentença. O pedido, nesse eixo ou linha imaginária correlativa (petição inicial/sentença), reporta-se ao dispositivo da sentença" (João Pereira Monteiro Neto, "Pedido genérico: reflexões à luz do novo Código de Processo Civil", cit., *RePro* 243/69-70).

95. "Ele consiste na resposta do Estado-juiz à demanda do autor, seja para negar o direito deste ao provimento de mérito (sentenças terminativas), seja para conceder-lhe o provimento conforme pedido (procedência da demanda), seja para impor-lhe um provimento de conteúdo adverso (improcedência), seja ainda para acolher em parte o pedido, rejeitando-o no mais (procedência parcial)" (Cândido Rangel Dinamarco, *Instituições de Direito Processual Civil*, 7ª ed., vol. III, São Paulo, Malheiros Editores, 2017, pp. 773-774).

96. Humberto Theodoro Jr., *Curso de Direito Processual Civil*, cit., 58ª ed., vol. I, p. 1.076.

97. STJ, AgR no REsp 1.337.068-RJ, rel. Min. Napoleão Nunes Maia Filho, publ. 30.4.2015.

98. No mesmo sentido: STJ, AgR no AREsp 645.491-SC, rela. Min. Maria Isabel Gallotti, publ. 20.4.2015.

Ainda de acordo com Cândido Rangel Dinamarco, os *limites*[99] em questão são os objetivos (causa de pedir e pedido) e os subjetivos (partes da demanda[100]), estabelecidos na demanda vinculada na petição inicial, na reconvenção ou no pedido contraposto. E, "como é notório, os pedidos contidos na contestação não vinculam o juiz", por não ser a contestação uma demanda e nem um ato tendente a estabelecer o objeto litigioso do processo.

De fato, ao se demandar em juízo pede-se algo em face de alguém, por determinado motivo, sendo estes os limites nos quais o magistrado deverá desenvolver sua atividade jurisdicional.

Ressalte-se, apenas, que no tocante à causa de pedir o magistrado estará adstrito apenas à causa de pedir remota, e nunca à próxima, em razão das máximas *iura novit curia*[101] e *narra mihi factum, dabo tibi jus*. Do mesmo modo, o réu não poderá alegar cerceamento de defesa caso sobrevenha sentença com fundamento jurídico diverso do ventilado na petição inicial, pois: "Ninguém se escusa de cumprir a lei, alegando que não a conhece" (art. 3º do Decreto-lei 4.657/1942 – Lei de Introdução às Normas do Direito Brasileiro). Nesta linha, a ausência de menção a dispositivo legal na petição inicial não prejudicará a defesa do réu, desde que a este seja dada a oportunidade de opor a adequada resistência antes da decisão do magistrado que adotar o fundamento jurídico inédito para as partes (art. 10 do CPC/2015).

A ideia de estabelecer os limites a partir da demanda formulada, por uma ou ambas as partes, objetiva assegurar o contraditório, pois ninguém pode ser condenado sem sequer ter tomado ciência do processo, e mesmo os indivíduos que participam do processo não podem sofrer os efeitos de uma decisão relativa a pedido diverso do demandado ou com base em

99. Cândido Rangel Dinamarco, *Instituições de Direito Processual Civil*, cit., 7ª ed., vol. III, pp. 325-326.

100. "O juiz julga o mérito exclusivamente em relação aos sujeitos que figuram como *partes no processo*, qualquer que seja o modo como cada um deles haja adquirido essa qualidade (...) a decisão de mérito deve referir-se *exclusivamente aos sujeitos que sejam partes no momento em que ela é proferida, e a todos eles*. Julgar para quem não é parte seria violentar a exigência constitucional do contraditório. Omitir alguma parte é denegar acesso à Justiça" (Cândido Rangel Dinamarco, *Instituições de Direito Processual Civil*, cit., 7ª ed., vol. III, pp. 341 e 344).

101. "Não há julgamento *extra petita* quando a sentença aprecia o pedido tomando por base os fatos e as consequências jurídicas dele decorrentes deduzidos na inicial, ainda que o faça por novo fundamento legal – Aplicação do princípio *jura novit curia*" (STJ, REsp 814.710-MS, rel. Min. Teori Albino Zavascki, publ. 1.2.2007).

fatos estranhos e não debatidos, para os quais não foram possibilitados o contraditório e a ampla defesa.

Em que pese a que os limites estejam relacionados às partes, à causa de pedir e ao pedido, usualmente menciona-se apenas a correlação entre o pedido e a sentença. A razão para esta terminologia é simples, pois o pedido é a síntese da demanda. Não obstante toda a relação fática que possa vir a ser narrada no ato postulatório (petição inicial, reconvenção ou pedido contraposto) e os indivíduos mencionados nestes fatos narrados, o pedido tem a função de conduzir o magistrado diretamente ao ponto que precisa ser apreciado para fins de tutela jurisdicional, concedendo-a ou rejeitando-a.

Conforme elucida Cândido Rangel Dinamarco, "existe um *eixo imaginário* interligando o pedido, contido na demanda inicial do autor, e o dispositivo sentencial", destacando, ainda, que a resposta do magistrado nunca pode incidir "sobre o que não foi demandado, sob pena de ultraje às garantias constitucionais do contraditório e do devido processo legal".[102]

Tal como um átomo possui um núcleo, em torno do qual circundam os elétrons, o processo possui o pedido, em torno do qual circundam os fatos, as partes, o contraditório, a atividade probatória e a atividade jurisdicional.

Se a norma processual não imputasse ao demandante a responsabilidade de formular pedido certo e determinado, ou determinável, por via reflexa ao magistrado seria incumbida a tormentosa tarefa de extrair dos fatos qual é a solução desejada pelo demandante, e em muitas ocasiões também lhe competiria o árido trabalho de determinar em face de quem a decisão deveria ser proferida – tudo isso em total afronta aos princípios da celeridade e da segurança jurídica.

Ademais, a ausência de vinculação entre o pedido e a tutela jurisdicional ocasionaria lesão ao contraditório, pois o demandado se defenderia sem nem ao menos saber – e por vezes apenas supor – qual poderia ser o resultado da demanda.

Essa incerteza do demandado quanto ao objeto litigioso do processo seria deletéria dentro e fora do processo. Dentro, por violar o contraditório[103] e a ampla defesa; inviabilizar o reconhecimento da procedência do

102. Cândido Rangel Dinamarco, *Nova Era do Processo Civil*, cit., 4ª ed., p. 45.

103. "O exercício amplo do direito de defesa implica necessariamente para o réu um mínimo de previsibilidade. É preciso que ele saiba, ao ser convocado a juízo,

pedido (art. 487, III, "a", do CPC/2015); dificultar a renúncia à pretensão formulada (art. 487, III, "c", do CPC/2015); atrapalhar a realização de transação em processo cujo alcance se desconhece (art. 487, III, "b", do CPC/2015); gerar incertezas sobre os limites da responsabilidade em demandas formuladas em face de litisconsortes; impedir a aferição de interesse recursal, pois, mesmo diante da procedência da ação, não seria possível ter certeza do interesse do demandante, e, por conseguinte, não seria possível afastar seu interesse em reformar a decisão – entre outros.[104] Fora do processo, por não se permitir apurar a extensão da responsabilidade patrimonial do demandado, haja vista sequer se ter conhecimento específico de suas obrigações (art. 789 do CPC/2015); por inviabilizar o contingenciamento e a provisão contábil relativos às demandas judiciais das pessoas jurídicas;[105] por gerar reflexos no mercado, haja vista ser demasiadamente complexo aferir o passivo judicial e a solvibilidade daquele que foi demandado em juízo – entre outros motivos.

Sobre esse último apontamento, ao tratar sobre a segurança e o mercado, Eros Roberto Grau aponta que: "O Direito moderno é racional porque permite a instalação de um horizonte de *previsibilidade* e *calcu-*

ou possa verificar com os dados de que dispõe, quais são as suas chances, tanto para o melhor quanto para o pior. É preciso que ele possa avaliar desde logo qual a pior coisa que lhe pode acontecer na hipótese de derrota" (José Carlos Barbosa Moreira, "Correlação entre o pedido e a sentença", cit., *RePro* 83/209).

104. "Ora, um dos elementos mais importantes decorre da pergunta, que o réu necessariamente formula – antes de mais nada, a si próprio: 'Qual a pior coisa que pode me acontecer, se eu preferir lutar?'. A semelhante pergunta só pode dar resposta satisfatória a partir do pressuposto de que há um limite preciso para a extensão da hipotética derrota. A mais trágica vicissitude a que está sujeito o demandado é o acolhimento total do pedido do autor (eventualmente, com a fixação *no máximo* da verba honorária resultante da sucumbência). À vista desse dado, estará o réu em condições de raciocinar com objetividade. Se porém se lhe disser que, na hipótese de vitória do adversário, se torna *imprevisível* o tamanho do seu prejuízo, mudará radicalmente o panorama, com manifesto detrimento para o direito de defesa" (José Carlos Barbosa Moreira, "Ação de revisão de aluguel – Pedido e sentença (parecer)", *RF* 328/130, Rio de Janeiro, Forense, outubro-dezembro/1994).

105. Sobre este tema, v.: (1) Resolução do Conselho Federal de Contabilidade 1.180/09; (2) Comitê de Pronunciamentos Contábeis/CPC 25 – *Provisões, Passivos Contingentes e Ativos Contingentes* (disponível em *http://www.cpc.org.br/CPC/Documentos-Emitidos/Pronunciamentos/Pronunciamento?Id=56*, acesso em 6.5.2020); e (3) IAS 37 – *Provisions, Contingent Liabilities and Contingent Assets* (disponível em *https://www.iasplus.com/en/standards/ias/ias37*, acesso em 6.5.2020).

labilidade em relação aos comportamentos humanos, sobretudo aqueles que se dão nos mercados".[106-107]

Na segunda parte do art. 141 do CPC/2015 consta proibição ao juiz para "conhecer de questões não suscitadas a cujo respeito a lei exige iniciativa da parte". Conforme elucida Cândido Rangel Dinamarco, trata-se de vedação ao "conhecimento de ofício das chamadas *exceções em sentido estrito*, que são as defesas do réu a que a lei outorga a condição de ônus absoluto",[108] que, segundo referido autor, recaem sobre os fatos impeditivos, modificativos ou extintivos que possam influenciar na denegação da tutela ao direito material postulado pelo autor em juízo. Em complemento a este conceito, também não se pode admitir que o juiz conheça de fatos constitutivos estranhos à demanda ou não suscitados no curso do processo em momento adequado.

Cumpre, entretanto, prestar alguns esclarecimentos. As defesas indiretas de mérito não necessariamente negam os fatos constitutivos do direito do autor, mas invocam fato novo, o qual pode ser impeditivo, modificativo ou extintivo do direito do autor (art. 350 do CPC/2015). Enquanto os fatos impeditivos se prestam para impedir a procedência do pedido (*v.g.*, exceção do contrato não cumprido), os fatos modificativos alteram a realidade fática posta na petição inicial (*v.g.*, parcelamento de débito objeto de ação de declaração de inexistência de débito). Já, nos fatos extintivos o direito material ou o direito de ação não mais existem, respectivamente em razão da decadência ou da prescrição, sendo ambas suscetíveis de reconhecimento de ofício (art. 487, II, do CPC/2015).

Por esse motivo, em que pese às lições acima transcritas, a parte final do art. 141 do CPC/2015 aplica-se apenas aos fatos impeditivos e modificativos, sem aplicação aos fatos extintivos. Havendo permissivo para se suscitar prescrição e decadência de ofício, não se pode defender a violação ao princípio da congruência caso o magistrado decida com base em algum destes institutos.

De certo que, tal como os juízes de primeiro grau, os tribunais também devem obedecer ao princípio da congruência. Entretanto, o filtro

106. Eros Roberto Grau, *Por que Tenho Medo dos Juízes (Interpretação/Aplicação do Direito e os Princípios)*, 8ª ed., São Paulo, Malheiros Editores, 2017, p. 17.

107. Sobre o tema destaca-se a análise feita sobre processos judiciais e economia: João Paulo Hecker da Silva, *Processo Societário: Tutelas de Urgência e da Evidência*, Brasília, Gazeta Jurídica, 2014, pp. 48 e ss.

108. Cândido Rangel Dinamarco, *Instituições de Direito Processual Civil*, cit., 7ª ed., vol. III, p. 336.

de cognição dos tribunais poderá ser mais limitado, dada a possibilidade de o recorrente optar por devolver ao tribunal apenas parte da decisão recorrida – e, por conseguinte, parte do objeto litigioso do processo –, o que ocorrerá se o sucumbente se conformar com uma parcela da decisão desfavorável e sobre ela não interpuser recurso (efeito devolutivo).

Cumpre ressaltar a impossibilidade de o tribunal decidir além do objeto do recurso (*tantum devolutum quantum appellatum*), com exceção das matérias passíveis de reconhecimento de ofício por força do princípio inquisitivo (efeito translativo[109]). No mais, o acesso recursal aos tribunais superiores requer o prequestionamento das matérias a serem ventiladas no recurso, sob pena de inadmissão, sem nem ao menos se apreciar o mérito recursal.[110]

Enquanto o demandante sempre tem o papel de fixar os limites do mérito da causa "por meio dos respectivos *pedidos* e *causa de pedir*",[111] o demandado só o fará se reconvier ou formular pedido contraposto. O contraditório não tem o condão de alterar ou dilatar a demanda, mas poderá influenciar e diminuir o conflito suscitado pelo demandante quando houver o reconhecimento da procedência do pedido formulado, cabendo apenas a homologação (art. 487, III, "a", do CPC/2015), bem como quando o demandado confessar os fatos ou não os controverter (art. 374, II e III, do CPC/2015).

Diminuir o conflito não significa diminuir o pedido. Nas hipóteses acima o pedido permanecerá o mesmo, mas a atividade cognitiva do magistrado sobre o pedido será substancialmente menor. Ocorrerá a diminuição do objeto do processo, mas não do objeto litigioso do processo.

Sobre esse tema, cumpre ressaltar o Enunciado 286 do *Fórum Permanente de Processualistas Civis*, segundo o qual: "Aplica-se o § 2º do art. 322 à interpretação de todos os atos postulatórios, inclusive da contestação e do recurso".[112] Este posicionamento não é novidade, por encontrar similitude com julgado proferido no STJ pelo qual: "O pedido deve ser

109. Sobre o tema, destacamos: Rafael Ribeiro Rodrigues e Rennan F. K. Thamay, "O efeito translativo na barca de Caronte", *RePro* 255/253-274, São Paulo, Ed. RT, maio/2016.

110. V. art. 941, § 3º, e art. 1.025, ambos do CPC/2015.

111. Teresa Arruda Alvim Wambier *et al.*, *Primeiros Comentários ao Novo Código de Processo Civil*, cit., p. 268.

112. *Fórum Permanente de Processualistas Civis*, Enunciado 286, disponível em *http://institutodc.com.br/wp-content/uploads/2017/06/FPPC-Carta-de-Florianopolis.pdf* (acesso em 6.5.2020).

extraído da interpretação lógico-sistemática da respectiva petição (inicial, contestação, recurso etc.), a partir da análise de todo o seu conteúdo".[113]

Cumpre apenas destacar que os adequados objetivo e aplicação deste Enunciado recaem na possibilidade de o julgador interpretar a defesa e interpretar o recurso, no intuito de dar a cada uma destas peças processuais a maior efetividade possível, por certo que sem extrapolar o seu conteúdo. Não se admite, por outro lado, o perigoso entendimento de que a contestação e, muito menos, eventual recurso possam integrar a interpretação do pedido formulado na petição inicial, pois ambos não integram o ato postulatório.[114] Em harmonia com o Enunciado 286, o art. 341, III, do CPC/2015 afasta a presunção de veracidade das alegações de fato constantes na petição inicial desde que estas estejam em contradição com a defesa, considerada em seu conjunto.[115]

Por fim, e conforme já abordado, após formulada a demanda incumbe ao magistrado conduzir o processo até a decisão de mérito. Uma vez provocado o magistrado, os atos jurisdicionais posteriores ao início do processo independem de nova provocação das partes, agindo o magistrado por força do impulso oficial.

Dentro dessa atividade proativa do magistrado podemos elencar a determinação de citação do réu (ressalte-se que o CPC/2015 não reproduziu o teor do art. 282, VII, do CPC/1973) e o poder instrutório (arts. 370, 382, § 1º, 385, 421, 461, 464, § 2º, 480 e 481, todos do CPC/2015), mas não apenas questões inerentes à resolução do objeto litigioso do processo, como também todos os poderes decorrentes da administração e condução do processo (art. 139, I a X, do CPC/2015), entre outros atos processuais.[116]

113. STJ, REsp 1.342.955-RS, rela. Min. Nancy Andrighi, publ. 31.3.2014.

114. "(...) o acto postulativo é o acto através do qual o respectivo autor deduz uma pretensão" (Paula Costa e Silva, *Acto e Processo – O Dogma da Irrelevância da Vontade na Interpretação e nos Vícios do Acto Postulativo*, Coimbra, Coimbra Editora, 2003, p. 375).

115. Sobre o tema destaca-se o posicionamento que conclama uma "interpretação contextual da contestação": Cândido Rangel Dinamarco, *Instituições de Direito Processual Civil*, cit., 7ª ed., vol. III, p. 552.

116. Extraídos do CPC/2015, incumbe ao juiz, de ofício: decretar incompetência em razão de cláusula de eleição de foro abusiva (art. 63, § 3º); decretar incompetência absoluta (art. 64, § 1º); determinar sejam riscadas expressões ofensivas lançadas nos autos (art. 78, § 2º); condenar à litigância de má-fé (art. 81); solicitar intervenção de *amicus curiae* (art. 138); controlar a validade de negócio jurídico processual (art. 190, parágrafo único); determinar intimação em processos pendentes (art. 271); determinar ao distribuidor a anotação de ampliação objetiva do processo (art. 286, parágrafo

Ademais, no curso do processo o magistrado também poderá dar início a incidente com debate autônomo mas que guarde relação com o objeto litigioso do processo principal, do qual não poderá se afastar. São os casos do incidente de assunção de competência (art. 947, § 1º), incidente de arguição de inconstitucionalidade (art. 948), conflito de competência (art. 953, I) e incidente de resolução de demandas repetitivas (arts. 977, I, e 986). Todos estes, em que pese a possuírem escopo diverso do da demanda propriamente dita, objetivam, ao fim e ao cabo, a sua solução da maneira mais adequada.

Ressalte-se que o impulso oficial não se presta para conduzir o processo como uma locomotiva desenfreada, tendente a apurar a verdade dos fatos alegados e decidir o mérito. O processo, enquanto encadeamento de atos, possui diversas etapas que necessitam de participação das partes, e em determinadas hipóteses a ausência de diligência das partes poderá ocasionar a extinção do processo sem resolução do mérito (art. 485, II e III, e § 5º), o prejuízo na apuração dos fatos alegados e não comprovados (art. 373, I e II) ou, simplesmente, a presunção de veracidade, em desfavor do réu, das alegações de fato formuladas pelo autor e não contestadas (art. 344). Portanto, nem sempre o impulso oficial e a diligência esperada do magistrado na condução do processo poderão suprir atos processuais cuja incumbência é estrita das partes.

34. Mérito no processo civil

A "Exposição de Motivos" do CPC/1973[117] tratava "Da Terminologia do Projeto" (n. 6) e destacava o termo "lide", que naquele diploma

único); corrigir erro na distribuição (art. 288); corrigir o valor da causa (art. 292, § 3º); excetuadas a convenção de arbitragem e a incompetência relativa, conhecer das matérias de defesa indireta (art. 337, § 5º, art. 485, § 3º, art. 487, II, e art. 921, § 5º); intimar informando sobre alteração da audiência designada (art. 363); tomar em consideração fato constitutivo, modificativo ou extintivo do direito que influir no julgamento do mérito (art. 493); corrigir na sentença inexatidões materiais ou erros de cálculo (art. 494, I, e art. 656); adotar medidas para a obtenção de tutela pelo resultado prático equivalente (arts. 536 e 537, § 1º); remover inventariante (art. 622); promover a restauração de autos (arts. 712 e 715, § 1º); determinar a alienação judicial (art. 730); determinar a entrega de documentos e dados na execução (art. 773); decretar a nulidade de citação (art. 803, parágrafo único); determinar o cancelamento de averbações de arresto (art. 828, § 3º); determinar o cancelamento de penhora excessiva (art. 854, § 1º); realizar ou renovar ato processual com vício sanável (art. 938, § 1º).

117. CPC/1973, "Exposição de Motivos", disponível em *http://www2.senado.leg.br/bdsf/bitstream/handle/id/177828/CodProcCivil%201974.pdf* (acesso em 6.5.2020).

processual era usado "para designar o mérito da causa", expondo ideia segundo a qual: "A lide é, portanto, o objeto principal do processo, e nela se exprimem as aspirações em conflito de ambos os litigantes".

Dentro desse contexto, sob a égide do CPC/1973 existiam as seguintes problemáticas: a primeira era definir se lide e mérito da causa realmente são sinônimos e, se negativa a resposta, a segunda problemática seria encontrar a definição de mérito da causa.[118]

Em análise do diploma processual pretérito, o CPC/1939 não diferenciava o julgamento sem e com resolução do mérito (não com esta terminologia), e a primeira hipótese era tratada no seu art. 201 como absolvição da instância do réu. Os arts. 267 e 269 do CPC/1973 passaram a prever, respectivamente, a extinção do processo sem e com resolução do mérito. Por sua vez, o CPC/2015 não trata mais da "extinção do processo", mas tão somente da sentença na qual o juiz não resolve o mérito ou o resolve (arts. 485 e 487, respectivamente), tendo sido feita a correta adequação redacional, que já era necessária desde o início da vigência da Lei 11.232/2005, pela qual se instituiu o processo sincrético, cessando a extinção do processo em decorrência do trânsito em julgado da sentença de mérito, bem como permitindo o início de uma nova fase – com o escopo de realizar o cumprimento de sentença – dentro do mesmo processo no qual foi realizada a fase de conhecimento.

Se, por um lado, o CPC/2015 guardou parcial semelhança com o revogado CPC/1973, por outro, a redação de diversos dispositivos correlatos substituiu a expressão "lide" pelo termo "mérito", como, por exemplo: (i) o julgamento antecipado da lide (art. 330 do CPC/1973) passou para julgamento antecipado do mérito (art. 355 do CPC/2015); (ii) ao tratar dos limites objetivos da coisa julgada, a decisão não julga mais total ou parcialmente a lide, mas, sim, julga total ou parcialmente o mérito (art. 468 do CPC/1973 e art. 503 do CPC/2015); (iii) o fato superveniente que podia influir no julgamento da lide agora pode influir no julgamento do mérito (art. 462 do CPC/1973 e art. 493 do CPC/2015); (iv) pela teoria da causa madura, se for interposta apelação e o processo estiver em condições de imediato julgamento, o tribunal julgará o mérito, e não mais a lide (art. 515, § 3º, do CPC/1973 e art. 1.013, § 3º, do CPC/2015). Entretanto, para desenvolvimento deste estudo interessa a análise do art. 128 do CPC/1973 e seu correlato art. 141 do CPC/2015, os quais tratam do princípio da congruência.

118. Cândido Rangel Dinamarco, *A Instrumentalidade do Processo*, 15ª ed., São Paulo, Malheiros Editores, 2013, pp. 55-57.

Sob a égide do CPC/1973, Thereza Alvim[119] manifestou-se no sentido de que "lide só existe no processo" e que: "O objeto litigioso é a lide, ou seja, o conflito de interesses tal como trazido a juízo e delimitado pela pretensão do autor". Defendeu, ainda, que "o conflito de interesses, contudo, pode ser muito mais amplo que a lide". Assim, na vigência do CPC/1973 *lide* e *mérito da causa* eram termos tidos por sinônimos. No mais, cumpre ressaltar que desde aquela época a posição defendida por este trabalho já era prestigiada, no sentido de que o conflito de interesses pode ser levado integralmente ou não para dentro do processo, cabendo ao magistrado decidir apenas a parcela do conflito de interesses que o demandante expôs na causa de pedir e nos termos da proposta de solução veiculada no pedido formulado, sob pena de violar o princípio da congruência.

A bem da verdade, o conceito de lide é usualmente extraído das lições de Francesco Carnelutti,[120] pelo qual lide corresponde a um conflito de interesses qualificado por uma pretensão resistida. Entretanto, referida pretensão resistida não necessariamente é levada a juízo pelo interessado, e mesmo quando o é o demandante poderá optar por pleitear em juízo a solução de apenas parcela do conflito, conforme salientado acima.

Susana Henriques da Costa esclarece que: "O conceito de mérito no processo civil deve ser procurado abstraindo-se do conceito de lide, que é sociológico e não pode ser trazido para o processo da forma como, de fato, ocorreu".[121]

Dito isso, concordamos com Enrico Tullio Liebman, segundo o qual: "O elemento que delimita em concreto o mérito da causa não é, portanto, o conflito existente entre as partes fora do processo e sim o pedido feito ao juiz em relação àquele conflito".[122]

119. Em outra passagem referida autora destaca que: "Como já salientado, somente o conflito de interesses trazido perante o Estado-juiz se transforma na lide. A lide, então, dentro dos limites apresentados, pode ser considerada o *mérito da causa*, como já dissemos, ou, na terminologia alemã, o *objeto litigioso*, a respeito do qual tem o órgão jurisdicional de decidir" (Thereza Arruda Alvim, *Questões Prévias e os Limites Objetivos da Coisa Julgada*, São Paulo, Ed. RT, 1977, pp. 8 e 11).

120. Francesco Carnelutti, ob. cit., p. 28.

121. Susana Henriques da Costa, *Condições da Ação*, São Paulo, Quartier Latin, 2005, p. 179.

122. "Podemos, pois, concluir que estava com razão Calamandrei quando afirmava que a lide, tal como a entende Carnelutti, é conceito sociológico e não jurídico. O conflito de interesse existente entre as partes fora do processo é de fato a razão de ser, a causa remota, não o objeto do processo" (Enrico Tullio Liebman, "O despacho saneador e o julgamento do mérito", *RT* 767/737-753, São Paulo, Ed. RT, setembro/1999).

E, desse modo, entendemos que lide e mérito da causa não são sinônimos, tendo sido adequada a alteração feita pelo CPC/2015, pois o juiz deve julgar o que está dentro do processo, e não o que ocorreu fora e antes do ajuizamento da ação. Superada a primeira indagação, necessário partir para a segunda problemática e obter a definição de mérito da causa.

Na vigência do CPC/1973 havia posicionamento segundo o qual o mérito previsto em seu art. 269 era o "pedido formulado pelo autor. Assim, haverá julgamento do mérito sempre que o pedido tiver sido apreciado".[123] Em sentido contrário[124] à parcela da doutrina que adotava a expressão "mérito da causa" como sinônimo de "pedido formulado pelo autor", ressaltamos o posicionamento pelo qual "mérito da causa é a relação existente entre o pedido e a causa de pedir".[125]

Pelos ensinamentos de Enrico Tullio Liebman, ao exercer a atividade decisória o juiz conduz seu conhecimento para definir se o pedido formulado é procedente ou improcedente e: "Todas as questões cuja resolução possa direta ou indiretamente influir em tal decisão formam, em seu complexo, o *mérito da causa*".[126]

Em análise do tema, Flávio Luiz Yarshell defende que "mérito corresponde ao *pedido*, identificado a partir da respectiva causa de pedir"; e, por outro lado, *questões de mérito* "são pontos de fato e de direito que, relacionados à pretensão e respectivos fundamentos, tornam-se controvertidos".[127] Ressalte-se que a controvérsia dá origem às questões de mérito e

123. José Miguel Garcia Medina e Teresa Arruda Alvim Wambier, *Processo Civil Moderno*, cit., 3ª ed., vol. I (*Parte Geral e Processo de Conhecimento*), p. 278.

124. "Costumam os processualistas dizer que mérito da causa é o pedido formulado pelo autor. Esta definição não está errada. Está incompleta. Pedido e causa de pedir são como cara e coroa, verso e reverso de uma mesma moeda. *Mérito da causa é a relação existente entre o pedido e a causa de pedir*. Decisão de mérito é a que o juiz pronuncia sobre a relação existente entre o pedido e a causa de pedir" (José Ignácio Botelho de Mesquita, Mariana Capela Lombardi, Rodolfo da Costa Manso Real Amadeo, Luiz Guilherme Pennacchi Dellore e Daniel Guimarães Zveibil, "O colapso das condições da ação? Um breve ensaio sobre os efeitos da carência de ação", *RePro* 152/23, São Paulo, Ed. RT, outubro/2007).

125. José Ignácio Botelho de Mesquita, Mariana Capela Lombardi, Rodolfo da Costa Manso Real Amadeo, Luiz Guilherme Pennacchi Dellore e Daniel Guimarães Zveibil, "O colapso das condições da ação? Um breve ensaio sobre os efeitos da carência de ação", cit., *RePro* 152/23.

126. Enrico Tullio Liebman, *Manual de Direito Processual Civil*, cit., 3ª ed., vol. I, pp. 222-223.

127. Flávio Luiz Yarshell, *Curso de Direito Processual Civil*, cit., vol. 1, pp. 280-281.

às questões prejudiciais para a solução do mérito e, por isso, o magistrado está obrigado a enfrentá-las antes de julgar o pedido.

Nelson Nery Jr. defende que a decisão do juiz que acolhe ou rejeita o pedido "significa pronunciar-se pela procedência ou improcedência da pretensão (lide, objeto, mérito, pedido, objeto litigioso – *Streitgegenstand*), isto é, sobre o bem da vida pretendido pela parte".[128]

Já, sob a égide do CPC/2015 encontramos posicionamento segundo o qual: "O mérito da causa é constituído pela causa de pedir, por eventual defesa indireta alegada pelo demandado e pelo pedido".[129] Assim, de acordo com este entendimento, o julgamento do mérito requer o enfrentamento dos fatos constitutivos alegados pelo demandante e dos fatos impeditivos, modificativos e extintivos abordados na defesa.

Ao analisar a etimologia da palavra "mérito", Cândido Rangel Dinamarco elucida a origem de *meritum* do verbo latino *mereo* (*merere*), para o qual um dos significados é "pedir, pôr preço"; e, dentro deste contexto, o mérito "etimologicamente é a exigência que, através da demanda, uma pessoa apresenta ao juiz para seu exame".[130] Em outra obra de Cândido Rangel Dinamarco[131] referido autor distingue, de um lado, *questões de mérito*, sendo estes os temas "dos quais depende a existência dos direitos alegados pelas partes (...) para o julgamento de determinada causa", mais precisamente decorrentes dos fatos constitutivos, impeditivos, modificativos e extintivos suscitados no processo; e, por outro lado, o *mérito*, sendo que este "é a pretensão trazida ao juiz em busca de satisfação".

Feitas estas considerações, retornamos ao princípio da congruência. O art. 128 do CPC/1973 determinava que o juiz deveria decidir a *lide* nos limites em que foi proposta; já, o art. 141 do CPC/2015 determina que o juiz decidirá o *mérito* nos limites propostos pelas partes.

128. Nelson Nery Jr., *Princípios do Processo Civil na Constituição Federal*, 13ª ed., São Paulo, Ed. RT, 2017, p. 71.

129. Luiz Guilherme Marinoni, Sérgio Cruz Arenhart e Daniel Mitidiero, *Novo Curso de Processo Civil: Teoria do Processo Civil*, cit., 2ª ed., vol. I, p. 559.

130. Cândido Rangel Dinamarco, "O conceito de mérito em processo civil", *RePro* 34/33, São Paulo, Ed. RT, abril-junho/1984.

131. Cândido Rangel Dinamarco, *Instituições de Direito Processual Civil*, cit., 7ª ed., vol. III, pp. 41 e 229. A mesma proposta é apresentada pelo referido autor em: "O conceito de mérito em processo civil", cit., *RePro* 34/20-46. E no mesmo sentido destacamos: Kazuo Watanabe, *Cognição no Processo Civil*, 4ª ed., São Paulo, Saraiva, 2012, p. 113.

Com relação à substituição do termo "lide" por "mérito", conforme já abordado anteriormente, andou bem o legislador, dada a maior precisão terminológica da nova redação.

Resta, portanto, enfrentar a segunda problemática, sobre o conceito do termo "mérito". Optamos por adotar um conceito intermediário dentre os destacados acima, pelo qual *mérito da causa* e *pedido* são expressões equivalentes (mas não sinônimas), sem, entretanto, ignorar a importância dos fatos narrados na petição inicial, os quais objetivam demonstrar a procedência e a individualização do pedido, e muito menos se poderia afastar o limite subjetivo traçado pela demanda formulada.

O pedido, em sua singularidade, é um dos elementos da ação, e sua ausência ou formulação inadequada acarretam a inépcia da petição inicial. Entretanto, a análise isolada do pedido, sem a prévia indicação dos fatos que o ensejam e dos sujeitos que deverão suportar eventual sentença de procedência, trata-se de ato processual estéril, o qual não poderá surtir efeitos dentro e muito menos fora do processo.

Logo, o pedido tem a função, o poder e a obrigação de aglutinar todos os elementos da ação; mas, considerando que o pedido é um dentre os outros elementos da ação, a expressão "mérito da causa" deve ser utilizada como equivalente de "pedido", substituindo-o quando for necessário utilizar um conceito muito mais abrangente do que um simples elemento da ação.

Assim, a posição adotada por este estudo é a de que *o pedido, quando tratado como a síntese conclusiva de toda a relação jurídica levada a juízo, denomina-se mérito da causa*. Portanto, o mérito da causa define, em um único termo: *quem pleiteia o quê, em face de quem e o porquê*.

E, dentro desse contexto, de certo que o juiz não poderá decidir o pedido sem antes decidir as *questões de mérito*, conforme tratado por Cândido Rangel Dinamarco e Flávio Luiz Yarshell. A expressão "questões de mérito" não é sinônima de pedido. Pelo contrário, a análise e a solução das questões de mérito são medidas imprescindíveis para que o magistrado possa concluir se o pedido formulado deve ou não ser julgado procedente.

A segunda parte do art. 141 do CPC/2015 impede o magistrado de analisar as questões de mérito de ofício, prevendo que estas devem ser suscitadas pelas partes, "sendo-lhe vedado conhecer de questões não suscitadas a cujo respeito a lei exige iniciativa da parte". Apenas para esclarecer, o princípio da congruência é corolário da iniciativa das partes e é a regra, razão pela qual as exceções é que devem ter previsão legal específica. Ou seja: o magistrado só poderá decidir de ofício caso a lei disponha expressamente neste sentido, do contrário a congruência deve ser obedecida.

Tal como elucidado no tópico sobre a correlação entre o pedido e o dispositivo da sentença, os *limites* para a análise do mérito são apenas aqueles propostos pela parte demandante – seja o *autor*, pela demanda vinculada na petição inicial, seja o *réu*, na reconvenção ou no pedido contraposto –, dividindo-se em limites objetivos (causa de pedir e pedido) e subjetivos (partes da demanda), bem como as defesas indiretas apresentadas pelo demandado (arts. 350 e 373, II, do CPC/2015). Estes limites serão constitutivos da demanda, mas poderão ser impedidos, modificados ou extintos em razão dos argumentos e provas da defesa indireta.

O julgamento do pedido não é um ato simples, mas, sim, complexo. Para se concluir se o demandante faz jus à tutela jurisdicional pleiteada antes se mostra necessário desatar todos os nós que permeiam a relação jurídico-processual, sendo esta tarefa inerente ao ato decisório, da qual o magistrado deverá se desincumbir antes de redigir o dispositivo da sentença. E entendemos que *estes nós a serem desatados são as questões de mérito*.

Em análise mais aprofundada sobre o princípio da congruência, não se pode ignorar o fato de que o art. 141 do CPC/2015 se encontra topologicamente situado no capítulo sobre os poderes, os deveres e a responsabilidade do juiz; e o art. 492 do CPC/2015 consta na seção destinada a regular os elementos e os efeitos da sentença (e, para ser mais preciso, na sequência do art. 489, § 1º, que trata da fundamentação).

Logo, inexiste prejuízo ou contradição entre a redação do art. 141 – no qual o juiz decidirá o *mérito* – e a do art. 492 – em que o juiz não proferirá decisão de natureza diversa da *pedida* ou condenará a parte em quantidade superior ou em objeto diverso do que lhe foi *demandado*. Isso porque o magistrado tem o dever de analisar o *mérito da causa* e de enfrentar todas as *questões de mérito*, antes e durante a prolação da sentença, e só após poderá decidir sobre o *pedido*.[132]

132. "A sentença de mérito por excelência é aquela em que o próprio juiz define a controvérsia: daí a expressão sentença *definitiva*. O juiz define a forma segundo a qual à lide será posto um fim. Resolve, efetivamente, o pedido. (...). A palavra 'sentença' vem do verbo latino *sentire*, o que pode dar algumas indicações no sentido de fortalecer estas novas ideias. A fundamentação da sentença, na verdade, tem função

Nesse cenário, importante ressaltar que, não obstante o art. 490 do CPC/2015 mencionar apenas a palavra "mérito", referido dispositivo na verdade também trata das questões de mérito, as quais, após resolvidas, permitem ao magistrado acolher ou rejeitar, no todo ou em parte, o(s) pedido(s) formulado(s) pela(s) parte(s).

Por esse motivo, o artigo que trata especificamente da sentença – e não dos poderes, dos deveres e da responsabilidade do juiz – não admite a presença de qualquer um dos vícios descritos no art. 492 do CPC/2015, por já se esperar que as questões de mérito tenham sido enfrentadas e resolvidas antes da decisão sobre o pedido (demanda), nos termos do art. 490 do CPC/2015.

Os inadequados enfrentamento e análise das questões de mérito pelo magistrado é um relevante motivo pelo qual a sentença se tornará maculada com algum dos vícios do art. 492 do CPC/2015. Assim, o deficiente enfrentamento das questões de mérito terá como consequência uma sentença dotada de dispositivo que sintetizará de maneira incorreta a correlação entre o pedido e a decisão, por ir além, aquém ou fora da tutela jurisdicional pleiteada pelo demandante.

Por fim, destacam-se os arts. 4º e 6º do CPC/2015, ambos sem dispositivo correlato no CPC/1973. O primeiro trata da primazia do julgamento do mérito, pelo qual: "As partes têm o direito de obter em prazo razoável a solução integral do mérito, incluída a atividade satisfativa"; e o segundo versa sobre o princípio da cooperação, determinando que: "Todos os sujeitos do processo devem cooperar entre si para que se obtenha, em tempo razoável, decisão de mérito justa e efetiva".

Pela leitura conjunta destes dispositivos extrai-se a importância de se julgar o mérito e, consequentemente, solucionar o conflito, por ser este o escopo do direito de ação[133] e do processo.

justificativa da racionalidade (e não da lógica formal impecável) da decisão. Isto significa que qualquer *homo medius*, qualquer um de nós, ao examinar a sentença, deve admitir que a decisão é *razoável*, *aceitável* e que até ele mesmo poderia ter decidido naquele sentido. O juiz, na realidade, *argumenta* em sua sentença, para convencer às partes, aos juízes de segundo grau e ao grupo social, em que ele vive, de que a controvérsia deveria ter sido decidida daquela forma. Assim como fazem as partes no processo: argumentam" (Teresa Celina Arruda Alvim Pinto, "A sentença e a coisa julgada", *RePro* 41/180-181, São Paulo, Ed. RT, janeiro-março/1986).

133. "(...) ter ação significa ter *direito ao provimento de mérito*, ficando na área do direito material a definição quanto a ser favorável ou desfavorável esse

Essa determinação de otimizar o julgamento do mérito da causa aplica-se tanto ao *magistrado*, ao qual incumbe dirigir o processo, velando por sua duração razoável (art. 139, II, do CPC/2015) e decidir o mérito a favor da parte a quem aproveite a decretação da nulidade (art. 282, § 2º, do CPC/2015), quanto às *partes*, sendo-lhes vedado praticar atos que dificultem ou retardem o julgamento do mérito (art. 77, I, II e III, do CPC/2015).

35. Patologias da congruência. Decisões "ultra", "extra" e "citra" ou "infra petita"

No CPC/1973 o art. 460 tratava das hipóteses de vícios quanto ao princípio da congruência, prevendo ser "defeso ao juiz proferir sentença, a favor do autor, de natureza diversa da pedida, bem como condenar o réu em quantidade superior ou em objeto diverso do que lhe foi demandado". O art. 492 do CPC/2015, por sua vez, determina que: "É vedado ao juiz proferir decisão de natureza diversa da pedida, bem como condenar a parte em quantidade superior ou em objeto diverso do que lhe foi demandado".

Pela simples leitura dos dispositivos mostram-se perceptíveis algumas alterações redacionais, sendo a primeira a supressão da expressão "a favor do autor", constante no CPC/1973 e que não constou no CPC/2015.

Enquanto o art. 460 do CPC/1973 proibia o juiz de proferir sentença "a favor do autor" em desacordo com o pedido, o art. 492 do CPC/2015 não reproduziu este excerto, pois "não só na procedência da demanda é configurável uma sentença *extra* ou *ultra petita. Também na improcedência* isso pode ocorrer, quando o juiz leva em conta na decisão alguma outra pessoa, algum outro fundamento ou algum outro objeto, rejeitando a demanda".[134]

O ajuste redacional mostrou-se adequado. O fato de o juiz julgar improcedente um pedido não formulado não afasta o prejuízo ao processo e ao autor, pois: (i) viola os princípios da inércia e da congruência; (ii) decide questão não levada a juízo, com potencial prejuízo ao contraditório e à adequada análise da questão em outra ação; (iii) realiza indevida

provimento" (Enrico Tullio Liebman, *Manual de Direito Processual Civil*, cit., 3ª ed., vol. I, p. 203).

134. Cândido Rangel Dinamarco, *Instituições de Direito Processual Civil*, cit., 7ª ed., vol. III, p. 328.

extensão do objeto litigioso do processo; (iv) prejudica a aplicação dos institutos da continência, conexão, litispendência e coisa julgada, que certamente não foram suscitados pelo réu, ante o desconhecimento de que a sentença tutelaria pedido não formulado; e (v) gera risco de condenar o autor à sucumbência recíproca (art. 86 do CPC/2015), mesmo se os pedidos (efetivamente formulados) forem julgados procedentes em sua integralidade.[135]

Nas sempre adequadas palavras de José Carlos Barbosa Moreira, proferidas sob a égide do CPC/1973: "Se o autor não pediu, o juiz não pode conceder, e tampouco pode negar. A proibição de julgar fora do pedido não vale só para a decisão favorável, vale também para a decisão desfavorável".[136]

Ademais, também não se mostrava adequada a redação do art. 460 do CPC/1973, por dispor apenas sobre o "autor", indevidamente limitando – ainda que de forma aparente – o escopo do dispositivo nas hipóteses em que o réu demanda em sede de reconvenção ou de pedido contraposto.

A segunda diferença redacional é inerente à substituição da palavra "sentença" por "decisão". Andou bem o legislador, pois mesmo sob a égide do CPC/1973 existiam decisões que julgavam o mérito sem receber a nomenclatura de "sentença".

O art. 162, § 1º, do CPC/1973 definia sentença como sendo "o ato do juiz que implica alguma das situações previstas nos arts. 267 e 269" – ou seja, as decisões que respectivamente extinguiam o processo sem ou com resolução de mérito. Já, o art. 203, § 1º, do CPC/2015 passou a determinar que: "Ressalvadas as disposições expressas dos procedimentos especiais, sentença é o pronunciamento por meio do qual o juiz, com fundamento nos arts. 485 e 487, põe fim à fase cognitiva do procedimento comum, bem como extingue a execução". Assim, além de manter o conceito de decisão que extingue o processo sem ou com resolução de mérito, o novo conceito de sentença ressalva as decisões proferidas nos procedimentos especiais e a decisão que extingue a execução (ou o cumprimento de sentença), sendo, portanto, mais abrangente que o conceito previsto no CPC/1973.

Fora isso, no curso do processo podem ser proferidas decisões interlocutórias de mérito, tais como a decisão que extingue apenas parcela

135. E, na prática, localizamos sentença com esta reprovável conduta, com recurso de apelação rejeitado pelo TJSP, Processo 1068007-28.2017.8.26.0100).

136. José Carlos Barbosa Moreira, "Correlação entre o pedido e a sentença", cit., *RePro* 83/209.

do processo (art. 354, parágrafo único, do CPC/2015) e o julgamento antecipado parcial de mérito (art. 356, *caput* e §§ 1º a 5º, do CPC/2015). Ademais, nos pronunciamentos dos tribunais – notadamente a decisão monocrática (art. 932, IV e V, do CPC/2015) e o acórdão (art. 204 do CPC/2015) – também se espera, em regra, o julgamento do mérito; e, sem sombra de dúvidas, estas decisões estão vinculadas ao princípio da congruência.

A terceira e última diferença redacional recaiu sobre a substituição da palavra "réu" por "partes". Conforme já abordado no curso deste trabalho, não é só o autor quem demanda. A demanda, consubstanciada no pedido, também poderá ser formulada pelo réu em sede de reconvenção ou de pedido contraposto. Deste modo, inadequada a redação anterior, pois permitia extrair a equivocada interpretação de que a garantia ao princípio da congruência não se aplicaria ao réu caso este formulasse uma demanda.

Superadas as questões inerentes às alterações redacionais, a doutrina entende que: "A natureza da sentença é o reflexo do pedido, que pode ser mediato ou imediato".[137] Ou, em outras palavras: o pedido é o rascunho da sentença de procedência pretendida pelo demandante. O pedido delimita o caminho que deverá ser trilhado pelo magistrado até a sentença, não podendo dele se desviar,[138] pois a sentença que confere tutela diversa da pretendida incide em um dos vícios da congruência, exceto se a sentença apreciar questão de ordem pública passível de ser suscitada de ofício pelo magistrado e para a qual tenha sido garantido o contraditório.

O caminho dos fatos, iluminado pela luz do Direito, tem como destino o pedido formulado pelo autor. E o magistrado, ao trilhar este caminho no curso do processo rumo à decisão de mérito, contará com uma nova perspectiva dos fatos e do direito, decorrente da participação do réu na formação do convencimento. De todo modo, ao chegar ao destino final

137. Luiz Guilherme Marinoni, Sérgio Cruz Arenhart e Daniel Mitidiero, *Novo Curso de Processo Civil: Tutela dos Direitos mediante Procedimento Comum*, 2ª ed., vol. II, São Paulo, Ed. RT, 2016, p. 460.

138. "O pedido atua pelo que ele estabelece. Não precisa de aceitação do juiz, nem, tampouco, de aceitação da parte contrária. E é ele que marca a largura da faixa em que se estende a relação jurídica processual, até que se profira a sentença, nem além, nem fora, nem aquém dessas linhas que o *petitum* traçou. Durante todo o processo estas linhas permanecem, avivadas, a cada momento, por sucessivas postulações ou atos processuais constitutivos, ou intervenções de ordenação, partidas do juiz ou provocadas pelos interessados" (Francisco Cavalcanti Pontes de Miranda, *Comentários ao Código de Processo Civil*, t. II (arts. 46 a 153), Rio de Janeiro, Forense, 1974, p. 352).

do processo, ao juiz incumbe, ordinariamente, valorar os fatos à luz do Direito e proferir decisão de mérito, com a respectiva procedência ou improcedência do pedido formulado, não sendo possível permitir ao julgador parar no meio do caminho (decisão *infra* ou *citra petita*), ao final do caminho prosseguir e ir além do destino (decisão *ultra petita*) ou traçar rotas para destinos distintos dos determinados pelas partes no curso do processo (decisão *extra petita*).

Os contornos da sentença serão traçados na petição inicial, mais precisamente no pedido certo e determinado, ou determinável, formulado pelo demandante.[139] A atividade desenvolvida no curso do processo – notadamente após a fase postulatória e até a fase decisória – terá como escopo evidenciar a demanda ao magistrado, com especial destaque para a fase instrutória, na qual a existência dos fatos ensejadores do pedido deve ser aferida e testada,[140] cabendo ao demandante e ao demandado, respectivamente, demonstrarem as razões para a procedência ou improcedência do pedido.

De acordo com Nelson Nery Jr.,[141] o princípio da congruência incide não só sobre o pedido mediato, como também sobre o pedido imediato; e,

139. "O efeito que a parte pretende que seja decretado pelo tribunal confunde-se com o conteúdo do próprio acto. Não está além dele. O acto postulativo tem uma função constitutiva insubstituível. Sem este acto, o tribunal não pode decretar determinados efeitos. Este é o corolário do princípio da disponibilidade objetiva. (...). Se não aceitarmos que a atuação das partes tem natureza delimitadora vinculante, dificilmente poderemos explicar que a lei comine com a nulidade a sentença que condene em quantidade superior ou em objeto diverso do pedido" (Paula Costa e Silva, *Acto e Processo – O Dogma da Irrelevância da Vontade na Interpretação e nos Vícios do Acto Postulativo*, cit., p. 263).

140. "A lide, por definição, vem delimitada, com seus contornos nitidamente estabelecidos, na petição inicial, tal como a formulou o autor, o qual, na sua atividade processual subsequente, poderá e, na generalidade dos casos, deverá oferecer novos elementos visando *precisá-la*, torná-la compreensível aos olhos do juiz, para que este possa cumprir com exatidão seu dever de prestar a tutela jurisdicional, que nunca poderá ser maior, ou menor, ou diversa da tutela que foi pedida pelo demandante" (Ovídio Araujo Baptista da Silva, "Limites objetivos da coisa julgada no Direito Brasileiro atual", cit., *RePro* 14/59).

141. Nelson Nery Jr., "Princípio da congruência e julgamento *extra petita*. Inexistência, no caso *sub examine*, de pedido específico para condenação a pagamento. Ação de cunho nitidamente declaratório. Autor que, em sua inicial, requer apenas e tão somente a declaração de eventual direito creditório. Julgador que fica adstrito ao pedido do autor. Impossibilidade de concessão na sentença de bem jurídico diverso do pleiteado pelo autor (julgamento *infra*, *citra* ou *extra petita*). Acórdão que julga a apelação mantendo hígida a sentença condenando a pagamento. Julgamento *extra*

sendo requerida determinada tutela jurisdicional, não pode o magistrado conceder tutela jurisdicional diversa.

No mesmo sentido, ao tratar do art. 460 do CPC/1973, Pontes de Miranda[142] entende que, ao se proibir o juiz de proferir decisão de *natureza* diversa da pedida, a expressão "natureza" se referia ao tipo de provimento jurisdicional: declaratório, constitutivo, condenatório, mandamental ou executivo. Referida expressão foi transferida para a primeira parte do art. 492 do CPC/2015, pelo qual: "É vedado ao juiz proferir decisão de natureza diversa da pedida".

Assim, em regra – abordaremos proposta de exceção a este tema no tópico que tratar especificamente sobre a interpretação do pedido –, se a demanda claramente versar sobre pedido meramente declaratório, ao magistrado caberá apenas declarar, sendo-lhe vedado condenar. E, do mesmo modo, sendo o pedido notoriamente condenatório, não poderá a sentença apenas declarar – e assim sucessivamente para todos os pedidos imediatos.

O princípio da congruência também se aplica para a causa de pedir,[143] pois: "O julgador deve decidir a pretensão do autor com base nos fatos jurídicos por ele alegados, não podendo admitir outros como fundamento da procedência da ação".[144] Entretanto, apenas os fatos podem sofrer os efeitos do princípio da congruência, pois, conforme já abordado neste trabalho, os fundamentos jurídicos utilizados pelo magistrado ao decidir não podem ser limitados pela causa de pedir próxima suscitada

petita. Petição inicial (pedido) que fixa os limites da lide. Violação do CPC 128 e 460. (...). O princípio da congruência, ou da correlação entre pedido e sentença, inserto no ordenamento processual civil brasileiro por meio dos artigos CPC 2º, 128 e 460, quer significar que cabe ao autor fixar os limites do pedido e da causa de pedir na petição inicial, e ao juiz decidir de acordo com esses limites" (Nelson Nery Jr., "Decisão *extra petita*", cit., *Soluções Práticas de Direito* 9/125).

142. Francisco Cavalcanti Pontes de Miranda, *Comentários ao Código de Processo Civil*, t. V (arts. 444 a 475), Rio de Janeiro, Forense, 1974, p. 94.

143. STJ, REsp 1.169.755-RJ, rel. Min. Vasco Della Giustina (Desembargador convocado do TJRS), publ. 26.5.2010.

144. E arremata Nelson Nery Jr.: "Essa regra encontra base no princípio dispositivo, de acordo com o qual *judex secundum allegata et probata partium judicare debet*" ("Decisão *extra petita*", cit., *Soluções Práticas de Direito* 9/125).

No mesmo sentido manifesta-se Cassio Scarpinella Bueno (*Curso Sistematizado de Direito Processual Civil: Procedimento Comum Ordinário e Sumário*, 7ª ed., vol. 2, t. I, São Paulo, Saraiva, 2014, p. 354), acrescentando que: "Também contraria o art. 460 a sentença que levar em conta quem não é *parte* no processo ou que nele não interveio a título algum".

pelas partes. O juiz conhece a lei e não pode se esquivar de subsumir o fato à norma quando prolatar sua decisão.[145]

A decisão que incide em um dos vícios quanto ao princípio da congruência estará maculada com nulidade absoluta e, portanto, parte da doutrina entende que pode ser conhecida e sanada de ofício pelo próprio magistrado que a proferiu.[146] Entretanto, outra vertente doutrinária entende que "em casos como esses a declaração da nulidade dos atos do processo pelos juízos ou tribunais só pode ser feita a pedido da parte prejudicada".[147]

O art. 278, *caput*, do CPC/2015 determina que: "A nulidade dos atos deve ser alegada na primeira oportunidade em que couber à parte falar nos autos, sob pena de preclusão". E em seu parágrafo único estipula que: "Não se aplica o disposto no *caput* às nulidades que o juiz deva decretar de ofício". O art. 494 do CPC/2015, por sua vez, determina em seus incisos as hipóteses nas quais o juiz pode alterar a sentença após sua publicação, não havendo previsão para a hipótese de vícios relativos à congruência. Por fim, de acordo com o art. 485, § 3º, do CPC/2015, o juiz conhecerá de ofício de determinadas matérias, em qualquer tempo e grau de jurisdição, enquanto não ocorrer o trânsito em julgado, também não tratando do vício relativo à congruência dentre estas matérias processuais.

Desse modo, pela leitura do art. 492 do CPC/2015 em conjunto com os dispositivos acima mencionados, tendo por base a interpretação sistemática, mostra-se mais adequado o posicionamento doutrinário segundo o qual o vício quanto à congruência deverá ser suscitado pela parte interessada, e não de ofício pelo próprio magistrado prolator da decisão. Entretanto, nada obsta a que em sede recursal este vício seja reconhecido de ofício pelo tribunal, em razão do efeito translativo[148] e do princípio inquisitivo inerente à fase recursal.[149]

145. Sobre o tema destacamos o Enunciado 1 da Escola Nacional de Formação e Aperfeiçoamento de Magistrados/ENFAM: "1) Entende-se por 'fundamento' referido no art. 10 do CPC/2015 o substrato fático que orienta o pedido, e não o enquadramento jurídico atribuído pelas partes" (disponível em *https://www.enfam.jus.br/wp-content/uploads/2015/09/ENUNCIADOS-VERS%c3%83O-DEFINITIVA-.pdf*, acesso em 6.5.2020).

146. Teresa Arruda Alvim Wambier *et al.*, *Primeiros Comentários ao Novo Código de Processo Civil*, cit., p. 799.

147. Cândido Rangel Dinamarco, *Instituições de Direito Processual Civil*, cit., 7ª ed., vol. III, p. 348.

148. "Efeito translativo da apelação (...) o julgamento *extra petita* insere-se no conceito de matéria de ordem pública passível de conhecimento de ofício em qualquer tempo e grau de jurisdição" (STJ, AgR no REsp 1.533.758-RJ, rel. Min. Humberto Martins, publ. 10.2.2016).

Cumpre esclarecer que o vício quanto à congruência poderá ser suscitado em sede de embargos de declaração por motivos de omissão (decisão *infra* ou *citra petita*) ou contradição (decisão *ultra* ou *extra petita*), e na ausência de reconhecimento pelo magistrado prolator da decisão o vício poderá ser levado ao tribunal em grau recursal (art. 1.013, § 3º, II e III, do CPC/2015), sem prejuízo da interposição dos recursos especial (em razão de contrariedade ou negativa de vigência dos arts. 141 e 492 do CPC/2015) e extraordinário (contrariar o art. 5º, LIV, da CF/1988) – certamente, desde que referidos dispositivos tenham sido prequestionados.

De todo modo, mesmo após transitada em julgado a decisão maculada por um dos vícios quanto à congruência, esta poderá ser objeto de ação rescisória em decorrência da manifesta violação a norma jurídica (art. 966, V, do CPC/2015).[150]

O art. 492 do CPC/2015 trata dos limites quantitativo e qualitativo da sentença, respectivamente, ao proibir o juiz de "condenar a parte em quantidade superior" (*ultra petita*) ou em "objeto diverso do que lhe foi demandado" (*extra petita*). A vedação à decisão *citra* ou *infra petita* pode ser extraída da primeira parte do art. 141, pelo qual "o juiz decidirá o mérito nos limites propostos pelas partes"; e, portanto, não pode decidir menos do que foi demandado.[151] Adiante trataremos de cada uma destas situações, de maneira mais detida.

De início, a decisão *extra petita* é a proferida em relação a *objeto diverso do que lhe foi demandado*,[152] portanto, fora do pedido formulado pelo demandante, seja para acolher, seja para rejeitar, ou ainda "com base em fatos não invocados na inicial ou [*que*] atribui aos fatos invocados consequências jurídicas não deduzidas na demanda".[153]

149. Sobre o tema: Rafael Ribeiro Rodrigues e Rennan F. K. Thamay, "O efeito translativo na barca de Caronte", cit., *RePro* 255/253-274.

150. Cassio Scarpinella Bueno, *Curso Sistematizado de Direito Processual Civil: Procedimento Comum Ordinário e Sumário*, cit., 7ª ed., vol. 2, t. I, pp. 354-355.

151. Será "*infra petita* a sentença que apreciar menos do que se pediu, concedendo ou não concedendo, pois não é isso o que importa. Será *extra petita* a sentença que apreciar fora do pedido, seja para conceder ou para não conceder o que apreciou. Finalmente, será *ultra petita* a sentença que apreciar além do que se pediu. (...). Estes vícios são intrínsecos à sentença e a tornam nula" (Teresa Celina Arruda Alvim Pinto, "A sentença e a coisa julgada", *RePro* 41/183).

152. Sobre o tema destaca-se a Súmula 381/STJ: Nos contratos bancários, é vedado ao julgador conhecer, de ofício, da abusividade das cláusulas".

153. STJ, REsp 661.445-CE, rela. Min. Denise Arruda, publ. 2.8.2007.

A decisão *extra petita* é aquela na qual, por exemplo, o demandante pede "X" e o juiz julga procedente ou improcedente o pedido "Y". Também ocorre se o demandante pede "X" e o juiz julga procedente ou improcedente "X" e "Y". Ou, então, o demandante pede "X" em razão do fato "Z" e o juiz julga o próprio pedido "X", procedente ou improcedente, mas em razão do fato "W". Por fim, o demandante pede "X" em face de Fulano e o juiz julga o pedido "X" procedente ou improcedente mas em face de Sicrano, em relação ao qual não foi formulado o pedido "X".

Assim, em que pese a que a decisão esteja adstrita aos fatos narrados no ato postulatório[154] e os fundamentos jurídicos não encontrem limitação no princípio da congruência, pois o juiz conhece a lei e deve aplicá-la independentemente de manifestação das partes, ressalte-se posicionamento pelo qual "é *extra petita*, por exemplo, sentença que decrete nulidade de um contrato por coação, quando a parte elegeu erro como causa de seu pedido".[155] Entretanto, se a narrativa fática do demandante evidencia tratar-se de um instituto jurídico mas ao final sobrevier classificação diversa, a correção do *nomen iuris* pelo magistrado não pode necessariamente ser tida por decisão *extra petita*, em que pese a ser aconselhável ao magistrado intimar as partes para se manifestarem sobre este ponto antes de decidir a respeito.

Nesse sentido posiciona-se José Rogério Cruz e Tucci, pelo qual "o juiz não só pode como deve, sem alterar os fatos expostos, imprimir o enquadramento jurídico que o fato essencial mereça (...). Não se trata, evidentemente, de julgamento *extra petita*".[156]

Cumpre ressaltar que a abertura do contraditório antes da decisão, com determinação às partes para que se manifestem sobre pedido diverso ou maior do que o demandado, não se presta para sanar eventual sentença *extra* ou *ultra petita*, pois o pedido deve ser formulado em momento adequado, conforme tratado no capítulo em que estudamos o pedido, notadamente no tópico sobre aditamento ou alteração do pedido.

154. "*Extra petita* será também a sentença que concede, ou não concede expressamente, o pedido por outra *causa petendi* que não a invocada pelo autor. Se eu peço separação por sevícias, o juiz não a pode conceder por adultério, sob pena de estar decidindo *extra petita*" (Teresa Celina Arruda Alvim Pinto, "A sentença e a coisa julgada", cit., *RePro* 41/183).

155. Teresa Arruda Alvim Wambier *et al.*, *Primeiros Comentários ao Novo Código de Processo Civil*, cit., p. 799.

156. José Rogério Cruz e Tucci, *A "Causa Petendi" no Processo Civil*, cit., 3ª ed., p. 219.

A intimação proferida pelo magistrado para que as partes se manifestem antes da sentença não se presta para convalidar pedido não formulado ou formulado aquém – mas que poderia ter constado na petição ou simplesmente ter ido além da tutela pleiteada –, e menos ainda permite ao magistrado decidir fora ou além da demanda que constitui o objeto litigioso do processo, cuja formação deve obedecer ao tempo e ao procedimento estabelecidos nas regras processuais.

Ainda sobre o tema, e conforme já abordado no tópico que tratou sobre a cumulação subsidiária dos pedidos, o pedido principal deverá ser apreciado antes do pedido subsidiário. Se o juiz "apreciar diretamente o pedido posterior, estará infringindo a regra da correspondência entre o pedido e a sentença, pois está ínsito ao pedido que a solicitação do posterior só poderá ser objeto de consideração se a anterior for inviável".[157] Assim, na cumulação subsidiária a prolação de sentença apreciando apenas o pedido posterior, sem antes analisar e, se o caso, afastar o pedido principal, implica decisão *extra petita*.

Segundo Cândido Rangel Dinamarco,[158] se for proferida sentença de procedência *extra petita* e, portanto, condenando o réu fora da demanda formulada pelo autor, o interesse de reformar a decisão será de ambas as partes. Assim, "nem sempre a extrapolação dos limites do pedido é benéfica ao autor, podendo também ser prejudicial a ele e benéfica ao réu"; e, neste contexto, se a sentença *extra petita* julgar improcedente pedido não formulado pelo demandante, apenas este poderá impugnar a decisão.

Com relação à decisão *ultra petita*, esta será aquela que *condenar a parte em quantidade superior*. Logo, o juiz apreciará e julgará o pedido, tal como formulado pelo demandante, mas não se limitará a decidir apenas aquilo que foi pedido, indo além e ultrapassando os limites da sua atuação jurisdicional estabelecida pela demanda.

Na decisão *ultra petita*, por exemplo, o demandante pede a condenação em danos materiais no importe de R$ 10.000,00 mas o juiz julga procedente o pedido para condenar o demandado a pagar R$ 15.000,00. Em que pese a que a decisão apresente vício de nulidade, esta mácula deve ser atenuada, a fim de se aproveitar a parte do ato que estiver regular. Assim, diante de recurso interposto em face da sentença exposta

157. Arruda Alvim, *Manual de Direito Processual Civil*, cit., 18ª ed., p. 1.080.

158. Cândido Rangel Dinamarco, *Instituições de Direito Processual Civil*, cit., 7ª ed., vol. III, p. 349.

no exemplo acima, o magistrado ou o tribunal[159] podem simplesmente decotar a parte excedente e manter a sentença na parte regular, ou seja, manter-se-á a decisão sobre os R$ 10.000,00 e o recurso será provido para reformar a decisão e afastar a parte que irregularmente apreciou e julgou pedido não formulado, no tocante à quantia de R$ 5.000,00.

Conforme leciona José Carlos Barbosa Moreira,[160] "não se deve inutilizar a sentença só pelo fato de ela haver ultrapassado o limite numérico do pedido. Corta-se o excesso". Indo além, referido autor destaca, ainda, que: "O órgão julgador da apelação também tem de fazer a sua autocontenção. Não pode pronunciar-se sobre coisa alguma que não esteja contida no efeito devolutivo".

Assim, em atenção aos princípios da economia e celeridade processuais, bem como da instrumentalidade das formas, a correção desse vício poderá ser feita sem anular a sentença, mas tão somente reduzindo a tutela jurisdicional para extrair o excesso, adequando a decisão à demanda formulada, em respeito ao princípio dispositivo.

Nas palavras de Pontes de Miranda, as decisões *extra petita* e *ultra petita* são vícios da decisão nos quais o juiz julga "fora do que estava em causa (prestação jurisdicional mal executada, porque se presta o que não estava para ser prestado, se resolve o que não se tinha de resolver) ou além do pedido (mais prestado do que se tinha de prestar)".[161]

Cumpre, ainda, ressaltar o reiterado posicionamento do STJ segundo o qual não ocorre julgamento *extra petita*[162] ou *ultra petita*[163] se a decisão resolve questão que é reflexo do pedido na exordial. Entretanto, referido entendimento merece ser analisado de acordo com a casuística. Nem

159. "Quanto às sentenças *ultra petita*, os tribunais têm feito concessões, embora ortodoxamente de nulidade se trate, e têm admitido que elas sejam reduzidas àquilo que efetivamente se pediu" (Teresa Celina Arruda Alvim Pinto, "A sentença e a coisa julgada", cit., *RePro* 41/183).

160. José Carlos Barbosa Moreira, "Correlação entre o pedido e a sentença", cit., *RePro* 83/214.

161. Francisco Cavalcanti Pontes de Miranda, *Comentários ao Código de Processo Civil*, cit., t. II (arts. 46 a 153), p. 354.

162. STJ, AgR no Ag 503.934-RJ, rel. Min. Massami Uyeda, publ. 6.8.2007; STJ, REsp 1.143.962-SP, rela. Min. Nancy Andrighi, publ. 9.4.2012; STJ, AgInt no REsp 1.684.284-PR, rel. Min. Og Fernandes, publ. 3.5.2018.

163. STJ, AgR no AREsp 261.861-RS, rel. Min. Herman Benjamin, publ. 13.9.2013; STJ, AgR no AREsp 347.218-BA, rel. Min. Sérgio Kukina, publ. 19.8.2013; STJ, AgInt no AREsp 792.207-PR, rela. Min. Assusete Magalhães, publ. 26.10.2018.

sempre o pedido não formulado pode ser compreendido por todas as partes do processo como sendo um reflexo da narrativa contida na exordial e/ou do pedido expressamente formulado, razão pela qual é sempre aconselhável ao magistrado, antes de decidir neste sentido, instaurar o prévio contraditório, para fins de evitar a prolação de decisão-surpresa.

Para fins de reformar as decisões *extra petita* e *ultra petita*, a parte interessada poderá adotar as medidas anteriormente descritas (embargos de declaração, apelação, recursos especial e extraordinário, bem como ação rescisória), destacando-se que, não obstante a apelação (art. 1.013, § 3º, II, do CPC/2015) ter por objeto a decretação de nulidade da sentença, por não ser ela congruente com os limites do pedido ou da causa de pedir, a medida mais adequada é a decretação da nulidade apenas da parte viciada, permanecendo hígida a parte da sentença que decidiu dentro dos limites da demanda. Assim, a correção destes vícios poderá ser feita pelo tribunal com a redução da tutela jurisdicional para afastar o provimento indevido, sem necessariamente declarar a integral nulidade da sentença.

Por último, a decisão *infra* ou *citra petita* implica uma parcial denegação de atuação da jurisdição, pois o magistrado, conscientemente ou não, deixa de proferir decisão sobre pedido ou sobre parcela do pedido, pelo qual foi provocado a decidir e para o qual não deveria ficar inerte. A decisão *infra* ou *citra petita* não é nula, mas tão somente precisa ser integrada com o pedido não apreciado.

Nas palavras de Cassio Scarpinella Bueno: "Quando a sentença deixa de apreciar algum pedido formulado pelo autor, inclusive um dos pedidos *cumulados* (...) ou parcela de pedido, é ela *infra* ou *citra petita*".[164]

A respeito das expressões *citra* e *infra petita*, Cândido Rangel Dinamarco entende que: "*Citra* significa *aquém*. (...). Não se confunde com *infra petita*, que designa as decisões abaixo do pedido, ou seja, as que em parte o acolhem ou em parte o rejeitam (procedência parcial). Essas são legítimas perante o sistema".[165] Entretanto, no presente estudo nos curvamos à parcela da doutrina que adota ambas as expressões como sinônimas.

Para Milton Paulo de Carvalho "a sentença *infra petitum* não é incongruente. O vício é de outra natureza"[166] – sem, entretanto, especificar qual

164. Cassio Scarpinella Bueno, *Curso Sistematizado de Direito Processual Civil: Procedimento Comum Ordinário e Sumário*, cit., 7ª ed., vol. 2, t. I, p. 354.

165. Cândido Rangel Dinamarco, *Instituições de Direito Processual Civil*, cit., 7ª ed., vol. II, p. 161.

166. Milton Paulo de Carvalho, *Do Pedido no Processo Civil*, cit., p. 172.

seria a natureza do referido vício. De todo modo, conforme já destacamos acima, a sentença *infra* ou *citra petita* viola o princípio da congruência, pois o juiz deve decidir "o mérito nos limites propostos pelas partes" (art. 141 do CPC/2015), nem mais, nem menos. Em que pese a um dos escopos primordiais do princípio da congruência recair na impossibilidade de o magistrado tutelar de ofício aquilo que não foi demandado, também não se pode admitir que o magistrado, mesmo após provocado, permaneça inerte e se esquive do seu dever de decidir.[167]

A sentença que julga total ou parcialmente improcedente o pedido não se confunde com a sentença *infra* ou *citra petita*. Enquanto no primeiro caso o juiz aprecia o pedido e decide por não conferir a tutela jurisdicional ou por conferi-la parcialmente, na sentença *infra* ou *citra petita* o magistrado simplesmente ignora a existência do pedido ou de parcela do pedido e nada decide sobre a parte ignorada, nem pela procedência e nem pela improcedência.[168]

Ressalte-se que, se a sentença for proferida sem conter um dispositivo, esta decisão incorrerá em vício mais grave que o da congruência, pois se tratará de ato inexistente, por não preencher um dos elementos essenciais da sentença (art. 489, III, do CPC/2015).[169]

Caso o autor formule pedido genérico, o juiz deverá, no curso da ação, empreender meios para definir a extensão da obrigação, visando a proferir sentença líquida ao final (art. 491 do CPC/2015)[170] – medida,

167. Cumpre ressaltar que, pela vedação ao *non liquet*, uma vez provocado pela demanda, o juiz não se exime de decidir nem mesmo se houver lacuna ou obscuridade do ordenamento jurídico (art. 140 do CPC/2015). Conforme elucida Régis Fernandes de Oliveira: "*O juiz deve sempre decidir*. O *non liquet* impõe àquele que tem o dever de completar o sistema não deixar de fazê-lo. Nem na dificuldade da interpretação, nem na ausência de norma específica a dispor sobre o tema" (*Interpretação, Paixões e Direito: o Sentimento Trágico do Direito e o seu Ignorado Aspecto Fenomenológico*, São Paulo, Estante de Direito, 2019, p. 48).

168. Ressalte-se o posicionamento segundo o qual o julgamento de forma diversa da pretendida não caracteriza decisão *infra* ou *citra petita*: STJ, AgR no AgR no AREsp 669.700-SP, rel. Min. Herman Benjamin, publ. 8.9.2015.

169. Teresa Arruda Alvim, *Nulidades do Processo e da Sentença*, 10ª ed., São Paulo, Thomson Reuters Brasil, 2019, p. 264.

170. "O art. 460 do CPC de modo algum impede o juiz, diante de pedido genérico, de proferir sentença certa e determinada. Se durante a instrução processual for colhido material probatório que desde logo permita a concentração da obrigação ou a especificação de valores, deve – deve, ressalto, e não pode – o magistrado evitar inútil atividade liquidatória, proferindo desde logo sentença líquida e certa. Não haverá infração à ordem de não proferir sentença a favor do autor de natureza diversa

esta, que de maneira alguma incide em uma das hipóteses de violação ao princípio da congruência. Por certo que referida liquidação realizada no curso do processo não pode surpreender nenhuma das partes, e deverá ser objeto de prova e de debate, sendo recomendável ao magistrado sanear o feito, informando sobre sua intenção de proferir sentença líquida em detrimento do pedido genérico, medida que certamente vai ao encontro do princípio da economia processual, pois, não obstante dilatar o contraditório, eliminará a posterior fase de liquidação de sentença.

Entretanto, cumpre salientar que, se na ação proposta com pedido genérico o magistrado pode proferir sentença líquida ou ilíquida, na ação com pedido determinado, salvo exceções já analisadas neste trabalho, não se vislumbra a possibilidade de prolação de sentença ilíquida, sob pena de incorrer em decisão *infra* ou *citra petita*, por decidir menos do que deveria ter decidido.

Decerto que o demandante poderá embargar de declaração (art. 1.022, II, do CPC/2015), visando a suprir omissão de pedido ou de parcela do pedido sobre os quais o juiz devia se pronunciar; e, se mantida a omissão, caberá a interposição de apelação.

Sob a égide do CPC/1973, a Lei 10.352/2001 incluiu o § 3º no art. 515, cujo *caput* tratava do efeito devolutivo da apelação e referido parágrafo versava sobre a hipótese de extinção do processo sem julgamento do mérito e permitia ao tribunal julgar desde logo a lide se a causa versasse sobre questão exclusivamente de direito e estivesse em condições de imediato julgamento.

Trata-se da teoria da causa madura, a qual, quando aplicada por analogia às apelações destinadas a impugnar sentença *infra* ou *citra petita*, passou a permitir ao tribunal decidir de imediato o pedido ou a parcela do pedido pendente de apreciação, desde que este estivesse em condições de imediato julgamento, com a devida instrução probatória e o contraditório aperfeiçoados nos autos.

Não se questiona que esta medida respeita a razoável duração do processo, a celeridade processual, a instrumentalidade das formas, e inexiste prejuízo, por se tratar de nulidade sanável. Não há justificativa

da pedida, pois, se o autor pediu condenação, condenação obterá; também não haverá infração à ordem de não proferir sentença que condene o réu em quantidade superior ou em objeto diverso do que lhe foi demandado, pois, se o autor pediu livros, livros obterá" (Carlos Alberto Carmona, "Em torno da petição inicial", *RePro* 119/22, São Paulo, Ed. RT, janeiro/2005).

para anular a sentença *infra* ou *citra petita* e devolvê-la para o primeiro grau de jurisdição para a prolação de nova sentença. Se o próprio tribunal tem condições de reformar a sentença e decidir aquilo que deveria ter sido decidido, o órgão recursal não só pode como deve fazê-lo.

Em redação mais refinada, o art. 1.013, § 3º, III, do CPC/2015 dispõe que: "§ 3º. Se o processo estiver em condições de imediato julgamento, o tribunal deve decidir desde logo o mérito quando: (...); III – constatar a omissão no exame de um dos pedidos, hipótese em que poderá julgá-lo; (...)". A vigente redação afasta qualquer discussão sobre a aplicação da teoria da causa madura nas apelações tendentes a impugnar decisão *infra* ou *citra petita*. Assim, a correção deste vício deverá ser feita pelo tribunal com a complementação do julgado, desde que o processo esteja em termos para tanto.

Cumpre destacar que desde o CPC/1973, tendo por base seu art. 130, já se admitia que o tribunal tem poderes para determinar a produção de provas de ofício, pois: "Os juízos de primeiro e segundo graus de jurisdição, sem violação ao princípio da demanda, podem determinar as provas que lhes aprouverem, a fim de firmar seu juízo de livre convicção motivado".[171]

O art. 130 do CPC/1973 tem como correlato o art. 370 do CPC/2015, pelo qual: "Caberá ao juiz, de ofício ou a requerimento da parte, determinar as provas necessárias ao julgamento do mérito". Deste modo, tendo por base os referidos dispositivos e o posicionamento do STJ, caso o recurso de apelação verse sobre decisão *infra* ou *citra petita*, mesmo se referido processo não estiver em condições de imediato julgamento do mérito, o tribunal poderá determinar a produção das provas que entender necessárias para decidir o pedido total ou parcialmente não apreciado pelo magistrado de primeiro grau, prescindindo da remessa dos autos para a primeira instância para fins de se realizar a instrução probatória.

Se mesmo após a interposição dos recursos cabíveis a decisão *infra* ou *citra petita* não for sanada e o pedido ou a parcela do pedido permanecerem não apreciados e nem decididos, sobre este ponto omitido pelo Poder Judiciário não recairá a autoridade da coisa julgada material, que se presta para tornar imutável e indiscutível a decisão. Só faz coisa julgada a questão principal *expressamente* decidida (arts. 502 e 503 do CPC/2015),

171. STJ, REsp 345.436-SP, rela. Min. Nancy Andrighi, publ. 13.5.2002. No mesmo sentido: STJ, REsp 382.742-PR, rel. Min. Francisco Peçanha Martins, publ 26.4.2006; e STJ, REsp 783.202-RJ, rel. Min. Arnaldo Esteves Lima, publ. 30.3.2009.

e, por este motivo, o pedido não decidido poderá ser demandado em nova ação judicial, não incorrendo no pressuposto processual negativo da coisa julgada. Também por este motivo, em face da decisão *infra* ou *citra petita* torna-se discutível o cabimento de ação rescisória com o escopo de dirimir o pedido ou a parcela do pedido não apreciados.

Ao se confrontar o vício da decisão *infra* ou *citra petita* com a interpretação do pedido, pode-se suscitar a hipótese na qual o demandante não formula o pedido "X" em sua petição inicial, em que pese a ter narrado determinada situação fática ensejadora do referido pedido "X". Quando sobrevém a sentença, o demandante alega que referida decisão seria *infra* ou *citra petita*, por entender que deveria ter sido julgado o pedido "X", mesmo diante da ausência de pedido expresso, razão pela qual interpõe recursos suscitando decisão sobre o pedido "X", muitas das vezes tendo por base a interpretação do pedido.

Entretanto, ou o pedido foi feito ou não foi feito. E mesmo o pedido expressamente formulado só poderá, se o caso, ser interpretado à luz do conjunto da postulação e da boa-fé. Conforme tratado anteriormente neste capítulo, a pretensão pode ser maior do que a demanda veiculada no pedido. Portanto, o fato de se "poder ter pedido" não significa "ter pedido". São situações distintas, que não se confundem. A inércia do demandante em formular determinado pedido reverbera na inércia do Poder Judiciário, em não poder se pronunciar sobre o bem da vida para o qual o magistrado não foi provocado, pois, nos termos do art. 490 do CPC/2015: "O juiz resolverá o mérito acolhendo ou rejeitando, no todo ou em parte, os pedidos formulados pelas partes".

Conforme elucida Arruda Alvim, não será *infra* ou *citra petita* a decisão que "não se pronunciar sobre um assunto que poderia ter sido resolvido, mas que as próprias partes deliberaram não obter, a respeito do mesmo, solução judicial. Tratar-se-á, então, de um *ponto* e não de uma questão".[172]

Por fim, o parágrafo único do art. 492 do CPC/2015 determina que: "A decisão deve ser certa, ainda que resolva relação jurídica condicional". Isso porque "não é possível que a sentença condicione sua eficácia a *evento futuro e incerto por ela mesma criado*. Porém, ela evidentemente pode regular negócio jurídico que contemple *condição*".[173]

172. Arruda Alvim., *Manual de Direito Processual Civil*, cit., 18ª ed., p. 1.079.

173. E prosseguem Luiz Guilherme Marinoni, Sérgio Cruz Arenhart e Daniel Mitidiero: "Melhor explicando: a sentença pode regular negócio jurídico *que com-*

Inadmissível é a sentença que condiciona a procedência ou improcedência de pedido a evento futuro e incerto, ou seja, a tutela jurisdicional à demanda formulada não pode estar atrelada a uma condição criada pelo próprio magistrado em sua sentença, pois a incerteza em questão não se coaduna com o escopo da jurisdição, que é solucionar o litígio nos limites fixados pelo demandante em seu pedido certo e determinado, ou determinável.

Nada obsta, entretanto, a que a sentença seja vinculada a *termo*, cuja eficácia terá início com o "advento de acontecimento futuro e certo",[174] a exemplo do que ocorre com o art. 27 da Lei 9.868/1999 e com o art. 11 da Lei 9.882/1999, os quais permitem a modulação temporal às decisões proferidas em sede de controle concentrado de constitucionalidade. Mesmo no controle difuso de constitucionalidade, para o qual não há previsão legal, o STF já decidiu pela possibilidade de modulação temporal dos efeitos da decisão.[175] No mesmo sentido o art. 498 do CPC/2015, pelo qual: "Na ação que tenha por objeto a entrega de coisa, o juiz, ao conceder a tutela específica, fixará o prazo para o cumprimento da obrigação".

Situação interessante ocorre quando a parte beneficiária da gratuidade da justiça é vencida e sobre ela incide o ônus da sucumbência, pois, não obstante o magistrado ter o dever de proferir sentença certa e líquida, ou sujeita a liquidação futura, o art. 98, § 3º, do CPC/2015 determina que ao beneficiário da justiça gratuita "as obrigações decorrentes da sua sucumbência ficarão sob condição suspensiva de exigibilidade e somente poderão ser executadas se, nos 5 (cinco) anos subsequentes ao trânsito em julgado da decisão que as certificou, o credor demonstrar que deixou de existir a situação de insuficiência de recursos que justificou a concessão de gratuidade, extinguindo-se, passado esse prazo, tais obrigações do beneficiário".

Nota-se nesse exemplo que a sentença deverá ser certa. Incerta será apenas a sua exigibilidade. No mais, a condição suspensiva em questão

preenda a condição ainda não implementada (arts. 121 a 130 do CC). O que é vedado é a sentença criar, ela própria, condição para a sua eficácia. Em outras palavras, é nula a sentença que condiciona a eficácia da condenação ao preenchimento de certos requisitos" (*Novo Curso de Processo Civil: Tutela dos Direitos mediante Procedimento Comum*, cit., 2ª ed., vol. II, p. 462).

174. Silvio Rodrigues, *Direito Civil: Parte Geral*, 28ª ed., São Paulo, Saraiva, 2002, p. 255.

175. Como exemplos destacam-se: STF, RE 197.917-SP; do caso Mira Estrela; e HC 82.959-7-SP para os crimes hediondos.

não decorrerá do arbítrio do magistrado, mas, sim, da lei, razão pela qual não pode se confundir com a previsão contida no parágrafo único do art. 492 do CPC/2015, no qual se impede ao magistrado criar condições para a procedência ou improcedência do pedido, bem como para a sua exigibilidade. Situação parecida ocorre nas hipóteses de remessa necessária (art. 496 do CPC/2015), em que a sentença só produzirá efeitos depois de confirmada pelo tribunal, sendo esta outra hipótese de condição suspensiva prevista na lei.

§ 5º. Mitigação ao princípio da congruência e interpretação do pedido no processo civil

36. Pedidos implícitos. 37. Prestações sucessivas. 38. Direito ou fato superveniente. 39. Juizados Especiais Cíveis. 40. Poder geral de cautela. 41. Medidas que assegurem o resultado prático equivalente ao da demanda. 42. Dano moral?. 43. Ação monitória e embargos à monitória. 44. Ações possessórias. 45. Ações dúplices. 46. Pedido unitário em demanda decorrente de obrigação alternativa. 47. Ações de controle concentrado de constitucionalidade. 48. Ações coletivas. 49. Questões de ordem pública. 50. Contraditório legitimador de pedido não formulado? Pedido interpretado?.

Conforme já adiantado, o princípio da congruência comporta hipóteses de mitigação, nas quais o magistrado poderá decidir além do pedido do autor, concedendo-lhe tutela diversa ou maior do que aquela constante na demanda. Entretanto, até essas referidas exceções estão previstas no ordenamento jurídico, afastando, mais uma vez, a possibilidade de o magistrado se valer do puro processo interpretativo para extrair e decidir pedidos não formulados na demanda.

Em suma, este capítulo tratará de algumas hipóteses de mitigação ao princípio da congruência e a sua relação com a interpretação do pedido. Destacamos, apenas, que não há a intenção de exaurir o tema,[1] mas apenas se pretende analisar as possíveis exceções e apresentar propostas de solução prática para referidas situações, dentro do escopo deste estudo.

1. Além das hipóteses de mitigação ao princípio da congruência, que serão abordadas adiante, destacamos também o posicionamento segundo o qual a resolução de questão prejudicial (art. 503, § 1º, do CPC/2015) "constitui uma mitigação da regra da *correlação* entre a decisão e a demanda" (Cândido Rangel Dinamarco, *Instituições de Direito Processual Civil*, 7ª ed., vol. III, São Paulo, Malheiros Editores, 2017, p. 379). Ainda sobre o tema: Fernando Rey Cota Filho, *Princípio Dispositivo: à Luz dos Limites Objetivos da Coisa Julgada*, Curitiba, Juruá, 2019, p. 146; e Mario Vitor Aufiero, *Questões Prejudiciais e Coisa Julgada*, Rio de Janeiro, Lumen Juris, 2019, p. 105.

Referido tema, por si só, demandaria um estudo próprio, razão pela qual optamos por apenas informar a sua existência, sem aprofundar neste debate.

36. Pedidos implícitos

O art. 154 do CPC/1939 previa que: "Os pedidos serão interpretados restritivamente, compreendendo-se, entretanto, no principal os juros legais" – tendo referida redação sido reproduzida no art. 293 do CPC/1973. Já, o § 1º do art. 322 do CPC/2015 determina que: "Compreendem-se no principal os juros legais, a correção monetária e as verbas de sucumbência, inclusive os honorários advocatícios". Nos termos do art. 491 do CPC/2015, na ação relativa à obrigação de pagar quantia, ainda que formulado pedido genérico, a decisão definirá desde logo o índice de correção monetária, a taxa de juros, o termo inicial de ambos e a periodicidade da capitalização dos juros, se for o caso, salvo nas hipóteses dos incisos I e II do referido dispositivo.

Nas palavras de Carlos Alberto Carmona, "há pedidos que o autor pode omitir, sem que tal omissão impeça que o juiz trate deles".[2] Por certo que em determinadas situações a tutela jurisdicional poderá ser maior do que aquela efetivamente expressa no pedido formulado, tal como ocorre com os juros legais, a correção monetária e as verbas de sucumbência, inclusive os honorários advocatícios, independentemente de estes terem ou não constado no pedido, tratando-se do denominado pedido implícito, para o qual há previsão na lei e cuja nomenclatura é amplamente criticada pela doutrina.[3]

Assim, a incidência do pedido implícito nas sentenças decorre da lei, e, por este motivo, *não pode ser confundido com interpretação do pedido*. Ao aplicar a lei o magistrado não estará interpretando o pedido, mas tão somente respeitando a norma positivada, a qual não pode se escusar de cumprir.

Ao tratar dos pedidos implícitos, Cândido Rangel Dinamarco elucida que: "Salvo nas hipóteses legais específicas, o autor tem o ônus de pedir

2. Carlos Alberto Carmona, "Em torno da petição inicial", *RePro* 119/28, São Paulo, Ed. RT, janeiro/2005.

3. "Implícitos no sentido de que eles não precisam ser formulados para sua concessão porque derivam da própria lei. Justamente em função disto é que a nomenclatura não deve ser prestigiada. Não se trata, rigorosamente, de um pedido que se 'supõe' tenha sido feito pelo autor. Trata-se, bem diferentemente, de uma *consequência* imposta pela lei e que *deve* estar expressada toda vez que o Estado-juiz conceder a tutela naqueles casos" (Cassio Scarpinella Bueno, *Curso Sistematizado de Direito Processual Civil: Procedimento Comum Ordinário e Sumário*, 7ª ed., vol. 2, t. I, São Paulo, Saraiva, 2014, p. 123).

de modo explícito o reconhecimento ou satisfação dos direitos acessórios, isoladamente ou em cumulação com o principal, sob pena de sobre eles não poder o juiz manifestar-se em sentença ou decisão de mérito".[4]

Mesmo antes da redação do § 1º do art. 322 do CPC/2015 o CC/2002 já previa em alguns de seus dispositivos a incidência de juros, correção monetária, custas e honorários, como, por exemplo, ao tratar das disposições gerais sobre o inadimplemento das obrigações (art. 389), da mora (art. 395), das perdas e danos (art. 404) e das arras ou sinal (art. 418). Bem como o STJ já havia decidido que "os juros, bem como a correção monetária, integram o pedido de forma implícita, sendo desnecessária a sua menção expressa no pedido formulado em juízo".[5] Sendo assim, estes denominados "pedidos implícitos" já eram considerados mesmo antes do CPC/2015, tendo o vigente diploma processual se prestado apenas para sistematizar e explicitar a sua existência e sua aplicação.

Se a decisão de mérito não se pronunciar sobre os pedidos implícitos, "nada impede que, quando da liquidação ou da execução, os juros legais e a correção monetária sejam definidos pelo juiz".[6-7] Em que pese a nos afiliarmos ao referido posicionamento,[8] cumpre salientar entendimento contrário, pois Araken de Assis defende que: "Na sentença condenatória, para que se forme título executivo hábil, todas as verbas carecem de explicitação, inclusive aquelas incluídas no pedido implícito".[9]

4. Cândido Rangel Dinamarco, *Instituições de Direito Processual Civil*, 7ª ed., vol. II, São Paulo, Malheiros Editores, 2017, p. 163.

5. STJ, REsp 1.173.909-PR, rel. Min. Herman Benjamin, publ. 20.4.2010.

6. José Miguel Garcia Medina e Teresa Arruda Alvim Wambier, *Processo Civil Moderno*, 3ª ed., vol. I (*Parte Geral e Processo de Conhecimento*), São Paulo, Ed. RT, 2013, p. 304.

7. No mesmo sentido: Humberto Theodoro Jr., *Curso de Direito Processual Civil*, 58ª ed., vol. I, Rio de Janeiro, Forense, 2017, p. 801. Destacamos, ainda: "De fato, o 'esquecimento' do juiz e a falta de embargos de declaração tendem a causar embaraço, na medida em que podem entender os puristas que a ausência de menção específica impediria, por exemplo, a exigência de tais valores em sede de execução. *Summum ius, summa iniuria*: não pode ser assim! Na minha avaliação, a omissão do juiz não impedirá a inclusão de tais valores – quais sejam, os das parcelas implicitamente pedidas – no montante geral da condenação" (Carlos Alberto Carmona, "Em torno da petição inicial", cit., *RePro* 119/28).

8. Que encontra previsão parcial no enunciado da Súmula 254/STF: "Incluem-se os juros moratórios na liquidação, embora omisso o pedido inicial ou a condenação".

9. Araken de Assis, *Cumulação de Ações*, 4ª ed., São Paulo, Ed. RT, 2002, p. 247.

Para melhor delimitar os pedidos implícitos, faremos adiante uma abordagem detida sobre os juros, a correção monetária, as custas processuais e os honorários advocatícios.

De início, ao analisarmos os *juros*, constatamos que tanto o STJ[10] quanto o STF[11] possuem farto acervo de enunciados de súmulas que tratam, direta ou indiretamente, sobre referida matéria.

Juros é o preço que se paga pelo dinheiro. O indivíduo que possui dinheiro alheio paga para tê-lo no momento presente. E o indivíduo que se encontra desprovido da posse do seu dinheiro será compensado quando da sua devolução, pois à quantia original deverão ser acrescidos os juros.

Os juros podem ser legais (moratórios) ou compensatórios (contratuais, convencionais ou remuneratórios[12]).[13] Os juros legais têm como antecedente o não resgate da obrigação na data certa,[14] resultam da demora no pagamento do preço[15] ou da demora em receber o que é devido,[16] podendo, ainda, ser conceituados como indenização pelo atraso no pagamento do débito estabelecido na sentença.[17] Já, os juros compensatórios buscam reparar o prejuízo causado pela não disponibilidade do dinheiro. Logo, os primeiros são inerentes ao fator *tempo* e os segundos ao fator *prejuízo* pela indisponibilidade do capital.[18]

10. Enunciados das Súmulas/STJ 12, 29, 54, 56, 69, 70, 93, 102, 113, 114, 131, 154, 176, 186, 188, 204, 283, 288, 296, 379, 382, 398, 408, 422, 426, 472, 523, 530, 539, 541, 551 e 571.

11. Enunciados das Súmulas/STF 121, 163, 164, 224, 254, 255, 345, 412, 416, 493, 533, 586, 596, 618 e 648.

12. STJ, REsp 306.353-PR, rel. Min. Sálvio de Figueiredo Teixeira, publ. 7.4.2003.

13. "Conforme dispõe o art. 293, CPC, os pedidos devem ser interpretados restritivamente, considerando-se incluídos independentemente de pedido apenas os juros legais e não os contratuais" (STJ, REsp 306.353-PR, rel. Min. Sálvio de Figueiredo Teixeira, publ. 7.4.2003).

14. STJ, REsp 2.164-SP, rel. Min. Luiz Vicente Cernicchiaro, publ. 23.4.1990.

15. STJ, REsp 2.781-SP, rel. Min. Carlos Velloso, publ. 25.6.1990.

16. STJ, REsp 3.817-SP, rel. Min. Garcia Vieira, publ. 3.9.1990.

17. STJ, REsp 2.141-SP, rel. Min. Armando Rolemberg, publ. 28.5.1990.

18. Cumpre ressaltar entendimento diverso apresentado por Milton Paulo de Carvalho, para o qual os juros legais podem ser *moratórios*, *compensatórios* e *capitalizados* ou *compostos*, excluindo-se apenas os juros convencionais, para os quais é necessária a formulação de pedido autônomo (*Do Pedido no Processo Civil*, Porto Alegre, Sérgio Antônio Fabris Editor, 1992, p. 102).

De todo modo, o que interessa para o presente estudo são os juros legais, previstos no § 1º do art. 322 do CPC/2015, regulamentados nos arts. 406 e 407 do CC/2002.[19] Apenas sobre os juros legais (moratórios) aplicam-se as regras dos pedidos implícitos, pois "os juros convencionais, ou compensatórios, se situam fora do âmbito da norma e reclamam pedido expresso".[20-21]

Antes de encerrar a análise sobre os juros, cumpre destacar o parágrafo único do art. 404 do CC/2002, pelo qual: "Provado que os juros da mora não cobrem o prejuízo, e não havendo pena convencional, pode o juiz conceder ao credor indenização suplementar". Após uma primeira leitura do referido dispositivo poder-se-ia vislumbrar a possiblidade de o magistrado, de ofício, condenar o demandado ao pagamento de indenização caso fosse constatada a ineficiência dos juros de mora para cobrir o prejuízo suscitado pelo demandante no processo.[22]

Entretanto, referido dispositivo de direito material deve ser lido em conjunto com os dispositivos de direito processual que tratam do princípio da inércia e da congruência. Longe de qualquer dúvida, a indenização mencionada no parágrafo único do art. 404 do CC/2002 necessita não só de prova como também de pedido formulado pelo demandante em momento processual adequado. A provocação do magistrado pelo demandante e a demonstração do dano são requisitos para a condenação do demandado ao pagamento de indenização.

Passando para o outro ponto, ao tratar da *correção monetária*, Fábio Nusdeo defende que: "Uma das formas de a sociedade se defender contra

19. "A expressão 'juros legais' tem sentido unívoco, referindo-se à disciplina do art. 1.062 do CC/2016 e à do art. 406 do CC/2002" (STJ, ED no REsp 698.772-MG, rela. Min. Nancy Andrighi, publ. 2.10.2006).

20. Araken de Assis, *Cumulação de Ações*, cit., 4ª ed., p. 247.

21. "Administrativo – Juros compensatórios – Art. 293 do CPC – Súmula n. 45/STJ. 1. O art. 293 do Código de Processo Civil especifica que os pedidos são interpretados restritivamente, compreendendo-se, entretanto, no principal, os juros legais. Essa regra processual não autoriza o tribunal a incluir a parcela de juros compensatórios não postulada pelo expropriado na apelação adesiva, porque implica ofensa ao princípio *non reformatio in pejus*" (STJ, REsp 905.719-RJ, rel. Min. Castro Meira, publ. 8.8.2007).

22. E foi este o entendimento apresentado por Jorge Luiz Souto Maior na *1ª Jornada de Direito Material e Processual da Justiça do Trabalho*, de 23.11.2007, tendo por base sua tese aprovada pela ANAMATRA, denominada "Razão e consciência do dano social: relato literário e histórico" (disponível em *https://www.anamatra.org.br/artigos/1110-razao-e-consciencia-do-dano-social-relato-literario-e-historico*, acesso em 6.5.2020).

a espoliação inflacionária é a da indexação", e explica que os índices utilizados para a correção monetária "não passam de médias ponderadas de preços de diversos itens e, portanto, sujeitos a vulnerabilidades próprias a quaisquer médias".[23]

Tal como ocorre com os juros, a correção monetária também possui um farto acervo de enunciados de súmulas que tratam, direta ou indiretamente, sobre referida matéria no STJ[24] e no STF.[25]

Cumpre salientar que, mesmo antes da previsão expressa no § 1º do art. 322 do CPC/2015, o art. 1º da Lei 6.899/1981 já dispunha que: "A correção monetária incide sobre qualquer débito resultante de decisão judicial, inclusive sobre custas e honorários advocatícios" – razão pela qual o STJ já enquadrava a correção monetária como pedido implícito, cuja incidência independe de pedido expresso.[26] Este posicionamento era adotado mesmo nos julgados que aplicavam a interpretação restritiva do pedido,[27] visando, assim, a "manter o equilíbrio das prestações monetárias, corroídas inflacionariamente há incontáveis lustros".[28]

Não obstante a previsão expressa na lei de que os juros e a correção monetária se compreendem no principal e deverão constar na sentença independentemente de pedido formulado pelo demandante, fato é que a escolha do índice de juros e de correção monetária ficará a cargo do magistrado caso não haja pedido formulado sobre estes pontos. Não por outro motivo se "recomenda que o autor formule o pedido de modo expresso, indicando o índice que quer ver aplicado, sob pena de sujeitar-se à fórmula que o julgador entender mais adequada".[29]

No tocante às *verbas de sucumbência*, estas abarcam as *custas*, as *despesas processuais* e os *honorários advocatícios*. O CPC/1939 previa que as custas dos atos judiciais eram pagas ao final do processo pelo

23. Fábio Nusdeo, *Curso de Economia: Introdução ao Direito Econômico*, 7ª ed., São Paulo, Ed. RT, 2013, pp. 327 e 330.

24. Enunciados das Súmulas/STJ 8, 14, 16, 29, 30, 35, 36, 43, 67, 113, 114, 141, 148, 160, 162, 179, 249, 271, 287, 288, 289, 362, 411, 445, 454, 456, 459 e 580.

25. Enunciados das Súmulas/STF 561, 562, 617, 638, 681, 682 e 725.

26. STJ, REsp 16.802-SP, rel. Min. Francisco Peçanha Martins, publ. 6.4.1992; STJ, REsp 50.368-SP, rel. Min. Edson Vidigal, publ. 19.10.1998; STJ, REsp 727.031-PE, rel. Min. Teori Albino Zavascki, publ. 7.11.2005; e STJ, REsp 508.363-PR, rel. Min. Herman Benjamin, publ. 8.9.2009.

27. STJ, REsp 6.716-MG, rel. Min. Cesar Asfor Rocha, publ. 25.10.1993.

28. Araken de Assis, *Cumulação de Ações*, cit., 4ª ed., p. 248.

29. Carlos Alberto Carmona, "Em torno da petição inicial", cit., *RePro* 119/28.

vencido (art. 56, § 1º); que: "A parte vencedora terá direito ao reembolso das despesas do processo" (art. 59); e que: "A sentença final na causa condenará a parte vencida ao pagamento dos honorários do advogado da parte vencedora" (art. 64).[30]

O CPC/1973, adotando redação mais sintética, previa que: "A sentença condenará o vencido a pagar ao vencedor as despesas que antecipou e os honorários advocatícios" (art. 20). Já, o CPC/2015, além da previsão expressa no § 1º do art. 322, também prevê no art. 82, § 2º, que: "A sentença condenará o vencido a pagar ao vencedor as despesas que antecipou"; e no art. 85 que: "A sentença condenará o vencido a pagar honorários ao advogado do vencedor".

Conforme já tivemos a oportunidade de nos manifestar em estudo sobre honorários recursais, "pela teoria da sucumbência a parte que restar perdedora ao final da demanda deverá responder pelos seus custos, incluindo os honorários do advogado da parte contrária".[31]

As custas judiciais, enquanto tributos, são enquadradas no sistema normativo como taxas decorrentes da efetiva utilização de serviço público específico e divisível, mais precisamente prestado pelo Poder Judiciário ao demandante, com o escopo de solucionar a demanda veiculada na ação proposta, sendo matéria de competência legislativa concorrente da União, dos Estados e do Distrito Federal (art. 24, IV, da CF/1988), cada qual legislando para o Poder Judiciário vinculado à sua estrutura orgânica.

E as *despesas* do processo "abrangem as custas dos atos do processo, a indenização de viagem, a remuneração do assistente técnico e a diária de testemunha" (art. 84 do CPC/2015), bem como o valor adiantado para pagamento do perito (art. 95 do CPC/2015).

Já, os honorários advocatícios fixados pelo magistrado compreendem a remuneração pertencente ao advogado da parte vencedora em razão da prestação do seu serviço profissional (arts. 22 e 23 da Lei 8.906/1994), sendo que no atual diploma processual os honorários advocatícios são devidos "na reconvenção, no cumprimento de sentença, provisório ou definitivo, na execução, resistida ou não, e nos recursos interpostos, cumulativamente" (art. 85, § 1º, do CPC/2015).

30. Enunciado da Súmula 256/STF: "É dispensável pedido expresso para condenação do réu em honorários, com fundamento nos arts. 63 ou 64 do Código de Processo Civil".

31. Rafael Ribeiro Rodrigues, "Honorários recursais. Do Anteprojeto ao CPC/15. Requisitos e funções. Questões problemáticas", *RF* 426/162, Rio de Janeiro, Forense, julho-dezembro/2017.

Ao contrário dos juros e da correção monetária (e entendemos que a mesma regra se aplica para as custas e para as despesas processuais), que poderão ser incluídos na liquidação ou na execução em caso de omissão da sentença, em caso de omissão da sentença quanto aos honorários advocatícios, após seu trânsito em julgado será necessário ação autônoma para sua definição e sua cobrança (art. 85, § 18, do CPC/2015).[32] E a razão recai no fato de que os honorários são arbitrados pelo magistrado, não podendo ser arbitrados pelas partes quando da liquidação ou da execução. A fixação do seu valor requer prévia análise dos atos praticados pelos patronos das partes e do resultado das decisões.

Por fim, destacamos como pedido implícito o art. 27 do Decreto-lei 3.365/1941, que dispõe sobre as desapropriações por utilidade pública, no qual se determina que: "O juiz (...) deverá atender, especialmente, (...) à valorização ou depreciação de área remanescente, pertencente ao réu" – portanto, permitindo ao magistrado considerar referida situação independentemente de pedido,[33] haja vista a previsão legal.

Assim, o pedido implícito é uma hipótese de mitigação ao princípio da congruência, por prever a condenação da parte sucumbente ao pagamento daquilo que estiver explícito na lei. De todo modo, necessário esclarecer que as hipóteses de pedido implícito não se confundem com o objeto deste estudo, pois não se pode alegar a existência de pedido a ser interpretado sobre aquilo que incide por força da lei. Não há interpretação de pedido, mas tão somente a aplicação da norma positivada.

37. Prestações sucessivas

O art. 153, § 2º, do CPC/1939 previa que: "Quando o pedido compreender frutos, foros, rendas ou outras prestações periódicas, nele se

32. Enunciado 7 do *Fórum Permanente de Processualistas Civis* (art. 85, § 18; art. 1.026, § 3º, III): "O pedido, quando omitido em decisão judicial transitada em julgado, pode ser objeto de ação autônoma" (Grupo: *Ordem dos Processos no Tribunal*, *Teoria Geral dos Recursos*, *Apelação e Agravo*) (disponível em *http://institutodc.com.br/wp-content/uploads/2017/06/FPPC-Carta-de-Florianopolis.pdf*, acesso em 6.5.2020).

33. "(...). 2. Na interpretação do art. 27 do Decreto-lei n. 3.365/1941, seja na desapropriação direta, seja na indireta, devem ser considerados para estimativa do valor da indenização os diversos itens indicados no dispositivo, dentre os quais a desvalorização ou depreciação da área remanescente. 3. Como a depreciação da área remanescente já faz parte da estimativa oficial, ao deixar o desapropriado de pedir, na inicial, a indenização por esse item não fica o juiz impedido de considerá-lo, por ser visto como pedido implícito" (STJ, REsp 447.377-SP, rela. Min. Eliana Calmon, publ. 3.10.2007).

incluirão, além das prestações vencidas, as que se vencerem enquanto subsistir a obrigação"; tendo esta questão sido transportada para o art. 290 do CPC/1973, pelo qual na obrigação com prestações *periódicas* "(...) considerar-se-ão elas incluídas no pedido, independentemente de declaração expressa do autor; se o devedor, no curso do processo, deixar de pagá-las ou de consigná-las, a sentença as incluirá na condenação, enquanto durar a obrigação".

Ao tratar do tema, o art. 323 do CPC/2015 realizou alguns ajustes redacionais, com destaque para a alteração da expressão prestações *periódicas* por prestações *sucessivas*.[34] Cumpre salientar que a regra em questão, aplicada para as obrigações de trato sucessivo, não se confunde e não guarda nenhuma relação com as regras aplicadas para a cumulação sucessiva de pedidos (já estudada neste trabalho). Enquanto a primeira decorre de relação obrigacional de direito material, as segundas decorrem do pedido formulado pelo demandante e são inerentes ao direito processual.

E a "periodicidade da prestação é pressuposto *necessário* para a incidência"[35] da regra ora estudada, também não podendo se "confundir as prestações periódicas com as prestações diferentes, oriundas do mesmo negócio jurídico, ou de dois ou mais".[36]

O objetivo desse dispositivo é prestigiar a economia processual e evitar decisões contraditórias, ressaltando, ainda, o intuito de afastar "a necessidade da propositura de tantas demandas quantas forem as presta-

34. Da mesma forma, o art. 541 do CPC/2015, correlato ao art. 892 do CPC/1973, ao tratar da ação de consignação em pagamento, alterou o termo "periódicas" por "sucessivas". Sobre o tema, destacamos: "A redação do art. 892 do CPC/1973, ao adotar a expressão 'prestações periódicas', poderia resultar no entendimento de que o direito de consignar as parcelas vincendas durante o trâmite da lide, sem pedido expresso nesse sentido, só poderia ocorrer se se tratasse de prestações que se repetiriam no tempo, a intervalos regulares (...). A alteração do dispositivo visou a afastar essa interpretação equivocada. O direito de consignar as demais prestações que se vencerem durante o curso do processo, sem pedido expresso na inicial nesse sentido, pode ser exercido mesmo em não se tratando de prestações periódicas, sendo suficiente que as prestações se sucedam no tempo ('prestações sucessivas'), independentemente de sua regularidade ou não" (Priscila Kei Sato, "Art. 541", in José Rogério Cruz e Tucci *et al.* (coords.), *Código de Processo Civil Anotado*, Rio de Janeiro, GZ Editora, 2016, p. 940).

35. Francisco Cavalcanti Pontes de Miranda, *Comentários ao Código de Processo Civil*, 2ª ed., t. IV (arts. 282 a 443), Rio de Janeiro, Forense, 1979, p. 85.

36. Idem, ibidem.

ções a vencerem no curso de uma mesma ação, derivadas, todas elas, de uma única relação material: obrigação de trato sucessivo".[37-38]

Conforme elucida Andrea Boari Caraciola, "as prestações que se incluem no pedido são aquelas que vierem a vencer no curso da ação, e não as já vencidas anteriormente",[39] pois estas carecem de pedido expresso.[40] Ademais, a sentença deve incluir "não só as prestações vencidas até a data de sua prolação, mas também as posteriores, enquanto subsistir a obrigação",[41] sob pena de inviabilizar a posterior inclusão, na fase de cumprimento de sentença, das parcelas vencidas no curso da ação.

Caso a sentença seja omissa quanto às prestações que vierem a vencer no curso da ação até a satisfação do crédito, referida matéria poderá ser objeto de embargos de declaração (art. 1.022, II, do CPC/2015), cuja rejeição ensejará a interposição de apelação (art. 1.013, § 3º, III, do CPC/2015), pois "o autor está dispensado de pedir a inclusão de todas as *prestações periódicas* e é dever do juiz pronunciar-se sobre todas, sob pena de decidir *citra petita*".[42] Sem prejuízo deste entendimento, incumbe ao demandante cooperar para que se obtenha em tempo razoável a prolação de decisão de mérito da maneira mais justa e efetiva, razão pela qual se mostra adequado e recomendável que a petição inicial formule o pedido da maneira mais completa possível, inclusive com a inclusão das prestações sucessivas.

37. Andrea Boari Caraciola, *Princípio da Congruência no Código de Processo Civil*, São Paulo, LTr, 2010, p. 182.

38. "Neste caso, enquanto durar a obrigação, as prestações sucessivas que vencerão no curso do procedimento serão consideradas incluídas no pedido, independentemente de pedido expresso do autor, e serão incluídas na condenação se o devedor deixar de pagá-las ou de consigná-las. Trata-se de obrigações decorrentes da mesma relação jurídica *sub judice*, não havendo razão para não se admitir tal pedido, ainda que implicitamente considerado" (Daniela Monteiro Gabbay, "Arts. 318 a 331", in José Rogério Cruz e Tucci *et al.* (coords.), *Código de Processo Civil Anotado*, Rio de Janeiro, GZ Editora, 2016, p. 477).

39. Andrea Boari Caraciola, *Princípio da Congruência no Código de Processo Civil*, cit., p. 182.

40. "As prestações vencidas até a propositura da ação carecem de pedido" (Araken de Assis, *Cumulação de Ações*, cit., 4ª ed., p. 249).

41. Andrea Boari Caraciola, *Princípio da Congruência no Código de Processo Civil*, cit., p. 182.

42. Cândido Rangel Dinamarco, *Instituições de Direito Processual Civil*, cit., 7ª ed., vol. III, p. 331.

Dentro desse contexto, Cândido Rangel Dinamarco[43] defende que para as prestações sucessivas se aplica a regra da interpretação (contextual) do pedido prevista no § 2º do art. 322 do CPC/2015. E, de fato, na ausência de pedido expresso sobre a condenação do demandado nas prestações sucessivas, o magistrado deverá extrair do conjunto da postulação, com observância do princípio da boa-fé processual, o interesse do demandante de obter a tutela das parcelas vencidas e vincendas no curso do processo, independentemente de pedido.

E, no tocante ao conjunto da postulação, além dos fatos narrados e das provas produzidas ou requeridas no processo, o valor da causa é elemento de suma importância para evidenciar o interesse do demandante na obtenção de condenação às prestações sucessivas, haja vista a existência de regra expressa para esta hipótese no art. 292, §§ 1º e 2º, do CPC/2015, cuja inobservância militará contra o demandante e poderá implicar a desnecessidade de se condenar o demandado ao pagamento das prestações sucessivas.

38. Direito ou fato superveniente

O tema não é novo, mas a redação do dispositivo vigente sim. O art. 64, § 2º, do CPC/1939 dispunha que: "Se a sentença se basear em fato ou direito superveniente, o juiz levará em conta essa circunstância para o efeito da condenação nas custas e nos honorários".

No CPC/1973, o art. 303, I, previa que: "Depois da contestação, só é lícito deduzir novas alegações quando (...) relativas a direito superveniente". No art. 462, por sua vez, constava que: "Se, depois da propositura da ação, algum fato constitutivo, modificativo ou extintivo do direito influir no julgamento da lide, caberá ao juiz tomá-lo em consideração, de ofício ou a requerimento da parte, no momento de proferir a sentença".

O CPC/2015 adotou parcialmente a redação do diploma processual anterior, fazendo constar no art. 342, I, que: "Depois da contestação, só é lícito ao réu deduzir novas alegações quando: I – relativas a direito ou a fato superveniente; (...)"; bem como consigna no art. 493 que: "Se, depois da propositura da ação, algum fato constitutivo, modificativo ou extintivo do direito influir no julgamento do mérito, caberá ao juiz tomá-lo em consideração, de ofício ou a requerimento da parte, no momento de proferir a decisão". Ressalte-se a novidade prevista no parágrafo único

43. Idem, p. 332.

do art. 493, segundo o qual: "Se constatar de ofício o fato novo, o juiz ouvirá as partes sobre ele antes de decidir" – previsão em harmonia com os arts. 9º e 10 do CPC/2015.[44-45]

Conforme já tivemos oportunidade de estudar, ao demandante são permitidos a alteração ou o aditamento do pedido e da causa de pedir em momentos delimitados no diploma processual, fora dos quais a demanda se estabiliza e ocorre a delimitação do objeto litigioso do processo a ser decidido quando da prolação de decisão de mérito.

Em que pese a tal regra, não se pode ignorar que: "A tutela jurisdicional deve retratar o contexto litigioso que existe entre as partes da maneira como esse se afigura no momento da sua concessão",[46] razão pela qual o magistrado deve considerar o fato e o direito supervenientes dos quais for cientificado ou tomar ciência antes da sentença.[47] Entretanto, este fato ou este direito são aqueles que não importam "em alteração da causa de pedir fora dos limites legais de alteração".[48]

Para Arruda Alvim os fatos supervenientes devem "*reforçar* as razões que sustentam o mérito, e não *modificá-lo*".[49] De acordo com decisões proferidas pelo STJ: "O fato existente à época do julgamento do

44. Perante os tribunais a questão é tratada no art. 933, §§ 1º e 2º; e no cumprimento de sentença pelo art. 525, § 1º, VII, e §11, bem como pelo art. 535, VI, todos do CPC/2015.

45. "A teor do que estabelece o art. 462, deverá o juiz levar em conta o direito superveniente (aí compreendidos tanto o fato como o direito superveniente) para a prolação da sentença, desde que esse novo fato ou direito possa influir na resolução da lide. O conhecimento dessa matéria dar-se-á independentemente de requerimento das partes – cumpre ao juiz, de ofício, conhecê-la (art. 462 c/c art. 303, II). O levar em consideração o fato superveniente não significa que o autor, sob o pretexto de invocar fato superveniente, possa modificar o pedido ou a causa de pedir" (Eduardo Arruda Alvim, *Direito Processual Civil*, 5ª ed., São Paulo, Ed. RT, 2013, pp. 679-680).

46. Luiz Guilherme Marinoni, Sérgio Cruz Arenhart e Daniel Mitidiero, *Novo Curso de Processo Civil: Tutela dos Direitos mediante Procedimento Comum*, 2ª ed., vol. II, São Paulo, Ed. RT, 2016, p. 462.

47. "A estabilização da demanda não significa necessariamente a estabilização da pretensão processual à tutela jurisdicional, pois pode ocorrer de fatos ou direitos supervenientes virem a compor a hipótese fática daquela pretensão processual" (Fábio Peixinho Gomes Corrêa, *O Objeto Litigioso no Processo Civil*, São Paulo, Quartier Latin, 2009, p. 232).

48. Luiz Guilherme Marinoni, Sérgio Cruz Arenhart e Daniel Mitidiero, *Novo Curso de Processo Civil: Tutela dos Direitos mediante Procedimento Comum*, cit., 2ª ed., vol. II, p. 463.

49. Arruda Alvim, *Manual de Direito Processual Civil*, 18ª ed., São Paulo, Thomson Reuters Brasil, 2019, p. 1.083.

recurso, de conhecimento da parte, não se configura como fato superveniente";[50] bem como "não se considera fato superveniente a circunstância já existente, ainda que só apurada no curso do processo".[51]

Em obra dedicada ao estudo do direito superveniente, Ricardo de Barros Leonel conceitua referido instituto da seguinte forma:

> O que se pretende com o emprego da expressão "direito superveniente", de modo menos formalista (ou analítico), e mais funcional, é envolver a compreensão indissociável (conjunta) de fatos e direitos que sobrevenham (ou sejam invocados) no curso de demanda já proposta, sempre que, com relação a esta, forem aptos a gerar a já referida "eficácia jurídica superveniente".[52]

Em análise do instituto em comento, Marcelo Pacheco Machado defende que este "autoriza uma mudança apenas parcial, de apenas um dos elementos da demanda: a causa de pedir fática. Não há previsão para que ocorra alteração do pedido ou mesmo das partes em função de fato novo".[53]

Desse modo, não obstante o posicionamento no sentido de que a apresentação de fato ou de direito superveniente não implica alteração do pedido ou da causa de pedir,[54] não se pode ignorar que a superveniência de fato ou de direito novo no processo configura aditamento à causa de pedir constante na petição inicial (ou em eventual emenda apresentada em momento processual adequado). Por este motivo, mesmo se não for

50. STJ, AgR no REsp 153.998-PE, rel. Min. Sálvio de Figueiredo Teixeira, publ. 11.12.2000.

51. STJ, AgR no AgR no AREsp 715.931-PE, rel. Min. Herman Benjamin, publ. 4.2.2016. Neste mesmo sentido: Cândido Rangel. Dinamarco, *Instituições de Direito Processual Civil*, cit., 7ª ed., vol. III, p. 339.

52. Ricardo de Barros Leonel, *Causa de Pedir e Pedido: o Direito Superveniente*, São Paulo, Método, 2006, p. 231.

53. E complementa nos seguintes termos: "Verificamos desse modo limitadores claros à admissibilidade de fatos supervenientes no processo civil. Em primeiro lugar, o fato deve ocorrer ou apenas poder ser conhecido – e não simplesmente alegado – em data posterior à propositura da demanda, em segundo lugar, o fato deve ser apto a produzir os mesmos efeitos jurídicos já pleiteados com a demanda (sendo vedado novo pedido) e, em terceiro lugar, a utilização de fato novo para decidir depende do prévio respeito ao princípio do contraditório" (Marcelo Pacheco Machado, *A Correlação no Processo Civil: Relações entre Demanda e Tutela Jurisdicional*, Salvador, JusPodivm, 2015, pp. 227 e 229).

54. Andrea Boari Caraciola, *Princípio da Congruência no Código de Processo Civil*, cit., p. 213.

considerada hipótese de mitigação ao princípio da congruência, deve, ao menos, ser tida como uma regra de flexibilização à estabilização da demanda e à preclusão que lhe é inerente.

E para o presente estudo importante consignar que o fato ou o direito superveniente não se prestam para alterar e nem para aditar o pedido existente na demanda. De todo modo, o aditamento da causa de pedir – decorrente da inclusão de fato ou de direito superveniente no processo – acaba por influenciar na interpretação do pedido, haja vista a necessária consideração do conjunto da postulação, na qual está englobada a causa de pedir.

Ressalte-se que a regra em questão não só visa a assegurar a efetiva prestação da tutela jurisdicional, como também prestigiar a economia processual, tendo em vista que, caso não sejam apreciados o fato ou o direito superveniente na demanda já em curso, estes poderão ensejar a propositura de nova demanda.[55]

39. Juizados Especiais Cíveis

No processo adotado pelos Juizados Especiais Cíveis o pedido é balizado pelos princípios da simplicidade e da informalidade (art. 2º da Lei 9.099/1995), sendo confundido com a própria petição inicial.[56] Conforme se extrai da simples leitura do art. 14, *caput* e § 1º, II e III, da Lei 9.099/1995: "O processo instaurar-se-á com a apresentação do *pedido*, escrito ou oral, à Secretaria do Juizado"; e: "Do *pedido* constarão, de forma simples e em linguagem acessível: (...) II – os fatos e os fundamentos, de forma sucinta"; e "III – o *objeto* e seu valor" (grifamos).[57]

55. Neste mesmo sentido: Cândido Rangel Dinamarco, *Instituições de Direito Processual Civil*, cit., 7ª ed., vol. III, p. 339.

56. "O art. 14 da Lei 9.099/1995, confundindo ostensivamente pedido com o suporte material em que aquele vem especificado (petição inicial ou termo lavrado pela Secretaria), preceitua que o processo se inicia com a apresentação da pretensão, por escrito ou verbalmente, à Secretaria do Juizado" (José Rogério Cruz e Tucci, *A "Causa Petendi" no Processo Civil,* 3ª ed., São Paulo, Ed. RT, 2009, p. 251).

57. Não obstante a evidente predileção do projeto de lei para a área penal, a "Exposição de Motivos", apresentada pelo então deputado federal Michel Temer, destaca que: "Por outro lado, o procedimento oral tem demonstrado todas as vantagens onde aplicado em sua verdadeira essência. A concentração, a imediação, a identidade física do juiz conduzem à melhor apreciação das provas e à formação de um convencimento que realmente leve em conta todo o material probatório e argumentativo produzido pelas partes. A celeridade acompanha a oralidade, pela desburocratização e simplificação da Justiça. Ademais, um procedimento sumariíssimo, que não sacrifique

Assim, referida norma denomina a "petição inicial" como "pedido", bem como o "pedido" como sendo o "objeto". Por certo que o legislador também se valeu do princípio da razoabilidade para excluir alguns dos formalismos do Código de Processo Civil da órbita do Juizado Especial Cível, haja vista tratar-se de procedimento que abarca a solução de conflitos com menor complexidade (art. 98, I, da CF/1988) e reduzido valor envolvido.

E o art. 9º da referida norma dispõe que: "Nas causas de valor até 20 (vinte) salários-mínimos, as partes comparecerão pessoalmente, podendo ser assistidas por advogado; nas de valor superior, a assistência é obrigatória". A dispensa da presença de advogado,[58] com a consequente possibilidade de a ação ser proposta diretamente pelo autor, são fatores que acabam por repercutir na flexibilização do processo dos Juizados Especiais Cíveis, visando, assim, a garantir o acesso à Justiça, pois não se pode imputar ao autor que não tiver formação em Direito a obrigação de conhecer a técnica e as normas processuais. O conhecimento das normas processuais não pode ser pressuposto para que o autor, atuando em causa própria, se valha do seu direito de ação e obtenha a tutela do bem da vida almejado.

E "a alvitrada liberdade se identifica de modo ainda mais acentuado no Juizado Especial"[59] pela leitura do art. 6º da Lei 9.099/1995, segundo o qual: "O juiz adotará em cada caso a decisão que reputar mais justa e equânime, atendendo aos fins sociais da lei e às exigências do bem comum" – cuja redação não encontra similitude com o princípio da congruência, estudado no capítulo anterior.

Diante dessa análise, sendo constatadas a informalidade e a simplicidade do procedimento instituído pela Lei 9.099/1995, bem como a ausência de preocupação em se delimitar a causa de pedir e o pedido nas ações propostas perante os Juizados Especiais Cíveis, o princípio da congruência acaba por ser flexibilizado, razão pela qual o pedido poderá ser interpretado a partir de todo o conjunto da postulação, de maneira

as garantias processuais das partes e da jurisdição, é o que melhor se coaduna com causas de menor complexidade" (disponível em *http://www2.camara.leg.br/legin/fed/lei/1995/lei-9099-26-setembro-1995-348608-exposicaodemotivos-149770-pl.html*, acesso em 6.5.2020).

58. Ressalte-se que referida matéria já foi objeto de controle de constitucionalidade (STF, ADI 1.539, rel. Min. Maurício Corrêa, publ. 5.12.2003; e STF, ADI 3.168, rel. Min. Joaquim Barbosa, publ. 3.8.2007).

59. José Rogério Cruz e Tucci, "Contornos da *causa petendi* da demanda civil perante o Juizado Especial", *RT* 745/12, São Paulo, Ed. RT, novembro/1997.

menos rígida do que a regra prevista no Código de Processo Civil, em especial quando o autor estiver desacompanhado de advogado, cabendo ao magistrado realizar a leitura da petição inicial (pedido) e proferir decisão que confira a maior efetividade para a resolução do conflito, desde que seja assegurado o direito ao contraditório.

E uma última situação a ser analisada sobre este ponto refere-se à hipótese de o autor ajuizar ação perante um Juizado Especial e pleitear a condenação do réu em quantia superior ao teto legal.[60] A posição pretoriana sobre este tema é a de que "a opção pelo procedimento previsto na Lei n. 9.099/1995 importa em renúncia ao crédito excedente ao limite estabelecido no art. 3º, I, com exceção à hipótese de conciliação".[61]

Indaga-se, então, se ao julgar o pedido formulado perante o Juizado Especial Cível o magistrado precisará realizar a interpretação do pedido antes de concluir que houve a renúncia do valor excedente constante no pleito do autor. Em outras palavras: conceder tutela jurisdicional apenas sobre o valor do teto legalmente instituído para os Juizados Especiais, independentemente de o pedido ser em quantia superior, implica a interpretação do pedido?

Salvo melhor juízo, a resposta é negativa, pois referida questão está mais diretamente ligada à falta de competência do Juizado Especial Cível – que desdobra para a renúncia feita pelo autor sobre o valor excedente, pois este voluntariamente optou por ajuizar sua ação perante órgão jurisdicional com teto legalmente instituído – do que propriamente a um processo de interpretação do pedido. Ademais, o *quantum* pleiteado é inerente à determinação do pedido (art. 324 do CPC/2015) e, conforme trataremos adiante, a interpretação do pedido possui relação direta com a sua margem de certeza (art. 322 do CPC/2015).

40. Poder geral de cautela

O CPC/1973 já previa em seu art. 797 a possibilidade de o magistrado, "em casos excepcionais, expressamente autorizados por lei",

60. V. art. 3º, I, da Lei 9.099/1995 e art. 3º da Lei 10.259/2001.

61. TJDFT, 3ª Turma Recursal dos Juizados Especiais do Distrito Federal, Recurso 0012647-32.2012.8.07.0003, rel. Juiz Fábio Eduardo Marques, publ. 10.12.2012. No mesmo sentido: "Autor, ao optar pelo ajuizamento da demanda no Juizado, renunciou ao excedente – Impossibilidade de executar valor superior ao teto estabelecido em lei" (TJSP, 1ª Turma Cível e Criminal, comarca de Jaú, AI 0100051-95.2019.8.26.9041, rela. Juíza Paula Maria Castro Ribeiro Bressan, publ. 26.11.2019).

determinar medidas cautelares sem a prévia oitiva das partes, bem como o art. 798 concedia ao juiz o poder de determinar as "medidas provisórias que julgar adequadas, quando houver fundado receio de que uma parte, antes do julgamento da lide, cause ao direito da outra lesão grave e de difícil reparação".

No CPC/2015 as disposições gerais sobre a tutela cautelar estão previstas nos arts. 294 a 302, no corpo de regras sobre tutela provisória e tutela de urgência, bem como nos arts. 305 a 310, para a tutela cautelar requerida em caráter antecedente. O art. 297 prevê que: "O juiz poderá determinar as medidas que considerar adequadas para efetivação da tutela provisória", assegurando ao magistrado o poder geral de cautela.[62]

O poder geral de cautela permite ao magistrado atuar de ofício, visando a conservar o bem da vida pleiteado no processo principal. Nas palavras de Marcelo Pacheco Machado, "dentro do gênero 'tutela de urgência' se amoldam com perfeição as espécies já conhecidas de tutela cautelar (cautelar conservativa) e de tutela antecipada (cautelar satisfativa)".[63]

Conforme já esclarecemos: "A tutela cautelar, em sua essência, é medida que se presta muito mais para garantir o resultado útil dentro do processo do que fora dele, não tendo como escopo a imediata satisfação do demandante".[64-65]

Não por outro motivo é assegurado ao magistrado adotar, inclusive de ofício, medidas de conservação do objeto litigioso do processo, no intuito de evitar seu perecimento e para não frustrar o objetivo do processo.

62. Enunciado 31 do *Fórum Permanente de Processualistas Civis*: "O poder geral de cautela está mantido no CPC" (disponível em *http://institutodc.com.br/wp-content/uploads/2017/06/FPPC-Carta-de-Florianopolis.pdf*, acesso em 6.5.2020).

63. Marcelo Pacheco Machado, "Simplificação, autonomia e estabilização das tutelas de urgência: análise da proposta do Projeto de Novo Código de Processo Civil", *RePro* 202/235, São Paulo, Ed. RT, dezembro/2011.

64. Rafael Ribeiro Rodrigues e Rennan F. K. Thamay, "Estabilização e pedido incontroverso", *RePro* 268/393, São Paulo, Ed. RT, junho/2017.

65. Sobre o tema, destaca-se: "Frise-se que, se é correto afirmar que a jurisdição é inerte, conforme dispõe claramente o art. 2º do CPC, o art. 797 abre margem para um certo agir de ofício no âmbito do processo cautelar. Esse agir oficioso no curso do processo não objetiva, propriamente, proteger nenhum dos litigantes, mas tem por fim proteger o possível resultado da própria atividade jurisdicional, *já iniciada*. Daí compreender-se que possa, e, em rigor, deva, sendo o caso, o juiz agir de ofício" (Eduardo Arruda Alvim, *Direito Processual Civil*, cit., 5ª ed., p. 56).

Entretanto, Galeno Lacerda assevera que "o poder cautelar geral não pode ser ilimitado, que ele possui freios impostos pela própria natureza do direito material".[66-67]

Se uma das partes requer determinada medida cautelar, o magistrado poderá decretar "outra menos gravosa para o réu (...). Se o juiz verifica que o autor tem razão em pretender uma cautela, porém não tanta que justifique a concessão daquela medida muito drástica por ele pleiteada, nada o impede de decretar uma providência menos gravosa".[68]

A medida cautelar não tem que ser mais ou menos gravosa, mas, sim, deve ser a mais adequada e razoável para conservar o bem da vida objetivado pelo demandante por meio do processo.

66. Galeno Lacerda, "Limites ao poder cautelar geral e à concessão de liminares", *RT* 700/42, São Paulo, Ed. RT, fevereiro/1994.

67. Sobre os limites do poder geral de cautela, Rodolfo de Camargo Mancuso defende que: "Os chamados 'limites do poder cautelar do magistrado' devem ser aceitos com bonomia, dado que se inserem na saudável preocupação de que o que deverá ser remédio não se transforme em... doença. O que se pretende, com a indicação desses limites, é que o poder cautelar seja exercido discricionariamente, nos limites do razoável e do juridicamente sustentável. Dentre esses limites, salientam-se: a) que a cautela não tenha abrangência maior do que o provimento que poderia ser obtido *principaliter*; b) que a cautela não extrapole as finalidades naturais e imanentes a esse tipo de tutela jurisdicional; c) que a liminar seja concedida quando se afigurar viável, ainda que a nível de plausibilidade, o provimento de fundo, cuja antecipação ela vem provocar; d) que não se admita fungibilidade entre as medidas cautelares nominadas e inominadas, negando-se o acesso a estas, quando houver aquelas; e) que não sejam relevadas ou minimizadas as condições específicas da ação cautelar, especialmente quando houver pedido liminar, caso em que a concessão desta última dependerá, também, da prévia constatação da presença daquelas condições específicas; f) que a previsão legal de imposição de contracautela ao beneficiário da medida não sirva de estímulo ou argumento para a concessão da tutela cautelar, especialmente em nível liminar, descuidando-se da aferição quanto à presença das condições de procedibilidade do processo cautelar; g) conforme a doutrina tem assinalado, o ser o poder cautelar geral de natureza discricionária não o deve transmudar em arbítrio, pelo quê resta defeso ao juiz exercitar aquele poder fora e além das balizas e do espírito da tutela cautelar, assim acarretando a criação de situações só factíveis pelo uso de outros tipos de processo; h) que a afirmada situação de perigo, virtual ou iminente, bem como a alegada lesão efetivada ou ameaçada possam ser roboradas com dados objetivos razoáveis, descartadas, assim, as situações meramente psíquicas, subjetivas" ("A questão dos limites no poder cautelar geral", in Luiz Rodrigues Wambier e Teresa Arruda Alvim Wambier (orgs.), *Doutrinas Essenciais – Processo Civil*, vol. V, São Paulo, Ed. RT, outubro/2011, p. 864).

68. José Carlos Barbosa Moreira, "Correlação entre o pedido e a sentença", *RePro* 83/214, São Paulo, Ed. RT, julho-setembro/1996.

Na vigência do CPC/1973 se o autor pleiteasse, a título de antecipação de tutela, providência de natureza cautelar, o juiz poderia, quando presentes os respectivos pressupostos, deferir a medida cautelar em caráter incidental no processo ajuizado (art. 273, § 7º), dispositivo com parcial correspondência no CPC/2015 (arts. 297 e 305, parágrafo único).

João Paulo Hecker da Silva assevera que: "O formalismo não pode ser o fator de *discrímen* que impedirá a parte de obter a medida de urgência necessária e adequada (...) para a tutela de seus interesses"; destacando, ainda, que "a medida urgente deve sempre atender à pretensão da parte, sendo dever do juiz adequar a técnica necessária para o que foi efetivamente pedido".[69]

Ao tratar da atuação oficiosa do magistrado como decorrência do poder geral de cautela, Cassio Scarpinella Bueno defende que "impõe-se, quando presentes os respectivos pressupostos previstos na regra autorizadora, o agir do magistrado em prol do asseguramento do resultado útil do processo".[70]

Nesses termos, inconteste que o poder geral de cautela é hipótese de mitigação do princípio da congruência, não só em razão da previsão legal, mas também diante da necessidade lógica de garantir ao magistrado o poder para a adoção de medidas para a conservação do objeto litigioso do processo principal, ou seja, do bem da vida que ensejou o comparecimento do demandante perante o Poder Judiciário.

Outrossim, conforme ressalta Andrea Boari Caraciola, "a tutela cautelar é uma tutela imediatamente de segurança, residindo aí, invariavelmente, o pedido mediato nela veiculado. O bem da vida pretendido é a própria segurança, ou seja, a eliminação de uma situação de perigo de dano".[71]

Nesse contexto, o poder geral de cautela enquadra-se como hipótese de mitigação do princípio da congruência e a interpretação do pedido cautelar não obedece à regra do art. 322, § 2º, do CPC/2015, pois, além de observar o princípio da boa-fé, o magistrado deve considerar não apenas

69. João Paulo Hecker da Silva, *Processo Societário: Tutelas de Urgência e da Evidência*, Brasília, Gazeta Jurídica, 2014, pp. 77 e 81.

70. Cassio Scarpinella Bueno, *Curso Sistematizado de Direito Processual Civil: Tutela Antecipada, Tutela Cautelar, Procedimentos Cautelares Específicos*, 6ª ed., vol. 4, São Paulo, Saraiva, 2014, p. 189.

71. Andrea Boari Caraciola, *Princípio da Congruência no Código de Processo Civil*, cit., p. 202.

o conjunto da postulação da tutela cautelar, mas também – e em especial – o pedido formulado na ação principal, com o escopo de conservar o seu bem da vida e evitar a frustração do resultado útil do processo.

Assim, ao apreciar o pedido cautelar, o magistrado deverá se ater não só ao que foi pedido a título de tutela provisória de urgência cautelar, mas, antes disto, deverá sopesar qual é a tutela jurisdicional necessária e adequada para conservar o objeto litigioso do processo principal.

Feito esse exercício cognitivo, caso o magistrado entenda por deferir o pleito de tutela cautelar, poderá fazê-lo de maneira diversa da pleiteada, pois não está adstrito aos limites do pedido de tutela cautelar.

41. Medidas que assegurem o resultado prático equivalente ao da demanda

Ao tratar dos poderes do juiz na tutela específica das obrigações de fazer e não fazer, José Carlos Baptista Puoli[72] ressalta que "o processo deve dar, a quem tenha um direito, tudo e exatamente aquilo que ele teria obtido caso o direito material tivesse sido espontaneamente observado";[73] mas ressalta que na prática a recalcitrância do devedor, em regra, acaba por converter o pedido de tutela específica em perdas e danos.

Em razão dessa realidade, visando a assegurar ao demandante a tutela do direito material,[74] o art. 461 do CPC/1973 (que tratava da tutela específica das obrigações de fazer ou não fazer) foi reformado pela Lei 8.952/1994 e, posteriormente, pela Lei 10.444/2002, para a alteração do *caput* e a inclusão dos §§ 1º a 6º, passando a permitir que o magistrado determinasse providências que assegurassem o resultado prático equivalente ao do adimplemento, bem como restringindo a conversão em perdas e danos ao requerimento do autor ou às situações em que se mostrassem

72. José Carlos Baptista Puoli, *Os Poderes do Juiz e as Reformas do Processo Civil*, São Paulo, Editora Juarez de Oliveira, 2001, pp. 204-205.

73. No mesmo sentido: "A tutela jurisdicional será mais efetiva à medida que proporcionar um resultado próximo à solução espontânea do conflito" (Fábio Peixinho Gomes Corrêa, *O Objeto Litigioso no Processo Civil*, cit., p. 47).

74. "O direito de ação não é simplesmente o direito à resolução do mérito ou a uma sentença sobre o mérito. O direito de ação é o direito à efetiva e real viabilidade da obtenção da tutela do direito material (...). É por isto que o direito de ação exige a estruturação de técnicas processuais idôneas, aí incluídos a técnica antecipatória, as sentenças e os meios executivos" (Luiz Guilherme Marinoni, "O direito de ação como direito fundamental (consequências teóricas e práticas)", *RT* 873/16, São Paulo, Ed. RT, julho/2008).

impossíveis a tutela específica ou a obtenção do resultado prático correspondente. A Lei 10.444/2002 também incluiu o art. 461-A, *caput* e §§ 1º a 3º, no CPC/1973, com o escopo de satisfazer a tutela específica de entrega de coisa. Sobre o mesmo tema destacamos o art. 84, §§ 4º e 5º, da Lei 8.078/1990 (Código de Defesa do Consumidor).

O CPC/2015 trata do cumprimento de sentença que reconheça a exigibilidade de obrigação de fazer ou de não fazer nos arts. 536 e 537, bem como do cumprimento de sentença que reconheça a exigibilidade de obrigação de entregar coisa no art. 538,[75] todos de maneira correlata aos dispositivos do diploma processual revogado.

Para Cândido Rangel Dinamarco o resultado prático equivalente representa "hipótese de expansão do objeto do processo além dos pedidos expressamente deduzidos na demanda inicial", e destaca que "a realidade da vida dos direitos e do processo impõe que o juiz assim aja, sob pena de inutilidade de seu exercício jurisdicional".[76]

De acordo com Luiz Guilherme Marinoni, a atividade jurisdicional está voltada não só para a tutela específica do direito material do indivíduo lesado, que se valer do direito de ação, como também para inibir "a prática do ato contrário ao Direito ou do dano ou determina o ressarcimento *in natura* ou o cumprimento da prestação na forma específica ou tal como foi contratada".[77]

75. No início da vigência deste dispositivo, Thereza Arruda Alvim manifestou-se no sentido de que referidas técnicas não se aplicariam para o processo de execução de título extrajudicial: "Quem dispõe de título executivo e usar do processo de execução, porém, fica impossibilitado de receber o benefício da busca da tutela específica e tutela específica antecipada, a não ser através da imposição de multas pelo juízo da execução. Não nos parece poder o exequente, no âmbito do processo de execução, usar de todas as medidas que lhe sejam favoráveis, após não ter cumprido o executado a obrigação, como se de processo de conhecimento se tratasse" ("A tutela específica do art. 461 do Código de Processo Civil", *RePro* 80/110, São Paulo, Ed. RT, outubro-dezembro/1995).

76. Cândido Rangel Dinamarco, *Instituições de Direito Processual Civil*, cit., 7ª ed., vol. III, p. 332.

77. "É evidente que a omissão da lei processual na instituição de técnica adequada não elimina o dever de o juiz prestar, ao autor que possui razão no caso concreto, a tutela que lhe foi prometida pelo direito substancial. Raciocinar de forma contrária seria dar à lei processual a possibilidade de obstaculizar o exercício do poder jurisdicional ou ainda admitir que o direito à tutela do direito material, ainda que garantido pelo direito substancial e pela Constituição, pode deixar de ter efetividade segundo o desejo e a sorte da legislação processual" (Luiz Guilherme Marinoni, "O direito de ação como direito fundamental (consequências teóricas e práticas)", cit., *RT* 873/17 e 26).

Entretanto, necessário ressaltar que o exercício de medidas para inibir a prática de atos tendentes a frustrar a concessão da tutela pleiteada em juízo não se confunde com a concessão de tutela diversa da demandada (pedido). Respeitados os posicionamentos em sentido contrário, referidas medidas instituídas pelo legislador, por meio de técnicas processuais abertas, buscam permitir que o pedido formulado na exordial seja atendido (satisfeito), ainda que de maneira diversa.

Ao tratar das multas impostas pelo magistrado e das demais medidas que assegurem o resultado prático equivalente, Eduardo Arruda Alvim esclarece que "a razão de ser dessa multa é menos o direito da parte, e *mais a de que a ordem judicial seja obedecida*". E arremata ao concluir que "o traço comum a esses preceitos, em que se prevê a possibilidade de agir oficioso do juiz, é o de que esteja em jogo, além dos interesses das partes envolvidas no litígio, a própria respeitabilidade da administração da Justiça".[78]

Sob a égide do CPC/1973, Marcelo Pacheco Machado[79] defendia ser permitido ao magistrado, logo na fase cognitiva, conceder tutela ao demandante com o resultado prático equivalente, pois no entendimento do referido autor esta técnica não se limitaria à fase de cumprimento de sentença. Ademais, pontua as medidas que asseguram o resultado prático como sendo hipóteses de mitigação do princípio da congruência.

No tocante à aplicação de medidas que assegurem o resultado prático equivalente na fase cognitiva, referida ideia não mais se sustenta. O CPC/2015 é claro ao prever a aplicação do resultado prático equivalente apenas na fase de cumprimento de sentença. Já, com relação à hipótese de mitigação do princípio da congruência, também não concordamos com este posicionamento.

A adoção de técnica processual para fins de se atingir e satisfazer o direito material pleiteado, ainda que de maneira diversa da efetivamente demandada, não implica violação e nem hipótese de mitigação do princípio da congruência.

Ao julgar uma demanda o magistrado deve se ater aos seus limites objetivos. Apenas na fase de cumprimento da sentença que julgar procedente pedido de tutela específica, caso o executado recalcitrante venha a empreender força para o não cumprimento da obrigação constante do

78. Eduardo Arruda Alvim, *Direito Processual Civil*, cit., 5ª ed., p. 59.

79. Marcelo Pacheco Machado, *A Correlação no Processo Civil: Relações entre Demanda e Tutela Jurisdicional*, cit., p. 214.

título executivo – ou apresente inércia e deliberadamente opte por não cumprir as decisões do magistrado – é que o juiz poderá, de ofício, intimar o exequente, indagando-o sobre a aplicação do resultado prático equivalente, bem como poderá determinar as medidas necessárias à satisfação do exequente.

Logo, as regras previstas nos arts. 141 e 492 do CPC/2015 ocorrem em momentos distintos dos arts. 536 a 538 do CPC/2015. No primeiro momento cabe ao magistrado decidir sobre a procedência ou não do pedido, de acordo com os limites objetivos fixados pelo demandante. No segundo momento o pedido de tutela específica já foi decidido no mérito e a sentença de procedência constitui título executivo hábil para a adoção de medidas processuais tendentes a satisfazer os interesses do demandante. Caso a sentença de procedência, tal como posta, não atinja sua finalidade, a técnica do resultado prático equivalente presta-se a possibilitar a satisfação do exequente de maneira distinta daquela literalmente constante do título.

Na hipótese de cumprimento de sentença com obrigação de fazer, por exemplo, a recalcitrância do demandado poderá ser substituída – desde que não se trate de obrigação personalíssima – pela conversão da condenação em quantia pelo valor equivalente à obrigação inadimplida, possibilitando ao demandante satisfazer a obrigação por meio de terceiros. Já, em caso de não cumprimento espontâneo de obrigação de entregar coisa móvel a busca e apreensão é medida suficiente para substituir a atividade do demandado.

E, pelo fato de o resultado prático equivalente se limitar à fase de cumprimento de sentença, não se pode ignorar que o pedido foi julgado e sua procedência reconhecida, tal como formulado pelo demandante. Do contrário estaríamos diante de sentença de mérito viciada pela violação ao princípio da congruência.

A adoção de resultado prático equivalente, como forma de satisfazer o demandante, trata-se da *ultima ratio*, voltada não só a atender ao escopo do processo, como também a desestimular os executados que se valem de expedientes desleais para frustrar o cumprimento da sentença.

Concordamos, portanto, com Andrea Boari Caraciola, segundo a qual:

> A liberdade na fixação das medidas executivas para a obtenção do resultado final específico, mesmo *ex officio*, como regra, não viola a congruência da tutela, uma vez que elas se caracterizam como mecanismos

para efetivação, operacionalização prática do pedido, com ele não se confundindo.[80]

Em síntese, o princípio da congruência deve ser observado nas fases cognitiva e decisória, e a técnica do resultado prático equivalente é a hipótese de mitigação aplicável na fase de cumprimento de sentença que decide pedido de tutela específica.

Superada a questão quanto à impossibilidade de se considerar a técnica do resultado prático equivalente como hipótese de mitigação do princípio da congruência, necessário verificar se seria aplicável a interpretação do pedido quando da aplicação do resultado prático equivalente.

Novamente destacam-se as lições de Cândido Rangel Dinamarco, o qual, ao tratar do resultado prático equivalente, defende que:

> (...) para a imposição de medidas assim, embora não pedidas na inicial, constitui também uma reverência à regra da *interpretação contextual do pedido*, ditada pelo legislador no art. 322, § 2º, do Código de Processo Civil – porque, repete-se, quem vem a juízo vem com a intenção de obter um *resultado prático*, sendo isso que ordinariamente se dá na vida dos processos.[81]

Entretanto, pedimos vênia para discordar do nobre processualista. De início, porque, se o demandante não pediu o resultado prático equivalente, não há o que se interpretar. A técnica da interpretação do pedido só se aplica se houver pedido a ser interpretado. O pedido não pode ser extraído de processo intelectivo do magistrado para, em um segundo momento, se exercer o processo interpretativo.

No mais, ao ajuizar uma ação o indivíduo pleiteia tutela específica, e não há como cogitar de sua intenção em obter um resultado prático equivalente, mesmo porque o diploma processual obriga à formulação de pedido certo e determinado (ou determinável, nas hipóteses de pedido genérico). Em contrapartida, existe a obrigatoriedade de o magistrado apreciar e julgar o pedido tal como formulado.

E a decisão que formou o título executivo judicial, a ser objeto do cumprimento de sentença, teve o dever de apreciar e julgar apenas o pedido formulado. Entretanto, caso a satisfação da pretensão constan-

80. Andrea Boari Caraciola, *Princípio da Congruência no Código de Processo Civil*, cit., p. 220.

81. Cândido Rangel Dinamarco, *Instituições de Direito Processual Civil*, cit., 7ª ed., vol. III, Op. cit., p. 332.

te no pedido formulado, julgado procedente em seu mérito, se mostre improvável quando do cumprimento de sentença, a possibilidade de o magistrado aplicar a tutela pelo resultado prático equivalente não guarda relação com a interpretação do pedido formulado pelo demandante e já decidido no mérito.

O que se busca na fase de cumprimento de sentença é a adoção de técnica processual para assegurar a satisfação do autor-exequente, mesmo que de maneira diversa da inicialmente pretendida e posteriormente decidida. Portanto, para o presente estudo a conclusão é a de que não se trata de – e nem se aplica a – interpretação do pedido nesta hipótese.

42. Dano moral?

Na vigência do CPC/1973 "a jurisprudência aceitava que o pedido de condenação ao pagamento de dano moral fosse 'genérico', ou seja, que o autor deixasse que o valor da condenação fosse fixado posteriormente pelo juiz".[82-83]

Não raras eram as petições iniciais fundadas em ato ilícito e com pedido de danos morais nas quais o autor se limitava a pedir que a condenação fosse fixada a critério do magistrado, ou nas quais apenas se fazia a "sugestão" da condenação em elevada quantia apresentada pelo autor, sendo que para ambas as situações o valor atribuído à causa era irrisório, ocasionando reflexo no valor das custas e em eventual ônus da sucumbência suportado pelo autor caso o pedido fosse julgado improcedente.

Nesse contexto, o enunciado da Súmula 326/STJ foi editado com a seguinte redação: "Na ação de indenização por dano moral, a condenação em montante inferior ao postulado na inicial não implica sucumbência recíproca".

Empreendendo crítica ao referido posicionamento jurisprudencial, Carlos Alberto Carmona pontua que "não há, definitivamente, possibilidade de formular pedido genérico em sede de danos morais".[84]

No mesmo sentido, Olavo de Oliveira Neto e Patrícia Elias Cozzolino de Oliveira defendem que "o autor está em uma condição bem melhor

82. Marcelo José Magalhães Bonicio, *Princípios do Processo no Novo Código de Processo Civil*, São Paulo, Saraiva, 2016, p. 51.

83. "A jurisprudência desta Corte é firme no sentido de admitir a formulação de pedido de danos morais genérico, sem definição inicial do *quantum debeatur*" (STJ, AgR no AREsp 527.202-SP, rel. Min. Marco Aurélio Bellizze, publ. 30.9.2015).

84. Carlos Alberto Carmona, "Em torno da petição inicial", cit., *RePro* 119/24.

do que o juiz para indicar o quanto se sentiu atingido em sua moral, já que conhece todas as circunstâncias que envolveram o acontecimento, bem como as suas condições pessoais".[85-86]

E, de fato, além de inexistir previsão legal expressa para a formulação de pedido genérico relativo ao pedido de condenação a título de danos morais,[87] referida prática "provoca o cerceamento de defesa do réu, que fica impedido de contestar os valores pleiteados",[88] bem como gera situação de desequilíbrio processual, pois se o pedido do autor for julgado improcedente o inexpressivo valor atribuído à causa na petição inicial não lhe causará grandes transtornos, mas se o pedido indeterminado for julgado procedente, em especial se for acolhido o patamar "sugerido" pelo demandante, então, além de o réu ter que arcar com o pagamento da condenação, também será condenado em honorários de sucumbência tendo por base o valor da condenação (para o qual muito provavelmente o autor não recolheu as devidas custas, ressalte-se) – situação que demonstra tratamento díspar entre as partes do processo.[89]

85. E complementam que, "se o ilícito civil que gerou o dano já aconteceu, tem o autor, no momento da propositura da ação, plena condição de indicar qual o valor que pretende obter a título de dano moral, não havendo o que justifique a formulação de pedido genérico com relação a algo já ocorrido" (Olavo de Oliveira Neto e Patrícia Elias Cozzolino de Oliveira, "A necessidade de pedido específico na ação de indenização por dano moral", *Revista do Instituto dos Advogados de São Paulo* 23/258, São Paulo, janeiro-junho/2009).

86. Na mesma linha: "Há casos fora das hipóteses restritas dos incisos I a III do art. 286, em que se tem admitido, *na ordem prática*, pedido genérico. Tal é o caso de muitos pleitos de indenização por danos morais, o que, em nosso sentir, não é de ser aceito, pois não há qualquer razão, nem mesmo de economia de atividade processual, para que essa técnica seja admitida em tais hipóteses" (Eduardo Arruda Alvim, *Direito Processual Civil*, cit., 5ª ed., p. 416).

87. Ressalte-se que no CPC/1973 não existia permissivo legal para a formulação de pedido genérico de danos morais.

88. Olavo de Oliveira Neto e Patrícia Elias Cozzolino de Oliveira, "A necessidade de pedido específico na ação de indenização por dano moral", cit., *Revista do Instituto dos Advogados de São Paulo* 23/259.

89. "Retirar o risco inerente ao processo implica, como se tem visto, em permitir uma aventura em juízo, com nítida infringência ao princípio da boa-fé processual. Como se disse, se o autor formula pedido genérico e dá à causa valor ínfimo, ao perder a demanda nada sofrerá. Em contrapartida, se aceita sua sugestão de valor, ganhará uma pequena fortuna. Daí o incentivo a que se proponham ações absolutamente infundadas, como se tem visto acontecer em inúmeras oportunidades" (Olavo de Oliveira Neto e Patrícia Elias Cozzolino de Oliveira, "A necessidade de pedido específico na ação de indenização por dano moral", cit., *Revista do Instituto dos Advogados de São Paulo* 23/258).

Atento a essa situação, o CPC/2015 prevê em seu art. 292, V, que: "O valor da causa constará da petição inicial ou da reconvenção e será: (...); V – na ação indenizatória, inclusive a fundada em dano moral, o valor pretendido; (...)". Trata-se de medida tendente a obstar à formulação de pedido genérico sobre danos morais, bem como busca vincular o pedido determinado ao valor da causa.

De todo modo, cumpre salientar que o art. 324, § 1º, II, do CPC/2015 permite a formulação de pedido genérico "quando não for possível determinar, desde logo, as consequências do ato ou do fato". Conforme já tivemos a oportunidade de analisar neste trabalho, referida exceção aplica-se, por exemplo, nas ações indenizatórias com pedido de dano moral e/ou material nas quais a relação entre as partes ainda não foi finalizada quando do seu ajuizamento, tal como a proposta por consumidor em face de seu plano de saúde com pedido de condenação à reparação pelos danos sofridos pela negativa de cobertura de uma internação ainda em curso no momento da propositura da ação.[90]

Com o devido respeito ao posicionamento dos julgados proferidos em sentido contrário, o pedido de condenação a título de danos morais deve ser feito de maneira determinada.

A exceção aplica-se somente na hipótese em que o ato ou o fato ainda está em curso. Ou seja: quando o demandante demonstrar, no momento da propositura da ação, que não é possível determinar as consequências do ato ou do fato que ensejará o pedido de danos morais, pois estes ainda não foram finalizados no tempo e, portanto, não se pode aferir a extensão do abalo moral. Nesta hipótese, excepcionalmente, o pedido poderá ser genérico, sem prejuízo de o *quantum debeatur* ser determinado no curso do processo. Do contrário, caso o ato ou o fato já se tenha encerrado no momento da propositura da ação, não se deve admitir o pedido genérico de condenação a título de danos morais.

Sem prejuízo de todas as considerações apresentadas acima, não se pode perder de vista que o pedido genérico se refere ao *quantum debeatur*, e, portanto, à parcela de determinação do pedido. Se o pedido for genérico, ainda assim deverá ser certo e delimitar o bem da vida pleiteado (*an debeatur*).[91]

90. No mesmo sentido, inclusive destacando a possibilidade de reconvenção com pedido genérico de danos morais: Susana Henriques da Costa, "Arts. 318 a 333", in Antônio do Passo Cabral e Ronaldo Cramer (coords.), *Comentários ao novo Código de Processo Civil*, 2ª ed., Rio de Janeiro, Forense, 2016, p. 512.

91. "Em linha de princípio, a concessão de indenização por danos morais exige que tenha havido pedido expresso na petição inicial, como também não se prescinde

Não há previsão na lei e nem na jurisprudência quanto à possibilidade de se formular pedido incerto, inclusive para fins de danos morais. Sem prejuízo da discutível praxe que permite a formulação de pedido genérico para a condenação a título de danos morais, fato é que – com ou sem a delimitação do *quantum debeatur* – referido pedido deve ser certo, não havendo possibilidade de o magistrado supor a existência de danos morais indenizáveis caso referido pleito não tenha sido expressamente formulado.

Diante desse raciocínio, o pedido de danos morais deve ser certo e determinado. Entretanto, desde que efetivamente formulado, excepcionalmente poderá ser genérico caso tenha por escopo tutelar dano causado por ato ou fato em curso e cujas consequências ainda não foram aferidas – total ou parcialmente –, nos termos do art. 324, § 1º, II, do CPC/2015.

Já, a interpretação do pedido não se aplica ao presente debate, pois o § 2º do art. 322 do CPC/2015 incide apenas quando houver a necessidade de se interpretar o pedido formulado, cuja parcela de certeza não foi adequadamente delimitada.

Não por outro motivo, causa preocupação o posicionamento pretoriano pelo qual se admite que: "A interpretação ampla ao pedido de indenização pelos prejuízos causados, de modo a incluir na condenação os danos morais provados nos autos, não viola os arts. 128 e 460 do CPC".[92] Com a devida vênia, o presente estudo não concorda com este posicionamento,[93] pelas razões anteriormente expostas.

Ainda que genérico, o pedido de condenação a título de danos morais deve ser certo e expressamente formulado, sob pena de o magistrado

que a sentença seja explícita no sentido dessa condenação. (...). Assim, de regra, os pedidos são interpretados restritivamente (CPC, art. 293), não se considerando a verba a título de dano moral se não foi formulado pedido na inicial, ainda que possa ser formulado em outra demanda; e, como pedido novo, não induz litispendência nem afronta a coisa julgada, salvo se a anterior ação de indenização por danos materiais foi desacolhida pela ausência de ilicitude do ato" (Yussef Said Cahali, *Dano Moral*, 2ª ed., São Paulo, Ed. RT, 1998, pp. 700-701).

92. STJ, REsp 900.380-RS, rel. Min. Herman Benjamin, publ. 8.9.2009.

93. Destacamos também: "Embora não tenha constado, na espécie, pedido expresso por danos morais, toda a argumentação da petição inicial foi nesse sentido. Isso quer dizer que se extrai do pedido a pretensão de danos morais, a despeito de a autora havê-los genericamente denominado 'danos emergentes'". No mesmo sentido: STJ, REsp 284.480-RJ, rel. Min. Sálvio de Figueiredo Teixeira, publ. 2.4.2001; STJ, AgR no Ag 468.472-RJ, rel. Min. Luiz Fux, publ. 2.6.2003; STJ, REsp 779.805-DF, rel. Min. Aldir Passarinho Jr., publ. 12.2.2007; STJ, REsp 1.022.798-ES, rel. Min. Castro Meira, publ. 28.11.2008; STJ, REsp 1.328.457-RS, rel. Min. Marco Aurélio Bellizze, publ. 17.9.2018.

nada decidir a seu respeito, em obediência aos princípios da demanda e da congruência.

Ademais, a previsão do art. 292, V, do CPC/2015 mostra-se adequada para referida situação e deve ser sempre lida em conjunto com o § 2º art. 322, pois, mesmo que haja eventual narrativa fática na petição inicial, a qual possa induzir o magistrado ao raciocínio de que o demandante teria pedido (ou gostaria de ter pedido) danos morais, o julgador também deverá se ater ao valor da causa – enquanto elemento do conjunto da postulação – para só então concluir se há ou não pedido de danos morais e o *quantum* pleiteado.

43. Ação monitória e embargos à monitória

A ação monitória foi introduzida no CPC/1973 por meio da Lei 9.079/1995, a qual incluiu os arts. 1.102a a 1.102c no referido diploma processual. O art. 1.102c previa (já com a redação dada pela Lei 11.232/2005) que no prazo de 15 dias poderia o réu oferecer embargos, que suspenderiam a eficácia do mandado inicial, bem como que, se os embargos não fossem opostos, constituir-se-ia, de pleno direito, o título executivo judicial, convertendo-se o mandado inicial em mandado executivo e prosseguindo-se na forma do cumprimento de sentença.

Fato é que a previsão de embargos como meio de defesa na ação monitória fomentou debate na doutrina e na jurisprudência sobre a natureza jurídica dos embargos à monitória, se seria uma *ação* ou uma *defesa*. A questão tornava-se ainda mais intrincada em razão da redação do § 3º do art. 1.102c, segundo o qual a *rejeição* dos embargos constituiria de pleno direito o título executivo judicial (e, consequentemente, o *acolhimento* dos embargos ocasionaria a não constituição do título).

Entretanto, ainda sob a égide do CPC/1973, referida questão foi pacificada pelo STJ, segundo o qual "os embargos na ação monitória não têm 'natureza jurídica de ação', mas se identificam com a contestação".[94-95]

94. E complementa o raciocínio da ideia da seguinte forma: "Não se confundem com os embargos do devedor, em execução fundada em título judicial ou extrajudicial, vez que inexiste ainda título executivo a ser desconstituído. Não pagando o devedor o mandado monitório, abre-se-lhe a faculdade de defender-se, oferecendo qualquer das espécies de respostas admitidas em Direito para fazer frente à pretensão do autor" (STJ, REsp 222.937-SP, rela. Min. Nancy Andrighi, publ. 2.2.2004). No mesmo sentido, destacamos ainda: "Os embargos à monitória têm natureza jurídica de defesa, motivo pelo qual a exigência do recolhimento de custas iniciais é descabida" (STJ, REsp 1.265.509-SP, rel. Min. João Otávio de Noronha, publ. 27.3.2015).

Reforçando referido entendimento sobreveio o enunciado da Súmula 292/STJ, segundo o qual: "A reconvenção é cabível na ação monitória, após a conversão do procedimento em ordinário". Portanto, tanto os embargos à monitória não têm natureza de ação – mas, sim, de contestação – que se admite ao réu apresentar reconvenção na ação monitória.

Fato é que, mesmo não tendo natureza de ação, apenas em razão da oposição dos embargos é que o direito exigido pelo autor será analisado em fase cognitiva; ou, em outras palavras: "A realização plena do contraditório, que faz surgir cognição exauriente, é condicionada à instauração de embargos por parte do réu. É exato dizer que a cognição exauriente dar-se-á, no procedimento monitório, *secundum eventum defensionis*".[96]

Cassio Scarpinella Bueno defende que os embargos à monitória têm natureza jurídica de defesa, não podendo ser confundidos com os embargos à execução de título extrajudicial – estes, sim, com natureza de ação. Esclarece, ainda, que a ação monitória é procedimento especial "onde o contraditório está claramente invertido".[97]

Ao disciplinar referida matéria, o art. 702 do CPC/2015 prevê a possibilidade de o réu opor embargos à ação monitória e que: "Os embargos podem se fundar em matéria passível de alegação como defesa no procedimento comum" (§ 1º), bem como que: "O autor será intimado para responder aos embargos no prazo de 15 (quinze) dias" (§ 5º).

Guardadas as devidas proporções, referido procedimento tem similitude com a apresentação de contestação e réplica, em respeito aos princípios do contraditório e da ampla defesa, permitindo ao réu-embargante

95. "A oposição dos embargos instaura processo de conhecimento ao mesmo tempo em que permite veiculação de toda a matéria de defesa – e somente de defesa – pelo réu. Essa dupla função cindiu a doutrina entre aqueles que defendem terem os embargos natureza de ação e aqueles que, por outro lado, veem-na como simples contestação. Na égide do CPC/1973, o STJ inclinou-se para a segunda corrente, o que o levou a considerar que a oposição dos embargos ensejaria uma transformação da ação monitória em processo de conhecimento, levando, como efeito prático, à desnecessidade do pagamento de custas iniciais" (Carlos Eduardo Stefen Elias, "Arts. 700 a 702", in José Rogério Cruz e Tucci *et al.* (coords.), *Código de Processo Civil Anotado*, Rio de Janeiro, GZ Editora, 2016, p. 969).

96. Luiz Guilherme Marinoni, Sérgio Cruz Arenhart e Daniel Mitidiero, *Novo Curso de Processo Civil: Tutela dos Direitos mediante Procedimentos Diferenciados*, 2ª ed., vol. III, São Paulo, Ed. RT, 2016, p. 247.

97. Cassio Scarpinella Bueno, *Curso Sistematizado de Direito Processual Civil: Procedimentos Especiais do Código de Processo Civil. Juizados Especiais*, 3ª ed., vol. 2, t. II, São Paulo, Saraiva, 2014, p. 164.

apresentar argumentos para a improcedência do pedido (não constituição do título) e o autor-embargado para a procedência (constituição do título).

Feitas estas considerações, faz-se necessário destacar interessante ponderação feita por Antonio Carlos Marcato, segundo o qual, "se os embargos têm natureza de contestação, mas o juiz deverá julgá-los por sentença (...), como conciliar essa solução legal com o princípio da adstrição do julgamento ao pedido?"[98]

E a solução encontrada pelo referido autor é extraída do art. 141 do CPC/2015, o qual em sua primeira parte determina ao juiz decidir o mérito (da causa) nos limites propostos pelas partes.[99] Sem prejuízo da respeitável proposta apresentada pelo insigne docente das Arcadas, pedimos vênia para apresentar entendimento diverso.

Conforme adiantamos ao tratar do mérito no processo civil, este estudo defende que o art. 141 do CPC/2015 deve ser dividido em duas partes: a primeira sobre o *mérito da causa* ("O juiz decidirá o mérito nos limites propostos pelas partes, ...") e a segunda sobre as *questões de mérito* ("sendo-lhe vedado conhecer de questões não suscitadas a cujo respeito a lei exige iniciativa da parte").

Cândido Rangel Dinamarco define, de um lado, *questões de mérito* como sendo os pontos "dos quais depende a existência dos direitos alegados pelas partes (...) para o julgamento de determinada causa", mais precisamente decorrentes dos fatos constitutivos, impeditivos e modificativos suscitados no processo; e, por outro lado, o *mérito da causa* "é a pretensão trazida ao juiz em busca de satisfação".[100]

Dentro desse contexto, o acolhimento ou a rejeição dos embargos à monitória decorrerão da análise das *questões de mérito*, mais precisamente dos fatos impeditivos, modificativos e extintivos apresentados pela

98. Antonio Carlos Marcato, *Procedimentos Especiais*, 17ª ed., São Paulo, Atlas, 2017, pp. 279-280.

99. "Ao que tudo indica, resposta a esta indagação pode ser encontrada na dicção do art. 141 do novo diploma legal, ao dispor que o juiz julgará o *mérito da causa posta em juízo*, julgamento que talvez deva ser entendido, na lição de Dinamarco, como o das *demandas do autor* (veiculada na petição inicial) e *do réu* (veiculada na contestação), esta contraposta à demanda daquele e consistente 'na pretensão à rejeição da demanda do autor'" (Antonio Carlos Marcato, *Procedimentos Especiais*, cit., 17ª ed., pp. 279-280).

100. Cândido Rangel Dinamarco, *Instituições de Direito Processual Civil*, cit., 7ª ed., vol. III, pp. 41 e 229.

defesa.[101] Já, o *mérito da causa* será julgado em razão da constituição ou não do título executivo judicial, como consequência *indireta* do julgamento dos embargos à monitória, mas *direta* do pedido formulado pelo autor em sua petição inicial.

Sendo assim, considerando que as questões de mérito dizem respeito não só aos fatos constitutivos, mas também às matérias de defesa, a sentença que acolhe ou rejeita os embargos à monitória tem o mesmo efeito prático da sentença proferida em ação de conhecimento, ao apreciar a matéria de defesa referenciada na contestação.

Em que pese a que a lei dê a entender que o julgamento será dos embargos à monitória, acolhendo-os ou rejeitando-os (art. 702, §§ 8º e 9º, do CPC/2015), seria mais adequado constar que o pedido da ação monitória será julgado procedente ou improcedente, com a respectiva constituição ou não do título executivo judicial. Entretanto, este assunto constitui proposta, *de lege ferenda*, apresentada por este trabalho, no intuito de aprimorar o instituto da ação monitória.[102]

Diante de todo o exposto, concluímos que a ação monitória e o julgamento de eventuais embargos opostos pelo réu não configuram hipótese de mitigação ou violação do princípio da congruência. Ademais, os embargos à monitória, enquanto defesa, não se prestam a alterar, aditar ou de qualquer modo modificar o pedido do autor, razão pela qual também não se prestam para fins de interpretação do pedido, mesmo porque a defesa do réu não integra o conjunto da postulação do demandante.

44. Ações possessórias

Além da natureza dúplice das ações possessórias – que abordaremos adiante –, interessante ressaltar sua fungibilidade.

O art. 375 do CPC/1939 determinava que: "O exercício de uma ação por outra não induz nulidade, desde que satisfeitos os requisitos de uma

101. "(...) é necessário considerar que entre a formulação da demanda pelo autor (consubstanciada no pedido, iluminado pela causa de pedir), e a decisão, materializada no dispositivo esclarecido pela motivação, insere-se a atividade defensiva do réu. Esta faz que (a) pontos afirmados pelo autor e impugnados pelo réu transformem-se em questões (pontos duvidosos ou controversos) (...)" (Ricardo de Barros Leonel, *Causa de Pedir e Pedido: o Direito Superveniente*, cit., p. 101).

102. Cumpre salientar que, na prática, referido posicionamento já é adotado por alguns magistrados: TJSP, Processo 1009285-74.2017.8.26.0011.

delas". No CPC/1973 a matéria foi transportada para o art. 920, pelo qual: "A propositura de uma ação possessória em vez de outra não obstará a que o juiz conheça do pedido e outorgue a proteção legal correspondente àquela, cujos requisitos estejam provados". Atualmente este tema é tratado no art. 554 do CPC/2015, tendo sido mantida a redação do diploma processual anterior.

Em estudo sobre o princípio da correlação entre o pedido e a sentença, José Carlos Barbosa Moreira elucida que:

> No campo das ações possessórias, o art. 920 permite expressamente que se conceda uma das medidas no lugar da outra (...). Essa permissão, que é excepcional, restringe-se àquelas três ações possessórias disciplinadas na parte pertinente do Código. E a razão de política legislativa varia: ora se diz que isso resulta do fato de que na prática é muito difícil ao autor, por vezes, verificar se a configuração dos fatos corresponde a um caso de manutenção ou já se desenha como um caso de esbulho, quer dizer, se o caso é de turbação ou de esbulho, duas figuras cuja linha fronteiriça nem sempre se apresenta muito nítida para que o autor possa optar claramente por uma das duas hipóteses. Mas também se diz (...) que o problema seria, na verdade, outro. Quando alguém pede a tutela possessória está pleiteando qualquer das formas porventura adequadas, de acordo com a realidade dos fatos (...). Seja como for, a exceção existe, é expressa, e não podemos deixar de considerá-la.[103]

Ao tratar da fungibilidade das ações possessórias, Antonio Carlos Marcato explica que "o autor pleiteia junto ao órgão jurisdicional a tutela possessória pertinente e idônea (...) o que reclama, em suma, é uma *tutela jurisdicional adequada à proteção de sua posse*, independentemente da natureza da ofensa sofrida".[104]

Ao considerar a congruência uma regra, Teresa Arruda Alvim destaca a fungibilidade das ações possessórias dentre as hipóteses de não incidência do princípio da congruência, ressaltando que: "As exceções a esta regra devem vir previstas expressa e explicitamente no ordenamento jurídico positivo".[105]

Desse modo, nas ações possessórias o magistrado não estará adstrito ao pedido formulado desde que conceda a tutela jurisdicional adequada

103. José Carlos Barbosa Moreira, "Correlação entre o pedido e a sentença", cit., *RePro* 83/212.

104. Antonio Carlos Marcato, *Procedimentos Especiais*, cit., 17ª ed., p. 119.

105. Teresa Arruda Alvim, *Nulidades do Processo e da Sentença*, 10ª ed., São Paulo, Thomson Reuters Brasil, 2019, p. 255.

tendo por base uma das ações possessórias e de acordo com a causa de pedir exposta pelo demandante.[106]

Nessa toada, além de ser uma hipótese de mitigação do princípio da congruência, o pedido certo formulado (reintegração, manutenção ou interdito proibitório) possui permissivo legal para ser desconsiderado com vistas a se conceder a tutela jurisdicional adequada, tendente a assegurar a posse do demandante, o que denota também tratar-se de exceção à regra da interpretação do pedido, prevista no § 2º do art. 322 do CPC/2015, pois o magistrado poderá extrair a adequada tutela jurisdicional não só do pedido como também da causa de pedir e de toda a matéria debatida pelas partes no curso do processo.

45. Ações dúplices

Nas palavras de Humberto Theodoro Jr., o direito de ação é exercido não só pelo autor, mas igualmente pelo réu ao empreender oposição à pretensão processual e "postular do Estado um provimento contrário ao procurado por parte daquele que propôs a causa, isto é, a declaração de ausência do direito subjetivo invocado pelo autor", denominando esta situação de "aspecto bifrontal do direito de ação".[107]

Para José Rogério Cruz e Tucci: "A ação dúplice (...) é aquela em que se identificam as situações processuais de ambas as partes (...). Corresponde, ademais, sempre, a uma relação jurídica tal que qualquer dos sujeitos pode ajuizá-la em face dos demais".[108]

Ao tratar do resultado da tutela jurisdicional sobre a perspectiva do vencido, Flávio Luiz Yarshell defende que o Estado-juiz também presta tutela jurisdicional ao réu quando o pedido formulado pelo autor é julgado improcedente, dando enfoque ao escopo jurídico e ao "escopo social, cuja expressão mais importante é a pacificação pela eliminação da

106. "O juiz pode conceder a tutela possessória adequada, de acordo com o que restar provado no caso concreto, independentemente da espécie da ação possessória (pedido) proposta, partindo-se do pressuposto de que o importante é discutir e demonstrar a posse (causa de pedir das ações possessórias)" (Luiz Guilherme Marinoni, Sérgio Cruz Arenhart e Daniel Mitidiero, *Novo Curso de Processo Civil: Tutela dos Direitos mediante Procedimentos Diferenciados*, cit., 2ª ed., vol. III, p. 158).

107. Humberto Theodoro Jr., *Curso de Direito Processual Civil*, cit., 58ª ed., vol. I, p. 151.

108. José Rogério Cruz e Tucci, *A "Causa Petendi" no Processo Civil,* cit., 3ª ed., p. 254.

controvérsia (...) a superação da controvérsia, e mesmo a estabilidade do regramento imposto pelo provimento estatal, significam formas de tutela também para o vencido".[109]

Conforme analisamos anteriormente neste trabalho, o pedido formulado pelo autor visa a obter uma tutela jurisdicional (pedido imediato) que lhe assegure o bem da vida pretendido em razão do ajuizamento da ação (pedido mediato). Por outro lado, e como regra – salvo nas hipóteses de reconvenção ou de pedido contraposto –, o papel do réu no processo civil é de defesa, a qual não necessariamente se prestará para obter o bem da vida objeto do litígio caso a demanda do autor seja julgada improcedente. O demandado, em regra, almeja apenas a manutenção do *status quo*.

Todavia, o pedido de improcedência da ação formulado ao final da defesa tem teor de pedido imediato, e, se acolhido, equiparar-se-á à tutela jurisdicional declaratória negativa em desfavor do autor, e seu trânsito em julgado tornará sedimentada a inexistência de direito ao referido pleito formulado pelo autor em face do réu.

Assim, não se ignora o fato de que a improcedência do pedido do autor gera efeitos para o réu, mesmo se não for apresentada reconvenção ou formulado pedido contraposto. A simples superação da controvérsia e a manutenção do *status quo* buscado pelo réu em sua defesa já podem ser consideradas um resultado satisfatório – tanto assim o é que quando a demanda é julgada improcedente o autor é tido por sucumbente e condenado ao pagamento das despesas processuais –, pois tornam pacífica a situação fática e jurídica outrora questionada em juízo pelo autor e afastam do réu as incertezas quanto ao destino da demanda e os possíveis reflexos que adviriam para fora do processo em caso de julgamento a favor do autor.

Nessa toada, a improcedência da demanda é buscada pelo réu em sua defesa, de maneira simétrica ao pleito formulado pelo autor. Enquanto a defesa é passiva e resiste à pretensão processual do autor, este é ativo e pugna pela procedência do pedido para atingir determinado bem da vida.

Entretanto, há exceções nas quais a improcedência do pedido atinge resultado que ultrapassa o acima descrito e acaba por conceder ao réu a tutela jurisdicional (pedido imediato) e o bem da vida (pedido mediato), mesmo diante da inexistência de reconvenção ou pedido contraposto. Trata-se das denominadas "ações dúplices".

109. Flávio Luiz Yarshell, *Tutela Jurisdicional*, 2ª ed., São Paulo, DPJ, 2006, pp. 32-33.

A doutrina relata que as ações possessórias do Direito Romano já evidenciavam o caráter de ações dúplices,[110] pois se destinavam a proteger a posse da parte que demonstrasse ser detentora deste direito, independentemente de ser o autor ou o réu.[111] Deste modo, a ação dúplice "*já nasce com essa natureza*: julgado improcedente o pedido formulado pelo autor, haverá atribuição de bem jurídico ao réu, *ainda que este não tenha feito pedido*".[112]

Nas ações dúplices a condição dos litigantes se assemelha, pois autor e réu assumem simultaneamente ambas as posições dentro do processo, notadamente pelo fato de que ambos têm interesse de agir e legitimidade para propor a ação. A definição de um dos litigantes como autor só ocorre porque este tomou a iniciativa de ajuizar a ação, nada mais. Após ajuizada a ação, ambas as partes demandantes atacam e se defendem visando, ao final, a obter a tutela jurisdicional que lhes assegure o objeto litigioso do processo.

Dentro desse cenário, nas ações dúplices a sentença que julga a questão controvertida acaba por necessariamente tutelar os interesses e conceder o bem da vida para uma das partes, autor ou réu, respectivamente no caso de procedência ou de improcedência, independentemente de pedido contraposto ou reconvenção.

Isso porque "as ações dúplices são regidas por normas de direito material, e não por regras de direito processual";[113] e, como conclusão necessária, se após finda a instrução processual o magistrado concluir que o autor não faz jus ao bem da vida pleiteado, como consequência lógica o direito será do réu, e a este deverá ser concedida a tutela jurisdicional.

110. Thomas Marky, *Curso Elementar de Direito Romano*, 8ª ed., São Paulo, Saraiva, 1995, pp. 90-91.

111. Extraído das *Institutas* de Gaio: "(...). 156. Uma terceira divisão é a dos interditos em simples e dúplices. (...). 160. Dúplices são, por exemplo, os interditos *uti possidetis* e *utrubi*. Por isso chamam-se dúplices porque neles a condição dos litigantes é idêntica, nenhum se encontra na situação determinada de réu ou autor, mas cada um representa ambos os papéis; por isso o pretor emprega as mesmas palavras, dirigindo-se aos dois" (José Rogério Cruz e Tucci e Luiz Carlos de Azevedo, *Lições de História do Processo Civil Romano*, 2ª ed., São Paulo, Ed. RT, 2013, p. 180).

112. José Miguel Garcia Medina e Teresa Arruda Alvim Wambier, *Processo Civil Moderno*, cit., 3ª ed., vol. I (*Parte Geral e Processo de Conhecimento*), p. 217.

113. STJ, REsp 1.085.664-DF, rel. Min. Luís Felipe Salomão, publ. 12.8.2010.

De acordo com o posicionamento da doutrina, nas ações dúplices a contestação do réu exerce o papel de pedido contrário,[114] permitindo concluir que o contra-ataque do réu e a demonstração de oposição ao pleito formulado na exordial já são suficientes para que, ao final, se julgada improcedente a demanda, seja conferida a tutela jurisdicional ao réu.

Necessário apenas esclarecer que nas ações dúplices o réu não exerce o direito de ação, pois o interesse do réu de se ver tutelado em caso de improcedência do pedido nasce simultaneamente com a propositura da ação pelo autor. Cabe ressaltar que, se o réu tivesse tomado a iniciativa e ajuizado a ação (dúplice), a parte contrária é que teria seus interesses tutelados em caso de improcedência do pedido.[115] Ambas as partes preenchem os requisitos processuais para figurar no processo como autor ou réu.

Por esse motivo, sem ignorar o relevante papel que a contestação exerce para a formação do convencimento do magistrado e para o resultado do processo, parece defensável a ideia segundo a qual se a ação dúplice correr à revelia do réu nada obsta a que o magistrado julgue improcedente o pedido formulado (notadamente diante de alguma das hipóteses dos incisos do art. 345 do CPC/2015) e conceda a tutela jurisdicional em favor do réu. Isso porque não é a existência ou não de contestação que definirá se a ação é dúplice e se o réu fará jus à tutela jurisdicional.[116] Na verda-

114. "Do prisma material, é dúplice a ação, provocando o *iudicium duplex*, na qual a contestação do réu já basta à obtenção do bem da vida. Em geral, o autor pede e o réu somente impede; na *actio duplex*, o ato de impedir (contestação) já expressa um pedido contrário. Tal característica deriva do direito material posto em causa (*rectius*: mérito, pretensão processual ou objeto litigioso)" (Araken de Assis, *Procedimento Sumário*, São Paulo, Malheiros Editores, 1996, p. 161). No mesmo sentido, "em casos excepcionais se permite o alargamento do objeto litigioso através da contestação. Quando isto se permite, diz-se que a ação tem caráter dúplice. A contestação, nessa modalidade de ação, não somente formula defesa do réu, como também poderá conter autênticos pedidos em seu favor, sem necessidade de reconvenção" (Kazuo Watanabe, "Ação dúplice", *RePro* 31/141, São Paulo, Ed. RT, julho-setembro/1983).

115. "(...) 'ação dúplice' é aquela em que se identificam as situações processuais de ambas as partes e que significa que o acolhimento ou a rejeição do pedido do autor tem o condão, por si só, de dar, no plano material, a *mesma* tutela jurisdicional para o réu como se ele próprio tivesse tido a iniciativa de provocar a jurisdição" (Cassio Scarpinella Bueno, *Curso Sistematizado de Direito Processual Civil: Procedimento Comum Ordinário e Sumário*, cit., 7ª ed., vol. 2, t. I, p. 188).

116. "A diferença entre as ações dúplices e aquelas em que se admite o pedido contraposto está em que *naquelas* sequer um pedido precisa ser feito pelo réu, fosse em contestação, fosse onde fosse, para que o juiz possa dar-lhe a tutela jurisdicional plena" (Cândido Rangel Dinamarco, *Instituições de Direito Processual Civil*, cit., 7ª ed., vol. III, p. 588).

de, sendo a ação dúplice, a concessão de tutela ao autor ou ao réu será decorrência da respectiva procedência ou improcedência do pedido.[117]

Nesse contexto é possível concluir que nas ações dúplices a concessão de tutela em favor de alguma das partes decorre da análise do mérito da causa e da sua conclusão. Não por outro motivo, se a ação for julgada extinta sem resolução do mérito não se pode admitir a concessão de tutela jurisdicional para qualquer das partes, pois nesta hipótese a relação de direito material sequer foi analisada pelo julgador.

Passando para a análise das hipóteses de ação dúplice previstas na lei, a ação possessória é o exemplo mais usual, inclusive advindo do Direito Romano, conforme já abordado. Não obstante o art. 556 do CPC/2015 prever que "é lícito ao réu, na contestação, alegando que foi o ofendido em sua posse, demandar a proteção possessória" e a existência de julgado com o posicionamento de que "a ação possessória julgada improcedente não tem o condão de convalidar a posse do réu se este assim não requereu expressamente em sede de contestação",[118] na doutrina diversas obras classificam a ação possessória como ação dúplice,[119] por óbvio que apenas no tocante à proteção possessória. Não por outro motivo, a sentença que julga improcedente a ação possessória deve conferir a tutela jurisdicional ao réu, independentemente de ter sido apresentada contestação e, se apresentada, independentemente de ter sido demandada "a proteção possessória".

De todo modo, caso o réu também intente obter indenização pelos prejuízos resultantes da turbação ou do esbulho cometido pelo autor, este pleito deverá ser formulado por meio de pedido contraposto, pois a indenização não é uma decorrência lógica da improcedência do pedido possessório.[120]

117. "(...) nas ações tipicamente dúplices, em que a improcedência do pedido do autor significa exatamente a procedência em relação ao réu" (Arruda Alvim, *Manual de Direito Processual Civil*, cit., 18ª ed., p. 837).

118. STJ, RMS 20.626-PR, rel. Min. Paulo Furtado, publ. 29.10.2009.

119. Dentre as quais destacamos: Teresa Arruda Alvim Wambier *et al.*, *Primeiros Comentários ao Novo Código de Processo Civil*, São Paulo, Ed. RT, 2015, pp. 919-921; Luiz Guilherme Marinoni, Sérgio Cruz Arenhart e Daniel Mitidiero, *Novo Curso de Processo Civil: Tutela dos Direitos mediante Procedimentos Diferenciados*, cit., 2ª ed., vol. III, p. 160; Flávio Luiz Yarshell, *Curso de Direito Processual Civil*, vol. 1, São Paulo, Marcial Pons, 2014, p. 282; José Rogério Cruz e Tucci, *A "Causa Petendi" no Processo Civil,* cit., 3ª ed., p. 255; e Kazuo Watanabe, "Ação dúplice", cit., *RePro* 31/141.

120. STJ, REsp 1.297.425-MT, rel. Min. João Otávio de Noronha, publ. 27.2.2015.

Ademais, pela interpretação lógico-sistemática do ordenamento jurídico, mostra-se adequado ponderar que a proteção possessória garantida ao réu em caso de improcedência do pedido do autor surtirá efeitos apenas e tão somente entre as partes do processo, e não perante terceiros, isso em decorrência dos limites subjetivos da coisa julgada (art. 506 do CPC/2015).

Outro exemplo de ação dúplice é a extinta ação de prestação de contas, prevista nos revogados arts. 916 a 918 do CPC/1973, pela qual, se o réu contestasse as contas apresentadas pelo autor e, ao final, fosse constatada a existência de crédito em favor do réu, o saldo credor declarado na sentença poderia ser cobrado em execução forçada, por meio de cumprimento de sentença, nos autos da própria ação de prestação de contas.

A ação de prestação de contas decorria de relação jurídica na qual o autor tinha a obrigação de administrar negócios ou interesses alheios e prestar contas ao réu, servindo esta ação para demonstrar o resultado da referida gestão e exonerar o autor de eventuais responsabilidades. Mas se ao final fosse constatado saldo em favor do réu, como decorrência lógica o magistrado condenava o autor ao pagamento deste saldo, prescindindo de pedido contraposto neste sentido,[121] mesmo porque o réu também poderia ter tomado a iniciativa e ajuizado a ação de exigir contas, cujo resultado acabaria sendo a condenação do gestor ao pagamento do valor devido se as contas não fossem julgadas boas.

Necessário, ainda, reafirmar que a ação de exigir contas, prevista no art. 550 do CPC/2015, também possui caráter dúplice, pois, ao final, após apuradas as contas, a parte credora – autor ou réu – poderá perseguir seu crédito em fase de cumprimento de sentença.[122]

121. STJ, REsp 476.783-RJ, rel. Min. João Otávio de Noronha, publ. 13.11.2007; STJ, REsp 1.203.559-SP, rel. Min. Luís Felipe Salomão, publ. 17.3.2014; STJ, REsp 1.274.639-SP, rel. Min. Luís Felipe Salomão, publ. 23.10.2017.

122. "A ação de exigir contas é potencialmente dúplice. Explica-se: a titularidade para a sua propositura é exclusiva de quem afirme ser titular do direito de exigir contas. Quem se afirme titular da obrigação de prestá-las não tem o direito de promovê-la, como anteriormente dito. No entanto, a partir do momento em que se apura o saldo, credor ou devedor, e se passa à fase de cumprimento da respectiva sentença, a ação de exigir contas deixa ver sua natureza dúplice, uma vez que o polo ativo será assumido por quem a sentença houver reconhecido como credor, e, em contrapartida, o passivo por quem ela houver reconhecido como devedor" (Lionel Zaclis, "Art. 550", in José Rogério Cruz e Tucci *et al.* (coords.), *Código de Processo Civil Anotado*, Rio de Janeiro, GZ Editora, 2016, p. 951).

No tocante à ação demarcatória, prevista no art. 581, *caput* e parágrafo único, do CPC/2015, a sentença que julgar procedente o pedido determinará o traçado da linha demarcanda e também determinará a restituição da área invadida, se houver, declarando o domínio ou a posse do prejudicado, ou ambos. Inconteste que todas as pessoas que detêm o domínio ou a posse dos imóveis limítrofes cuja demarcação não é pacífica têm interesse de agir e legitimidade para propor a ação demarcatória. Do mesmo modo, a improcedência do pedido da exordial solucionará a questão do traçado da linha demarcatória, mantendo o traçado impugnado no pedido autoral, e não permitirá a restituição da área que o autor entendia ter sido invadida, declarando o domínio ou a posse do réu.[123]

O mesmo ocorre na ação divisória (art. 592, § 2º, do CPC/2015), na qual, se o réu impugnar a divisão feita pelo autor na petição inicial, o juiz proferirá decisão sobre os pedidos e os títulos que devam ser atendidos na formação dos quinhões, decidindo a parcela de direito para o autor e para o réu, independentemente de pedido contraposto.

Não obstante a aparente confusão com pedido contraposto, também há posicionamento pretoriano segundo o qual a ação de guarda de filho menor é ação dúplice, pois "tanto o pai como a mãe podem perfeitamente exercer de maneira simultânea o direito de ação, sendo que a improcedência do pedido do autor conduz à procedência do pedido de guarda à mãe, restando evidenciada, assim, a natureza dúplice da ação".[124]

Por fim, não obstante a abordagem já feita sobre esta hipótese no tópico relativo ao pedido contraposto, necessário pontuar a existência de posicionamentos pretoriano[125] e doutrinário[126] segundo os quais é dúplice a ação consignatória quando o réu alega na contestação que o depósito não é integral (art. 544, IV, do CPC/2015) e a sentença conclui pela insuficiência do depósito, pois determinará, sempre que possível, o montante devido e valerá como título executivo, facultado ao credor promover-lhe

123. "Na hipótese dos autos, o interesse do réu resta ainda mais evidente, porquanto se trata de ação demarcatória, que, por sua natureza, possui caráter dúplice. Assim, eventual improcedência do pedido da autora resultará em sentença favorável ao réu, ainda que não tenha formulado pedido nesse sentido" (STJ, REsp 203.836-PR, rel. Min. Luís Felipe Salomão, publ. 15.12.2008).

124. STJ, REsp 1.085.664-DF, rel. Min. Luís Felipe Salomão, publ. 12.8.2010.

125. STJ, REsp 816.402-RS, rel. Min. Teori Albino Zavascki, publ. 23.9.2009; STJ, REsp 832.824-PR, rel. Min. José Delgado, publ. 11.9.2006; e STJ, REsp 535.100-SC, rela. Min. Denise Arruda, publ. 5.12.2005.

126. Antonio Carlos Marcato, *Procedimentos Especiais*, cit., 17ª ed., p. 98.

o cumprimento nos mesmos autos, após liquidação, se necessária (art. 545, § 2º, do CPC/2015).[127]

Dito tudo isso, tem-se que nas ações dúplices há particularidades na relação de direito material envolvida na demanda as quais acabam por permitir que ambas as partes figurem como autor ou réu. Assim, a contestação do réu ou a simples não demonstração do direito pelo autor prestam-se a conferir a tutela jurisdicional e o bem da vida sob litígio em favor do réu, desde que o pedido autoral seja julgado improcedente. Referida medida não implica violação do princípio da congruência, pois nas ações dúplices a integral solução do litígio e a pacificação social só serão obtidas se, após julgado o mérito, alguma das partes for agraciada com o bem da vida *sub judice*.

No tocante à interpretação do pedido, considerando o atípico tratamento dado pela lei à defesa do réu nas ações dúplices bem como o fato de que nestes casos ambas as partes litigam em razão de determinado bem da vida, no qual possuem legitimidade para figurar, reciprocamente, como autor ou réu, não se pode ignorar que *nesta excepcional situação a defesa do demandado fará parte do conjunto da postulação* – o que, consequentemente, ocasionará a necessária flexibilização da regra do § 2º do art. 322 do CPC/2015.

46. Pedido unitário em demanda decorrente de obrigação alternativa

Conforme já abordado, o pedido alternativo decorre de uma relação obrigacional alternativa, derivada da lei ou do contrato, na qual, em regra, caberá ao devedor escolher qual obrigação irá adimplir, dentre as alternativas que lhe forem dadas.

Assim, quando a relação jurídica for pautada em obrigações alternativas, nas quais não é facultado ao autor escolher a obrigação a ser adimplida, a petição inicial deverá conter dentre os pedidos um rol com todas as obrigações alternativas que poderão ser escolhidas pelo devedor ou por terceiro – ou ao menos um pedido genérico para que o réu

127. Trata-se de hipótese situada em zona cinzenta, que apresenta características de pedido contraposto (pois, salvo melhor juízo, o magistrado só decidirá pela insuficiência do depósito se o réu alegar tal fato em sua defesa) e de ação dúplice (pois a insuficiência do depósito é matéria exclusivamente de defesa e não requer a existência do pedido de condenação do autor para que a sentença assim o decida, bem como por ter o réu-credor legitimidade para ajuizar ação de cobrança em face do autor-devedor).

seja condenado em uma das obrigações previstas na lei ou no contrato no qual se funda a causa de pedir – e, se procedente o pedido imediato, serão analisadas as obrigações alternativas em conjunto com a predileção apresentada pelo réu em contraditório no curso do processo, para então se acolher uma das obrigações na sentença de procedência, visando, assim, a satisfazer a pretensão do autor.

E é exatamente por não ser facultado ao autor, nesta hipótese, escolher qual das obrigações alternativas lhe convém ser adimplida, bem como por não ser opção do demandante formular ou não pedido alternativo quando a relação de direito material for pautada em obrigações alternativas, que o parágrafo único do art. 325 do CPC/2015 assim dispõe: "Quando, pela lei ou pelo contrato, a escolha couber ao devedor, o juiz lhe assegurará o direito de cumprir a prestação de um ou de outro modo, ainda que o autor não tenha formulado pedido alternativo". Na verdade, foi mantida a regra prevista no parágrafo único do art. 288 do CPC/1973. Não obstante o dispositivo mencionar apenas o devedor, parece adequada sua aplicação também quando a escolha couber a terceiro.

Trata-se de clara hipótese de mitigação do princípio da congruência,[128] na qual o direito material do demandado vem em primeiro plano e se sobrepõe ao direito processual do demandante (princípio da demanda). Ora, se o pedido formulado na petição inicial é um ato de vontade do autor, não se pode perder de vista que no aspecto cronológico a lei ou o contrato – que darão lastro à causa de pedir e, consequentemente, ao pedido de demanda decorrente de obrigação alternativa – vieram antes do pedido formulado pelo autor. Portanto, se considerarmos que o pedido é uma decorrência lógica da causa de pedir, não há dúvida quanto à inadequação do pedido unitário (ou fixo[129]) formulado em demanda decorrente de obrigação alternativa cuja opção pela prestação a ser adimplida caiba ao demandado.

128. "O dispositivo garante que as normas processuais (que, em regra, proíbem o julgamento *extra* e *ultra petita*) não se sobreponham ao próprio direito material do devedor, impedindo o exercício do seu direito de escolha" (Susana Henriques da Costa, "Arts. 318 a 333", cit., in Antônio do Passo Cabral e Ronaldo Cramer (coords.), *Comentários ao Novo Código de Processo Civil*, 2ª ed., p. 513).

129. Araken de Assis define os pedidos em fixos ou alternativos: "Em geral, o pedido é fixo, pois só há um objeto mediato (bem da vida) almejado; no pedido alternativo, ao invés, o autor pleiteia dois objetos mediatos distintos" (*Processo Civil Brasileiro*, vol. I (*Parte Geral, Fundamentos e Distribuição de Conflitos*), São Paulo, Ed. RT, 2015, pp. 754-755).

Assim, a previsão do parágrafo único do art. 325 do CPC/2015 visa a impedir que a inadequação do pedido formulado pelo autor torne sem efeito o legítimo exercício atribuído pelo direito material ao réu.[130] A segurança jurídica, o devido processo legal e a previsibilidade das decisões, que funcionam como relevantes alicerces do princípio da congruência, perdem o sentido e se rompem nas demandas fundadas em relação obrigacional alternativa, nas quais o autor formula pedido ignorando a lei ou o contrato. O parágrafo único do art. 325 do CPC/2015 corrige o desvio do autor e inclui na demanda o direito do réu de escolher a obrigação a ser adimplida.[131]

Não se pode apreciar o pedido veiculado em uma demanda fechando os olhos para a lei ou para o negócio jurídico existente, válido e eficaz com o qual o autor aquiesceu e que lastreia a causa de pedir. Por todos estes motivos, o disposto no parágrafo único do art. 325 do CPC/2015 mostra-se adequado e em perfeita harmonia com o princípio da congruência, mesmo excepcionando-o, pois não o desrespeita, mas tão somente ajusta sua aplicação nas hipóteses nas quais a demanda versar sobre obrigação alternativa.

Na prática, entretanto, resta saber o que ocorre se o autor, diante de obrigação alternativa cuja escolha cabe ao devedor ou a terceiro, ainda assim formula pedido unitário e escolhe a obrigação de menor valor econômico, contrariando a regra do art. 292, VII, do CPC/2015. Se o devedor optar por adimplir a obrigação de maior valor econômico, o valor da causa deverá ser retificado e as custas complementadas ao final da ação? Os honorários sucumbenciais serão calculados com base em que valor? As custas deverão ser complementadas pelo autor ou diretamente pelo réu em caso de sucumbência deste? Estas, entretanto, são indagações que fogem ao objeto deste trabalho e merecem estudo apartado, mas que são dignas de ser suscitadas para fins de iniciar o debate.

Por fim, cumpre salientar que o contraditório exercido pelo demandado apresenta notória influência sobre o pedido alternativo, razão pela

130. "(...) a não formulação do pedido pelo autor na forma do *caput* do art. 288 não inibe o legítimo exercício de um direito que é, no plano do direito material, do réu" (Cassio Scarpinella Bueno, *Curso Sistematizado de Direito Processual Civil: Procedimento Comum Ordinário e Sumário*, cit., 7ª ed., vol. 2, t. I, p. 122).

131. "Isso significa, em outras palavras, uma ressalva aos arts. 128 e 460 do CPC, pois nesta hipótese específica, ainda que o autor não tenha formulado pedido alternativo, a lei autoriza o juiz a garantir ao réu a escolha da forma de cumprir a obrigação" (Carlos Alberto Carmona, "Em torno da petição inicial", cit., *RePro* 119/26).

qual a regra prevista no § 2º do art. 322 do CPC/2015 deve ser flexibilizada. Ao decidir o pedido alternativo, em caso de procedência, se a instrução processual não tiver delimitado adequadamente a certeza do pedido e qual das obrigações alternativas deverá ser tutelada pelo magistrado, este deverá não só considerar o conjunto da postulação e observar o princípio da boa-fé, mas também deverá se ater ao contraditório do réu, para fins de aferir a existência de predileção por alguma das obrigações alternativas tuteláveis.

Entretanto, se os pedidos alternativos delimitarem adequadamente a certeza de cada uma das obrigações (bens da vida alternativamente pleiteados, constantes na lei ou no negócio jurídico), o magistrado prescindirá da análise do conjunto da postulação e da boa-fé, sendo necessária apenas a análise da instrução processual e do contraditório exercido pelo demandado, não para delimitar a certeza do pedido, mas, sim, para definir qual será o bem da vida a ser tutelado.

47. Ações de controle concentrado de constitucionalidade

Na ação direta de inconstitucionalidade e na ação declaratória de constitucionalidade (Lei 9.868/1999) bem como na arguição de descumprimento de preceito fundamental (Lei 9.882/1999) não há autores, mas, sim, legitimados; não há réus, mas, sim, órgão ou autoridade do qual emanou a lei ou o ato normativo impugnado; não há caso concreto, mas, sim, análise da constitucionalidade de norma em abstrato.

Nessa linha, em decisão proferida na primeira ação declaratória de constitucionalidade ajuizada perante o STF, o então Ministro José Carlos Moreira Alves decidiu que: "A delimitação do objeto da ação declaratória de constitucionalidade não se adstringe aos limites do objeto fixado pelo autor, mas estes estão sujeitos aos lindes da controvérsia judicial que o autor tem que demonstrar".[132]

E, ao tratar das ações de controle concentrado de constitucionalidade, Arruda Alvim entende que: "É um processo que se inicia por um *requerimento*, que não pode, todavia, ser confundido com um *pedido* (...) não há adstrição à ou às inconstitucionalidades apontadas nesse requerimento, senão que o pano de fundo é a Constituição toda".[133]

132. STF, ADC 1/DF, rel. Min. Moreira Alves, publ. 16.6.1995.

133. Arruda Alvim, *Manual de Direito Processual Civil*, cit., 18ª ed., p. 119.

Ressalte-se, ainda, o entendimento de "que na ação direta de inconstitucionalidade prevalece o princípio da *causa petendi aberta*",[134] pela qual o órgão julgador não está adstrito aos fundamentos jurídicos indicados na petição inicial[135] – sem prejuízo de esta regra também ser aplicável às demais ações de controle concentrado de constitucionalidade (*iuria novit curia*).

De todo modo, considerando as peculiaridades e os efeitos para a sociedade das decisões proferidas nas ações de controle concentrado de constitucionalidade,[136] o princípio da congruência acaba sendo mitigado para o fim de se atingir um bem maior, que é a preservação da constitucionalidade no sistema normativo. E, nesta toada, existindo, inclusive, divergência quanto à existência de pedido (ou de requerimento) nas referidas ações, sobre estas também não se pode cogitar da aplicação da regra da interpretação do pedido, tal como proposta pelo CPC/2015, haja vista a necessidade de o órgão julgador poder apreciar o ato postulatório como um todo.

48. Ações coletivas

Na atualidade o processo civil não se presta apenas para dirimir questões de direito civil e nem se limita à resolução de conflitos decorrentes do direito privado. Com a evolução da sociedade e do ordenamento jurídico, o processo civil ganhou novos contornos e funções, com o escopo de resolver outras demandas além das expressamente previstas no Código de Processo Civil,[137] tal como ocorre com as ações coletivas.

134. Hely Lopes Meirelles, Arnoldo Wald e Gilmar Ferreira Mendes, *Mandado de Segurança e Ações Constitucionais*, 36ª ed., São Paulo, Malheiros Editores, 2014, p. 444.

135. "Não está o Supremo Tribunal vinculado ao fundamento jurídico apresentado pelo requerente" (STF, ADI 28-SP, rel. Min. Octavio Gallotti, publ. 25.10.1991).

136. "(...). A própria sorte do litígio, com certa frequência, afeta outras pessoas que não as partes. De que modo se explicariam, a não ser assim, figuras como a da assistência e a do recurso de terceiro prejudicado? Esse transbordamento alcança proporções imensas nos casos em que a lei estende o vínculo da coisa julgada a um setor das pessoas estranhas ao feito, ou até à totalidade delas – fenômeno que se vem tornando mais comum no panorama contemporâneo do Direito Brasileiro. 3. Basta pensar na potencial influência, sobre o destino de multidões, de acórdão do Supremo Tribunal Federal que julgue ação direta tendente à declaração da inconstitucionalidade de lei criadora de certo imposto" (José Carlos Barbosa Moreira, "O processo, as partes e a sociedade", *RePro* 125/280, São Paulo, Ed. RT, julho/2005).

137. "Não mais se discutem e se resolvem, no processo civil, somente questões de direito civil, nem, sequer, somente questões de direito privado. Com a evolução

Atento às alterações ocorridas na sociedade, José Carlos Barbosa Moreira destacou, em um de seus estudos:

> A moderna ciência processual nasceu e engatinhou em atmosfera impregnada de individualismo; as leis que de início ela produziu, como não podia deixar de acontecer, refletem o espírito da época. Em nome do chamado "princípio dispositivo", por assim dizer sacralizado, negavam-se ao órgão judicial poderes de iniciativa, em cujo exercício se tendia a enxergar uma ingerência descabida na vida dos litigantes.
>
> Outros tempos chegaram, e com eles a inevitável reação a tal modo de pensar. Começou a ser posto em realce o elemento publicístico do processo.
>
> (...).
>
> A norma jurídica, em si mesma, não tem a virtude de modificar a realidade. Pouco adianta outorgar ao juiz maior soma de poderes, se o respectivo exercício for inábil ou insuficiente.[138]

Em interessante estudo sobre o processo, Ovídio Araujo Baptista da Silva destaca que "o Direito é uma construção humana, não havendo uma ordem jurídica imutável, previamente inscrita na natureza das coisas; a lei é uma proposição cujo sentido deve alterar-se para atender às variantes necessidades e contingências históricas".[139] E é este o posicionamento que devemos adotar para tratar das ações coletivas.

Como reflexo dessa mudança de paradigma foram editadas e sancionadas normas tendentes a tutelar os interesses da coletividade, como, por exemplo, a Lei da Ação Civil Pública (Lei 7.347/1985), o Código de Defesa do Consumidor (art. 5º, XXXII, da CF/1988, art. 48 do Ato das Disposições Constitucionais Transitórias/ADCT e Lei 8.078/1990) e o mandado de segurança coletivo (art. 5º, LXIX e LXX, da CF/1988 e Lei 12.016/2009).

Dentro desse cenário destacamos também o Projeto de Lei da Câmara dos Deputados 5.139/2009,[140] destinado a disciplinar a ação civil

social e técnico-jurídica, houve a extrapolação do conceito" (Francisco Cavalcanti Pontes de Miranda, *Comentários ao Código de Processo Civil*, 2ª ed., t. I (arts. 1º a 45), Rio de Janeiro, Forense, 1979, p. 95).

138. José Carlos Barbosa Moreira, "O processo, as partes e a sociedade", cit., *RePro* 125/283 e 286.

139. Ovídio Araujo Baptista da Silva, "Processo e ideologia", *RePro* 110/19, São Paulo, Ed. RT, abril-junho/2003.

140. Projeto de Lei da Câmara dos Deputados 5.139/2009, disponível em *http://www.camara.gov.br/proposicoesWeb/fichadetramitacao?idProposicao=432485* (acesso em 6.5.2020).

pública para a tutela de interesses difusos, coletivos ou individuais homogêneos. Da leitura do referido Projeto normativo constata-se o intuito de inserir no ordenamento jurídico normas processuais voltadas especificamente para a tratativa das ações coletivas.

E do referido Projeto de Lei destacamos o art. 16 e o art. 25, parágrafo único.[141] O primeiro trata de regra específica de alteração do pedido ou da causa de pedir até o momento da prolação da sentença. Sua redação guarda semelhança com o art. 314 do Projeto de Lei do Senado 166/2010, derivado do Anteprojeto do Novo Código de Processo Civil da Comissão de Juristas instituída pelo Senado Federal,[142] o qual já foi analisado neste trabalho, ao tratarmos do aditamento e da alteração do pedido. Já, o art. 25 e seu parágrafo único, em síntese, tratam da ação reparatória dos danos provocados ao bem indivisivelmente considerado e da possibilidade de o magistrado, de ofício, condenar o demandado na prestação de obrigações específicas e determinar as providências a serem tomadas para a reconstituição dos bens lesados.

Em que pese aos avanços apresentados pelo Projeto de Lei da Câmara dos Deputados 5.139/2009, notadamente com o escopo de criar regras processuais específicas para o tratamento das ações coletivas, em 17.3.2010 a Comissão de Constituição e Justiça e de Cidadania da Câmara dos Deputados Federais votou pela rejeição do Projeto, tendo sido interposto recurso com o escopo de submeter a questão ao Plenário. Fato

141. Projeto de Lei da Câmara dos Deputados 5.139/2009:

"Art. 16. Nas ações coletivas, a requerimento do autor, até o momento da prolação da sentença, o juiz poderá permitir a alteração do pedido ou da causa de pedir, desde que realizada de boa-fé e que não importe em prejuízo para a parte contrária, devendo ser preservado o contraditório, mediante possibilidade de manifestação do réu no prazo mínimo de 15 (quinze) dias, facultada prova complementar.

"(...).

"Art. 25. Na ação reparatória dos danos provocados ao bem indivisivelmente considerado, sempre que possível e independentemente de pedido do autor, a condenação consistirá na prestação de obrigações específicas, destinadas à reconstituição do bem, mitigação e compensação do dano sofrido.

"Parágrafo único. Dependendo das características dos bens jurídicos afetados, da extensão territorial abrangida e de outras circunstâncias, o juiz poderá determinar, em decisão fundamentada e independentemente do pedido do autor, as providências a serem tomadas para a reconstituição dos bens lesados, podendo indicar, entre outras, a realização de atividades tendentes a minimizar a lesão ou a evitar que se repita."

142. Projeto de Lei do Senado 166/2010, disponível em *http://www2.senado.leg.br/bdsf/bitstream/handle/id/496296/000895477.pdf?sequence=1* (acesso em 6.5.2020).

é que os autos deste processo legislativo se encontram na Mesa Diretora da Câmara dos Deputados desde 12.5.2010.

Ainda na linha da tutela coletiva, sobreveio o Projeto de Lei da Câmara dos Deputados 8.058/2014,[143] com o escopo de instituir processo para o controle e a intervenção em políticas públicas pelo Poder Judiciário, o qual se encontra em trâmite legislativo. Do referido Projeto destaca-se seu art. 18, pelo qual "o juiz poderá determinar, independentemente de pedido do autor, o cumprimento de obrigações de fazer sucessivas, abertas e flexíveis".

Como marco legislativo de controle e de intervenção em políticas públicas destaca-se a ação popular (Lei 4.717/1965), a qual passou a permitir ao Poder Judiciário a apreciação do mérito do ato administrativo em determinadas hipóteses, prevendo logo em seu art. 1º a possibilidade de se anular ou declarar a nulidade de atos lesivos ao patrimônio público.

As políticas públicas representam o conjunto de atividades dos Poderes do Estado, destinadas a alcançar seus fins e objetivos fundamentais (art. 3º da CF/1988).

Sobre o tema, destacamos o acórdão de relatoria do Min. Celso de Mello proferido nos autos da ADPF 45-9/DF,[144] no qual se decidiu que o controle de políticas públicas exercido pelo Poder Judiciário não fere o princípio da separação dos Poderes. Entretanto, referida decisão estipulou limites para a intervenção do Poder Judiciário em matéria de políticas públicas, mais precisamente a: (i) necessidade de preservação do "mínimo existencial"; (ii) razoabilidade da pretensão individual/social deduzida em face do Poder Público; (iii) demonstração da falta de razoabilidade da escolha do agente público; e (iv) existência de disponibilidade financeira do Estado para tornar efetivas as prestações positivas dele reclamadas, em consonância com a cláusula da "reserva do possível".[145]

Encerrando a análise legislativa, cumpre destacar o art. 333 do CPC/2015, o qual tratava da conversão da ação individual em ação coletiva, com destaque para o seu § 9º, pelo qual: "A conversão poderá ocorrer mesmo que o autor tenha cumulado pedido de natureza estritamente indi-

143. Projeto de Lei da Câmara dos Deputados 8.058/2014, disponível em *https://www.camara.gov.br/proposicoesWeb/fichadetramitacao?idProposicao=687758* (acesso em 6.5.2020).

144. STF, ADPF 45-9-DF, rel. Min. Celso de Mello, publ. 4.5.2004.

145. Cumpre salientar a análise feita sobre o referido julgado, em: Ada Pellegrini Grinover, *Ensaio sobre a Processualidade: Fundamentos de uma Nova Teoria Geral do Processo*, Brasília, Gazeta Jurídica, 2016, pp. 49-50.

vidual, hipótese em que o processamento desse pedido dar-se-á em autos apartados". No entanto, referido dispositivo foi objeto de veto, tendo como uma das motivações o fato de que poderia ocorrer a "conversão de ação individual em ação coletiva de maneira pouco criteriosa, inclusive em detrimento do interesse das partes".[146]

Susana Henriques da Costa e Débora Chaves Martines Fernandes ressaltam os motivos pelos quais a utilização do Código de Processo Civil nas ações coletivas pode tornar a tutela jurisdicional pleiteada inapta para atender à necessidade da coletividade, sugerindo o afastamento das regras preclusivas para o aditamento e a alteração do pedido formulado nas ações coletivas.[147]

Para José Marcelo Menezes Vigliar "o objeto do processo coletivo, inaugurado a partir do ajuizamento da *ação civil pública*, seria justamente a *demanda coletiva*".[148] Ao tratar do direito processual coletivo, respei-

146. José Rogério Cruz e Tucci apresenta crítica ao referido dispositivo: "Totalmente inoportuna e desnecessária a ingerência que seria instituída, no âmbito do processo civil individual, no afã de obter um julgamento que possa abranger maior número de interessados, em flagrante afronta ao direito do cidadão, que, confiando na Constituição Federal, procurou advogado e ajuizou demanda própria, sobre a qual sempre teve ampla disponibilidade!" ("Contra o processo autoritário", *RePro* 242/63, São Paulo, Ed. RT, abril/2015).

147. "(...) problema enfrentado no Brasil, quando se discute a judicialização de temas políticos, é a rigidez do processo civil brasileiro, marcado atualmente por um conjunto de regras cujo objetivo é garantir que um processo, uma vez ajuizado, caminhe da forma mais diligente possível e sem retrocessos desnecessários em direção a um provimento jurisdicional que tornará inalterável (...) são rígidas as regras para a fixação do objeto da demanda – impedindo que o autor altere o seu pedido após determinado momento processual (...). Todas estas regras, não custa lembrar, foram elaboradas para atender às necessidades dos processos individuais, em um cenário em que a discussão judicial dos direitos coletivos, de modo geral, ainda era incipiente no Brasil. Desta feita, não são elas adequadas aos processos que discutem políticas públicas e a concretização dos direitos sociais. (...) a contingencialidade e a consequente mutabilidade são características desses direitos (sociais) e qualquer alteração na realidade social pode tornar a tutela jurisdicional pleiteada inapta ou ineficaz com o passar do tempo. (...) a aplicação estrita das regras preclusivas, que impedem a modificação do pedido no curso da demanda, pode constituir um óbice à concretização de determinado direito social, uma vez que o pedido formulado na ação não pode ser adaptado às alterações da situação fática que deu causa à demanda" (Susana Henriques da Costa e Débora Chaves Martines Fernandes, "Processo coletivo e controle judicial de políticas públicas – Relatório Brasil", in Ada Pellegrini Grinover, Kazuo Watanabe e Susana Henriques da Costa (coords.), *O Processo para Solução de Conflitos de Interesse Público*, Salvador, JusPodivm, 2017, pp. 374-375).

148. Marcelo Menezes Vigliar, *Tutela Jurisdicional Coletiva*, 4ª ed., São Paulo, Atlas, 2013, p. 133.

tada corrente doutrinária defende que: "Pedido e causa de pedir podem ser interpretados extensivamente".[149]

Daniela Monteiro Gabbay explica que "a interpretação extensiva é uma forma de adequar a pretensão deduzida em juízo ao bem jurídico subjacente, que corresponde à mais importante baliza da atividade hermenêutica exercida pelo juiz".[150]

Em interessante estudo sobre o tema da *interpretação do pedido nas ações coletivas*[151] foi realizada detida análise partindo-se das seguintes premissas: (i) a pretensão deduzida em juízo nem sempre coincide com a totalidade do conflito existente na realidade social; (ii) o bem jurídico coletivo é marcado pela indisponibilidade, que é controlada pelo juiz, não fazendo qualquer sentido restringir a interpretação que este pode ter do pedido. Equivaleria a dizer que o juiz deve anuir com a disposição indevida feita pelo autor; e (iii) restringir a interpretação do pedido significaria ratificar um ato contrário à lei, bem como restringir a proteção do bem jurídico coletivo a ser tutelado.

Tendo por base as premissas descritas acima, concluiu-se pela inaplicabilidade do art. 293 do CPC/1973 aos processos coletivos, desde que respeitados o contraditório e a ampla defesa, devendo prevalecer a *interpretação extensiva.*

E, em síntese conclusiva, mencionado estudo destacou que:

> Interpretar extensivamente significa, em última instância, analisar com maior atenção o pedido mediato e a causa de pedir remota, ou seja, o bem jurídico coletivo, de modo a garantir a sua efetiva tutela, seja por meio de um julgamento apto a impedir a perpetuação de lesões a direitos, seja por meio de uma *defesa* potencializada com a reunião das demandas.[152]

149. Antônio Carlos de Araújo Cintra, Ada Pellegrini Grinover e Cândido Rangel Dinamarco, *Teoria Geral do Processo*, 27ª ed., São Paulo, Malheiros Editores, 2011, p. 144.

150. Daniela Monteiro Gabbay, *Pedido e Causa de Pedir*, São Paulo, Saraiva, 2010, p. 116.

151. Paulo Henrique dos Santos Lucon, Daniela Monteiro Gabbay, Rafael Francisco Alves e Tathyana Chaves de Andrade, "Interpretação do pedido e da causa de pedir nas demandas coletivas (conexão, continência e litispendência)", in Paulo Henrique dos Santos Lucon (org.), *Tutela Coletiva – 20 Anos da Lei da Ação Civil Pública e do Fundo de Defesa de Direitos Difusos – 15 Anos do Código de Defesa do Consumidor*, São Paulo, Atlas, 2006, pp. 188-189.

152. Idem, p. 198.

A coletividade realmente não pode ser prejudicada se o legitimado pela lei para propor a ação coletiva formular pedido inadequado, defeituoso ou simplesmente não formular pedido que poderia (deveria) ter formulado na ação coletiva ajuizada.[153] Não há como aplicar as mesmas regras e critérios processuais e interpretativos para os pedidos – não formulados ou formulados de maneira deficiente – em ações individuais e coletivas. São realidades e interesses[154] distintos, não podendo haver confusão entre os objetos a serem tutelados em cada uma destas ações. Por este motivo, ações individuais e ações coletivas demandam regras e parâmetros adequados para cada situação, visando a atingir o fim colimado em cada uma.[155]

Do mesmo modo, entendemos que a regra de interpretação do pedido prevista no § 2º do art. 322 do CPC/2015 não se aplica às ações coletivas, mesmo sendo mais flexível do que a interpretação restritiva prevista no CPC/1973.

Conforme estudaremos adiante de maneira mais detida, a interpretação prevista no vigente diploma processual não se presta para modificar o pedido ou para substituir as regras de aditamento e alteração previstas no art. 329 do CPC/2015. A interpretação do pedido prevista no § 2º do art. 322 do CPC/2015 tem a finalidade de delimitar critérios objetivos para que, em caso de dúvida, o magistrado possa identificar a existência e a extensão do pedido certo formulado pelo demandante, mesmo que este esteja inserido no corpo da petição inicial. Ademais, nas ações individuais o contraditório exercido pelo demandado não tem o papel de interferir

153. Sobre a interpretação lógico-sistemática dos pedidos aplicada às ações coletivas, destacamos os julgados: STJ, REsp 1.107.219-SP, rel. Min. Luiz Fux, publ. 23.9.2010; STJ, REsp 1.355.574-SE, rela. Min. Diva Malerbi (Desembargadora convocada TRF-3ª Região), publ. 23.8.2016; e STJ, REsp 1.641.167-RS, rela. Min. Nancy Andrighi, publ. 20.3.2018. Por outro lado, destacamos a aplicação da interpretação restritiva para a seguinte ação coletiva: STJ, REsp 929.792-SP, rel. Min. Napoleão Nunes Maia Filho, publ. 31.3.2016.

Disso se conclui que ainda não se pode precisar uma uniformidade no critério interpretativo do pedido para as ações coletivas.

154. Ressalte-se a adequada correção feita por Paulo Henrique dos Santos Lucon ao destacar que o ordenamento jurídico pátrio tutela os "direitos" coletivos, e não "interesses" coletivos (*Relação entre Demandas*, Brasília, Gazeta Jurídica, 2016, pp. 150-151).

155. Cumpre ressaltar interessante análise feita sobre o tema: Susana Henriques da Costa, "Arts. 318 a 333", cit., in Antônio do Passo Cabral e Ronaldo Cramer (coords.), *Comentários ao Novo Código de Processo Civil*, 2ª ed., p. 517.

no objeto litigioso do processo, o qual é delimitado exclusivamente pelo demandante.

Ressalte-se, ainda, que nas ações individuais (disponíveis) o magistrado deve primar pela sua inércia e imparcialidade, enquanto nas ações coletivas o bem jurídico a ser tutelado é indisponível, razão pela qual se compreendem os motivos pelos quais o pedido formulado pelo legitimado poderá ser interpretado extensivamente pelo magistrado, no intuito de atingir a tutela mais adequada para a coletividade.[156-157]

Cumpre destacar que nas ações coletivas para a defesa de interesses individuais homogêneos a doutrina aconselha que o pedido seja genérico,[158] medida salutar que, além de possuir permissivo legal (art. 324, § 1º, II, do CPC/2015 c/c o art. 95 do CDC), afasta do magistrado a incumbência de interpretar o pedido para proferir sua sentença.

Em que pese a que o presente estudo não tenha por escopo a análise do pedido formulado em ação coletiva – mas apenas o pedido formulado em demanda individual, bem como os critérios estipulados pela lei e pelo Poder Judiciário no tratamento e na interpretação destes pedidos –, não seria adequado deixar de expor, ainda que de maneira sucinta, a problemática existente entre o pedido e a tutela jurisdicional sob a ótica das ações coletivas.

156. "O autor de uma demanda, ao expor sua causa de pedir, bem como ao formular o seu pedido, pode ter deixado de fora, consciente ou inconscientemente, uma parcela considerável do conflito, ou seja, pode ter deixado de exercer, naquele momento, a tutela integral dos direitos que lhe são assegurados. Essa escolha, que pode ou não refletir um imperativo de seu interesse, constitui, na maior parte das situações, um ato claro de disposição. Se o bem jurídico coletivo é marcado, como ressalvado, pela indisponibilidade, que é, por sua vez, controlada pelo juiz, não faz qualquer sentido restringir a interpretação que este pode fazer do pedido, pois seria o mesmo que dizer que o juiz deve anuir com a disposição indevida feita pelo autor. Equivaleria, em última instância, a restringir a própria proteção do bem jurídico coletivo a ser tutelado. Portanto, em se tratando de processo coletivo, se o autor formula o pedido de modo restritivo, restará aberta ao juiz a via interpretativa para garantir o direito que é assegurado à coletividade" (Daniela Monteiro Gabbay, *Pedido e Causa de Pedir*, cit., p. 115).

157. Ao tratar do princípio do impulso oficial, José Rogério Cruz e Tucci destaca que "a denominada tutela de âmbito coletivo apresenta uma ruptura à tradicional simetria entre o titular do direito material e o legitimado a ingressar em juízo" ("Art. 2º", in José Rogério Cruz e Tucci *et al.* (coords.), *Código de Processo Civil Anotado*, Rio de Janeiro, GZ Editora, 2016, p. 3).

158. Daniela Monteiro Gabbay, "Arts. 318 a 331", cit., in José Rogério Cruz e Tucci *et al.* (coords.), *Código de Processo Civil Anotado*, p. 477; Eduardo Arruda Alvim, *Direito Processual Civil*, cit., 5ª ed., p. 416; e Fábio Peixinho Gomes Corrêa, *O Objeto Litigioso no Processo Civil*, cit., p. 241.

Por fim, destacamos o entendimento de que deve haver a flexibilização do procedimento no processo estrutural: "É fundamental libertar o magistrado das amarras dos pedidos das partes, uma vez que a lógica que preside os processos estruturais não é a mesma que inspira os litígios não estruturais (...)".[159]

49. Questões de ordem pública

A doutrina e a jurisprudência[160] são pacíficas quanto à possibilidade de o magistrado decidir de ofício questões de ordem pública relativas a direito material e processual, em qualquer tempo e grau de jurisdição, sobre as quais não incide a preclusão.[161]

Este posicionamento baseia-se no fato de que as questões de ordem pública "têm por fim tutelar interesses muito maiores do que aqueles discutidos na demanda que versa sobre direitos individuais, ou seja, vão além do interesse *inter partes* e estão acima das matérias de ordem privada ou particular objeto do processo".[162]

159. Fredie Didier Jr., Hermes Zaneti Jr. e Rafael Alexandria de Oliveira, "Elementos para uma teoria do processo estrutural aplicada ao processo civil brasileiro", *RePro* 303/45-81, São Paulo, Ed. RT, maio/2020.

160. "É que: 'A regra da congruência (ou correlação) entre pedido e sentença (CPC, 128 e 460) é decorrência do princípio dispositivo. Quando o juiz tiver de decidir independentemente de pedido da parte ou interessado, o que ocorre, por exemplo, com as matérias de ordem pública, não incide a regra da congruência. Isso quer significar que não haverá julgamento *extra*, *infra* ou *ultra petita* quando o juiz ou tribunal pronunciar-se de ofício sobre referidas matérias de ordem pública. Alguns exemplos de matérias de ordem pública: a) substanciais – cláusulas contratuais abusivas (CDC 1º e 51); cláusulas gerais (CC 2.035, par. ún.) da função social do contrato (CC 421), da função social da propriedade (CF 5º, XXIII, e 170, III, e CC 1.228, § 1º), da função social da empresa (CF 170; CC 421 e 981) e da boa-fé objetiva (CC 422); simulação de ato ou negócio jurídico (CC 166, VII, e 167); b) processuais – condições da ação e pressupostos processuais (CPC 3º; 267, IV e V; 267, § 3º; 301, X; 30, § 4º); incompetência absoluta (CPC 113, § 2º); impedimento do juiz (CPC 134 e 136); preliminares alegáveis na contestação (CPC 301 e § 4º); pedido implícito de juros legais (CPC 293), juros de mora (CPC 219) e de correção monetária (L 6.899/1981; TRF-4ª 53); juízo de admissibilidade dos recursos (CPC 518, § 1º) (...)' (Nelson Nery Jr. e Rosa Maria de Andrade Nery, in *Código de Processo Civil Comentado e Legislação Extravagante*, 10ª ed., Ed. RT, São Paulo, 2007, p. 669)" (STJ, REsp 1.112.524-DF, rel. Min. Luiz Fux, publ. 30.9.2010).

161. Andrea Boari Caraciola, *Princípio da Congruência no Código de Processo Civil*, cit., p. 224.

162. Rafael Ribeiro Rodrigues e Rennan F. K. Thamay, "O efeito translativo na barca de Caronte", cit., *RePro* 255/258, São Paulo, Ed. RT, maio/2016.

Para o presente trabalho interessam apenas as questões de ordem pública que ocasionem decisão sobre o mérito da causa, dentre as quais destacamos a prescrição e a decadência (§ 1º do art. 332, c/c o art. 487, II, do CPC/2015), cuja decisão de ofício não implicará violação ao princípio da congruência, haja vista o permissivo legal para a atuação oficiosa do magistrado.

Ressalte-se, entretanto, que "a possibilidade do juízo apreciar de ofício matéria de ordem pública (...) não significa dizer que o magistrado pode decidir sem antes dar às partes o direito ao efetivo contraditório"[163] – estando referido posicionamento ainda mais evidente na atualidade em razão do teor do art. 10 do CPC/2015.[164]

Dentro desse cenário, desde que assegurado o contraditório aos demandantes, as questões de ordem pública podem ser decididas de ofício pelo magistrado, sem implicar violação ao princípio da congruência.

No entanto, cumpre ressaltar que esta hipótese de mitigação do princípio da congruência não possui relação com a interpretação do pedido. Se determinada questão for conhecida e decidida de ofício não se pode cogitar da existência de pedido a respeito da mesma questão.

A existência de pedido implicará decisão mediante demanda (provocação da parte em face do Estado-juiz), mesmo se o pedido tratar sobre questão de ordem pública. Por este motivo reafirmamos nosso entendimento no sentido de que esta hipótese de mitigação do princípio da congruência não guarda relação com a regra de interpretação do pedido. Se a matéria de ordem pública for decidida de ofício, necessariamente não haverá pedido, e, não havendo pedido, não se aplicam as regras de interpretação do pedido, previstas no § 2º do art. 322 do CPC/2015.

50. Contraditório legitimador de pedido não formulado? Pedido interpretado?

Referida questão já foi abordada neste trabalho, ao estudarmos a relação entre o pedido e o contraditório do demandado, bem como será novamente tratada ao estudarmos a interpretação do pedido no CPC/2015.

163. Idem, ibidem.

164. "A solução de *qualquer* questão – seja *causa petendi* ou matéria de ordem pública apreciada de ofício, sem provocação das partes – integrando o dispositivo da sentença de mérito atinge a autoridade de *res iudicata*" (Humberto Theodoro Jr., "Notas sobre sentença, coisa julgada e interpretação", *RePro* 167/17-18, São Paulo, Ed. RT, janeiro/2009).

De todo modo, cumpre reafirmar que a defesa do demandado não integra a demanda e não se presta para alterar os limites do objeto litigioso do processo, delimitados pelo demandante ao formular seu pedido na petição inicial ou em eventual emenda.

Sem prejuízo, cumpre destacar posicionamento divergente constante em alguns julgados[165] e em parte da doutrina[166] segundo os quais o contraditório exercido pelo demandado – muitas das vezes em obediência ao princípio da eventualidade – em linhas gerais se prestaria para esclarecer o pedido mas, na prática, corre-se o risco de servir apenas para legitimar pedido não formulado.

Ressaltamos, novamente, nossa discordância com relação a este posicionamento, em especial para as ações individuais – objeto deste estudo –, nas quais a defesa não pode legitimar pedido que não foi formulado no momento e na forma adequados. Entretanto, *de lege ferenda*, poderia ser admitido para as ações coletivas, conforme já vem sendo defendido por parte da doutrina.[167]

165. "Ante a possibilidade de se extrair a exata pretensão do requerente e tendo a ré apresentado contestação, combatendo o pedido autoral, sem prejuízo à defesa, resta descaracterizada a inépcia da inicial" (STJ, AR 4.714-SP, rel. Min. Jorge Mussi, publ. 5.10.2018); "Se o autor deduziu o pedido em consonância com os fatos articulados na petição inicial, havendo claro entendimento do mesmo pelo réu na sua contestação, inclusive opondo todas as defesas possíveis, não é lícito ao Judiciário deixar de resolver o conflito ao argumento de que o pedido deve ser interpretado restritivamente" (STJ, ED no REsp 61.340-SP, rel. Min. Edson Vidigal, publ. 3.8.1998); e: "A circunstância de o impetrante não haver oferecido, com a inicial, uma reprodução do ato impugnado não impede se conheça do pedido de segurança, se a autoridade apontada como coatora, em atitude leal, o transcreve nas informações" (STJ, MS 8.946-DF, rel. Min. Humberto Gomes de Barros, publ. 17.11.2003).

166. "O contraditório exerce papel-chave no juízo de interpretação do ato postulatório"; e: "A despeito de a jurisdição haver concedido tutela fora dos limites demandados – em caso não autorizado especialmente pela lei –, é possível que desta irregularidade não surja prejuízo para os escopos específicos da norma: inércia e contraditório. Basta que a tutela concedida – a despeito de não demandada no momento adequado – tenha sido aceita expressamente pelo demandante, no curso do debate processual, e tenha sido submetida a real e efetivo contraditório" (Marcelo Pacheco Machado. *A Correlação no Processo Civil: Relações entre Demanda e Tutela Jurisdicional*, cit., pp. 127 e 230).

Ressalte-se, ainda: "O conteúdo do acto de defesa será determinante para que o tribunal compreenda que sentido conferiu a parte contrária ao acto postulativo" (Paula Costa e Silva, *Acto e Processo – O Dogma da Irrelevância da Vontade na Interpretação e nos Vícios do Acto Postulativo*, Coimbra, Coimbra Editora, 2003, p. 378).

167. "À luz do princípio da instrumentalidade de formas, a transgressão da regra de correlação é considerada uma nulidade sanável se, observado o princípio do

Além de não possuir permissivo legal, o posicionamento objeto desta crítica abre margem para que o demandante empreenda narrativa exaustiva em sua petição inicial e, ao final, formule demanda apenas sobre parte ínfima da sua real pretensão processual. A consequência será o valor da causa arbitrado na menor quantia possível, com reflexo no recolhimento das custas. Neste contexto, se o demandado (ou, melhor, seu patrono) for diligente e exercer o contraditório da maneira mais completa possível, sem se limitar ao pedido efetivamente formulado, insurgindo-se (de boa-fé) contra todos os fatos e argumentos lançados pelo demandante em sua exordial, então, se admitirmos o mencionado posicionamento objeto desta crítica, ao magistrado seria permitido decidir sobre tudo o que foi contraditado, mesmo que não faça parte do pedido formulado.

Ainda tendo por base o exemplo acima, a posição do demandante se tornaria muito confortável, pois lhe seria permitido ter acesso ao Poder Judiciário com menor custo e menor risco envolvidos. Se o demandado contraditar todos os pontos tratados na petição inicial e sobrevier a procedência de outros pedidos, além daquele realmente formulado, o demandante terá obtido indevida tutela jurisdicional com menor risco e menor custo envolvidos. Mas, se a ação for julgada improcedente, a condenação nos ônus da sucumbência terá por base o valor da causa fundado no único pedido efetivamente formulado.

De certo que este posicionamento não deve prosperar na doutrina, e menos ainda na jurisprudência. O princípio da congruência não deve ser afastado tendo por base o contraditório exercido pelo demandado, pois, além de este entendimento não possuir permissivo legal, viola o próprio princípio do contraditório.

Não se pode perder de vista que: "A essência do contraditório não está ligada à efetiva manifestação da parte no processo, mas sim à oportunidade que lhe é dada para se manifestar antes do magistrado proferir sua decisão sobre matéria ainda não debatida".[168-169] Ademais, incumbe ao réu alegar, na contestação, toda a matéria de defesa.

contraditório, nenhum prejuízo concreto for detectado, restando preservado o escopo almejado por referida regra processual" (Daniela Monteiro Gabbay, *Pedido e Causa de Pedir*, cit., p. 163).

168. Rafael Ribeiro Rodrigues e Rennan F. K. Thamay, "Uma primeira análise constitucional sobre os princípios no novo Código de Processo Civil", in Fredie Didier Jr. (coord.), *Coleção Novo CPC: Doutrina Selecionada*, 2ª ed., vol. 1 (*Parte Geral*), Salvador, JusPodivm, 2016, p. 356.

169. "A perfectibilização do contraditório e da ampla defesa, no bojo do processo judicial, dá-se a partir da cientificação das partes a respeito de todo e qualquer ato

Nesse cenário, se admitirmos o contraditório como ato processual legitimador de pedido não formulado pelo demandante criaríamos um paradoxo dentro do processo. O demandante não estaria obrigado a pedir todos os bens da vida que deseja, desde que sua narrativa dos fatos fosse a mais abrangente possível. E o demandado estaria obrigado a exercer o contraditório, sob pena de preclusão.

A apresentação de defesa ou não, em face da gama de alegações constantes nos fatos narrados pelo demandante, não mudaria a espinhosa situação imputada ao demandado, pois, ao se defender, seu contraditório seria tido como legitimador do pedido não formulado. Já, ao não se defender sobre determinado fato narrado, do qual não decorreu nenhum pedido, ainda assim o magistrado poderia entender que o contraditório foi ofertado e, do mesmo modo, poderia se valer de métodos de interpretação para extrair pedido não efetivamente formulado dos fatos narrados na petição inicial.

Cumpre destacar que este estudo não concorda com a adoção da defesa para se extrair pedidos *não formulados* ou, ainda, para obter a *certeza* de pedido formulado de maneira deficiente (sem especificar o bem da vida da maneira adequada). A interpretação do pedido deve considerar o conjunto da postulação e observar a boa-fé, nada mais e nada menos.

No mais, esta crítica não se aplica à extração de *liquidez* do pedido certo formulado de maneira *genérica.*[170] A certeza *pode* ser objeto de interpretação. Já, o pedido indeterminado *será* objeto apenas de liquidação, cujos parâmetros podem ser apresentados pelo demandado em sua defesa (art. 324, § 1º, III, do CPC/2015).

processual, perpassa pela concessão de oportunidade de manifestação e termina com a possibilidade de influir na vindoura decisão do magistrado" (STJ, RMS 51.884-GO, rel. Min. Marco Aurélio Bellizze, publ. 18.10.2018).

170. "É possível que na própria resposta do réu haja elementos suficientes para se ter como líquido o pedido" (Francisco Cavalcanti Pontes de Miranda, *Comentários ao Código de Processo Civil*, cit., 2ª ed., t. IV (arts. 282 a 443), p. 31).

§ 6º. Interpretação do pedido e o Superior Tribunal de Justiça

51. Considerações iniciais e delimitação da proposta. 52. Análise empírica dos julgados que admitem a interpretação do pedido. 53. Posições pretorianas favoráveis à interpretação restritiva do pedido.

51. Considerações iniciais e delimitação da proposta

Após a abordagem teórica sobre interpretação, pedido e princípio da congruência, o presente capítulo realizará uma análise detida de julgados do STJ que tratam da interpretação do pedido.

A proposta é levantar dados de processos nos quais ocorreu a interpretação do pedido, as datas em que referidas decisões foram proferidas e, ainda, proceder à leitura por amostragem de alguns acórdãos, tudo isso na tentativa de encontrar pontos de contato entre referidas decisões, o motivo, a origem e o desenvolvimento da interpretação do pedido nos julgados do STJ.

E esta pesquisa mostra-se importante, pois foi durante a vigência do CPC/1973, no qual se determinava a interpretação restritiva do pedido, que o STJ passou a adotar a regra da interpretação lógico-sistemática do pedido. Do mesmo modo, faz-se necessário analisar como a atual regra de interpretação do pedido, prevista no art. 322, § 2º, do CPC/2015, influenciará na questão – o que será feito de maneira detida no próximo capítulo.

É de fundamental importância a leitura dos julgados do STJ à luz dos dispositivos processuais que tratam da interpretação do pedido, a fim de analisar como são aplicados as normas e os princípios que regem a relação entre o pedido e a decisão judicial no processo civil.

A presente abordagem não pretende prestigiar a forma pela forma, ao ponto de entender o processo como um fim em si mesmo, nem ignorar o direito material que o processo tem por escopo alcançar.[1]

1. "A falta absoluta de exigências legais quanto às formas procedimentais levaria à desordem, à confusão, à incerteza. (...). Por outro lado, as formas não devem sufo-

Na verdade, buscar-se-á analisar a interpretação lógico-sistemática do pedido diante do necessário respeito ao contraditório e com o escopo primário de contribuir para a ciência jurídica, visando, assim, a aprimorar a técnica da interpretação do pedido, apresentar critérios objetivos a serem observados pelos magistrados quando da prolação de decisão tendente a interpretar o pedido e, por fim, oferecer previsibilidade ao jurisdicionado.

Nesse compasso, importante ponderar que a interpretação lógico-sistemática do pedido não só decorre da intenção do magistrado, que opta por decidir aquilo que não necessariamente foi pedido de maneira expressa. Antes disso, remonta à falta de técnica do patrono do autor,[2] que elabora petição inicial confusa ou deficiente ao ponto de ser necessária a interpretação do pedido. Além disso, necessário ponderar que em alguns julgados se encontra o posicionamento de que a falta de técnica do patrono do autor pode servir de fato gerador para a tutela jurisdicional de pedidos não formulados.

De todo modo, não se pode ignorar o fato de que o STJ é uma Corte de vértice, e, por tal motivo, a técnica de interpretar pedido não guarda relação direta com a competência que lhe foi atribuída pela Constituição Federal, notadamente em sede de recurso especial, no qual se objetiva apreciar e julgar matéria estritamente de direito, não de fato, e menos ainda que verse sobre a análise da vontade das partes. E só este motivo, considerado isoladamente, já é suficiente para prestigiar a adoção de critérios objetivos quando da interpretação do pedido.

car a naturalidade e rapidez do processo. Trata-se de um problema técnico-político: a aversão às formas é motivada, em geral, pelo excesso de formalismo, mas não é aconselhável evitar esse inconveniente abolindo por completo as exigências formais ou deixando ao juiz a tarefa de determinar as formas – pois essa solução abriria caminho para o arbítrio. A disciplina legislativa das formas do procedimento é a melhor solução, acatada aliás no Direito moderno; e o bom resultado do processo depende em grande parte da maneira pela qual o legislador cumpre sua tarefa. A experiência secular demonstrou que as exigências legais quanto à forma devem atender a critérios racionais, lembrada sempre a finalidade com que são impostas e evitando-se o culto das formas como se elas fossem um fim em si mesmas. Esse pensamento é a manifestação do *princípio da instrumentalidade das formas*, o qual (associado a algumas regras contidas na teoria das nulidades processuais...) vem dar a justa medida do sistema da legalidade formal" (Antônio Carlos de Araújo Cintra, Ada Pellegrini Grinover e Cândido Rangel Dinamarco, *Teoria Geral do Processo*, 27ª ed., São Paulo, Malheiros Editores, 2011, pp. 349-350).

2. "O advogado é o primeiro juiz da causa e nesta condição cabe a ele esmerar-se na entrevista do cliente, atitude indispensável para trazer aos autos do processo a exatidão dos fatos que dão suporte ao pedido" (TRT-3ª Turma, RO 0001166-08.2013.5.03.0033, rel. Des. Manoel Barbosa da Silva, publ. 20.4.2015).

Seguindo essa linha de raciocínio, interessante notar que a jurisprudência do STJ já se manifestou inúmeras vezes, inclusive com a edição dos enunciados da Súmula 5 e da Súmula 7, afastando a competência para analisar recursos especiais que versem, respectivamente, sobre interpretação de cláusulas contratuais e reexame de provas – portanto, matérias fáticas.

O enunciado da Súmula 5/STJ dispõe que: "A simples interpretação de cláusula contratual não enseja recurso especial". Em análise de alguns dos seus precedentes originários extraímos: (i) "o recurso especial é restrito as hipóteses do art. 105, III, da Constituição da República de 1988. A interpretação de cláusula contratual refoge ao seu âmbito";[3] (ii) "na via do recurso extremo não é dado o reexame da prova, a apreciação de matéria fática (...) não sendo lícito também nessa via a exegese de cláusula contratual";[4] e (iii) "a interpretação de contrato não abre espaço para interposição de recurso especial, cabível quando for contrariada ou negada vigência à lei, ou quando esta tiver sido objeto de entendimento diverso em julgamento de outro tribunal".[5]

Cumpre ressaltar que o enunciado da Súmula 5/STJ teve influência direta do enunciado da Súmula 454/STF, pela qual "simples interpretação de cláusulas contratuais não dá lugar a recurso extraordinário", tendo esta sido aprovada no ano de 1964 – logo, antes da criação do STJ.

Já, o enunciado da Súmula 7/STJ prevê que "a pretensão de simples reexame de prova não enseja recurso especial", afastando da referida Corte a atribuição de "reapreciar circunstâncias de fato que não são certas".[6] Referido enunciado guarda relação direta com o enunciado da Súmula 279/STF, segundo a qual "para simples reexame de prova não cabe recurso extraordinário", tendo esta também sido aprovada em momento anterior ao da criação do STJ, mais precisamente no ano de 1963.

Deparamo-nos, então, com um paradoxo que merece ser apreciado com toda cautela. Se, por um lado, o STJ já limitou sua atuação em âmbito de recurso especial e excluiu a possibilidade de analisar matéria fática bem como de apreciar e interpretar cláusula contratual – o que, em última análise, significaria mensurar a intenção e a vontade das partes contratantes –, por outro lado, o STJ, ao decidir com base na interpre-

3. STJ, REsp 1.085-RS, rel. Min. Luiz Vicente Cernicchiaro, publ. 19.3.1990.
4. STJ, REsp 1.642-SP, rel. Min. Sálvio de Figueiredo Teixeira, publ. 12.3.1990.
5. STJ, REsp 1.563-PI, rel. Min. Eduardo Ribeiro, publ. 5.3.1990.
6. STJ, AgR no Ag 148-MS, rel. Min. Carlos Thibau, publ. 19.3.1990.

tação lógico-sistemática do pedido – corrente, esta, que possui posição majoritária dentre os julgados analisados –, ao fim e ao cabo, entende ser adequada a exegese da vontade das partes litigantes (em especial as intenções unilaterais do demandante no momento da postulação), o que usualmente se verificou ocorrer em sede de recurso especial. Salvo melhor juízo, referido posicionamento ultrapassa o exercício cognitivo que seria necessário para a análise dos fatos e da interpretação de cláusulas contratuais estipuladas em negócios jurídicos firmados entre autor e réu.

Feitas estas considerações, nos próximos tópicos será apresentada a pesquisa de julgados do STJ sobre o tema da interpretação do pedido.[7]

52. Análise empírica dos julgados que admitem a interpretação do pedido

Logo de início pede-se vênia para discordar de José Carlos Barbosa Moreira, segundo o qual: "As pesquisas empíricas não nos atraem; preferimos quedar-nos mergulhados na névoa das impressões, sem cuidarmos de medir a distância, com certeza nalguns casos abissal, entre a imagem que elas nos transmitem e a realidade objetiva".[8] Referido excerto foi extraído de artigo no qual se critica a inexistência no Brasil de empresas destinadas à investigação técnica e empírica para estudos no campo do Direito.

Discordar de José Carlos Barbosa Moreira não significa dar por equivocadas suas conclusões, constantes na transcrição acima, mas, sim, implica considerar que, felizmente, sua percepção sobre pesquisa empírica no Brasil está superada ou, ao menos, sendo superada. Na atualidade os estudos no campo do Direito pautam-se cada vez mais em dados, fatos e números, sendo louvável a fuga de argumentos meramente especulativos e abstratos. Só com a real noção das relações sociais é que teoria e prática poderão caminhar no mesmo sentido, para o bem da sociedade.

Como grande precursor desta mudança destacamos o Conselho Nacional de Justiça,[9] órgão criado pela Emenda Constitucional 45/2004

7. Ressalte-se que a mesma pesquisa foi realizada junto ao portal eletrônico do STF, no campo "Pesquisa de Jurisprudência", sem se obter resultado sobre a questão relativa à interpretação do pedido.

8. José Carlos Barbosa Moreira, "O processo, as partes e a sociedade", *RePro* 125/286, São Paulo, Ed. RT, julho/2005.

9. Conselho Nacional de Justiça, disponível em *http://www.cnj.jus.br/pesquisas-judiciarias* (acesso em 6.5.2020).

ao qual, dentre suas atribuições, compete elaborar relatórios estatísticos sobre o Poder Judiciário, inclusive propondo as providências que julgar necessárias (art. 103-B, § 4º, VI e VII, da CF/1988).

No campo acadêmico o tema também tem ganhado destaque. A título de exemplo, ressaltamos os cursos de Pós-Graduação da Faculdade de Direito da Universidade de São Paulo, dos *campi* São Paulo/SP[10] e Ribeirão Preto/SP,[11] os quais incluíram em seu programa disciplinas destinadas ao estudo empírico no Direito.[12]

De certo que a crítica feita por José Carlos Barbosa Moreira – e por tantos outros estudiosos e profissionais do Direito – contribuiu para que ocorresse a alteração da realidade e para que os estudos empíricos fossem introduzidos em ambiente acadêmico. E com base nesta vertente buscamos realizar a presente análise empírica da interpretação do pedido.

Para tanto, tomamos por base a realização de consultas junto ao portal eletrônico do STJ, no campo "Jurisprudência do STJ",[13] do dia 3.2.2018 até o dia 30.11.2018. Todas as consultas foram realizadas imputando a expressão "pedido e interpretação" no campo "Pesquisa Livre", sem realizar nenhum outro filtro.

Como resultado da pesquisa foram encontrados 4.959 documentos no campo de "Acórdãos", sendo que cada documento corresponde a uma decisão proferida em determinado processo (ou recurso). Importante ressaltar que há processos com mais de um recurso interposto e julgado, como, por exemplo, casos em que foi julgado o recurso especial e, após, foram julgados os respectivos embargos de declaração opostos no mesmo processo – e assim sucessivamente.

Após a análise dos 4.959 documentos, foi obtido o resultado de 517 decisões nas quais constava a expressão "interpretação lógico-sistemática do pedido" ou uma de suas variantes. Foram consideradas as decisões nas quais referida expressão ou suas variantes constaram na ementa, no acórdão ou na referência do julgado (no campo "Veja" da página de busca). Referidas decisões são as que constam no "Anexo A" deste trabalho.

10. Disponível em *https://uspdigital.usp.br/janus/componente/catalogoDisciplinasInicial.jsf?action=3&sgldis=DPC5868* (acesso em 6.5.2020).

11. Disponível em *https://uspdigital.usp.br/janus/componente/catalogoDisciplinasInicial.jsf?action=3&sgldis=DRP6013* (acesso em 6.5.2020).

12. Ressaltamos também os trabalhos empreendidos pela Faculdade de Direito FGV/SP (disponível em *https://direitosp.fgv.br/node/125198*, acesso em 6.5.2020).

13. Disponível em *http://www.stj.jus.br/SCON*.

Por variantes destacamos as expressões com maior ocorrência nos julgados analisados, quais sejam: "interpretar o pedido de forma sistêmica",[14] "interpretação lógico-sistemática do pedido",[15] "interpretação lógico-sistemática da peça inicial",[16] "interpretação sistemática da peça inicial",[17] "interpretação lógico-sistemática das questões apresentadas pela parte ao longo da petição",[18] "interpretação lógico-sistemática dos fundamentos da inicial",[19] "interpretação lógico-sistemática da peça inicial",[20] "interpretação lógico-sistemática da postulação inicial"[21] e "interpretação lógico-sistemática da causa de pedir e do pedido deduzidos na inicial".[22]

Não foram localizadas decisões contrárias à "interpretação lógico-sistemática do pedido" ou às suas variantes. Todas as decisões que se valeram desta expressão foram favoráveis à interpretação do pedido. Em outras palavras: não obtivemos resultado de decisão que mencionasse ser proibida a "interpretação lógico-sistemática do pedido" ou algo semelhante.

Entretanto, conforme analisaremos adiante, localizamos decisão reformando a sentença e o acórdão do Tribunal local por entender o Ministro-Relator que a interpretação lógico-sistemática não se aplicaria ao caso concreto objeto do processo.

Ao realizarmos uma análise mais detalhada dos julgados levantados, constatamos que o órgão do STJ que possui o maior número de decisões favoráveis à interpretação lógico-sistemática do pedido e suas variantes é a 3ª Turma, seguida da 2ª Turma, da 4ª Turma e da 1ª Turma, conforme relação constante na planilha a seguir:

14. STJ, REsp 105.616-PR, rel. Min. José Delgado, publ. 16.12.1996.

15. STJ, REsp 284.480-RJ, rel. Min. Sálvio de Figueiredo Teixeira, publ. 2.4.2001.

16. STJ, AgR no Ag 468.472-RJ, rel. Min. Luiz Fux, publ. 2.6.2003.

17. STJ, REsp 705.620-MG, rela. Min. Eliana Calmon, publ. 9.5.2006.

18. STJ, REsp 884.917-PR, rel. Min. Arnaldo Esteves Lima, publ. 14.5.2007.

19. STJ, REsp 880.163-GO, rel. Min. Arnaldo Esteves Lima, publ. 9.3.2009.

20. STJ, REsp 973.686-PR, rel. Min. Humberto Martins, publ. 30.9.2009.

21. STJ, AgR no Ag 1.236.080-RS, rel. Min. Benedito Gonçalves, publ. 11.10.2011.

22. STJ, REsp 1.380.931-SP, rel. Min. Napoleão Nunes Maia Filho, publ. 14.6.2016.

Órgão Julgador	Número de Decisões
Corte Especial	1
1ª Seção	3
2ª Seção	3
3ª Seção	1
1ª Turma	62
2ª Turma	139
3ª Turma	156
4ª Turma	109
5ª Turma	29
6ª Turma	14

Já, ao analisarmos a evolução da quantidade de decisões publicadas por ano com a adoção da interpretação lógico-sistemática do pedido ou uma de suas variantes, verificamos que desde o surgimento deste posicionamento pretoriano, no ano de 1996, este manteve uma constante até o ano de 2003, bem como que ocorreu expressivo aumento de decisões entre os anos de 2015 a 2017, culminando em uma salutar diminuição de julgados interpretando o pedido no ano de 2018 (o qual foi apurado até o mês de novembro):

Ano de Publicação da Decisão	Número de Decisões
1996	2
1998	2
2001	3
2002	1
2003	1
2004	5
2005	4
2006	6
2007	9
2008	18
2009	14

Ano de Publicação da Decisão	**Número de Decisões**
2010	22
2011	25
2012	49
2013	38
2014	39
2015	73
2016	69
2017	81
2018	56

E, dentre todas as decisões analisadas, a primeira a afastar a interpretação restritiva do pedido foi proferida no ano de 1994, tendo decidido sobre a diferença entre juros compensatórios e moratórios em ação de desapropriação, entendendo que os juros compensatórios "incluem-se, implícita ou explicitamente, como objeto da *causa petendi* da ação expropriatória, não comportando restritiva interpretação do pedido indenizatório".[23] Referida decisão não utilizou a expressão "interpretação lógico-sistemática do pedido" ou uma de suas variantes.

No ano de 1995 o Min. Sálvio de Figueiredo Teixeira criou a expressão "interpretação lógico-sistemática do pedido" em recurso especial interposto visando a reformar decisão *extra petita* proferida nos autos de ação de rescisão de contrato de compra e venda imobiliária ajuizada pelos vendedores-recorridos em face dos compradores-recorrentes, haja vista terem estes sido condenados à perda do sinal pago, embora referido pedido não tenha constado no rol de pedidos. No entender do Ministro-Relator, referido pedido estava explícito no corpo da petição inicial.[24]

E as posteriores decisões sobre o tema trataram dos mais variados assuntos de direito material e processual. Para fins de elucidar a aplicação prática da interpretação lógico-sistemática do pedido e suas variantes,

23. STJ, REsp 40.229-SP, rel. Min. Milton Luiz Pereira, publ. 23.5.1994.

24. "O pedido é aquilo que se pretende com a instauração da demanda e se extrai a partir de uma interpretação logico-sistemática do afirmado na petição inicial, recolhendo todos os requerimentos feitos em seu corpo, e não só aqueles constantes em capítulo especial ou sob a rubrica 'Dos Pedidos'" (STJ, REsp 76.153, rel. Min. Sálvio de Figueiredo Teixeira, publ. 5.2.1996).

trataremos de alguns casos escolhidos por amostragem e os abordaremos adiante obedecendo, sucessivamente, à ordem cronológica e à matéria objeto dos referidos julgados.

No REsp 284.480-RJ[25] o acórdão decidiu que, embora não tenha constado pedido expresso de condenação em danos morais, toda a argumentação da petição inicial teria sido neste sentido, o que, no entender do Ministro-Relator, permitiria extrair referida pretensão. Entendeu, ainda, referido acórdão que a ausência do pedido de danos morais não acarretou prejuízo à defesa, pois a ré não impugnou na contestação e nem na apelação a inépcia da petição inicial ou o julgamento fora dos limites do pedido, tendo referida questão sido suscitada de ofício quando do julgamento da apelação. Cumpre salientar que, conforme abordado nesta obra, ao estudarmos as patologias do princípio da congruência, sob a égide do CPC/1973 a doutrina não era pacífica quanto à possibilidade de os tribunais decidirem de ofício questões sobre julgamento fora dos limites do pedido.

Paradoxalmente, no acórdão proferido no REsp 1.155.274-PE[26] entendeu-se que a mera circunstância de os fatos narrados comportarem, em tese, indenização por danos morais, sem que haja pedido neste sentido, não autoriza o magistrado a, de ofício, considerá-la implícita no pedido de ressarcimento por danos materiais. Referida decisão ponderou, ainda, que o autor poderá ajuizar ação autônoma buscando ressarcimento específico pela violação dos direitos da personalidade e que, justamente por ser de caráter subjetivo, a falta de sinalização deste pedido de indenização por dano moral não permite sua presunção.

Adiante, o acórdão do REsp 233.446-RJ[27] entendeu que não configura decisão *extra petita* quando o autor imputa ao réu determinada modalidade de culpa e o julgador, diante da prova dos autos, entende caracterizada outra, pois o juiz deve conhecer a lei e aplicá-la sobre os fatos apresentados pelas partes, não estando o magistrado vinculado aos fundamentos jurídicos expostos pelo autor.

Entendemos que referida decisão se mostrou adequada, pois, de fato, para conceder a tutela jurisdicional o magistrado está adstrito ape-

25. STJ, REsp 284.480-RJ, rel. Min. Sálvio de Figueiredo Teixeira, publ. 2.4.2001.

26. STJ, REsp 1.155.274-PE, rela. Min. Nancy Andrighi, publ. 15.5.2012.

27. STJ, REsp 233.446-RJ, rel. Min. Sálvio de Figueiredo Teixeira, publ. 7.5.2001.

nas aos fatos narrados e provados nos autos pelo demandante, e não aos fundamentos jurídicos apresentados. Por este motivo, a ideia exposta na decisão não pode necessariamente ser classificada como "interpretação lógico-sistemática do pedido, a partir de uma análise global da petição inicial", pois pela leitura da referida decisão conclui-se que o bem da vida e a tutela jurisdicional pleiteadas pelo autor foram concedidas em sua exata medida. Mais adequado seria mencionar que a decisão foi proferida de acordo com o brocardo *iuria novit curia*.

Na ementa do acórdão do AgR no Ag 468.472-RJ,[28] de relatoria do Min. Luiz Fux, decidiu-se que: "Os pedidos, como manifestações de vontade, devem ser interpretados à luz do princípio da efetividade e da economia processual, que visam conferir à parte um máximo de resultado com um mínimo de esforço processual". Este fundamento foi utilizado para fins de concluir que o pedido de indenização formulado pelo autor na exordial englobaria perdas e danos de natureza material e moral.

Cumpre salientar que no caso acima a petição inicial se limitou a pleitear a "condenação do réu, solidariamente ao pagamento da indenização ora pleiteada (...)". Decerto que o pedido em questão, seja ele de danos morais ou de danos materiais, precisaria ser especificado, pois a aferição de cada uma destas hipóteses requer a demonstração de elementos distintos que precisam ser submetidos ao contraditório e à ampla defesa no curso do processo. Ademais, a existência ou não de cada um dos pedidos (dano moral ou material) tem influência direta no valor da causa e, em diversos tribunais, no recolhimento das custas.

Ao decidir demanda societária na qual o sócio preterido do direito de preferência ajuizou "ação de declaração de nulidade de alteração contratual, cumulada com exercício do direito de prelação", o acórdão do REsp 440.211-ES[29] entendeu que, não obstante a inexistência de "pedido expresso de declaração de nulidade da cessão de quotas do capital social, toda a exposição constante da inicial foi nesse sentido, motivo por que não há falar em julgamento *extra petita*".

Ressalte-se que a decisão mencionada acima não só declarou a nulidade da cessão de quotas pelo sócio cedente em desfavor do terceiro adquirente, sem que houvesse pedido neste sentido, como também o fez sem determinar o ingresso deste terceiro adquirente no processo, mesmo

28. STJ, AgR no Ag 468.472-RJ, rel. Min. Luiz Fux, publ. 2.6.2003.

29. STJ, REsp 440.211-ES, rel. Min. Fernando Gonçalves, publ. 11.10.2004.

após o demandado ter suscitado nulidade em razão da ausência de citação de litisconsorte passivo necessário.

Em análise conjunta das decisões proferidas no REsp 772.185/MT,[30] no REsp 1.022.798-ES[31] e no AgR no REsp 416.937-SC,[32] embora estas mencionem que "a peça inicial não seja tecnicamente um primor" ou, em outros termos, que "a petição inicial não se revista de apurada técnica", em todos estes casos os acórdãos acabaram por entender que pela leitura de todo o conteúdo da petição inicial seria possível extrair o pedido para fins de, nos dois primeiros casos, condenar o réu à reparação de danos materiais e morais e, no terceiro caso, anular auto de infração não mencionado no pedido.

Referidas situações demonstram a existência de falha técnica tanto do patrono do demandante quanto do magistrado de primeiro grau. Do patrono, pois é dele a responsabilidade pela elaboração de petição inicial clara e coesa para fins de permitir o contraditório e a ampla defesa, bem como a atividade jurisdicional. Não pode ser tolerada como conduta normal a elaboração de petição inicial confusa, atécnica ou processualmente deficiente, ao ponto de ser necessário o processo interpretativo de toda a exordial para fins de se compreender qual seria a intenção do demandante em razão do ajuizamento da ação. E o magistrado de primeiro grau, por sua vez, tem seu grau de responsabilidade, pois é dele a função de receber a petição inicial, podendo (*rectius*, devendo) determinar o aditamento ou a alteração da exordial antes de determinar a citação do réu caso esta peça processual não se mostre adequada para permitir o prosseguimento do processo.

O CComp 62.402-MG[33] foi instaurado em razão de ação possessória ajuizada perante Vara Única da Comarca de Brasília de Minas-MG, na qual o Juiz de Direito exerce também a competência dos Juizados Especiais. Após proferida a sentença foi suscitada questão atinente à competência para processar e julgar recurso, se seria da Turma Recursal do Juizado Especial Cível ou do Tribunal de Justiça. Para fins de definir a competência foram considerados pelo Ministro-Relator não só a interpretação lógico-sistemática da petição inicial, como também o fato de ter

30. STJ, REsp 772.185-MT, rel. Min. Castro Filho, publ. 13.11.2006.
31. STJ, REsp 1.022.798-ES, rel. Min. Castro Meira, publ. 28.11.2008.
32. STJ, AgR no REsp 416.937-SC, rel. Min. Castro Meira, publ. 28.4.2011.
33. STJ, CComp 62.402-MG, rel. Min. Fernando Gonçalves, publ. 11.10.2007.

sido realizada audiência de justificação prévia, a apresentação de réplica, memoriais, a extensa fase de instrução probatória e o fato de o imóvel ter valor superior a 40 salários-mínimos, ultrapassando o teto estabelecido no art. 3º, I, da Lei 9.099/1995.

Em análise conjunta dos acórdãos proferidos no REsp 985.084-BA[34] e no REsp 1.255.398-SP[35] nota-se que ambos se valem do pressuposto de que o pedido deve ser extraído da interpretação lógico-sistemática da petição inicial. No entanto, trata-se de decisões proferidas por força do poder geral de cautela, o que não necessariamente se confunde com a interpretação de pedidos. Conforme suscitado na própria ementa do REsp 1.255.398-SP: "O art. 798 do CPC confere ao juiz ampla liberdade no exercício do poder geral de cautela, não ficando ele adstrito, quando examina pedido cautelar, ao princípio dispositivo traçado pelas partes" – sendo esta, na verdade, uma das hipóteses de mitigação do princípio da congruência, e não de interpretação do pedido, conforme já anteriormente analisado neste estudo.

Ao extrair pedido da interpretação lógico-sistemática das questões apresentadas pela parte ao longo da petição, o acórdão do REsp 906.644-RJ[36] decidiu matéria relativa ao pagamento integral da pensão especial de ex-combatente deixada pelo falecido marido da autora.

Pela leitura do REsp 907.350-PR[37] verificou-se situação na qual o correntista compareceu à agência bancária e assinou documentos para fins de transferir seu dinheiro para determinado investimento da instituição financeira, tendo posteriormente constatado o indevido resgate destes valores. Por este motivo ajuizou ação pleiteando, em sede de tutela antecipada, a imediata devolução da quantia resgatada de sua conta bancária, e como pedido principal pleiteou a condenação a título de danos morais. O pedido de tutela antecipada foi indeferido, posteriormente sobrevindo sentença julgando procedente o pedido de danos materiais, para a devolução da quantia resgatada da conta bancária, bem como de danos morais. Em sede de recurso especial a instituição financeira alegou violação ao princípio da congruência, pois não foi formulado pedido principal de danos materiais, mas tão somente de tutela antecipada.

34. STJ, REsp 985.084-BA, rel. Min. Humberto Gomes de Barros, publ. 19.12.2007.

35. STJ, REsp 1.255.398-SP, rela. Min. Nancy Andrighi, publ. 30.5.2014.

36. STJ, REsp 906.644-RJ, rel. Min. Arnaldo Esteves Lima, publ. 1.9.2008.

37. STJ, REsp 907.350-PR, rela. Min. Nancy Andrighi, publ. 9.9.2009.

Na fundamentação do acórdão, a Ministra-Relatora entendeu que "está claro que houve expresso pedido de dano material, em que pese não elencado no pedido final", bem como destacou que "é certo quanto ao seu valor, pois discriminado o montante a ser ressarcido". De todo modo, cumpre ressaltar que, para afastar referida discussão, a real intenção do autor em pedir danos materiais poderia ter sido facilmente constatada não só pela leitura da causa de pedir, como também pela análise do valor da causa e das custas recolhidas, a depender do regramento de custas do Tribunal.

Ao decidir o AgR no Ag 1.380.926-DF,[38] oriundo de mandado de segurança impetrado por servidora pública que entendeu ter sofrido descontos indevidos em seus vencimentos, o acórdão concluiu que a concessão da ordem, a fim de se reconhecer a ilegalidade dos descontos realizados pela Administração Pública na remuneração da impetrante, teve como consequência lógica a obrigatoriedade de restituição dos valores descontados após a impetração, assegurando o retorno ao *status quo ante* mesmo diante da ausência deste pedido.

Na ementa do acórdão do REsp 874.430-MA[39] constou que neste caso foi adotada a interpretação lógico-sistemática da petição inicial para afastar a impugnação do demandado, o qual pleiteava a anulação da decisão recorrida por julgamento *extra petita*. Entendeu o Ministro-Relator que, ao condenar o réu ao pagamento de pensão vitalícia, a sentença se ateve ao que foi pleiteado pelo autor no corpo da petição inicial, não obstante na sua parte final ter o demandante requerido o pagamento de complementação de aposentadoria em face da invalidez.

Em outro acórdão, proferido nos autos do AgR no Ag 1.344.486-DF,[40] o recorrente pleiteou a reforma de decisão por esta ter sido proferida em violação do princípio da congruência, notadamente diante da divergência entre o pedido e a causa de pedir. O acórdão, por sua vez, negou provimento ao referido recurso e entendeu que, não obstante o pedido do autor (para anular os Autos de Infração 511992 e 34969) não estar em consonância com a causa de pedir, a qual se referiu ao Auto de Infração 050376, se trataria de "erro material, consubstanciado em falha de digitação".

38. STJ, AgR no Ag 1.380.926-DF, rel. Min. Arnaldo Esteves Lima, publ. 25.5.2011.

39. STJ, REsp 874.430-MA, rel. Min. Raul Araújo, publ. 7.12.2011.

40. STJ, AgR no Ag 1.344.486-DF, rel. Min. Herman Benjamin, publ. 12.4.2012.

A decisão proferida no AgR no REsp 1.115.942-RJ[41] foi no sentido de que o pedido emana de interpretação lógico-sistemática da petição inicial e que o nome ou título da ação utilizado pelo autor na petição inicial não conduz nem tampouco condiciona a atividade jurisdicional, a qual está adstrita tão somente à causa de pedir e ao pedido.

Cumpre também destacar processo no qual se pleiteou a condenação ao pagamento de indenização até o final de tratamento médico, mas a sentença condenou o réu ao pagamento de pensão vitalícia. Em sede de apelação, o Tribunal local manteve a sentença, por entender que, "embora com algum desvio da boa técnica, é possível concluir que essa pretensão [*pensionamento vitalício*] fez parte das pretensões das autoras". A questão foi reapreciada no REsp 1.316.926-SP,[42] tendo seu acórdão reformado a decisão recorrida para fins de decotar o período não pleiteado. Nota-se que a interpretação do pedido realizada pelo Juiz e pelo Tribunal local evidenciou o equívoco no provimento jurisdicional concedido, tendo este desvio sido corrigido em sede de recurso especial.

O acórdão do REsp 1.234.025-MT[43] entendeu que "os pedidos devem ser interpretados de maneira teleológica", dando este conceito por sinônimo de interpretação lógico-sistemática da petição inicial, em decisão que não proveu recurso que buscava exame de ilegitimidade passiva das autoridades apontadas como coatoras, cuja apreciação dependeria da análise da organização administrativa do Estado-membro, expediente inviável nesta via, por demandar exame de lei local. Entretanto, conforme abordado no primeiro capítulo deste trabalho, não há similitude entre as interpretações teleológica, lógica e sistemática, cada qual com suas particularidades e aplicação.

Ao decidir o REsp 1.263.234-TO,[44] interposto em ação de separação e pedido de partilha de bens, o acórdão menciona que o pedido deve ser

41. STJ, AgR no REsp 1.115.942-RJ, rel. Min. Vasco Della Giustina (Desembargador convocado do TJRS), publ. 12.3.2012.

42. "Hipótese em que o Tribunal de origem – ao conceder à recorrida pensão mensal vitalícia – extrapolou os limites fixados na petição inicial – por meio da qual foi pedido o pagamento de pensão mensal até o final do tratamento médico –, em clara afronta ao art. 460 do CPC. Aquilo que efetivamente desbordou do pedido deve ser decotado do acórdão recorrido, de modo a adequar a prestação jurisdicional aos contornos da demanda" (STJ, REsp 1.316.926-SP, rela. Min Nancy Andrighi, publ. 15.8.2012).

43. STJ, REsp 1.234.025-MT, rela. Min. Eliana Calmon, publ. 11.6.2013.

44. STJ, REsp 1.263.234-TO, rela. Min. Nancy Andrighi, publ. 1.7.2013.

extraído da interpretação lógico-sistemática da petição inicial, a partir da análise de todo o seu conteúdo, em consideração ao pleito global formulado pela parte; e, diante deste posicionamento, concluiu-se que o pedido para a partilha de todo o patrimônio amealhado durante o casamento engloba, por conclusão lógica, precedentes períodos ininterruptos de convívio sob a forma de união estável ou sociedade de fato, porque se constata a existência de linha única de evolução patrimonial do antigo casal, na qual os bens adquiridos na constância do casamento são fruto, em parcela maior ou menor, do período pré-casamento, quando já existia labor conjunto.

Pela leitura do acórdão proferido no AgR no REsp 1.276.663-GO[45] constata-se que o autor era militar e pleiteou o direito à aposentadoria integral, com os proventos calculados com base no posto hierarquicamente superior ao que ocupava na atividade, sob o argumento de que fora acometido de doença incapacitante e que referida moléstia teve causa direta com o serviço prestado na corporação. O Tribunal local entendeu que a enfermidade incapacitante foi comprovada, mas afastou a relação direta entre a moléstia e o exercício do cargo, deferindo o pedido de aposentadoria integral, mas determinou que os proventos fossem equivalentes ao posto ocupado pelo autor no momento da inatividade. Nota-se, então, a existência de decisão julgando procedente pedido subsidiário em ação na qual inexistia cumulação de pedidos, tendo referido pedido subsidiário sido extraído de ofício mediante atividade interpretativa do magistrado.

Ao adotar a interpretação lógico-sistemática da petição inicial, o acórdão do AgR no REsp 1.385.134-RN[46] apresentou posicionamento segundo o qual o magistrado não pode se esquivar da análise ampla e detida da relação jurídica posta em juízo, entendendo que a obrigatória adstrição do julgador ao pedido expressamente formulado pelo autor pode ser mitigada em observância aos brocardos *da mihi factum, dabo tibi ius* ("dá-me os fatos, que te darei o Direito") e *iura novit curia* ("o juiz é quem conhece o Direito"). No mesmo sentido foi o acórdão proferido no AgR no REsp 1.435.413-SC,[47] pelo qual, "expostos os fatos, não pode o magistrado se esquivar da análise ampla e detida da relação jurídica posta em exame".

45. STJ, AgR no REsp 1.276.663-GO, rel. Min. Og Fernandes, publ. 12.3.2015.

46. STJ, AgR no REsp 1.385.134-RN, rel. Min. Ricardo Villas Bôas Cueva, publ. 31.3.2015.

47. STJ, AgR no REsp 1.435.413-SC, rel. Min. Moura Ribeiro, publ. 28.5.2015.

No entanto, referido posicionamento é contrário à definição que diferencia a *pretensão* existente antes do exercício do direito de ação e a *demanda* formulada por meio do pedido, no qual se sintetiza a pretensão processual que, em última análise, serve para o autor externar ao magistrado o resultado esperado do processo quando da solução do litígio. No mais, afastar a análise do pedido expressamente formulado para analisar e, posteriormente, decidir sobre toda a relação jurídica posta em juízo encontra óbice na inércia e na imparcialidade inerentes à atividade jurisdicional.

Ainda dentre os julgados analisados destaca-se o acórdão proferido no REsp 1.424.164-SC.[48] Neste caso foi ajuizada ação pleiteando indenização por danos materiais e morais em razão de infecção gastrointestinal sofrida por menor de idade decorrente de contaminação por produto alimentício. No curso do processo foi narrada a perda auditiva da autora como consequência do uso de antibióticos ministrados para curar a infecção. Na sentença a Magistrada condenou o réu ao pagamento dos danos materiais e morais, bem como ao pagamento de pensão até os 60 anos de idade da autora. Em sua decisão, o Ministro-Relator ressaltou que, não obstante a admissão da interpretação lógico-sistemática da petição inicial pelo STJ, por meio da qual o pedido não se limita ao tópico específico referente aos pedidos, esse entendimento requer cautela em sua aplicação, para que "o julgador não resvale para a discricionariedade", decidindo pelo afastamento da condenação ao pagamento de pensão, por considerá-la *ultra petita*.

Sobre esta decisão são necessárias duas considerações. A primeira de cunho meramente acadêmico, pois, não obstante o acerto do acórdão em afastar a condenação ao pagamento da pensão, entendemos que a decisão reformada melhor se adequaria à classificação de *extra petita*, haja vista ter concedido tutela diversa – e não maior – daquela pleiteada. Em segundo lugar, mostra-se árdua a tarefa de separar, de um lado, a adoção da interpretação lógico-sistemática do pedido e, de outro, a discricionariedade do julgador. A intenção do julgador de afastar o pedido expressamente formulado para tentar obter de toda a petição inicial as reais intenções do demandante implica adentrar um campo de criatividade fértil para a extração de pedidos que, não obstante serem potencialmente formuláveis, não necessariamente foram formulados.

48. STJ, REsp 1.424.164-SC, rel. Min. João Otávio de Noronha, publ. 16.4.2015.

E a preocupação externada na consideração acima ganha destaque diante do posicionamento de que "o pedido da ação não corresponde apenas ao requerido ao final da petição inicial, mas da interpretação lógico-sistemática da inicial como um todo",[49] permitindo concluir que, após a leitura da petição inicial, tudo que o juiz entender que corresponde ao pedido será tido como pedido e apreciado no mérito, com a concessão ou não da tutela jurisdicional.

Pela leitura do acórdão proferido no AgR nos ED no AgR no AREsp 710.780-RS[50] verifica-se que o recorrente pleiteou a inépcia da petição inicial em razão da ausência de pedido, tendo o julgador aplicado a interpretação lógico-sistemática das razões apresentadas pelo demandante na petição inicial para extrair a denominação atribuída à demanda – ação declaratória de união estável –, bem como obter o pedido por meio da leitura de todos os argumentos apresentados, mais precisamente o reconhecimento da união estável e direitos decorrentes.

Ao sintetizar posicionamentos de outros julgados, o acórdão do AgR no REsp 1.533.758-RJ[51] elaborou construção pela qual a decisão deve guardar congruência com o pedido consignado na petição inicial, mas, por outro lado, concluiu que o pedido da ação não é apenas o que foi requerido em um capítulo específico ao final da petição inicial, mas, sim, o que se pretende com a instauração da demanda, fechando sua construção com o entendimento de que a pretensão deve ser extraída da interpretação lógico-sistemática da petição inicial como um todo.

Posicionamento que merece destaque – em especial diante da crítica já empreendida neste estudo ao tratarmos do contraditório e sua relação com o princípio da eventualidade – está previsto nos acórdãos do REsp 1.574.377-RJ[52] e do AgR no REsp 1.019.714-RS.[53] No primeiro julgado consignou-se que os pedidos formulados devem ser examinados a partir de uma interpretação lógico-sistemática não só da petição inicial, como

49. STJ, AgR no AREsp 456.533-SC, rel. Min. Marco Buzzi, publ. 25.9.2015.

50. STJ, AgR nos ED no AgR no AREsp 710.780-RS, rel. Min. Raul Araújo, publ. 25.11.2015.

51. STJ, AgR no REsp 1.533.758-RJ, rel. Min. Humberto Martins, publ. 10.2.2016.

52. STJ, REsp 1.574.377-RJ, rel. Min. Ricardo Villas Bôas Cueva, publ. 9.5.2016.

53. STJ, AgR no REsp 1.019.714-RS, rel. Min. Reynaldo Soares da Fonseca, publ. 25.5.2016.

também da contestação, não podendo o magistrado se esquivar da análise ampla e detida da relação jurídica posta em juízo sob o entendimento de que a obrigatória adstrição do julgador ao pedido expressamente formulado também inclui as teses defensivas suscitadas. Já, no segundo acórdão o recorrente suscitou violação ao princípio da congruência, ante a ausência de pedido expressamente formulado, mas o julgador entendeu que a pretensão teria sido combatida na contestação e que a defesa plenamente exercitada se prestaria para afastar a suposta prolação de decisão fora dos limites do pedido.

Evoluindo na análise dos julgados, verificamos o acórdão proferido no AgR no REsp 1.548.506-RJ,[54] interposto em ação rescisória na qual se pleiteava a rescisão de julgado sob o argumento de que na ação principal o pedido indenizatório, formulado em razão de acidente incapacitante, teria sido de lucros cessantes mas a decisão de mérito transitada em julgado condenou o demandado, autor da rescisória sob análise, ao pagamento de pensão mensal vitalícia. A ação rescisória foi julgada improcedente e o Ministro-Relator manteve a improcedência, sob o fundamento de que seria impossível cogitar da rescisão de sentença que julgou a causa com base em uma interpretação sistemática do pedido.

Quando do julgamento do AgInt no REsp 1.593.655-BA[55] a interpretação lógico-sistemática do pedido foi suscitada sob o argumento de que o magistrado não pode se esquivar da análise ampla e detida da relação jurídica posta, ressaltando, entretanto, ser indispensável que desta interpretação feita pelo magistrado sobre o pedido inicial não resulte provimento jamais cogitado pelo autor, sob pena de tolher do réu o direito ao contraditório. Tomamos a liberdade de acrescentar a violação dos princípios da inércia, imparcialidade, demanda e congruência, os quais devem ser considerados antes de se prover pedido não formulado.

Por fim, destacamos os acórdãos proferidos no AgInt no AREsp 970.294-SP,[56] no AgInt no REsp 1.540.423-DF[57] e no AgInt no AREsp

54. STJ, AgR no REsp 1.548.506-RJ, rel. Min. Moura Ribeiro, publ. 7.10.2016.

55. STJ, AgInt no REsp 1.593.655-BA, rel. Min. Ricardo Villas Bôas Cueva, publ. 10.2.2017.

56. STJ, AgInt no AREsp 970.294-SP, rela. Min. Maria Isabel Gallotti, publ. 12.3.2018.

57. STJ, AgInt no REsp 1.540.423-DF, rel. Min. Lázaro Guimarães (Desembargador convocado do TRF-5ª Região), publ. 24.9.2018.

1.311.104-MS,[58] nos quais, além de ter sido admitida a interpretação do pedido, também se entendeu, respectivamente, que "o pedido é o que se pretende com a instauração da ação" e que "para compreender os limites do pedido, é preciso interpretar a intenção da parte com a instauração da demanda". Realizaremos análise detida em tópico próprio, no próximo capítulo, sobre a interpretação da vontade das partes como elemento formador do ato processual, razão pela qual nos limitaremos, neste momento, a destacar a existência deste posicionamento pretoriano.

Em complemento à análise acima, cumpre salientar que, dentre os acórdãos selecionados, alguns deles tratam não da interpretação do pedido formulado na petição inicial, mas, sim, do pedido formulado em sede recursal, destacando que: "O pedido formulado em ações ou recursos deve ser interpretado de forma lógico-sistemática, com base em todo o conjunto da petição e não de seu capítulo final, apenas";[59] e que "o pedido emana de interpretação lógico-sistemática da petição inicial ou recursal, não podendo ser restringido somente ao capítulo que contenha a denominação 'dos pedidos'".[60] Ainda sobre o tema, destacamos os acórdãos proferidos nos ED no REsp 1.294.238-CE,[61] no AgR no REsp 1.174.853-TO[62] e no AgInt no REsp 1.573.984-AL.[63]

Por certo que o pedido recursal não tem a função de delimitar a demanda. A demanda é delimitada pelo pedido formulado no ato postulatório (petição inicial, reconvenção ou pedido contraposto). O pedido recursal tem por escopo provocar a reforma da decisão recorrida e as razões recursais definem os limites de devolução da matéria recorrida ao órgão julgador *ad quem*, em obediência ao princípio *tantum devolutum quantum appellatum*. Não por outro motivo, a peça recursal representa em sua integralidade a irresignação quanto à decisão, cuja reforma se busca obter, sendo praxe sua conclusão pela reforma da decisão nos "termos das

58. STJ, AgInt no AREsp 1.311.104-MS, rel. Min. Raul Araújo, publ. 23.11.2018.

59. STJ, AR 3.682-RN, rela. Min. Nancy Andrighi, publ. 19.10.2011.

60. STJ, AgR no RMS 25.979-GO, rel. Min. Marco Aurélio Bellizze, publ. 16.4.2013.

61. STJ, ED no REsp 1.294.238-CE, rel. Min. Benedito Gonçalves, publ. 25.4.2012.

62. STJ, AgR no REsp 1.174.853-TO, rel. Min. Humberto Martins, publ. 26.5.2015.

63. STJ, AgInt no REsp 1.573.984-AL, rela. Min. Nancy Andrighi, publ. 6.3.2018.

razões recursais apresentadas", sem necessariamente se expor os pontos a serem reformados, inclusive inexistindo previsão legal neste sentido.[64]

Finda a análise dos julgados nos quais se localizou a expressão "interpretação lógico-sistemática do pedido" e suas variantes, também foram identificados outros 61 acórdãos nos quais se constatou posição pretoriana favorável à admissão da interpretação do pedido, conforme relação constante no "Anexo B" deste trabalho. Nestes outros julgados, entretanto, não se localizou a expressão "interpretação lógico-sistemática do pedido" e suas variantes, sendo apenas este o motivo pelo qual os julgados foram separados nos Anexos "A" e "B".

Sendo assim, considerando tudo o que já foi tratado neste estudo, é possível notar que alguns dos julgados analisados estão em descompasso com a lei e/ou com o posicionamento doutrinário exposto nos tópicos anteriores.

Não obstante a interpretação do pedido trajar-se com vestes de aparente modernidade, na verdade poderá potencialmente tumultuar as relações sociais e gerar insegurança dentro e fora do processo se, na prática, não forem adotados critérios objetivos para sua aplicação, razão pela qual a interpretação do pedido merece análise reflexiva, em especial com relação às suas consequências práticas, dentre as quais a potencial violação a princípios de direito processual, tais como os da demanda,[65] boa-fé processual, devido processo legal, congruência, inércia, imparcialidade, legalidade, contraditório, ampla defesa, isonomia processual – entre outros.

Ademais, o posicionamento pretoriano de interpretar o pedido e de extrair demandas da petição inicial como um todo gera reflexos nos limites objetivos da coisa julgada, e sua autoridade[66] acaba por recair sobre

64. Por exemplo, para a apelação há apenas a previsão de "pedido de nova decisão" (art. 1.010, IV, do CPC/2015).

65. "Até quem restringe drasticamente o rol dos pressupostos de existência inclui a demanda entre eles. Mesmo o pedido e a pessoa que o formula são imprescindíveis ao desenvolvimento válido, não à existência do processo. É perfeitamente possível, em tese, imaginarmos a relação processual iniciar-se sem esses requisitos e ser extinta exatamente pela ausência de um deles" (José Roberto dos Santos Bedaque, *Efetividade do Processo e Técnica Processual*, 3ª ed., São Paulo, Malheiros Editores, 2010, p. 218).

66. Enrico Tullio Liebman, *Eficácia e Autoridade da Sentença e Outros Escritos sobre a Coisa Julgada*, trad. de Alfredo Buzaid e Benvindo Aires, trad. dos textos

o que não foi inequivocamente pedido pelo autor, com potencial risco de violação da segurança jurídica.[67]

53. *Posições pretorianas favoráveis à interpretação restritiva do pedido*

Também fez parte do escopo deste estudo empírico o posicionamento inverso, ou seja, a interpretação restritiva do pedido, tomando-se por base a mesma fonte de consulta da outra análise, mais precisamente o portal eletrônico do STJ, no campo "Jurisprudência do STJ",[68] do dia 3.2.2018 até o dia 30.11.2018.

Ao contrário da pesquisa anterior, sobre a interpretação lógico-sistemática do pedido, esta segunda pesquisa utilizou mais de um filtro para a obtenção dos resultados. Primeiro foi feita a imputação da expressão "pedido *e* restritivamente"[69] no campo "Pesquisa Livre", sem realizar nenhum outro filtro, tendo retornado como resultado 100 documentos no campo de "Acórdãos", sendo que cada documento corresponde a uma decisão proferida em determinado processo (ou recurso).

Em um segundo momento foi realizada a pesquisa no caminho "Jurisprudência do STJ", seguido do campo "Legislação", local no qual foi escolhido o "Código de Processo Civil de 1973 (CPC-73)", com a adoção do filtro de "Art." e a inserção do número "293". O resultado foi de 395 documentos no campo de "Acórdãos", sendo que cada documento corresponde a uma decisão proferida em determinado processo (ou recurso).

Após a leitura de todos os documentos obtidos nos dois filtros descritos acima, o resultado final foi de 49 decisões nas quais constou a orientação de que *os pedidos devem ser interpretados restritivamente*, conforme "Anexo C" deste trabalho.[70]

posteriores à edição de 1945 com notas relativas ao Direito Brasileiro vigente de Ada Pellegrini Grinover, Rio de Janeiro, Forense, 2007, p. 41.

67. Sobre este ponto será também necessária uma reflexão e ponderação sobre as questões prejudiciais, previstas no art. 503, § 1º, do CPC/2015 (v.: Cândido Rangel Dinamarco, *Instituições de Direito Processual Civil*, 7ª ed., vol. III, São Paulo, Malheiros Editores, 2017, p. 379).

68. Disponível em *http://www.stj.jus.br/SCON*.

69. Tendo por base a literalidade do art. 293 do CPC/1973, pelo qual "Os pedidos são interpretados restritivamente (...)".

70. Dentre os julgados analisados há apenas um processo que se repete, com mais de um recurso interposto e julgado: STJ, AgR no MS 5.343-DF, rel. Min. José Delgado, publ. 6.4.1998.

Após levantamento da relação de julgados foi possível constatar o número de acórdãos por órgão julgador, conforme abaixo:

Órgão Julgador	**Número de Decisões**
1ª Seção	6
1ª Turma	7
2ª Turma	10
3ª Turma	11
4ª Turma	9
5ª Turma	2
6ª Turma	4

Em um segundo filtro foi realizada a análise dos julgados por ano de publicação da decisão, notando-se uma constância nos resultados. Ademais, a última decisão favorável à interpretação restritiva do pedido data do ano de 2016, muito provavelmente em razão do início da vigência do CPC/2015:

Ano de Publicação da Decisão	**Número de Decisões**
1990	1
1993	2
1996	1
1998	6
1999	2
2001	2
2002	3
2003	2
2004	2
2005	3
2006	4
2007	4
2008	2
2010	5

Ano de Publicação da Decisão	**Número de Decisões**
2011	1
2012	2
2013	2
2014	2
2015	1
2016	2

Após análise dos números e dos quadros apresentados acima, a primeira constatação possível é a de que o STJ possui mais decisões direcionadas para a interpretação lógico-sistemática do pedido do que para a interpretação restritiva do pedido, não obstante a redação expressa do revogado art. 293 do CPC/1973, a qual orientava em sentido contrário ao majoritário posicionamento pretoriano.

Outra constatação possível é a de que poucos(as) Ministros(as) seguem um entendimento uniforme e aplicam apenas a interpretação lógico-sistemática do pedido *ou* a interpretação restritiva. De acordo com as decisões analisadas, alguns(mas) Ministros(as) adotam ambas as vertentes, a depender do caso concreto, não tendo sido identificada neste estudo a razão da aplicação de posicionamentos divergentes para casos distintos.

Partindo para a leitura dos acórdãos obtidos neste levantamento, identificamos que o primeiro processo em que se afirmou a necessidade de interpretação restritiva do pedido foi o REsp 4.447-RS,[71] pelo qual "os pedidos têm de ser interpretados restritamente e cada pedido só contém o que essa interpretação restrita mostra ter, claro que se exclui qualquer faceta que o pedido omitiu".

No acórdão do REsp 6.716-MG[72] entendeu-se que "o princípio de que os pedidos são interpretados restritivamente não impede que os implícitos sejam conhecidos", sendo mantido o acórdão do Tribunal de origem no qual se admitiu a correção monetária de proventos de aposentadoria pleiteada na demanda mesmo que esta não tenha constado expressamente do pedido. Cumpre destacar que a parte final do art. 293 do CPC/1973

71. STJ, REsp 4.447-RS, rel. Min. Waldemar Zveiter, publ. 17.12.1990.
72. STJ, REsp 6.716-MG, rel. Min. Cesar Asfor Rocha, publ. 25.10.1993.

previa a interpretação restritiva do pedido, sem prejuízo da incidência dos juros legais sobre o principal, mas não mencionava a automática aplicação de correção, sendo este o ponto em debate.

Interessante posicionamento foi adotado no acórdão do REsp 155.326-AL,[73] no qual se inadmitiu a possibilidade de concessão de tutela constitutiva se o pedido for meramente declaratório, pois "os pedidos deverão ser interpretados restritivamente. Se a parte, de modo expresso, faz um pedido de declaração, não há como se interpretar de modo extensivo, isto é, que pretende uma constituição de situação jurídica". Portanto, optou-se pela interpretação restritiva do pedido imediato, limitando a tutela jurisdicional ao ato postulatório do demandante.

Em sentido análogo à decisão acima, o acórdão do REsp 761.894-PR[74] decidiu que: "A petição inicial fixa os limites do conflito de interesses no plano processual, sendo vedado ao juiz decidir além desses limites, restringindo-se a sentença aos pedidos formulados pelo autor, quer mediatos ou imediatos".

Em acórdão de relatoria do Min. Sálvio de Figueiredo Teixeira,[75] precursor da interpretação lógico-sistemática do pedido, restou acolhida a interpretação restritiva para afastar a condenação de pensão pelo valor do salário-mínimo da categoria, sob pena de violação do princípio da congruência. Trata-se de caso no qual o autor ajuizou ação indenizatória em razão de acidente que o incapacitou para exercer sua profissão de motorista, tendo sido formulado pedido de condenação da ré ao pagamento de "uma indenização correspondente ao salário-mínimo, à época da sentença", e o acórdão entendeu ser devido apenas o salário-mínimo federal.

Não obstante a confusão entre pedido certo e determinado, no acórdão do REsp 52.841-SP[76] a interpretação restritiva foi adotada para consignar que: "Quando o pedido é certo, assim considerado pelo acórdão recorrido, não pode o magistrado fixar valor maior, sob pena de ferir a disciplina do Código de Processo Civil".

Pela leitura do acórdão proferido no REsp 285.472-SP[77] verifica-se ter sido afastado pedido de fixação de novo aluguel em ação renovatória

73. STJ, REsp 155.326-AL, rel. Min. José Delgado, publ. 6.4.1998.

74. STJ, REsp 761.894-PR, rela. Min. Eliana Calmon, publ. 14.3.2007.

75. STJ, REsp 89.701-MG, rel. Min. Sálvio de Figueiredo Teixeira, publ. 22.6.1998.

76. STJ, REsp 52.841-SP, rel. Min. Carlos Alberto Menezes Direito, publ. 8.3.1999.

77. STJ, REsp 285.472-SP, rel. Min. Fernando Gonçalves, publ. 5.11.2001.

na qual a contestação não formulou pedido neste sentido, pois o réu tão somente se limitou a indicar em sua defesa o valor de mercado do aluguel. Em conclusão, a decisão pontuou que: "O pedido deve ser interpretado restritivamente (art. 293-CPC), ou seja, há necessidade de invocação expressa da pretensão pelo autor e, na espécie, também pelo réu".

Em posicionamento rígido sobre o tema, o acórdão do AgR no AgR no Ag 304.720-SP[78] decidiu que: "Conforme consignado no art. 293 do Código de Processo Civil, o pedido deve ser interpretado de forma restritiva, dele fazendo parte apenas o que estiver ali explicitado". Referida decisão prestou-se para afastar a incidência de fato superveniente sobre o pedido ou a causa de pedir.

Com entendimento diametralmente oposto ao da interpretação lógico-sistemática do pedido, o acórdão do REsp 189.274-SC[79] julgou demanda na qual foi aludida no corpo da petição inicial a compensação do que fora recolhido indevidamente, sendo pedido de modo expresso a declaração (a) de que o tributo é indevido, (b) de que foi correto o procedimento de lançar a crédito os recolhimentos indevidos, (c) para que o Estado não cobrasse o adicional e fosse condenado nas custas e demais consectários. O acórdão em questão entendeu que: "Não se há de deferir a compensação de tributos quando não requerida especificamente na inicial, cujo pedido deve ser interpretado restritivamente (art. 293/CPC)".

No acórdão do AgR no Ag 1.008.620-BA[80] o impetrante teria pedido a inexigibilidade de tributo sob o argumento de sua inconstitucionalidade, sobrevindo no curso da ação posicionamento jurisprudencial desfavorável, tendo a apelação pleiteado o cálculo do tributo de maneira diferenciada. O acórdão aplicou a interpretação restritiva do pedido com fundamento no princípio da congruência, ponderando, ainda, o risco de se ofender a ampla defesa e o contraditório da Fazenda Pública, por entender que o pleito permitiria o deferimento de tutela contra a qual a demandada não teve a oportunidade de se defender no momento oportuno.

Ao decidir os ED no MS 16.557-DF,[81] o acórdão foi categórico ao afirmar que "o objeto do processo é identificado pelo pedido, que deve

78. STJ, AgR no AgR no Ag 304.720-SP, rel. Min. Castro Filho, publ. 3.6.2002.

79. STJ, REsp 189.274-SC, rel. Min. Francisco Peçanha Martins, publ. 12.8.2002.

80. STJ, AgR no Ag 1.008.620-BA, rel. Min. Mauro Campbell Marques, publ. 12.4.2010.

81. STJ, ED no MS 16.557-DF, rel. Min. Herman Benjamin, publ. 22.5.2012.

ser, em regra, interpretado restritivamente (CPC, art. 293)", e, diante da leitura isolada do pedido, sem considerar a causa de pedir, o acórdão de ofício julgou extinto o mandado de segurança, por reconhecer a decadência do direito pleiteado, deixando de apreciar pedido de reconhecimento de ilegalidade de ato praticado pela União em processo administrativo disciplinar.

Destaca-se também o posicionamento extraído do acórdão do REsp 1.372.445-RS,[82] pelo qual: "Se não houve pedido expresso feito na inicial (...) é de se presumir que não haja coisa julgada quanto ao ponto, pois, consoante o art. 293 do CPC, os pedidos são interpretados restritivamente".

Ao afastar a alegada violação do princípio da congruência, o acórdão do AgR no REsp 1.406.733-RJ[83] entendeu que os pedidos são interpretados restritivamente, mas não configura julgamento *ultra petita* decisão que examina pedido e aplica o Direito com fundamentação diversa do pedido inicial, em respeito ao princípio *iura novit curia.*

Por fim, cumpre destacar o acórdão proferido no REsp 929.792-SP[84] em sede de ação civil pública proposta pelo Ministério Público, no qual foi afastada a condenação da ré, uma concessionária de serviços públicos, ao pagamento de indenização, haja vista a inexistência de pedido formulado na exordial neste sentido.

Pela leitura dos julgados acima nota-se a existência de uma linha muito tênue e subjetiva[85] entre a aplicação da interpretação restritiva do pedido e da interpretação lógico-sistemática do pedido. E a constatação deste subjetivismo confirma a utilidade prática deste estudo, que busca apresentar padrões objetivos para a interpretação do pedido.

82. STJ, REsp 1.372.445-RS, rel. Min. Mauro Campbell Marques, publ. 25.2.2014.

83. STJ, AgR no REsp 1.406.733-RJ, rel. Min. Benedito Gonçalves, publ. 13.11.2015.

84. STJ, REsp 929.792-SP, rel. Min. Napoleão Nunes Maia Filho, publ. 31.3.2016.

85. Em menção aos ensinos de Cândido Rangel Dinamarco: "Ao julgador não é lícito impor na sentença os seus próprios gostos pessoais, dada a nota de impessoalidade que rege o exercício da jurisdição. É dever de todo juiz operar como autêntico canal de comunicação entre o universo axiológico da sociedade e os casos em que atua, captando de sua própria cultura os sentimentos dominantes na população e abstendo-se de usar o cargo para fazer vingar os seus próprios sentimentos" (Cassio Scarpinella Bueno, "Direito, interpretação e norma jurídica: uma aproximação musical do Direito", RePro 111/234, São Paulo, Ed. RT, julho-setembro/2003).

A título de exemplo, os acórdãos proferidos no REsp 89.701-MG, no REsp 285.472-SP e no REsp 189.274-SC evidenciam situações nas quais a interpretação lógico-sistemática do pedido poderia ter sido admitida e aplicada por haver na causa de pedir a menção do pedido não formulado expressamente. Entretanto, em todos os referidos exemplos os julgadores optaram por adotar a interpretação restritiva, conferindo a tutela jurisdicional apenas e tão somente ao pedido expressamente formulado.

Se, por um lado, a pesquisa realizada neste trabalho demonstrou que a interpretação lógico-sistemática do pedido representa a jurisprudência majoritária do STJ, por outro lado, a interpretação restritiva também foi localizada em alguns julgados, todos respaldados na literalidade do revogado art. 293 do CPC/1973.

Com a revogação do CPC/1973, o art. 322, § 2º, do CPC/2015 trouxe para o sistema normativo nova regra de interpretação do pedido, cuja extensão e cuja aplicação merecem estudo acurado por parte da doutrina, a fim de que este novo método interpretativo não tenha o mesmo destino da interpretação restritiva prevista no diploma processual anterior.

§ 7º. Interpretação do pedido e o Código de Processo Civil

54. O pedido extraído a partir do processo interpretativo. 55. Conjunto da postulação. 56. Princípio da boa-fé. 57. A defesa do demandado e a interpretação do pedido. 58. Vontade do demandante e interpretação do pedido. 59. Momento da interpretação. 60. Interpretação antes da sentença. 61. Interpretação na sentença. 62. Interpretação após a sentença. 63. No Superior Tribunal de Justiça e no Supremo Tribunal Federal.

54. *O pedido extraído a partir do processo interpretativo*

O magistrado – no exercício de suas funções – é, por excelência, o último intérprete da lei, e suas decisões fazem uma ponte entre a aplicação da norma abstrata e os fatos que lhe são apresentados, sendo inquestionável a importância de sua atuação para a efetiva sedimentação do Direito na sociedade.

No entanto, o que se questiona não é o juiz intérprete da norma abstrata, nem o juiz intérprete dos fatos narrados no curso do processo e objeto de instrução probatória, mas, sim, o juiz enquanto intérprete da vontade do demandante e, indo além, aquele que busca descobrir os reais anseios do demandante quando da propositura da ação. Tal conduta evidencia a relevância do estudo da interpretação do pedido, dada a peculiaridade do instituto quando confrontado com o ordenamento jurídico como um todo.

Conforme já abordado, no art. 293 do CPC/1973 os pedidos eram – ou, ao menos na teoria, deveriam ser – interpretados restritivamente, compreendendo-se, entretanto, no principal os juros legais. Ressalte-se que referida regra já existia no art. 154 do CPC/1939.[1]

1. "Assim, Dinamarco defende que a expressão 'interpretação restritiva' constante no art. 293 do CPC não significa 'interpretação para menos', e propõe que esta interpretação do pedido deve ser estrita" (Heitor Vitor Mendonça Sica, *O Direito de Defesa no Processo Civil Brasileiro – Um Estudo sobre a Posição do Réu*, São Paulo, Atlas, 2011, p. 248).

Nas palavras de Pontes de Miranda sobre a interpretação do pedido de modo restritivo, "põe-se por princípio que não são alargáveis pelos métodos exegéticos, incluindo-se o que podia ser incluído e não o foi, ou o que apenas aparece em indícios de declaração que falhou em sua expressão".[2] De acordo com Araken de Assis, "os limites do pedido não se alargam de ofício por quaisquer métodos exegéticos".[3]

Ao tratar do tema da interpretação do pedido, Milton Paulo de Carvalho[4] realiza interessante paralelo entre os atos jurídicos e as regras de interpretação (art. 85 do CC/1916, atual art. 112 do CC/2002[5]). Tratando da teoria subjetiva, ou da vontade, e da teoria objetiva, ou da declaração, o autor conclui pela inaplicabilidade da teoria da vontade para o ato processual que formula o pedido no processo civil, pois sobre este deve recair a teoria da declaração. Assevera, ainda, que: "No ato processual, é irrelevante que o agente dirija sua vontade para obter este ou aquele efeito: praticado o ato, os efeitos são aqueles determinados pela lei de processo".[6]

De fato, referido posicionamento mostra-se muito pertinente, pois nos negócios jurídicos, em regra bilaterais, o próprio Código Civil aborda hipóteses nas quais o vício no elemento volitivo presta-se para questionar a validade do ato jurídico, e, não por outro motivo, nas disposições gerais sobre negócios jurídicos há previsão de que a intenção vale mais do que o sentido literal da linguagem.

Já, para os atos processuais, notadamente para o pedido formulado no ato postulatório, não se pode dizer que se trata de ato praticado pelo demandante com vício que necessite de posterior ajuste ou interpretação por parte do Poder Judiciário. Não há razão para isso, mesmo porque o ato de demandar é unilateral. Caso haja alguma deficiência no pedido, esta

2. E arremata referido autor que: "Restrito ao pedido, não se admite que, em caso de dúvida, se compreenda nele o ponto de cuja inserção se duvida, salvo se a dúvida é quanto à qualidade do pedido e não quanto ao pedido mesmo" (Francisco Cavalcanti Pontes de Miranda, *Comentários ao Código de Processo Civil*, 2ª ed., t. IV (arts. 282 a 443), Rio de Janeiro, Forense, 1979, p. 111).

3. Araken de Assis, *Cumulação de Ações*, 4ª ed., São Paulo, Ed. RT, 2002, p. 250.

4. Milton Paulo de Carvalho, *Do Pedido no Processo Civil*, Porto Alegre, Sérgio Antônio Fabris Editor, 1992, pp. 112-119.

5. CC/2002: "Art. 112. Nas declarações de vontade se atenderá mais à intenção nelas consubstanciada do que ao sentido literal da linguagem".

6. Milton Paulo de Carvalho, *Do Pedido no Processo Civil*, cit., p. 117.

será de responsabilidade única e exclusiva do demandante ou do patrono por ele próprio constituído.[7]

Em estudo sobre a interpretação restritiva do pedido, Cassio Scarpinella Bueno pondera que o pedido formulado pelo demandante "é que fixa a atividade do juiz, especificamente no que diz respeito ao objeto de decisão, de julgamento", bem como ressalta que a interpretação restritiva não significa *restringir* o que foi pedido, mas, sim, "afastar, da consideração do juiz e do objeto de sua cognição e de sua decisão, o que não foi pedido – embora pudesse ter sido – pelo autor".[8]

Quando do início dos debates que deram ensejo à Lei 13.105/2015, mais precisamente em razão do Anteprojeto de Reforma do Código de Processo Civil, que culminou no Projeto de Lei do Senado 166/2010,[9] houve evidente intuito da Comissão de Juristas de manter a regra da interpretação restritiva do pedido, mas com a possibilidade de aditamento ou alteração do pedido no curso do processo, nos termos dos seus arts. 313 e 314, parágrafo único.[10]

No curso do processo legislativo sobreveio o Projeto de Lei da Câmara dos Deputados 8.046/2010,[11] o qual alterou a redação do Antepro-

7. Corroborando este posicionamento: "Uma vez que a norma versa sobre conteúdo eminentemente processual, cogente e inafastável, não se deve confundir a regra de interpretação ali consignada com as regras de interpretação dos atos jurídicos em geral" (Andrea Boari Caraciola, *Princípio da Congruência no Código de Processo Civil*, São Paulo, LTr, 2010, p. 137).

8. Cassio Scarpinella Bueno, *Curso Sistematizado de Direito Processual Civil: Procedimento Comum Ordinário e Sumário*, 7ª ed., vol. 2, t. I, São Paulo, Saraiva, 2014, p. 127.

9. Projeto de Lei do Senado 166/2010, disponível em *https://legis.senado.leg.br/sdleg-getter/documento?dm=4550297&ts=1543141527497&disposition=inline* (acesso em 6.5.2020).

10. Anteprojeto do Novo Código de Processo Civil:

"Art. 313. Os pedidos são interpretados restritivamente, compreendendo-se, entretanto, no principal, os juros legais, a correção monetária e as verbas de sucumbência.

"Art. 314. O autor poderá, enquanto não proferida a sentença, aditar ou alterar o pedido e a causa de pedir, desde que o faça de boa-fé e que não importe em prejuízo ao réu, assegurado o contraditório mediante a possibilidade de manifestação deste no prazo mínimo de 15 (quinze) dias, facultada a produção de prova suplementar.

"Parágrafo único. Aplica-se o disposto neste artigo ao pedido contraposto e à respectiva causa de pedir."

11. Projeto de Lei da Câmara dos Deputados 8.046/2010, disponível em *http://www.camara.gov.br/proposicoesWeb/prop_mostrarintegra;jsessionid=3374D980DB-*

jeto, mantendo no art. 303 a interpretação restritiva mas apresentando, no art. 304, I e II, e seu parágrafo único,[12] redação com regra de modificação do pedido semelhante àquela constante no já estudado art. 329, I e II, e parágrafo único, do CPC/2015, prestigiando o modelo preclusivo e a regra rígida de estabilização da demanda no saneamento.

Como se sabe, ao final do processo legislativo, o art. 322, § 2º, do CPC/2015 passou a prever que: "A interpretação do pedido considerará o conjunto da postulação e observará o princípio da boa-fé" – sendo este o ponto sobre o qual este estudo se debruçará adiante.

Ao analisar o dispositivo em comento, Susana Henriques da Costa defende que: "Interpretar o pedido de uma forma sistemática significa pressupor que a petição inicial é uma unidade coerente e que o pedido nela realizado tem por base seus próprios fatos e fundamentos jurídicos";[13] entendendo que a interpretação do art. 322, § 2º, do CPC/2015 equivale à *interpretação sistemática* – leia-se, interpretação lógico-sistemática do pedido – consolidada pelo STJ.

Ademais, Susana Henriques da Costa entende que a nova regra de interpretação do pedido permite a ampliação do pedido, "na medida em que não existe mais positivada a regra da imposição de interpretação restritiva do pedido"; mas ressalva que "permitir interpretação ampliativa do pedido não é o mesmo que permitir a alteração do pedido", pois aquela seria fenômeno bem mais restrito, o qual se aproxima da ampliação da literalidade do pedido, e seu limite é a unidade da petição inicial, não implicando necessariamente a alteração do pedido formulado.

08CA1B65027453C2B71B43.proposicoesWebExterno2?codteor=831805&filename=PL+8046/2010 (acesso em 6.5.2020).

12. Projeto de Lei da Câmara dos Deputados 8.046/2010:

"Art. 303. Os pedidos são interpretados restritivamente, compreendendo-se, entretanto, no principal, os juros legais, a correção monetária e as verbas de sucumbência.

"Art. 304. O autor poderá: I – até a citação, modificar o pedido ou a causa de pedir, independentemente do consentimento do réu; II – até o saneamento do processo, com consentimento do réu, aditar ou alterar o pedido e a causa de pedir, assegurado o contraditório mediante a possibilidade de manifestação deste no prazo mínimo de 15 (quinze) dias, facultado o requerimento de prova suplementar.

"Parágrafo único. Aplica-se o disposto neste artigo ao pedido contraposto e à respectiva causa de pedir.".

13. Susana Henriques da Costa, "Arts. 318 a 333", in Antônio do Passo Cabral e Ronaldo Cramer (coords.), *Comentários ao Novo Código de Processo Civil*, 2ª ed., Rio de Janeiro, Forense, 2016, pp. 509-510.

Por fim, Susana Henriques da Costa destaca a necessidade de se respeitar o contraditório e de se conceder às partes a possibilidade de se manifestarem antes de o magistrado proferir a decisão na qual entende ser o caso de se interpretar o pedido. Referido posicionamento guarda relação direta com a vedação à decisão-surpresa e com o princípio do contraditório, previstos nos arts. 9º e 10 do CPC/2015.[14]

Em estudo sobre a interpretação do pedido à luz da congruência, Cândido Rangel Dinamarco[15] ressalta ser necessário "prudência na interpretação das demandas, para que não se arrisque o juiz a extrapolar as intenções do autor ou, inversamente, a deixar sem apreciação alguma parte do pedido ou de seus fundamentos"; mas, após desenvolver a ideia, passa a defender que: "Entre dois riscos opostos – o de ir além e o de ficar aquém dos reais limites da demanda do autor –, sendo eles razoavelmente equilibrados, é dever do juiz a assunção do primeiro, sob pena de denegar justiça".[16]

Passando para a análise detida do art. 322, § 2º, do CPC/2015, Cândido Rangel Dinamarco denomina a técnica prevista no mencionado dispositivo de "interpretação contextual do pedido", e, após refutar a interpretação restritiva, defende a nova redação, por entender ser "muito mais realista, aderente à verdadeira vontade e intenção do demandante e coerente com a moderna tendência a procurar extrair do processo e do exercício da jurisdição o maior proveito útil possível, a bem do alargamento das vias de acesso à Justiça".[17]

14. "Ao zelar para que o contraditório seja efetivamente observado, o julgador estará não só dando aplicação a um princípio constitucional, como também dando às partes oportunidade de trazerem elementos que poderão formar o convencimento do órgão julgador, e dessa maneira prestando verdadeira contribuição ao aprimoramento das decisões judiciais" (Luís Eduardo Simardi Fernandes, "O princípio do contraditório, o direito de não ser surpreendido e seus reflexos", in Paulo Henrique dos Santos Lucon *et al.* (coords.), *Processo em Jornadas*, Salvador, JusPodivm, 2016, p. 648).

15. Cândido Rangel Dinamarco, *Instituições de Direito Processual Civil*, 7ª ed., vol. II, São Paulo, Malheiros Editores, 2017, pp. 160-161.

16. Ressalvando, entretanto, que "uma interpretação segundo este critério deve também ser feita com o cuidado de não ir longe demais, a ponto de considerar presente no *petitum* alguma pretensão incógnita ou maliciosamente dissimulada pelo autor, ou da qual o réu não pudesse sequer suspeitar" (Cândido Rangel Dinamarco, *Instituições de Direito Processual Civil*, 7ª ed., vol. III, São Paulo, Malheiros Editores, 2017, p. 330).

17. E complementa: "Ressalvadas as hipóteses de uma eventual má-fé, buscam-se, mediante a interpretação contextual do pedido, as intenções menos claras do demandante e a coerência lógica da petição inicial como um todo – naturalmente,

Com posicionamento mais moderado, para Arruda Alvim há que se ter cuidado com a interpretação do pedido, "porquanto a natureza expressa do pedido constitui a principal garantia, tanto à defesa do réu, como para a imparcialidade do juiz".[18]

Já, Araken de Assis é categórico ao expor que "O pedido depende do que o autor expressa na postulação. Não pode ser ampliado ou restringido, *ex officio*, ou através de interpretação".[19-20] De todo modo, segue seu raciocínio pontuando que, "para individualizar o pedido, o órgão judiciário não fitará unicamente o tópico para essa finalidade reservado na petição inicial, em geral no seu fecho, mas examinará todo o conteúdo da peça".

Para Humberto Theodoro Jr. é de grande importância a preocupação com a boa-fé na interpretação, pela qual se buscará o sentido do pedido "quando não se expresse de maneira muito clara, interpretando-o sempre segundo os padrões de honestidade e lealdade", somando-se à ideia de que "a leitura do pedido não pode limitar-se à sua literalidade, devendo ser feita sistematicamente, ou seja, dentro da visão total do conjunto da postulação".[21]

sem se chegar ao ponto de causar prejuízo à parte contrária, atribuindo ao pedido uma dimensão que uma pessoa de inteligência normal não seria capaz de perceber" (Cândido Rangel Dinamarco, *Instituições de Direito Processual Civil*, cit., 7ª ed., vol. III, p. 440).

18. Arruda Alvim, *Manual de Direito Processual Civil*, 18ª ed., São Paulo, Thomson Reuters Brasil, 2019, p. 797.

19. Araken de Assis, *Processo Civil Brasileiro*, vol. I (*Parte Geral, Fundamentos e Distribuição de Conflitos*), São Paulo, Ed. RT, 2015, p. 743.

20. No mesmo sentido destacamos recente estudo sobre o tema: "O que jamais pode ocorrer é a indevida ampliação dos pedidos por qualquer das espécies. Não se pode considerar proposto pedido que, embora pudesse ter sido feito, não o foi. Isso afronta a própria concepção do dispositivo. A interpretação extensiva dos pedidos é vedada, e a surpresa com a consideração de um pedido que nem a lei (pedido implícito) nem a interpretação lógico-sistemática (pedido interpretado) admitam viola o devido processo legal, porquanto surpreende todos os sujeitos processuais que não tiveram a possibilidade de influir substancialmente na decisão (princípio do contraditório), podendo produzir provas para defesa de suas alegações (princípio da ampla defesa) e, por vezes, sequer almejaram tal tutela jurisdicional (princípio da congruência)" (Otávio Ribeiro Coelho, "Expresso, interpretado ou implícito: as espécies de pedido no processo civil", ***De Jure**: Revista Jurídica* 32/156, n. 18, Belo Horizonte, Ministério Público do Estado de Minas Gerais/Centro de Estudos e Aperfeiçoamento Funcional/Diretoria de Produção Editorial, janeiro-junho/2019).

21. Humberto Theodoro Jr., *Curso de Direito Processual Civil*, 58ª ed., vol. I, Rio de Janeiro, Forense, 2017, p. 801.

Em tempo, destacamos também o posicionamento de Daniela Monteiro Gabbay, pelo qual a interpretação do pedido não afasta a necessária observância dos princípios da congruência e dispositivo, notadamente diante da influência destas garantias no contraditório, mesmo porque "o autor decide o que leva da lide para a petição inicial, deduzindo seus pedidos em relação aos quais o réu se defenderá e o juiz decidirá".[22]

Não obstante ser possível defender a influência direta entre a redação do art. 322, § 2º, do CPC/2015 e a técnica da interpretação lógico-sistemática do pedido, presente na já analisada jurisprudência do STJ,[23] não se pode ignorar a existência de regras em diplomas estrangeiros que também podem ter influenciado na formação da redação do dispositivo em comento, com destaque para a *Rule 54* da *Federal Rules of Civil Procedure*[24] dos Estados Unidos da América, na qual o juiz pode julgar e conceder tutela jurisdicional mesmo sobre o que não foi pedido caso o julgamento não ocorra à revelia do demandado.[25]

22. Daniela Monteiro Gabbay, "Arts. 318 a 331", in José Rogério Cruz e Tucci *et al.* (coords.), *Código de Processo Civil Anotado*, Rio de Janeiro, GZ Editora, 2016, p. 476.

23. "O legislador abandonou a regra quanto à interpretação restritiva do pedido para adotar outra, abraçada por alguns julgados do Superior Tribunal de Justiça, e que surge denominada de interpretação lógico-sistemática, interpretação esta que decodifica o pedido não apenas pelo 'texto', mas sim pelo 'contexto' da narração fática veiculada na inicial. Permite-se, pois, ao magistrado extrair pedidos não expressos na petição inicial, mas que, em tese, seriam passíveis de serem deduzidos, de acordo com o conjunto da postulação, desde que em respeito ao princípio da boa-fé" (Andrea Boari Caraciola, "Congruência da tutela e interpretação lógico-sistemática do pedido", in Paulo Henrique dos Santos Lucon *et al.* (coords.), *Processo em Jornadas*, Salvador, JusPodivm, 2016, p. 58).

24. *Federal Rules of Civil Procedure*: "Rule 54. Judgment; Costs (...). (c) *Demand for Judgment; Relief to be Granted.* A default judgment must not differ in kind from, or exceed in amount, what is demanded in the pleadings. Every other final judgment should grant the relief to which each party is entitled, even if the party has not demanded that relief in its pleadings" (disponível em *http://www.uscourts.gov/sites/default/files/civil-rules-procedure-dec2017_0.pdf*, acesso em 6.5.2020).

25. "Analisando o sistema americano pode-se constatar haver uma flexibilidade quanto ao pedido na fase do *pre-trial*, o que significa dizer que a preocupação é a de fixação do objeto litigioso, sem a preocupação de, inicialmente, estancar o direito material por qualquer vício na formulação do pedido. (...). Importante, contudo, para a análise da pesquisa ora realizada é a postura do réu quando ele ataca o mérito do pedido, na fase do *pre-trial*. Neste caso, poderá haver mudança do pedido – e este ponto é importante para a análise do princípio da adstrição" (José Carlos de Araújo

Ao analisar a *Rule 54*, Fábio Peixinho Gomes Corrêa elucida que: "A flexibilidade desse modelo chega ao ponto de o tribunal poder condenar o demandado ao pagamento de um crédito além daquele exigido no pedido contido na demanda, bastando que a existência desse crédito seja constatada pelo tribunal a partir do mesmo acontecimento fático".[26-27]

Ademais, não se pode perder de vista que o Anteprojeto do atual Código de Processo Civil, consubstanciado no Projeto de Lei do Senado 166/2010, previa a interpretação restritiva, mas permitia a flexibilização da regra da estabilização da demanda, notadamente com o escopo de se permitir a alteração ou o aditamento do pedido e da causa de pedir no curso do processo, enquanto não proferida a sentença, guardando relação direta com o art. 183 do CPCP italiano (*Regio Decreto 28 Ottobre 1940, n. 1443, in G.U. 28 Ottobre 1940*), pelo qual na primeira audiência do processo "le parti possono precisare e, quando occorre, modificare le domande".[28] No entanto, conforme já abordado neste trabalho, referido dispositivo, que previa o modelo processual flexível, foi alterado por meio da Lei 353, de 26.11.1990, passando a viger na Itália um modelo rígido com sistema preclusivo, visando a atender à finalidade precípua do processo, a pacificação social.[29]

Almeida Filho, "O pedido no sistema da *Common Law* e o princípio da adstrição", *RePro* 118/98-101, São Paulo, Ed. RT, novembro-dezembro/2004).

26. Fábio Peixinho Gomes Corrêa, *O Objeto Litigioso no Processo Civil*, São Paulo, Quartier Latin, 2009, p. 230.

27. Ainda sobre as *Federal Rules of Civil Procedure*, Paulo Henrique dos Santos Lucon destaca que: "Ainda sobre a possibilidade de alteração da causa de pedir e do pedido, mesmo durante o julgamento (*trial*) permite-se a sua alteração. Nesse sentido vale conferir a *Rule 15* (b) das *Federal Rules of Civil Procedure*. Nota-se claramente que o sistema norte-americano está mais preocupado com a justiça da decisão do que propriamente com regras preclusivas que impedem a alteração da causa de pedir e do pedido" (*Relação entre Demandas*, Brasília, Gazeta Jurídica, 2016, pp. 62-63).

28. *Regio Decreto 28 Ottobre 1940*, disponível em *http://www.normattiva.it/uri-res/N2Ls?urn:nir:stato:regio.decreto:1940-10-28;1443* (acesso em 6.5.2020).

29. "Sem questionar qual o sistema mais perfeito – o anterior, caracterizado pela possibilidade de amplo contraditório, ou o atual, marcado pela imutabilidade dos elementos objetivos da demanda –, os processualistas peninsulares, diante da excessiva duração do litígio, afirmam que o regime da legislação em vigor corresponde ao esforço de restituir ao processo a sua vocação de realizar justiça tempestiva" (José Rogério Cruz e Tucci, *A "Causa Petendi" no Processo Civil,* 3ª ed., São Paulo, Ed. RT, 2009, p. 140).

Na mesma linha destacam-se os arts. 264º e 265º do CPC português (Lei 41/2013),[30] os quais, respectivamente, tratam da alteração do pedido e da causa de pedir por acordo entre as partes ou na falta de acordo entre as partes. Conforme se pode notar, caso haja acordo entre as partes a alteração do pedido pode ser feita até mesmo em segunda instância, desde que não prejudique a instrução, a discussão e o julgamento do pleito.

Pois bem. "*Interpretar* é, antes de qualquer coisa, entender. Trata-se de operação intelectual de procura do sentido de algo".[31] Neste sentido, interpretar o pedido significa obter, a partir da leitura da petição inicial, enquanto ato processual que formaliza a postulação em juízo, qual é o alcance da tutela jurisdicional esperada pelo demandante em razão do ajuizamento da ação.[32]

Para Enrico Tullio Liebman a forma dos atos processuais "deve corresponder acima de tudo à necessidade técnica de fazer o ato atingir

30. CPC português:

"Art. 264º. *Alteração do pedido e da causa de pedir por acordo.* Havendo acordo das partes, o pedido e a causa de pedir podem ser alterados ou ampliados em qualquer altura, em 1ª ou 2ª instância, salvo se a alteração ou ampliação perturbar inconvenientemente a instrução, discussão e julgamento do pleito.

"Art. 265º. *Alteração do pedido e da causa de pedir na falta de acordo.* 1 – Na falta de acordo, a causa de pedir só pode ser alterada ou ampliada em consequência de confissão feita pelo réu e aceita pelo autor, devendo a alteração ou ampliação ser feita no prazo de 10 (dez) dias a contar da aceitação. 2 – O autor pode, em qualquer altura, reduzir o pedido e pode ampliá-lo até ao encerramento da discussão em 1ª instância se a ampliação for o desenvolvimento ou a consequência do pedido primitivo. 3 – Se a modificação do pedido for feita na audiência final, fica a constar da ata respectiva. 4 – O pedido de aplicação de sanção pecuniária compulsória, ao abrigo do n. 1 do art. 829º-A do Código Civil, pode ser deduzido nos termos do n. 2. 5 – Nas ações de indemnização fundadas em responsabilidade civil, pode o autor requerer, até ao encerramento da audiência final em 1ª instância, a condenação do réu nos termos previstos no art. 567º do Código Civil, mesmo que inicialmente tenha pedido a condenação daquele em quantia certa. 6 – É permitida a modificação simultânea do pedido e da causa de pedir desde que tal não implique convolação para relação jurídica diversa da controvertida" (disponível em *https://dre.pt/web/guest/legislacao-consolidada/-/lc/34580575/view?w=2019-09-13*, acesso em 6.5.2020).

31. Flávio Luiz Yarshell, *Curso de Direito Processual Civil*, vol. 1, São Paulo, Marcial Pons, 2014, p. 48.

32. "Afirmámos que o acto postulativo era o acto no qual a parte formulava pedidos, cuja apreciação requeria ao tribunal. Isto significa que é no acto postulativo em que a parte procede à delimitação do pedido e da causa de pedir. O mesmo é dizer que o objeto do processo coincide com o conteúdo do acto postulativo" (Paula Costa e Silva, *Acto e Processo – O Dogma da Irrelevância da Vontade na Interpretação e nos Vícios do Acto Postulativo*, Coimbra, Coimbra Editora, 2003, p. 271).

seu escopo e chegar ao conhecimento do destinatário"; e complementa com a concepção de que o legislador "subordinou a eficácia dos atos processuais à observância dos requisitos de forma".[33-34]

Não obstante o demandante ser o destinatário final do ato postulatório, seus destinatários intermediários são o demandado, sobre o qual recairá o ônus da impugnação específica, e o magistrado, o qual, uma vez provocado, não pode se esquivar de decidir na exata medida da provocação.

Ainda de acordo com as lições de Enrico Tullio Liebman, desta vez ao tratar da vontade nos atos processuais:

> O cumprimento das prescrições formais (entendidas em sentido amplo) estabelecidas em lei confere ao ato, desde logo, condições para produzir os efeitos que lhe são próprios, sendo irrelevante a intenção íntima do sujeito que o realiza e ficando excluída qualquer investigação destinada a perquiri-la; ressalva-se apenas a possibilidade de interpretar, caso por caso, o significado da declaração através da qual o ato recebeu existência concreta.[35]

Dessa passagem se extrai uma relevante diferença entre interpretar o pedido e interpretar as intenções do demandante. A interpretação do pedido, caso levada a efeito, deve ser feita sem que o magistrado se desprenda da sua salutar isenção e imparcialidade, sem que haja o intento de fazer justiça a todo custo, sem privilegiar determinados indivíduos ou decidir determinadas matérias de maneira diversa da normalidade, sob pena de se violar a segurança jurídica.

Ao tratar sobre segurança jurídica, a Min. Carmen Lúcia Antunes Rocha pontuou, com acerto, que "juiz que toma partido juiz já não é. Se algum dia foi...".[36]

33. Enrico Tullio Liebman, *Manual de Direito Processual Civil*, 3ª ed., vol. I, São Paulo, Malheiros Editores, 2005, p. 290.

34. E, ao tratar da vontade nos autos processuais: "O cumprimento das prescrições formais (entendidas em sentido amplo) estabelecidas em lei confere ao ato, desde logo, condições para produzir os efeitos que lhe são próprios, sendo irrelevante a intenção íntima do sujeito que o realiza e ficando excluída qualquer investigação destinada a perquiri-la; ressalva-se apenas a possibilidade de interpretar, caso por caso, o significado da declaração através da qual o ato recebeu existência concreta" (Enrico Tullio Liebman, *Manual de Direito Processual Civil*, cit., 3ª ed., vol. I, p. 291).

35. Enrico Tullio Liebman, *Manual de Direito Processual Civil*, cit., 3ª ed., vol. I, p. 291.

36. Carmen Lúcia Antunes Rocha, "(In)segurança jurídica", disponível em *https://oglobo.globo.com/opiniao/inseguranca-juridica-22880449* (acesso em 6.5.2020).

Não obstante o magistrado ter liberdade para decidir, referida liberdade não necessariamente se confunde com discricionariedade judicial,[37] pois a decisão deve guardar relação direta com o pedido e obediência ao ordenamento jurídico, bem como deve apresentar a devida motivação, tendente a descrever o caminho trilhado pelo julgador do pedido até sua conclusão. A liberdade de decisão do magistrado, portanto, é mitigada pela provocação daquele que formula a demanda e pela norma abstrata aplicável ao caso concreto,[38] com vistas a não surpreender o demandante e o demandado com resultado diverso daquele esperado do processo.

Não por outro motivo, ao tratar da congruência, Teresa Arruda Alvim ensina que: "Esta regra é fruto do dúplice dever do juiz, de se pronunciar sobre *tudo* o que foi pedido e *só sobre o que foi pedido*".[39]

Cumpre salientar que o CPC/2015 foi projetado com ferramentas destinadas a tornar as decisões mais previsíveis, notadamente ao instituir um sistema de precedentes pelo qual: "Os tribunais devem uniformizar sua jurisprudência e mantê-la estável, íntegra e coerente" (art. 926). Ademais, o art. 489, § 1º, do CPC/2015 elenca em seus incisos hipóteses nas quais as decisões não serão consideradas fundamentadas, tendo esta medida sido adotada com o notório intuito de retirar do magistrado eventual arbitrariedade no momento de decidir,[40] permitindo ao jurisdicionado

37. Esta é a posição com a qual nos afiliamos: "Parte da doutrina estrangeira sustenta não haver propriamente 'discricionariedade' judicial, pois, para o Judiciário, sempre há a *melhor solução*, que é a *correta*. A este fenômeno, diferente da discricionariedade propriamente dita, deve dar-se o nome de *liberdade de investigação crítica*" (Teresa Celina Arruda Alvim Pinto, "Existe a 'discricionariedade' judicial?", *RePro* 70/233, São Paulo, Ed. RT, abril-junho/1993).

Em sentido contrário, destaca-se: "O juiz, ao contrário do que desejava Chiovenda, tem, sim, vontade, sendo o ato jurisdicional necessariamente discricionário" (Ovídio Araujo Baptista da Silva, "Processo e ideologia", *RePro* 110/35, São Paulo, Ed. RT, abril-junho/2003).

38. "Diz Liebman que outorgar liberdade às autoridades é característica das tão temidas ditaduras, e isso é, absolutamente, indesejável" (Teresa Celina Arruda Alvim Pinto, "A sentença e a coisa julgada", *RePro* 41/181, São Paulo, Ed. RT, janeiro-março/1986).

39. Teresa Arruda Alvim, *Nulidades do Processo e da Sentença*, 10ª ed., São Paulo, Thomson Reuters Brasil, 2019, p. 252.

40. "A história do processo, nos últimos séculos, pode ser concebida como a história dos esforços feitos por legisladores e juristas no sentido de limitar o âmbito de arbítrio do juiz, e fazer com que as operações que realiza submetam-se aos imperativos da Razão" (Enrico Tullio Liebman, "Do arbítrio à razão. Reflexões sobre a motivação da sentença", *RePro* 29/79, São Paulo, Ed. RT, janeiro-março/1983).

conhecer os motivos pelos quais a decisão judicial veio a interferir em sua esfera de direitos e interesses.

Por outro lado, "reduzir o juiz à posição de espectador passivo e inerte do combate entre as partes é anacronismo que não encontra fundamento no propósito de assegurar aos litigantes o gozo de seus legítimos direitos e garantias".[41] Isso se confirma pelos poderes atribuídos ao magistrado para a direção do processo (art. 139 do CPC/2015) e para a instrução probatória (art. 370 do CPC/2015).

Entretanto, no tocante ao pedido formulado no ordenamento jurídico brasileiro este ato processual ainda é, primordialmente, de arbítrio do demandante, ao qual incumbe formular pedido *certo* (art. 322 do CPC/2015), devendo o magistrado decidir dentro dos seus limites.[42] Mas a ausência de pedido dotado de indiscutível certeza não impedirá o magistrado de decidir a demanda, pois *poderá* se valer do método interpretativo do pedido como ferramenta para atingir o julgamento do mérito (art. 4º do CPC/2015). Interpretar o pedido não é um dever, mas, sim, uma faculdade.

Logo, o pedido *pode* ser interpretado caso não apresente a certeza necessária para a prolação da decisão de mérito. A interpretação do pedido deve ser a exceção. Não por outro motivo, é necessário refletirmos sobre o posicionamento adotado em algumas decisões proferidas pelo STJ pelas quais o pedido *deve* ser interpretado, tratando a atividade interpretativa

41. E continua José Carlos Barbosa Moreira: "Deles hão de valer-se as partes e seus advogados, para defender os interesses privados em jogo. Ao juiz compete, sem dúvida, respeitá-los e fazê-los respeitar; todavia, não é só isso que lhe compete. Incumbe-lhe dirigir o processo de tal maneira que ele sirva bem àqueles a quem se destina a servir. E o processo deve, sim, servir às partes; mas deve também servir à sociedade" ("O processo, as partes e a sociedade", *RePro* 125/288, São Paulo, Ed. RT, julho/2005).

42. "Aos juízes se solicita que interpretem, esclareçam, integrem e transformem e não que criem *ex novo* o Direito. Isto não significa que sejam legisladores. (...). A revolta contra o formalismo? Sempre foi uma típica característica das ditaduras, que não têm freios nem limites ao arbítrio de suas autoridades. (...). E, no fundo, em que consiste o princípio da legalidade, senão em uma forma de se designar mais amavelmente o formalismo? (...). As sentenças decidem sobre a liberdade, sobre direitos e interesses das pessoas, e a força da lei é a única defesa, a única garantia e proteção que lhes é assegurada, na medida do possível, a 'certeza do Direito', e que exclui, o quanto viável, o arbítrio do juiz no momento em que julga o seu semelhante em assuntos que dizem respeito à sua personalidade e aos seus bens" (Enrico Tullio Liebman, "A força criativa da jurisprudência e os limites impostos pelo texto da lei", *RePro* 43/58-59, São Paulo, Ed. RT, julho-setembro/1986).

do pedido como uma regra que vincularia a própria atividade decisória do magistrado.[43]

Marcelo José Magalhães Bonicio empreende crítica ao § 2º art. 322 do CPC/2015 ao defender que "não é do legislador a tarefa de dizer como se interpreta um ato jurídico". Destaca também que: "Em relação ao pedido, normalmente nenhuma interpretação é necessária, porque a lei exige que o autor exponha com clareza aquilo que pretende, sob pena de indeferimento da inicial".[44]

Ao tratar da interpretação do pedido, João Pereira Monteiro Neto destaca que: "A correlação do *pedido* com o *dispositivo* da sentença, em *eixo imaginário*, está umbilicalmente relacionada à *regra da congruência*, daí a exigência da interpretação restritiva, que, por instrumentalidade, pode receber moderação".[45]

Nesse sentido, cumpre destacar o já mencionado art. 11, III, "c", da Lei Complementar 95/1998,[46] pelo qual "as disposições normativas serão redigidas com clareza, precisão e ordem lógica, observadas, para esse propósito, as seguintes normas: (...); III – para a obtenção de ordem lógica: (...) c) expressar por meio dos parágrafos os aspectos complementares à norma enunciada no *caput* do artigo e as exceções à regra por este estabelecida; (...)".

Sendo assim, se o art. 322 do CPC/2015 prevê em seu *caput* que "o pedido deve ser certo", apenas e tão somente se a certeza do pedido não

43. "Processual civil – Petição inicial – Pedido – Interpretação ampla – Possibilidade. 1. O pedido deve ser extraído da interpretação lógico-sistemática da petição inicial, a partir da análise de todo o seu conteúdo – Precedentes. 2. O pedido deve ser interpretado como manifestação de vontade, de forma a tornar efetivo o processo, amplo o acesso à Justiça e justa a composição da lide – Precedentes. 3. A decisão que interpreta de forma ampla o pedido formulado pelas partes não viola os arts. 128 e 460 do CPC, pois o pedido é o que se pretende com a instauração da ação – Precedentes. 4. Recurso especial provido" (STJ, REsp 1.049.560-MG, rela. Min. Nancy Andrighi, publ. 16.11.2010).

44. Marcelo José Magalhães Bonicio, *Princípios do Processo no Novo Código de Processo Civil*, São Paulo, Saraiva, 2016, pp. 49-50.

45. E referido autor complementa a ideia no seguinte sentido: "A ausência de uma interpretação restritiva do pedido – ainda que *moderada* – poderia ensejar surpresa às partes, em infringência à regra da congruência – e também àquela da *demanda* – e ao devido processo legal, violado em seu aspecto principiológico mais elementar, o do *contraditório* (fundamentos sistemáticos da *certeza* do pedido)" (João Pereira Monteiro Neto, "Pedido genérico: reflexões à luz do novo Código de Processo Civil", *RePro* 243/71, São Paulo, Ed. RT, maio/2015).

46. Nesse sentido, v. também o art. 10, II, e o art. 11, II, "b", todos da Lei Complementar 95/1998.

estiver contida no ato postulatório é que o julgador poderá, nos termos do § 2º do referido art. 322 do CPC/2015, interpretar o pedido. Entretanto, referida interpretação não é livre, pois deve considerar tão somente o conjunto da postulação, em observância ao princípio da boa-fé. Inconteste que a lei define para onde o magistrado deve olhar para fins de procurar a certeza do pedido (considerando o ato postulatório) – caso não seja possível extrair a certeza pela leitura exclusiva do pedido – e com que *animus* isso deve ser feito (observando a boa-fé).

A interpretação do pedido é técnica processual colocada à disposição do magistrado para fins de alcançar a solução do mérito da demanda, sem que isso implique violação ao princípio da congruência.[47] Ausente a causa (defeito na certeza do pedido), cessa o efeito (possiblidade de interpretar o pedido). Conforme elucida Carlos Maximiliano ao tratar do brocardo *in claris cessat interpretatio*: "Quando nas palavras não existe ambiguidade, não se deve admitir pesquisa acerca da vontade ou intenção".[48]

E, a respeito da certeza do pedido, Araken de Assis é assertivo ao destacar que: "Não se admite, a teor da melhor técnica, pedido obscuro, dúbio e vago, substituído, parcial ou integralmente, através de expressões elípticas, por exemplo, condenar o réu 'no que couber' ou, ainda, 'no que reputar justo', e outras, infelizmente comuns".[49]

Dentro desse contexto, adentramos um sistema escalonado. O demandante tem a obrigação de formular pedido certo, mas se o pedido não for apresentado de maneira suficientemente assertiva o defeito na certeza pode ser sanado por meio da interpretação e, em um grau mais elevado do vício processual, a falta de certeza e quiçá do próprio pedido prejudicará o julgamento do mérito, pois a interpretação não pode ser tamanha a ponto de sub-rogar na íntegra a manifestação de vontade do demandante.[50]

47. "Isso não quer dizer que a regra da correlação da sentença ao pedido e o princípio dispositivo não devam ser observados, dado que eles refletem a garantia do contraditório. Assim, o autor decide o que leva da lide para a petição inicial, deduzindo seus pedidos, em relação aos quais o réu se defenderá e o juiz decidirá" (Daniela Monteiro Gabbay, "Arts. 318 a 331", cit., in José Rogério Cruz e Tucci *et al.* (coords.), *Código de Processo Civil Anotado*, p. 476).

48. Carlos Maximiliano, *Hermenêutica e Aplicação do Direito*, 20ª ed., Rio de Janeiro, Forense, 2011, p. 27.

49. Araken de Assis, *Cumulação de Ações*, cit., 4ª ed., p. 234.

50. "A interpretação do pedido deve se guiar por duas balizas: de um lado, a contextualização do pedido, integrando-o ao inteiro teor da petição inicial, de modo a extrair a pretensão integral da parte; e, de outro lado, a adstrição do pedido, aten-

A fim de fomentar o debate, cumpre salientar a existência de entendimento contrário ao defendido neste estudo. Nas palavras de Marcelo Pacheco Machado: "Quando falamos na interpretação da demanda, não estamos a sugerir que esta venha a ser interpretada (...) partimos do pressuposto de que é impossível compreender uma demanda sem interpretá-la".[51] Adiante, em outro excerto da mesma obra, referido autor apresenta proposta pela qual "a vontade da parte, manifestada no seu pedido, deve ser interpretada racionalmente à luz dos fatos (motivos) que justificaram este pedido, bem como à luz da linguagem do direito positivo a regular aquela situação fática relevante para a demanda".[52]

No entanto, interpretar o pedido expresso na petição inicial (enquanto ato processual) e interpretar a vontade do demandante não podem ser tidos por sinônimos. Há uma linha tênue que os separa, a qual não deve ser ultrapassada a todo momento, mas apenas quando a interpretação do pedido se mostrar necessária, sob pena de tornar a tutela jurisdicional ato de arbítrio do magistrado. Ademais, ainda quando interpretado o pedido, este não pode fugir do conjunto da postulação, cujo conceito e cuja extensão serão tratados adiante.

No mais, ainda em consideração às palavras do autor acima citado, mostra-se adequado o posicionamento de interpretar o pedido com a ligação dos fatos e do Direito que lhes for aplicável. Questionável, entretanto, é a postura da jurisprudência que extrai dos fatos pedidos não formulados, notadamente quando aplicada para ações individuais que versem sobre direitos disponíveis, sendo esta a postura criticada no presente estudo.

Não se pode ignorar que o art. 6º do CPC/2015 trouxe à baila o princípio da cooperação, pelo qual: "Todos os sujeitos do processo devem cooperar entre si para que se obtenha, em tempo razoável, decisão de mérito justa e efetiva". Ressalte-se que o dever de cooperação recai sobre todos os sujeitos do processo, não sobre um ou outro. E, por óbvio, sobre o demandante, enquanto sujeito do processo, incide o dever – em regra, cumprido por seu patrono – de inaugurar a demanda valendo-se de petição inicial dotada de pedido certo e que permita ao demandado o exercício do contraditório e da ampla defesa de maneira adequada, bem

dendo-se ao que foi efetivamente pleiteado, sem ilações ou conjecturas que ampliem o seu objeto" (STJ, REsp 1.155.274-PE, rela. Min. Nancy Andrighi, publ. 15.5.2012).

51. Marcelo Pacheco Machado, *A Correlação no Processo Civil: Relações entre Demanda e Tutela Jurisdicional*, Salvador, JusPodivm, 2015, p. 120.

52. Idem, p. 124.

como ao magistrado a compreensão sem grandes esforços de quais são o escopo da demanda e o objeto litigioso do processo a ser tutelado.[53] Esse é o mínimo que se pode esperar do demandante.

Mas sobre os demais sujeitos do processo também incide a responsabilidade do pedido certo. Inicialmente sobre o magistrado, pois ao receber a petição inicial tem o dever de constatar se o pedido formulado é ou não certo, dentro do contexto da exordial. Se negativo, a medida mais adequada é intimar o demandante para sanar o vício e delimitar a certeza do pedido. Já, o demandado deve arguir o vício na certeza do pedido na primeira oportunidade, a fim de que o demandante possa esclarecer seu pedido (o que não significa aditar e nem alterar o pedido, pois estes atos processuais necessitariam da concordância do demandado neste momento processual).

Logo, a regra prevê que o pedido seja certo, cabendo primordialmente ao demandante e subsidiária e posteriormente ao juiz e ao demandado zelar pela identificação de eventual vício na certeza do pedido. Se a regra da certeza do pedido não for observada, a exceção deve ser a interpretação do pedido apenas se este não tiver sido formulado de maneira suficientemente certa, pois não se interpreta pedido certo. Em caso de interpretação do pedido, a certeza deverá ser extraída do conjunto da postulação do demandante, notadamente de sua petição inicial ou de eventual emenda da exordial, tomando-se por base a boa-fé.

Não se ignora a hipótese de os fatos narrados na petição inicial serem insuficientes para elucidar a certeza do pedido, seja em razão da confusão na narrativa (art. 330, § 1º, III, do CPC/2015), seja por inexistir no ato postulatório a narrativa de fatos específicos para dar ensejo à interpretação do pedido (art. 330, § 1º, I, do CPC/2015). Se, além dos fatos, os outros elementos do conjunto da postulação não forem suficientes para se interpretar o pedido – tal como as provas requeridas ou que acompanham a exordial, o valor atribuído à causa e, em alguns tribunais, o valor das custas –, estaremos diante de hipótese na qual o pedido não será passível de interpretação, e a inépcia deverá ser decretada.

A regra da interpretação do pedido aplica-se ao pedido certo, e não ao determinado,[54] isso porque o pedido pode ser genérico nas hipóteses

53. Júlio Cesar Goulart Lanes, *Fato e Direito no Processo Civil Cooperativo*, São Paulo, Ed. RT, 2014, p. 136.

54. A respeito deste ponto, v. o tópico deste trabalho que trata do "pedido certo" e da aplicação do art. 11, III, "c", da Lei Complementar 95/1998.

legalmente previstas para tanto, e se o for fora destas hipóteses será inepto (art. 330, § 1º, II, do CPC/2015). Mesmo porque a iliquidez do pedido não será sanada por via da interpretação, mas, sim, pela fase de liquidação, nos termos dos arts. 509 a 512 do CPC/2015.

Ademais, a certeza do pedido deve ser analisada sob dois aspectos, o da tutela jurídica pleiteada (pedido imediato) e o do bem da vida almejado (pedido mediato). Conforme já esmiuçado neste trabalho, o juiz não está adstrito ao pedido imediato formulado pelo autor, pois este decorre da narrativa dos fatos e é decorrência lógica do pedido mediato. Adequar a tutela jurisdicional não necessariamente implica interpretação do pedido, mas, sim, ajuste técnico-jurídico inerente ao exercício da jurisdição, no intuito de melhor atender ao escopo da demanda formulada, sempre com vistas a atingir o bem da vida inequivocamente pleiteado em razão do ajuizamento da ação.[55]

Por certo que o pedido imediato não deve ser ignorado pelo magistrado. Entretanto, sua leitura sempre deve ser feita à luz dos fatos narrados e do pedido mediato formulado. O ato postulatório deve ser compreendido como um todo para verificar se o pedido imediato consignado pelo demandante será suficiente para se alcançar a solução integral do mérito da causa.

Considere-se, por exemplo, uma ação ajuizada com o fim de afastar a cobrança de tributo ainda não submetido ao lançamento pela autoridade competente e, ao formular seu pedido, o demandante pleiteia a condenação à inexigibilidade do débito. Entretanto, não há nesta relação uma crise de inadimplemento, mas, sim, uma crise de certeza (o tributo é devido ou não?), sendo totalmente factível ao magistrado, caso entenda pela procedência do pedido, declarar a inexigibilidade do débito, em que pese ao inadequado pedido condenatório formulado na exordial. Entretanto, é sempre recomendável que o magistrado submeta a adequação do pedido imediato ao crivo do contraditório, nos termos do art. 10 do CPC/2015.

De acordo com toda a análise já realizada neste trabalho, o magistrado pode adequar o pedido imediato e aplicar a melhor tutela desde que

55. Ressalte-se posicionamento contrário: STJ, REsp 155.326-AL, rel. Min. José Delgado, publ. 6.4.1998; STJ, REsp 761.894-PR, rela. Min. Eliana Calmon, publ. 14.3.2007. E, para fomentar o debate, destacamos também o estudo de Lia Carolina Batista Cintra ("Relevância da vontade no processo, interpretação do ato postulatório e pedido 'meramente' declaratório", *RePro* 239/35-62, São Paulo, Ed. RT, janeiro/2015), segundo a qual o pedido imediato poderia ser objeto de interpretação.

haja dúvida objetiva, o contexto da petição inicial deixe dúvidas sobre a tutela imediata requerida, não haja violação ao contraditório e nem prejuízo processual às partes do processo.

Assim, não obstante posicionamento contrário de parte da doutrina,[56] com vistas no conjunto da postulação o juiz poderá adequar o pedido imediato sem incorrer em decisão *extra petita* caso o demandante inequivocamente demonstrar interesse por tutela jurisdicional diversa daquela pleiteada junto com o pedido mediato.

Em complemento, cumpre ressaltar que as provas produzidas no processo não se prestam para demonstrar a pertinência do pedido imediato. Ademais, o pedido imediato não determina o valor da causa. Ambos (provas e valor da causa) fazem parte do *conjunto da postulação*, decorrem dos fatos narrados e norteiam o pedido mediato.

E é por isso que a regra de interpretação do pedido constante no § 2º do art. 322 do CPC/2015 recai sobre o pedido mediato nas hipóteses em que não for possível precisar de plano o bem da vida cuja tutela se almeja.

Em síntese: (i) o pedido deve ser certo – (i.1) a deficiência na certeza do pedido expressamente formulado pode ser sanada pela interpretação; (i.2) a falta de pedido expresso acarreta a inépcia da petição inicial, não dando ensejo à atividade interpretativa; (ii) o pedido deve ser determinado, sendo lícito formular pedido genérico, desde que nas hipóteses da lei – (ii.1) a ausência de liquidez do pedido, nas hipóteses de pedido genérico, será sanada na fase de liquidação; (ii.2) formular pedido indeterminado fora das hipóteses de pedido genérico acarreta a inépcia da petição inicial; (iii) o pedido imediato não está sujeito à interpretação, mas, sim, à adequação da melhor técnica por parte do magistrado; e (iv) o pedido mediato é a razão de ser da interpretação do pedido proposta no

56. Milton Paulo de Carvalho, *Do Pedido no Processo Civil*, cit., p. 176; Flávio Cheim Jorge, "Sentença cível", *RePro* 104/122, São Paulo, Ed. RT, outubro-dezembro/2001. Ressalte-se, ainda: "Concretizando a situação: se o autor propõe ação declaratória e o juiz verifica que, ante a exposição dos fatos e dos fundamentos jurídicos do pedido (art. 282, III), a formulação desse (art. 282, IV) está mal feita, pois com mera declaração ele não alcançará o que demonstra pretender na petição inicial – o que só se dará com sentença constitutiva ou condenatória –, deverá mandar que emende tal petição, sob pena de indeferimento (art. 284). A petição inicial nesse caso apresentava-se inepta, porque 'da narração dos fatos' não decorria 'logicamente a conclusão' (art. 295, I, e parágrafo único, II)" (Edson Ribas Malachini, "Da conversibilidade de um processo em outro, por emenda à petição inicial", *RePro* 54/14, São Paulo, Ed. RT, abril-junho/1989).

§ 2º do art. 322 do CPC/2015, pois com a supressão da regra prevista no Anteprojeto sobre a flexibilização da estabilização da demanda "criou-se" outro instrumento para possibilitar a integral solução do mérito em casos nos quais a interpretação restritiva se mostrava insuficiente.

Sem prejuízo dessa sistematização, não há como se furtar da *interpretação literal ou gramatical* realizada sobre o pedido formulado – inclusive considerando o vocabulário jurídico adotado –, sendo certo que este método hermenêutico se mostra útil apenas na primeira leitura da petição inicial, inclusive para fins de delimitar a existência do pedido e se este foi formulado com a certeza que lhe deve ser inerente, para então, em um segundo momento, se aplicar os demais critérios de interpretação previstos no § 2º do art. 322 do CPC/2015.

Cumpre ressaltar que a proposta exposta acima tem por escopo primordial criar padrões para a aplicação do § 2º do art. 322 do CPC/2015 de maneira pragmática, com vistas a fugir do indesejado subjetivismo que não pode permear a aplicação da referida norma, sob pena de todo e qualquer pedido ser interpretado sem a adoção de critérios objetivos. Nota-se que a proposta em questão representa a síntese do estudo realizado até o presente momento neste trabalho, baseado na literalidade dos dispositivos analisados e na interpretação sistemática-lógica-literal-teleológica do CPC/2015.[57]

Não por outro motivo, este estudo não reconhece como equivalentes a interpretação do pedido tratada no § 2º art. 322 do CPC/2015 e a interpretação lógico-sistemática do pedido e suas variantes, derivada da jurisprudência do STJ. E a razão é uma só: para a regra do § 2º art. 322 do CPC/2015 mostra-se possível traçar um padrão objetivo para a aplicação uniforme da interpretação do pedido.

Por sua vez, no posicionamento do STJ inexistem padrões e critérios tendentes a distinguir as hipóteses nas quais o pedido pode ou não ser interpretado. Pela análise realizada no capítulo anterior foi possível verificar, inclusive, a existência de decisões com posicionamentos conflitantes sobre interpretação do pedido, situação que acaba por gerar insegurança

57. Conforme abordado no curso deste trabalho, dentre as consequências práticas da indevida interpretação do pedido, ou seja, da apreciação e da tutela jurisdicional sobre pedido não formulado, destacamos a admissão de incorreto arbitramento do valor da causa, com reflexo na taxa judiciária recolhida e nos valores fixados a título de sucumbência, bem como a dilatação do objeto litigioso do processo, com reflexo em eventual litispendência e coisa julgada.

jurídica não só para os jurisdicionados, mas para a sociedade como um todo. A ausência de previsibilidade das decisões não é algo desejado, notadamente nos dias de hoje (art. 926 do CPC/2015).[58]

Não se ignora o fato de que o método interpretativo alçado pela jurisprudência do STJ para suprir a ausência de previsão normativa sobre interpretação do pedido cumpriu o papel que lhe fora dado. No entanto, a vedação – ou simples limitação restritiva – legislativa sobre a interpretação do pedido não mais existe. E não por outro motivo é chegado o momento de os tribunais abdicarem da interpretação lógico-sistemática do pedido e de todas as suas variantes, passando a observar a lei e os critérios previstos no guia hermenêutico do § 2º do art. 322 do CPC/2015, conforme será analisado de maneira detida.

55. Conjunto da postulação

Feitas as primeiras considerações sobre a interpretação do pedido, necessário analisar os elementos que o compõem, a começar pelo *conjunto da postulação.*

De início, necessário fazer a ressalva de que *conjunto da postulação* não é sinônimo de *fase postulatória*. Enquanto nesta "se situam três dos cinco elementos estruturais dos procedimentos cognitivos (demanda, citação e contestação)",[59] no conjunto da postulação devem ser considerados apenas a demanda e o instrumento processual utilizado para sua veiculação em juízo, a petição inicial. E é também por este motivo que a defesa, apresentada pelo demandado, não se presta para sanar vícios na formulação do pedido pelo demandante.

Ao tratar da regra da adstrição, Pontes de Miranda abordou a relação entre pedido e causa de pedir, pelo qual: "O que importa é a *causa agendi*, o que se pede após se dizer o que se passou, ou o que se passa, ou o que se vai passar. O que se pede é a conclusão...".[60]

58. "O chamado *Direito moderno* é racional, na medida em que permite a instalação de um horizonte de *previsibilidade* e *calculabilidade* em relação aos comportamentos humanos – vale dizer: *segurança*" (Eros Roberto Grau, *Por que Tenho Medo dos Juízes (Interpretação/Aplicação do Direito e os Princípios)*, 8ª ed., São Paulo, Malheiros Editores, 2017, p. 15).

59. Cândido Rangel Dinamarco, *Instituições de Direito Processual Civil*, cit., 7ª ed., vol. III, p. 417.

60. Francisco Cavalcanti Pontes de Miranda, *Comentários ao Código de Processo Civil*, t. II (arts. 46 a 153), Rio de Janeiro, Forense, 1974, p. 355.

Para Milton Paulo de Carvalho "a interpretação do pedido compreende a interpretação da causa de pedir (...). Se a causa de pedir (...) estiver integrando o pedido para efeito de identificação deste, será ela, evidentemente, considerada, tão só para este efeito".[61]

Valendo-se das lições de Schwab, Ovídio Araujo Baptista da Silva elucida que "não é o pedido só que importa, mas o pedido convenientemente interpretado (...). E para interpretá-lo (...) deve recorrer-se aos fatos, ou ao que ele denomina 'estado de coisas' que, verdadeiramente abrange fatos e relações jurídicas deduzidas ou deduzíveis".[62]

Em análise dos ensinamentos de Elio Fazzalari, José Rogério Cruz e Tucci esclarece que a causa de pedir, enquanto um dos elementos que compõem a demanda, "corresponde, em última análise, ao elo de ligação entre a norma de direito material supostamente violada e o juízo, a partir do momento em que a situação substancial, retratada na petição inicial, é levada à cognição judicial".[63]

Nas palavras de João Pereira Monteiro Neto: "O pedido, todavia, não subsiste *per se*. Todo aquele que invoca uma prestação jurisdicional deve fundamentar seu pedido, sob pena de não comprovar a existência de efetivo interesse processual para a demanda".[64]

Segundo José Roberto dos Santos Bedaque: "O próprio objeto mediato da ação, o bem da vida pretendido pelo autor, é identificado em função da causa de pedir, ou seja, a partir dos fatos e do fundamento jurídico da demanda chega-se ao pedido".[65]

61. Milton Paulo de Carvalho, *Do Pedido no Processo Civil*, cit., p. 119.

62. Ovídio Araujo Baptista da Silva, "Limites objetivos da coisa julgada no Direito Brasileiro atual", *RePro* 14/69, São Paulo, Ed. RT, abril-setembro/1979.

63. E conclui: "Daí por que, realçando a importância desse nexo necessário entre o processo e a situação substancial deduzida *in status assertionis*, Fazzalari esclarece que o processo jurisdicional é idealizado de modo que durante a sua tramitação seja possível constatar a existência ou não de tal situação, e, caso seja positiva a respectiva verificação, haverá lugar para o pronunciamento do órgão judiciário conforme a natureza do pedido formulado" (José Rogério Cruz e Tucci, "A denominada 'situação substancial' como objeto do processo na obra de Fazzalari", *RePro* 68/275, São Paulo, Ed. RT, outubro-dezembro/1992).

64. Destaca também que: "O pedido constitui, enfim, o pleito processual de providência jurisdicional, indispensável à parte para que seja apreciada sua pretensão à tutela judicial" (João Pereira Monteiro Neto, "Pedido genérico: reflexões à luz do novo Código de Processo Civil", cit., *RePro* 243/61).

65. José Roberto dos Santos Bedaque, *Direito e Processo – Influência do Direito Material sobre o Processo*, 6ª ed., São Paulo, Malheiros Editores, 2011, p. 124.

Em estudo do CPC/2015, Cândido Rangel Dinamarco explica que "*o conjunto da postulação* significa buscar nas palavras contidas na petição inicial a correta interpretação da vontade do demandante ou as dimensões de sua intenção ao demandar".[66]

Inconteste que as lições acima transcritas se prestam para iniciar o debate tendente a tratar do conjunto da postulação. Entretanto, "há uma significativa distância entre o discurso teórico e a prática forense; entre o dizer e o fazer, entre o Direito dos manuais universitários e o Direito que acontece no foro".[67] Neste contexto, identificar elementos e padronizar o conceito de *conjunto da postulação* é tarefa de suma importância para a boa aplicação da interpretação do pedido proposta pelo CPC/2015, pois, como bem ensina Eros Roberto Grau: "Os conceitos jurídicos são usados não para definir essências, mas sim para permitir e viabilizar a aplicação de normas jurídicas".[68]

Não se discute a importância da causa de pedir para o pedido. Como se sabe "a *causa petendi* possui múltipla finalidade advinda dos fatos que a integram, vale dizer, presta-se, em última análise, a individualizar a demanda e, por via de consequência, para identificar o pedido, inclusive quanto à possibilidade deste".[69] A análise do conjunto da postulação contempla, primordialmente, a leitura dos fatos ensejadores do pedido. E os fatos poderão ser comprovados no decorrer do processo, mas não necessariamente alterados, salvo previsão legal.

Diante desse raciocínio, tem-se que o conjunto da postulação possui a causa de pedir, em especial os fatos narrados e comprovados pelo demandante, como o primeiro elemento a ser considerado na interpretação do pedido. O primeiro elemento, mas nunca o único.

66. Cândido Rangel Dinamarco, *Instituições de Direito Processual Civil*, cit., 7ª ed., vol. II, p. 162.

67. Ovídio Araujo Baptista da Silva, "Processo e ideologia", cit., *RePro* 110/19.

68. E complementa, ainda: "Apenas e tão somente na medida em que o 'objeto' – a significação – do conceito jurídico possa ser reconhecido uniformemente por um grupo social poderá prestar-se ao cumprimento de sua função, que é a de permitir a aplicação de normas jurídicas, com um mínimo de segurança e certeza" (Eros Roberto Grau, "Nota sobre os conceitos jurídicos", in Gilmar Ferreira Mendes e Rui Stoco (orgs.), *Doutrinas Essenciais – Direito Civil – Parte Geral*, vol. I (*Teoria Geral do Direito*), São Paulo, Ed. RT, 2011, p. 260.

69. José Rogério Cruz e Tucci, *A "Causa Petendi" no Processo Civil,* cit., 3ª ed., p. 171.

Conforme destaca Paula Costa e Silva, "deve ter-se presente que o acto postulativo não está isolado dentro do processo. Ele surge normalmente associado a um conjunto de outras actuações, que o pressupõem".[70]

O STJ já decidiu ser "irrelevante o nome dado à ação, pois são a causa de pedir e o pedido que definem a natureza jurídica da ação".[71] Realmente, o *nomen iuris* não se presta para definir a natureza da ação, mas deve ser considerado enquanto elemento do conjunto da postulação quando for necessária a interpretação do pedido.[72]

Aprofundando na análise, deparamo-nos com a aparentemente espinhosa questão que busca definir se o pedido expresso seria só aquele constante em capítulo próprio da petição inicial, usualmente denominado "dos pedidos", ou se seria tudo "aquilo que se pretende com a instauração da demanda e se extrai a partir de uma interpretação lógico-sistemática do afirmado na petição inicial, recolhendo todos os requerimentos feitos em seu corpo".[73]

Na prática referida problemática é de simples solução, pois a necessidade de se formular pedido expresso não incide na obrigatoriedade de que este conste em capítulo próprio destinado para tal, até porque a lei não possui este comando. O diploma processual, portanto, não atribui ao demandante o ônus de isolar seu pedido dentro do texto da petição inicial. Não há exigência de que o pedido seja colocado em capítulo estanque.

Sem prejuízo e em estrita obediência ao princípio da cooperação, a boa técnica demonstra a importância da inclusão de pedido expresso em tópico próprio no encerramento da petição inicial, com vistas a facilitar a compreensão de qual seria a síntese da demanda levada a juízo. Esta medida facilita a análise por parte do demandado, do juiz, do tribunal

70. Paula Costa e Silva, *Acto e Processo – O Dogma da Irrelevância da Vontade na Interpretação e nos Vícios do Acto Postulativo*, cit., p. 378.

71. STJ, REsp 1.420.003-RS, rel. Min. Humberto Martins, publ. 15.9.2014.

72. E o conjunto da postulação também se mostra importante para a adequação do direito ao pedido, a fim de verificar se o suscitado pela parte em sua fundamentação jurídica coincide com o instituto jurídico mencionado no pedido: "É *extra petita*, por exemplo, sentença que decrete nulidade de um contrato por coação, quando a parte elegeu erro como causa de seu pedido. Isto, é claro, se não se tratar de correção do *nomen iuris* dado pela parte à situação fática descrita: o juiz pode e deve fazê-lo, por causa do princípio do *da mihi facta, dabo tibi jus*" (Teresa Arruda Alvim Wambier *et al.*, *Primeiros Comentários ao Novo Código de Processo Civil*, São Paulo, Ed. RT, 2015, p. 799).

73. STJ, REsp 76.153, rel. Min. Sálvio de Figueiredo Teixeira, publ. 5.2.1996.

em eventual recurso e, em última análise, de todos aqueles que atuam no processo ou que necessitem tomar ciência do seu teor.

Assim, a inclusão de todos os pedidos que compõem a demanda em capítulo próprio é praxe que não se limita ao mero formalismo, pois, além de evidenciar a boa técnica do patrono do demandante, também se presta para facilitar a atuação de todos os sujeitos do processo e para evitar futuras discussões sobre a existência, ou não, de determinado pedido no ato postulatório.

A inclusão de capítulo próprio na petição inicial, sintetizando todos os pedidos formulados, facilita e, consequentemente, diminui o trabalho do Poder Judiciário, razão pela qual referida diligência deve ser considerada quando do arbitramento dos honorários caso o pedido venha a ser julgado procedente, pois demonstra o grau de zelo do patrono do demandante (art. 85, I, do CPC/2015). Do mesmo modo, a ausência ou a deficiência de capítulo próprio para sintetizar o pedido devem ser consideradas para majorar os honorários quando a sentença for de improcedência do pedido, pois certamente o patrono do demandado teve mais trabalho e perdeu mais tempo do que o necessário para elaborar a defesa (art. 85, IV, do CPC/2015). Boas práticas devem ser premiadas e más práticas devem ser desprestigiadas.

Para o pedido ser expresso não pode haver dúvida quanto à sua formulação, e, conforme denota o § 2º art. 322 do CPC/2015, deve ser considerado o conjunto da postulação, ou seja, não só os fatos narrados na petição inicial, mas todos os outros requisitos da exordial, conforme elencado no art. 319 do CPC/2015.

Na mesma linha, Marcelo José Magalhães Bonicio defende que "a interpretação do pedido não pode provocar efeitos na esfera jurídica do réu que não foram explicitamente pedidos".[74]

Não por outro motivo a interpretação de determinado pedido deve considerar: (i) se o juízo a que a petição inicial foi dirigida é competente e imparcial para o seu julgamento; (ii) se a parte que suportará os efeitos do pedido interpretado compõe a demanda; (iii) se existe narrativa de fatos, bem como a exposição dos fundamentos jurídicos sobre o propenso pedido a ser interpretado; (iv) se o pedido a ser interpretado foi, de algum modo, especificado no corpo da petição inicial, ou se apenas se refere a

74. Marcelo José Magalhães Bonicio, *Princípios do Processo no Novo Código de Processo Civil*, cit., p. 53.

uma irresignação não levada a efeito enquanto demanda; (v) se o valor da causa considerou o pedido a ser interpretado; (vi) se foi apresentada prova ou formulado requerimento de produção de prova tendente a demonstrar a verdade dos fatos que dão ensejo ao pedido cuja interpretação se pretende realizar; e (vii) em alguns tribunais também deve ser considerado o valor da taxa judiciária recolhida, pois esta pode guardar relação direta com o valor atribuído à causa.[75]

Não obstante a importância primária da causa de pedir para a interpretação do pedido, todos os demais elementos destacados acima são relevantes e devem ser considerados para tal mister, em especial o valor da causa e as provas produzidas ou requeridas. Apenas com a concatenação dos elementos da petição inicial é que será possível obter a conclusão sobre a formulação ou não de determinado pedido.

Tomamos por base o seguinte exemplo: o indivíduo (demandante) tem uma das rodas do seu veículo furtada dentro do estacionamento de estabelecimento comercial (demandado) no meio da noite. A petição inicial narra os fatos e descreve todos os gastos tidos em razão do infortúnio (hospedagem em hotel próximo ao estabelecimento comercial, juros decorrentes do empréstimo bancário para a realização do conserto – entre outros), mas ao final é formulado pedido apenas para a indenização dos danos materiais inerentes à reposição da roda furtada, sendo esta exatamente a quantia atribuída ao valor da causa. Ao proferir sentença o magistrado julga o pedido parcialmente procedente e condena o demandado ao pagamento do valor do conserto do veículo (não pelo valor pleiteado, mas pelo valor constante em proposta de acordo apresentada pelo demandado antes do ajuizamento da ação), bem como condena o demandado ao pagamento dos gastos tidos pelo demandante com hospedagem no dia do furto (tendo em vista que a nota fiscal do hotel foi juntada aos autos).[76]

No referido exemplo, em que pese a que o magistrado não tenha se valido expressamente da interpretação do pedido para decidir, trata-se de notória hipótese na qual o pedido foi interpretado e de maneira inadequada, em evidente violação ao princípio da congruência. Existindo

75. A título de exemplo destacamos a Lei estadual 11.608/2003 do Estado de São Paulo, pela qual o valor da taxa judiciária será de 1% sobre o valor da causa no momento da distribuição ou, na falta desta, antes do despacho inicial; essa mesma regra aplica-se às hipóteses de reconvenção e de oposição, ressalvada a existência de valores mínimo e máximo estipulados na própria lei (art. 4º, I e § 1º).

76. Este exemplo não é hipotético: TJSP, ACi 1068007-28.2017.8.26.0100.

pedido expresso e valor da causa fixado com base no referido pedido, o magistrado não tinha margem para interpretar o pedido, mesmo que a causa de pedir pudesse levar à conclusão de que outros pedidos teriam sido formulados.

Diferente conclusão poderia ser obtida caso tivesse sido formulado expressamente apenas o pedido de indenização sobre o valor do conserto do veículo mas o valor da causa consubstanciasse a soma do conserto do veículo, a diária do hotel, os juros decorrentes do empréstimo bancário – entre outros. Mas não foi isso o que ocorreu.

O valor da causa possui expressa previsão legal, e o art. 292 do CPC/2015 elenca como deve ser feita sua fixação nas ações de cobrança, declaratória, constitutiva, de alimentos, de divisão, de demarcação, de reivindicação, indenizatória, com cumulação de pedidos, com pedidos alternativos e com pedido subsidiário.

Sobre a relação entre pedido e valor da causa, Cândido Rangel Dinamarco destaca que: "Em princípio o valor da causa deve equivaler ao do pedido, mas em casos onde esta equivalência não for observada a sentença que julgar a causa deverá ater-se aos limites do valor do pedido e não os desta (...)"[77] – em estrita observância ao princípio da congruência.

Evidentemente que o valor da causa não se confunde com o pedido, pois ambos possuem funções autônomas no processo e no bojo da petição inicial. De todo modo, ambos se correlacionam no conjunto da postulação. E é exatamente em razão desta correlação que, em caso de dúvida quanto ao pedido formulado, o valor da causa poderá servir de parâmetro objetivo para a adequada interpretação do pedido, ou seja, para se desvendar o que o demandante efetivamente pretende em razão do ajuizamento da ação.

Além de se prestar como elemento para a interpretação do pedido, tal como ora proposto, o valor da causa também tem a função de (i) em algumas hipóteses, definir a competência; (ii) servir de base de cálculo para (ii.1) recolhimento da taxa judiciária em alguns tribunais;[78] (ii.2) fixar honorários de sucumbência (art. 85, § 8º, do CPC/2015); (ii.3) fixar multa por ato atentatório à dignidade da Justiça (art. 77, §§ 2º e 5º, e art. 334, §

77. Cândido Rangel Dinamarco, *Instituições de Direito Processual Civil*, cit., 7ª ed., vol. III, p. 446.

78. Súmula 667/STF: "Viola a garantia constitucional de acesso à jurisdição a taxa judiciária calculada sem limite sobre o valor da causa".

8º, do CPC/2015) e por litigância de má-fé (art. 81 do CPC/2015); (ii.4) fixar multa ao perito que sem motivo legítimo deixa de cumprir o encargo no prazo que lhe foi assinado (art. 468, § 1º, do CPC/2015); e (ii.5) o depósito obrigatório realizado na ação rescisória (art. 968, II, do CPC/2015).

Mesmo na tutela antecipada requerida em caráter antecedente a petição inicial deverá indicar o valor da causa do pedido de tutela final (art. 303, § 4º, do CPC/2015), tamanha a importância do valor da causa para identificar, desde o início do processo, qual será o pedido a ser tutelado ao final da ação de conhecimento.

Nada obsta a que o magistrado corrija de ofício o valor atribuído à causa pelo demandante (art. 292, § 3º, do CPC/2015), o que, inclusive, poderá ocorrer em fase processual na qual não mais se admitam o aditamento ou a alteração do pedido. Fato é que referida decisão deve ser fundamentada com os motivos pelos quais o magistrado entende necessária a correção do valor da causa, sob pena de nulidade (art. 11 do CPC/2015), e, caso referida correção do valor da causa tenha o potencial de aditar ou alterar o pedido, a questão deverá ser submetida ao prévio contraditório das partes (art. 10 do CPC/2015), podendo, inclusive, ser objeto de posterior interposição de agravo de instrumento (art. 1.015, II, do CPC/2015), haja vista a evidente relação com o mérito do processo.

De certo que a ação pode não possuir "conteúdo econômico imediatamente aferível" (art. 291 do CPC/2015), hipótese na qual o valor da causa não se prestará como elemento seguro para a interpretação do pedido. De todo modo, reafirma-se que o valor da causa é apenas um dos elementos do conjunto da postulação, que, dada sua objetividade, poderá auxiliar na compreensão da demanda formulada, caso seja necessária a interpretação do pedido.

Para a taxa judiciária a lógica é parecida. O art. 5º do CTN/1966 determina que são tributos os impostos, as taxas e as contribuições de melhoria. Dentre os tipos de taxa, uma de suas espécies são as taxas judiciárias, pagas pelo contribuinte ao Estado quando da prestação do serviço público pelo Poder Judiciário.[79]

As taxas judiciárias, como todas as outras espécies de tributos, somente nascem após a ocorrência do seu efetivo lançamento, o qual

79. "Sua natureza é tipicamente tributária porque as custas processuais são um *tributo*, ordinariamente qualificado como uma *taxa*" (Cândido Rangel Dinamarco, *Instituições de Direito Processual Civil*, cit., 7ª ed., vol. III, p. 447).

se trata de ato administrativo plenamente vinculado, de competência privativa da autoridade pública prevista em lei, que deverá determinar, entre outros elementos, o montante do tributo devido, sob pena de responsabilidade funcional, conforme dispõe o art. 142, *caput* e parágrafo único, do CTN/1966.

Desse modo, ao aplicarmos a matéria do lançamento tributário à taxa judiciária, percebe-se que se o demandante não realizar o recolhimento da maneira adequada competirá ao Poder Judiciário determinar o valor das custas a serem recolhidas em razão da distribuição da ação, nos termos da legislação aplicável a cada tribunal (art. 24, IV, da CF/1988).

Por certo que, sendo o lançamento tributário uma atividade administrativa plenamente vinculada ao Estado, não poderá o magistrado (autoridade competente) se eximir de exercer seu poder-dever funcional de fiscalizar o efetivo recolhimento da taxa judiciária, de acordo com o pedido formulado, sobre o qual recairá a atividade jurisdicional, nos termos da lei que regulamenta a taxa judiciária de cada tribunal.

A sentença que interpreta pedido e decide sobre o que não fez parte do pedido certo expressamente formulado – em processo no qual potencialmente pode ter ocorrido o recolhimento a menor da taxa judiciária –, por via reflexa, acaba por indevidamente dispensar o recolhimento de tributo devido, gerando responsabilidade funcional do magistrado; isso sem considerar a interpretação de pedido em descompasso com o conjunto da postulação, por não ter sido guardada relação com o valor da taxa judiciária recolhida.[80-81]

Tal como o valor da causa, nem sempre a taxa judiciária servirá de critério para a aferição da interpretação do pedido, pois o demandante

80. Referido critério não se aplicará, por exemplo, para o TJRJ, no qual as custas judiciais devidas pelo processamento de feitos são fixadas segundo a natureza do processo (Lei estadual 3.350/1999 e Lei estadual 7.127/2015). Por outro lado, será possível sua aplicação não só no TJSP (Lei estadual 11.608/2003), como também no TJMG (Leis estaduais 14.938/2003 e 14.939/2003), por exemplo, pois ambos consideram o valor da causa como base de cálculo para o recolhimento da taxa judiciária.

81. Sobre este ponto, destacamos o § 1º do art. 5º da proposta do Projeto de Lei Complementar do Conselho Nacional de Justiça que estabelece normas gerais para a cobrança de custas dos serviços forenses no âmbito do Judiciário brasileiro: "§ 1º. O valor será calculado tendo por base percentual sobre o valor da causa, admitindo-se a fixação de faixas de valores em múltiplos de unidades de referência, observados os seguintes limites: (...)" (disponível em *https://www.cnj.jus.br/wp-content/uploads/2019/10/Proposta-de-projeto-de-lei-complementar-1.pdf*, acesso em 6.5.2020).

pode ser agraciado com o benefício da gratuidade da Justiça (arts. 98 a 102 do CPC/2015) ou contar com a dispensa legal do seu recolhimento (art. 91 do CPC/2015).

Para elucidar a questão, vamos considerar o caso do furto da roda descrito acima, com os seguintes ajustes: a demanda é proposta em face do estabelecimento comercial, narrando ter ocorrido furto da roda do veículo do demandante no estacionamento do demandado. Nos fatos o demandante alega ter sofrido prejuízo com hospedagem (R$ 500,00), de juros com empréstimo bancário para realizar o conserto (R$ 500,00) e com o próprio conserto do veículo (R$ 4.000,00), tendo todos estes fatos sido devidamente comprovados por documentos que instruíram a petição inicial. Ao final, o demandante pede a "indenização pelo valor gasto com o conserto do veículo" e atribui à causa o valor de R$ 4.000,00, recolhendo as custas no valor de R$ 40,00 – nos termos da lei que regulamenta as custas no referido tribunal, que, neste exemplo, é de 1% sobre o valor da causa. Assim, formulamos a seguinte pergunta: pode o magistrado proferir sentença condenando o demandado ao pagamento de R$ 5.000,00?

Se considerarmos só a causa de pedir a resposta seria afirmativa. Se considerarmos a causa de pedir e as provas, a resposta permaneceria afirmativa. Mas se considerarmos a causa de pedir, as provas e o valor da causa a resposta seria negativa. E se também considerarmos o valor recolhido a título de taxa judiciária com mais razão ainda a resposta seria negativa. Daí se constata a importância de considerar todo o conjunto da postulação caso se entenda pela necessidade de interpretar o pedido.

Diante do exposto até o presente momento, poderia remanescer a seguinte dúvida: como o valor da causa pode ser elemento para a interpretação da certeza do pedido se na verdade o valor da causa é intrínseco à determinação do pedido (*quantum*)?

E a resposta será com base no seguinte exemplo: o demandante narra determinado fato na petição inicial, alegando que em razão deste fato teria sofrido abalo emocional, violação da sua imagem e danos patrimoniais. Após, em decorrência dos fatos narrados, formula pedido expresso de condenação do demandado na quantia de R$ 10.000,00 a título de danos materiais, atribui à causa o valor de R$ 10.000,00, recolhe a taxa judiciária tendo por base de cálculo os R$ 10.000,00 e produz prova apenas para comprovar os danos materiais. Referido pedido necessita de interpretação? Seria possível extrair dos fatos a existência de pedido de condenação em danos morais? Tudo indica que não. E é por isso que se defende não ser necessário interpretar o pedido em todas as hipóteses. Ademais, o valor da causa, mesmo inerente ao *quantum* pleiteado, ainda assim serviu para deixar claro que neste exemplo inexiste pedido certo de danos morais.

Não existe um dever de interpretar o pedido, mas o pedido pode ser interpretado, caso o julgador entenda necessário.

Ao se consignar no tópico anterior que apenas a deficiência na certeza do pedido expressamente formulado pode ser sanada pela interpretação, tem-se como "expressamente formulada" a existência de ao menos indicação do pedido no corpo da petição inicial, em conjunto com os elementos acima descritos, em especial a causa de pedir, o valor da causa e as provas.

Não se pode confundir a interpretação do pedido com valoração da causa de pedir, esta última exercida com base nas provas produzidas nos autos para fim de aferir a existência e a extensão dos fatos narrados na petição inicial. Se ao valorar a causa de pedir o magistrado vislumbrar a existência de outros direitos potencialmente tuteláveis além dos constantes nos pedidos expressamente formulados ou aferíveis por meio de análise do conjunto da postulação, estes potenciais direitos não devem ser sequer apreciados, e menos ainda tutelados, sob pena de violação dos princípios da congruência, da inércia e da imparcialidade.

Em outro exemplo, se o demandante narra ser profissional de determinada categoria e pleiteia a condenação do demandado ao pagamento de pensão por delimitado período pelo valor do "salário-mínimo" em razão de acidente que o deixou incapacitado para o trabalho, a causa de pedir pode conduzir à conclusão de que o salário-mínimo em questão é o da categoria profissional do demandante, e não o salário-mínimo nacional.[82]

Decerto que: "As partes narram fatos, qualificando-os juridicamente, e extraem, desta conexão, uma conclusão, que é o pedido",[83] e este é o conjunto postulatório, ou seja, os fatos, sua classificação jurídica e, a partir de ambos, a extração do pedido, tendo em vista ainda todos os demais elementos da petição inicial. Não existe pedido sem a prévia exposição dos fatos juridicamente qualificados e nem se admite petição inicial com

82. Em sentido contrário, v.: STJ, REsp 89.701-MG, rel. Min. Sálvio de Figueiredo Teixeira, publ. 22.6.1998.

83. Teresa Arruda Alvim, *Embargos de Declaração. Como se Motiva uma Decisão Judicial?*, 3ª ed., São Paulo, Ed. RT, 2017, p. 89.

a narrativa de fatos, com ou sem qualificação jurídica, se destes o autor não externar nenhum interesse a ser tutelado (inépcia por falta de pedido – art. 330, § 1º, I, do CPC/2015). Assim, o conjunto da postulação nada mais é que o adequado encadeamento dos elementos objetivos tempestivamente expostos quando da formulação da demanda, levados a efeito com a observância de todos os elementos da petição inicial.

O conjunto da postulação hábil ao *iter* interpretativo do pedido deve ser feito, a princípio, com base nos elementos objetivos e subjetivos do processo, delimitados pelo próprio autor em sua petição inicial – ou em eventual aditamento/emenda –, bem como pelos demais requisitos formais da petição inicial, mas nunca pela defesa apresentada pelo réu. Conforme já abordado, o magistrado também poderá considerar o valor da causa, as provas pleiteadas e a taxa judiciária recolhida, pois estes são elementos que poderão auxiliar o demandado e o magistrado quando referido pedido não tiver sido formulado de maneira suficientemente certa, em que pese a ter sido expressamente formulado.

E todo esse exercício intelectual só é feito com o objetivo de alcançar a solução integral do mérito sem incorrer na violação dos princípios da congruência, da imparcialidade, da isonomia, do contraditório, da ampla defesa, da demanda e dispositivo – todos já anteriormente estudados neste trabalho.

O mérito da causa coincide com o pedido, mas não é só o pedido. É o pedido iluminado pelos elementos da ação (objetivos e subjetivos) e funciona como a síntese da demanda. As questões de mérito são os elementos da ação (objetivos e subjetivos) e constitutivos da demanda, acrescidos das defesas de mérito indiretas (fatos modificativos, impeditivos e extintivos), os quais devem ser enfrentados pelo magistrado antes de decidir o pedido propriamente dito. Já, o conjunto da postulação são todos os fatos, todos os pedidos e a discriminação de todas as partes constantes do ato postulatório, bem como a constatação dos elementos da petição inicial, notadamente do valor da causa, da taxa judiciária recolhida e das provas solicitadas para a comprovação dos fatos constitutivos suscitados na exordial, observados à luz da boa-fé. Não adentram este conceito os fatos modificativos, impeditivos e extintivos, pois estes são atos de *defesa* indireta, e não atos postulatórios, enquanto demanda propriamente dita.

Em interessante estudo, João Pereira Monteiro Neto apresenta "três fundamentos sistemáticos para a exigência legal da certeza do pedido": (i) o primeiro "é de ordem democrática, relativo à repercussão do regime democrático no âmbito processual"; (ii) o segundo "remete a uma característica inerente à jurisdição, qual seja, a inércia, que se correlaciona com a regra da demanda"; e (iii) o terceiro "fundamento sistemático para a exigência legal da certeza do pedido refere-se à regra da congruência (...): a prestação deve ser dada nos limites da pretensão, como consequência direta do modelo dispositivo".[84]

Do excerto acima transcrito se faz um gancho para outro raciocínio, no sentido de que o pedido certo deve ser interpretado e *nunca extraído* do conjunto da postulação. Ou o pedido foi formulado – ainda que de maneira deficiente e mesmo que no corpo da petição inicial – ou não foi. Não cabe ao magistrado ler a petição inicial e pincelar todos os pedidos que poderiam ter sido formulados pelo demandante, interpretando não o pedido, mas a eventual intenção do demandante em razão do ajuizamento da ação. Não é este o espírito da interpretação do pedido e não é esta a função do Poder Judiciário. Para haver interpretação do pedido deve haver pedido ou, ao menos, indício de demanda formulada, a qual, se constatada, será aferida em razão do conjunto da postulação e observando a boa-fé, nada mais.

56. Princípio da boa-fé

O art. 14, II, do CPC/1973 dispunha serem deveres das partes e de todos aqueles que de qualquer forma participam do processo proceder com lealdade e boa-fé. Já, o CPC/2015 elencou a boa-fé não apenas como um dever das partes, mas como uma das normas fundamentais do processo civil, consignando em seu art. 5º que "aquele que de qualquer forma participa do processo deve comportar-se de acordo com a boa-fé".

Rogério José Ferraz Donnini ensina que: "A *bona fides*, assim, surgiu dessa necessidade de segurança nas relações jurídicas, enaltecendo

84. E complementa, ainda, que: "A exigência legal da determinação do pedido possui dois objetivos centrais. O primeiro objetivo é estabelecer segurança em relação ao pedido do autor, como imperativo do contraditório e da ampla defesa. O segundo objetivo é delimitar o pedido do autor em seus aspectos qualitativos e quantitativos. O cumprimento ao disposto no inciso IV do art. 282 do CPC/1973 (necessidade de indicar na petição inicial o pedido com suas especificações), reproduzido no inciso IV do art. 319 do CPC/2015, visa justamente ao delineamento dos contornos do pedido, cuja pormenorização dotará a fórmula da pretensão dos indispensáveis atributos da certeza e da determinação do que se pede" (João Pereira Monteiro Neto, "Pedido genérico: reflexões à luz do novo Código de Processo Civil", cit., *RePro* 243/65-66).

a fidelidade na verdade e em compromissos assumidos, considerada um dos fundamentos da Justiça".[85]

Nos termos do Enunciado 374 do *Fórum Permanente de Processualistas Civis*:[86] "O art. 5º prevê a boa-fé objetiva".[87] Ainda sobre este tema, o Enunciado 378 dispõe que: "A boa fé processual orienta a interpretação da postulação e da sentença, permite a reprimenda do abuso de direito processual e das condutas dolosas de todos os sujeitos processuais e veda seus comportamentos contraditórios".

Ao tratar sobre o princípio da boa-fé, a Min. Nancy Andrighi decidiu que: "A boa-fé objetiva se apresenta como uma exigência de lealdade, modelo objetivo de conduta, arquétipo social pelo qual impõe o poder-dever de que cada pessoa ajuste a própria conduta a esse modelo, agindo como agiria uma pessoa honesta, escorreita e leal".[88]

Arruda Alvim esclarece que: "Boa-fé objetiva é aquela em que o próprio sistema jurídico fornece parâmetros para ser avaliada, o que certamente, facilita a tarefa do juiz e mesmo o próprio comportamento das partes".[89]

Já, Humberto Theodoro Jr. é assertivo ao definir que a aplicação da boa-fé objetiva no processo civil confere "segurança às relações jurídicas,

85. Rogério José Ferraz Donnini, "*Bona fides*: do direito material ao processual", *RePro* 251/115, São Paulo, Ed. RT, janeiro/2016.

86. Enunciado 374 do *Fórum Permanente de Processualistas Civis*, disponível em: *http://institutodc.com.br/wp-content/uploads/2017/06/FPPC-Carta-de-Florianopolis.pdf* (acesso em 6.5.2020).

87. "Há duas espécies de boa-fé: a subjetiva e a objetiva. A primeira diz respeito ao desconhecimento ou ignorância de uma pessoa na lesão ao direito de outrem, conforme se constata na posse de boa-fé, em que o possuidor ignora o vício ou o obstáculo que impossibilita a obtenção da coisa (CC, 1.201). A segunda, por sua vez, é norma de comportamento, de atitude leal, conduta segundo a ideia de correção, que tem incidência por ocasião de sua aplicação pelo magistrado, no caso concreto. Trata-se de verdadeira conduta que leva em consideração os interesses da outra parte e não simples comportamento com ausência de má-fé" (Rogério José Ferraz Donnini, "*Bona fides*: do direito material ao processual", cit., *RePro* 251/117).

88. STJ, REsp 803.481-GO, rela. Min. Nancy Andrighi, publ. 1.8.2007.

89. E complementa: "Considera-se, nessa seara, a boa-fé em sua dimensão objetiva, isto é, se analisa o comportamento em si e sua manifestação exterior em relação aos demais envolvidos em uma determinada situação jurídica. (...). Ao aludirmos à boa-fé objetiva, o que se quer dizer é uma modalidade de boa-fé objetivada na lei – mas que, necessariamente, também comporta interpretação" (Arruda Alvim, *Manual de Direito Processual Civil*, cit., 18ª ed., p. 253).

permitindo-se aos respectivos sujeitos confiar nos seus efeitos programados e esperados".[90]

Conforme já abordado neste estudo, o § 2º do art. 322 do CPC/2015 prevê que o ato de interpretar o pedido requer não só o dever de considerar o conjunto da postulação, como também de observar o princípio da boa-fé. E a interpretação do pedido não pode ser analisada de maneira isolada. Dentro do CPC/2015 há diversas regras sobre pedido que devem ser consideradas quando da sua interpretação. Do mesmo modo, todo o conjunto da postulação deve fornecer os elementos para a interpretação do pedido caso se mostre necessário referido processo hermenêutico. Ademais, a boa-fé na interpretação deve ser do demandante ao formular o pedido, do réu ao contestar e do magistrado ao julgar.

Susana Henriques da Costa[91] elenca dois escopos para a boa-fé aplicada à interpretação do pedido: afastar práticas maliciosas do demandante e evitar prejuízo ao demandado.

Cândido Rangel Dinamarco elucida que aplicar a boa-fé para a interpretação do pedido "significa não permitir que na interpretação da demanda prevaleçam certas intenções dissimuladas, reservas mentais etc.".[92]

Mesmo na vigência do CPC/1973, ao tratar do princípio dispositivo e dos atos processuais praticados pelas partes, Alfredo Buzaid já defendia que: "Estes atos são ônus das partes. Mas o exercício desses ônus é regulado pela lei, que exige das partes um comportamento honesto, leal e de boa-fé".[93] Já, José Carlos Baptista Puoli empregou à boa-fé a função de

90. Humberto Theodoro Jr., *Curso de Direito Processual Civil*, cit., 58ª ed., vol. I, p. 79.

91. "Esse processo interpretativo (...) deve ser informado pelo princípio da boa-fé, ou seja, deve investigar a lealdade e o *fair play* do autor, na medida em que não devem ser admitidas estratégias processuais que busquem dolosa e maliciosamente alterar a abrangência do pedido realizado, em prejuízo do direito de defesa do réu" (Susana Henriques da Costa, "Arts. 318 a 333", cit., in Antônio do Passo Cabral e Ronaldo Cramer (coords.), *Comentários ao Novo Código de Processo Civil*, 2ª ed., p. 509).

92. E complementa a ideia da seguinte maneira: "Essa interpretação não poderá ser restritiva nem ampliativa, mas simplesmente *fiel* – competindo ao juiz a busca e o encontro de um ponto equilibrado entre uma interpretação mais ampla e outra mais estrita, sem extrapolar daquela intenção e sem denegar justiça" (Cândido Rangel Dinamarco, *Instituições de Direito Processual Civil*, cit., 7ª ed., vol. II, p. 162).

93. Alfredo Buzaid, "Processo e verdade no Direito Brasileiro", *RePro* 47/95, São Paulo, Ed. RT, julho-setembro/1987.

"válvula de escape de um sistema de legalidade rígida, na busca de um maior grau de injeção de valores éticos ao sistema jurídico".[94]

Também na vigência do diploma processual anterior, em análise do princípio da congruência, José Carlos Barbosa Moreira – com a precisão que lhe era comum – defendeu que: "A lei quer que o autor diga de uma vez tudo que pretende, até por motivos de economia processual, para evitar que depois ele volte a juízo para pedir algo que já poderia ser incluído no seu pedido originário, primitivo".[95] De fato, se eventual pedido não expressamente formulado sobrevier no curso do processo em decorrência de métodos interpretativos, inobservadas as regras estabelecidas para aditamento ou alteração do pedido (art. 329, I e II, e parágrafo único, do CPC/2015), esta postura deve ser controlada e, se o caso, sancionada pelo magistrado, a fim de evitar o tumulto processual em decorrência da ausência de boa-fé do demandante.

Nas palavras de Antônio do Passo Cabral, "a chamada boa-fé objetiva é baseada em padrões de conduta social, voltada para a proteção às expectativas de que os demais membros do conjunto social nutrem de todos nós".[96]

A quem interessa uma petição inicial confusa, com a qual não se sabe com certeza qual foi o bem da vida demandado? Conforme abordado no tópico anterior, não obstante a ausência de previsão legal de capítulo próprio na petição inicial denominado "Dos Pedidos", a elaboração deste capítulo com a síntese de todos os pedidos certos e determinados (ou determináveis) formulados em razão do ajuizamento da ação não só encontra amparo no princípio da cooperação e demonstra a boa técnica do patrono do demandante, como também evidencia a boa-fé processual.

Deixar o pedido expresso de maneira clara ou, ao menos, em tópico próprio, para que se possa delimitar a demanda formulada sem gerar dúvidas ou embaraços, serve para afastar ao máximo a necessidade de sua interpretação, evitando tumulto processual e a prática de atos desne-

94. José Carlos Baptista Puoli, *Os Poderes do Juiz e as Reformas do Processo Civil*, São Paulo, Editora Juarez de Oliveira, 2001, p. 187.

95. José Carlos Barbosa Moreira, "Correlação entre o pedido e a sentença", *RePro* 83/210, São Paulo, Ed. RT, julho-setembro/1996.

96. E arremata a ideia: "Vale dizer, protegem-se os interesses do *alter*, a confiança de que todos pautem suas condutas de acordo com as convenções sociais, aquilo que legitimamente é esperado de cada parte" (Antônio do Passo Cabral, "O contraditório como dever e a boa-fé processual objetiva", *RePro* 126/77-78, São Paulo, Ed. RT, agosto/2005).

cessários pelo Poder Judiciário, com a consequente solução integral do mérito de modo mais célere.

Nessa mesma linha, como decorrência da previsão expressa da boa-fé na interpretação do pedido, Marcelo José Magalhães Bonicio defende que "o réu não pode ser surpreendido com interpretações que permitam que ele termine condenado a algo que não estava expresso claramente na petição inicial".[97]

E, como decorrência da boa-fé aplicada à interpretação do pedido, resta proibido o "*venire contra factum proprium*, ou seja, não se permite que o comportamento gerador de expectativa justificada seja posteriormente contrariado, em detrimento de outrem. É que, assim agindo, viola a parte o princípio da confiança no tráfego jurídico".[98]

E não poderia ser outra a conclusão. Ao ser proposta uma ação, presume-se que o demandante cria em seu âmago a expectativa de alcançar determinado bem da vida, descrito no pedido da petição inicial. Por outro lado, o demandado também é influenciado por expectativa decorrente do processo, mas em sentido oposto, mais precisamente para que o pedido do demandante seja julgado improcedente e o bem da vida pleiteado na ação não seja retirado da sua esfera de direitos, confiando em que apenas o pedido formulado é que será apreciado e julgado, nada mais e nada menos. E na hipótese de o magistrado entender pela necessidade de interpretar o pedido, a relação de confiança e a expectativa existente entre as partes devem ser consideradas, como pilar da boa-fé processual.

Por mais esse motivo o presente estudo defende ter chegado o momento de a jurisprudência pátria – com destaque para o STJ, enquanto órgão competente para uniformizar a interpretação e a aplicação do Direito infraconstitucional[99] – abandonar a interpretação lógico-sistemática do pedido e todas as suas variantes, passando, então, a se valer apenas da regra do § 2º do art. 322 do CPC/2015 –, por óbvio, desde que seja necessária a interpretação do pedido no caso concreto –, haja vista que

97. Marcelo José Magalhães Bonicio, *Princípios do Processo no Novo Código de Processo Civil*, cit., p. 52.

98. José Miguel Garcia Medina e Teresa Arruda Alvim Wambier, *Processo Civil Moderno*, 3ª ed., vol. I (*Parte Geral e Processo de Conhecimento*), São Paulo, Ed. RT, 2013, p. 57.

99. "A competência desta Corte restringe-se à interpretação e uniformização do direito infraconstitucional federal" (STJ, AgInt no AREsp 1.308.817-SC, rel. Min. Marco Aurélio Bellizze, publ. 27.9.2018).

mencionada norma positivada confere mais segurança e previsibilidade às partes, em harmonia com os princípios da legalidade e do devido processo legal.

57. *A defesa do demandado e a interpretação do pedido*

Ao tratar da função da contestação no processo civil, Arruda Alvim ensina que: "O réu, contestando o mérito, que é o pedido formulado pelo autor, não enriquece ou aumenta juridicamente a lide, ou, segundo terminologia também difundida entre nós, o objeto *litigioso*".[100] E o réu – salvo na reconvenção ou no pedido contraposto – não influencia no mérito do processo, não se mostrando crível extrair da defesa qualquer pedido ou elemento interpretativo do pedido formulado pelo demandante.

Defesa não pode ser compreendida como ato processual delimitador da demanda e nem como conjunto da postulação, notadamente para fim de se interpretar o pedido. Ora, se nem o autor soube expressar de maneira certa e clara o seu pedido, não será o ato processual do réu que irá sanar este vício. Quem se defende não postula no sentido de formular pedido, mas tão somente visa a afastar os fatos e fundamentos jurídicos da postulação do demandante e, por via reflexa, também objetiva evitar a prolação de eventual decisão tendente a conceder tutela jurisdicional ao pedido formulado.

Thereza Alvim é assertiva ao expor que: "Ao réu só cabe contestar o pedido, não tendo repercussões sua inatividade (*revelia*) no que tange às dimensões da lide, pois o magistrado julgará a lide procedente ou não, independentemente de sua atitude".[101]

A defesa de mérito apresentada em face de pedido formulado sem a adequada certeza quanto ao bem da vida pleiteado, a bem da verdade, deve ser analisada considerando o ônus da impugnação específica e a preclusão que recaem sobre o demandado. A contestação deve conter toda a matéria de defesa (art. 336 do CPC/2015), não havendo possibilidade de o demandado apresentar apenas a defesa processual para suscitar o defeito do pedido e a consequente inépcia da petição inicial para, após a decisão sobre este ponto, expor nova defesa no tocante ao mérito. O mé-

100. Arruda Alvim, *Manual de Direito Processual Civil*, cit., 18ª ed., p. 825.

101. Thereza Arruda Alvim, *Questões Prévias e os Limites Objetivos da Coisa Julgada*, São Paulo, Ed. RT, 1977, pp. 8-9.

rito deve ser refutado pelo demandado mesmo se o pedido da exordial não estiver a contento.

Não são raros os casos nos quais o demandado se vê obrigado a decifrar a petição inicial, visando a dela extrair o mérito do processo e, assim, exercer seu direito de defesa, à semelhança do enigma da Esfinge: "Decifra-me ou te devoro". Em outras palavras: ou o demandado contesta, ou será tido por revel. E, se contestar, deve impugnar especificamente todos os fatos e pedidos, sob pena de estes serem tidos por incontroversos (incidindo nas hipóteses do art. 356, I, e do art. 374, III, ambos do CPC/2015).

O ônus da impugnação específica, com o consequente ataque do mérito (ou, ao menos, o mérito extraído da interpretação do demandado), não pode servir de bônus para sanar o pedido defeituoso formulado pelo demandante. A compreensão do pedido deve ser extraída do conjunto da postulação, e não da defesa.[102]

Entretanto, cumpre salientar duas situações sobre esta problemática.

Na primeira o demandado contesta o pedido defeituoso e apresenta preliminar de inépcia, bem como impugna o mérito, para não incorrer em preclusão. Nesta hipótese, caso a preliminar venha a ser afastada, ao passar para a análise do mérito não é permitido ao magistrado extrair da defesa as conclusões (interpretações) do pedido, que devem ser extraídas do conjunto da postulação, ou seja, da petição inicial. E o motivo é simples: o demandado suscitou a incompreensão do pedido e o magistrado, na decisão que afastou a inépcia, consequentemente entendeu inexistir imprecisão e obscuridade no pedido.

Na segunda hipótese o demandado contesta apenas o mérito, sem arguir a inépcia da petição inicial em razão do pedido defeituoso. Neste outro cenário o demandante não externou que, no seu entender, o pedido teria sido formulado de maneira inadequada, razão pela qual o magistrado poderá entender que o pedido foi compreendido pelo demandado, mas do mesmo modo isso não atribui à defesa a função de interpretar o pedido. O magistrado deverá interpretar o pedido por si só, tendo em vista o conjunto da postulação contido na petição inicial e observando a boa-fé

102. Sobre este tema pede-se vênia para discordar do posicionamento adotado nos acórdãos: STJ, REsp 1.574.377-RJ, rel. Min. Ricardo Villas Bôas Cueva, publ. 9.5.2016; STJ, AgR no REsp 1.019.714-RS, rel. Min. Reynaldo Soares da Fonseca, publ. 25.5.2016.

do demandante, e, se for possível obter alguma conclusão desta interpretação, o magistrado deverá passar para a análise da defesa, no intuito de constatar se os pedidos foram adequadamente impugnados, julgando o mérito. Entretanto, se da leitura feita pelo magistrado da petição inicial não sobrevier nenhuma conclusão interpretativa quanto à certeza do pedido, a inépcia deverá ser decretada, mesmo se ausente referida preliminar na contestação, por se tratar de pressuposto processual de validade (art. 330, I, c/c o § 1º, III, do CPC/2015).[103]

Nesse cenário, mostrar-se-ia adequada a existência de mecanismo processual (*de lege ferenda*) pelo qual o demandado pudesse, antes de apresentar sua contestação, informar ao juízo a incompreensão do pedido e a existência de inépcia da petição inicial, com a posterior intimação do demandante para regularizar sua petição inicial ou defender a higidez do seu ato postulatório (em analogia ao procedimento do art. 321 do CPC/2015), visando, assim, a viabilizar o contraditório e a ampla defesa do demandado, ou permitir a extinção do processo sem resolução do mérito (art. 485, I, do CPC/2015) *in initio litis*.

103. Sobre o tema apresentamos a seguinte proposta: "Problema surge quando o pedido não estiver completo em suas especificações no desfecho da exordial, como, por exemplo, quando o autor pugnar pela 'procedência da ação (*rectius*: demanda), nos termos da petição inicial'. A princípio, a petição inicial seria inepta e, por fundamento em ausência de pressuposto processual extrínseco, ou objetivo (regularidade da petição inicial), o autor deveria ser intimado a emendar a petição, sob pena de extinção do processo sem resolução do mérito. Mas e se o vício passar despercebido pelo juiz no recebimento da petição inicial, e se o réu, em sua contestação, tiver respondido meritoriamente à demanda, qual deve ser a consequência? A resposta deve ser dada à luz do respeito ao contraditório e à instrumentalidade das formas. Se houver a compreensão da parte *ex adversa* quanto ao tipo de provimento vindicado (pedido imediato) e quanto ao bem da vida pretendido (pedido mediato), e, ainda, se a interpretação apresentada pela defesa for consonante com a apreensão do juiz sobre o conteúdo da demanda, dessumida da *causa petendi*, não há justificativas instrumentais para que a pretensão deixe de ser apreciada, meramente em razão do deslocamento – ou, melhor, da difusão – topológico do pedido. A pedra de toque para a solução de hipóteses semelhantes deve ser o respeito ao contraditório, princípio que, emanado da cláusula do devido processo legal, constitui fator legitimador do processo. Sem a ocorrência de prejuízo às partes, o que compreende saber se a apreensão da petição atém-se também aos limites da demanda do autor, não haveria razão para a extinção do feito sem a resolução do mérito, por vício de inépcia da exordial. Esse entendimento coaduna-se com o § 2º do art. 322 do CPC/2015, que estipula que, na interpretação do pedido, será considerado o 'conjunto da postulação' e o 'princípio da boa-fé'. A nova disposição (§ 2º do art. 322 do CPC/2015) parece *a priori* chocar-se frontalmente com o art. 293 do CPC/1973, que prevê que a interpretação do pedido deve ser restritiva. Não há, todavia, esse choque aparente" (João Pereira Monteiro Neto, "Pedido genérico: reflexões à luz do novo Código de Processo Civil", cit., *RePro* 243/70-71).

De certo que o demandado não ficará imune de penalidade caso se constate a utilização do referido mecanismo processual de maneira indevida ou com intuito manifestamente protelatório (art. 80, IV, V e VI, do CPC/2015).

Fato é que referida proposta *de lege ferenda* objetiva a criação de expediente processual destinado a permitir que o demandado provoque o demandante para esclarecer o pedido antes de se apresentar a contestação, viabilizando o exercício do contraditório e da ampla defesa, evitando futuros debates e recursos atinentes à interpretação do pedido e sobre a violação ao princípio da congruência.

58. Vontade do demandante e interpretação do pedido

Os "*fatos jurídicos* são os fatos aos quais o Direito associa a constituição, modificação ou extinção de uma relação ou estado jurídico, distinguindo-se em *constitutivos*, *modificativos*, *extintivos* e *impeditivos*";[104] ou, ainda, "todos os acontecimentos, eventos que, de forma direta ou indireta, acarretam efeito jurídico".[105]

Já, os *atos jurídicos* são "aqueles eventos emanados de uma vontade, quer tenham intenção precípua de ocasionar efeitos jurídicos, ou não",[106] também podendo ser denominados de atos jurígenos ou atos humanos, "para lembrar que se trata de atos capazes de criar relações na órbita do Direito".[107]

Em grau mais refinado, o *negócio jurídico* "origina-se de ato volitivo, que colima a realização de um certo objetivo, criando, com base na norma jurídica, direito subjetivo, e impondo, por outro lado, obrigações jurídicas",[108] sendo definido também como "ato lícito da vontade humana, capaz de gerar efeitos na órbita do Direito".[109]

E para os negócios jurídicos o art. 112 do CC/2002 determina que: "Nas declarações de vontade se atenderá mais à intenção nelas consubs-

104. Enrico Tullio Liebman, *Manual de Direito Processual Civil*, cit., 3ª ed., vol. I, p. 216.

105. Sílvio de Salvo Venosa, *Direito Civil: Parte Geral*, 15ª ed., São Paulo, Atlas, 2015, p. 349.

106. Idem, p. 350.

107. Silvio Rodrigues, *Direito Civil: Parte Geral*, 28ª ed., São Paulo, Saraiva, 2002, p. 158.

108. Maria Helena Diniz, *Curso de Direito Civil Brasileiro: Teoria Geral do Direito Civil*, 33ª ed., vol. 1, São Paulo, Saraiva, 2016, p. 489.

109. Silvio Rodrigues, *Direito Civil: Parte Geral*, cit., 28ª ed., p. 169.

tanciada do que ao sentido literal da linguagem". Para Silvio Rodrigues referido dispositivo "não autoriza (...) que se prefira a vontade à declaração, embora esta não corresponda àquela, quando referida declaração for clara e insuscetível de dúvida".[110]

Sílvio de Salvo Venosa[111] esclarece que para a interpretação do negócio jurídico o juiz deverá adotar um posicionamento intermediário entre a *teoria subjetivista*, que equivale à corrente voluntarista da manifestação da vontade, pela qual deve ser investigada a efetiva vontade do declarante, devendo valer o negócio jurídico tal como foi desejado, e a *teoria objetivista*, que corresponde à teoria da declaração, a qual não investiga a vontade interna, pois o intérprete se atém à vontade manifestada.

Entretanto, em âmbito processual, os fatos[112] a serem considerados não são exatamente os mesmos fatos da teoria geral do direito privado[113] e, consequentemente, não se aplica para os atos processuais a mesma lógica dos atos jurídicos.

Conforme lição extraída da doutrina: "*Atos processuais são declarações de vontade que visam à criação, modificação, ou extinção de situações processuais*. Trata-se de espécie do gênero fato jurídico processual".[114]

110. Idem, p. 178.

111. Silvio de Salvo Venosa, *Direito Civil: Teoria Geral das Obrigações e Teoria Geral dos Contratos*, 15ª ed., São Paulo, Atlas, 2015, p. 496.

112. "Fatos jurídicos processuais são todos os acontecimentos da vida processual que acabam por criar, modificar ou extinguir situações processuais e que possuem o processo como espaço próprio de ocorrência" (Luiz Guilherme Marinoni, Sérgio Cruz Arenhart e Daniel Mitidiero, *Novo Curso de Processo Civil: Tutela dos Direitos mediante Procedimento Comum*, 2ª ed., vol. II, São Paulo, Ed. RT, 2016, p. 115).

113. "Em sentido amplo, os fatos que interessam ao direito processual são os mesmos que a teoria geral do direito privado considera fatos jurídicos, com o diferencial de eles encontrarem *locus* próprio no processo: são *fatos jurígenos*, podem ou *não* proceder da vontade dos sujeitos da relação processual e acontecem por causa da lide, com influência na lide e no intercurso ampliado do *iter* procedimental (aqui incluídas a fase pré-procedimental e pós-procedimental)" (Rosa Maria de Andrade Nery, "Fatos processuais. Atos jurídicos processuais simples. Negócio jurídico processual (unilateral e bilateral). Transação", *Revista de Direito Privado* 64/262, Thomson Reuters/Ed. RT, São Paulo, outubro-dezembro/2015).

114. Luiz Guilherme Marinoni, Sérgio Cruz Arenhart e Daniel Mitidiero, *Novo Curso de Processo Civil: Tutela dos Direitos mediante Procedimento Comum*, cit., 2ª ed., vol. II, p. 115.

Enrico Tullio Liebman ensina que:

> O processo tem início, caminha e se encerra através de diferentes atos de seus sujeitos, e que são os atos processuais. Estes se distinguem dos atos jurídicos em geral pelo fato de pertencerem ao processo e de exercerem um efeito jurídico direto e imediato sobre a relação processual, constituindo-a, impulsionando-a ou extinguindo-a. Em outras palavras, os atos processuais são os *atos do processo*.[115]

Dentre os atos praticados dentro do processo, o pedido deve ser considerado como um dos mais importantes, pois é dele a função de delimitar o mérito da causa e o âmbito de atuação do Poder Judiciário, bem como possui o papel de influenciar na análise da relação do processo com outras demandas (litispendência, conexão e continência).[116]

Decerto que: "Não se justificaria o ingresso de alguém em juízo se não fosse para pedir do órgão jurisdicional uma medida, ou *provimento* (...) todo provimento que o autor vem a juízo pedir refere-se a determinado *objeto*, ou bem da vida".[117] Disso se extrai que, ao comparecer em juízo e formular seu pedido, o demandante deve se valer do referido ato processual – o pedido – para externar ao Poder Judiciário qual é o bem da vida almejado em razão da demanda proposta.

Nas palavras de Araken de Assis: "Não cabe ao juiz, atrelado à demanda, reescrever aquilo que o autor efetivamente pediu, ou extrair das entrelinhas o que, na verdade, o autor não pediu, embora pudesse tê-lo feito".[118] Além da necessidade de se respeitar a inércia da jurisdição, o espírito de justiça do magistrado também deve considerar a posição do réu e não dilatar indevidamente – sem a devida provocação – eventual

115. Enrico Tullio Liebman, *Manual de Direito Processual Civil*, cit., 3ª ed., vol. I, p. 285.

116. "Manifesta-se o procedimento através de uma série de atos, realizados de modo concatenado desde a instauração do processo, passando por seu desenvolvimento e chegando ao seu resultado final, que, tanto quanto possível, deve corresponder à entrega da tutela jurisdicional adequada ao direito material levado ao processo pelas partes (= pedido)" (José Miguel Garcia Medina e Teresa Arruda Alvim Wambier, *Processo Civil Moderno*, cit., 3ª ed., vol. I (*Parte Geral e Processo de Conhecimento*), p. 140).

117. Antônio Carlos de Araújo Cintra, Ada Pellegrini Grinover e Cândido Rangel Dinamarco, *Teoria Geral do Processo*, 27ª ed., São Paulo, Malheiros Editores, 2011, p. 285.

118. Araken de Assis, *Processo Civil Brasileiro*, vol. I (*Parte Geral, Fundamentos e Distribuição de Conflitos*), São Paulo, Ed. RT, 2015, p. 743.

provimento jurisdicional. Por isso concordamos com a afirmação de que "o juiz não soluciona o caso; ele julga o pedido".[119]

Nelson Nery Jr. defende que "a sentença está adstrita ao que consta do pedido inicial elaborado pelo autor, não podendo o juiz introduzir pretensões não formuladas ou reconhecer eventuais direitos que não foram objeto de postulação".[120]

Para José Carlos Barbosa Moreira: "O juiz deve julgar todo o pedido e só o pedido, e não deve dizer absolutamente nada sobre o que não esteja contido nesse círculo".[121]

Em brilhante artigo de autoria da Min. Carmen Lúcia Antunes Rocha,[122] à época Presidente do STF, restou consignado que a atividade jurisdicional é ato impessoal e vinculado à norma positivada, a fim de se garantir segurança jurídica e previsibilidade às decisões judiciais.

A previsibilidade não ocorre só quando determinados órgãos do Poder Judiciário pacificam seu posicionamento sobre a solução a ser dada em determinado tipo de conflito, por meio dos institutos processuais uniformizadores da jurisprudência, previstos no art. 927, *caput* e incisos, do CPC/2015. No processo, pensado em sua singularidade, a previsibilidade também deve ser garantida, sendo assegurado ao demandante e ao demandado o julgamento da demanda nos limites do pedido formulado, em respeito aos princípios da inércia e da congruência.

Assim, falar em previsibilidade no âmbito do processo civil implica assegurar o prévio conhecimento daquilo que efetivamente a ação proposta poderá alcançar. Isso se faz tendo por base o contexto macro

119. Carlos Eduardo Stefen Elias, "As reformas processuais e o princípio da congruência entre sentença e pedido", *RePro* 158/45, São Paulo, Ed. RT, abril/2008.

120. Nelson Nery Jr., "Decisão *extra petita*", *Soluções Práticas de Direito* 9/131, setembro/2014.

121. José Carlos Barbosa Moreira, "Correlação entre o pedido e a sentença", cit., *RePro* 83/211.

122. "A compreensão do Direito é variada. Lidamos com a palavra da lei. E ela depende de interpretação. Mas interpretar não é livre pensar. Menos ainda livre julgar. Julgar é atividade vinculada à Constituição e à lei. E a sociedade precisa de segurança jurídica, valor básico do Estado de Direito. Toda insegurança jurídica é injusta. Por isso, as funções do Judiciário têm de ser desempenhadas com impessoalidade. É do equilíbrio, da racionalidade, coerência e previsibilidade do sistema judiciário – atributos que o juiz encontra na lei e apenas nela – que a Nação depende para ter segurança jurídica" (Carmen Lúcia Antunes Rocha, "(In)segurança jurídica", cit., disponível em *https://oglobo.globo.com/opiniao/inseguranca-juridica-22880449*, acesso em 6.5.2020).

de uniformização da jurisprudência (arts. 926 e 927 do CPC/2015) e o contexto micro, segundo o qual o pedido deve ser certo e determinado (ou determinável) e decidido à luz dos princípios da congruência e do contraditório.

Segundo Cândido Rangel Dinamarco, em razão da congruência se "aconselha prudência na interpretação das demandas, para que não se arrisque o juiz a extrapolar as intenções do autor ou, inversamente, a deixar sem apreciação alguma parte do pedido ou de seus fundamentos",[123] bem como não deixar de apreciar a situação de alguma das partes com relação ao pedido, notadamente em caso de litisconsórcio. Destaca, ainda, que "a manutenção do clima de segurança exige também o respeito à legalidade no trato *do processo* pelo juiz".[124]

Ao tratar dos princípios da demanda e da inércia da jurisdição, Flávio Luiz Yarshell[125] faz interessante construção sobre o aparente paradoxo existente no Estado que edita regras gerais e abstratas (Poder Legislativo) e, ao mesmo tempo, atribui ao indivíduo interessado o direito de acionar o Estado (Poder Judiciário) para a aplicação da norma abstrata ao caso concreto. Dentro deste contexto, referido autor explica que a inércia da jurisdição possui dois escopos, o jurídico e o social, e "a busca do escopo social impõe que o Estado busque superar – e não fomentar – controvérsias".[126]

De fato, o Poder Judiciário é responsável pela pacificação social, e não pela instigação de controvérsias. Caso o indivíduo detentor do

123. Cândido Rangel Dinamarco, *Instituições de Direito Processual Civil*. cit., 7ª ed., vol. II, p. 160.

124. Cândido Rangel Dinamarco, *A Instrumentalidade do Processo*, 15ª ed., São Paulo, Malheiros Editores, 2013, p. 235.

125. Flávio Luiz Yarshell, *Curso de Direito Processual Civil*, cit., vol. 1, p. 124.

126. Sobre o tema, destacamos, ainda: "*Interpretar* significa optar, isto é, significa fazer escolhas, e isto significa, ainda que inconscientemente, ainda que contra as intenções do intérprete, acrescentar alguma coisa ao texto que está sendo interpretado, qualquer coisa de que este texto careça. O ato do juiz é, então, inafastavelmente criativo. Pode-se, entretanto, e se deve, aliás, discutir os graus, os modos, os limites e a legitimidade da criatividade judiciária. (...). A distinção entre legislação e jurisdição reside, ao que me parece, na qualidade do objeto a respeito do qual o legislador e o juiz são chamados a pronunciar-se: problemas *abstratos* para o legislador; problemas *concretos* para o juiz, com a natural consequência de que o ato legislativo resolve e é eficaz para uma série de casos futuros, enquanto o ato jurisdicional põe fim a uma controvérsia concreta e é eficaz só em relação a esta" (Enrico Tullio Liebman, "A força criativa da jurisprudência e os limites impostos pelo texto da lei", cit., *RePro* 43/57 e 59).

interesse lesado opte por buscar o Poder Judiciário para a solução do conflito, a este ente estatal caberá, em regra, decidir de acordo e nos limites da solução (bem da vida) desejada pelo próprio demandante, sob pena de incorrer na fomentação de controvérsia inexistente entre as partes litigantes e distinta do objeto litigioso do processo.

A pacificação social não será atingida caso o magistrado opte por extrair dos fatos de cada uma das demandas que estão sob sua responsabilidade tudo o que poderia ser pleiteado pelo demandante mas não o foi, e sobre esta gama de possíveis pleitos venha a proferir decisão.[127] Ao contrário, a pacificação social ocorrerá se, e somente se, cada magistrado compreender que sua função primária – e, antes disso, a função primária do órgão que integra, o Poder Judiciário – é decidir as ações individuais de acordo com a expressa provocação recebida pelo demandante, nem mais, nem além, nem aquém.[128]

Caso o magistrado, no exercício de seu ofício, tenha dúvida quanto ao pedido formulado em determinado processo, deverá valer-se da leitura dos fatos para tentar compreender qual é o contexto e qual é o anseio do demandante, delimitados pelo pedido. Os fatos narrados na exordial são fonte para a extração de *sentido do pedido* – e não para a extração de pedido –, caso este não tenha autonomia de clareza e necessite passar por um processo interpretativo.

Não por outro motivo questiona-se a posição pretoriana pela qual: "A decisão que interpreta de forma ampla o pedido formulado pelas partes

127. "As pessoas sentem as coisas e percebem os acontecimentos de formas diferentes. Isso faz parte da individualidade e da história de cada um. Esperar que o magistrado, que tem milhares de ações sob sua responsabilidade, possa aferir melhor do que a própria pessoa a maneira pela qual o ato lhe atinge seria tentar se isentar da responsabilidade de argumentar para justificar aquilo que pretende obter" (Olavo de Oliveira Neto e Patrícia Elias Cozzolino de Oliveira, "A necessidade de pedido específico na ação de indenização por dano moral", *Revista do Instituto dos Advogados de São Paulo* 23/258, São Paulo, janeiro-junho/2009).

128. Ao tratar do ativismo do juiz, Ada Pellegrini Grinover destaca que a razoabilidade deve "acompanhar toda a atividade do juiz. Razoabilidade é equilíbrio, bom senso, lucidez, coerência, abandono de convicções ou tendências pessoais, a consciência dos próprios limites e dos de sua função" (*Ensaio sobre a Processualidade: Fundamentos de uma Nova Teoria Geral do Processo*, Brasília, Gazeta Jurídica, 2016, 128).

Destacamos, ainda, que: "É certo que a concepção de um juiz proativo não implica, *tout court*, a instituição de um processo necessariamente autoritário" (José Rogério Cruz e Tucci, "Art. 2º", in José Rogério Cruz e Tucci *et al.* (coords.), *Código de Processo Civil Anotado*, Rio de Janeiro, GZ Editora, 2016, p. 3).

não viola os arts. 128 e 460 do CPC, pois o pedido é o que se pretende com a instauração da ação";[129] bem como que: "Para compreender os limites do pedido, é preciso interpretar a intenção da parte com a instauração da demanda".[130]

De acordo com Fábio Peixinho Gomes Corrêa, "a profundidade e a extensão da cognição judicial não se confundem, podendo haver uma profunda análise do objeto litigioso sem que haja necessidade de examinar todas as questões que poderiam ser deduzidas".[131] Por analogia, ao realizar a cognição exauriente o magistrado não pode adentrar a subjetividade inerente ao campo das intenções e da vontade do demandante. A atividade jurisdicional não se presta para tentar extrair do processo tudo o que o poderia ter sido pleiteado pelo demandante. A função da jurisdição limita-se a analisar tudo sobre o que foi pedido.

Como se sabe, "embora a *causa petendi* não *integre* o pedido, ela o *identifica*".[132] A causa de pedir não pode gerar tutela jurisdicional se dela não decorrer um pedido. A simples narrativa de um fato na petição inicial não induz a atividade decisória do magistrado se deste fato não advier o respectivo pedido.[133-134]

Ainda que seja possível extrair pedido do fato narrado, somente o pedido formulado é que poderá ser objeto de cognição e decisão, inexistindo previsão legal como permissivo para que o magistrado, por meio da atividade interpretativa, extraia outros pedidos além dos formulados. E o § 2º do art. 322 do CPC/2015 trata da interpretação do pedido consi-

129. STJ, AgInt no AREsp 970.294-SP, rela. Min. Maria Isabel Gallotti, publ. 12.3.2018.

130. STJ, AgInt no REsp 1.540.423-DF, rel. Min. Lázaro Guimarães (Desembargador convocado do TRF-5ª Região), publ. 24.9.2018.

131. Fábio Peixinho Gomes Corrêa, *O Objeto Litigioso no Processo Civil*, cit., p. 234.

132. Arruda Alvim, *Manual de Direito Processual Civil*, cit., 18ª ed., p. 1.079.

133. "O reconhecimento, pela ordem jurídica, de determinados direitos subjetivos, quer privados ou públicos, significa, entre outras coisas, que a satisfação desses direitos, especialmente a satisfação coativa, depende da vontade dos titulares, isto é, da sua livre determinação; eis por que lhes é reconhecido esse exclusivo poder, que é o 'direito de agir em juízo' (o qual, por sua vez, é um direito subjetivo, o direito subjetivo processual por excelência)" (Enrico Tullio Liebman, *Manual de Direito Processual Civil*, cit., 3ª ed., vol. I, p. 195).

134. Ressalva feita para a questão prejudicial (art. 503, § 1º, do CPC/2015), cuja análise não constitui objeto deste trabalho.

derando o conjunto da postulação. Antes de se interpretar é necessária a existência do pedido a ser interpretado.

Em analogia, se, por um lado, recai sobre o réu o ônus da impugnação específica, em face do autor incide o ônus de formular todos os pedidos para os quais busca obter a tutela jurisdicional.[135] O pedido não contraditado pelo réu tornar-se-á incontroverso.[136] O pedido não formulado pelo autor tornar-se-á inexistente para fins de concessão da tutela jurisdicional.[137]

E o posicionamento apresentado neste trabalho não deve ser confundido com "negativa de prestação jurisdicional". O ato postulatório é exercido pelo próprio demandante, sobre o qual se desconhece qualquer influência por parte do demandado, razão pela qual nada obsta a que a petição inicial apresente todos os fatos e os pedidos que lhes são inerentes. A ausência de pedido que poderia ter sido formulado, mas não foi (bem como a não constatação de elementos objetivos que evidenciem a presença deste aludido pedido no conjunto da postulação), deve ser tida como falta de interesse em obter a respectiva prestação jurisdicional, e não como ato de esquecimento do demandante (ou de seu patrono), não sendo adequada, portanto, sua integração ao bojo da demanda por meio de métodos interpretativos que extrapolem o disposto no CPC/2015 sobre o tema.

No mais, o conteúdo da demanda não está previsto na lei, mas tão somente na vontade do demandante, ou, mais precisamente, no resultado

135. Também incide sobre o demandante o "ônus de afirmar, que se traduz para o autor na exigência de explicar a *causa petendi* em sua petição inicial, dimensiona-se pela exigência de oferecer fundamentos suficientes ao pedido que deduz, segundo as regras de direito material e de direito processual" (Cândido Rangel Dinamarco, "Ônus de afirmar e *causa petendi* – Os documentos indispensáveis à propositura da demanda – Ônus de afirmar e ônus de impugnação específica (CPC, art. 302 – Pedido determinado e sentença ilíquida – Confissões de dívida como declarações de vontade constitutivas – Honorários advocatícios (parecer)", *RF* 341/238, Rio de Janeiro, Forense, janeiro-março/1998).

136. Ressalte-se o disposto no art. 374, III, do CPC/2015, com ressalva às hipóteses do art. 341, I a III, do CPC/2015.

137. "No processo, as partes têm, predominantemente, ônus. Nesse sentido, ônus são atividades que devem ser desempenhadas para gerar benefícios àquele que as tiver cumprido. Omisso aquele a quem caiba o ônus, as consequências negativas da omissão sobre este recaem. Cumprido o ônus, a parte, dele, se libera" (José Miguel Garcia Medina e Teresa Arruda Alvim Wambier, *Processo Civil Moderno*, cit., 3ª ed., vol. I (*Parte Geral e Processo de Conhecimento*). p. 142).

que este espera obter em razão do ajuizamento da ação.[138] Por este motivo o pedido deve espelhar as intenções do demandante de maneira clara e nítida aos olhos daqueles que atuam no processo.

Em estudo destinado à interpretação das leis, Eduardo Juan Couture defende que: "Embora pretenda o intérprete ser, absolutamente, neutro, não pode sê-lo. Sua operação não é matemática, nem geométrica. É um ato vital e, por isso, estará carregado, inconscientemente, de volições".[139] Entretanto, a lei é abstrata e o pedido formulado pelo demandante é concreto (elemento objetivo da ação). Caso seja necessária a interpretação do pedido, a adoção de critérios objetivos é medida que se impõe, exatamente para fins de limitar o inconsciente subjetivismo levado a efeito pelo magistrado na qualidade de intérprete.

Ao tratar da dúvida sobre a demanda, Ovídio Araujo Baptista da Silva pontua que no Direito Romano, "nos casos duvidosos, quando não se tivesse certeza sobre a perfeita identidade do objeto litigioso, se recorresse; para conhecê-lo, à intenção manifestada pelo autor, em sua petição de tutela jurídica (D. 5, 1, 61, pr.; e D. 45, 1, 83, 1)".[140] É o caso do pedido que consta na petição inicial, mas não de maneira suficientemente clara. O magistrado deve tentar compreendê-lo tendo por base a leitura da petição inicial,[141] podendo intimar as partes para se manifestarem, por não ser aconselhável uma interpretação isolada e afastada do contraditório. Não pode o magistrado, entretanto, conjecturar a existência de pedido não formulado tendo por base as supostas intenções do demandante.

Dentro desse contexto, não se mostra adequado o Enunciado 285 do *Fórum Permanente de Processualistas Civis*, que, ao analisar o art. 322,

138. "É que as 'alegações' possuem no processo a natureza de declaração de vontade idêntica à de acionar e à de defender. Logo, permitir ao juiz substituir os fatos jurídicos provenientes da atividade assertória dos particulares, provendo baseado em outros, isolados e descobertos oficiosamente, importa julgar sem ação e, em última análise, subtrair às partes o próprio subjetivo" (Araken de Assis, "Questão de princípio", *Revista do Advogado* 40/33, São Paulo, julho/1993).

139. Eduardo Juan Couture, *Interpretação das Leis Processuais*, São Paulo, Max Limonad, 1956, p. 21.

140. Ovídio Araujo Baptista da Silva, "Limites objetivos da coisa julgada no Direito Brasileiro atual", cit., *RePro* 14/671.

141. "Não pode o juiz deixar de sentenciar, porém, se é obscuro o pedido, ou se é obscura a defesa, tem ele o dever de procurar entendê-lo, ou entendê-la, antes de ter de repeli-lo como inepto, ou como inepta, ou de julgar improcedente a ação ou insatisfatória a defesa" (Francisco Cavalcanti Pontes de Miranda, *Comentários ao Código de Processo Civil*, cit., t. II (arts. 46 a 153), p. 386).

§ 2º, do CPC/2015, entendeu que: "A interpretação do pedido e dos atos postulatórios em geral deve levar em consideração a vontade da parte, aplicando-se o art. 112 do Código Civil".[142] Longe de qualquer dúvida, *a vontade da parte não é um requisito para a técnica de interpretação do pedido* proposta pelo CPC/2015, e, portanto, não pode – e não deve – ser considerada para tal fim.

Sobre o tema, Arruda Alvim e Clarissa Diniz Guedes apresentam interessante proposta, segundo a qual: "Os objetivos do negócio jurídico são comuns" e "Coisa diversa ocorre no âmbito do processo", razão pela qual a aplicação da regra do art. 112 do CC/2002 deve ser vista com cautela.[143]

Conforme já abordado neste trabalho – no tópico sobre pretensão, ação, demanda e tutela jurisdicional –, incumbe ao demandante, que provoca o Poder Judiciário, formular pedido certo contendo a solução que entende ser a mais adequada para o conflito narrado nos fatos. Não cabe ao magistrado exercer processo intelectivo para ponderar quais seriam as outras soluções (pedidos) possíveis ou que o demandante potencialmente poderia ter intencionado pleitear.[144]

142. Enunciado 285 do *Fórum Permanente de Processualistas Civis*, disponível em *http://institutodc.com.br/wp-content/uploads/2017/06/FPPC-Carta-de-Florianopolis.pdf* (acesso em 6.5.2020).

143. "À luz do texto normativo, que substitui a antiga fórmula da interpretação restritiva do pedido (art. 293 do CPC/1973 – a nosso ver, corolário da imparcialidade do juiz), costuma-se afirmar que a interpretação do pedido deve ser guiada pela boa-fé objetiva, e inspirada no disposto no art. 112 do Código Civil (CC/2002). Tal dispositivo consagra a vontade das partes como critério de interpretação dos negócios jurídicos, em detrimento do conteúdo. Por tal raciocínio, as normas de direito material que orientam a interpretação das declarações de vontade constantes dos atos jurídicos seriam irradiáveis também ao campo do processo civil. Com isso, poderia haver ampliação do pedido, tal como formulado, bem como a criação de pedidos, o que não se concebe. As partes, nos negócios jurídicos, conhecem prévia e integralmente a intenção do que pretendem celebrar e é sob essa perspectiva que a norma do art. 112 do CC/2002 deve ser vista. Os objetivos do negócio jurídico são comuns, muito embora possa, naturalmente, haver interesses antagônicos. Coisa diversa ocorre no âmbito do processo, em que, embora se deva admitir uma interpretação contextual e desprezar os preciosismos de linguagem, o limite da obscuridade ou omissão do pedido ou da causa de pedir deve ser sempre respeitado" (Arruda Alvim e Clarissa Diniz Guedes, "Princípio do contraditório, cooperação e direito probatório", *RePro* 304/17-37, São Paulo, Ed. RT, junho/2020).

144. "O objeto litigioso é formado por uma pretensão de natureza processual, embora esta esteja ligada a uma situação substancial. A situação material afirmada no processo não aparece em 'estado puro' (tal como prevista no plano do direito material). Ocorre, na verdade, uma 'processualização' da pretensão, na medida em que o pedido (imediato) de tutela jurisdicional é dirigido ao Estado-juiz, consubstan-

Em interessante análise sobre o tema, Paula Costa e Silva defende a "escassez de situações litigiosas, motivadoras de decisões sobre a interpretação ou a relevância dos vícios da vontade nos actos processuais", haja vista que os atos processuais em sua maioria são praticados por advogados, os quais possuem formação técnica em Direito e são terceiros com relação aos interesses discutidos no processo. Assim, o conhecimento jurídico do interlocutor imediato do processo e a ausência de seu interesse direto no resultado da demanda acabam por afastar debates sobre vícios de vontade por parte do demandante quando da formulação do pedido em juízo,[145]

Se é o "ato processual toda ação humana que produza efeito jurídico em relação ao processo"[146] ou, ainda, "toda conduta dos sujeitos do processo que tenha por efeito a criação, modificação ou extinção de situações jurídicas processuais",[147] *a contrario sensu*, e ressalvadas as exceções legais, a ausência de ação humana e provocação do Poder Judiciário não se prestam para produzir efeito jurídico dentro ou fora do processo.

Decerto que o presente estudo não tem o objetivo de fazer crítica aos posicionamentos contrários, que defendem de maneira abstrata que a vontade do demandante seria um dos elementos para a interpretação do pedido; mas, diante dos argumentos apresentados neste tópico, referido entendimento não se mostra o mais adequado para concretizar a segurança jurídica esperada pelo jurisdicionado, enquanto destinatário final do processo.[148]

ciando-se em algo diverso (embora na medida do possível equivalente) ao que deveria ter sido cumprido espontaneamente" (Paulo Henrique dos Santos Lucon, *Relação entre Demandas*, cit., p. 50).

145. Paula Costa e Silva, *Acto e Processo – O Dogma da Irrelevância da Vontade na Interpretação e nos Vícios do Acto Postulativo*, cit., p. 338.

146. Humberto Theodoro Jr., *Curso de Direito Processual Civil*, cit., 58ª ed., vol. I, p. 475.

147. Antônio Carlos de Araújo Cintra, Ada Pellegrini Grinover e Cândido Rangel Dinamarco, *Teoria Geral do Processo*, cit., 27ª ed., p. 361.

148. "Filosofar por filosofar interessa à Filosofia. Para o Direito, porém, o conhecimento das teorias filosóficas somente é útil ou relevante na medida em que o jurista consiga utilizá-lo para produzir resultados no plano de sua ciência, que é, sabidamente, ávida de resultados práticos para a disciplina normativa da convivência social. Sem tais resultados, na esfera própria dos fenômenos jurídicos, o trabalho filosófico não atende os objetivos do Direito, por mais bonito e convincente que seja no plano das abstrações sintetizantes da Filosofia" (Humberto Theodoro Jr., "Interpretação e aplicação das normas jurídicas", *RePro* 150/20, São Paulo, Ed. RT, agosto/2007).

Em síntese conclusiva, "disciplinando os atos do processo, a lei processual tolera a liberdade das formas tão somente para o que não seja por ela expressamente regulado",[149] e "os atos processuais, conquanto sejam fatos voluntários, não têm – ao menos por regra – seus efeitos determinados a partir da vontade dos sujeitos do processo, vez que tais efeitos já estão previamente fixados pela própria lei".[150] Assim, por haver previsão na lei de que o pedido deve ser formulado e de maneira certa, a interpretação do pedido só pode incidir sobre o pedido expressamente formulado e quando este apresentar deficiência quanto à delimitação da certeza, não sendo a vontade do demandante um dos elementos para a interpretação do pedido, e menos ainda poderá ser tida como permissivo para se extrair da causa de pedir pedidos não formulados.

59. Momento da interpretação

Tão importante quanto definir o "*como* interpretar" é definir o "*quando* interpretar". A adoção do melhor momento processual para a interpretação do pedido tende a contribuir para o menor tempo do processo e a maior qualidade da prestação jurisdicional, notadamente por evitar discussões sobre questões que poderiam ter sido sanadas na fase processual mais adequada.

O art. 188 do CPC/2015 determina que: "Os atos e os termos processuais independem de forma determinada, salvo quando a lei expressamente a exigir". E o princípio da liberdade das formas[151] não se aplica em sua plenitude à interpretação do pedido, pois o próprio diploma processual prevê a forma e os momentos adequados para sua prática. No mais, com a superação das fases processuais as regras de interpretação do pedido vão se tornando cada vez mais rígidas, devendo ser sempre respeitados o contraditório e a ampla defesa.[152]

149. Flávio Luiz Yarshell, *Tutela Jurisdicional*, 2ª ed., São Paulo, DPJ, 2006, p. 183.

150. Idem, p. 188.

151. "Para a maior parte dos atos a lei disciplina a forma com disposições expressas, sendo na realidade muito restrito o âmbito em que se pode manifestar o princípio da liberdade da forma. Por isso, a regra vale mais como norma de encerramento do sistema, pois apenas estabelece o princípio da liberdade para aquilo que não estiver expressamente regulado" (Enrico Tullio Liebman, *Manual de Direito Processual Civil*, cit., 3ª ed., vol. I, p. 295).

152. "Ainda que a nova estipulação (§ 2º do art. 322 do CPC/2015) reformule a redação optada pelo legislador de 1973, o juiz não pode, contudo, ferir a regra da

Sem mais delongas, nos próximos tópicos serão apresentadas propostas de soluções pragmáticas para o problema em estudo, com a análise dos momentos processuais nos quais o Poder Judiciário pode entender pela necessidade de se interpretar o pedido e, respectivamente, qual deverá ser a postura adotada pelo órgão judiciário, a depender do momento processual. Notar-se-á que, com o curso do processo e o consequente encadeamento de atos processuais, a possibilidade de interpretação do pedido será cada vez mais limitada e menos eficiente para a resolução do mérito da causa.

60. Interpretação antes da sentença

O *primeiro* a interpretar o pedido deve ser o patrono do demandante,[153] antes de propor a ação, sendo, inclusive, recomendável o contato mais próximo entre cliente e advogado nesta fase embrionária, em que a petição inicial está sendo desenvolvida, pois: "Uma petição inicial clara e objetiva facilita a compreensão de seu conteúdo pelos demais sujeitos processuais, o que contribui para um diálogo clarificador das questões a serem discutidas no processo e, posteriormente, apreciadas pelos atos decisórios no processo".[154]

congruência. O novo dispositivo visa a permitir ao juiz, respeitados o contraditório e a ampla defesa, a adoção de postura *instrumentalista* em relação ao pedido 'defeituoso', como o é aquele topologicamente inadequado" (João Pereira Monteiro Neto, "Pedido genérico: reflexões à luz do novo Código de Processo Civil", cit., *RePro* 243/77-78).

153. Inclusive, conforme ensina Piero Calamandrei, para fins de se evitar a "chicana": "Há um momento em que o advogado do Cível deve olhar a verdade frente a frente, com o olhar desapaixonado do juiz: é aquele em que, solicitado pelo cliente para o aconselhar sobre a oportunidade de propor uma ação, tem o dever de examinar imparcialmente, tendo em conta as razões do eventual adversário, se pode fazer com que seja de justiça a obra de parcialidade que lhe é pedida. Desta forma, o advogado que trabalha no Cível deve ser o juiz instrutor dos seus clientes e sua utilidade social é tanto maior quanto maior for o número de sentenças de improcedência que pronunciar no seu gabinete" (*Eles, os Juízes, Vistos por Nós, os Advogados*, trad. de Ivo de Paula, São Paulo, Pilares, 2013, p. 105).

154. E complementa Guilherme César Pinheiro: "Uma petição inicial tecnicamente correta permite também que seja proferida sentença clara e objetiva. Lembre-se do princípio dispositivo que vincula a prestação da atividade jurisdicional, consubstanciada na sentença, ao pedido, formulado pelo autor, e a resistência apresentada pelo réu. Assim, aquilo que não foi pedido não poderá ser reconhecido em sentença. Veda-se, com isso, o proferimento de sentenças *citra*, *ultra* e *extra petita* (arts. 141 e

Assim, ao interpretar adequadamente as intenções que o demandante possui com o ajuizamento da ação, o patrono deverá formular pedido certo e determinado (ou determinável), na exata medida da solução desejada pelo demandante para o conflito de interesses posto em juízo, tanto no tocante à tutela jurisdicional quanto para definir o bem da vida a ser pleiteado. Nas palavras de Carlos Alberto Carmona: "Evitar a patologia, de qualquer modo, é dever de todos, o que recomenda que o autor formule clara e expressamente seus pedidos".[155]

Isso é o que se espera e o que ocorreria em um mundo ideal, no qual a adoção de métodos interpretativos do pedido, dentro do processo, sequer seria necessária. No entanto, entre o *ser* e o *dever-ser* existe uma gama de situações que comprometem a elaboração da petição inicial e do seu respectivo pedido da maneira mais adequada, decorrentes, por exemplo: da má técnica ou da desídia do patrono do demandante; da falta de comunicação adequada entre o patrono e o demandante antes da propositura da ação;[156] da omissão, intencional ou não, de informações por parte do demandante; da (questionável) opção do próprio patrono de formular pedido confuso como "estratégia" para solucionar conflito no qual não sabe ao certo qual pedido deve ser formulado; da necessidade de ajuizamento da ação com rapidez para evitar prejuízo (decadência ou prescrição, por exemplo) ou para pleitear tutela de urgência, ocasionando a falta da prévia e detida análise do caso – entre outros motivos.

Caso o pedido formulado padeça de deficiência na sua certeza, ocasionando a necessidade de interpretação para extrair o bem da vida pleiteado, a medida processual mais adequada, célere e efetiva para sanar este vício deve ser adotada pelo magistrado quando do recebimento da petição inicial, momento no qual se realizará uma breve análise da exordial para aferir o preenchimento dos requisitos dos arts. 319 e 320 do CPC/2015, bem como verificar se a exordial apresenta defeitos ou irregularidades capazes de dificultar o julgamento de mérito.

Havendo qualquer um destes vícios, compete ao juiz determinar que o demandante, no prazo de 15 dias, emende ou complete a petição

492 do novo CPC)" ("O novo Código de Processo Civil e as alterações não explícitas sobre a petição inicial", *RePro* 258/87-88, São Paulo, Ed. RT, agosto/2016).

155. Carlos Alberto Carmona, "Em torno da petição inicial", *RePro* 119/28, São Paulo, Ed. RT, janeiro/2005.

156. "Dura é a tarefa de defender o cliente ingênuo, completamente ignorante da complicada alquimia judiciária" (Piero Calamandrei, *Eles, os Juízes, Vistos por Nós, os Advogados*, cit., p. 101).

inicial, indicando com precisão o que deve ser corrigido ou completado (art. 321 do CPC/2015).

A deficiência do pedido guarda relação com este momento processual. Em leitura conjunta do art. 319, IV, com o art. 322, ambos do CPC/2015, estes determinam, respectivamente, que: "A petição inicial indicará: (...); IV – o pedido com as suas especificações; (...)" e "O pedido deve ser certo". Portanto, sem grande esforço é possível constatar o dever do demandante (leia-se, do seu patrono) de apresentar o pedido certo logo na petição inicial, bem como incumbe ao magistrado fiscalizar a regularidade da demanda quando do recebimento da petição inicial.

Se, diante da leitura preliminar da petição inicial, o magistrado notar ausência de certeza no pedido expressamente formulado, tem o dever legal de proferir decisão especificando qual seria o defeito no pedido e intimar o demandante para saná-lo,[157] sob pena de indeferimento da petição inicial ou, em caso de cumulação de pedidos em que apenas um ou parte dos pedidos possuir defeito na certeza, este deverá ser sanado, sob pena de extinção da parcela dos pedidos defeituosos[158] (art. 321, parágrafo único, e art. 354, *caput* e parágrafo único, ambos do CPC/2015).[159]

157. "(...) mandar que o juiz conclame o autor a emendar a petição inicial (art. 321) – e essa não é sequer uma *decisão*, mas um mero ato de impulso do processo mediante a concessão de uma oportunidade para emendar o erro, passando muito pouco de uma simples advertência, ou mero *conselho*. O ato com o que o juiz o faz qualifica-se como mero *despacho e não decisão interlocutória*, constituindo cumprimento da exigência contida no art. 10º do Código de Processo Civil e não comportando recurso algum. Se o autor insistir na escolha feita, só então caberá ao juiz extinguir o processo, agora decidindo – e seu ato será uma *sentença*, suscetível de apelação, em cujo julgamento dirá o tribunal se acertou o juiz ou certo estava o autor em sua escolha repudiada por aquele" (Cândido Rangel Dinamarco, *Instituições de Direito Processual Civil*, cit., 7ª ed., vol. III, p. 345).

158. "Consoante o art. 284, *caput* e parágrafo único, do CPC/1973 (atual art. 321, *caput* e parágrafo único, do CPC/2015), verificando o juiz que a petição inicial não preenche os requisitos exigidos pelos arts. 282 e 283 do CPC/1973 (atuais arts. 319 e 320 do CPC/2015), ou que apresenta defeitos e irregularidades capazes de dificultar o julgamento de mérito, determinará que o autor a emende ou a complete. Se o autor não cumprir a diligência, o juiz indeferirá a petição inicial. (...). Em que pese efetivamente oportunizado, aos agravantes, o saneamento do vício existente na petição inicial (...) os agravantes deixaram de fazê-lo, devendo, assim, suportar as consequências decorrentes de sua omissão, especialmente quando não compete ao julgador, com base no princípio da primazia do julgamento de mérito e da cooperação, fechar os olhos para os requisitos legais, emendando, de ofício, a petição inicial, ou outorgando reiteradas oportunidades para que a parte corrija o vício, o que violaria

Em estudo sobre a emenda da petição inicial, Rodrigo Otávio Barioni destaca que: "A concessão de prazo para a regularização da inicial não é mera faculdade do juiz, mas direito subjetivo do autor, a ser obrigatoriamente observado pelo magistrado".[160]

Para Arruda Alvim "o ambiente processual, quando enxergado através do princípio da boa-fé, cria nas partes e interessados em um litígio justas expectativas em relação a determinados comportamentos, evitando surpresas ou armadilhas processuais".[161]

Em harmonia com este posicionamento, o *segundo* momento processualmente adequado para se interpretar o pedido é quando do recebimento da petição inicial pelo magistrado, com a determinação de eventual emenda, caso necessário.

Se nem o próprio demandante – ou, mais precisamente, seu patrono – foi capaz de precisar com certeza qual seria o bem da vida desejado ao final do processo, cabe ao magistrado determinar a correção deste vício *ab ovo*, intimando-o para emendar a petição inicial.[162] Assim, caso o pedido não seja dotado de efetiva certeza, sua interpretação deve ser feita logo no início do processo, conferindo ao demandante a chance de sanar o vício e de realizar todos os ajustes na petição inicial que entender ne-

o princípio da paridade de tratamento, previsto nos arts. 7º e 139, I, do CPC/2015" (STJ, AgInt na AR 5.303-BA, rela. Min. Assusete Magalhães, publ. 24.10.2017).

159. E esta regra não é novidade, pois já possuía correlato no art. 282, IV, c/c art. 284, *caput* e parágrafo único, do CPC/1973.

160. E ressalta, ainda, que: "O exame de admissibilidade da petição inicial é realizado *initio litis*. O juízo negativo conduz ao indeferimento da petição inicial. Daí conclui-se que a oportunidade para emendar a petição inicial ocorre, em regra, antes da citação do réu, uma vez que essa providência só será determinada quando deferida a inicial. (...). Contudo, se é obrigatório ao juiz conceder prazo ao autor para a emenda da petição inicial antes de indeferi-la, após a citação há de reconhecer-se a necessidade de estabilização do processo. (...). A atuação do autor, para fins de alteração dos elementos da demanda, não dispensa a concordância do réu, já integrado à relação jurídico-processual" (Rodrigo Otávio Barioni, "A emenda da petição inicial após a citação do réu", *RePro* 121/59-60, São Paulo, Ed. RT, março/2005).

161. Arruda Alvim, *Manual de Direito Processual Civil*, cit., 18ª ed., p. 252.

162. "Percebendo o juiz, a qualquer momento, que a petição inicial é confusa, por não conduzir a conclusão alguma, sendo, portanto, *inepta*, deverá determinar ao autor que a emende ou complete, no prazo de 15 dias. Não sendo cumprida a diligência, indeferirá a petição inicial (art. 321, parágrafo único, do CPC/2015), obstado o prosseguimento do processo, podendo, porém, o autor, apelar" (Arruda Alvim, *Manual de Direito Processual Civil*, cit., 18ª ed., p. 201).

cessários – medida que, além de possuir previsão legal, encontra amparo no princípio da cooperação.

No mesmo sentido posiciona-se Cassio Scarpinella Bueno,[163] pelo qual a medida mais adequada para sanar o defeito na certeza do pedido é a determinação de sua emenda quando do recebimento da petição inicial.

Desde as *Ordenações Afonsinas* havia a previsão de recebimento da exordial pelo magistrado antes de se chamar o réu para contestar, conforme disposto no Livro III, Título LVII, pelo qual: "Depois que o Juiz do preito ouver julguado que o libello procede, deve mandar ao Reo que o contefte, (...)".[164]

Quando do recebimento da petição inicial também incumbe ao magistrado aferir a adequação entre o pedido e o valor da causa, tendo por base os pedidos expressamente formulados. Havendo divergência entre os pedidos e o valor atribuído à causa, o magistrado deve intimar o demandante para esclarecer os motivos da divergência ou sanar o vício (arts. 10 e 321 do CPC/2015), sob pena de correção de ofício e por arbitramento, intimando o demandante para proceder ao recolhimento da taxa judiciária correspondente ao ajuste do valor da causa, se for o caso (art. 292, § 3º, do CPC/2015). Mesmo se esta cautela não for realizada pelo magistrado ao receber a petição inicial, cumprirá ao demandado, antes de discutir o mérito, alegar a incorreção do valor da causa (art. 337, III, do CPC/2015), devendo o magistrado intimar o demandante para manifestação (art. 351 do CPC/2015) antes de sanear o feito.

Quando o demandante formula pedido genérico, para o qual o valor da causa deve ser estimado em quantia simbólica e provisória, a regra descrita acima deve ser analisada com cautela, conforme orientação extraída dos julgados do STJ.[165] Trata-se de hipótese na qual o valor da causa não servirá de elemento objetivo para a adequada interpretação do pedido.

163. "Se há dúvidas do juiz quanto ao que pede o autor, a hipótese é de emenda da inicial. Se falta clareza, exatidão, inteireza ao pedido, é fundamental que o defeito tenha sido sanado desde o início do processo (art. 284). Não só porque pode afetar a ampla defesa constitucionalmente reconhecida ao réu, mas também porque tem o condão de inviabilizar uma escorreita prestação jurisdicional" (Cassio Scarpinella Bueno, *Curso Sistematizado de Direito Processual Civil: Procedimento Comum Ordinário e Sumário*, cit., 7ª ed., vol. 2, t. I, p. 127).

164. *Ordenações Afonsinas*, disponível em *http://www.ci.uc.pt/ihti/proj/afonsinas/l3p190.htm*, acesso em 6.5.2020.

165. "(...). A formulação de pedido genérico é admitida, na impossibilidade de imediata mensuração do *quantum debeatur*, como soem ser aqueles decorrentes de

Conforme já foi possível demonstrar, o valor da causa – e, em alguns tribunais, o valor da taxa judiciária recolhida – presta-se para interpretar o pedido, por ser um elemento do conjunto da postulação, sendo esta a razão pela qual sua análise deve ser adotada na primeira oportunidade.

De todo modo, caso o defeito no pedido formulado passe desapercebido pelo magistrado quando do recebimento da petição inicial, nada obsta a que até a citação o demandante adite a petição inicial, independentemente de consentimento do demandado (art. 329, I, do CPC/2015), com liberdade para proceder às adequações que entender necessárias.

Como se está a falar de pedido formulado mas com vício na sua certeza, não se trata de *alteração*, mas apenas de *aditamento* de elementos sobre o próprio pedido formulado, para fins de melhor delimitá-lo, com a explicação dos fatos ou a exposição de novos fatos, ou, ainda, para ajustar o valor da causa do pedido defeituoso com o respectivo recolhimento das custas judiciais, se for o caso, bem como requerer a produção ou apresentar provas sobre o pedido cuja certeza não tinha sido devidamente delimitada na petição inicial.

Não há dúvida de que até a citação é plena a liberdade do demandante de ajustar a petição inicial, para fins de conferir efetiva certeza ao pedido formulado, mesmo porque o diploma processual permite, inclusive, o aditamento para incluir novos pedidos ou alterar os pedidos já formulados, sendo este o *terceiro* momento para a interpretação do pedido.

Após a citação e até o saneamento do processo o demandante também poderá requerer o aditamento da petição inicial, inclusive aditando os demais elementos da exordial para fins de conferir plena certeza ao pedido formulado, podendo ser realizado *antes* ou *depois* da defesa apresentada pelo demandado, sendo estes, respectivamente, o *quarto* e

complexos cálculos contábeis, hipótese em que o valor da causa pode ser estimado pelo autor, em quantia simbólica e provisória, passível de posterior adequação ao valor apurado pela sentença ou no procedimento de liquidação" (STJ, AgR no REsp 906.713-SP, rel. Min. Luiz Fux, publ. 6.8.2009). Destaca-se, ainda: "(...) – Pedido genérico. Valor da causa. Se não é possível a imediata determinação do *quantum* da pretendida indenização, é licito formular pedido genérico, hipótese em que se admite que o valor da causa seja estimado pelo autor, em quantia simbólica e provisória, passível de posterior adequação ao valor apurado pela sentença ou no procedimento de liquidação" (STJ, REsp 363.445-RJ, rela. Min. Nancy Andrighi, publ. 1.4.2002).

No mesmo sentido, destacamos: STJ, REsp 764.820-MG, rel. Min. Luiz Fux, publ. 20.11.2006; STJ, AgR no REsp 968.021-PR, rel. Min. Humberto Martins, publ. 29.6.2009; STJ, AgR no REsp 1.294.449-MG, rel. Min. Marco Buzzi, publ. 15.10.2014.

o *quinto* momentos da interpretação do pedido; e em todo caso deverá contar com consentimento do réu, assegurado o contraditório mediante a possibilidade de manifestação deste no prazo mínimo de 15 dias, facultado o requerimento de prova suplementar.

Conforme elucida Milton Paulo de Carvalho: "Interessa, assim, não só ao juiz mas também ao réu a interpretação do pedido, que é o elemento essencial da demanda e objeto do processo".[166] Não por outro motivo mostram-se pertinentes a interpretação do pedido e o aditamento realizado pelo demandante no quarto e no quinto momentos, para que o contraditório seja exercido no momento adequado, possibilitando que o processo siga para a prolação de sentença de mérito sem que haja a necessidade de interpretar determinado pedido cuja certeza não está devidamente delimitada na petição inicial.

Cumpre ressaltar que a previsão legal de que o pedido deve ser certo, a prescrição de que o juiz deve analisar a petição inicial antes de recebê-la e, caso necessário, determinar a sua emenda e, ainda, as regras de aditamento do pedido são oportunidades conferidas pela lei para se atingir a plena certeza do pedido antes do julgamento do mérito, as quais devem ser observadas pelo demandante e pelo juiz. Por este motivo, não é crível admitir o uso da técnica da interpretação do pedido apenas quando da prolação da sentença, especialmente se o pedido que se busca interpretar não guardar relação com o conjunto da postulação.

Do mesmo modo, a boa-fé evidencia que o pedido pode e deve ser interpretado em momento processual adequado, no qual seja possível realizar os ajustes necessários para afastar a incerteza do bem da vida intencionado pelo demandante. Os institutos processuais anteriormente citados possuem previsão legal expressa, não sendo razoável a concessão – com supedâneo em métodos interpretativos – de tutela jurisdicional ao pedido não formulado, formulado de maneira deficiente ou em desacordo com o conjunto da postulação.

No tocante à defesa do demandado e todos os atos por ele praticados – o que ocorre pelo exercício do contraditório e da ampla defesa –, estes não servem de elemento para o magistrado interpretar o pedido. Decerto que se o pedido for formulado sem a adequada certeza caberá ao demandado apresentar sua contestação e exercer seu contraditório no curso do processo, tendo por base sua compreensão daquilo que o demandante teria

166. Milton Paulo de Carvalho, *Do Pedido no Processo Civil*, cit., p. 114.

intencionado com o ajuizamento da ação; entretanto, referido contraditório não servirá para sanar o vício na certeza do pedido do demandante.

Não é do demandado a obrigação de externar a certeza do pedido, mas, sim, única e exclusivamente, do demandante. Se o demandante possui a faculdade de se manter inerte quanto à formulação de determinado pedido (em razão do princípio dispositivo), o demandado não pode proceder com a mesma inércia, haja vista pesar sobre seus ombros o ônus da impugnação específica e da preclusão das matérias não impugnadas.

Ademais, o contraditório exercido em respeito ao princípio da eventualidade não se presta para legitimar o pedido não formulado. Ou o pedido foi formulado – ainda que de maneira deficiente –, ou não foi. Se não foi e o demandado excedeu seu contraditório, impugnando mais do que devia, isso não permite ao magistrado decidir sobre o que não foi pedido.

Entretanto, incumbe ao demandado suscitar o defeito no pedido e a inépcia da petição inicial (art. 301, III, e § 4º, do CPC/1973; correlatos ao art. 337, IV, e § 5º, do CPC/2015), a qual apenas não será acolhida se o magistrado conseguir decidir o mérito da causa tomando por base o conjunto da postulação e a boa-fé, nos termos contidos nos tópicos anteriores deste capítulo. E a sentença não pode decidir levando em consideração apenas qual seria a intenção do demandante em razão do ajuizamento da ação, haja vista não ser este um dos requisitos do § 2º art. 322 do CPC/2015.

Conforme lição de Ovídio Araujo Baptista da Silva, nos mesmos termos do posicionamento acima: "Assim como a revelia é inoperante para modificar os limites da coisa julgada, são igualmente indiferentes, para esse fim, a espécie ou a intensidade das defesas usadas pelo demandado, visando à rejeição da demanda".[167]

Nas palavras de Daniela Monteiro Gabbay: "Por meio da petição inicial, o autor apresenta o pedido em relação ao qual o réu se defende (*res in iudicium deducta*)".[168] O demandante postula e o demandado se defende.

167. E conclui, brilhantemente, que: "Quer o réu se defenda por meio de contestação simples, quer invoque a seu favor as chamadas defesas indiretas, ou exceções substanciais – enquanto nada pede, mas procura afastar o pedido contra si formulado pelo autor –, seu comportamento nada poderá acrescentar ao processo, em termos de modificação da demanda, ou de ampliação do objeto litigioso" (Ovídio Araujo Baptista da Silva, "Limites objetivos da coisa julgada no Direito Brasileiro atual", cit., *RePro* 14/59-60).

168. Daniela Monteiro Gabbay, "Arts. 318 a 331", cit., in José Rogério Cruz e Tucci *et al.* (coords.), *Código de Processo Civil Anotado*, p. 476.

Nada obsta a que após a defesa do demandado o magistrado objetive esclarecer o pedido formulado, inclusive para fins de viabilizar o saneamento do processo. Neste caso: "Havendo dúvida sobre a extensão da pretensão do autor, deve o juiz exercer o dever de consulta, prevenindo ambas as partes de eventuais surpresas na intepretação. Nisso consiste a cooperação judicial, inerente ao contraditório participativo".[169]

Por fim, mesmo após o saneamento o demandante poderá peticionar nos autos no intuito de delimitar a certeza do pedido, desde que este pedido e todos os seus elementos tenham constado expressamente no conjunto da postulação e não seja necessária realização de emenda para sanar o vício, pois neste momento do processo é vedado o aditamento (com a inclusão de novos fatos e novo pedido), em razão da preclusão e da extinção do direito de emendar o ato processual bem como da estabilização da demanda e da inalterabilidade do pedido, ressalvada a exceção prevista no art. 223 do CPC/2015.

Referida diligência empreendida pelo demandante após a decisão de saneamento é o *sexto* momento da interpretação do pedido, cuja necessidade provavelmente será aferida pelo demandante em razão do contraditório do demandado e do desenvolvimento de eventual fase instrutória, mas que terá um âmbito de atuação limitado ao esclarecimento do que já estiver contido em sua exordial ou em eventual emenda preexistente.

61. Interpretação na sentença

Conforme já analisado, após a propositura da ação e até o saneamento o autor possui a oportunidade de aditar ou alterar a petição inicial, podendo corrigir o pedido formulado ou incluir nova demanda. Na decisão que recebe a petição inicial, se necessário, o magistrado deve determinar seu aditamento ou solicitar esclarecimentos antes de citar o réu. Por este motivo, a não adoção de diligência para ajustar a petição inicial e delimitar a certeza do pedido deve ser tratada como matéria preclusa quando prolatada a sentença.

Antonio Carlos Marcato destaca, com acerto, a importância do desenvolvimento ordenado do processo, para fins de evitar retrocessos e para se atingir a atividade jurisdicional em sua plenitude.[170]

169. Arruda Alvim e Clarissa Diniz Guedes, "Princípio do contraditório, cooperação e direito probatório", cit., *RePro* 304/17-37.

170. "O processo, para atingir a sua finalidade de atuação da vontade concreta da lei, deve ter um desenvolvimento ordenado, coerente e regular, assegurando a

Dos ensinamentos de Flávio Luiz Yarshell sobre tutela jurisdicional se extrai que "o pedido (sob qualquer de seus enfoques) corresponde ao resultado final que o demandante persegue. O pedido, portanto, corresponde à tutela jurisdicional pretendida pelo autor, aqui entendida essa locução como resultado em prol do autor vencedor".[171]

Já, para Humberto Theodoro Jr., como "a sentença não pode versar senão sobre o que pleiteia o demandante, forçoso é admitir que o pedido é também o limite da jurisdição".[172]

Se "o pedido tem, em certa medida, a função de delimitar a atividade jurisdicional" e "a petição inicial pode ser vista como um projeto da sentença",[173] evidenciam-se a importância do pedido na formação do dispositivo da sentença e a inexistência de margem para atuação do magistrado para além daquilo que lhe foi demandado. Não por outro motivo "a sentença que decidir mais do que o pedido deve ter nessa parte sua nulidade decretada".[174]

Desse modo, interpretar o pedido no momento da prolação da sentença é a *ultima ratio*, sem a qual o julgamento do mérito da causa poderia restar prejudicado. A adoção de medidas pretéritas à prolação da sentença – a serem implementadas pelo demandante e pelo juiz – é a postura mais adequada e efetiva para se interpretar e adaptar o pedido à melhor tutela jurisdicional e ao bem da vida efetivamente objetivado pelo demandante.

Sem prejuízo, quando da sentença o magistrado *poderá* se valer da interpretação do pedido, desde que a faça considerando estritamente o conjunto da postulação e observando a boa-fé. Para o conjunto da postulação o magistrado deve sopesar os elementos contidos no ato postulatório, descritos nos incisos do art. 319 do CPC/2015. Já, para a boa-fé devem ser consideradas as intenções externadas pelo demandante no processo e todas as oportunidades tidas por este para esclarecer o pedido, cuja inter-

certeza das situações processuais e também a estabilidade das mesmas, sob pena de retrocessos e contramarchas desnecessárias e onerosas que colocariam em risco não só os interesses das partes em litígio mas, principalmente, a majestade da atividade jurisdicional a ele voltada" (Antonio Carlos Marcato, "Preclusões: limitação ao contraditório?", *RePro* 17/105-106, São Paulo, Ed. RT, janeiro-março/1980).

171. Flávio Luiz Yarshell, *Tutela Jurisdicional*, cit., 2ª ed., p. 104.

172. Humberto Theodoro Jr., *Curso de Direito Processual Civil*, cit., 58ª ed., vol. I, p. 1.091.

173. Teresa Arruda Alvim, *Embargos de Declaração. Como se Motiva uma Decisão Judicial?*, cit., 3ª ed., pp. 77-78.

174. Arruda Alvim, *Manual de Direito Processual Civil*, cit., 18ª ed., p. 1.078.

pretação se pretende realizar, a fim de aferir se, de fato, referido pedido necessita ser interpretado.

A técnica de interpretação do pedido não é regra de julgamento. Se fosse, estaria topologicamente contida no Capítulo XIII, e não no Capítulo II, Seção II, que trata especificamente do pedido.[175] Como vimos anteriormente, não há como considerar a extração de pedido por método interpretativo apenas quando da prolação da sentença, mesmo porque na fase decisória não há mais possibilidade de emenda da petição inicial e a demanda já está estabilizada. A sentença é momento processual inadequado e pouco efetivo para se interpretar o pedido, só não superando a fase recursal, a qual veremos oportunamente.

Sobre a tutela jurisdicional, José Rogério Cruz e Tucci destaca a importância "de o juiz ater-se ao ordenamento jurídico (legalismo do processo). Tal regra, elevada a verdadeiro postulado do direito processual, especialmente no que respeita à sentença, reclama estrita conformidade entre a atuação do juiz e as normas de direito material".[176]

E o problema maior não é a falta de pedido – hipótese na qual a petição inicial será indeferida, em razão de sua inépcia, nos termos do art. 330, § 1º, I, do CPC/2015[177] –, mas, sim, a existência de pedido não adequadamente delimitado bem como a postura interpretativa implementada por alguns magistrados no momento da prolação da sentença, com o intuito de extrair da petição inicial pedidos outros além daquele(s) expressamente formulado(s), valendo-se da leitura da causa de pedir e do contraditório exercido pelo réu. Este é o real problema na interpretação

175. Ambos os Capítulos contidos no Livro I, Título I, da Parte Especial do CPC/2015.

176. José Rogério Cruz e Tucci, "Espírito do processo civil moderno na obra de Rudolf von Ihering", *RePro* 66/289, São Paulo, Ed. RT, abril-junho/1992.

177. "Petição *inepta* significa petição não apta. A petição inicial inepta nada mais é do que a petição inidônea a gerar um processo com possibilidade de obter julgamento de mérito. (...). A inépcia decorre de falta de elementos essenciais à petição inicial (pedido ou causa de pedir) ou da existência de elementos que, de plano, indicam a inviabilidade de haver sentença sobre o *meritum causae* (impossibilidade jurídica do pedido ou pedidos incompatíveis), o que torna inútil o processamento da causa. Interessante notar que as causas de inépcia da petição inicial mantêm relação direta com o pedido. A falta de pedido apresenta-se como gravíssimo vício da petição inicial. Sem pedido não poderá ocorrer julgamento de mérito. É corrente, na doutrina, que mérito e pedido são sinônimos, de onde se pode extrair que petição inicial, sem pedido, produziria – não fosse indeferida liminarmente – processo sem mérito" (Rodrigo Otávio Barioni, "A emenda da petição inicial após a citação do réu", cit., *RePro* 121/53).

lógico-sistemática da petição inicial, a qual deve ser abandonada e substituída pelas regras objetivas contidas no § 2º do art. 322 do CPC/2015.

Considerando que o diploma processual não permite ao demandante emendar a petição inicial sem a concordância do demandado já citado,[178-179] com mais razão ainda o juiz deve permanecer inerte sobre o pedido não formulado e não deve apreciá-lo, e menos ainda julgá-lo.

A sentença que interpreta além do pedido poderá ser *ultra* ou *extra petita*. Exemplos: o demandante pede R$ 10.000,00 a título de danos materiais, mas na causa de pedir narra ter sofrido R$ 15.000,00 de danos materiais, juntando documentos para comprovar os R$ 15.000,00 de prejuízo mas atribuindo à causa o valor de R$ 10.000,00. A sentença que julgar além dos R$ 10.000,00 será *ultra petita*, por ter decidido além do pedido.

Outro exemplo: o demandante pede apenas danos materiais e na narrativa dos fatos menciona ter sofrido abalo psicológico e de sua imagem em razão da mesma conduta do demandado. A sentença que aprecia e julga o pedido de danos morais é *extra petita*. O pedido deve ser analisado à luz da causa de pedir, mas, não havendo pedido, não se pode extrair pedido da causa de pedir. A causa de pedir (exposição fática) sem pedido não permite a concessão de tutela jurisdicional.

Ao tratar da sentença *extra petita* Teresa Arruda Alvim esclarece que esta "comporta, sob certo aspecto, e na medida em que não se refere a pedido algum, a qualificação de sentença *inexistente. Falta, portanto,*

178. "Com a citação, extingue-se o poder de o autor alterar livremente os elementos da ação. A razão de ser da norma reside, inicialmente, no direito de defesa do réu. Se o réu é citado para defender-se em determinada causa, o direito de defesa será exercido em relação aos fatos e pedidos deduzidos na petição inicial. Não seria razoável admitir que o autor, após a citação do réu, alterasse os fatos que fundamentaram os pedidos ou os próprios pedidos. A contestação fora elaborada com base nos fatos narrados antes da citação e, por isso, não foram contestados os outros fatos. (...). Outorgar ao réu novo prazo para defesa sobre os novos fatos deduzidos pelo autor não parece solução viável. Ainda que possível esse procedimento – não previsto em lei –, tal fato conduziria à instabilidade da demanda. O autor, a todo o momento, poderia alterar o pedido ou a causa de pedir, no intuito de encontrar um flanco na linha de argumentação defensiva do réu" (Rodrigo Otávio Barioni, "A emenda da petição inicial após a citação do réu", cit., *RePro* 121/61).

179. Sobre o tema destaca-se, ainda, o art. 314 do Projeto de Lei do Senado 166/2010, pelo qual o autor poderia, enquanto não proferida a sentença, aditar ou alterar o pedido e a causa de pedir.

pressuposto processual de existência para que aquela sentença seja considerada juridicamente existente: o pedido”.[180]

Não obstante as críticas apresentadas neste tópico, não se pode negar que a sentença é o *sétimo* momento processual no qual a interpretação do pedido pode ser realizada. Entretanto, nesta oportunidade a interpretação poderá ser feita apenas pelo magistrado e em âmbito muito mais restrito, sempre considerando exclusivamente o conjunto da postulação e observando a boa-fé do demandante.

62. Interpretação após a sentença

Sem o intuito de adentrar com profundidade a teoria geral dos recursos, tem-se que, proferida a sentença de mérito, o magistrado exaure sua cognição e o mérito da causa só poderá ser reapreciado em sede recursal, nos limites da irresignação constante no recurso interposto pelo sucumbente, em respeito ao princípio devolutivo: *tantum devolutum quantum appellatum* (art. 1.013 do CPC/2015). A incidência do princípio dispositivo em sede recursal permite ao recorrente optar por recorrer da decisão integral ou parcialmente, da parte cuja reforma entende ser possível.[181]

Nos termos do Enunciado 100 do *Fórum Permanente de Processualistas Civis*: “Não é dado ao tribunal conhecer de matérias vinculadas ao pedido transitado em julgado pela ausência de impugnação”.[182]

O capítulo da decisão de mérito que for impugnado pelo recurso cabível – em regra apelação, podendo ser agravo de instrumento (art. 354, parágrafo único, e art. 356, § 5º, do CPC/2015) – será objeto de apreciação e julgamento pelo tribunal, bem como todas as questões suscitadas e discutidas no processo, ainda que não tenham sido solucionadas, se forem relativas ao capítulo impugnado (art. 1.013, § 1º, do CPC/2015).

180. Teresa Arruda Alvim, *Nulidades do Processo e da Sentença*, cit., 10ª ed., p. 259.

181. “O processo também ‘recomeça’ em fase de *recurso* – aliás, esta é a origem da palavra *re-curso* (novo curso). Há, de certo modo, um recomeço neste pedido de reapreciação, por outro órgão, da *matéria já decidida*. A iniciativa para que haja este ‘recomeço’ também cabe à parte, como decorrência do *princípio dispositivo*. E também à *parte* cabe desenhar os limites em que haverá esta reapreciação” (Teresa Arruda Alvim Wambier *et al.*, *Primeiros Comentários ao Novo Código de Processo Civil*, cit., p. 58).

182. Enunciado 100 do *Fórum Permanente de Processualistas Civis*, disponível em: *http://institutodc.com.br/wp-content/uploads/2017/06/FPPC-Carta-de-Florianopolis.pdf* (acesso em 6.5.2020).

Ademais: "Se o processo estiver em condições de imediato julgamento, o tribunal deve decidir desde logo o mérito quando: (...); II – decretar a nulidade da sentença por não ser ela congruente com os limites do pedido ou da causa de pedir; (...)" (art. 1.013, § 3º, II, do CPC/2015).

Feitas estas considerações, elencamos as seguintes problemáticas de interpretação do pedido após a sentença, mais precisamente em sede recursal: (i) o recurso que impugna a interpretação do pedido realizada pelo juízo *a quo* e suscita a violação ao princípio da congruência; (ii) a inexistência de impugnação recursal sobre este ponto e a constatação de ofício pelo tribunal de que a decisão do juízo *a quo* interpretou o pedido, bem como que desta interpretação ocorreu a violação ao princípio da congruência; e (iii) a decisão do tribunal que, ao julgar o recurso, opta por interpretar o pedido.

A primeira situação é a mais emblemática. Dos diversos julgados analisados neste estudo que tratam sobre interpretação do pedido, na maioria absoluta dos casos o recurso interposto requer a reforma da decisão sob o fundamento de violação ao princípio da congruência.

De fato, havendo a inadequada interpretação do pedido, sem a adoção de critérios claros e/ou de prévia diligência do magistrado para sanar o defeito na certeza do pedido desde o recebimento da petição inicial, bem como se o contraditório e a ampla defesa não forem observados antes de se decidir sobre pedido extraído por métodos exegéticos, não há como se furtar à incidência da violação do princípio da congruência.

Sobre esse ponto, o art. 1.013, § 3º, II, CPC/2015 é claro no sentido de que se o processo estiver em condições de imediato julgamento o tribunal deve decidir desde logo o mérito quando constatar a violação do princípio da congruência, seja para decotar da decisão a parte excedente (*ultra* e *extra petita*), seja para julgar a parte do pedido que deixou de ser apreciada pela decisão recorrida (*citra* ou *infra petita*).

Questão mais intrincada é definir se o tribunal pode, de ofício e em sede recursal, constatar a indevida interpretação do pedido e a consequente violação do princípio da congruência mesmo que inexista recurso interposto pela parte que sucumbiu na parcela do pedido interpretado, ou ainda que o recurso do sucumbente não suscite referido vício processual.

Conforme já nos posicionamos ao tratar das patologias do princípio da congruência, nada obsta a que em sede recursal referido vício seja reconhecido de ofício pelo tribunal, em razão do princípio translativo[183] e do princípio inquisitivo, inerentes à fase recursal.[184]

O pedido, enquanto pressuposto processual de validade (petição inicial apta), presta-se a definir em que medida a jurisdição será retirada de sua inércia. Se for proferida decisão apreciando o mérito de bem da vida que não foi pedido pelo demandante, decerto que a inércia da jurisdição foi indevida e voluntariamente rompida pelo próprio magistrado prolator da decisão, devendo este desvio ser corrigido pelo órgão hierarquicamente superior em sede recursal. Ademais, a decisão sobre pedido não formulado compromete a imparcialidade do julgador, cuja fiscalização deve ser feita pelo tribunal, inclusive de ofício.

De acordo com Teresa Arruda Alvim: "Os recursos existem para corrigir decisões tidas por *erradas*, e *não* para que o tribunal dê sua 'opinião', como se fossem ambas as decisões, a do juízo *a quo* e a do juízo *ad quem*, possíveis".[185]

Nada obsta a que o tribunal, ao ser provocado mediante o recurso cabível, opte por interpretar o pedido e reformar a decisão recorrida. Entretanto, ressalvada a hipótese de violação do princípio da congruência, referida reforma não poderá ser feita de ofício, mesmo se tiver por fundamento o conjunto da postulação e a boa-fé, previstos no § 2º do art. 322 do CPC/2015, tendo em vista que: "A nulidade dos atos deve ser alegada na primeira oportunidade em que couber à parte falar nos autos, sob pena de preclusão" (art. 278 do CPC/2015). Se o pedido formulado de maneira inadequada foi interpretado em desacordo com o conjunto da postulação e a boa-fé, a ausência de recurso da parte interessada torna a matéria preclusa.

Sobre os pedidos decididos no mérito cuja respectiva parcela da decisão não for impugnada pelo recurso haverá a preclusão, restando impossibilitados a análise e o julgamento pelo tribunal, em especial por meio de interpretação. Quando o tribunal julgar o recurso não lhe é permi-

183. "Efeito translativo da apelação (...) o julgamento *extra petita* insere-se no conceito de matéria de ordem pública passível de conhecimento de ofício em qualquer tempo e grau de jurisdição" (STJ, AgR no REsp 1.533.758-RJ, rel. Min. Humberto Martins, publ. 10.2.2016).

184. Sobre o tema: Rafael Ribeiro Rodrigues e Rennan F. K. Thamay, "O efeito translativo na barca de Caronte", *RePro* 255/253-274, São Paulo, Ed. RT, maio/2016.

185. Teresa Celina Arruda Alvim Pinto, "Existe a 'discricionariedade' judicial?", cit., *RePro* 70/233.

tido decidir sobre o que não tenha sido objeto de irresignação no recurso interposto, com exceção das matérias inerentes ao efeito translativo.

Ademais, incumbe ao tribunal afastar e ao recorrido-demandado impugnar eventual tentativa do recorrente-demandante de incluir, dentre os pedidos recursais, pedidos outros além dos originariamente constantes na petição inicial ou em eventual emenda.[186] O julgamento do recurso não se presta para alargar o objeto litigioso do processo,[187] mas, sim, e tão somente, para reanalisar e, se o caso, decidir novamente os pedidos formulados em momento processual adequado.

Por fim, caso tenha sido suscitada e decidida questão inerente à causa de pedir e, posteriormente, sobrevenha sentença interpretando e tutelando pedidos que não coincidem com o valor da causa fixado na fase postulatória, referida questão poderá ser suscitada pelo demandado em sede de apelação (art. 1.009, § 1º, do CPC/2015), não só para fins de buscar a correção do vício formal do valor da causa e a determinação do pagamento da taxa judiciária suplementar, como também podendo utilizar de elemento fático-processual quanto à inexistência de relação direta entre o pedido tutelado em decorrência da interpretação e o conjunto da postulação, notadamente o valor da causa.

Desse modo, a atuação do tribunal em sede recursal é o *oitavo* momento processual no qual a interpretação do pedido pode ser realizada, servindo para corrigir vício na congruência com (efeito devolutivo) ou sem (efeito translativo) provocação no recurso interposto, bem como podendo o tribunal – mediante provocação do recorrente – interpretar o pedido para zelar pela consideração ao conjunto da postulação e pela observância ao princípio da boa-fé.

63. No Superior Tribunal de Justiça e no Supremo Tribunal Federal

Nos termos do sedimentado posicionamento do STJ, "as questões de ordem pública, embora passíveis de conhecimento de ofício nas instâncias

186. "Tal óbice, por certo, deve ser verificado inclusive durante o procedimento recursal, no qual também se faz inviável inovar a demanda, sendo vedado ao recorrente pedir o que não pedira perante o órgão *a quo* (...)" (José Rogério Cruz e Tucci, *A "Causa Petendi" no Processo Civil,* cit., 3ª ed., p. 187).

187. "(...) nosso sistema não comporta alteração da causa de pedir ou do pedido na fase recursal" (STJ, ROMS 21.458-GO, rel. Min. Teori Albino Zavascki, publ. 3.9.2007).

ordinárias, não prescindem, no estreito âmbito do recurso especial, do requisito do prequestionamento".[188-189]

Ademais, conforme já abordado ao tratar da interpretação do pedido pelo STJ, os enunciados da Súmula 5 e da Súmula 7 afastam a competência para analisar recursos especiais que versem, respectivamente, sobre interpretação de cláusulas contratuais e reexame de provas – portanto, matérias fáticas.

Nesses termos, ao transferirmos a problemática da interpretação do pedido para o âmbito do recurso especial, concluímos que o STJ só poderá analisar eventual violação do princípio da congruência caso este tenha sido objeto de prequestionamento, não podendo ser suscitado de ofício, ao contrário do que ocorre com os tribunais de apelação.

Ademais, se o recurso especial estiver fundado na contrariedade ou negativa de vigência do § 2º do art. 322 do CPC/2015, a alegação de violação da interpretação do pedido não poderá ensejar o reexame de fatos, mas tão somente de questões de direito.

Não obstante o STJ já ter se posicionado no sentido de que "a interpretação do pedido deve considerar o conjunto da postulação e observar o princípio da boa-fé, considerando a reiterada jurisprudência desta Corte, atualmente reproduzida no art. 322, § 2º, do Código de Processo Civil/2015",[190] na verdade, e conforme já demonstrado neste trabalho, em que pese ao fato de a interpretação lógico-sistemática do pedido e suas variantes ter influenciado na revogação da interpretação restritiva e no surgimento da interpretação do pedido constante no § 2º do art. 322 do CPC/2015, o mencionado posicionamento pretoriano e a regra do atual diploma processual são institutos processuais distintos e que não se confundem.

188. STJ, REsp 1.730.535-ES, rel. Min. Paulo de Tarso Sanseverino, publ. 19.10.2018.

189. No mesmo sentido: "O requisito do prequestionamento deve estar preenchido para possibilitar o conhecimento da questão e seu julgamento de mérito, inclusive quando se tratar de matéria de ordem pública" (STJ, AgR no REsp 1.525.417-MG, rel. Min. Joel Ilan Paciornik, publ. 14.11.2018); "Nos termos da jurisprudência deste Superior Tribunal, o prequestionamento do tema recursal é imprescindível para a análise do recurso especial, inclusive na hipótese de se tratar de matéria de ordem pública" (STJ, AgR no AREsp 989.502-GO, rel. Min. Jorge Mussi, publ. 29.10.2018).

190. STJ, ED no REsp 1.606.781-RJ, rel. Min. Ricardo Villas Bôas Cueva, publ. 2.2.2017.

Não por outro motivo, o recurso especial tendente a tratar da interpretação do pedido, em decorrência do § 2º do art. 322 do CPC/2015, deve obedecer a todas as regras acima elencadas. Evidentemente que o STJ terá maior flexibilidade para interpretar o pedido nas hipóteses em que funcionar como juízo originário (ação rescisória, por exemplo) ou como Tribunal *ad quem* (processos de competência originária de outro tribunal), nos exatos termos dos tópicos acima descritos.

As regras aplicadas ao STF são análogas às do STJ, conforme acima exposto, ressalvado o fato de que no cabimento do recurso extraordinário não será possível suscitar a contrariedade ou negativa de vigência do § 2º art. 322 do CPC/2015, mas tão somente a contrariedade a algum dispositivo da Constituição Federal em decorrência da interpretação do pedido, restringindo ainda mais a análise da referida matéria neste âmbito recursal.

Assim, as análises de interpretação do pedido em recurso especial e em recurso extraordinário são, respectivamente, o *nono* e o *oitavo* momentos de interpretação do pedido.

Sem prejuízo, mesmo após transitada em julgado a decisão maculada pela inadequada interpretação do pedido, esta poderá ser objeto de ação rescisória em decorrência da manifesta violação à norma jurídica (art. 966, V, do CPC/2015), desde que demonstrada a inobservância dos requisitos previstos no § 2º do art. 322 do CPC/2015 ou em razão da existência de um dos vícios da congruência previstos no art. 492 do CPC/2015, podendo, ainda, ser suscitados ambos os fundamentos na mesma ação rescisória.

§ 8º. Conclusão

E, em síntese conclusiva, seguem os pontos que norteiam as constatações obtidas no curso deste trabalho, em razão da análise da lei, da doutrina e da jurisprudência.[1]

1. O CPC/2015 tem como um de seus pilares uniformizar a jurisprudência (art. 926) e, consequentemente, tornar o resultado do processo mais previsível. Antes de decidir, caberá ao magistrado observar se os tribunais possuem posicionamento predominante sobre a questão a ser decidida (art. 927).

2. Entretanto, para que o resultado do processo seja previsível não basta que o magistrado apenas observe as decisões proferidas pelos tribunais em casos análogos. As regras processuais também devem ser obedecidas e o pedido formulado pelo demandante deve servir para delimitar o objeto litigioso do processo.

3. A demanda é inaugurada pelo demandante, ao qual incumbe formular pedido certo e determinado (ou genérico, nos casos previstos na lei).

4. Até o CPC/1973 vigorava a regra da interpretação restritiva do pedido. No entanto, após pesquisas realizadas junto ao banco de dados de jurisprudência do *site* do STJ constatou-se que na vigência do CPC/1973 havia a predileção do referido órgão jurisdicional pela interpretação lógico-sistemática do pedido e outras variações deste posicionamento, todas destinadas a afastar a interpretação restritiva do pedido.

5. O art. 322, § 2º, do CPC/2015 revogou tacitamente a interpretação restritiva do pedido e inseriu no sistema normativo a previsão de

1. "A honestidade intelectual sugere ao estudioso que seja modesto em suas pretensões e não se atreva a oferecer como verdades dogmáticas o que não passa, nem pode passar, do plano das meras conjecturas. Dito isso, fica ele autorizado a formular algumas hipóteses, naturalmente sujeitas à confirmação ou ao desmentido da ciência e da experiência" (José Carlos Barbosa Moreira, "O processo, as partes e a sociedade", *RePro* 125/285, São Paulo, Ed. RT, julho/2005).

que: "A interpretação do pedido considerará o conjunto da postulação e observará o princípio da boa-fé".

6. A interpretação do pedido está topologicamente dentro da regra do pedido certo (art. 322, *caput* e § 2º, do CPC/2015) e fora da previsão sobre o pedido determinado ou genérico (art. 324, *caput* e § 1º, do CPC/2015).

7. O pedido *deve* ser certo, mas em caso de deficiência na certeza do pedido expressamente formulado o magistrado *pode* interpretá-lo.

8. O pedido genérico não deve ser interpretado. A interpretação não se presta para conferir liquidez. A ausência de liquidez do pedido requer a liquidação em momento posterior ao do ajuizamento da demanda, antes ou após a sentença.

9. O pedido mediato pode ser interpretado, com a finalidade de delimitar o bem da vida objetivado pelo demandante. O pedido imediato pode ser adequado, não se tratando necessariamente de interpretação do pedido. Se o pedido imediato for formulado de maneira incorreta, configurará falta de técnica processual, e o juiz não está adstrito ao pedido imediato incorreto, desde que tenha como base o pedido mediato a ser alcançado.

10. Caso o magistrado entenda pela necessidade de interpretar o pedido, para melhor delimitar a certeza e o bem da vida pleiteados, deverá considerar o conjunto da postulação e observar a boa-fé do demandante.

11. A interpretação do pedido não permite extrair da petição inicial – ou das manifestações que o demandante apresentar no curso do processo – outros pedidos além dos formulados.

12. O magistrado não pode extrair da narrativa dos fatos todos os pedidos que o demandante poderia ter formulado. A simples narrativa de um fato pelo demandante não configura pedido se destes fatos não sobrevier a formulação de uma demanda.

13. Pedido e causa de pedir não se confundem, mas se complementam. A interpretação do pedido pode ser extraída da causa de pedir, mas da causa de pedir o magistrado não pode extrair pedidos.

14. As demandas devem ser formuladas, aditadas ou alteradas no momento processual adequado, de acordo com as regras de postulação e de emenda do ato postulatório, todas previstas no CPC/2015.

15. O conjunto da postulação não está limitado aos fatos narrados pelo demandante em sua petição inicial ou em posterior emenda. A narrativa fática apresentada pelo demandante será o primeiro elemento analisado caso seja necessário interpretar o pedido, mas nunca o único. Além da narrativa fática, o magistrado também deverá se ater aos demais requisitos do art. 319 do CPC/2015, dentre os quais destacamos o valor da causa e as provas.

16. O valor da causa deve estar de acordo com o pedido cuja interpretação se busca alcançar. Se o valor da causa não compreender referido pedido, este pode ser tido por não formulado. Não se pode confundir pedido formulado com pedido que poderia ter sido formulado. A narrativa fática é subjetiva e o valor da causa, enquanto critério objetivo, confere segurança quando da aferição sobre a existência, ou não, de determinado pedido.

17. Em alguns tribunais o valor da causa é a base de cálculo para o recolhimento das custas judiciárias iniciais. Nestas hipóteses as custas judiciárias iniciais também irão compor o conjunto da postulação, para fim de se aferir a existência do pedido e delimitar a certeza do bem da vida pleiteado. Ambos (valor da causa e custas judiciais) são critérios objetivos e devem ser considerados em uma primeira análise, logo após a leitura da narrativa fática.

18. As provas produzidas e/ou requeridas pelo demandante também podem ser consideradas para se aferir a existência de pedido e, se positivo, a delimitação do bem da vida.

19. O diploma processual não prevê a necessidade de capítulo próprio na exordial denominado "Dos Pedidos". Os pedidos podem ser extraídos do corpo da petição inicial como um todo. Entretanto, os princípios da cooperação e da boa-fé processual exigem que o pedido seja formulado da maneira mais clara e expressa possível (certa e determinada), a fim de possibilitar ao magistrado e ao demandado aferirem de plano a existência e a extensão da demanda.

20. Em que pese a que a lei não determine que o(s) pedido(s) formulado(s) conste(m) em capítulo próprio da petição inicial, a técnica do patrono do demandante (boa ou má) deve ser considerada pelo magistrado, inclusive para fins de arbitramento dos honorários de sucumbência. Boas práticas devem ser premiadas e más práticas devem ser desprestigiadas.

21. A interpretação do pedido não é regra de julgamento. É dever do demandante postular em juízo apresentando pedido certo. Caso o pedido tenha sido formulado de maneira deficiente, quando do recebimento da petição inicial o magistrado deve determinar sua emenda, garantindo ao demandante o direito de aditar ou alterar livremente sua exordial. Mesmo após a citação o demandante deverá ser diligente e delimitar a certeza do seu pedido, caso necessário, e de acordo com as regras do momento processual em que sua manifestação for apresentada. Quando o magistrado for proferir a sentença, ele não terá plena liberdade para interpretar o pedido, pois deverá se ater apenas ao conjunto da postulação (regra objetiva) e à boa-fé (regra subjetiva), de maneira cumulada e motivada.

22. A vontade do demandante não é um dos requisitos legais para a interpretação do pedido. Não basta que o demandante tenha a intenção de formular um pedido. O pedido só poderá ser julgado se tiver sido formulado e da maneira como foi formulado. Não basta a possibilidade de apresentar determinado pedido em juízo, pois se este não for postulado não poderá ser julgado. Ressalte-se novamente que apenas o pedido formulado pode ser apreciado e julgado no mérito. Ressalvadas as exceções legais, o magistrado deve decidir de acordo e na medida da provocação do demandante. O pedido não pode ser extraído da vontade, dada a necessidade de ser expresso. O querer do demandante deve ser transportado para dentro do processo, em forma de pedido. Em caso de dúvida, o conjunto da postulação e a boa-fé serão os guias do magistrado para fins de aferir a existência e a extensão do pedido. Entender de maneira diversa significa violar o princípio da congruência e os demais princípios inerentes ao pedido.

23. Em grau recursal, o tribunal pode corrigir vício na congruência com (efeito devolutivo) ou sem (efeito translativo) provocação por parte do recurso interposto, bem como poderá – mediante provocação do recorrente – interpretar o pedido para zelar pela consideração do conjunto da postulação e pela observância do princípio da boa-fé.

24. O STJ e o STF podem interpretar o pedido desde que demonstradas, respectivamente, a contrariedade ou a negativa de vigência de norma infraconstitucional (recurso especial) ou a contrariedade de dispositivo constitucional (recurso extraordinário), bem como se for respeitado o prequestionamento para ambos os casos. A análise das provas e de circunstâncias fáticas restará prejudicada.

25. Incumbe ao demandante delimitar o objeto litigioso do processo e ao magistrado fiscalizar a adequada formulação do pedido. Já, ao demandado incumbe apresentar toda a matéria de defesa (ônus da impugnação específica), ainda que contraditória (princípio da eventualidade).

A defesa não se presta para delimitar e nem para esclarecer o objeto litigioso do processo.

26. À luz dos princípios da cooperação, economia dos atos processuais e primazia do julgamento do mérito, propõe-se (*de lege ferenda*) a criação de mecanismo processual para que, antes de apresentar a contestação, o demandado provoque o demandante, a fim de que este esclareça o pedido e viabilize o exercício do contraditório e da ampla defesa, visando, assim, a evitar futuros debates e recursos atinentes à interpretação do pedido e sobre a violação do princípio da congruência.

27. Todas as considerações feitas neste trabalho têm por escopo analisar o pedido e sua interpretação em ações individuais, notadamente no processo de conhecimento. As ações coletivas possuem outra estrutura e outro objeto, sendo necessária a adoção de critérios distintos para a interpretação do pedido.

28. Com o advento da interpretação do pedido prevista no § 2º do art. 322 do CPC/2015 não existe mais justificativa para que o Poder Judiciário permaneça utilizando a interpretação lógico-sistemática do pedido (e suas variantes) em ações individuais. A segurança jurídica[2] deve ser preservada, e, para isso, o magistrado deve se ater ao objeto litigioso do processo, limitando-se a decidir de acordo com a provocação do demandante.

29. Por meio deste estudo não se objetivou apenas expor uma problemática. Antes disso, a real intenção é apresentar propostas práticas para solucionar e tornar mais objetiva a interpretação do pedido no processo civil quando do julgamento de ações individuais.

2. "Sem a lei, a Justiça seria apenas uma ideia ou um ideal. A segurança jurídica é a certeza que se tem de atos, coisas e situações na incerteza da vida. O acatamento à lei dá a segurança de que precisa o cidadão. Na resposta judicial serena, impessoal e imparcial para a solução de um conflito repousa a confiança no Direito e no Judiciário" (Carmen Lúcia Antunes Rocha, "(In)segurança jurídica", disponível em *https://oglobo.globo.com/opiniao/inseguranca-juridica-22880449*, acesso em 6.5.2020).

Referências Bibliográficas

ALMEIDA FILHO, José Carlos de Araújo. "O pedido no sistema da *Common Law* e o princípio da adstrição". *RePro* 118/89-108. São Paulo, Ed. RT, novembro-dezembro/2004.

ALVES, Rafael Francisco, ANDRADE, Tathyana Chaves de, GABBAY, Daniela Monteiro, e LUCON, Paulo Henrique dos Santos. "Interpretação do pedido e da causa de pedir nas demandas coletivas (conexão, continência e litispendência)". In: LUCON, Paulo Henrique dos Santos (org.). *Tutela Coletiva – 20 Anos da Lei da Ação Civil Pública e do Fundo de Defesa de Direitos Difusos – 15 Anos do Código de Defesa do Consumidor*. São Paulo, Atlas, 2006 (pp. 184-199).

AMADEO, Rodolfo da Costa Manso Real, DELLORE, Luiz Guilherme Pennacchi, LOMBARDI, Mariana Capela, MESQUITA, José Ignácio Botelho de, e ZVEIBIL, Daniel Guimarães. "O colapso das condições da ação? Um breve ensaio sobre os efeitos da carência de ação". *RePro* 152/11-35. São Paulo, Ed. RT, outubro/2007.

AMENDOEIRA JR., Sidnei. *Manual de Direito Processual Civil*. 2ª ed., vol. 1 (*Teoria Geral do Processo e Fase de Conhecimento em Primeiro Grau de Jurisdição*). São Paulo, Saraiva, 2012.

_________. *Poderes do Juiz e Tutela Jurisdicional: a Utilização Racional dos Poderes do Juiz como Forma de Obtenção da Tutela Jurisdicional Efetiva, Justa e Tempestiva*. São Paulo, Atlas, 2006.

ANDRADE, Tathyana Chaves de, ALVES, Rafael Francisco, GABBAY, Daniela Monteiro, e LUCON, Paulo Henrique dos Santos. "Interpretação do pedido e da causa de pedir nas demandas coletivas (conexão, continência e litispendência)". In: LUCON, Paulo Henrique dos Santos (org.). *Tutela Coletiva – 20 Anos da Lei da Ação Civil Pública e do Fundo de Defesa de Direitos Difusos – 15 Anos do Código de Defesa do Consumidor*. São Paulo, Atlas, 2006 (pp. 184-199).

ARENHART, Sérgio Cruz. "Reflexões sobre o princípio da demanda". In: FUX, Luiz, NERY JR., Nelson, e WAMBIER, Teresa Arruda Alvim (coords.). *Processo e Constituição: Estudos em Homenagem ao Professor José Carlos Barbosa Moreira*. São Paulo, Ed. RT, 2006 (pp. 587-603).

ARENHART, Sérgio Cruz, MARINONI, Luiz Guilherme, e MITIDIERO, Daniel Francisco. *Novo Curso de Processo Civil: Teoria do Processo Civil*. 2ª ed., vol. I. São Paulo, Ed. RT, 2016.

_________. *Novo Curso de Processo Civil: Tutela dos Direitos mediante Procedimento Comum*. 2ª ed., vols. II e III. São Paulo, Ed. RT, 2016.

ARRUDA ALVIM, Eduardo. *Direito Processual Civil*. 5ª ed. São Paulo, Ed. RT, 2013.

ARRUDA ALVIM, Teresa. *Embargos de Declaração. Como se Motiva uma Decisão Judicial?*. 3ª ed. São Paulo, Ed. RT, 2017.

__________. *Nulidades do Processo e da Sentença*. 10ª ed. São Paulo, Thomson Reuters Brasil, 2019.

ARRUDA ALVIM, Teresa, NERY JR., Nelson, e OLIVEIRA, Pedro Miranda de (coords.). *Aspectos Polêmicos dos Recursos Cíveis e Assuntos Afins*. vol. 14. São Paulo, Thomson Reuters, 2018.

ARRUDA ALVIM, Thereza. "A tutela específica do art. 461 do Código de Processo Civil". *RePro* 80/103-110. São Paulo, Ed. RT, outubro-dezembro/1995.

__________. *Questões Prévias e os Limites Objetivos da Coisa Julgada*. São Paulo, Ed. RT, 1977.

ARRUDA ALVIM NETTO, J. M. de. *Manual de Direito Processual Civil*. 18ª ed. São Paulo, Thomson Reuters Brasil, 2019.

ARRUDA ALVIM NETTO, J. M. de, e GUEDES, Clarissa Diniz. "Princípio do contraditório, cooperação e direito probatório". *RePro* 304/17-37. São Paulo, Ed. RT, junho/2020.

ASSIS, Araken de. *Cumulação de Ações*. 4ª ed. São Paulo, Ed. RT, 2002.

__________. *Procedimento Sumário*, São Paulo, Malheiros Editores, 1996.

__________. *Processo Civil Brasileiro*. vol. I (*Parte Geral, Fundamentos e Distribuição de Conflitos*). São Paulo, Ed. RT, 2015.

__________. "Questão de princípio". *Revista do Advogado* 40/30-34. São Paulo, julho/1993.

AUFIERO, Mario Vitor. *Questões Prejudiciais e Coisa Julgada*. Rio de Janeiro, Lumen Juris, 2019.

ÁVILA, Humberto. *Teoria dos Princípios – Da Definição à Aplicação dos Princípios Jurídicos*. 16ª ed. São Paulo, Malheiros Editores, 2015; 20ª ed. São Paulo, Malheiros Editores, 2021.

AZEVEDO, Luiz Carlos de, e CRUZ E TUCCI, José Rogério. *Lições de História do Processo Civil Romano*. 2ª ed. São Paulo, Ed. RT, 2013.

BADARÓ, Gustavo Henrique Righi Ivahy. *Correlação entre a Acusação e a Sentença*. 3ª ed. São Paulo, Ed. RT, 2013.

BARBOSA MOREIRA, José Carlos. "Ação de revisão de aluguel – Pedido e sentença" (parecer). *RF* 328/128-133. Rio de Janeiro, Forense, outubro-dezembro/1994.

__________. "Correlação entre o pedido e a sentença". *RePro* 83/207-215. São Paulo, Ed. RT, julho-setembro/1996.

__________. "Duelo e processo". *RePro* 112/177-185. São Paulo, Ed. RT, outubro-dezembro/2003.

__________. "O processo, as partes e a sociedade". *RePro* 125/279-288. São Paulo, Ed. RT, julho/2005.

BARIONI, Rodrigo Otávio. "A emenda da petição inicial após a citação do réu". *RePro* 121/51-68. São Paulo, Ed. RT, março/2005.

BEDAQUE, José Roberto dos Santos. *Direito e Processo – Influência do Direito Material sobre o Processo*. 6ª ed. São Paulo, Malheiros Editores, 2011.

________. *Efetividade do Processo e Técnica Processual*. 3ª ed. São Paulo, Malheiros Editores, 2010.

________. "Os elementos objetivos da demanda à luz do contraditório". In: BEDAQUE, José Roberto dos Santos, e CRUZ E TUCCI, José Rogério (coords.). *Causa de Pedir e Pedido no Processo Civil (Questões Polêmicas)*. São Paulo, Ed. RT, 2002 (pp. 13-52).

________. *Poderes Instrutórios do Juiz*. 6ª ed. São Paulo, Ed. RT, 2011.

BEDAQUE, José Roberto dos Santos, e CRUZ E TUCCI, José Rogério (coords.). *Causa de Pedir e Pedido no Processo Civil (Questões Polêmicas)*. São Paulo, Ed. RT, 2002.

BETIOLI, Antônio Bento. *Introdução ao Direito*. 14ª ed. São Paulo, Saraiva, 2015.

BONICIO, Marcelo José Magalhães. "Ensaio sobre o dever de colaboração previsto no Projeto do Novo Código de Processo Civil Brasileiro". *RePro* 190/210-230. São Paulo, Ed. RT, dezembro/2010.

________. *Princípios do Processo no Novo Código de Processo Civil*. São Paulo, Saraiva, 2016.

BUZAID, Alfredo. "Da lide: estudos sobre o objeto litigioso". In: *Estudos e Pareceres de Direito Processual Civil*. Notas de adaptação ao Direito vigente de Ada Pellegrini Grinover e Flávio Luiz Yarshell. São Paulo, Ed. RT, 2002 (pp. 72-132).

________. "Processo e verdade no Direito Brasileiro". *RePro* 47/92-99. S]ao Paulo, Ed. RT, julho-setembro/1987.

CABRAL, Antônio do Passo. "O contraditório como dever e a boa-fé processual objetiva". *RePro* 126/59-81. São Paulo, Ed. RT, agosto/2005.

CABRAL, Antônio do Passo, e CRAMER, Ronaldo (coords.). *Comentários ao Novo Código de Processo Civil*. 2ª ed. Rio de Janeiro, Forense, 2016.

CAHALI, Yussef Said. *Dano Moral*. 2ª ed. São Paulo, Ed. RT, 1998.

CALAMANDREI, Piero. *Eles, os Juízes, Vistos por Nós, os Advogados*. Trad. de Ivo de Paula. São Paulo, Pilares, 2013.

CARACIOLA, Andrea Boari. "Congruência da tutela e interpretação lógico-sistemática do pedido". In: LUCON, Paulo Henrique dos Santos, *et al.* (coords.). *Processo em Jornadas*. Salvador, JusPodivm, 2016.

________. *Princípio da Congruência no Código de Processo Civil*. São Paulo, LTr, 2010.

CARMONA, Carlos Alberto. "Em torno da petição inicial". *RePro* 119/11-34. São Paulo, Ed. RT, janeiro/2005.

CARNELUTTI, Francesco. *Como Nasce o Direito*. São Paulo, Pillares, 2015.

________. *Como se Faz um Processo*. Campinas, Servanda Editora, 2015.

________. *Instituições do Processo Civil*. vol. 1. São Paulo, Classic Book, 2000.

CARVALHO, Milton Paulo de. *Do Pedido no Processo Civil*. Porto Alegre, Sérgio Antônio Fabris Editor, 1992.

________. "Pedido novo e aditamento do pedido. O art. 294 do Código de Processo Civil na sua nova redação". In: CRUZ E TUCCI, José Rogério (coord.). *Processo Civil: Estudo em Comemoração aos 20 Anos de Vigência do Código de Processo Civil*. São Paulo, Saraiva, 1995 (pp. 169-177).

CATALAN, Marcos Jorge. "O princípio da congruência e o acesso à ordem jurídica justa: reflexões sobre o tema na legalidade constitucional". *RePro* 147/73-95. São Paulo, Ed. RT, maio/2007.

CINTRA, Antônio Carlos de Araújo, DINAMARCO, Cândido Rangel, e GRINOVER, Ada Pellegrini. *Teoria Geral do Processo*. 27ª ed. São Paulo, Malheiros Editores, 2011; 31ª ed. São Paulo, Malheiros Editores, 2015.

CINTRA, Lia Carolina Batista. "Relevância da vontade no processo, interpretação do ato postulatório e pedido 'meramente' declaratório". *RePro* 239/35-62. São Paulo, Ed. RT, janeiro/2015.

COELHO, Otávio Ribeiro. "Expresso, interpretado ou implícito: as espécies de pedido no processo civil". ***De Jure**: Revista Jurídica* 32/136-159. N. 18. Belo Horizonte, Ministério Público do Estado de Minas Gerais/Centro de Estudos e Aperfeiçoamento Funcional/Diretoria de Produção Editorial, janeiro-junho/2019.

CORRÊA, Fábio Peixinho Gomes. *O Objeto Litigioso no Processo Civil*. São Paulo, Quartier Latin, 2009.

COSTA, Susana Henriques da. "Arts. 318 a 333". In: CABRAL, Antônio do Passo, e CRAMER, Ronaldo (coords.). *Comentários ao Novo Código de Processo Civil*. 2ª ed. Rio de Janeiro, Forense, 2016 (pp. 501-528).

________. *Condições da Ação*. São Paulo, Quartier Latin, 2005.

COSTA, Susana Henriques da, e FERNANDES, Débora Chaves Martines. "Processo coletivo e controle judicial de políticas públicas – Relatório Brasil". In: COSTA, Susana Henriques da, GRINOVER, Ada Pellegrini, e WATANABE, Kazuo (coords.). *O Processo para Solução de Conflitos de Interesse Público*. Salvador, JusPodivm, 2017 (pp. 359-382).

COSTA, Susana Henriques da, GRINOVER, Ada Pellegrini, e WATANABE, Kazuo (coords.). *O Processo para Solução de Conflitos de Interesse Público*. Salvador, JusPodivm, 2017.

COSTA E SILVA, Paula. *Acto e Processo – O Dogma da Irrelevância da Vontade na Interpretação e nos Vícios do Acto Postulativo*. Coimbra, Coimbra Editora, 2003.

COTA FILHO, Fernando Rey. *Princípio Dispositivo: à Luz dos Limites Objetivos da Coisa Julgada*. Curitiba, Juruá, 2019.

COUTURE, Eduardo Juan. *Interpretação das Leis Processuais*. São Paulo, Max Limonad, 1956.

CRAMER, Ronaldo, e CABRAL, Antônio do Passo (coords.). *Comentários ao Novo Código de Processo Civil*. 2ª ed. Rio de Janeiro, Forense, 2016.

CRESCI SOBRINHO, Elicio de. *Objeto Litigioso no Processo Civil*. Porto Alegre, Sérgio Antônio Fabris Editor, 2008.

CRUZ E TUCCI, José Rogério. *A **Causa Petendi** no Processo Civil*. 3ª ed. São Paulo, Ed. RT, 2009.

________. "A denominada 'situação substancial' como objeto do processo na obra de Fazzalari'. *RePro* 68/271-281. São Paulo, Ed. RT, outubro-dezembro/1992.

________. "A regra da eventualidade como pressuposto da denominada teoria da substanciação". *Revista do Advogado* 40/39-43. São Paulo, julho/1993.

________. "Art. 2º". In: CRUZ E TUCCI, José Rogério, *et al.*. *Código de Processo Civil Anotado*. Rio de Janeiro, GZ Editora, 2016 (pp. 2-4).

________. "Contornos da *causa petendi* da demanda civil perante o Juizado Especial". *RT* 745/11. São Paulo, Ed. RT, novembro/1997.

________. "Contra o processo autoritário". *RePro* 242/46-65. São Paulo, Ed. RT, abril/2015.

________. "Espírito do processo civil moderno na obra de Rudolf von Ihering". *RePro* 66/285-294. São Paulo, Ed. RT, abril-junho/1992.

________. "Reflexões sobre a cumulação subsidiária de pedidos". *RT* 786/57-67. São Paulo, Ed. RT, abril/2001.

________. (coord.). *Processo Civil: Estudo em Comemoração aos 20 Anos de Vigência do Código de Processo Civil*. São Paulo, Saraiva, 1995.

CRUZ E TUCCI, José Rogério, e AZEVEDO, Luiz Carlos de. *Lições de História do Processo Civil Romano*. 2ª ed. São Paulo, Ed. RT, 2013.

CRUZ E TUCCI, José Rogério, e BEDAQUE, José Roberto dos Santos (coords.). *Causa de Pedir e Pedido no Processo Civil (Questões Polêmicas)*. São Paulo, Ed. RT, 2002.

CRUZ E TUCCI, José Rogério, *et al.* (coords.). *Código de Processo Civil Anotado*. Rio de Janeiro, GZ Editora, 2016.

DELLORE, Luiz Guilherme Pennacchi, AMADEO, Rodolfo da Costa Manso Real, LOMBARDI, Mariana Capela, MESQUITA, José Ignácio Botelho de, e ZVEIBIL, Daniel Guimarães. "O colapso das condições da ação? Um breve ensaio sobre os efeitos da carência de ação". *RePro* 152/11-35. São Paulo, Ed. RT, outubro/2007.

DIDIER JR., Fredie. "Arts. 502 a 508". In: CABRAL, Antônio do Passo, e CRAMER, Ronaldo (coords.). *Comentários ao Novo Código de Processo Civil*. 2ª ed. Rio de Janeiro, Forense, 2016 (pp. 751-783).

________. (coord.). *Coleção Novo CPC: Doutrina Selecionada*. 2ª ed., vol. 1 (*Parte Geral*). Salvador, JusPodivm, 2016.

DIDIER JR., Fredie, OLIVEIRA, Rafael Alexandria de, e ZANETI JR., Hermes. "Elementos para uma teoria do processo estrutural aplicada ao processo civil brasileiro". *RePro* 303/45-81. São Paulo, Ed. RT, maio/2020.

DINAMARCO, Cândido Rangel. *A Instrumentalidade do Processo*. 15ª ed. São Paulo, Malheiros Editores, 2013.

________. *Instituições de Direito Processual Civil*. 9ª ed., vol. I. São Paulo, Malheiros Editores, 2017; 10ª ed. São Paulo, Malheiros Editores, 2020.

________. *Instituições de Direito Processual Civil*. 7ª ed., vols. II e III. São Paulo, Malheiros Editores, 2017; 8ª ed. São Paulo, Malheiros Editores, 2019.

________. *Nova Era do Processo Civil*. 4ª ed. São Paulo, Malheiros Editores, 2013.

________. "O conceito de mérito em processo civil". *RePro* 34/20-46. São Paulo, Ed. RT, abril-junho/1984.

________. "Ônus de afirmar e *causa petendi* – Os documentos indispensáveis à propositura da demanda – Ônus de afirmar e ônus de impugnação específica (CPC, art. 302 – Pedido determinado e sentença ilíquida – Confissões de dívida como declarações de vontade constitutivas – Honorários advocatícios (parecer)". *RF* 341/215-238. Rio de Janeiro, Forense, janeiro-março/1998.

________. "Superior Tribunal de Justiça e acesso a ordem jurídica justa". *RePro* 59/14-21. São Paulo, Ed. RT, julho-setembro/1991.

DINAMARCO, Cândido Rangel, CINTRA, Antônio Carlos de Araújo, e GRINOVER, Ada Pellegrini. *Teoria Geral do Processo*. 27ª ed. São Paulo, Malheiros Editores, 2011; 31ª ed. São Paulo, Malheiros Editores, 2015.

DINIZ, Maria Helena. *Curso de Direito Civil Brasileiro: Teoria Geral do Direito Civil*. 33ª ed., vol. 1. São Paulo, Saraiva, 2016.

DIP, Ricardo. "Tópicos inaugurais da interpretação jurídica". *RF* 413/663-667. Rio de Janeiro, Forense, janeiro-junho/2011.

DONNINI, Rogério José Ferraz. "*Bona fides*: do direito material ao processual". *RePro* 251/113-126. São Paulo, Ed. RT, janeiro/2016.

ELIAS, Carlos Eduardo Stefen. "Arts. 700 a 702". In: CRUZ E TUCCI, José Rogério, *et al.* (coords.). *Código de Processo Civil Anotado*. Rio de Janeiro, GZ Editora, 2016 (pp. 964-971).

________. "As reformas processuais e o princípio da congruência entre sentença e pedido". *RePro* 158/38-64. São Paulo, Ed. RT, abril/2008.

FERNANDES, Débora Chaves Martines, e COSTA, Susana Henriques da. "Processo coletivo e controle judicial de políticas públicas – Relatório Brasil". In: COSTA, Susana Henriques da, GRINOVER, Ada Pellegrini, e WATANABE, Kazuo (coords.). *O Processo para Solução de Conflitos de Interesse Público*. Salvador, JusPodivm, 2017 (pp. 359-382).

FERNANDES, Luís Eduardo Simardi. "O princípio do contraditório, o direito de não ser surpreendido e seus reflexos". In: LUCON, Paulo Henrique dos Santos, *et al.* (coords.). *Processo em Jornadas*. Salvador, JusPodivm, 2016.

FERRARA, Francesco. *Interpretação e Aplicação das Leis*. 2ª ed. São Paulo, Saraiva, 1940.

FERRAZ JR., Tercio Sampaio. *Introdução ao Estudo do Direito: Técnica, Decisão, Dominação*. 9ª ed. São Paulo, Atlas, 2016.

FORNACIARI JR., Clito. "Art. 343". In: CRUZ E TUCCI, José Rogério, *et al.* (coords.). *Código de Processo Civil Anotado*. Rio de Janeiro, GZ Editora, 2016 (pp. 505-508).

FREITAS, Juarez. *A Interpretação Sistemática do Direito*. 5ª ed. São Paulo, Malheiros Editores, 2010.

FUX, Luiz. *Teoria Geral do Processo*. 3ª ed. Rio de Janeiro, Forense, 2019.

FUX, Luiz, NERY JR., Nelson, e WAMBIER, Teresa Arruda Alvim (coords.). *Processo e Constituição: Estudos em Homenagem ao Professor José Carlos Barbosa Moreira*. São Paulo, Ed. RT, 2006.

GABBAY, Daniela Monteiro. "Arts. 318 a 331". In: CRUZ E TUCCI, José Rogério, *et al.* (coords.). *Código de Processo Civil Anotado*. Rio de Janeiro, GZ Editora, 2016 (pp. 471-482).

________. *Pedido e Causa de Pedir*. São Paulo, Saraiva, 2010.

GABBAY, Daniela Monteiro, ALVES, Rafael Francisco, ANDRADE, Tathyana Chaves de, e LUCON, Paulo Henrique dos Santos. "Interpretação do pedido e da causa de pedir nas demandas coletivas (conexão, continência e litispendência)". In: LUCON, Paulo Henrique dos Santos (org.). *Tutela Coletiva – 20 Anos da Lei da Ação Civil Pública e do Fundo de Defesa de Direitos Difusos – 15 Anos do Código de Defesa do Consumidor*. São Paulo, Atlas, 2006 (pp. 184-199).

GOMES, Danilo Heber. *Ato Processual (In)Existente*. Curitiba, Juruá, 2013.

GOMES, Luiz Roldão de Freitas. "Norma jurídica. Interpretação e aplicação. Aspectos atuais". *RF* 316/65-71. Rio de Janeiro, Forense, outubro-dezembro//1991.

GRAU, Eros Roberto. "Nota sobre os conceitos jurídicos". In: MENDES, Gilmar Ferreira, e STOCO, Rui (orgs.). *Doutrinas Essenciais – Direito Civil – Parte Geral*. vol. I (*Teoria Geral do Direito*). São Paulo, Ed. RT, 2011 (p. 259).

________. *O Direito Posto e o Direito Pressuposto*. 9ª ed. São Paulo, Malheiros Editores, 2014.

________. "O direito pressuposto e o direito posto". *RT* 673/21-26. São Paulo, Ed. RT, novembro/1991.

________. *Por que Tenho Medo dos Juízes (Interpretação/Aplicação do Direito e os Princípios)*. 8ª ed. São Paulo, Malheiros Editores, 2017.

GRINOVER, Ada Pellegrini. *Ensaio sobre a Processualidade: Fundamentos de uma Nova Teoria Geral do Processo*. Brasília, Gazeta Jurídica, 2016.

________. "O direito de ação". In: WAMBIER, Luiz Rodrigues, e WAMBIER, Teresa Arruda Alvim (orgs.). *Doutrinas Essenciais – Processo Civil*. vol. 2. São Paulo, Ed. RT, outubro/2011 (pp. 45-57).

GRINOVER, Ada Pellegrini, CINTRA, Antônio Carlos de Araújo, e DINAMARCO, Cândido Rangel. *Teoria Geral do Processo*. 27ª ed. São Paulo, Malheiros Editores, 2011; 31ª ed. São Paulo, Malheiros Editores, 2015.

GRINOVER, Ada Pellegrini, COSTA, Susana Henriques da, e WATANABE, Kazuo (coords.). *O Processo para Solução de Conflitos de Interesse Público*. Salvador, JusPodivm, 2017.

GUEDES, Clarissa Diniz, e ARRUDA ALVIM NETTO, J. M. de. "Princípio do contraditório, cooperação e direito probatório". *RePro* 304/17-37. São Paulo, Ed. RT, junho/2020.

JORGE, Flávio Cheim. "Sentença cível". *RePro* 104/111-132. São Paulo, Ed. RT, outubro-dezembro/2001.

__________. *Teoria Geral dos Recursos Cíveis*. São Paulo, Ed. RT, 2015.

LACERDA, Galeno. "Limites ao poder cautelar geral e à concessão de liminares". *RT* 700/40-45. São Paulo, Ed. RT, fevereiro/1994.

LANES, Júlio Cesar Goulart. *Fato e Direito no Processo Civil Cooperativo*. São Paulo, Ed. RT, 2014.

LEONEL, Ricardo de Barros. *Causa de Pedir e Pedido: o Direito Superveniente*. São Paulo, Método, 2006.

LIEBMAN, Enrico Tullio. "A força criativa da jurisprudência e os limites impostos pelo texto da lei". *RePro* 43/57-60. São Paulo, Ed. RT, julho-setembro/1986.

__________. "Do arbítrio à razão. Reflexões sobre a motivação da sentença". *RePro* 29/79-81. São Paulo, Ed. RT, janeiro-março/1983.

__________. *Eficácia e Autoridade da Sentença e Outros Escritos sobre a Coisa Julgada*. Trad. de Alfredo Buzaid e Benvindo Aires, trad. dos textos posteriores à edição de 1945 com notas relativas ao Direito Brasileiro vigente de Ada Pellegrini Grinover. Rio de Janeiro, Forense, 2007.

__________. *Manual de Direito Processual Civil*. 2ª ed., vol. 1 (*Teoria Geral do Processo e Fase de Conhecimento em Primeiro Grau de Jurisdição*), São Paulo, Saraiva, 2012; 3ª ed., vol. I. São Paulo, Malheiros Editores, 2005.

__________. "O despacho saneador e o julgamento do mérito". *RT* 767/737-753. São Paulo, Ed. RT, setembro/1999.

LOMBARDI, Mariana Capela, AMADEO, Rodolfo da Costa Manso Real, DELLORE, Luiz Guilherme Pennacchi, MESQUITA, José Ignácio Botelho de, e ZVEIBIL, Daniel Guimarães. "O colapso das condições da ação? Um breve ensaio sobre os efeitos da carência de ação". *RePro* 152/11-35. São Paulo, Ed. RT, outubro/2007.

LOPES, Bruno Vasconcelos Carrilho. "A extensão da coisa julgada às questões apreciadas na motivação da sentença". *RePro* 216/431-438. São Paulo, Ed. RT, fevereiro/2013.

LUCON, Paulo Henrique dos Santos. *Relação entre Demandas*. Brasília, Gazeta Jurídica, 2016.

__________. (org.). *Tutela Coletiva – 20 Anos da Lei da Ação Civil Pública e do Fundo de Defesa de Direitos Difusos – 15 Anos do Código de Defesa do Consumidor*. São Paulo, Atlas, 2006.

LUCON, Paulo Henrique dos Santos, ALVES, Rafael Francisco, ANDRADE, Tathyana Chaves de, e GABBAY, Daniela Monteiro. "Interpretação do pedido e da causa de pedir nas demandas coletivas (conexão, continência e litispendência)". In: LUCON, Paulo Henrique dos Santos (org.). *Tutela Coletiva – 20 Anos da Lei da Ação Civil Pública e do Fundo de Defesa de Direitos Difusos – 15 Anos do Código de Defesa do Consumidor*. São Paulo, Atlas, 2006 (pp. 184-199).

LUCON, Paulo Henrique dos Santos, e RODRIGUES, Rafael Ribeiro. "Recursos extraordinário e especial repetitivos: antecedentes e novidades no CPC/2015". In: ARRUDA ALVIM, Teresa, NERY JR., Nelson, e OLIVEIRA, Pedro Miranda de (coords.). *Aspectos Polêmicos dos Recursos Cíveis e Assuntos Afins*. vol. 14. São Paulo, Thomson Reuters, 2018 (pp. 345-374).

LUCON, Paulo Henrique dos Santos, *et al.* (coords.). *Processo em Jornadas*. Salvador, JusPodivm, 2016.

MACHADO, Hugo de Brito. *Introdução ao Estudo do Direito*. 3ª ed. São Paulo, Atlas, 2012.

MACHADO, Marcelo Pacheco. *A Correlação no Processo Civil: Relações entre Demanda e Tutela Jurisdicional*. Salvador, JusPodivm, 2015.

________. "Causa de pedir e teoria da relatividade do fato essencial". *RePro* 237/89-113. São Paulo, Ed. RT. novembro/2014.

________. "Demanda, reconvenção e defesa: o que é o que é?". *RePro* 236/71-96. São Paulo, Ed. RT, outubro/2014.

________. *Incerteza e Processo*. São Paulo, Saraiva, 2013.

________. "Simplificação, autonomia e estabilização das tutelas de urgência: análise da proposta do Projeto de Novo Código de Processo Civil". *RePro* 202/233-267. São Paulo, Ed. RT, dezembro/2011.

MALACHINI, Edson Ribas. "Da conversibilidade de um processo em outro, por emenda à petição inicial". *RePro* 54/7-16. São Paulo, Ed. RT, abril-junho/1989.

MALLET, Estêvão. "Notas sobre o problema da chamada 'decisão-surpresa'". *RePro* 233/43-64. São Paulo, Ed. RT, julho/2014.

MANCUSO, Rodolfo de Camargo. "A questão dos limites no poder cautelar geral". In: WAMBIER, Luiz Rodrigues, e WAMBIER, Teresa Arruda Alvim (orgs.). *Doutrinas Essenciais – Processo Civil*. vol. V. São Paulo, Ed. RT, outubro/2011 (pp. 837-865).

MARCATO, Antonio Carlos. "Preclusões: limitação ao contraditório?". *RePro* 17/105-114. São Paulo, Ed. RT, janeiro-março/1980.

________. *Procedimentos Especiais*. 17ª ed. São Paulo, Atlas, 2017.

MARINONI, Luiz Guilherme. "O direito de ação como direito fundamental (consequências teóricas e práticas)". *RT* 873/11-30. São Paulo, Ed. RT, julho/2008.

MARINONI, Luiz Guilherme, ARENHART, Sérgio Cruz, e MITIDIERO, Daniel Francisco. *Novo Curso de Processo Civil: Teoria do Processo Civil*. 2ª ed., vol. I. São Paulo, Ed. RT, 2016.

________. *Novo Curso de Processo Civil: Tutela dos Direitos mediante Procedimento Comum*. 2ª ed., vol. II. São Paulo, Ed. RT, 2016.

__________. *Novo Curso de Processo Civil: Tutela dos Direitos mediante Procedimentos Diferenciados*. 2ª ed., vol. III. São Paulo, Ed. RT, 2016.

MARKY, Thomas. *Curso Elementar de Direito Romano*. 8ª ed. São Paulo, Saraiva, 1995.

MAXIMILIANO, Carlos. *Hermenêutica e Aplicação do Direito*. 20ª ed. Rio de Janeiro, Forense, 2011.

MEDINA, José Miguel Garcia, e WAMBIER, Teresa Arruda Alvim. *Processo Civil Moderno*. 3ª ed., vol. I (*Parte Geral e Processo de Conhecimento*). São Paulo, Ed. RT, 2013.

MEIRELLES, Hely Lopes. *Direito Administrativo Brasileiro*. 41ª ed. São Paulo, Malheiros Editores, 2015; 44ª ed. São Paulo, Malheiros Editores, 2020.

MEIRELLES, Hely Lopes, MENDES, Gilmar Ferreira, e WALD, Arnoldo. *Mandado de Segurança e Ações Constitucionais*. 36ª ed. São Paulo, Malheiros Editores, 2014; 38ª ed. São Paulo, Malheiros Editores, 2019.

MENDES, Gilmar Ferreira, e STOCO, Rui (orgs.). *Doutrinas Essenciais – Direito Civil – Parte Geral*. vol. I (*Teoria Geral do Direito*). São Paulo, Ed. RT, 2011.

MENDES, Gilmar Ferreira, MEIRELLES, Hely Lopes, e WALD, Arnoldo. *Mandado de Segurança e Ações Constitucionais*. 36ª ed. São Paulo, Malheiros Editores, 2014; 38ª ed. São Paulo, Malheiros Editores, 2019.

MESQUITA, José Ignácio Botelho de. "A *causa petendi* nas ações reivindicatórias". *Revista da Ajuris* 20/166-180. Rio Grande do Sul, novembro/1980.

MESQUITA, José Ignácio Botelho de, AMADEO, Rodolfo da Costa Manso Real, DELLORE, Luiz Guilherme Pennacchi, LOMBARDI, Mariana Capela, e ZVEIBIL, Daniel Guimarães. "O colapso das condições da ação? Um breve ensaio sobre os efeitos da carência de ação". *RePro* 152/11-35. São Paulo, Ed. RT, outubro/2007.

MITIDIERO, Daniel Francisco. *Cortes Superiores e Cortes Supremas – Do Controle à Interpretação, da Jurisprudência ao Precedente*. 2ª ed. São Paulo, Ed. RT, 2015.

MITIDIERO, Daniel Francisco, ARENHART, Sérgio Cruz, e MARINONI, Luiz Guilherme. *Novo Curso de Processo Civil: Teoria do Processo Civil*. 2ª ed., vol. I. São Paulo, Ed. RT, 2016.

__________. *Novo Curso de Processo Civil: Tutela dos Direitos mediante Procedimento Comum*. 2ª ed., vols. II e III. São Paulo, Ed. RT, 2016.

MONTEIRO NETO, João Pereira. "Pedido genérico: reflexões à luz do novo Código de Processo Civil". *RePro* 243/59-80. São Paulo, Ed. RT, maio/2015.

MONTORO, André Franco. *Introdução à Ciência do Direito*. 25ª ed. São Paulo, Ed. RT, 2000.

NERY, Rosa Maria de Andrade. "Fatos processuais. Atos jurídicos processuais simples. Negócio jurídico processual (unilateral e bilateral). Transação". *Revista de Direito Privado* 64/261-274. Thomson Reuters/Ed. RT. São Paulo, outubro-dezembro/2015.

NERY, Rosa Maria de Andrade, e NERY JR., Nelson. *Código de Processo Civil Comentado*. 18ª ed. São Paulo, Thomson Reuters Brasil, 2019.

_________. *Comentários ao Código de Processo Civil*. São Paulo, Ed. RT, 2015.

NERY JR., Nelson. "Condições da ação". *RePro* 64/33-38. São Paulo, Ed. RT, outubro-dezembro/1991.

_________. "Decisão *extra petita*". *Soluções Práticas de Direito* 9/125-153. Setembro/2014.

_________. *Princípios do Processo Civil na Constituição Federal*. 13ª ed. São Paulo, Ed. RT, 2017.

NERY JR., Nelson, ARRUDA ALVIM, Teresa, e OLIVEIRA, Pedro Miranda de (coords.). *Aspectos Polêmicos dos Recursos Cíveis e Assuntos Afins*. vol. 14. São Paulo, Thomson Reuters, 2018.

NERY JR., Nelson, e NERY, Rosa Maria de Andrade. *Código de Processo Civil Comentado*. 18ª ed. São Paulo, Thomson Reuters Brasil, 2019.

_________. *Comentários ao Código de Processo Civil*. São Paulo, Ed. RT, 2015.

NERY JR., Nelson, FUX, Luiz, e WAMBIER, Teresa Arruda Alvim (coords.). *Processo e Constituição: Estudos em Homenagem ao Professor José Carlos Barbosa Moreira*. São Paulo, Ed. RT, 2006

NUSDEO, Fábio. *Curso de Economia: Introdução ao Direito Econômico*. 7ª ed. São Paulo, Ed. RT, 2013.

OLIVEIRA, Bruno Silveira de. *O Juízo de Identificação de Demandas e de Recursos no Processo Civil Brasileiro (Contribuição ao Estudo dos Atos Postulatórios)*. Tese (Doutorado). São Paulo, Faculdade de Direito da Universidade de São Paulo, 2009.

OLIVEIRA, Patrícia Elias Cozzolino de, e OLIVEIRA NETO, Olavo de. "A necessidade de pedido específico na ação de indenização por dano moral". *Revista do Instituto dos Advogados de São Paulo* 23/250-263. São Paulo, janeiro-junho/2009.

OLIVEIRA, Pedro Miranda de, ARRUDA ALVIM, Teresa, e NERY JR., Nelson (coords.). *Aspectos Polêmicos dos Recursos Cíveis e Assuntos Afins*. vol. 14. São Paulo, Thomson Reuters, 2018.

OLIVEIRA, Rafael Alexandria de, DIDIER JR., Fredie, e ZANETI JR., Hermes. "Elementos para uma teoria do processo estrutural aplicada ao processo civil brasileiro". *RePro* 303/45-81. São Paulo, Ed. RT, maio/2020.

OLIVEIRA, Régis Fernandes de. *Interpretação, Paixões e Direito: o Sentimento Trágico do Direito e o seu Ignorado Aspecto Fenomenológico*. São Paulo, Estante de Direito, 2019.

OLIVEIRA NETO, Olavo de, e OLIVEIRA, Patrícia Elias Cozzolino de. "A necessidade de pedido específico na ação de indenização por dano moral". *Revista do Instituto dos Advogados de São Paulo* 23/250-263. São Paulo, janeiro-junho/2009.

PINHEIRO, Guilherme César. "O novo Código de Processo Civil e as alterações não explícitas sobre a petição inicial". *RePro* 258/85-102. São Paulo, Ed. RT, agosto/2016.

PINTO, Teresa Celina Arruda Alvim. "A sentença e a coisa julgada". *RePro* 41/177-184. São Paulo, Ed. RT, janeiro-março/1986.

________. "Existe a 'discricionariedade' judicial?". *RePro* 70/232-234. São Paulo, Ed. RT, abril-junho/1993.

PONTES DE MIRANDA, Francisco Cavalcanti. *Comentários ao Código de Processo Civil*. 2ª ed., t. I (arts. 1º a 45). Rio de Janeiro, Forense, 1979.

________. *Comentários ao Código de Processo Civil*. t. II (arts. 46 a 153). Rio de Janeiro, Forense, 1974.

________. *Comentários ao Código de Processo Civil*. 2ª ed., t. II (arts. 80 a 160). Rio de Janeiro, Revista Forense, 1958.

________. *Comentários ao Código de Processo Civil*. 2ª ed., t. IV (arts. 282 a 443). Rio de Janeiro, Forense, 1979.

________. *Comentários ao Código de Processo Civil*. t. V (arts. 444 a 475). Rio de Janeiro, Forense, 1974.

________. *Comentários ao Código de Processo Civil*. t. XII (arts. 796 a 889). Rio de Janeiro, Forense, 1976.

PUOLI, José Carlos Baptista. *Os Poderes do Juiz e as Reformas do Processo Civil*. São Paulo, Editora Juarez de Oliveira, 2001.

ROCHA, Carmen Lúcia Antunes. "(In)segurança jurídica". Disponível em *https://oglobo.globo.com/opiniao/inseguranca-juridica-22880449* (acesso em 6.5.2020).

RODRIGUES, Marco Antônio dos Santos. *A Modificação do Pedido e da Causa de Pedir no Processo Civil*. Rio de Janeiro, GZ Editora, 2014.

RODRIGUES, Rafael Ribeiro. "Honorários recursais. Do Anteprojeto ao CPC/15. Requisitos e funções. Questões problemáticas". *RF* 426/161-187. Rio de Janeiro, Forense, julho-dezembro/2017.

RODRIGUES, Rafael Ribeiro, e LUCON, Paulo Henrique dos Santos. "Recursos extraordinário e especial repetitivos: antecedentes e novidades no CPC/2015". In: ARRUDA ALVIM, Teresa, NERY JR., Nelson, e OLIVEIRA, Pedro Miranda de (coords.). *Aspectos Polêmicos dos Recursos Cíveis e Assuntos Afins*. vol. 14. São Paulo, Thomson Reuters, 2018 (pp. 345-374).

RODRIGUES, Rafael Ribeiro, e THAMAY, Rennan F. K. "Estabilização e pedido incontroverso". *RePro* 268/377-404. São Paulo, Ed. RT, junho/2017.

________. "O efeito translativo na barca de Caronte". *RePro* 255/253-274. São Paulo, Ed. RT, maio/2016.

________. "Uma primeira análise constitucional sobre os princípios no novo Código de Processo Civil". In: DIDIER JR., Fredie (coord.). *Coleção Novo CPC: Doutrina Selecionada*. 2ª ed., vol. 1 (*Parte Geral*). Salvador, JusPodivm, 2016 (pp. 351-367).

RODRIGUES, Silvio. *Direito Civil: Parte Geral*. 28ª ed. São Paulo, Saraiva, 2002.

SANCHES, Sydney. "Objeto do processo e objeto litigioso do processo". *Revista de Jurisprudência do Tribunal de Justiça do Estado de São Paulo* 55/13-26. São Paulo, novembro-dezembro/1978.

SANTOS, Silas Silva. *Litisconsórcio Eventual, Alternativo e Sucessivo*. São Paulo, Atlas, 2013.

SATO, Priscila Kei. "Art. 541". In: CRUZ E TUCCI, José Rogério, *et al.* (coords.). *Código de Processo Civil Anotado*. Rio de Janeiro, GZ Editora, 2016 (pp. 939-940).

SCARPINELLA BUENO, Cassio. *Curso Sistematizado de Direito Processual Civil: Procedimento Comum Ordinário e Sumário*. 7ª ed., vol. 2, t. I. São Paulo, Saraiva, 2014.

_________. *Curso Sistematizado de Direito Processual Civil: Procedimentos Especiais do Código de Processo Civil. Juizados Especiais*. 3ª ed., vol. 2, t. II. São Paulo, Saraiva, 2014.

_________. *Curso Sistematizado de Direito Processual Civil: Tutela Antecipada, Tutela Cautelar, Procedimentos Cautelares Específicos*. 6ª ed., vol. 4. São Paulo, Saraiva, 2014.

_________. "Direito, interpretação e norma jurídica: uma aproximação musical do Direito". *RePro* 111/223-241. São Paulo, Ed. RT, julho-setembro/2003.

SICA, Heitor Vitor Mendonça. *O Direito de Defesa no Processo Civil Brasileiro – Um Estudo sobre a Posição do Réu*. São Paulo, Atlas, 2011.

_________. *Preclusão Processual Civil*. 2ª ed. São Paulo, Atlas, 2008.

SILVA, De Plácido e. *Vocabulário Jurídico*. 20ª ed. Rio de Janeiro, Forense, 2002.

SILVA, João Paulo Hecker da. *Processo Societário: Tutelas de Urgência e da Evidência*. Brasília, Gazeta Jurídica, 2014.

SILVA, José Afonso da. *Curso de Direito Constitucional Positivo*. 37ª ed. São Paulo, Malheiros Editores, 2014; 43ª ed. São Paulo, Malheiros Editores, 2020.

SILVA, Ovídio Araujo Baptista da. "Limites objetivos da coisa julgada no Direito Brasileiro atual". *RePro* 14/45-71. São Paulo, Ed. RT, abril-setembro/1979.

_________. "Processo e ideologia". *RePro* 110/19-36. São Paulo, Ed. RT, abril-junho/2003.

SOUTO MAIOR, Jorge Luiz. *Razão e Consciência do Dano Social: Relato Literário e Histórico*. Disponível em *https://www.anamatra.org.br/artigos/1110-razao-e-consciencia-do-dano-social-relato-literario-e-historico* (acesso em 6.5.2020).

STOCO, Rui, e MENDES, Gilmar Ferreira (orgs.). *Doutrinas Essenciais – Direito Civil – Parte Geral*. vol. I (*Teoria Geral do Direito*). São Paulo, Ed. RT, 2011.

TALAMINI, Eduardo, e WAMBIER, Luiz Rodrigues. *Curso Avançado de Processo Civil: Teoria Geral do Processo e Processo de Conhecimento*. 15ª ed., vol. 1. São Paulo, Ed. RT, 2015.

THAMAY, Rennan F. K., e RODRIGUES, Rafael Ribeiro. "O efeito translativo na barca de Caronte". *RePro* 255/253-274. São Paulo, Ed. RT, maio/2016.

________. "Uma primeira análise constitucional sobre os princípios no novo Código de Processo Civil". In: DIDIER JR., Fredie (coord.). *Coleção Novo CPC: Doutrina Selecionada*. 2ª ed., vol. 1 (*Parte Geral*). Salvador, JusPodivm, 2016 (pp. 351-367).

THEODORO JR., Humberto. *Curso de Direito Processual Civil*. 58ª ed., vol. I. Rio de Janeiro, Forense, 2017.

________. "Estabilização da demanda no novo Código de Processo Civil". *RePro* 244/195-208. São Paulo, Ed. RT, junho/2015.

________. "Interpretação e aplicação das normas jurídicas". *RePro* 150/11-23. São Paulo, Ed. RT, agosto/2007.

________. "Notas sobre sentença, coisa julgada e interpretação". *RePro* 167/9-24. São Paulo, Ed. RT, janeiro/2009.

________. "O juiz e a revelação do Direito *in concreto*". *RF* 360/23-33. Rio de Janeiro, Forense, março-abril/2002.

TUCCI, Rogério Lauria. "Aspectos modernos do conceito de ação". In: WAMBIER, Luiz Rodrigues, e WAMBIER, Teresa Arruda Alvim (orgs.). *Doutrinas Essenciais – Processo Civil*. vol. 2. São Paulo, Ed. RT, outubro/2011 (pp. 59-80).

TUNALA, Larissa Gaspar. *Comportamento Processual Contraditório*. Salvador, JusPodivm, 2015.

VENOSA, Sílvio de Salvo. *Direito Civil – Teoria Geral das Obrigações e Teoria Geral dos Contratos*. 15ª ed. São Paulo, Atlas, 2015.

________. *Direito Civil: Parte Geral*. 15ª ed. São Paulo, Atlas, 2015.

________. *Introdução ao Estudo do Direito: Primeiras Linhas*. 5ª ed. São Paulo, Atlas, 2016.

VIEIRA, Luíta Maria Ourém Sabóia. "O princípio da correlação aplicado ao processo civil e ao processo penal". *RePro* 211/391-415. São Paulo, Ed. RT, setembro/2012.

VIGLIAR, José Marcelo Menezes. *Tutela Jurisdicional Coletiva*. 4ª ed. São Paulo, Atlas, 2013.

WALD, Arnoldo, MEIRELLES, Hely Lopes, e MENDES, Gilmar Ferreira. *Mandado de Segurança e Ações Constitucionais*. 36ª ed. São Paulo, Malheiros Editores, 2014; 38ª ed. São Paulo, Malheiros Editores, 2019.

WAMBIER, Luiz Rodrigues, e TALAMINI, Eduardo. *Curso Avançado de Processo Civil: Teoria Geral do Processo e Processo de Conhecimento*. 15ª ed., vol. 1. São Paulo, Ed. RT, 2015.

WAMBIER, Luiz Rodrigues, e WAMBIER, Teresa Arruda Alvim (orgs.). *Doutrinas Essenciais – Processo Civil*. vol. 2. São Paulo, Ed. RT, outubro/2011.

WAMBIER, Teresa Arruda Alvim. "O juiz aplica a lei à verdade dos fatos?". *RePro* 216/425-430. São Paulo, Ed. RT, fevereiro/2013.

WAMBIER, Teresa Arruda Alvim, e MEDINA, José Miguel Garcia. *Processo Civil Moderno*. 3ª ed., vol. I (*Parte Geral e Processo de Conhecimento*). São Paulo, Ed. RT, 2013.

WAMBIER, Teresa Arruda Alvim, e WAMBIER, Luiz Rodrigues (orgs.). *Doutrinas Essenciais – Processo Civil*. vol. 2. São Paulo, Ed. RT, outubro/2011.

WAMBIER, Teresa Arruda Alvim, *et al.*. *Primeiros Comentários ao Novo Código de Processo Civil*. São Paulo, Ed. RT, 2015.

WAMBIER, Teresa Arruda Alvim, FUX, Luiz, e NERY JR., Nelson (coords.). *Processo e Constituição: Estudos em Homenagem ao Professor José Carlos Barbosa Moreira*. São Paulo, Ed. RT, 2006

WATANABE, Kazuo. "Ação dúplice". *RePro* 31/138-143. São Paulo, Ed. RT, julho-setembro/1983.

_________. *Cognição no Processo Civil*. 4ª ed. São Paulo, Saraiva, 2012.

WATANABE, Kazuo, COSTA, Susana Henriques da, e GRINOVER, Ada Pellegrini (coords.). *O Processo para Solução de Conflitos de Interesse Público*. Salvador, JusPodivm, 2017.

YARSHELL, Flávio Luiz. *Antecipação da Prova sem o Requisito da Urgência e Direito Autônomo à Prova*. São Paulo, Malheiros Editores, 2009.

_________. *Curso de Direito Processual Civil*. vol. 1. São Paulo, Marcial Pons, 2014.

_________. *Tutela Jurisdicional*. 2ª ed. São Paulo, DPJ, 2006.

ZACLIS, Lionel. "Art. 550". In: CRUZ E TUCCI, José Rogério, *et al.* (coords.). *Código de Processo Civil Anotado*. Rio de Janeiro, GZ Editora, 2016 (pp. 950-953).

ZANETI JR., Hermes, DIDIER JR., Fredie, e OLIVEIRA, Rafael Alexandria de. "Elementos para uma teoria do processo estrutural aplicada ao processo civil brasileiro". *RePro* 303/45-81. São Paulo, Ed. RT, maio/2020.

ZVEIBIL, Daniel Guimarães, AMADEO, Rodolfo da Costa Manso Real, DELLORE, Luiz Guilherme Pennacchi, LOMBARDI, Mariana Capela, e MESQUITA, José Ignácio Botelho de. "O colapso das condições da ação? Um breve ensaio sobre os efeitos da carência de ação". *RePro* 152/11-35. São Paulo, Ed. RT, outubro/2007.

ANEXO A – DECISÕES FAVORÁVEIS À INTERPRETAÇÃO LÓGICO-SISTEMÁTICA DO PEDIDO E SUAS VARIANTES

Órgão Julgador	Ministro(a)	Processo	Publicação
4ª Turma	Sálvio de Figueiredo Teixeira	REsp 76.153-SP	5.2.1996
1ª Turma	José Delgado	REsp 105.616-PR	16.12.1996
4ª Turma	Sálvio de Figueiredo Teixeira	AgR no Ag 145.729-MG	2.3.1998
4ª Turma	Sálvio de Figueiredo Teixeira	REsp 120.299-ES	21.9.1998
4ª Turma	Sálvio de Figueiredo Teixeira	REsp 284.480-RJ	2.4.2001
4ª Turma	Sálvio de Figueiredo Teixeira	REsp 233.446-RJ	7.5.2001
5ª Turma	Felix Fischer	REsp 306.761-DF	4.6.2001
3ª Turma	Nancy Andrighi	REsp 337.785-RJ	25.3.2002
1ª Turma	Luiz Fux	AgR no Ag 468.472-RJ	2.6.2003
1ª Turma	Denise Arruda	AgR no Ag 567.773-RJ	20.9.2004
4ª Turma	Fernando Gonçalves	REsp 440.211-ES	11.10.2004
4ª Turma	Fernando Gonçalves	AgR no Ag 594.865-RS	16.11.2004
5ª Turma	Laurita Vaz	REsp 646.909-MT	13.12.2004
4ª Turma	Jorge Scartezzini	AgR no Ag 596.323-RJ	17.12.2004
2ª Turma	Franciulli Netto	AgR no REsp 511.670-MG	8.8.2005
1ª Turma	Denise Arruda	AgR no Ag 625.911-GO	20.6.2005
3ª Turma	Castro Filho	REsp 586.474-RS	23.5.2005
1ª Turma	Denise Arruda	AgR no Ag 627.423-MG	20.6.2005
4ª Turma	Barros Monteiro	AgR no Ag 643.032-ES	3.4.2006
4ª Turma	Aldir Passarinho Jr.	AgR no Ag 738.250-GO	5.11.2007
1ª Turma	Luiz Fux	REsp 807.863-RJ	1.8.2006
1ª Turma	José Delgado	REsp 716.468-RJ	31.8.2006
3ª Turma	Castro Filho	REsp 772.185-MT	13.11.2006
4ª Turma	Jorge Scartezzini	AgR no Ag 668.909-SP	20.11.2006
3ª Turma	Castro Filho	REsp 712.293-RJ	4.12.2006
4ª Turma	Jorge Scartezzini	AgR no Ag 819.912-DF	26.2.2007
3ª Turma	Humberto Gomes de Barros	REsp 445.413-DF	18.6.2007
5ª Turma	Arnaldo Esteves Lima	REsp 767.845-GO	7.5.2007
1ª Turma	Luiz Fux	AgR no Ag 865.880-RJ	9.8.2007

Órgão Julgador	Ministro(a)	Processo	Publicação
2ª Turma	Herman Benjamin	AgR no Ag 819.800-DF	17.10.2008
5ª Turma	Arnaldo Esteves Lima	REsp 734.509-BA	6.8.2007
2ª Turma	Herman Benjamin	AgR no Ag 844.050-SP	8.2.2008
2ª Seção	Fernando Gonçalves	CComp 62.402-MG	11.10.2007
4ª Turma	Massami Uyeda	AgR no Ag 632.742-MA	22.10.2007
3ª Turma	Humberto Gomes de Barros	REsp 985.084-BA	19.12.2007
5ª Turma	Arnaldo Esteves Lima	RMS 23.353-RS	19.5.2008
5ª Turma	Felix Fischer	ED no REsp 895.655-SP	28.4.2008
3ª Turma	Sidnei Beneti	AgR no Ag 886.219-RS	7.5.2008
5ª Turma	Arnaldo Esteves Lima	REsp 906.644-RJ	1.9.2008
3ª Turma	Massami Uyeda	REsp 1.045.351-MT	5.8.2008
3ª Turma	Sidnei Beneti	AgR no REsp 714.159-SC	1.7.2008
5ª Turma	Arnaldo Esteves Lima	AgR no Ag 948.786-SP	1.12.2008
5ª Turma	Arnaldo Esteves Lima	REsp 907.087-DF	1.12.2008
2ª Turma	Castro Meira	REsp 1.022.798-ES	28.11.2008
5ª Turma	Arnaldo Esteves Lima	REsp 948.732-RS	3.11.2008
5ª Turma	Arnaldo Esteves Lima	REsp 925.534-RN	3.11.2008
5ª Turma	Laurita Vaz	AgR no REsp 737.941-CE	1.12.2008
1ª Turma	Denise Arruda	AgR no Ag 1.038.295-RS	3.12.2008
1ª Turma	Denise Arruda	ED nos ED no REsp 911.520-SP	3.12.2008
5ª Turma	Arnaldo Esteves Lima	REsp 99.6621-BA	9.12.2008
3ª Turma	Sidnei Beneti	AgR no REsp 1.032.716-MG	19.12.2008
5ª Turma	Arnaldo Esteves Lima	REsp 880.163-GO	9.3.2009
1ª Turma	Teori Albino Zavascki	REsp 775.475-DF	28.5.2009
3ª Turma	Sidnei Beneti	REsp 1.021.688-RJ	1.7.2009
4ª Turma	Fernando Gonçalves	REsp 671.964-BA	29.6.2009
3ª Turma	Nancy Andrighi	REsp 907.350-PR	9.9.2009
2ª Turma	Humberto Martins	REsp 973.686-PR	30.9.2009
2ª Turma	Humberto Martins	AgR no REsp 1.118.704-RJ	22.9.2009
2ª Turma	Humberto Martins	REsp 1.115.916-MG	18.9.2009
5ª Turma	Laurita Vaz	AgR no Ag 1.170.562-SP	3.11.2009
3ª Turma	Sidnei Beneti	AgR no Ag 1.172.526-PR	7.10.2009

Órgão Julgador	Ministro(a)	Processo	Publicação
5ª Turma	Arnaldo Esteves Lima	REsp 1.040.579-GO	16.11.2009
3ª Turma	Paulo Furtado (Des. conv. TJBA)	AgR no REsp 788.361-SC	13.11.2009
3ª Turma	Sidnei Beneti	AgR no REsp 737.069-RJ	24.11.2009
3ª Turma	Massami Uyeda	RMS 27.589-PA	16.12.2009
2ª Turma	Mauro Campbell Marques	AgR no REsp 1.104.430-AL	16.4.2010
3ª Turma	Nancy Andrighi	AgR no REsp 914.981-RN	27.4.2010
2ª Turma	Eliana Calmon	REsp 1.159.409-AC	21.5.2010
3ª Turma	Vasco Della Giustina (Des. conv. TJRS)	AgR no REsp 872.990-SP	27.5.2010
4ª Turma	Luís Felipe Salomão	AgR no REsp 1.190.060-RS	28.6.2010
6ª Turma	Maria Thereza de Assis Moura	AgR no REsp 827.527-RS	16.8.2010
4ª Turma	Aldir Passarinho Jr.	AgR no REsp 1.007.935-MG	10.9.2010
3ª Turma	Paulo de Tarso Sanseverino	AgR no Ag 732.711-SP	15.9.2010
1ª Turma	Teori Albino Zavascki	AgR no REsp 835.091-ES	13.9.2010
5ª Turma	Napoleão Nunes Maia Filho	AgR no AgR no Ag 1.136.475-DF	11.10.2010
3ª Turma	Vasco Della Giustina (Des. conv. TJRS)	AgR nos ED no REsp 805.265-AL	21.9.2010
1ª Turma	Luiz Fux	REsp 1.107.219-SP	23.9.2010
2ª Turma	Eliana Calmon	REsp 967.375-RJ	20.9.2010
3ª Turma	Paulo de Tarso Sanseverino	AgR no Ag 784.710-RJ	6.10.2010
3ª Turma	Vasco Della Giustina (Des. conv. TJRS)	AgR no REsp 241.996-ES	13.10.2010
3ª Turma	Vasco Della Giustina (Des. conv. TJRS)	AgR no REsp 243.718-RS	13.10.2010
5ª Turma	Laurita Vaz	REsp 1.070.929-RJ	11.10.2010
1ª Turma	Hamilton Carvalhido	AgR no REsp 994.827-RS	4.11.2010
5ª Turma	Napoleão Nunes Maia Filho	AgR no REsp 97.606-ES	25.10.2010
1ª Turma	Benedito Gonçalves	RMS 32.442-RJ	26.10.2010
1ª Turma	Arnaldo Esteves Lima	AgR no REsp 1.198.331-DF	20.10.2010
3ª Turma	Nancy Andrighi	REsp 1.049.560-MG	16.11.2010
2ª Turma	Mauro Campbell Marques	REsp 1.210.068-RS	8.2.2011
5ª Turma	Gilson Dipp	AgR no REsp 1.122.901-RS	9.3.2011
3ª Turma	Nancy Andrighi	REsp 863.890-SC	17.2.2011

Órgão Julgador	Ministro(a)	Processo	Publicação
3ª Turma	Sidnei Beneti	AgR no REsp 995.528-RS	28.2.2011
3ª Turma	Vasco Della Giustina (Des. conv. TJRS)	AgR nos ED no Ag 762.469-MS	13.4.2011
2ª Turma	Castro Meira	AgR no REsp 416.937-SC	28.4.2011
3ª Turma	Nancy Andrighi	AgR no Ag 1.343.635-SP	11.5.2011
2ª Turma	Humberto Martins	AgR no REsp 1.198.808-ES	1.6.2011
1ª Turma	Arnaldo Esteves Lima	AgR no Ag 1.380.926-DF	25.5.2011
3ª Turma	Nancy Andrighi	AgR no Ag 1.343.032-SC	19.6.2012
4ª Turma	João Otávio de Noronha	AgR no Ag 1.332.176-PR	9.8.2011
3ª Turma	Nancy Andrighi	AgR nos ED no REsp 1.161.797-RJ	24.8.2011
3ª Turma	Massami Uyeda	REsp 1.195.656-BA	30.8.2011
3ª Turma	Nancy Andrighi	REsp 1.097.955-MG	3.10.2011
6ª Turma	Maria Thereza de Assis Moura	AgR no RMS 28.542-AP	28.9.2011
1ª Turma	Benedito Gonçalves	AgR no Ag 1.236.080-RS	11.10.2011
2ª Seção	Nancy Andrighi	AR 3.682-RN	19.10.2011
3ª Turma	Nancy Andrighi	REsp 1.071.158-RJ	7.11.2011
1ª Turma	Benedito Gonçalves	AgR no REsp 1.168.551-MG	28.10.2011
4ª Turma	Raul Araújo	REsp 874.430-MA	7.12.2011
3ª Turma	Nancy Andrighi	AgR no Ag 1.388.277-RS	25.11.2011
1ª Turma	Napoleão Nunes Maia Filho	AgR no REsp 1.197.200-RJ	24.11.2011
1ª Turma	Napoleão Nunes Maia Filho	AgR no REsp 1.195.680-RN	24.11.2011
4ª Turma	Maria Isabel Gallotti	AgR no Ag 1.088.411-SP	16.11.2011
3ª Turma	Sidnei Beneti	AgR no AREsp 4.513-MG	6.12.2011
2ª Turma	Cesar Asfor Rocha	AgR no REsp 1.236.161-DF	29.11.2011
3ª Turma	Massami Uyeda	REsp 1.120.631-RJ	1.2.2012
6ª Turma	Vasco Della Giustina (Des. conv. TJRS)	AgR no REsp 674.710-SP	6.2.2012
6ª Turma	Vasco Della Giustina (Des. conv. TJRS)	AgR no REsp 891.600-RJ	6.2.2012
3ª Turma	Nancy Andrighi	REsp 1.093.648-SP	1.2.2012
1ª Turma	Benedito Gonçalves	AgR no Ag 1.298.321-DF	10.2.2012
1ª Turma	Benedito Gonçalves	AgR no RMS 33.646-SP	10.2.2012
2ª Turma	Castro Meira	AgR no REsp 1.253.140-SC	5.3.2012

Órgão Julgador	Ministro(a)	Processo	Publicação
5ª Turma	Laurita Vaz	REsp 1.104.357-RS	5.3.2012
2ª Turma	Herman Benjamin	AgR no Ag 1.344.486-DF	12.4.2012
3ª Turma	Nancy Andrighi	AgR nos ED no REsp 1.198.380-SC	9.3.2012
6ª Turma	Vasco Della Giustina (Des. conv. TJRS)	AgR no REsp 1.115.942-RJ	12.3.2012
3ª Turma	Ricardo Villas Bôas Cueva	AgR no Ag 666835 / MS	21/03/2012
3ª Turma	Paulo de Tarso Sanseverino	AgR no REsp 1.115.354-RS	3.4.2012
5ª Turma	Gilson Dipp	AgR no Ag 1.351.484-RJ	26.3.2012
3ª Turma	Nancy Andrighi	REsp 1.143.962-SP	9.4.2012
4ª Turma	Maria Isabel Gallotti	AgR no REsp 756.532-RS	23.3.2012
3ª Turma	Massami Uyeda	AgR no REsp 1.166.904-MG	27.4.2012
6ª Turma	Maria Thereza de Assis Moura	AgR no REsp 1.149.636-PR	23.4.2012
1ª Turma	Benedito Gonçalves	ED no REsp 1.294.238-CE	25.4.2012
2ª Turma	Cesar Asfor Rocha	AgR no Ag 1.423.462-CE	26.4.2012
3ª Turma	Sidnei Beneti	AgR no AREsp 112.675-RS	7.5.2012
3ª Turma	Nancy Andrighi	REsp 1.155.274-PE	15.5.2012
4ª Turma	Raul Araújo	REsp 876.144-SC	20.8.2012
1ª Turma	Arnaldo Esteves Lima	AgR no REsp 1.031.414-RS	10.5.2012
2ª Turma	Castro Meira	AgR no REsp 1254227 / RS	28/05/2012
3a Turma	Sidnei Beneti	AgR no REsp 1.302.480-SP	30.5.2012
2ª Turma	Herman Benjamin	AgR no AREsp 134.264-RS	26.6.2012
2ª Turma	Herman Benjamin	REsp 1.186.181-MS	6.12.2013
2ª Turma	Humberto Martins	AgR no AREsp 156.155-RS	14.6.2012
2ª Turma	Castro Meira	AgR no AREsp 124.010-PA	14.6.2012
3ª Turma	Sidnei Beneti	AgR no AREsp 161.113-SP	29.6.2012
5ª Turma	Marco Aurélio Bellizze	AgR no REsp 969.299-MG	28.6.2012
2ª Turma	Humberto Martins	AgR no AREsp 166.543-ES	28.6.2012
2ª Turma	Herman Benjamin	AgR no REsp 1.309.733-RJ	23.8.2012
1ª Turma	Arnaldo Esteves Lima	AgR no REsp 1.218.056-DF	2.8.2012
4ª Turma	Raul Araújo	AgR no AREsp 135.685-SP	2.8.2012
6ª Turma	Sebastião Reis Jr.	AgR no REsp 910.503-PR	22.8.2012
3ª Turma	Nancy Andrighi	REsp 1.162.643-SC	17.8.2012

Órgão Julgador	Ministro(a)	Processo	Publicação
3ª Turma	Nancy Andrighi	REsp 1.316.926-SP	15.8.2012
3ª Turma	Massami Uyeda	REsp 1.202.238-SC	18.9.2012
3ª Turma	Nancy Andrighi	REsp 1.339.242-RJ	25.9.2012
3ª Turma	Nancy Andrighi	AgR no Ag 1.418.171-RJ	10.9.2012
4ª Turma	Luís Felipe Salomão	REsp 1.294.166-GO	22.10.2012
3ª Turma	Massami Uyeda	AgR no Ag 1.330.187-MS	5.10.2012
3ª Turma	Sidnei Beneti	AgR nos ED no AREsp 143.102-RJ	29.10.2012
3ª Turma	Sidnei Beneti	AgR no REsp 1.236.431-RJ	8.11.2012
2ª Turma	Mauro Campbell Marques	AgR no REsp 1.313.899-SC	25.10.2012
2ª Turma	Castro Meira	AgR no AREsp 220.712-RN	29.11.2012
3ª Turma	Sidnei Beneti	AgR no REsp 1.198.488-DF	11.12.2012
1ª Seção	Napoleão Nunes Maia Filho	MS 18.037-DF	1.2.2013
1ª Turma	Arnaldo Esteves Lima	AgR no REsp 1.297.489-RS	15.2.2013
2ª Turma	Castro Meira	ED no REsp 968.384-RJ	8.2.2013
6ª Turma	Alderita Ramos de Oliveira (Desa. conv. TJPE)	AgR no REsp 445.358-AL	12.3.2013
4ª Turma	Maria Isabel Gallotti	AgR no REsp 526.638-SP	27.2.2013
3ª Turma	Sidnei Beneti	AgR no REsp 1.288.067-RJ	20.3.2013
3ª Turma	Sidnei Beneti	REsp 1.359.558-PB	15.5.2013
5ª Turma	Marco Aurélio Bellizze	AgR no RMS 25.979-GO	16.4.2013
3ª Turma	Nancy Andrighi	REsp 1.307.131-DF	15.4.2013
2ª Turma	Herman Benjamin	REsp 1.362.297-DF	9.5.2013
3ª Turma	Sidnei Beneti	AgR nos ED no AREsp 229.116-RJ	9.5.2013
3ª Turma	Ricardo Villas Bôas Cueva	REsp 647.456-SP	25.4.2013
2ª Turma	Eliana Calmon	REsp 1.284.927-PR	15.5.2013
5ª Turma	Jorge Mussi	ED no AgR no REsp 1.112.291-PE	16.5.2013
3ª Turma	Sidnei Beneti	AgR no AREsp 305.191-SP	13.6.2013
3ª Turma	Nancy Andrighi	AgR no REsp 1.313.696-MS	4.6.2013
3ª Turma	Nancy Andrighi	REsp 1.368.210-SP	17.6.2013
2ª Turma	Eliana Calmon	REsp 1.234.025-MT	11.6.2013
3ª Turma	Sidnei Beneti	AgR no AREsp 308.921-SP	13.6.2013

Órgão Julgador	Ministro(a)	Processo	Publicação
2ª Turma	Eliana Calmon	AgR no AREsp 324.927-RJ	26.6.2013
3ª Turma	Nancy Andrighi	REsp 1.263.234-TO	1.7.2013
4ª Turma	Raul Araújo	AgR no Ag 838.989-DF	1.7.2013
2ª Turma	Herman Benjamin	AgR no AREsp 322.510-BA	25.6.2013
2ª Turma	Herman Benjamin	AgR no AREsp 261.861-RS	13.9.2013
1ª Turma	Sérgio Kukina	AgR no AREsp 347.218-BA	19.8.2013
3ª Turma	Nancy Andrighi	AgR no AREsp 328.436-SP	12.8.2013
3ª Turma	Ricardo Villas Bôas Cueva	AgR no AgR no AREsp 190.378-ES	27.8.2013
6ª Turma	Alderita Ramos de Oliveira (Desa. conv. TJPE)	AgR no REsp 769.765-SP	27.8.2013
2ª Turma	Herman Benjamin	AgR no AREsp 337.632-BA	17.9.2013
4ª Turma	Raul Araújo	AgR no AREsp 35.970-RS	15.10.2013
6ª Turma	Assusete Magalhães	AgR nos ED no REsp 651.174-MG	8.5.2014
3ª Turma	Nancy Andrighi	REsp 1.286.704-SP	28.10.2013
2ª Turma	Humberto Martins	AgR no REsp 1.400.223-RN	25.10.2013
5ª Turma	Marco Aurélio Bellizze	AgR no Ag 1.314.361-MG	23.10.2013
4ª Turma	Maria Isabel Gallotti	AgR no AREsp 261.422-RS	30.10.2013
3ª Turma	Nancy Andrighi	REsp 1.331.115-RJ	22.4.2014
2ª Turma	Humberto Martins	AgR no REsp 1.284.020-SP	6.3.2014
1ª Turma	Napoleão Nunes Maia Filho	ED no AgR no REsp 1.137.565-MG	2.12.2013
4ª Turma	Raul Araújo	AgR no AREsp 420.451-RJ	19.12.2013
1ª Turma	Sérgio Kukina	AgR no REsp 1.323.709-SC	17.12.2013
4ª Turma	Marco Buzzi	AgR no REsp 1.155.859-MT	4.2.2014
3ª Turma	Ricardo Villas Bôas Cueva	REsp 1.215.294-SP	11.2.2014
1ª Turma	Sérgio Kukina	AgR no AREsp 377.750-DF	25.2.2014
4ª Turma	Marco Buzzi	AgR nos ED no Ag 1.415.130-SC	14.2.2014
2a Turma	Herman Benjamin	AgR no AREsp 426389 / CE	07/03/2014
3ª Turma	Nancy Andrighi	REsp 1.342.955-RS	31.3.2014
3ª Turma	João Otávio de Noronha	REsp 1.219.329-RJ	29.4.2014
3ª Turma	Nancy Andrighi	REsp 1.363.781-SP	26.3.2014

Órgão Julgador	Ministro(a)	Processo	Publicação
3ª Turma	Nancy Andrighi	AgR no AREsp 464.922-SP	31.3.2014
2ª Turma	Herman Benjamin	AgR no AREsp 358.700-SC	22.4.2014
2ª Turma	Herman Benjamin	AgR no REsp 1.425.636-PR	28.11.2014
3a Turma	Sidnei Beneti	AgR no AREsp 481.632-RS	16.5.2014
2ª Turma	Assusete Magalhães	AgR no AREsp 258.806-PE	5.5.2014
3ª Turma	Nancy Andrighi	REsp 1.255.398-SP	30.5.2014
1ª Seção	Benedito Gonçalves	Rcl 15.624-MG	2.6.2014
3ª Turma	Nancy Andrighi	AgR no REsp 1.439.300-RS	8.9.2014
6ª Turma	Rogerio Schietti Cruz	RCDESP no Ag 1.099.977-RJ	2.9.2014
2ª Turma	Humberto Martins	ED no AgR no AREsp 483.037-PE	26.8.2014
2ª Turma	Herman Benjamin	AgR no REsp 1.456.844-RJ	25.9.2014
3ª Turma	Nancy Andrighi	REsp 1.349.788-RS	29.8.2014
2ª Turma	Humberto Martins	REsp 1.420.003-RS	15.9.2014
2ª Turma	Humberto Martins	AgR nos ED no REsp 1.446.516-SP	16.9.2014
4ª Turma	Marco Buzzi	AgR no AgR no REsp 961.535-RS	3.6.2015
3ª Turma	Ricardo Villas Bôas Cueva	REsp 1.197.476-BA	10.10.2014
2ª Turma	Assusete Magalhães	AgR nos ED no REsp 1.221.399-PR	23.10.2014
2ª Turma	Humberto Martins	REsp 1.391.789-PR	24.10.2014
5ª Turma	Walter de Almeida Guilherme (Des. conv. TJSP)	AgR no REsp 1.229.473-PE	3.11.2014
2ª Turma	Mauro Campbell Marques	AgR no REsp 1.450.470-ES	28.10.2014
2ª Turma	Herman Benjamin	AgR no REsp 1.465.614-SC	28.11.2014
2ª Turma	Mauro Campbell Marques	AgR no REsp 1.463.589-SC	28.10.2014
3ª Turma	João Otávio de Noronha	AgR no REsp 1.276.751-SP	19.11.2014
6ª Turma	Rogerio Schietti Cruz	AgR nos ED no REsp 1.053.648-DF	24.11.2014
2ª Turma	Humberto Martins	AgR no REsp 1.470.591-SC	17.11.2014
4ª Turma	Marco Buzzi	AgR no AREsp 519.410-RJ	17.11.2014
2ª Turma	Mauro Campbell Marques	AgR no REsp 1.455.713-SC	24.11.2014
1ª Turma	Sérgio Kukina	AgR no REsp 1.341.242-SP	1.12.2014
1ª Turma	Sérgio Kukina	AgR no AREsp 308.674-RJ	1.12.2014

Órgão Julgador	Ministro(a)	Processo	Publicação
4ª Turma	Maria Isabel Gallotti	AgR no Ag 938.958-SP	27.4.2015
6ª Turma	Rogerio Schietti Cruz	AgR nos ED no Ag 862.160-RJ	4.2.2015
1ª Turma	Sérgio Kukina	AgR no REsp 1.384.108-RS	3.2.2015
1ª Turma	Napoleão Nunes Maia Filho	AgR no AREsp 249.092-RS	23.2.2015
3ª Turma	Ricardo Villas Bôas Cueva	AgR no REsp 1.351.671-PR	12.2.2015
2ª Turma	Assusete Magalhães	AgR no REsp 1.452.608-SC	5.3.2015
4ª Turma	Maria Isabel Gallotti	AgR no AREsp 644.649-DF	23.3.2015
2ª Turma	Humberto Martins	REsp 1.299.900-RJ	13.3.2015
4ª Turma	Maria Isabel Gallotti	AgR no AREsp 637.631-SP	10.3.2015
1ª Turma	Sérgio Kukina	AgR no AREsp 533.421-PE	13.3.2015
1ª Turma	Sérgio Kukina	AgR no AREsp 405.039-PE	13.3.2015
2ª Turma	Herman Benjamin	AgR no REsp 1.501.728-AL	31.3.2015
3ª Turma	João Otávio de Noronha	REsp 1.454.264-PR	17.3.2015
2ª Turma	Humberto Martins	AgR no AREsp 633.975-SP	12.3.2015
2ª Turma	Og Fernandes	AgR no REsp 1.276.663-GO	12.3.2015
2ª Turma	Mauro Campbell Marques	AgR no REsp 1.500.557-SC	11.3.2015
3ª Turma	Paulo de Tarso Sanseverino	AgR no REsp 1.462.616-RS	11.3.2015
2ª Turma	Herman Benjamin	AgR no AREsp 620.663-DF	6.4.2015
3ª Turma	Moura Ribeiro	REsp 1.482.953-RJ	17.3.2015
3ª Turma	João Otávio de Noronha	REsp 1.208.207-RN	27.3.2015
4ª Turma	Maria Isabel Gallotti	AgR no AREsp 18.908-RS	7.4.2015
2ª Turma	Herman Benjamin	AgR no AREsp 634.136-RS	6.4.2015
3ª Turma	Ricardo Villas Bôas Cueva	AgR no AREsp 484.257-RN	31.3.2015
3ª Turma	Ricardo Villas Bôas Cueva	AgR no REsp 1.385.134-RN	31.3.2015
3ª Turma	João Otávio de Noronha	REsp 1.424.164-SC	16.4.2015
4ª Turma	Maria Isabel Gallotti	AgR no AREsp 650.036-MG	10.4.2015
2ª Turma	Og Fernandes	AgR no REsp 1.324.787-SP	9.4.2015
2ª Turma	Humberto Martins	REsp 1.365.999-PR	17.4.2015
2ª Turma	Humberto Martins	AgR no REsp 1.366.327-PE	11.5.2015
2ª Turma	Herman Benjamin	AgR no REsp 1.484.395-PR	1.7.2015
3ª Turma	Marco Aurélio Bellizze	REsp 1.319.526-SP	18.5.2015
2ª Turma	Humberto Martins	AgR no REsp 1.174.853-TO	26.5.2015
4ª Turma	Marco Buzzi	AgR no Ag 1.182.834-RS	20.5.2015

Órgão Julgador	Ministro(a)	Processo	Publicação
2ª Turma	Humberto Martins	AgR no AREsp 255.845-SP	10.8.2015
1ª Turma	Benedito Gonçalves	AgR no AREsp 242.962-PR	14.5.2015
3ª Turma	João Otávio de Noronha	REsp 1.293.490-ES	29.5.2015
3ª Turma	Moura Ribeiro	AgR no REsp 1.435.413-SC	28.5.2015
4ª Turma	Maria Isabel Gallotti	REsp 1.134.709-MG	3.6.2015
2ª Turma	Mauro Campbell Marques	AgR no REsp 1.427.522-AM	16.6.2015
2ª Turma	Og Fernandes	AgR no REsp 1.462.355-SC	25.6.2015
3ª Turma	Paulo de Tarso Sanseverino	AgR no REsp 1.392.983-DF	22.6.2015
5ª Turma	Reynaldo Soares da Fonseca	AgR no REsp 1.247.847-SC	25.6.2015
4ª Turma	Maria Isabel Gallotti	AgR no AREsp 124.613-PR	25.6.2015
3ª Turma	Marco Aurélio Bellizze	AgR no AREsp 690.054-SP	30.6.2015
4ª Turma	Raul Araújo	AgR nos ED no AREsp 551.162-SP	18.8.2015
2ª Turma	Og Fernandes	AgR no REsp 1.530.191-GO	12.8.2015
2ª Seção	Ricardo Villas Bôas Cueva	AR 4.176-PR	1.7.2015
4ª Turma	Maria Isabel Gallotti	AgR no AREsp 697.818-DF	14.8.2015
4ª Turma	Maria Isabel Gallotti	AgR nos ED no AREsp 640.497-RS	28.8.2015
4ª Turma	Maria Isabel Gallotti	AgR no AREsp 135.791-MS	27.8.2015
2ª Turma	Mauro Campbell Marques	REsp 1.384.106-SP	24.11.2015
2ª Turma	Mauro Campbell Marques	AgR nos ED nos ED no REsp 1.464.842-SP	3.9.2015
3ª Turma	João Otávio de Noronha	AgR no AREsp 31.519-DF	11.9.2015
2ª Turma	Herman Benjamin	REsp 1.545.518-PR	11.11.2015
4ª Turma	Maria Isabel Gallotti	AgR no AREsp 729.099-RJ	10.9.2015
3ª Turma	Ricardo Villas Bôas Cueva	AgR no AREsp 506.601-RS	8.9.2015
4ª Turma	Marco Buzzi	AgR no AREsp 456.533-SC	25.9.2015
3ª Turma	Marco Aurélio Bellizze	AgR no AREsp 527.202-SP	30.9.2015
1ª Turma	Napoleão Nunes Maia Filho	AgR no Ag 1.327.010-RJ	29.9.2015
4ª Turma	Marco Buzzi	AgR no AREsp 354.070-RS	21.10.2015
2ª Turma	Herman Benjamin	AgR no AREsp 713.329-PE	3.2.2016
2ª Turma	Humberto Martins	AgR no AREsp 690.450-RJ	16.10.2015
4ª Turma	Luís Felipe Salomão	AgR no AREsp 757.147-GO	6.10.2015
2ª Turma	Herman Benjamin	AgR no REsp 1.547.276-RS	3.2.2016

Órgão Julgador	Ministro(a)	Processo	Publicação
2ª Turma	Herman Benjamin	AgR no REsp 1.539.796-CE	3.2.2016
4ª Turma	Raul Araújo	AgR no AREsp 546.537-SP	4.11.2015
4ª Turma	Maria Isabel Gallotti	AgR no AREsp 478.095-PR	20.10.2015
3ª Turma	Marco Aurélio Bellizze	REsp 1.520.500-SP	13.11.2015
3ª Turma	Ricardo Villas Bôas Cueva	REsp 1.550.255-RJ	13.11.2015
4ª Turma	Raul Araújo	AgR nos ED no AgR no AREsp 710.780-RS	25.11.2015
4ª Turma	Marco Buzzi	REsp 1.056.837-RN	10.11.2015
1ª Turma	Sérgio Kukina	AgR no AREsp 770.344-RS	1.12.2015
2ª Turma	Mauro Campbell Marques	AgR no REsp 1.455.680-RS	24.11.2015
2ª Turma	Assusete Magalhães	AgR no AREsp 484.423-MS	14.12.2015
2ª Turma	Diva Malerbi (Desa. conv. TRF-3ª Região)	ED no REsp 1.334.437-PR	17.12.2015
4ª Turma	Antonio Carlos Ferreira	AgR no REsp 1.405.409-PR	4.2.2016
3ª Turma	Marco Aurélio Bellizze	AgR nos ED no AREsp 708.465-RJ	2.2.2016
3ª Turma	Ricardo Villas Bôas Cueva	AgR no AREsp 793.536-SP	2.2.2016
2ª Turma	Humberto Martins	AgR no REsp 1.533.758-RJ	10.2.2016
2ª Turma	Herman Benjamin	AgR no AREsp 173.860-MS	18.5.2016
3ª Turma	Marco Aurélio Bellizze	AgR no REsp 1.432.595-MG	5.2.2016
2ª Turma	Herman Benjamin	ED no REsp 1.334.703-DF	20.5.2016
3ª Turma	Marco Aurélio Bellizze	AgR nos ED no REsp 1.478.946-MT	11.3.2016
2ª Turma	Assusete Magalhães	AgR no REsp 1.469.086-AC	9.3.2016
4ª Turma	Maria Isabel Gallotti	ED no AREsp 280.160-MT	3.3.2016
4ª Turma	Luís Felipe Salomão	AgR no AREsp 809.875-RS	1.3.2016
3ª Turma	João Otávio de Noronha	REsp 1.280.261-MG	7.3.2016
4ª Turma	Marco Buzzi	AgR no AREsp 793.112-RS	10.3.2016
2ª Turma	Herman Benjamin	AgR nos ED no REsp 1.539.203-RS	30.5.2016
2ª Turma	Herman Benjamin	AgR no AREsp 513.685-SP	24.5.2016
2ª Turma	Assusete Magalhães	AgR no AREsp 789.117-RJ	16.3.2016
2ª Turma	Assusete Magalhães	ED no REsp 1.334.203-PR	16.3.2016
4ª Turma	Marco Buzzi	AgR no AREsp 420.691-RJ	22.3.2016

Órgão Julgador	Ministro(a)	Processo	Publicação
4ª Turma	Maria Isabel Gallotti	AgR no AREsp 619.504-SP	22.3.2016
4ª Turma	Maria Isabel Gallotti	REsp 1.355.901-BA	22.4.2016
2ª Turma	Herman Benjamin	AgR no AREsp 779.165-RS	24.5.2016
2ª Turma	Assusete Magalhães	AgR no AREsp 392.961-GO	18.4.2016
3ª Turma	Paulo de Tarso Sanseverino	AgR no AREsp 573.264-DF	25.4.2016
3ª Turma	Ricardo Villas Bôas Cueva	AgR no AREsp 846.804-RS	13.5.2016
3ª Turma	Ricardo Villas Bôas Cueva	REsp 1.574.377-RJ	9.5.2016
2ª Turma	Herman Benjamin	AgR no REsp 1.356.449-TO	25.5.2016
4ª Turma	Maria Isabel Gallotti	AgR no AREsp 747.488-MS	12.5.2016
1ª Seção	Mauro Campbell Marques	REsp 1.380.931-SP	14.6.2016
3ª Turma	João Otávio de Noronha	REsp 1.287.458-SP	19.5.2016
2ª Turma	Herman Benjamin	AgR no AREsp 850.024-RJ	31.5.2016
4ª Turma	Luís Felipe Salomão	AgR no AREsp 549.696-ES	11.5.2016
2ª Turma	Humberto Martins	AgR no REsp 1.434.797-PR	7.6.2016
3ª Turma	Ricardo Villas Bôas Cueva	REsp 1.496.018-MA	6.6.2016
5ª Turma	Reynaldo Soares da Fonseca	AgR no REsp 1.019.714-RS	25.5.2016
1ª Turma	Napoleão Nunes Maia Filho	AgR no AREsp 143.370-RJ	2.6.2016
3ª Turma	Paulo de Tarso Sanseverino	AgR no AREsp 625.605-GO	1.6.2016
3ª Turma	João Otávio de Noronha	REsp 1.590.479-RJ	16.6.2016
4ª Turma	Raul Araújo	AgR no REsp 1.263.780-SC	3.8.2016
3ª Turma	Marco Aurélio Bellizze	AgR no AgR no AREsp 695.258-SC	22.6.2016
4ª Turma	Antonio Carlos Ferreira	AgR no REsp 1.115.572-MG	30.6.2016
1ª Turma	Sérgio Kukina	REsp 1.122.280-MG	28.6.2016
3ª Turma	João Otávio de Noronha	REsp 1.537.996-DF	28.6.2016
3ª Turma	Ricardo Villas Bôas Cueva	AgInt no AREsp 647.349-MG	1.8.2016
3ª Turma	Ricardo Villas Bôas Cueva	REsp 1.562.641-SP	13.9.2016
4ª Turma	Raul Araújo	ED no REsp 1.331.100-BA	10.8.2016
4ª Turma	Raul Araújo	AgInt no REsp 1.088.528-ES	3.8.2016
4ª Turma	Marco Buzzi	AgR no REsp 1.539.794-SP	16.8.2016
2ª Turma	Diva Malerbi (Desa. conv. TRF-3ª Região)	REsp 1.355.574-SE	23.8.2016
4ª Turma	Luís Felipe Salomão	AgInt no AREsp 777.346-DF	23.8.2016

Órgão Julgador	Ministro(a)	Processo	Publicação
3ª Turma	João Otávio de Noronha	ED no AREsp 705.078-MG	25.8.2016
3ª Turma	Ricardo Villas Bôas Cueva	REsp 1.605.466-SP	28.10.2016
3ª Turma	João Otávio de Noronha	AgInt no AREsp 880.008-SC	26.8.2016
1ª Turma	Sérgio Kukina	AgInt no AREsp 912.511-RS	22.9.2016
4ª Turma	Maria Isabel Gallotti	AgInt no Ag 1.378.294-SP	22.9.2016
4ª Turma	Maria Isabel Gallotti	AgR no REsp 1.251.517-SE	21.9.2016
4ª Turma	Raul Araújo	REsp 1.536.949-SP	4.11.2016
1ª Turma	Sérgio Kukina	AgInt no REsp 1.334.477-PR	4.10.2016
2ª Turma	Mauro Campbell Marques	AgInt no AREsp 949.166-PI	3.10.2016
3ª Turma	Marco Aurélio Bellizze	AgInt no REsp 1.355.777-MG	13.10.2016
3ª Turma	Moura Ribeiro	AgR no REsp 1.548.506-RJ	7.10.2016
1ª Turma	Sérgio Kukina	AgInt no REsp 1.528.563-PR	19.10.2016
2ª Turma	Assusete Magalhães	AgInt no AREsp 927.829-SP	4.11.2016
4ª Turma	Luís Felipe Salomão	REsp 1.327.627-RS	1.12.2016
3ª Turma	Ricardo Villas Bôas Cueva	AgR no AREsp 646.488-RJ	14.11.2016
3ª Turma	Moura Ribeiro	AgInt no REsp 1.523.945-BA	19.12.2016
4ª Turma	Maria Isabel Gallotti	AgInt no AREsp 936.344-SP	9.12.2016
3ª Turma	Ricardo Villas Bôas Cueva	AgInt no REsp 1.593.655-BA	10.2.2017
3ª Turma	Nancy Andrighi	AgInt no AREsp 495.704-SP	3.2.2017
4ª Turma	Luís Felipe Salomão	AgInt no AREsp 500.889-RJ	3.2.2017
4ª Turma	Maria Isabel Gallotti	AgInt no AREsp 933.549-PR	2.2.2017
3ª Turma	Ricardo Villas Bôas Cueva	AgInt no AREsp 735.491-DF	20.2.2017
2ª Turma	Herman Benjamin	AgInt nos ED no REsp 1.576.291-PR	7.3.2017
2ª Turma	Og Fernandes	AgInt no REsp 1.606.719-SC	23.2.2017
2ª Turma	Herman Benjamin	REsp 1.645.856-SP	18.4.2017
2ª Turma	Herman Benjamin	REsp 1.645.223-SP	18.4.2017
3ª Turma	Ricardo Villas Bôas Cueva	ED no REsp 1.562.641-SP	24.3.2017
4ª Turma	Raul Araújo	AgInt nos ED no AREsp 449.391-PR	22.3.2017
3ª Turma	Ricardo Villas Bôas Cueva	AgR no AgR nos ED no REsp 854.158-PR	21.3.2017
1ª Turma	Regina Helena Costa	AgInt no REsp 1.627.683-SC	30.3.2017
4ª Turma	Marco Buzzi	AgInt no AREsp 527.706-PR	31.3.2017

Órgão Julgador	**Ministro(a)**	**Processo**	**Publicação**
4ª Turma	Marco Buzzi	AgInt no AREsp 879.069-AM	30.3.2017
3ª Turma	Nancy Andrighi	REsp 1.639.016-RJ	4.4.2017
3ª Turma	Marco Aurélio Bellizze	AgInt nos ED no AREsp 776.884-GO	18.4.2017
2ª Turma	Herman Benjamin	REsp 1.646.998-MG	2.5.2017
2ª Turma	Herman Benjamin	REsp 1.655.395-SP	25.4.2017
2ª Turma	Assusete Magalhães	AgInt no AREsp 1.000.484-PE	4.5.2017
2ª Turma	Og Fernandes	AgInt no AREsp 1.001.801-MG	2.5.2017
4ª Turma	Maria Isabel Gallotti	AgInt no AREsp 492.068-SP	3.5.2017
2ª Turma	Herman Benjamin	REsp 1.662.652-RJ	8.5.2017
4ª Turma	Raul Araújo	AgInt no REsp 1.387.544-AL	19.5.2017
2ª Turma	Og Fernandes	AgInt no REsp 1.509.165-RJ	8.5.2017
2ª Turma	Herman Benjamin	REsp 1.654.980-MG	12.5.2017
3ª Turma	Nancy Andrighi	REsp 1.661.482-RJ	16.5.2017
1ª Turma	Regina Helena Costa	AgInt no REsp 1.538.306-PE	11.5.2017
4ª Turma	Luís Felipe Salomão	AgInt no AREsp 1.054.721-MS	17.5.2017
2ª Turma	Assusete Magalhães	AgInt no AREsp 909.233-PR	23.5.2017
Corte Especial	Mauro Campbell Marques	AgInt nos EREsp 1.208.207-RN	24.5.2017
1ª Turma	Sérgio Kukina	AgInt no REsp 1.515.711-CE	29.5.2017
2ª Turma	Og Fernandes	AgInt no REsp 1.356.803-SP	29.5.2017
2ª Turma	Herman Benjamin	REsp 798.679-RJ	20.6.2017
3ª Turma	Marco Aurélio Bellizze	AgInt no AREsp 978.024-SC	16.6.2017
4ª Turma	Marco Buzzi	AgInt no AREsp 580.725-SP	22.6.2017
3ª Turma	Marco Aurélio Bellizze	AgInt no AREsp 1.010.409-SP	23.6.2017
3ª Turma	Marco Aurélio Bellizze	REsp 1.522.142-PR	22.6.2017
1ª Turma	Napoleão Nunes Maia Filho	AgInt no AgInt no REsp 1.321.804-PR	3.8.2017
4ª Turma	Raul Araújo	AgInt no AREsp 1.069.068-SP	18.8.2017
2ª Turma	Og Fernandes	AgInt no AREsp 1.063.177-SP	15.8.2017
3ª Turma	Ricardo Villas Bôas Cueva	AgInt no AREsp 768.589-MG	18.8.2017
4ª Turma	Raul Araújo	AgInt nos ED no REsp 1.314.067-PR	14.8.2017

Órgão Julgador	Ministro(a)	Processo	Publicação
3ª Turma	Paulo de Tarso Sanseverino	AgInt no AREsp 726.996-RJ	31.8.2017
1ª Turma	Gurgel de Faria	AgInt no AREsp 890.822-RJ	4.10.2017
4ª Turma	Marco Buzzi	AgInt no AREsp 489.115-SP	29.8.2017
2ª Turma	Assusete Magalhães	AgR no REsp 1.469.193-SC	11.9.2017
4ª Turma	Antonio Carlos Ferreira	AgInt no AREsp 423.304-DF	5.9.2017
4ª Turma	Maria Isabel Gallotti	AgInt no REsp 1.349.336-MG	25.9.2017
2ª Turma	Mauro Campbell Marques	AgInt no AREsp 1.074.731-GO	25.9.2017
2ª Turma	Assusete Magalhães	AgInt no REsp 1.217.256-SC	28.9.2017
4ª Turma	Luís Felipe Salomão	AgInt no AREsp 1.103.681-SP	29.9.2017
4ª Turma	Raul Araújo	AgInt no REsp 1.388.080-RJ	20.10.2017
2ª Turma	Herman Benjamin	REsp 1.685.852-PE	9.10.2017
2ª Turma	Og Fernandes	AgInt no REsp 1.348.323-PE	28.9.2017
3ª Turma	Ricardo Villas Bôas Cueva	AgInt no REsp 1.599.906-MT	10.10.2017
4ª Turma	Maria Isabel Gallotti	AgInt no AREsp 973.657-SP	3.10.2017
4ª Turma	Maria Isabel Gallotti	AgInt nos ED no AREsp 961.376-MS	3.10.2017
4ª Turma	Marco Buzzi	AgInt no AREsp 906.791-SP	3.10.2017
2ª Turma	Og Fernandes	AgInt no REsp 1.444.911-SP	29.9.2017
3ª Turma	Ricardo Villas Bôas Cueva	AgInt no AgInt no AREsp 1.028.373-MG	10.10.2017
6ª Turma	Rogerio Schietti Cruz	REsp 1.374.938-RS	9.10.2017
2ª Turma	Herman Benjamin	REsp 1.681.089-GO	17.10.2017
1ª Turma	Sérgio Kukina	AgInt no REsp 1.308.606-SP	19.10.2017
2ª Turma	Herman Benjamin	REsp 1.685.610-SP	16.10.2017
3ª Turma	Paulo de Tarso Sanseverino	AgInt no AREsp 955.407-PR	19.10.2017
2ª Turma	Herman Benjamin	REsp 1.694.677-SP	11.10.2017
2ª Turma	Herman Benjamin	REsp 1.694.460-MG	11.10.2017
2ª Turma	Herman Benjamin	REsp 1.692.322-RJ	19.12.2017
4ª Turma	Antonio Carlos Ferreira	AgInt nos ED no AREsp 986.574-AM	9.10.2017
2ª Turma	Og Fernandes	AgInt no AREsp 440.450-RS	20.10.2017
2ª Turma	Herman Benjamin	AgInt no AREsp 987.196-RJ	23.10.2017
1ª Turma	Napoleão Nunes Maia Filho	AgInt no REsp 1.412.645-RS	31.10.2017
3ª Turma	Paulo de Tarso Sanseverino	AgInt no REsp 1.436.012-MG	13.11.2017

Órgão Julgador	Ministro(a)	Processo	Publicação
1ª Turma	Sérgio Kukina	AgInt no REsp 1.317.594-MA	21.11.2017
4ª Turma	Lázaro Guimarães (Des. conv. TRF-5ª Região)	AgInt no REsp 1.531.839-DF	21.11.2017
2ª Turma	Herman Benjamin	REsp 1.693.611-SP	19.12.2017
4ª Turma	Marco Buzzi	AgInt no AgR no AREsp 345.313-RS	4.12.2017
2ª Turma	Herman Benjamin	REsp 1.693.656-RJ	19.12.2017
2ª Turma	Herman Benjamin	REsp 1.701.908-SP	19.12.2017
3ª Turma	Marco Aurélio Bellizze	AgInt no AREsp 1.057.132-SP	15.12.2017
2ª Turma	Og Fernandes	REsp 1.512.796-RN	1.2.2018
4ª Turma	Lázaro Guimarães (Des. conv. TRF-5ª Região)	AgInt no AREsp 550.641-PR	14.2.2018
3ª Turma	Ricardo Villas Bôas Cueva	REsp 1.628.700-MG	1.3.2018
3ª Turma	Nancy Andrighi	AgInt no REsp 1.551.527-SP	12.3.2018
3ª Turma	Nancy Andrighi	AgInt no REsp 1.573.984-AL	6.3.2018
2ª Turma	Francisco Falcão	AgInt no REsp 1.628.455-ES	12.3.2018
4ª Turma	Luís Felipe Salomão	AgInt nos ED no AREsp 1.138.645-SP	23.3.2018
3ª Turma	Moura Ribeiro	REsp 1.658.781-CE	12.3.2018
1ª Turma	Benedito Gonçalves	AgInt no REsp 1.478.367-CE	14.3.2018
4ª Turma	Maria Isabel Gallotti	AgInt no AREsp 970.294-SP	12.3.2018
3ª Turma	Nancy Andrighi	REsp 1.641.167-RS	20.3.2018
3ª Turma	Nancy Andrighi	AgInt no AREsp 1.059.679-MG	15.3.2018
4ª Turma	Marco Buzzi	AgInt no AREsp 949.752-SP	23.3.2018
3ª Turma	Ricardo Villas Bôas Cueva	AgInt no AREsp 1.172.051-SP	23.3.2018
1ª Turma	Benedito Gonçalves	AgInt no RMS 43.692-GO	3.4.2018
4ª Turma	Luís Felipe Salomão	AgInt no AREsp 1.179.037-SP	2.4.2018
2ª Turma	Assusete Magalhães	AgInt nos ED no REsp 1.546.432-SC	10.4.2018
2ª Turma	Assusete Magalhães	AgInt no AREsp 1.102.353-MG	17.4.2018
4ª Turma	Marco Buzzi	AgInt no AREsp 215.269-ES	16.4.2018
3ª Turma	Marco Aurélio Bellizze	AgInt no AREsp 1.178.143-SP	17.4.2018
2ª Turma	Herman Benjamin	REsp 1.725.359-SP	23.5.2018
4ª Turma	Luís Felipe Salomão	AgInt no AREsp 1.233.122-SP	2.5.2018

Órgão Julgador	Ministro(a)	Processo	Publicação
4ª Turma	Lázaro Guimarães (Des. conv. TRF-5ª Região)	AgInt no AREsp 667.492-MS	30.4.2018
3ª Turma	Nancy Andrighi	AgInt no AREsp 1.063.814-SC	2.5.2018
2ª Turma	Og Fernandes	AgInt no REsp 1.684.284-PR	9.5.2018
4ª Turma	Luís Felipe Salomão	AgInt no AREsp 930.171-MG	14.5.2018
3ª Turma	Paulo de Tarso Sanseverino	AgInt no AREsp 987.491-SP	14.5.2018
1ª Turma	Gurgel de Faria	AgInt no AREsp 332.844-RS	6.8.2018
2ª Turma	Og Fernandes	REsp 1.134.456-TO	13.6.2018
4ª Turma	Luís Felipe Salomão	AgInt no AREsp 1.152.145-DF	13.6.2018
1ª Turma	Regina Helena Costa	AgInt no REsp 1.705.251-SP	14.6.2018
3ª Turma	Ricardo Villas Bôas Cueva	AgInt no AREsp 178.910-MG	25.6.2018
2ª Turma	Assusete Magalhães	AgInt no AREsp 1.091.420-MG	27.6.2018
1ª Turma	Benedito Gonçalves	AgInt no REsp 1.576.108-DF	10.8.2018
3ª Turma	Marco Aurélio Bellizze	AgInt no AREsp 1.263.748-MG	13.8.2018
2ª Turma	Francisco Falcão	AgInt no REsp 1.589.708-SP	14.8.2018
4ª Turma	Luís Felipe Salomão	AgInt no REsp 1.333.200-MS	21.8.2018
2ª Turma	Assusete Magalhães	AgInt no AREsp 734.824-DF	21.8.2018
1ª Turma	Napoleão Nunes Maia Filho	AgInt no REsp 1.326.499-SP	28.8.2018
3ª Turma	Marco Aurélio Bellizze	AgInt no REsp 1.741.173-CE	3.9.2018
3ª Seção	Jorge Mussi	AR 4.152-SP	3.9.2018
1ª Turma	Gurgel de Faria	AgInt no REsp 1.327.487-GO	19.9.2018
4ª Turma	Antonio Carlos Ferreira	AgInt no REsp 1.581.691-RS	12.9.2018
1ª Turma	Gurgel de Faria	RMS 52.463-RJ	13.9.2018
2ª Turma	Herman Benjamin	REsp 1.760.160-RJ	21.11.2018
3ª Turma	Marco Aurélio Bellizze	REsp 1.328.457-RS	17.9.2018
4ª Turma	Maria Isabel Gallotti	AgInt no AREsp 1.201.898-SP	25.9.2018
1ª Turma	Sérgio Kukina	AgInt no AREsp 1.292.976-RJ	24.9.2018
4ª Turma	Lázaro Guimarães (Des. conv. TRF-5ª Região)	AgInt no REsp 1.540.423-DF	24.9.2018
2ª Turma	Mauro Campbell Marques	AgInt no AREsp 1.334.513-GO	24.10.2018
3ª Turma	Marco Aurélio Bellizze	AgInt no AREsp 1.146.033-RS	19.10.2018
3ª Turma	Moura Ribeiro	AgInt no AREsp 1.159.975-SP	25.10.2018

Órgão Julgador	Ministro(a)	Processo	Publicação
2ª Turma	Assusete Magalhães	AgInt no REsp 1.352.245-MS	26.10.2018
2ª Turma	Assusete Magalhães	AgInt no AREsp 792.207-PR	26.10.2018
3ª Turma	Nancy Andrighi	REsp 1.741.681-RJ	26.10.2018
4ª Turma	Raul Araújo	AgInt no AREsp 1.311.104-MS	23.11.2018

ANEXO B – OUTRAS DECISÕES FAVORÁVEIS À INTERPRETAÇÃO DO PEDIDO

Órgão Julgador	Ministro(a)	Processo	Publicação
1ª Turma	Milton Luiz Pereira	REsp 40.229-SP	23.5.1994
2ª Turma	Ari Pargendler	REsp 68.668-SP	4.3.1996
4ª Turma	Barros Monteiro	REsp 39.498-MS	11.11.1996
2ª Turma	Antônio de Pádua Ribeiro	REsp 88.642-DF	17.3.1997
5ª Turma	Edson Vidigal	ED no REsp 61.340-SP	3.8.1998
6ª Turma	Fernando Gonçalves	REsp 177.972-SP	28.9.1998
3ª Turma	Ari Pargendler	REsp 188.622-BA	26.6.2000
1ª Turma	Humberto Gomes de Barros	REsp 253.344-RJ	5.6.2000
6ª Turma	Fernando Gonçalves	REsp 406.460-SP	1.7.2002
1ª Turma	Luiz Fux	REsp 434.283-RS	5.5.2003
1ª Turma	Luiz Fux	REsp 625.329-RJ	23.8.2004
3ª Turma	Nancy Andrighi	REsp 590.385-RS	5.9.2005
1ª Turma	Luiz Fux	REsp 612.123-SP	29.8.2005
5ª Turma	Arnaldo Esteves Lima	REsp 636.438-RS	5.12.2005
3ª Turma	Humberto Gomes de Barros	REsp 234.396-BA	14.11.2005
5ª Turma	Laurita Vaz	RMS 11.222-MG	6.2.2006
2ª Turma	Eliana Calmon	REsp 705.620-MG	9.5.2006
3ª Turma	Castro Filho	REsp 515.692-PR	19.6.2006
4ª Turma	Aldir Passarinho Jr.	REsp 241.005-SP	26.6.2006
1ª Turma	Luiz Fux	REsp 814.076-RJ	1.8.2006
5ª Turma	Arnaldo Esteves Lima	REsp 541.553-MG	11.12.2006
4ª Turma	Aldir Passarinho Jr.	REsp 779.805-DF	12.2.2007
1ª Turma	Denise Arruda	REsp 644.995-SP	31.5.2007
5ª Turma	Arnaldo Esteves Lima	REsp 884.917-PR	14.5.2007
4ª Turma	Aldir Passarinho Jr.	AgR nos ED no Ag 803.835-SC	6.8.2007
3ª Turma	Ari Pargendler	REsp 931.659-RJ	18.6.2007
3ª Turma	Nancy Andrighi	REsp 866.230-RS	29.6.2007
2ª Turma	João Otávio de Noronha	REsp 488.931-SP	23.11.2007
3ª Turma	Humberto Gomes de Barros	AgR nos ED no Ag 676.841-PR	26.11.2007

Órgão Julgador	Ministro(a)	Processo	Publicação
5ª Turma	Laurita Vaz	REsp 653.127-PR	3.3.2008
3ª Turma	Humberto Gomes de Barros	REsp 904.815-SP	13.5.2008
1ª Turma	Luiz Fux	REsp 890.183-SP	14.5.2008
3ª Seção	Arnaldo Esteves Lima	MS 12.765-DF	4.2.2009
3ª Turma	Massami Uyeda	AgR no Ag 1.133.817-SP	12.6.2009
2ª Turma	Herman Benjamin	REsp 900.380-RS	8.9.2009
1ª Seção	Castro Meira	AR 3.697-RS	1.2.2010
2ª Seção	Sidnei Beneti	AgR na AR 4.190-RJ	25.10.2011
1ª Seção	Luiz Fux	Rcl 4.421-DF	15.4.2011
Corte Especial	Castro Meira	AgR nos EREsp 625.349-RJ	1.2.2012
4ª Turma	Marco Buzzi	AgR no AREsp 175.655-SP	4.9.2012
2ª Turma	Mauro Campbell Marques	REsp 1.250.147-PR	8.2.2013
2ª Turma	Castro Meira	AgR no REsp 1.322.447-RJ	25.3.2013
4ª Turma	Luís Felipe Salomão	AgR no AREsp 243.946-SC	18.4.2013
3ª Turma	Ricardo Villas Bôas Cueva	AgR no AREsp 65.749-DF	26.6.2013
3ª Turma	Sidnei Beneti	AgR no AREsp 382.483-TO	9.12.2013
4ª Turma	Marco Buzzi	AgR no REsp 1.102.051-PR	4.2.2014
2ª Turma	Humberto Martins	AgR no REsp 1.426.220-RJ	15.5.2014
2ª Turma	Herman Benjamin	AgR no AREsp 478.465-RS	23.5.2014
2ª Turma	Herman Benjamin	AgR no REsp 1.511.290-PE	30.6.2015
3ª Turma	Ricardo Villas Bôas Cueva	AgR no AREsp 188.365-PE	4.8.2015
2ª Turma	Herman Benjamin	AgR no REsp 1.553.565-DF	5.2.2016
2ª Turma	Herman Benjamin	REsp 1.568.353-SP	5.2.2016
3ª Turma	João Otávio de Noronha	REsp 1.513.259-MS	22.2.2016
3ª Turma	Moura Ribeiro	AgR no AREsp 699.388-SP	1.7.2016
2ª Turma	Herman Benjamin	AgInt no REsp 1.601.655-RS	17.10.2016
3ª Turma	Ricardo Villas Bôas Cueva	ED no REsp 1.606.781-RJ	2.2.2017
3ª Turma	Nancy Andrighi	REsp 1.342.640-SP	14.2.2017
3ª Turma	Marco Aurélio Bellizze	AgInt no REsp 1.653.721-RS	2.8.2017
3ª Turma	Ricardo Villas Bôas Cueva	AgInt no REsp 1.584.566-RS	4.12.2017
1ª Turma	Gurgel de Faria	REsp 1.442.440-AC	15.2.2018
Corte especial	Francisco Falcão	AgInt nos EREsp 1.593.663-DF	17.4.2018

ANEXO C – Decisões favoráveis à interpretação restritiva do pedido

Órgão Julgador	Ministro(a)	Processo	Publicação
3ª Turma	Waldemar Zveiter	REsp 4.447-RS	17.12.1990
2ª Turma	Francisco Peçanha Martins	REsp 18.455-SP	25.10.1993
1ª Turma	Cesar Asfor Rocha	REsp 6.716-MG	13.12.1993
6ª Turma	Adhemar Maciel	REsp 73.644-SP	11.3.1996
1ª Seção	José Delgado	AgR no MS 5.343-DF	6.4.1998
1ª Turma	José Delgado	REsp 155.326-AL	6.4.1998
4ª Turma	Sálvio de Figueiredo Teixeira	REsp 89.701-MG	22.6.1998
1ª Seção	José Delgado	AgR no MS 5.341-DF	17.8.1998
1ª Seção	José Delgado	ED no AgR no MS 5.343-DF	17.8.1998
4ª Turma	Sálvio de Figueiredo Teixeira	REsp 147.833-DF	21.9.1998
3ª Turma	Carlos Alberto Menezes Direito	REsp 52.841-SP	8.3.1999
4ª Turma	Barros Monteiro	REsp 59.418-CE	29.11.1999
3ª Turma	Nancy Andrighi	REsp 301.706-SP	25.6.2001
6ª Turma	Fernando Gonçalves	REsp 285.472-SP	5.11.2001
3ª Turma	Castro Filho	AgR no AgR no Ag 304.720-SP	3.6.2002
2ª Turma	Francisco Peçanha Martins	REsp 189.274-SC	12.8.2002
4ª Turma	Barros Monteiro	AgR no Ag 303.387-SP	26.8.2002
5ª Turma	Jorge Scartezzini	REsp 407.160-AM	11.11.2002
4ª Turma	Sálvio de Figueiredo Teixeira	REsp 306.353-PR	7.4.2003
1ª Seção	Humberto Gomes de Barros	MS 8.946-DF	17.11.2003
5ª Turma	Felix Fischer	REsp 549.587-PE	10.5.2004
4ª Turma	Fernando Gonçalves	REsp 280.183-SP	23.8.2004
3ª Turma	Humberto Gomes de Barros	REsp 246.830-SP	14.3.2005
1ª Turma	José Delgado	REsp 705.631-MS	4.4.2005
3ª Turma	Antônio de Pádua Ribeiro	REsp 222.644-RS	13.6.2005
1ª Turma	Denise Arruda	ED no AgR no REsp 628.558-MT	15.8.2005
2ª Turma	Francisco Peçanha Martins	REsp 495.178-CE	7.4.2006

Órgão Julgador	Ministro(a)	Processo	Publicação
3ª Turma	Nancy Andrighi	ED no REsp 698.772-MG	2.10.2006
5ª Turma	Felix Fischer	ED no RMS 19.622-MT	30.10.2006
3ª Turma	Nancy Andrighi	REsp 686.139-PR	13.11.2006
2ª Turma	Eliana Calmon	REsp 761.894-PR	14.3.2007
3ª Turma	Ari Pargendler	REsp 802.927-PE	26.3.2007
2ª Turma	Castro Meira	REsp 905.719-RJ	8.8.2007
2ª Turma	João Otávio de Noronha	REsp 476.783-RJ	13.11.2007
1ª Seção	Denise Arruda	AR 2.677-PI	7.2.2008
4ª Turma	Fernando Gonçalves	REsp 824.015-RJ	5.5.2008
5ª Turma	Arnaldo Esteves Lima	AgR no RMS 26.276-SP	16.2.2009
3ª Turma	Vasco Della Giustina (Des. conv. TJRS)	AgR no Ag 719.242-SP	25.2.2010
2ª Turma	Mauro Campbell Marques	AgR no Ag 108.620-BA	12.4.2010
3ª Turma	Nancy Andrighi	REsp 991.872-MS	22.4.2010
2ª Turma	Castro Meira	REsp 1.093.080-RS	24.6.2010
1ª Turma	Benedito Gonçalves	REsp 1.191.346-CE	15.10.2010
6ª Turma	Celso Limongi (Des. conv. TJSP)	AgR no REsp 813.783-SC	27.4.2011
1ª Seção	Herman Benjamin	ED no MS 16.557-DF	22.5.2012
4ª Turma	Maria Isabel Gallotti	AgR no AgR no REsp 805.422-DF	5.10.2012
4ª Turma	Antonio Carlos Ferreira	REsp 1.052.781-PA	4.2.2013
6ª Turma	Alderita Ramos de Oliveira (Desa. conv. TJPE)	AgR no REsp 668.261-SP	12.3.2013
2ª Turma	Mauro Campbell Marques	REsp 1.372.445-RS	25.2.2014
2ª Turma	Mauro Campbell Marques	REsp 1.446.420-RS	26.5.2014
1ª Turma	Benedito Gonçalves	AgR no REsp 1.406.733-RJ	13.11.2015
3ª Turma	Ricardo Villas Bôas Cueva	AgR no AREsp 637.839-ES	7.3.2016
1ª Turma	Napoleão Nunes Maia Filho	REsp 929.792-SP	31.3.2016